U0822511

财经法治

10

财税法学前沿问题研究

国家治理现代化与财税法创新研究

中国法学会财税法学研究会／主办
刘剑文／主编

财税

CAISHUIFAXUE
QIANYANWENTI
YANJIU

GUOJIA ZHILI
XIANDAIHUA YU CAISHUIFA
CHUANGXIN YANJIU

法律出版社
LAW PRESS·CHINA
北京

图书在版编目(CIP)数据

财税法学前沿问题研究. 10, 国家治理现代化与财税法创新研究 / 刘剑文主编. -- 北京 : 法律出版社, 2023

ISBN 978-7-5197-8381-5

Ⅰ. ①财… Ⅱ. ①刘… Ⅲ. ①财政法-法的理论-研究-中国②税法-法的理论-研究-中国 Ⅳ. ①D922.201

中国国家版本馆 CIP 数据核字(2023)第 185160 号

财税法学前沿问题研究 10:国家治理现代化与财税法创新研究
CAISHUI FAXUE QIANYAN WENTI YANJIU 10: GUOJIA ZHILI XIANDAIHUA YU CAISHUIFA CHUANGXIN YANJIU

刘剑文 主编

策划编辑 沈小英
责任编辑 毛镜澄 常 锋
装帧设计 汪奇峰

出版发行 法律出版社
编辑统筹 法治与经济出版分社
责任校对 王晓萍 李慧艳
责任印制 吕亚莉
经　　销 新华书店

开本 710 毫米×1000 毫米 1/16
印张 37.5 **字数** 819 千
版本 2023 年 10 月第 1 版
印次 2023 年 10 月第 1 次印刷
印刷 北京虎彩文化传播有限公司

地址:北京市丰台区莲花池西里 7 号(100073)
网址:www.lawpress.com.cn
投稿邮箱:info@lawpress.com.cn
举报盗版邮箱:jbwq@lawpress.com.cn

销售电话:010-83938349
客服电话:010-83938350
咨询电话:010-63939796
版权所有·侵权必究

书号:ISBN 978-7-5197-8381-5 **定价**:236.00 元

凡购买本社图书,如有印装错误,我社负责退换。电话:010-83938349

编辑委员会

主　任　刘剑文

委　员　熊　伟　贾绍华　刘　佐　陈少英　廖益新　张　怡
张富强　朱大旗　施正文　刁义俊　马海涛　刘丹冰
杨志勇　蒋悟真　梁文永　周序中

序　言

2019 年 9 月 21 ~ 22 日，中国法学会财税法学研究会 2019 年年会暨第 31 届海峡两岸财税法学术研讨会在河北大学召开。本次年会的主题为“新中国 70 年财税改革暨财税法治建设的主要成就”。来自北京大学、中国人民大学、武汉大学、厦门大学、中国政法大学、中南财经政法大学、西南政法大学、中央财经大学、华东政法大学、台湾大学、东吴大学等高校、科研机构、法律实务部门、期刊出版机构等 200 多名专家学者和实务工作者参加会议。与会专家学者围绕“财政法治与地方财税法治建设”“税收征管制度的完善”“个人所得税制度的完善”“税务诉讼与税务复议”“纳税人权利保护”“社会保险征管制度”“税制国际比较与中国经验”等议题进行了深入交流，形成了一系列有价值、有见地的学术成果，为我国财税改革和财税法治建设丰富了理论支撑和实践经验。

2020 年 11 月 21 ~ 22 日，由中国法学会财税法学研究会主办，华中科技大学法学院、华中科技大学法学院财税法研究中心承办的中国法学会财税法学研究会 2020 年年会暨第 32 届海峡两岸财税法学术研讨会在湖北武汉华中科技大学召开。本次年会的主题为“国家治理现代化及财税法创新”。此次年会采取线上、线下结合的形式，共有来自北京大学、中国人民大学、中国政法大学、武汉大学、华中科技大学、华东政法大学、西南政法大学、西北政法大学、中南财经政法大学、复旦大学、厦门大学、中央财经大学、台湾大学、东吴大学等高校和科研机构、法律实务部门、期刊出版机构等 100 多名财税法学专家学者和实务工作者参加会议。与会专家学者进行了热烈的分组讨论，围绕“财税法基础理论”“财税立法及其实践”“股权转让的涉税民事裁判”“税收滞纳金的税务行政裁判”“虚开增值税专用发票的税务刑事裁判”等议题分别从理论与实践组成两个分会场展开激烈的讨论。在交流分享中，与会专家学者积极提问，各抒己见，集思广益，畅所欲言，同时也观点不一、针锋相对，将问题越辩越明，碰撞出思想的火花。

上述两次年会共收到论文 300 余篇，经会长会议研究决定，一如既往遴选出版优秀论文，最终编入本书出版的文章有 46 篇论文，分为“财税法基础理论研究”“优化营商环境与财税法创新研究”“国际税法与比较税法创新研究”“社保与基金法律制度创新研究”专题。

本书由中国法学会财税法学研究会副会长、中国人民大学法学院朱大旗教授统筹编辑工作，中国法学会财税法学研究会常务副秘书长、中国政法大学民商经济法学院翟继光教授具体负责统稿、修改等编辑工作，中国政法大学民商经济法学院硕士研究生张岩协助统稿，法律出版社法治与经济分社社长沈小英编审和责任编辑毛镜澄等为本书的编辑做了大量工作，特此说明并表示感谢。

希望本书的出版能够进一步扩大中国财税法学研究成果的影响力，继续发挥“理论改变社会，思想构筑未来”的作用，助推中国财税法治事业的进步。

中国法学会财税法学研究会

2023 年 1 月 8 日

目　录

第一篇　财税法基础理论研究

高质量立法导向下的税收法定重申 …………………………… 刘剑文　赵　菁(3)
重释税收法定主义
——以《海南自由贸易港法》颁布为契机 ………………………… 许多奇(24)
论税收法定与税法的合宪性审查
——兼论"良法标准化法"的创制 ……………………………… 陈阵香(38)
合作治理视域下税收法治化的路径探讨 ………………………………… 张　弛(45)
论我国税法典的编纂路径
——以《民法典》为视角 ………………………………………… 黄思煦(56)
"德发案"与实质课税原则 ……………………………………………… 贺　燕(76)
税收目的与税法目的关系论
——基于法律文本的分析实证 …………………………………… 邓　然(91)
税收正当性探析
——兼论税收正当性与税收合法性之关系 ………………………… 姚轩鸽(105)
结构性简约税法的理论证成与工具适用 ……………………………… 邹新凯(121)
我国纳税人信息权与涉税信息管理权间的冲突与平衡协调 ………… 曹　阳(138)
双重规制下法律概念"税收"辨析
——兼论《税收征收管理法》中并列法律概念问题 ………… 张　怡　吕俊山(153)
人大预决算审查与国有资产监督的衔接机制探究
——以预算权配置转型为契机 …………………………………… 孙伯龙(164)
政府间横向税收分配制度的本土化解构 ……………………………… 滕文标(171)

第二篇　优化营商环境与财税法创新研究

优化营商环境视域下网络虚构交易的税法因应 ……………………… 茅孝军(199)
我国供给侧结构性改革中减税的发展演进、现实挑战及法律建构………… 徐楠芝(210)

强化"智慧税务"建设　推进税收治理能力现代化 ……………… 李克桥　马　硕(221)
激励科技创新税式支出制度的不足及立法完善
——基于组织理论的分析 …………………………………………… 付大学(226)
数字经济时代的区际税收挑战:成因与应对路径…………………… 毛　彦(244)
经济数字化税收政策体系建构的新观察与新思路:一个总体分析框架…… 刘奇超(255)
依法精准打击骗取留抵退税的违法行为 ………………………… 翟继光(268)
家庭生育责任的税法调节:兼评我国《个人所得税法》的改革与完善 …… 王婷婷(272)
慈善捐赠课税悖论 ………………………………………… 史正保　王柳芸(289)
"分税制"模式下地方财政自主权研究 …………………………… 熊　伟(295)
基于房地产拍卖的税收核定法律规制研究 ………………… 黄建文　赵　欢(315)
司法拍卖中税费转嫁条款的税法含义 ……………………………… 郭晓亮(322)
信托所得课税归属认定的税法问题与应对之策 …………… 李俊英　吕莎莎(332)
新基建背景下我国公募不动产投资信托基金的涉税问题研究 …… 王怡璞　刘心诺(341)
海南自由贸易港销售税制度选择与建构的功能主义分析 ………… 潘　越(353)
税收核定与反避税的界分与归位
——以《税收征收管理法》第35条第1款第6项为研究中心 ……… 曹　阳(367)
论税务行政裁量司法审查强度的类型化
——以97个税务诉讼案例为样本的分析…………………… 张　怡　杨凌珊(382)
涉税行政公益诉讼研究:制度反思与纳税人主义导入…………… 毛　彦(398)
竞争中立视域下政府补贴的公平竞争审查路径 ……………… 汪永福　毕金平(412)

第三篇　国际税法与比较税法创新研究

我国与"一带一路"沿线国家(地区)双边税收协定分析 ……………… 洪学芝(429)
一般反避税条款的适用:构成要件与证明规则………………………… 沈　斌(436)
某境外上市公司派发股息征收个人所得税案件评析
——兼论2018年《个人所得税法》反避税条款适用 ……… 王桦宇　李　想(448)
法国的《数字服务税法》及简要评析 ……………………… 邢会强　周李倩(458)
数字经济下的商业模式演变与国际税收挑战 ……………… 高凤勤　包雅雯(473)
论国际反避税中实质重于形式原则的必要限制 …………………… 洪治纲(490)
论全球反税基侵蚀方案的规则设计:一个综述与引申……………… 刘奇超(500)
关于加强反避税国际合作与协调的建议 …………………… 杨志清　戚　豪(517)

第四篇　社保与基金法律制度创新研究

国家治理能力现代化视域下的养老保险及其审计探索 ……… 张荣刚　刘岚治昊(523)
我国社会保险费征管制度立法研究 ………………………………… 胡　海　王海涛(532)
税务主导背景下社会保险费征管协助机制构造研究 …………………… 张成松(540)
社会保险费税式征收问题研究
——基于法理检视与比例原则 ……………………………………… 薛皓天(554)
文化发展与文化事业建设费:协调与实现机制 …………………… 郭维真　包少卿(571)
政府产业投资基金法律规制路径探析 ……………………………… 金香爱　李岩峰(584)

第一篇　财税法基础理论研究

高质量立法导向下的税收法定重申

刘剑文* 赵　菁**

普遍认为,税收法定原则可追溯至1215年英国《大宪章》,其中首次明确"不同意、不征税"。在我国,关于税收法定原则相对较早的学术论述可见于100年前,即1911年的《京师法律学堂笔记》法学丛书。改革开放后,建设与市场经济相适应的现代财税法律体系的任务日益紧迫,税收法定原则于是被重提并逐步进入理论研究的繁荣期,研究成果几乎涵盖税收法定的具体内容、实现机制、税法实践等各个方面。在此基础上,2013年,党的十八届三中全会通过的《中共中央关于全面深化改革若干重大问题的决定》首次提出"落实税收法定原则"。2015年《中华人民共和国立法法》(以下简称《立法法》)修订,更是在立法上进一步明确税收法定原则。随后,中央审议通过《贯彻落实税收法定原则的实施意见》,为完成相关立法工作规划了明确的时间表、路线图。自此,我国在"落实税收法定原则"的基本要求下,税收立法进程稳步推进。

作为一个领域法,税收法律体系的形成和完善,是我国法律体系建设和完善的一个缩影。改革开放之初,我国立法百废待兴。邓小平同志1978年在《解放思想,实事求是,团结一致向前看》一文中毫不避讳地指出,"有比没有好,快搞比慢搞好"。中国立法进入以"宜粗不宜细"为指导、以实现"有法可依"为目标的"大规模立法时代",并在法治基础非常薄弱的背景下艰难而蓬勃生发了30多年。在取得显著成果的同时,也逐渐显现出立法质量问题。随着2010年"中国特色社会主义法律体系"的立法工作目标如期完成,我国法治建设逐步迈入"拾遗补阙和日臻完善"的"优质立法""精细立法"新阶段,这是立法工作创新性发展的标志,也是建设法治中国的关键。[①]"从某种意义上来说,宣布形成后的发展过程更艰巨,遇到的挑战更多,需要有新的发展思路与战略"。[②]党的十八届三中全会指出,要"完善中国特色社会主义法律体系""提高立法质量",党的十八届四

* 北京大学法学院教授,辽宁大学特聘教授。
** 辽宁大学博士研究生。

① 参见徐凤英:《提升我国立法质量的路径选择》,载《东岳论丛》2016年第10期。

② 韩大元:《关于提高立法质量的宪法学思考》,载《河南社会科学》2010年第5期。

中全会强调“抓住提高立法质量这个关键”。立法质量是“法律体系建设的生命线”，①是“人民民主和法治生活的生命”。② 立法精神内核的这一时代转换，在2015年《立法法》修改时浓缩在首条中形成了“提高立法质量”的规范表达。

财政是国家治理的基础和重要支柱。立足于新时代中国特色国家治理实践的需要，唯有高质量的税收立法，才能发挥税法制度的牵引和保障功能。站在我国“一税一法”的税收法律体系初步形成、税收法定原则落实卓有成效的时间节点，税收立法质量问题必然成为推进税收法定原则理论发展、完善税收法律体系、使我国稳健步入税收法定新阶段的关键。对此，我们需要既着眼于税收法治的理想样态，亦不脱离税收法治之现实，及时总结与反思我国税收立法不同阶段的得失，以高质量税收立法为导向，对我国税收法治作一些前瞻性的思考。

一、我国税收法定原则落实的实践观察：税收立法的经验与缺漏

观往知来，围绕我国落实税收法定的立法实践，分别从税收立法总体进程、构成与体系的宏观视角，最能体现良法善治的税制变迁基本路径的中观视角，支撑税收法定、良法善治的税法文本的微观视角，可以大致总结我国税收立法的经验与缺漏。

（一）总体分析：税收立法的进程、构成与体系

1. 税收立法进程加快、修法力度加大、过程更加民主。党的十八届三中全会之前，我国税收立法只有4部，③即《个人所得税法》（1980年）、《企业所得税法》（2007年）、④《车船税法》（2011年）3部实体税法，以及程序税法《税收征收管理法》（1992年）。在修法方面，从1993年到2011年，《个人所得税法》历经6次修正，除1993年将三税合并、⑤内外统一外，其他历次修法主要针对税法要素微调；其他税种及《税收征收管理法》在此期间也有细节修正。在立法过程方面，2005年8月28日，全国人大常委会就《个人所得税法（修正案草案）》有关工资、薪金所得扣除标准举行听证会，这是新中国成立以来的首次立法听证会。党的十八届三中全会以来，我国税收法制日趋健全，成果丰硕。在立法方面，包括2016年通过的《环境保护税法》，2017年的《烟叶税法》《船舶吨税法》，2018年的《车辆购置税法》《耕地占用税法》，2019年的《资源税法》，2020年的《契税法》《城市

---

① 汤啸天：《立法民主与立法质量》，载《探索与争鸣》1999年第4期。

② 王波：《精准立法：新时期提高地方立法质量的基本路径》，载《地方立法研究》2016年第1期。

③ 新中国成立以来，我国税收制度随国家政治、经济状况的变化不断进行调整。大致可将税制改革分为1949～1978年改革开放以前、1978～1993年经济转轨时期、1994～2013年建立社会主义市场经济体制时期、2013年以后全面深化改革时期4个时期。与此相对应，税收体系也不断变化。目前，我国基本确立了包含18个税种的现行税收体系，本文的分析即以此为基础。

④ 《企业所得税法》历经“内外有别”到“内外统一”的历程。早在1980年和1981年，我国就已分别制定了《中外合资经营企业所得税法》（已失效）和《外国企业所得税法》（已失效）。1991年通过了《外商投资企业和外国企业所得税法》（已失效），并废止上述两法，内资企业则适用《企业所得税暂行条例》（已失效）。直至2007年，内、外资企业开始统一适用《企业所得税法》。

⑤ 即个人所得税、个人收入调节税和城乡个体工商户所得税3项法规合并为《个人所得税法》。

维护建设税法》,2021 年的《印花税法》。截至 2023 年 9 月底,我国 18 个税种中已经有 12 部税种法。在修法方面,2015 年我国对《税收征收管理法》进行微调。但是,之前期待颇高的征求意见稿[①]虽被搁置,却体现出修法在理念与制度层面的趋势,即强化纳税人权益保障,吸收征管改革成果;2018 年我国对《个人所得税法》进行重大制度改革,此次改革不再局限于以往修法中费用扣除标准的调整,而是实现了从分类所得税制向分类综合所得税制的转变,并在征管上作出相应制度完善。在立法过程方面,开门立法、民主立法、科学立法理念逐步贯彻,向公众征求意见、组织专家讨论已初步成为常态。这一阶段,在国家税务总局网站上先后就有 11 部税种法向社会公众征求意见。[②]

2. 税收立法构成上存在"数量差"和"时间差"。就直接税和间接税而言,直接税的两大支柱税种——个人所得税和企业所得税早已立法,并在多次修正后相对比较成熟。但作为间接税主要组成的增值税和消费税则依然适用暂行条例。从 2019 年我国税收收入来看,增值税是我国第一大税种,增值税和消费税占全国税收收入的 57%,而企业所得税和个人所得税则占全国税收收入的 30%。[③] 从宪治层次看,除直接的纳税人外,也必须考虑负税人的基本权利,使其有机会从税法的角度参与国家权力。就实体法和程序法而言,我国二者兼而有之,但实体税法目前尚未实现"一税一法"。此外,目前 12 部税种法中有 9 部都在 2015 年《税收征收管理法》修订之后颁布,包括《个人所得税法》在内的其他税种法在此之后亦有重大修正,且多项征管改革亦在推进。税收制度与税收征管密不可分,税收制度一方面决定税收征管模式的变革,另一方面其有效运行又在很大程度上依赖税收征管的质量和水平。因此,无论是实体税法还是程序税法,都有必要在实现法定的基础上尽可能保持"同频共振"。进言之,直接税法与间接税法、实体税法与程序税法之间的"数量差",税收征管立法和征管改革、实体税法与程序税法之间的"时间差"有待通过进一步的税收立法予以弥合。

3. 税收法律体系过于庞杂,引发效力失序。除在单行税种法及"暂行条例"中设定各税种主要征税事项外,在实践中被纳税人奉为圭臬的还有财政部、国家税务总局等颁布的规章和规范性文件。如表 1 所示,我国目前税收法律体系在数量上呈现"金字塔"形式。数量上的庞杂不可避免地产生更多的税收成本,给纳税人预期带来不确定性,违反税收效率;在实践中大量部门规章及规范性文件大行其道,使事实上的税收立法权配置以行政为主导,影响了法律的稳定性和权威性。另外,从立法机关来看,我国现有税收立

---

① 2015 年 1 月 5 日,国务院法制办公室将国家税务总局、财政部起草的《税收征收管理法修订草案(征求意见稿)》公布,此征求意见稿对《税收征收管理法》进行大改,增加了自然人纳税人的税收征管规定,进一步完善纳税人权益保护体系,进一步规范税收征管行为,实现与相关法律的衔接,健全争议解决机制。

② 载国家税务总局官网,http://www.chinatax.gov.cn/chinatax/n810356/n810961/index.html,最后访问日期:2021 年 7 月 1 日。

③ 参见《2019 年财政收支情况》,载财政部官网,http://gks.mof.gov.cn/tongjishuju/202002/t20200210_3467695.htm,最后访问日期:2021 年 7 月 1 日。

法中，只有《个人所得税法》和《企业所得税法》由全国人大通过，其他税种法及税法修正案则是由全国人大常委会通过。个人所得税和企业所得税在我国税收法律体系中的地位毋庸置疑，由全国人大通过立法也更能体现其民主性和科学性。然而，值得思考的是，这种立法机关之间的"厚此薄彼"是否有必然性，增值税、消费税立法是否可能基于其在税收收入中所占的更高比重，也应由全国人大立法通过。事实上，根据《宪法》和《立法法》的规定，我国法律体系中包括基本法律和非基本法律，但二者之区别并未明晰，由此引发对其位阶和效力的争议。虽然目前我国税法实践并未产生这种担忧，但随着税法总则立法的呼声越来越高，税法总则和单行税种法、《税收征收管理法》的立法机关、法律位阶如何处理，有待讨论。

表 1　我国税收法律体系的构成

单位：部

税种	法律	行政法规及规范性文件	部委规章及规范性文件
环境保护税	1	2	5
烟叶税	1	0	3
船舶吨税	1	1	24
车辆购置税	1	0	143
资源税	1	1	57
企业所得税	1	6	1114
个人所得税	1	9	370
车船税	1	1	37
耕地占用税	1	3	52
增值税	0	6	554
消费税	0	4	207
城镇土地使用税	0	3	49
城市维护建设税	1	3	40
土地增值税	0	1	30
契税	1	1	112
印花税	1	7	160
房产税	0	1	56

续表

税种	法律	行政法规及规范性文件	部委规章及规范性文件
关税	0	16	864
合计	12	65	3877

资料来源：北大法宝，检索时间为2021年7月1日，检索时效包括“现行有效”“部分有效”“尚未生效”。

（二）路径分析：税制平移和税制优化

从暂行条例上升为法律，是落实税收法定原则的普遍路径。在这一转换过程中，税收制度作为本质内容，既有优化，也有平移。应该说，从暂行条例上升到税收立法，保持相对稳定性，有利于社会的可接受性和税法的顺利过渡。如2017年通过的《烟叶税法》是从《烟叶税暂行条例》（已失效）平移而来，这是党的十八届三中全会以来我国首部从暂行条例上升为法律的税种法。近几年立法征求意见稿也基本遵循这一思想，如消费税立法“延续消费税基本制度框架，保持制度稳定”，增值税立法“保持现行税制框架总体不变”。但是，在从暂行条例向税种法的过渡中，同样也能看到我国有意识地在立法过程中实现税制优化。概括来说，主要表现在：

1. 考察域外制度，逐步接轨国际。企业所得税两税合并的变革与博弈，最能反映我国在全球化过程中的被动与主动。2008年，内外资企业统一适用《企业所得税法》，统一降低税率、规范收入确认及税前扣除办法、统一适用税收优惠政策；考虑国际惯例，对反避税体系、“居民企业”和“非居民企业”的区分及纳税义务重新作出调整。同样的优化也可见于《个人所得税法》第七次修正。

2. 回应理论争议，实现制度变革。在条例上升为法律的过程中，同样有对过去制度实践的反思，以及对理论争议的回应。作为第一部由暂行条例上升的税种法，《车船税法》的立法具有标志性意义，其在立法中完善征税范围、改革计税依据、调整税负结构、规范税收优惠、强化征收管理，进一步体现了税收公平。例如，《烟叶税法》将计税依据调整为实际支付总额，解决了暂行条例下各省实际税负与价外补贴的不匹配现状；将按日计征改为按月计征，减少了纳税成本。

3. 吸收改革成果，完善税收立法。面对理论与实践的争议，我国大量的税制改革与试点实践也提供了有效的思路，并及时地被确立在税收立法中，以保障改革成果的连续和巩固。如《资源税法》充分吸收从价计征、水资源税试点等改革成果，并进一步整合税目、税率。同时，吸收改革成果也是近期征求意见稿的总体考虑，如消费税立法“将已实施的消费税改革和政策调整内容体现在法律草案中”，增值税立法也整合了《增值税暂行条例》和财政部、国家税务总局《关于全面推开营业税改征增值税试点的通知》（财税〔2016〕36号，部分失效）。

(三)文本分析:税法要素、税法规则和基本结构

税收法定原则的落实是税法制度的法定化、规范化,其基本载体是由按照一定脉络关联和排列次序为基本逻辑的法律规则组成的法律文本,以实现法律层面上对税法要素的确定。详言之,税收法定原则落实到法律文本上,依循"税法文本—税法结构—税法规则—税法要素"的逻辑展开。其中,税法结构,即税法文本的章、节、条、款排列次序的逻辑。税法规则,即以一定的逻辑结构形式具体规定征纳双方权利、义务及相应法律后果的法律规范。税法要素,与之相关的概念包括"税收之债的构成要件""税法构成要素""税收构成要素""税收构成要件"等。由于不同学者的理解相异,这些不同的概念之间存在内涵和使用上的混淆。事实上,这里存在两种思考进路,第一种进路是指称各单行税种法共同具有的基本构成要素的总称,包括纳税人、征税对象、税率、税基、税收优惠等指涉确定实体纳税义务成立的要件,即实体要素,以及纳税期限、纳税地点、纳税环节等履行具体纳税义务所必须具备的要件,即程序要素。第二种进路则源自德国的税收法律关系性质之争,即税收构成要件论与税收核定说。此时税法要素多指称纳税义务成立的基本要件,也即基本要件成立,纳税义务随即发生。笔者着重分析税法文本,因此采取第一种进路。

基于此,笔者以现行12部税种法文本为分析对象,分别就税法实体要素、税法程序要素、税法规则、税法文本结构进行梳理,从文本层面对我国税收立法的经验与缺漏作一个可视的分析。

1.税法实体要素初步实现法定。在税收法定原则核心要求中,居于首位的是"税收要素法定",即由法律对税收要素进行规定。被普遍认可的"税收要素"主要指涉税法实体要素,且集中于纳税人、征税对象、税率等。征税对象与计税依据是"质"与"量"、"抽象"与"具体"的关系,因此,计税依据也通常体现在税收立法中。另外,一般来说,通过计税依据和税率即可得出应纳税额,但部分税种相对较复杂,因此多部税种法中亦将应纳税额规定在内。由此,形成表2对我国各税种法中实体要素相关规范的统计。从现有规范分布来看,我国单行税种法基本实现了对税法实体要素内容的全覆盖,在税法实体要素上初步实现法定化。

表2　税法实体要素汇总

税种法	纳税人	征税对象	计税依据	税率	应纳税额	税收优惠
《环境保护税法》	第2条	第3条、第4条、第5条	第7条、第8条、第9条、第10条	第6条	第11条	第12条、第13条
《烟叶税法》	第1条	第1条、第2条	第3条	第4条	第5条	无

续表

税种法	纳税人	征税对象	计税依据	税率	应纳税额	税收优惠
《船舶吨税法》	第1条	第2条	第4条	第2条、第3条	第5条	第9条
《车辆购置税法》	第1条	第1条	第6条	第4条	第5条	第9条
《资源税法》	第1条	第1条	第3条	第2条	第3条	第6条、第7条
《耕地占用税法》	第2条	第2条	第3条	第4条、第5条、第6条	第3条	第7条
《企业所得税法》	第1条、第2条	第3条	第二章	第4条	第三章	第四章
《个人所得税法》	第1条	第2条	第6条	第3条	无	第4条、第5条
《车船税法》	第1条	第1条	第2条	第2条	无	第3条、第4条、第5条
《契税法》	第1条	第1条、第2条	第4条	第3条	第5条	第6条、第7条
《城市维护建设税法》	第1条	第1条、第3条	第2条	第4条	第5条	第6条
《印花税法》	第1条、第3条	第1条、第4条	第5条、第6条、第7条	第4条	第8条、第9条、第10条、第11条	第12条

2. 税法程序要素参差不齐。税法程序要素一般体现在《税收征收管理法》及各单行税种法中。从表3我国各税种法中涉及税收程序规定的统计中可以看出：

第一,《税收征收管理法》规定存在一定的滞后性。一方面,税种法中规定了一些《税收征收管理法》中未涉及的征管措施,如个人所得税中的纳税人识别码、联合奖励及惩戒机制;另一方面,后制定的税种法也对《税收征收管理法》中尚显粗疏、可操作性不强的内容进一步细化，如信息共享机制。

第二，各税种法程序要素的内容及表述存在明显差异。如在车辆购置税、企业所得税、契税中就规定了其他税种中未涉及的税收核定。固然，因税制差异导致征管特殊要求，使部分税法程序要素在税种法中单独进行规定，具有一定的合理性。但由于各税种立法时间先后有别，立法技术和立法能力有所提升、立法背景有所转换。因此，也不可排除这些特殊性规则具有普遍化的可能。

第三，税种法与《税收征收管理法》的衔接规范不同。这种衔接表述大致可归纳为4类：(1)适用《税收征收管理法》和税种法；(2)适用税种法和《税收征收管理法》的有关规定；(3)税种法未作规定的，依照有关税收征管的法律法规执行；(4)税种法未作规定的，适用《税收征收管理法》。虽只是字句差别，但其不同表达会影响规范适用的广度、位阶、方式及顺序。

表3　税法程序要素汇总

税种法	纳税地点	纳税义务发生时间	纳税期限	征收机关	其他征管规定	衔接规范
《环境保护税法》	第17条	第16条	第18条、第19条	第14条	第15条：信息共享	第14条
《烟叶税法》	第7条	第8条	第9条	第7条	—	第6条
《船舶吨税法》	第7条	第8条	第12条	第6条	第12条：滞纳金、第13条：担保、第17条：补税及退税	第20条
《车辆购置税法》	第11条	第12条	第12条	第10条	第16条：信息共享、第7条：税收核定	第17条
《资源税法》	第11条	第10条	第12条	第9条	—	第9条
《耕地占用税法》	—	第10条	第10条	第9条	第13条：信息共享	第14条
《企业所得税法》	第50条、第51条	—	第53条、第54条、第55条	第54条、第55条	第五章：源泉扣缴、第六章：特别纳税调整	第49条

续表

税种法	纳税地点	纳税义务发生时间	纳税期限	征收机关	其他征管规定	衔接规范
《个人所得税法》	—	—	第11条、第12条、第13条、第14条	第12条、第13条	第8条:一般反避税、第9条:纳税人识别码、第10条:纳税申报、第15条:信息共享机制、联合激励与惩戒机制	第20条
《车船税法》	第7条	第8条	第9条	第6条	第6条:扣缴义务人、第10条:信息提供	第11条
《契税法》	第14条	第9条	第10条	第14条	第4条:税收核定、第13条:信息提供	第14条
《城市维护建设税法》	—	第7条	第7条	第9条	第8条:扣缴义务人	第9条
《印花税法》	第13条	第15条	第16条	第18条	第14条:扣缴义务人、第17条:缴纳方式	第18条

3. 税法规则可操作性不强、授权不统一。法律规则具有规范性,即"受其规整之人,应依其规定而为行为"。[①] 因此,通过具体的税法规则,税务机关和纳税人都应当知悉其权利(力)义务。然而,目前法律规则不够明确、可操作性差。

具体来看,首先,不确定性概念较多。如通过对12部税种法文本的检索,"其他"出现53次,"相关"出现20次,"有关"出现32次,"等"出现50次,"正当理由"出现3次,"合理"出现10次,"明显"出现4次。无可否认,税收法律中的不确定性概念是不能避免的,但失之毫厘谬以千里。在这一点上,《个人所得税法》第七次修正取消了"其他所得"可以说是很好的典范;再如,《耕地占用税法》将"占用耕地建房"改为"占用耕地建设建筑物、构筑物",以及将"人均耕地特别少"改为"人均耕地低于0.5亩",使语言表述更加严谨,增强了法律文本的可操作性。

其次,委任性规则和准用性规则缺乏统一性。以法律规则的确定性为依据,可将其

① [德]卡尔·拉伦茨:《法学方法论》,陈爱娥译,商务印书馆2003年版,第132页。

分为确定性规则、委任性规则及准用性规则。在我国税收立法中,准用性规则大多涉及法律责任及税收征管条款。和税收征管条款一致,各税种法对法律责任的准用规则同样缺乏统一标准。而就我国税收立法中数量较多,也备受关注的委任性规则而言,委任于谁、是否需要备案、备案对象是谁、授权规定是否具有时限及后续安排等均存在差异。值得注意的是,《资源税法》中关于水资源税试点授权有5年内提请修法的规定,在立法中尚属首次。与之形成对比的是,《消费税法(征求意见稿)》针对试点的授权规则既无幅度限制,又无期限及后续报告要求,在形式上构成一定程度的空白授权,实为遗憾。另外,近几年新增立法逐步统一授权及备案表述,中央层面授权国务院,并向全国人大常委会备案;地方层面则授权省、自治区、直辖市人民政府提出,同级人大常委会决定,并向全国人大常委会及国务院备案。此外,党的十八届三中全会之后税收立法均不再规定国务院制定实施条例(见表4)。

表4　税法规则分析

税种法	准用性规则	委任性规则				
		国务院[1]	国务院税务主管部门	省、自治区、直辖市人民政府	省、自治区、直辖市人民政府提出,同级人大常委会决定[2]	省、自治区、直辖市人民政府相关主管部门
《环境保护税法》	第14条、第23条、第26条	第12条(备案)	第22条	—	第6条(备案)、第9条(备案)	第10条
《烟叶税法》	第6条	—	—	—	—	—
《船舶吨税法》	第20条	第9条(备案)	—	—	—	—
《车辆购置税法》	第7条、第17条、第18条	第9条(备案)	—	—	—	—
《资源税法》	第9条、第13条	第6条(备案)、第14条(备案+报告)	—	—	第2条(备案)、第3条(备案)、第7条(备案)	—
《耕地占用税法》	第14条、第15条	第7条(备案)	—	—	第4条(备案)、第5条(备案)、第12条(备案)	—

续表

税种法	准用性规则	委任性规则				
		国务院	国务院税务主管部门	省、自治区、直辖市人民政府	省、自治区、直辖市人民政府提出，同级人大常委会决定	省、自治区、直辖市人民政府相关主管部门
《企业所得税法》	第49条	第7条第3项、第35条、第36条(备案)、第52条、第57条、第59条	第20条	—	—	—
《个人所得税法》	第19条、第20条	第4条(备案)；第5条第2款(备案)；第6条第3款、第4款(备案)；第10条；第18条(备案)；第21条	第11条第1款	第5条第1款(报同级人大常委会备案)	—	—
《车船税法》	第11条	第2条第3款、第4条(备案)、第12条	—	第2条第2款、第5条、第9条	—	—
《契税法》	第14条、第15条	第6条(备案)	—	—	第3条(备案)、第7条(备案)	—
《城市维护建设税法》	第9条、第10条	第2条(备案)、第6条(备案)	—	—	—	—
《印花税法》	第18条、第19条	第12条第2款(备案)	—	—	—	—

〔1〕此项下备案均为“向全国人大常委会备案”。
〔2〕此项下备案均为“向全国人大常委会及国务院备案”。

4. 税法文本的基本结构理性不足。法规范并非彼此无关地平行并存，其间有各种脉络关联。解释规范时须考量该规范的意义脉络、上下关系、体系地位，及其对该当规整的整个脉络之功能为何。① 体系解释作为法律解释的一种重要的方法，其意指以法律规则

① 参见[德]卡尔·拉伦茨：《法学方法论》，陈爱娥译，商务印书馆2003年版，第316页。

在法律体系中的地位，包括其编章节条款项前后关联位置，或相关法条之法意，阐明规范意旨。[①] 可以从侧面反映出法律体系、法律结构的重要价值。

然而，从各税种法的结构来看，除《企业所得税法》外，其他税种法条文都不超过 30 条。《环境保护税法》一共 5 章 28 条，《企业所得税法》则为 8 章 64 条，但这两部法律在章节设置、名称上都不一致，其他税种法则均不分章节。此外，除上述实体要素和程序要素外，表 5 统计了各税种法中规定的其他内容，包括立法目的、币种、生效时间、法律责任、法律概念解释等。从涉及内容来看，一些内容虽然仅在部分税种法中有规定，并且有所差别，但却具有普遍性，适合统一规定在《税收征收管理法》中，如币种及换算。部分内容则对其他立法具有参考价值，如过渡期间规定体现了对纳税人信赖利益的保护，这一考虑在《增值税法（征求意见稿）》中亦有体现。再如，受到颇多关注的立法目的条款，在 11 部税种法中仅有两部税法有规定，是否有必要确立各税种立法之初衷、价值判断之基本标准？另外，不少税种法中都有相关法律概念的解释，同样的解释规范更多见于各税种“实施条例”，那么，对于纳税人利益相关的法律概念解释能否直接体现在法律文本中，以实现税法明确性。

表 5　税法文本中的其他规定

税种法	立法目的	币种	生效时间	法律责任	概念解释	其他规定
《个人所得税法》	—	第 16 条	第 22 条	第 19 条	第 1 条	—
《环境保护税法》	第 1 条	—	第 28 条	第 23 条、第 26 条	第 3 条、第 25 条	第 27 条：不征收排污费
《耕地占用税法》	第 1 条	—	第 16 条	第 15 条	第 2 条第 3 款	第 16 条：废止
《资源税法》	—	—	第 17 条	第 13 条	第 16 条	第 14 条：水资源税试点、第 17 条：废止
《船舶吨税法》	—	第 19 条	第 22 条	第 18 条	第 21 条	第 22 条：废止
《车辆购置税法》	—	第 8 条	第 19 条	第 18 条	第 2 条	第 19 条：废止
《烟叶税法》	—	—	第 10 条	—	第 2 条	第 10 条：废止

① 参见杨仁寿：《法学方法论》，中国政法大学出版社 2013 年版，第 143 页。

续表

税种法	立法目的	币种	生效时间	法律责任	概念解释	其他规定
《车船税法》	—	—	第13条	—	—	第13条:废止
《企业所得税法》	—	第56条	第60条	—	第2条	第57条:过渡期、第58条:税收协定、第60条:废止
《契税法》	—	—	第16条	第15条	第2条	第16条:废止
《城市维护建设税法》	—	—	第11条	第10条	—	第11条:废止
《印花税法》	—	—	第20条	第19条	第2条、第3条	第20条:废止

二、高质量税收立法的标准提炼:税收法定原则的理论延展

税收法定原则首先关涉税收立法。普遍认为,税收法定原则即通过强调纳税人同意权以确立对征税权的根本限制,其具体内容包括税收要素法定、税收要素明确、征税程序合法。然而,在税法基础理论研究成果日益繁盛的今天,税收立法却长期以来并没有被当作科学看待,立法实践往往并非人们自觉运用科学理论的产物。"法学理论研究工作者应当注重研究活生生的立法实践","实践与理论无涉的立法,没有理论指导、没有精神品格的立法,焉能是高质量的立法"。① 因此,在对税收法定原则研究不断深入的过程中,总结立法实践的经验教训,加强立法理论与实践的融合,提炼高质量税收立法的标准,既是对税收法定原则的延展,也是税收法治前瞻的核心。

立法质量,是指立法主体制定、认可或修改的法律文本的优劣程度。② 关于立法质量评价标准的探讨很多,包括内在标准和外在标准,③一般标准和特殊标准,④价值标准、法理标准、规范标准、实效标准,⑤形式标准与实质标准⑥等。不同标准间有重合,也有分歧。究其原因,一是脱离了立法质量是针对立法文本的核心意涵,而将立法文本以外的法律实效等囊括在内;二是未区分立法质量的评价标准与影响因素。

对税收立法质量的评价,或者探讨税收立法质量的理想样态,一则需考量立法质量

① 周旺生:《试论提高立法质量》,载《法学杂志》1998年第5期。

② 参见王称心:《立法后评估标准的概念、维度及影响因素分析》,载《法学杂志》2012年第11期。

③ 参见李长喜:《立法质量检测标准研究》,载周旺生主编:《立法研究》第2卷,法律出版社2001年版。

④ 参见汪全胜:《法律绩效评估机制论》,北京大学出版社2010年版,第175~176页。

⑤ 参见任尔昕等:《地方立法质量跟踪评估制度研究》,北京大学出版社2011年版,第111页。

⑥ 参见朱力宇主编:《地方立法的民主化与科学化问题研究——以北京市为主要例证》,中国人民大学出版社2011年版,第68~83页。

的一般标准，二则需从税收法定原则的角度对立法质量作针对性探讨。结合既有研究成果，笔者对税收立法质量的评价标准和影响因素作了重新梳理，前者是立法所欲达到的理想样态，即税收立法质量的评价标准核心无外乎税收立法文本的形式与实质：形式表现为税收法律文本，实质则是税收法律文本所规范的税法制度的实践面向。后者则是提高立法质量能动的方向，这一部分将在下文详述。

（一）税收立法质量的文本面向

就法律文本层面而言，从税收法律体系的整体协调融合，到税法文本的逻辑结构，乃至税收法律文本的语言表达，都从不同层面标志着税收立法质量的优劣。具体而言：

1. 税法文本的体系协调融合。协调融合是一个总体要求，“实施一部法律往往是实施全部法律。法律体系的不同部分之间必须协调统一”。① 整个法律秩序是内部无矛盾的统一体或者“意义整体”。② 税收法律体系的文本层面首先应当充分考虑我国宪法体制，以及宪法之下的中国特色社会主义法律体系的基本布局与立法体制，这更多是一个纵向考量；其次还需关照不同税种法之间、实体税法与程序税法之间的协调，这则更多属于一个横向考量。

（1）税收法律、税收行政法规、税收部门规章及规范性文件之间的协调。这一协调是税收法定原则的核心，即要求纳税人、征税对象、计税依据、税率、税收优惠等税法要素必须规定在法律中。承上文所述，对需要由法律规定的“税法要素”，学者普遍认同纳税人、征税对象、税率这3项，其他要素则相对比较模糊，《立法法》中针对税法要素也仅提及税率。从税收法定原则的功能及制度溯源来看，均意在控制国家征税权。国家征税权对纳税人影响最重大的包括对谁征税、对何物征税、征多少税、何时征税，也即能对纳税人私有财产权产生重大影响的因素均应当确立在法律中。必须强调的是，不能将税收优惠排除在外，税收优惠实质是一部分纳税人以其税额去惠及其他纳税人，其范围应当有所约束。另外，就各税种的立法机关而言，还涉及全国人大和全国人大常委会的立法权限，也即基本法律与非基本法律的界限与效力位阶问题。目前，我国税收立法中的税种法效力一般等同视之，税种法与税收征收管理法之间则多以特殊法与一般法的关系处理，因此，这一问题目前尚不凸显。但随着尚未立法的房地产税法、增值税法、消费税法逐步审议，乃至税法总则、税法典出台，这一问题必然需要《立法法》明确。

此外，必须由税收法律进行规定，也即意味着其他位阶的规范不得对这些要素进行规定，更不得直接变更税收法律的规定。“法律规定具有强制力乃是法律作为社会和平与正义的捍卫者的实质之所在”。③ 当然，税收法律与税收行政法规、规章及规范性文件

---

① 孔祥俊：《法律解释与适用方法》，中国法制出版社2017年版，第292页。

② 参见［德］伯恩·魏德士：《法理学》，丁小春等译，法律出版社2003年版，第330页。

③ ［美］E. 博登海默：《法理学：法律哲学与法律方法》，邓正来译，中国政法大学出版社2017年版，第349页。

之间并非绝对排斥，作为下位法，税收行政法规、规章及规范性文件可以在《宪法》《立法法》规定的权限范围内对税收立法作出细化规定，这些规范主要体现为技术性或操作性规范。另外，基于法律稳定性对法治建设和公民预期的重要性，立法不得不在实践灵活性与法律稳定性之间衡量，因此就势必产生授权性规范，就立法时未能预见的状况授权行政机关先行规定。行政机关的这两种权限，前者属于职权立法，后者则非经授权不得擅为。

(2)程序税法与实体税法之间的协调。征税合法性原则意味着与纳税人权利义务密切相关的程序要素必须经由法律明确规定，执法机关必须严格依法行政。尽管程序法定并非税收法定原则最初产生时所关注的议题，但在法治国家，根据依法行政的要求，征税机关的设置、权力及程序等基本规则必然需要制定法律。① 具体到税收征管中，对纳税人权利可能产生侵害的征管制度，如税务稽查、税收强制执行等，必须由法律予以规范，其他一般性管理规范则可以由行政机关自行规定。各国规定征税程序的法律模式大致分为综合法典模式、分税立法模式、单独立法模式，“各国根据其政治、经济和立法文化等因素以及各国的宏观立法体系，采用不同的立法模式”，“一旦选定某种模式，则在具体制度设计方面，应注意体系的一贯性，实现立法内部的协调”。② 我国采用税种法与《税收征收管理法》的单独立法模式，随着税收立法实践的发展，既需要强化各税种法对不同税种的针对性，又必须有意识地发掘税种法局部实践、广泛拓展的普遍性规律。

2. 税法文本的结构逻辑合理。协调融合延伸到税法文本上，就是税法文本内部的结构协调，“特定的法律都是由具有内在联系的法律条文构成的逻辑体系，各个条文之间相互呼应和协调”。③ 文本结构的核心在于通过各部分的优化、有机搭配和有序排列，使法律规范的结构保持因果性和完整性。④ 一般而言，法律文本的条文结构要求包括：法律名称要统一、简明、明确、适当；法的序言简明扼要、突出重点；正文部分一般依次为立法目的、立法根据、适用范围、定义规定、法的原则等；附则应当明确法的解释权限、实施细则的制定权限、法律文件的时效或废止、实施时间。对于税种法来说，大部分税种法的结构均围绕着纳税人、征税对象、计税依据、税率、税收优惠等税法实体要素，纳税义务发生时间、纳税期限、征收机关、纳税地点等税法程序要素，以及附则（包括生效时间、废止规定、过渡期等）的思路展开。对于设置章节与否，法律规范的体量是一个很大的因素，但通过对我国税收立法的梳理也可以发现，法条数量并不是绝对因素，如《环境保护税法》仅28条，也以五章的框架展开。在总结各税种法立法经验的基础上，寻找税种立法的一般逻

① 参见翁武耀：《再论税收法定原则及其在我国的落实——基于意大利强制性财产给付法定原则的研究》，载《交大法学》2017年第1期。

② 刘剑文：《法治财税论——治理现代化的中国进路》，中国财政经济出版社2017年版，第246~247页。

③ 孔祥俊：《法律解释与适用方法》，中国法制出版社2017年版，第291页。

④ 参见宋方青：《立法质量的判断标准》，载《法制与社会发展》2013年第5期。

辑思路，是税种立法完善的一个重要内容，同时也是为以后制定税法总则乃至税法典做准备。

3. 税法文本的语言明确统一。语言是构成税法文本的最基本元素，语言风格的不同同样也会引起税收法治的波动。税收法治的实践，始终需要依托高质量的税法文本。税法文本的语言标准是税收法定原则的重要内容，即税收要素明确——由法律规定的各项税收要素必须尽可能明确，以避免漏洞及歧义，给权力恣意滥用留下空间。“每个公民都必须缴纳的税收应当是确定的，而不是任意的……从所有国家的经验来看，赋税虽再不平等，其害民尚小，赋税稍不确定，其害民实大”。[①] 当然，不确定性概念的存在是无法避免的，绝对明确的法律规范必然面临着实践中的僵化。“语言的核心内容，其意义固甚明确，但愈趋边缘则愈为模糊，语言边缘之处的‘周缘意义’一片朦胧”，“法律条文亦复如是，总有临界案件濒临法律边缘”，“此非立法者之疏忽，而系为任何语言所难免，只要系语言，即难免有此病”。[②] 不确定的法律概念或者概括条款，“其主要功能在于使法院能适应社会经济及伦理道德价值观之变迁，而使法律能与时俱进，以实践其规范功能”，[③] 但其核心意旨均以必要为限。

除从根本上限制不确定性概念的使用外，在税收立法中加强概念解释可以成为一个有效途径。不同于事后的立法解释、行政解释和司法解释，法律概念的解释是最为源头的解释方式，但在税收立法中常常被忽视。另外，在税收法律体系庞杂的法律规范中，相关法律概念、法律规则的表述差异，是随着税收立法的不断增多而日益明显的一个新问题。显然，近几年的税收立法也在有意识地弥合这一差异，诸如授权规范、备案规则等在新近立法中都相对比较统一。但受限于税收立法的进程，仍然缺乏一个比较明确的调整规划。因此，提高税收法律规范中表达的统一性，也是提高税收立法质量的一个要点。

（二）税收立法质量的实践面向

扎实推进全面依法治国，确保制度设计行得通、真管用，发挥法治固根本、稳预期、利长远的保障作用，是党的十九大提出的未来一段时间内法治事业坚守的使命。党的二十大进一步提出坚持全面依法治国，推进法治中国建设。税收立法的文本是形式，税收立法始终需要面向税收实践，回应社会需求。唯此，税收法定理论才可“上接天缘、下接地气”，税收立法才能成为管用的良法。以面向实践的税收立法为线索，可以将税收立法质量的理想样态总结为：既能科学、合理地回应当下产生的争议，同时又能对未来的争议解决具有一定的前瞻性。详言之：

1. 科学性，即法律需要准确反映和体现所调整社会关系的客观规律。对此最为经典

---

① ［英］亚当·斯密：《国民财富的性质和原因的研究》（下卷），郭大力、王亚南译，商务印书馆1974年版，第385页。

② 杨仁寿：《法学方法论》，中国政法大学出版社2013年版，第113页。

③ 杨仁寿：《法学方法论》，中国政法大学出版社2013年版，第185页。

的表述莫过于马克思“立法者应当把自己当作一个自然科学家,他不是在制造法律,而仅仅是在表述法律”。[①] 在税收立法中,第一,处理好国家与纳税人之间的关系。也就是说,国家不要过分侵入纳税人的私人领域,不要过度干涉市场自由。第二,处理好中央与地方之间的关系,使制度真正因地制宜,保证地方的灵活自主性。第三,处理好立法机关与行政机关的关系,使其在法律规范的效力层面、内容层面发挥好各自的职能优势。

2. 回应性,即当前法律规定可以应对社会实践所面临的问题。毋庸置疑,这是一种理想的状态。自由法论者认为,立法者于制定法律之初,因疏忽、未预见或者情况变更使法律有漏洞是必然的。[②] “税制总是倾向于不完善,因而每过一段时期就要改革;每次税改既会遗留问题,又会蕴含共通的经验,特别是有助于制度完善的经验。”[③]正视这些缺陷,并致力在立法中弥补这些缺陷是我国税收法治建设中永恒的话题。

3. 前瞻性,即法律能够在一定程度上解决未来一段时间内可能产生的问题。法律体系不是静止的、封闭的、固定的,而是动态的、开放的、发展的。随着社会的不断发展,法律也要及时跟进,与时俱进。当然,前瞻性并不是一味地要求“超前立法”,立法的主要目的在于调整一定的社会关系,在这种社会关系形成之前便预先以立法对其作出调整,显然有悖于立法的基本经验和法理常识。[④]

4. 价值性,就道德视角而言,法治乃良法之治。良法是工具,治理是目的。税收法定落实并不意味着良法善治。在法律史的各个经典时期,对价值准则的论证、批判或者合乎逻辑的适用,都是法学家的主要活动。在税法中,价值分析方式可以有效引导人们对各种形式上合法的税收法律制度进行合理性审视,以挖掘其在道德、社会、法律等方面的含义和要求,进而提升税收法律的理性色彩。对我国这样一个正在推进税收法定的国家来说,无论是已经实现的立法,还是即将上升为法律的税种,对公平正义等价值的追求始终都是其最应当关注的面向。

三、高质量税收立法的路径探索:税收法定原则的法治前瞻

党的十九大描绘了2035年基本建成法治国家、法治政府、法治社会的宏伟蓝图。党的二十大进一步强调全面依法治国是国家治理的一场深刻革命。与此相对应,财政部出台《关于深入推进财政法治建设的指导意见》也指出,到2025年财政法律体系更加完善,2035年基本形成较完备的财政法律制度规范体系。认真审思我国税收立法的理想与现实,在零散立法之后,我们更需要在高质量税收立法导向下,在对高质量税收立法的标准提炼基础上,从影响税收立法质量的具体因素着手能动地进行调整,以推动我国税收法

① 《马克思恩格斯全集》(第1卷),中共中央马克思恩格斯列宁斯大林著作编译局译,人民出版社1956年版,第183页。

② 参见杨仁寿:《法学方法论》,中国政法大学出版社2013年版,第108页。

③ 张守文:《税制变迁与税收法治现代化》,载《中国社会科学》2015年第2期。

④ 参见周旺生:《试论提高立法质量》,载《法学杂志》1998年第5期。

治进入新阶段。

(一)保证税收立法数量

无论是把质量分为“质”和“量”，还是将“质量”与“数量”平行而论，立法质量和立法数量都密不可分。提高立法质量要求有一定数量和规模的法律：立法的总体数量需要和社会发展的客观需求相适应，立法不是越多越好；当立法数量累积到一定程度时，应当把重点放在提高立法质量、保证法律体系的协调上来。① 无论是程序税法还是实体税法，无论是直接税还是间接税，均要实现“有法可依”。但是，欲速反成迟，诸如尚未立法的税种中，增值税法、消费税法、房产税法等受到纳税人着重关注的重大立法，其税制与立法既有对过去立法的“路径依赖”，亦会对未来立法提供“路径依赖”，必须审慎行之、稳步推进。

(二)健全税收立法体制

立法体制是由立法权分配、立法权运用和立法权载体等方面构成的有机整体，直接关系立法质量的高低。在我国，就是要处理好全国人大与全国人大常委会的立法权、人大与政府的立法权、中央与地方的立法权划分等问题，并在此指导下，形成权限、效力清晰的税收立法体系。

具体来说，一方面，控制行政解释是当下亟须解决的问题。法律解释的目的是防止恣意裁量，保障税收公平，无论是解释过程还是解释结果均需符合纳税人利益。如将对关涉纳税人直接利益的解释权赋予行政机关，在纳税人缺乏知情、预期与协商的情况下，无法对行政机关作出监督，会使权责失去平衡。因此，在我国落实税收法定原则的过程中，势必要廓清解释权限，控制解释过程，以防止借解释之名，行立法之实，并通过对下位规范的审查监督机制来强化税收法律体系的统一性、层次性。另一方面，法律规则中颇多的委任性规则，既包括职权立法，亦包括授权立法。对于职权立法，需要在我国进一步明确界分税收法律、税收行政法规、税收规章及规范性文件权限。对于授权立法，则需要按照《立法法》的授权要求进行，明确授权对象、授权期限、授权事项、报告要求、备案对象等。

另外，“重视公众的话语权而进一步使之参与到法律和公共政策的制定过程，是当下中国法治转型的必然要求”。② 公众参与，一方面，是对间接民主的一种矫正。正如有观点指出，包括税收和财政支出在内的大多数政治决策，应当普遍适用于政治生活中的所有阶层和团体。③ 另一方面，“正当性与立法中的价值判断密切相关，然而价值判断往往

① 参见韩大元：《关于提高立法质量的宪法学思考》，载《河南社会科学》2010年第5期。

② 王桦宇：《漫谈税收法律主义——燃油税开征的法治理想与现实拷问》，载刘剑文主编：《财税法论丛》第10卷，法律出版社2009年版。

③ 参见[澳]杰弗瑞·布伦南、[美]詹姆斯·布坎南：《宪政经济学》，冯克利等译，中国社会科学出版社2004年版，“编校序”第11页。

容易陷入僵局，制度性的处理方式一般是将价值问题转化为程序问题，以通过程序正义实现利益充分博弈”。[①] 进言之，在面对税制优化博弈中的多重选择时，应尽可能实现多方意见的表达，在程序上适当调整以在立法中回应学术争议、回应民意诉求。从2005年我国首开立法听证，至今已十余年之久，但关于民意的征求范围、反馈机制尚未形成定式，依然取决于立法机关、行政机关的自觉。因此，对之前立法所形成的经验教训应当适时总结。包括社会能否参与、以怎样的方式参与、社会的参与对税收法治是否会产生影响以及它产生的影响程度如何，参与者和税收法治中的公权力机关之间能否形成有效的沟通和反馈机制，社会公众或者相关的社会组织如果无法获得参与的机会，或者在其参与过程中受到限制时能否有效地提出异议，[②]都需要制度化、规范化的表达，从而使社会参与的路径真实能“通”，并成为一种常态化机制。

（三）提高税收立法技术

立法技术是准确表达客观规律所运用的方法和技巧。立法技术与立法质量的关系更密切，能够立竿见影地提高立法质量。包括通过提升立法技术的现代化、大数据化，以及通过法规结构设置、立法概念界定、立法语言表达、立法依据收集、文件制作方法与模式等，保障立法工作更加规范。[③] 当下，对立法理论的探讨偏少，对立法技术的总结则更少。税法立法技术更多地需要从税收立法实践中梳理，并借鉴其他学科的研究成果。详言之，至少可以从以下两方面进行思考：

首先，应提高税收法律发展到一定阶段的规范化、体系化立法技术。民法典被认为是“现实化的社会纲领，其措辞行文即是社会纲领的表达”。法典化是立法理性化的首要手段，立法技术是民法典质量的重要保证。可以预见，我国税收立法未来必然会走向体系化、规范化乃至法典化。在这一进程中，民法典的立法技术，尤其是“提取公因式”这种总分体系、抽象化立法发展的经典表达，可以充分地为税法所借鉴。具体来说，以立法形式确立的实体税法之间、实体税法和程序税法之间需要相互推动，即通过不断总结梳理，并通过“从具有共同性的法律规范群中抽象出一般规则”的“提取公因式”[④]过程，弥补各税种法之间、税种法与《税收征收管理法》之间，由于受限于税制改革的不同阶段和税收立法实践的不断反思而展现出的层次性。短期内，部分共通性内容可以由《税收征收管理法》进行规范；长期来看，这部分内容则当属税法总则规范之下，以逐步实现法律文本的逻辑性、简洁性。

其次，应提高应对法律文本僵化与社会实践多样性之间矛盾的立法技术。税收法定原则和罪刑法定原则作为对纳税人财产权和人身权保障的两大基本原则，共同面临着对

① 刘汉霞：《再论我国房产税立法的目标定位与价值选择》，载《广东社会科学》2015年第5期。
② 参见陈治：《国家治理视阈下预算权配置的反思与转型》，载《中国法律评论》2018年第6期。
③ 参见徐凤英：《提升我国立法质量的路径选择》，载《东岳论丛》2016年第10期。
④ 孙宪忠：《中国民法典总则与分则之间的统辖遵从关系》，载《法学研究》2020年第3期。

明确性与概括性的博弈难题，事无巨细的税收法律必然面临“朝令夕改”的尴尬。对此，刑法上对种种立法现象的明确与概括予以细致分析并区别对待，值得借鉴。[①] 此外，以往税种立法中的一些技巧，如个人所得税中讨论比较多的“推广税收指数化”“建立弹性税制”“税法要素指数化”，《企业所得税法》中过渡期间的规定，征税对象的“概括 + 正向列举 + 兜底条款”“概括 + 反向列举”等立法技术的选择等，也可以适当地在其他税种立法中予以借鉴。

（四）完善税收立法程序

广义的立法既包括创制法律，也包括法律的补充、修改、认可、废止。立法程序则是有权立法的国家机关进行立法活动时必须遵守的法定次序、步骤和方法。一般而言，立法程序包括立法议案的提出、审议、表决和通过、公布。作为税收立法质量的程序理性保障，税收立法程序应当受到充分重视，在不断实现税收立法、修法、废止常态化、理性化、规范化的基础上不断创新，完善税收立法程序。

就立法而言，要着重解决“平移立法”与“税制优化”的关系。“平移立法”可以加快落实税收法定原则的步伐，并最大限度地减少立法过程给征纳双方带来的不便。从税制与实践的契合角度来看，前述“平移立法”的“平移”可以认为是积极的“平移”，但也可能存在消极的“平移”，即并非受制于经济发展需求，而是主观上疏于关照，或者争议较大“众口难调”。对此应客观分析，“在立法时，我们都是有多种选择的，不可能只有一种确定不移、绝对正确的选择”，“而要能够进行选择，问题是我们要从习惯思维定式或法律教程中摆脱出来，使一些因我们的思维定式而看不见的选择得以呈现在我们面前，加以分析比较”。[②] 立法机关是一个可以为多元化利益表达和多重目标诉求提供一个制度化实现渠道的代表机构，立法过程本身不应该仅沦为形式，或者是追求全票通过，而是要回归到审议、讨论、协商的民主轨道上，有效充分地运用立法的表达和表决方式。进言之，应当在充分发挥“平移立法”优势的同时，积极回应税制争议、推动税制优化。

就修法而言，“制度设计是一项技术性的管理工作，但对于加剧社会与政治紧张局势意义重大”，“存在一种危险，即制度设计可能难以随着社会和政治结构的变化而变化”，“税收制度对这些变化调整的延迟，很可能会造成纳税人对国家的信任危机”。[③] 但是，“人们倘使习惯于轻率的变革，这不是社会的幸福，要是变革所得的利益不大，则法律和政府方面所包含的一些缺点还是姑且让它沿袭的好”。[④] 进言之，修法的力度与时机需要结合税制改革及立法实践进行斟酌，修法的决策与程序需要在立法体制范围内保持理

---

① 参见付立庆：《论刑法用语的明确性与概括性——从刑事立法技术的角度切入》，载《法律科学（西北政法学院学报）》2013年第2期。

② 苏力：《法治及其本土资源》，北京大学出版社2015年版，第110页。

③ ［英］马丁·唐顿：《信任利维坦：英国的税收政治学（1799～1914）》，魏陆译，上海财经大学出版社2018年版，第12～13页。

④ ［古希腊］亚里士多德：《政治学》，吴寿彭译，商务印书馆1981年版，第81页。

性与规范。

就废止而言,“任何一部法律都有从颁行到废止的周期”。[①] 在我国落实税收法定原则的进程中,除将暂行条例上升为立法以及力度不断加大的修法外,对相应暂行条例、实施细则及规范性文件的梳理整合,也是当下立法工作的重要内容。另外,过于陈旧、对发展不再有作用的法律条款应当及时废止,这本身也是税收立法应当关注的常态化立法程序,既是对实现高质量税收立法体系建设的保障,也是助益纳税人税法遵从的良策。

最后,在一般程序之外,为不断提高立法质量,理论上和实践中有很多创新性的安排可资借鉴,如立法项目论证,即在前期调研、测算的基础上,充分论证立法的可行性、必要性,继而确定立法项目;再如,立法评估,包括立法前评估和立法后评估等。这有利于在理性探讨的基础上,对税收立法程序进行完善。

四、余论

税收立法质量的高低,会直接影响执法、司法、守法的理性。站在我国“一税一法”的税收法律体系初步形成的时间节点,对高质量税收立法的标准提炼和路径探索,是对税收法定原则理论的适时延展,也是在税收法治的理想与现实间“来回穿梭”,是一种从反思走向重塑的理性思考。从税收法定原则的整体进程来看,落实税收法定原则的基本目标是通过一个立法、修法、整理、清理的过程,从而建立一个组成部门齐备、层次清晰、相互协调的高质量税收法律体系,为实现“理财治国”提供基本的框架支持和规则约束。在这一进程中,从短期来看,提高税收立法质量是对现行法律体系的高要求;从长期来看,这一系列对理想样态的追求也是未来出台“税法总则”乃至“税法典”的必经阶段。

当然,税收法定原则的落实,并不是一个纯粹总结归纳式的探讨,而是一个动态的评价过程,它贯穿在税法制定、实施乃至争讼等环节,同时也反映在税治程度、效果、意识等多方面。站在更广阔的视野上看待税收法定,它更和财税体制改革、现代财政制度建设紧密相关。徒“财税法”不足以自行,财税法治依然要建立在国家基本制度的总棋局上,财税治理的现代化是整个国家治理体系和治理能力现代化的历史转型的缩影。

---

① 张献勇、吕洪雁:《“日落规则”对税收授权立法的规制》,载《税务研究》2014 年第 6 期。

重释税收法定主义

——以《海南自由贸易港法》颁布为契机*

许多奇**

一、问题的提出:海南自由贸易港税收制度创新困局

税收通常被视为国家对符合法定课税要素的主体无偿课征资财以获取政府运行财政资金的活动,如果缺乏必要的法律认可和法定程序,就会由于无法律依据却将私人经济主体(企业和个人)的财产划拨到政府的国库之中,成为剥夺纳税人财产,甚至非法入侵劳动力市场的手段。① 税收法定主义的确立,是为了反对政府缺乏合法依据强加给人民各种负担,与市民阶级反对封建君主恣意征税的运动不可分割。② 此后,税收法定主义发展成为一项税法原则和税法至为重要的"帝王条款"而备受推崇,作为"支配税法全部内容的基本原则",③只有得到严格遵循与坚守,才能有效地处理立法权的分配和授予、法律解释与适用等诸多相关问题。"租税法定主义"又名"租税法律主义",是"法律保留原则"在租税法上的具体实现,而其法律特性则是与刑法上所谓的"罪刑法定主义"互相呼应。④ 根据"税收是法律的设定物"的观点,国家的征税权力和公民的纳税义务被设定为法律上的权力和义务,因此,税收立法权就成为国家税收权力的创制权,是国家进行税收活动的源权力。⑤ 我国《宪法》第56条规定,"纳税人有依法纳税的义务",为税收法定

---

* 国家社会科学基金项目"我国互联网金融市场准入与监管法制重大理论与实践问题研究"(项目编号:16BFX098)、复旦大学人文社科青年融合创新团队项目"数据风管法律规制问题研究"(项目编号:IDH3457009)的阶段性研究成果,首次发表于《法学论坛》2022年第2期。本文感谢严益州老师的启示,文责自负。

** 复旦大学法学院教授、复旦大学数字经济法治研究中心主任,上海高级金融学院兼任教授。

① See Arye L. Hillman, *Public Finance and Public Policy* (2nd Edition), Cambridge University Press, 2009, p. 251.

② 参见张守文:《论税收法定主义》,载《法学研究》1996年第6期。

③ [日]金子宏:《日本税法原理》,刘多田译,中国财政经济出版社1989年版,第47页。

④ 参见林进富:《租税法新论》,台北,三民书局股份有限公司2002年版,第63页。

⑤ 参见王鸿貌主编:《税法学的立场与理论》,中国税务出版社2008年版,第214页。

主义的宪法依据。对此,学界存在观点争议。① 但无论如何,课税要素法定、课税要素明确和依法定程序稽征等内容,成为税收法定主义的题中应有之义。

税收法定主义的首要内涵是税收立法的合法性与本源的正当性。通说认为,只有作为征税主体的政府依且仅依法律进行征税,而规范课税行为的税收立法具备宪法依据,税收制度具有合宪性和合法性基础,才能使纳税人的权利成为基本权利得到强保护。② 故,税收法定主义之"法"并非在抽象的、整体的意义上来适用的,而是仅指法律。③ 税收立法就应是指专门的国家立法机关或最高国家权力机关依据其职权制定税收法律的活动或行为。换言之,在税收法定主义视野中,税收立法的实质就是税收法律保留。

毋庸置疑,在税收法律保留和地方税收制度创新之间,存在天然的张力和紧张关系。随着我国改革开放走入深水区,自由贸易区乃至自由贸易港相继涌现,税收制度创新要求不断提升。税收法定主义形成的政府自我受限,本来是法治进步的体现;然而,如果自由贸易港(区)相关部门以此为依据,作为不愿、也不敢创新的掣肘理由,给自由贸易港(区)税收制度创新造成的阻力和困局,就与现阶段我国深化改革和税收现代化治理改革的初衷背道而驰。④ 2015 年修正的《立法法》第 8 条规定"税种的设立、税率的确定和税收征收管理等税收基本制度"等事项"只能制定法律",该条被称为法律保留原则。那么,我们不禁重新反思,在国家推进海南自由贸易港制度集成创新大背景下,贵在敢为人先,先行先试,⑤税收法定的"法"依然仅是指全国人大及其常委会的立法吗？如果所有税收立法都涉及重要事项,都属于绝对的国家事权,那么地方立法和行政机关该如何进

---

① 有学者认为,我国《宪法》第 56 条"中华人民共和国公民有依照法律纳税的义务"为税收法定主义的宪法依据,参见陈清秀:《税捐法定主义》,载翁岳生教授六秩诞辰祝寿论文集编辑委员会编辑:《当代公法理论》,台北,月旦出版股份有限公司 1993 年版;刘剑文:《掠夺之手抑或扶持之手——论私人财产课税法治化》,载《政法论坛》2011 年第 4 期;熊伟:《重申税收法定主义》,载《法学杂志》2014 年第 2 期。也有学者持反对意见,认为该条仅对公民纳税义务进行规定,未涉及对国家征税权限制的问题,且条文中"法律"并非是指狭义法律,因而无法作为税收法定主义的依据,参见张守文:《论税收法定主义》,载《法学研究》1996 年第 6 期;覃有土等:《论税收法定主义》,载《现代法学》2000 年第 3 期;李刚、周俊琪:《从法解释的角度看我国〈宪法〉第五十六条与税收法定主义——与刘剑文、熊伟二学者商榷》,载《税务研究》2006 年第 9 期;胡戎恩、刘书燃:《我国税收立法之原理与实践分析》,载《法学杂志》2007 年第 4 期;刘莘、王凌光:《税收法定与立法保留》,载《行政法学研究》2008 年第 3 期;王士如:《中国税收立法的宪政思考——从税收法定主义谈起》,载《政法论坛》2009 年第 1 期;秦前红:《论宪法上的税》,载《河南财经政法大学学报》2012 年第 3 期;叶姗:《个人所得税纳税义务的法律建构》,载《中国法学》2020 年第 1 期。

② 参见李刚、周俊琪:《从法解释的角度看我国〈宪法〉第五十六条与税收法定主义——与刘剑文、熊伟二学者商榷》,载《税务研究》2006 年第 9 期。

③ 刘剑文:《中国税收立法问题研究》,载徐杰主编:《经济法论丛》第 1 卷,法律出版社 2000 年版。

④ 参见 2021 年 3 月发布的《中华人民共和国国民经济和社会发展第十四个五年规划和 2035 年远景目标纲要》第二十一章"建立现代财税金融体制"部分。

⑤ 董涛等:《制度集成创新的原理与应用——来自海南自由贸易港的建设实践》,载《管理世界》2021 年第 5 期。

行税收制度创新?

国家为了全力打造海南自由贸易港,截至2021年4月12日,已发布政策文件110多份,自由贸易港政策制度框架初步建立,可谓“鸿蒙初辟”。① 尤其值得深思的是,在海南自由贸易港实行“零关税、低税率、简税制”的特殊税收制度之后,对于短期内的财政收入可能有所影响,2021年6月10日通过并实施的《海南自由贸易港法》②第25条规定,“在海南自由贸易港开发建设阶段,中央财政根据实际,结合税制变化情况,对海南自由贸易港给予适当财政支持。鼓励海南省在国务院批准的限额内发行地方政府债券支持海南自由贸易港项目建设。海南省设立政府引导、市场化方式运作的海南自由贸易港建设投资基金”。这种放权和授权的系统化制度安排,一方面无疑会为海南自由贸易港的发展和改革开辟新的广阔空间,另一方面也会对海南省级政府创新能力和治理能力提出重大考验。

二、政府的权力受限:税收法定主义的理论与实践

税收法定主义为了限制政府的权力而产生,随着政府权力的逐步扩大,税收法定主义的内涵也随之扩张,有学者从目的解释的角度,将税收法定主义也置于宪法框架下,③使政府征税权力受到最大程度的制约,而纳税人的权利得到保护和张扬。④ 税收法定主义正是与政府权力受限的历史发展同步演进的。

(一)遏制政府权力扩张

我国税收法定主义原则的确立,经历了从无到有、从松到紧的现实发展过程。最初,税收只是在国家课税权强压之下纳税人所负的义务而已,制定税法的任务自然就落到税务机关手中。自从1984年和1985年全国人大及其常委会授权行政机关制定税收制度之后,国务院制定了一系列税收暂行条例。由于人民代表在行使职权参与立法时,除考虑国家的财政收入和税收需求外,更多应考虑其所代表的纳税人的意愿和要求,随着纳税人权利意识的觉醒,2009年6月22日,第十一届全国人大常委会通过了《关于废止部

① 《国新办举行海南自由贸易港政策制度建立进展情况发布会图文实录》,载中国国务院新闻办公室官网,http://www.scio.gov.cn/xwfbh/xwbfbh/wqfbh/44687/45259/wz45261/Document/1701923/1701923.htm,最后访问日期:2021年8月6日。

② 《海南自由贸易港法》赋予海南更大的改革自主权,明确了国家建立海南自由贸易港建设领导机制与海南自由贸易港建设相适应的行政管理体制,国务院及其有关部门根据需要,依法授权或者委托海南省人民政府及其有关部门行使相关管理职权。参见凌广志、刘邓:《海南自由贸易港法:为什么立?有什么用?》,载《瞭望》2021年第29期。

③ 秉持此类观点的学者认为,宪法的目的只有一个,即保护公民的基本权利,税收的开征也必须受制于公民的基本权利;结合《宪法》第13条有关保护公民的合法私有财产的规定,未经以代议制机构立法作为形式的公民的“同意”,通过征税侵犯公民的私有财产权利就是违法的。由此,两位学者得出结论:《宪法》第56条既是对公民纳税义务的确认,也是对国家课税权的一种限制。参见刘剑文、熊伟:《税法基础理论》,北京大学出版社2004年版,第108~109页。

④ 参见黎江虹:《中国纳税人权利研究》,中国检察出版社2010年版,第9页。

分法律的决定》,1984 年的全国人民代表大会常务委员会《关于授权国务院改革工商税制发布有关税收条例草案试行的决定》被废止。但是,1985 年授权决定目前仍然有效,现行税收暂行条例,如《增值税暂行条例》《营业税暂行条例》《消费税暂行条例》等,均以其作为法律依据。由此可知,如果没有税收法定原则的限制,以国务院为代表的税收行政立法机关在权限上无可厚非。① 可以想象,现代政府收入大多依赖税收,相对弱势的纳税人而言,国家征税权在相当一段时间里处于强势地位。国家征税权不断扩张的内驱力,易造成对纳税人权利的干预。② 为将这种侵犯与剥夺的权力限制在合法合理的范围之内,税收法定主义就是针对征税权进行积极的防范和控制,意味着"政府受制于宪法,是一种有限政府"。③ 2000 年《立法法》第 9 条规定:"本法第八条规定的事项尚未制定法律的,全国人民代表大会及其常务委员会有权作出决定,授权国务院可以根据实际需要,对其中的部分事项先制定行政法规。"虽然彼时的《立法法》强调全国人大及其常委会对于有关财税方面的基本制度拥有专属立法权,但其同时也肯定了授权立法的合理性,即除有关"犯罪和刑罚""对公民政治权利的剥夺、限制人身自由的强制措施和处罚"等内容外,被授权机关有权行使该项权力,只是该权力受控于严格的授权范围与目的。值得注意的是,当时的绝对禁止事项不包括财税基本制度。经过 10 余年的争论,税收法定主义中的"法定",是否仅是指立法机关制定的"法律",曾引发税收授权立法的广泛讨论。④ 国民代表在行使税收立法权力时,其职责应该是尽可能地合理限制乃至减少国家的征税权力,从而保证税收活动对纳税人的损害或剥夺处于最低必要的水平。2013 年全国人民代表大会期间,32 位代表联名提交议案,要求全国人大收回对国务院制定税收行政法规的授权⑤——这意味着行政机关只有在明确授权下才能进行税收立法,由立法机关保留制定法律以及在法律中规定课税要素的权力,要求我国的税收立法权归于全国人大及其常委会所有。该事件标志税收法定主义开始从理论进入实践场域。行政机关的法规命

---

① 参见熊伟:《论我国的税收授权立法制度》,载《税务研究》2013 年第 6 期。

② 参见王士如:《中国税收立法的宪政思考——从税收法定主义谈起》,载《政法论坛》2009 年第 1 期。

③ [美]路易斯·亨金:《宪政·民主·对外事务》,邓正来译,三联书店 1997 年版,第 11 页。

④ 目前,学界一般认为"税收法定"之"法"仅是指狭义法律,即国家立法机关所立之法(全国人大及其常委会的立法),国家立法机关依据宪法的授权而保留着自己专属的立法权力,除非它愿意授权其他机关立法,任何主体均不得与其分享立法权力;即便行政机关根据立法机关授权立法(国务院经全国人大授权后制定的行政法规),也不得以"变通""灵活"掏空国家立法的精义。参见张守文:《论税收法定主义》,载《法学研究》1996 年第 6 期;秦前红:《论宪法上的税》,载《河南财经政法大学学报》2012 年第 3 期;袁明圣:《我国税收行政立法权的合法性危机及其出路》,载《法商研究》2010 年第 1 期。但也有学者认为,应从我国立法实践和国情出发,将"税收法定"的"法"范围扩展到行政法规,参见郭昌盛:《税收法定原则落实的理论前提之反思》,载《烟台大学学报(哲学社会科学版)》2021 年第 2 期。

⑤ 参见刘世昕:《全国人大代表两度提议案推进税收立法回归人大》,载《中国青年报》2014 年 12 月 24 日,第 6 版。

令或行政规则,虽亦能平等课征,但不符合民主原理。[①] 为了防止行政机关借其立法侵犯纳税人的财产利益,使行政权受到必要的监管,未经授权的行政机关不得在行政法规中对课税要素作出规定,部门规章及地方政府规章等其他法律性文件亦不能擅自规定课税要素。确立税收法律保留原则使国家立法机关独享税收立法权,从而限制或剥夺了行政机关通过制定税收法律恣意获取财产的能力,而只享有执行税收法律和管理税收事务的权力。概言之,税收法定原则是纳税人权利与政府征税权力平衡的结果,是遏制政府权力扩张的必要手段。

(二)阻断有害税收竞争

地方政府之间此消彼长式的税收优惠竞争长期存在且屡禁不止,税收法定主义与地方越权竞争之间存在天然的矛盾,特定税收优惠[②]既有存在的历史合理性,又严重违反税收法定主义。防止地方政府有害竞争的良方是税收法定主义与法律保留原则:前者要求有关税收基本制度的规定,必须由全国人大及其常委会制定法律,这包括税收优惠在内,而其他制度则可以由国务院根据授权制定行政法规;后者则是有关公民宪法基本权利的限制等专属立法事项,必须由立法机关通过立法规定,不得由行政机关代为规定,行政机关实施任何行政行为都必须有法律授权,否则,其合法性将受到质疑。[③] 为此,国务院发布了《关于清理规范税收等优惠政策的通知》(国发〔2014〕62 号),[④]随后,考虑到经济下行压力,又在半年之内,发布《关于税收等优惠政策相关事项的通知》(国发〔2015〕25 号)暂停清理,[⑤]使现存的部分地方税收优惠政策得以"合法化"。由上分析可知,虽几经波折,清理地方税收优惠的不变内涵包括:一是税收优惠权限在中央,地方未经授权,无权任意减免;二是行业税收政策一般在全国范围内适用,国家不可能单独出台特定地区的行业税收政策;三是根据国务院规定,安排支出不得与企业缴纳的税收或规费收入挂钩,必须严格按照中央文件规定执行;四是不宜提及给予个人或企业直接的税收优惠,以免引起各地方政府的潜在攀比和有害竞争。

为了统一中央的税收宏观调控权和转移支付能力,地方无税收立法权和税收政策制定权,突出该原理的目的之一在于保证不因税收优惠导致地方市场不公平竞争,保持地

---

① 参见葛克昌、蔡茂寅、陈清秀主编:《财政法》,台北,新学林出版股份有限公司 2020 年版,第 4 页。

② 税收优惠分为法定优惠、临时优惠和特定优惠,法定和临时的税收优惠都比较少,唯独特定税收优惠在我国绝大多数税种中都占据主体地位,即大量以行政主体为制定机关的特定税收优惠处于我国减免税制度的核心。参见张学博:《中国现行减免税制度之反思》,载《西部法学评论》2012 年第 2 期。

③ 参见张现彬、王莹:《地方税收优惠政策"路在何方"——以税收法定和税收管理权切入》,载《地方财政研究》2017 年第 3 期。

④ 2014 年 11 月,国务院发布了"62 号文",要求对地方税收优惠政策开展专项清理,废除违法违规的优惠政策。

⑤ 但是时隔半年,国务院又发布了"25 号文",暂停正在开展的清理工作,并承认地方之前生效的优惠政策规定期限的继续有效,没有期限的在废止之前加一个"过渡期"。

方税收中性的同时,避免地方不当的税收竞争侵蚀中央税权。不容忽视的是,税收优惠的法定性与分权性绝非天然矛盾,合理的税收优惠分权是实现税收分配正义的制度保障。[①] 由于一些地方政府的税收优惠实践明显违背以自由竞争市场经济为背景的税收中性原则,[②]干扰和扭曲市场机制在全国范围内的政策运行,因此必须阻断地方税收优惠的有害竞争。即便如此,也只宜采取疏通的方式,规范地方税收优惠政策的制定形式,可由中央制定统一的税收总量控制和政策审查等标准,或授权地方专门立法,阻断简单地以"通知""决定""办法"等非正式规范性文件形式,单纯以税收优惠有害竞争形式拉动地方经济发展,形成对地方税收优惠权的制衡。地方性税收优惠,至少以"地方性法规""规章"等效力更高的法律渊源作出,以期实现诺斯制度经济学理论中所表明的"可提高经济绩效"[③]的税收制度创新。

(三)地方政府的自我受限

税收权力的扩张性决定了政府权力的受限性。因此,政府必须时刻维护权力与纳税人权利之间的界限,防止权力对个人生活领域的绝对侵犯。一方面,政府应对权力自利性行为进行控制,但政府行政能力也不是一成不变的,当政府行政能力下降时,这种控制能力也会相应下降,就有可能导致非理性行为的发生,对政府权力施加法律约束就是必然的选择。另一方面,因为权力承担的责任是多元的,权力首先应该对纳税人负责,但在现实的科层制中,地方政府还要对上级中央政府负责,如此,地方政府在多重责任中左右为难,责任与利益冲突也就难以避免。[④] 法律也在不断培养政府的自我受限习惯,一些地方政府在受到税收法定主义长期宣传和浸润之后,形成"无法律则无优惠"的自觉受限状态。

那么,地方政府的自主性与自我受限的界限到底在哪里?税收优惠是地方税收竞争的重要手段,税收优惠的有效克制也是权力自我受限的表现:一是积极性的,即权力必须为纳税人谋取福利,政府税收制度安排必须以保障纳税人基本权利和本地人民的福祉为目标,应积极谋求国家与纳税人之间、纳税人相互之间、地方政府之间的利益平衡,克制恣意设定税收优惠的冲动,维护税收中性;二是消极性的,即防止税收高权被滥用和误用,避免任意、随机采取税收优惠招商引资,将"必要的恶"自我受限于一定的范围之内,这既是法律安定性的要求,也是宪法上民主原则在税法上的体现。从中央和地方税收权力关系来看,任何权力都具有干预市场经济和私人生活的必然性,可通过中央和地方权力之间的张力,将这种干预控制在一定限度内。如我国在税收立法方面,一直坚持中央集权,但在以中央集权为主、以维护中央政府财政权威为基本前提的同时,按照"适度集

---

① 参见蒋悟真:《税收优惠分权的法治化:标准、困境与出路》,载《广东社会科学》2020 年第 1 期。

② 税收中性原则在早期是指税收越少越好,随着经济发展,就从只追求税收的多少转向税收不扭曲资源配置格局,维护税收负担公平性和市场的统一性。

③ See Douglass C. North & Robert Paul Thomas, *The Rise of the Western World*, Cambridge University Press, 1973, p. 99.

④ 参见唐土红:《论权力运行的伦理限度》,载《内蒙古社会科学》2011 年第 1 期。

中、合理分权"的原则有限度地下放部分地方税的立法权，使中央集中立法与地方适度分权有机统一，则是新的治税理念。① 为了防止地方政府发挥自主性时，无法充分考虑中央财政权威与地方税权自主的平衡，应当为地方性法规与行政法规之间的自主调节留出空间，但不得使之成为独立的税收优惠制定权的依据。② 因此，可在最大程度上消除地方政府形式上"无权状态"与实质上设定层出不穷的税收优惠政策的矛盾。地方政府适当的自我受限，能防止过度侵蚀政府财政收入的根基，将地方税收优惠制度创新与中央政府税收立法高权平衡起来。

三、经济激励：税收制度创新的法治手段

在生产要素流动更加频繁的全球化背景下，税收竞争既是地方政府之间争夺资源的国内竞争手段，也是生产要素跨地区流动引发国际竞争的重要组成部分。制度竞争已经成为各国关注的焦点，现代化的国家治理能力和法律秩序的好坏极大地影响了一个地区的吸引力。

（一）"激励相容"③执法改革：上海自由贸易区成为财税体制改革的新窗口

上海自由贸易区税制改革应当以形成面向全国的可复制性经验为内涵式目标。国务院将上海定位为全国"改革开放进入深水区后进一步推进改革的试验区"，这决定了它有别于此前设立的众多国内经济特区、新区、保税区以及境外自由贸易区。首先，上海自由贸易区采用"激励相容"的形式，实现可复制的税收制度改革。以前的经济特区和保税区是我国计划经济向市场经济过渡的产物，其制度创新局限于一个享受特殊政策待遇的地域范围，运用简单的低税率吸引各方投资发展经济，即使具有一定的先行性和示范性，但不一定具有高阶、深层激励创新企业有序竞争发展的可复制性。而上海自由贸易区是全球第一个以"自由贸易试验区"来督促国家金融改革的"试验区"，其相应的税制改革的最大亮点之一，应当在于区内税收优惠制度设计、优化税收征管流程、强化关税监管措施等制度的可复制性，通过先试先行，取得经验后逐渐推广、复制至全国各地，成为引领全国深层次改革的新起点、新标志。④ 其次，虽然上海自由贸易区作为第一个创设的自由贸易区，这个改革窗口为引领和保障税收法治、强化地方自主性孕育了无限的新可能，但其制度创新仍主要是在税收执法上的简政放权，简化行政审批程序，强化税收行政机关的服务职能。⑤ 综观上海自由贸易区的税制改革方案，仍存在缺乏整体设计、税收实体制

---

① 参见王士如：《中国税收立法的宪政思考——从税收法定主义谈起》，载《政法论坛》2009 年第 1 期。

② 参见陈敏：《税法总论》，台北，2019 年自版发行。

③ 从"理性经济人"假设出发，经济学家提出，在市场经济条件下，每个理性的经济人都希望以最小成本获取最大的经济利益，如果可以制定一项制度，使个人追求个人利益的行为，与集体追求集体利益的目标最大程度相吻合，就可以激励创造更多的价值，实现"激励相容"。

④ 参见张富强：《关于中国自贸区税制设计可复制性的法律思考》，载《社会科学战线》2015 年第 2 期。

⑤ 参见北京大学财经法研究中心编：《税醒了的法治：刘剑文教授访谈录》，北京大学出版社 2014 年版，第 224 页。

度创新不足等问题，[①]并没有对我国当前的税收法律制度从根本上、格局上作出变动。多项改革方案并没有出现税种和税率方面的变化，而只是对符合条件企业的所得税缴纳方式有所变更，并对增值税退税和免税的范围进行扩大，以及使融资租赁的分公司也可以享受出口退税等。抑或是旨在为缓解因税收造成的现金流压力而允许在分期缴纳和递延缴纳上作出细节调整。效率的提升依托制度的优化，上海自由贸易区税制改革主要是在“便利化”营商环境方面作出制度创新。再次，在税收优惠属于法律保留和中央事权，且无法确定获得充分授权的大局势下，强调对符合税收法定主义的程序税法正义价值的追求和实现，在提供优质纳税服务的基础上，简化征税环节的程序和手续，同时严格依法课征，不征“过头税”，进而实现纳税人权利的充分保障，构建和谐的征纳关系，为全国层面逐步实现税收优惠向税收程序正义的转型提供有益经验。可见，上海自由贸易区的探索还处在准确理解和把握中央提出的建设自由贸易试验区应当“大胆闯、大胆试、自主改”与“法治环境规范”“于法有据”的要求之间的关系，以及正确处理好上海地方立法的受制性与立法引领性、前瞻性的关系之上。[②] 2021 年，中共中央、国务院通过《关于支持浦东新区高水平改革开放打造社会主义现代化建设引领区的意见》，[③]全国人大常委会发布《关于授权上海市人民代表大会及其常务委员会制定浦东新区法规的决定》，[④]给予了浦东新区高水平改革开放更多的立法和制度空间，但在税收改革方面着墨不多，只是围绕国际金融中心改革，提出了“在不导致税基侵蚀和利润转移的前提下，探索试点自由贸易账户的税收安排”等谨慎表述，如何实现包括税收制度在内的高水平制度集成创新，尚需深入思考和探索。

反观自由贸易区设立的历史，从 2013 年 9 月至 2019 年 8 月，我国先后分 4 个批次批准成立 18 个自由贸易试验区，逐步形成在全国各地分布、以差异化目标发展的新一轮全面开放格局。由于政府的自我受限性和资本的逐利性，面向一个地区的税收优惠往往削弱了其他周边区域企业的竞争力，这种以损害其他区域发展为代价的发展模式是一种互为沟壑的、破坏税收中性的发展模式，它最终只会造成整体水平的低下。鉴于税收法定主义对自由贸易区创设税收优惠制度的限制，虽然各地自由贸易区在税收征管方面均有不同程度的便民服务举措出台，但因尚未释放巨大的改革红利而使民众对自由贸易区税收法律制度创新的现状多有质疑。那么，在新一轮自由贸易区战略的诸多内容中，如何贯穿和实现以优化税制为核心的“包容发展”法治建设，就成为关注的焦点所在。

---

① 参见李慈强：《论自贸区战略中的税收法治建设及其完善》，载《法治现代化研究》2020 年第 4 期。

② 参见丁伟：《上海自贸区立法经验及启示》，载《人民政坛》2015 年第 9 期。

③ 载中央人民政府网，http://www.gov.cn/xinwen/2021-07/15/content_5625299.htm。

④ 载全国人民代表大会官网，http://www.npc.gov.cn/npc/c30834/202106/9566bd58b477461483314c22ce449015.shtml。

(二)"包容发展"立法改革:海南自由贸易港税收制度沙盒试验田

从全球层面来看,建设自由贸易区已经不再局限于单纯的经济范畴,而是兼具外交、政治等维度的战略意义,成为国与国之间展开合作、进行竞争的重要手段。[①] 在新时代,海南这一祖国最南端的明珠,势必凭借建设自由贸易港的东风,扬帆起航、乘风破浪,谱写新时代发展的新篇章。中央赋予海南全岛建设自由贸易试验区和中国特色自由贸易港"先区后港"的重大使命,把海南推到了改革开放的最前沿。自由贸易港是当今世界最高水平的开放形态。海南自由贸易试验区与中国特色自由贸易港是承先启后的关系。相对自由贸易区,自由贸易港是开放程度更高的区域经济形态,是有别于国内所有自由贸易区的升级版。[②] 海南自由贸易试验区的各项创新试验,是围绕制度创新,在机制、模式与途径方面对开放型经济发展的新探索与新突破。海南自由贸易区依靠制度创新激发市场活力,营造一流的营商环境,加快形成更多可复制可推广的制度创新成果,同时为分步骤、分阶段建立中国特色自由贸易港政策和制度体系打下坚实基础。海南在提升税收"便利化"方面成效显著。围绕"落实'放管服'改革、优化税收营商环境",海南省税务局积极谋划,在全省范围内推进基层自主制度创新活动,加大力度拓宽创新工作思路,推出了一系列税收制度创新项目。如"无税不申报"制度就是其中一项特色。此外,海南省税务局还出台了"创新税务监管模式、服务平台经济发展""成立全国首支警税联合支队""出台全国首张免罚清单"多项制度创新项目。

《海南自由贸易港法》是宣布对海南自由贸易港最高水平开放的重要法律,将海南提升到前所未有的改革新高度,代表海南将会在制度创新方面开启里程碑式的探索和实践。目前《海南自由贸易港法》以法律形式明确了海南作为新一轮改革先行者的基本定位,但如何落实制度创新有待深入思考。值得注意的是,根据该法,海南自由贸易港拥有比上海市浦东新区更大的自主权:海南自由贸易港法规可以涉及本应制定法律或者行政法规的事项,仅需经全国人大常委会或者国务院批准即可,浦东新区法规则不具有该项立法权限;国务院及其有关部门可以授权或者委托海南省人民政府及其有关部门行使相关管理职权,而针对浦东新区则并不存在管理职权的授权或者委托。《海南自由贸易港法》第四章专设"财政税收制度",主要创新之处在于,按照"零关税、低税率、简税制"的原则,明确提出海南自由贸易港封关运作、简并税制前后的免征关税情形、货物在海南自由贸易港与内地之间进出的税收安排、对符合条件的企业和个人实行所得税优惠等相关规定。

近年来的发展机会平等、发展成果共享、共同体权利理念就是对该模式的"松绑",从而形成机会平等、成果共享和权利平衡的开放包容发展机制以实现对市场的激励。激励

① 参见《把自由贸易区建设提到战略的高度》,载《人民日报》2007年12月15日,第2版。

② 参见高阳、邓汝宇:《对海南自贸区(港)建设中财税制度创新的思考》,载《国际税收》2019年第10期。

方式主要包括授予权利、许可、鼓励、指导和帮助发展等。① 从税收法定主义和税收优惠制度创新二元对立的关系审视,两者的二元对立应建立在"政府的自我受限本身是否对资源配置更有效"的基础上:如果政府权力自我受限的税收法定主义本身是有效率的,那么税收优惠制度创新的反向激励就会降低经济发展的有效性;如果税收法定主义在自由贸易港"包容性发展"促导过程中,是无效抑或是低效的,那么按照次优理论,自由贸易港沿着正确的方向激励技术创新和制度创新,反而会有助于提高经济运行的有效性。

四、双循环背景下税收法定主义再审视

以习近平同志为核心的党中央提出"加快形成以国内大循环为主体、国内国际双循环相互促进的新发展格局",是党中央顺应时代要求作出的战略部署,是我国步入高质量发展阶段、解决新时期面临的各种中长期问题的重要战略举措。② 从税收视角来看,海南自由贸易港建设在全球范围内没有先例,必须统筹国内国际两种资源、有效衔接国内国际两种创新体系,加快构建国内国际双循环相互促进的创新发展新格局。海南岛并非独立的经济区,因而对海南来说,取消关税意味着要同时面对境外和境内的进出口贸易,这就衍生出独特的"一线"管理与"二线"管理难题。可见,海南的自由贸易港建设具有鲜明的中国特色,无法简单对标具有独立经济区地位的新加坡。

(一)法律红利抑或是制度竞争

自由贸易港(区)战略的本质是市场的开放、融合与制度的对接、协调,它是制度创新的高地,而不是税收优惠政策的洼地。中央反复强调"自由贸易港(区)不是搞'政策特区'或'税收洼地',而是要推进政府职能转变,探索创新经济管理模式"。③ 自由贸易港(区)还实施一些与各自定位相匹配的个性化的税收优惠政策。例如,上海自由贸易区立足长江经济带,更多地定位于金融业的发展;天津自由贸易区注重京津冀协同发展,侧重航运、金融租赁、大型机械制造业的发展及对外开放;广东自由贸易区立足珠三角,对接我国香港特别行政区和澳门特别行政区,侧重服务业的开放和衔接;福建自由贸易区配合"一带一路"倡议,主要发展台海贸易。④

从发展现状来看,当前各地的自由贸易港(区)税收改革受到同质化难题的困扰,制度创新在实质意义上较有限。自由贸易港(区)必须通过自身制度创新享受法律红利,而非简单地利用税收优惠制度进行有害竞争。如何平衡协调国家整体战略与地方自主性、积极性,就目前的税收制度而言,笔者认为,可以从以下几个方面入手:一是用足法定的地方优惠政策,如经济特区、民族区域自治地方等。税收优惠分为保障型税收优惠与激

---

① 参见袁达松、赵雨生:《论经济法的激励机制》,载《财经法学》2019 年第 5 期。

② 参见刘元春:《"双循环"背景下经济新发展格局》,载《人民日报》2020 年 8 月 19 日,第 5 版。

③ 李克强:《关于深化经济体制改革的若干问题》,载《求是》2014 年第 9 期。

④ 参见杨春娇、李雅宁、王东勇:《福建自贸区税收法律制度的创新》,载《福建警察学院学报》2018 年第 6 期。

励型税收优惠两类，[①]如果前者的重点以促进公益活动开展与保障纳税人基本权利为核心，那么后者则是宏观调控的工具，在目的上更加强调市场的培育和经济的发展。[②] 二是在法律规定的幅度之内，充分发挥地方的自主性。作为现代国家实施宏观调控的重要依据，税法中的税率存在许多以幅度进行规定的情形。国家层面的税收立法宜粗不宜细，可以设定一定的浮动空间，由地方立法进一步细化。三是提高税式支出[③]的使用比例，采用财政补贴、土地优惠等政策，使自由贸易区更具吸引力和竞争优势，但前提是必须符合税收法定乃至预算法定[④]程序性要求。

自上海自由贸易区始，在促进投资方面主要涉及非货币性资产对外投资、股权激励两项措施，在促进贸易方面主要涉及融资租赁出口退税试点、进口环节增值税、选择性征税、部分货物免税、启运港退税试点 5 项措施，这些措施均非由全国人大及其常委会发布施行，而是仅仅由国务院通过发布《中国（上海）自由贸易试验区总体方案》这样一个规范性文件来加以规定，通过法治、管制和税制三大制度改革创新，来促进贸易、金融、投资三大领域开放，从而为全面深化改革和扩大开放探索新途径。[⑤] 自由贸易区单行立法中有专门涉及税收的内容，如国务院发布专门文件，部署税务机关支持自由贸易区创新推出与国际接轨的税收服务举措；[⑥]国家税务总局、财政部等部门出台专项政策，为自由贸易区的税制优化、征管服务作出政策保障，例如，国家税务总局《关于支持中国（上海）自由贸易试验区创新税收服务的通知》、财政部、国家税务总局《关于中国（上海）自由贸易试验区内企业以非货币性资产对外投资等资产重组行为有关企业所得税政策问题的通知》、财政部、海关总署、国家税务总局《关于中国（上海）自由贸易试验区有关进口税收政策的通知》；上海市人大常委会制定的《中国（上海）自由贸易试验区条例》中有专门关于"税收管理"的章节，对于涉税的事项进行明确规定；自由贸易区内的海关部门为了公平税负、便利贸易，针对特殊监管区域内的企业实行内销选择性征收关税政策等。[⑦]

有必要在自由贸易区内暂时停止相关法律的实施或对其进行部分修正，以保障海南自由贸易港改革的顺利进行。在自由贸易区税制改革方面，即使目前有《海南自由贸易

---

① 参见王霞：《税收优惠法律制度研究：以法律的规范性及正当性为视角》，法律出版社 2012 年版，第 8 页。

② 参见蒋悟真：《税收优惠分权的法治化：标准、困境与出路》，载《广东社会科学》2020 年第 1 期。

③ 税式支出的概念由哈佛大学的斯坦利・萨里教授在 1967 年的专著《税制改革的进路》中提出。See Stanley S. Surrey, *Pathways to Tax Reform: The Concept of Tax Expenditure*, Harvard Univ. Press, 1973, p. 6 – 7.

④ 《预算法》规定，"政府的全部收入和支出都应当纳入预算""各级政府、各部门、各单位的支出必须以经批准的预算为依据，未列入预算的不得支出"，从而在立法层面确立了预算法定的原则地位。参见陈治：《财政法定实质化及其实现进路》，载《西南政法大学学报》2017 年第 1 期。

⑤ 参见胡怡健：《上海自贸区税收政策：创新・探索》，载《中国税务》2014 年第 3 期。

⑥ 参见国务院《关于支持自由贸易试验区深化改革创新若干措施的通知》（国发〔2018〕38 号）。

⑦ 参见上海海关《关于在中国（上海）自由贸易试验区开展内销选择性征收关税业务的公告》（中华人民共和国上海海关公告 2014 年第 24 号）。

港法》作为税收制度创新的法律依据，现行已落实的内容仍大多限制在中央鼓励试点地区的普惠改革范围，离海南建成具有较强国际影响力的高水平自由贸易港的最终目标差距颇大，主要原因在于，税收法定主义和法律保留的理论障碍，新税制设计依然缺乏足够的法律依据。

（二）法律保留抑或解释补充

在当代，有关法律保留的范围，国内外学术界有 4 种不同的理论，即“侵害保留说”、“全部保留说”、“重要事项说”和“机关功能说”。其中，除第四种观点重在强调立法机关立法程序的民主正当性外，其他 3 种观点都重在强调保留内容的重要性。① 税收活动恰恰是一种影响公民基本权利实现和行使的重要给付活动，故广义上，凡是涉及纳税权利义务的内容都应施行法律保留。在海南省税务局承接的 94 项自由贸易区（港）建设配合任务事项中，有相当一部分任务事项涉及推出相关的税收优惠政策，包括支持旅游行业、海运业、国际能源交易场所设立、产权交易场所设立、引进境外高端人才和紧缺人才等方面的制度激励。在《海南自由贸易港法》出台之后，税收优惠法定与税收制度创新之间的关系依然不够明确，相关单位给予海南超越其他地区的政策还是留有思考的空间。对于我国《立法法》第 8 条仍存在法律保留抑或是立法保留之争议，有学者认为，该条实际上是在处理法律与其他规范的制定权限分配关系，即第 8 条事项只能以法律的形式规定，行政法规等一般不得染指，因而可以理解为关于法律的法规创造力的规定。② 按照我国现行《立法法》第 8 条第 6 项的规定，“税种的设立、税率的确定和税收征收管理等税收基本制度”这些内容属于立法保留事项，只能制定法律。显然，有关税收基本制度中的法规范要由法律或由法律授权来创设。质言之，基于行政立法的出现，法律保留才有了绝对保留（立法机关保留）和相对保留（授权行政立法保留）的二维区分，但是就“税收基本制度”的理解而言，学术界的意见尚未统一。从应然层面来看，有关立法机关与行政机关的税收优惠的横向分权，人民代表大会及其常委会作为国家权力机关，在税收优惠立法中本应具有不容置喙的排他性权力。而从现实层面来看，这一理念在实践中难以实行：立法机关掌握的立法资源不足，并且面临时间上的压力，必须仰赖行政机关的支持，从而往往是由行政机关在上位法授权范围内，事后以制定行政法规的方式，补足法律的欠缺。③ 再看我国的具体实践，税收立法权较集中在中央层面，由国家统一行使，这在法治层面对各个自由贸易区的税收制度建设和创新提出了难题。笔者认为，虽然不能仅根据《中国（上海）自由贸易试验区总体方案》等政策性文件在自由贸易区暂时调整有关法律规定的税收行政审批，但可以依据其中表述，因循激励经济发展和受益性的行政给付的方向进行解释。如《中国（上海）自由贸易试验区总体方案》中明文规定“建设海南国际知识

① 参见王鸿貌主编：《税法学的立场与理论》，中国税务出版社 2008 年版，第 216 页。

② 参见王贵松：《行政活动法律保留的结构变迁》，载《中国法学》2021 年第 1 期。

③ 参见黄茂荣：《法学方法与现代税法》，北京大学出版社 2011 年版，第 129 页。

产权交易所,在知识产权转让、运用和税收政策等方面开展制度创新,规范探索知识产权证券化”,该条直接授予海南省地方制定激励知识产权创新产出和交易的税收政策等一系列制度创新权。至少,当地可以根据《总体方案》的要求,在法定范围内为促进知识产权转化、技术创新交易等活动,针对相关法律采取一系列税收制度的创新解释。

《海南自由贸易港法》集成性地向海南省政府和海南省人大及其常委会授权和放权,海南自由贸易港宜分别采取不同的回应方式:其一,关涉不可授权的侵益性税收制度,如新设消费税与物业税等试点,海南自由贸易区可以提出自己的税收制度创新方案,提请全国人大及其常委会通过,将适用范围限制在海南省内先行先试。其二,有关行政管理制度,根据《海南自由贸易港法》第6条规定,国家建立海南自由贸易港建设领导机制及与之相适应的行政管理机制,国务院及其有关部门根据需要,依法授权或者委托海南省人民政府及其有关部门行使相关管理职权。在具体规则的制定上,海南省人大及其常委会可根据海南自由贸易港发展的实际情况,就相关管理活动制定相关法规。其三,有关受益性税收制度,则可考虑提请全国人大和国务院授权海南当地先行先试高水平“税收制度沙盒实验”。税收法定主义并非绝对地排斥行政机关的授权立法。[①] 国外也不乏国家为了激励地方经济发展,授权地方根据实际情况立法的先例。德国作为最早产生和发展经济法的国家之一,以“宪法的开放性”解释实现了殊途同归的激励机制。具言之,德国联邦宪法法院以宪法解释为途径,引出经济基本法的经济政策中立性原则——制宪者没有明确规定经济制度的唯一性解释,只要在立法过程中尊重经济基本法和基本权利的规定,立法者便可以依据经济社会发展状况制定最符合实际的经济政策。据此,地方政府基于地方的经济发展战略,以市场为基础的方法来解决复杂的社会和经济问题,立法者依据不同的策略机制进行游说,大多数人都采用了税收激励政策的方法。[②] 遵循这一原则,类似自由贸易区的地方经济发展战略时有出现,目前在发达国家也并不鲜见。如美国《2017年减税和就业法案》就包括一项潜在的、经过充分讨论的新经济发展战略,开辟出所谓的“机会区”(Opportunity Zone)税收优惠,[③]允许投资者将资金分配给符合条件的基金项目,并在某些情况下避免对投资活动产生的资本利得征税。[④] 无独有偶,美国各

① 参见许多奇:《落实税收法定原则的有效路径——建立我国纳税人权利保护官制度》,载《法学论坛》2014年第4期。

② See Michelle D. Layser, *A Typology of Place-Based Investment Tax Incentives*, 25 Wash. & Lee J. C. R. & Soc. Just. 403, 411 - 412 (2019).

③ 机会区是对弱势社区经济的非正式干预,机会区的支持者建议,这些社区无法进入资本,建议当投资者获得税收优惠时,将提供缺失的资本。See Edward W. De Barbieri, *Opportunism Zones*, 39 Yale l. & Pol'y Rev. 82, 86 (2019).

④ I. R. C. § 1400Z - 2 (2018). See Jesse Drucker & Eric Lipton, *How a Trump Tax Break to Help Poor Communities Became a Windfall for the Rich*, N. Y. Times(Aug. 31, 2019), https://www.nytimes.com/2019/08/31/business/tax-opportunity-zones.html [https://perma.cc/H3WE-WL4B].

州出现的“机会区”以新颖但符合法律程序的方式,“机会区”的税收政策优惠必须符合地方经济发展的3个支柱的要求:适用性、透明度和公众参与。第一个支柱为适用性,重点在于一项政策是否对社区居民有用的企业和项目有促进作用,或者由于缺乏特异性和控制等适用性特征,而可能对指定社区产生负面影响;第二个支柱为透明度,显示出最低报告要求,即如何使人们了解机会区投资的明确性好处;第三个支柱为公众参与,即公众必须参与决策哪些项目在哪些社区得到资助。这三个方面共同构成一种地方税收优惠的检测方法,它与“社区经济发展”的支持者提出的观点一致,该种经济发展战略的观点旨在改善经济落后地方人们的生活。[①] 换言之,税收优惠本质上属于税收特权,在某种程度上背离了量能课税原则之平等原则,而其合法性与正当性在于它所承载的特定价值追求,合理性则分别以“需求原则”与“功绩原则”进行判断,[②]即税收优惠政策是否经得起检验,是否能有效平衡相关主体之间的利益。只要不背离税收优惠制度设计的初衷,能充分保证纳税人的参与性与税收制度创新的适用性、透明度,能有效调和区域之间、群体之间的差距,就是符合立法本意的税收激励制度创新。可见,在适当语境下,法律解释可以减少法律对经济发展的约束,推动各种发展模式生根发芽,形成“国家与市场”和“权力与权利”的动态平衡。[③]

五、结语

经过改革开放40多年的发展,我国已经从最初的吸引外资、单纯“以市场换技术”国家,转而成为“以制度促创新”的资本输出国,为了重塑世界经济体系、提高在全球价值链中的竞争优势,在自由贸易港(区)中实现技术创新和制度创新双轮驱动改革,成为历史的必然选择。在社会情势急剧变化的当代世界,尤其是伴随《海南自由贸易港法》的颁布,政府的自我受限和创新发展的双轮驱动同时并存,税收法定与税收制度创新的矛盾张力持续收紧,却也存在化解的可能。为行政权力定规矩、划界线,税收法治除有推进制度反腐和建设廉洁政府,防止政府和政府官员滥用职权、乱作为的功能外,也有防止政府和政府官员不作为、懒政和庸政的作用。[④] 税收制度创新是自由贸易港的核心抓手之一,只有充分运用经济激励思维,寻求适合新时代的技术创新和制度创新路径,才能在双循环背景下,对接国际国内资源,真正保护纳税人的权利,维持经济发展和税制改革之间的动态平衡。

---

① See Scott L. Cummings, *Community Economic Development as Progressive Politics: Towards a Grassroots Movement for Economic Justice*, 54 Stan. L. Rev. 399 (2001); See Edward W. De Barbieri, *Opportunism Zones*, 39 Yale L. & Pol'y Rev. 82, 92 (2020).

② 参见黄茂荣:《税法总论:税捐法律关系》(第3册),台北,根植法学丛书编辑室2008年版,第363页。

③ 参见汪玉涛:《德国经济宪法及其启示》,载《中国行政管理》2012年第11期。

④ 参见姜明安:《关于编纂我国行政程序法典的构想》,载《广东社会科学》2021年第4期。

论税收法定与税法的合宪性审查

——兼论“良法标准化法”的创制

陈阵香*

对税的研究从税法思维走向宪法思维，用宪法规范审查税法规范，是实现宪制所必须完成的“税法革命”。[①] 党的十九大报告提出，“加强宪法实施和监督，推进合宪性审查工作，维护宪法权威”。[②] 对税法实行合宪性审查，是我国《立法法》有关加强宪法实施与监督的规定之要求。宪法具有最高的法律效力，税收法律也不得同宪法相抵触。否则，要依法予以改变或者撤销。当前，我国正在依法推进税收法定的实现，税收法律依次出台，如何确保所制定的税收法律的质量？毋庸置疑，对税法进行合宪性审查是一项重要的措施。基于对我国现行《立法法》的分析，笔者认为，在“适用与备案审查”[③]的规定中，对法律的合宪性审查的规定尚不完备。因此，特建议创制“良法标准化法”，以法律的合宪性审查的专门立法，来细化《立法法》“适用与备案审查”的规定，从而满足税法合宪性审查的需要，加强宪法实施和监督，使制定的税收法律都成为促进发展、保障善治的良法。

一、《立法法》对税收法定的确认与促进

2013 年 11 月，党的十八届三中全会作出了《中共中央关于全面深化改革若干重大问题的决定》，其着重强调了要“落实税收法定原则”。[④] 这是我国对于税收法定主义的肯定。在第十三届全国人大第四次会议上，全国人大通过了《国民经济和社会发展第十四个五年规划和 2035 年远景目标纲要》（以下简称《“十四五”规划》），《“十四五”规划》提

* 法学博士，上海立信会计金融学院法学院专任教师。

① 葛克昌：《遗产税改革的宪法界限》，载《月旦法学杂志》2008 年第 9 期。

② 习近平：《决胜全面建成小康社会　夺取新时代中国特色社会主义伟大胜利——在中国共产党第十九次全国代表大会上的报告》之“六、健全人民当家作主制度体系，发展社会主义民主政治”之“（四）深化依法治国实践。”

③ 参见《立法法》（2015 年修正）第五章。

④ 《中共中央关于全面深化改革若干重大问题的决定》（2013 年）。

出，要“优化税制结构，健全直接税体系，适当提高直接税比重。完善个人所得税制度，推进扩大综合征收范围，优化税率结构”。此外，由全国人大常委会法工委牵头起草的《贯彻落实税收法定原则的实施意见》[①]已经过党中央审议通过。2017 年 10 月，党的十九大报告强调，要深化税收制度改革，健全地方税体系。党和国家基于依法治税、理财治国、提高治理能力的迫切需要，已将税收法定原则的落实确立为一项财税法治改革的重要任务。

同时，在党和国家决定“落实税收法定原则”之际，全国人大及其常委会及时修订了《立法法》，经过十二届全国人大三次会议审议，于 2015 年 3 月 15 日通过。现行《立法法》将原《立法法》第 8 条有关实行法律保留的“税收基本制度”的内容，单独列为第 8 条第 6 项，即“税种的设立、税率的确定和税收征收管理等税收基本制度”，[②]只能制定法律。现行《立法法》第 8 条第 9 项也规定了“基本经济制度以及财政、海关、金融和外贸的基本制度”，[③]只能制定法律；不仅如此，现行《立法法》第 9 条至第 12 条，对授权立法作出了相较原《立法法》更严格的规定，如现行《立法法》第 10 条在原有授权规定的基础上，增加了授权决定应当明确授权的“事项、范围、期限以及被授权机关实施授权决定应当遵循的原则等”，[④]并且在授权期限方面，作出了除授权决定另有规定外，不得超过 5 年的规定。

我国现行《立法法》针对“法律”的相关规定，也是对税收法定的确认与促进，这对实行税收法治是极为重要的。它明确税种的设立、税率的确定，须制定法律；又明确税收征收管理，也须制定法律，这也就从税收实体与税收程序两个方面，对征税与纳税只能制定法律，都作出了规定。不仅如此，现行《立法法》第 8 条第 6 项“税种的设立、税率的确定和税收征收管理等税收基本制度”须制定法律的规定，其中还使用了概括性的术语“等税收基本制度”。这说明有关税收实体与税收程序的其他税收制度，只要是税收基本制度的，也须制定法律。至于现行《立法法》第 8 条第 9 项规定的“基本经济制度以及财政、海关、金融和外贸的基本制度”，只能制定法律的规定，其中，如预算法作为财政的基本制度，自然被包括在只能制定法律之中。由于税收收入是预算收入的主要组成部分，预算支出实际也主要是用税，故用税法定就包括了用税法定；税收“取之于民用之于民”，用税自然也须法定。这样，现行《立法法》对税收，实际上已经从征税、纳税和用税的实体与程序的全面法定作出了确认。

当然，《立法法》不是专门确认税收法定的，《立法法》第 8 条规定只能制定法律的包

---

① 参见毛磊：《税收法定是税收立法和税收法律制度的一项基本原则》，载《人民日报》2015 年 3 月 26 日，第 2 版。

② 《立法法》(2015 年修正)第 8 条第 6 项。

③ 《立法法》(2015 年修正)第 8 条第 9 项。

④ 《立法法》(2015 年修正)第 10 条。

括十一个方面的事项，较大地超出了税收法定的范围。但现行《立法法》较全面地规定了征税、纳税和用税的实体与程序只能制定法律，这对于加快我国落实税收法定的进程具有促进作用。

二、实行税法的合宪性审查亟须完善《立法法》的相关规定

征税、纳税和用税的实体与程序制定法律，是落实税收法定原则的基础，而对税法进行合宪性审查，更是从实质上保障税收法定的形式与实质落实，即征税、纳税和用税的实体与程序不仅要制定法律，还需要经过合宪性审查等，使之成为良法，以促进发展、保障善治，在税法中充分体现宪法原则与精神。

2014年10月，党的第十八届中央委员会第四次全体会议通过的《中共中央关于全面推进依法治国若干重大问题的决定》提出，要"完善全国人大及其常委会宪法监督制度，健全宪法解释程序机制。加强备案审查制度和能力建设，把所有规范性文件纳入备案审查范围，依法撤销和纠正违宪违法的规范性文件，禁止地方制发带有立法性质的文件"。2017年10月，党的第十九次全国代表大会上的报告又明确指出：要"加强宪法实施和监督，推进合宪性审查工作，维护宪法权威。推进科学立法、民主立法、依法立法，以良法促进发展、保障善治"。

我国现行的《立法法》，根据我国《宪法》的有关规定，在第五章"适用与备案审查"中作出了涉及法律的合宪性审查的规定，如《立法法》第87条规定："宪法具有最高的法律效力，一切法律、行政法规、地方性法规、自治条例和单行条例、规章都不得同宪法相抵触。"又如，第96条规定："法律、行政法规、地方性法规、自治条例和单行条例、规章有下列情形之一的，由有关机关依照本法第九十七条规定的权限予以改变或者撤销：（一）超越权限的；（二）下位法违反上位法规定的；（三）规章之间对同一事项的规定不一致，经裁决应当改变或者撤销一方的规定的；（四）规章的规定被认为不适当，应当予以改变或者撤销的；（五）违背法定程序的。"再如，第97条第1款规定："改变或者撤销法律、行政法规、地方性法规、自治条例和单行条例、规章的权限是：（一）全国人民代表大会有权改变或者撤销它的常务委员会制定的不适当的法律，有权撤销全国人民代表大会常务委员会批准的违背宪法和本法第七十五条第二款规定的自治条例和单行条例"。这些规定适用于所制定的法律，自然也适用于所制定的税收法律。

现行《立法法》的上述规定，第87条可理解为对法律进行合宪性审查的法定理由，即"宪法具有最高的法律效力"，法律也不得同宪法相抵触；第96条是关于法律（也包括行政法规等）可改变或者撤销的条件；第97条第1款是对改变或者撤销全国人大常委会制定的不适当的法律的处分权归全国人民代表大会的规定。显然，由于对制定的法律（包括税收法律在内）进行合宪性审查是一个复杂问题，《立法法》的上述规定，对法律合宪性审查还不够系统，尚难以满足法律（包括税法）合宪性审查的要求。

此外，我国现行《立法法》第36条第2款作出了对法律案进行可行性评价的规定；第39条作出了对法律案进行立法前评估的规定；第63条作出了对有关法律或者法律中有关规定进行立法后评估的规定。[①] 这些是关于法律制定前后的程序性规定，但是否可归入法律的合宪性审查的内容，《立法法》的表意不明。

在现行《立法法》中，法律的合宪性审查，尚未明确包括全国人大制定的法律（因《立法法》没有明文规定）。由于税收法定之"法"是指狭义的"法律"，因此，可以认为由全国人大制定的《个人所得税法》（1980 年 9 月 10 日第五届全国人大第三次会议通过）和《企业所得税法》（2007 年 3 月 16 日第十届全国人大第五次会议通过），并未明确地被列入合宪性审查范围（但这并不是说全国人大制定的法律不需要进行合宪性审查）。而其他 11 部税收法律，即《车船税法》（2011 年 2 月 25 日第十一届全国人大常委会第十九次会议通过）、《车辆购置税法》（2018 年 12 月 29 日第十三届全国人大常委会第七次会议通过）、《船舶吨税法》（2017 年 12 月 27 日第十二届全国人大常委会第三十一次会议通过）、《资源税法》（2019 年 8 月 26 日第十三届全国人大常委会第十二次会议通过）、《耕地占用税法》（2018 年 12 月 29 日第十三届全国人大常委会第七次会议通过）、《环境保护税法》（2016 年 12 月 25 日第十二届全国人大常委会第二十五次会议通过）、《烟叶税法》（2017 年 12 月 27 日第十二届全国人大常委会第三十一次会议通过）、《城市维护建设税法》（2020 年 8 月 11 日第十三届全国人大常委会第二十一次会议通过）、《契税法》（2020 年 8 月 11 日第十三届全国人大常委会第二十一次会议通过）、《印花税法》（2021 年 6 月 10 日第十三届全国人大常委会第二十九次会议通过）、《税收征收管理法》（1992 年 9 月 4 日第七届全国人大常委会第二十七次会议通过），则都是由全国人大常委会制定的法律。如果这些税收法律是"不适当的法律"，全国人大就有权改变或者撤销。所以，税收立法的合宪性审查，因税收法定之"法"仅仅是指法律，故目前只有全国人大常委会制定的这 11 部税收法律属于其范围。

根据我国《宪法》（2018 年修正）第 5 条第 3 款的规定，"一切法律、行政法规和地方性法规都不得同宪法相抵触"。因此，合宪性审查是应包括法律即全国人大与全国人大常委会制定的法律在内的。但是，《立法法》（2015 年修正）第 39 条规定："拟提请常务委员会会议审议通过的法律案，在法律委员会提出审议结果报告前，常务委员会工作机构可以对法律草案中主要制度规范的可行性、法律出台时机、法律实施的社会效果和可能出现的问题等进行评估。评估情况由法律委员会在审议结果报告中予以说明。"该法第 63 条规定："全国人民代表大会有关的专门委员会、常务委员会工作机构可以组织对有关法律或者法律中有关规定进行立法后评估。评估情况应当向常务委员会报告。"这是否意味着全国人大所制定的法律的合宪性审查，因此便能得到一定的弥补？显然，以上两条规定中的法律，是未排除全国人大所制定的法律的，而立法前与立法后评估的内容自然应包括合宪状况。可是现行《立法法》并没有对此加以明确规定，而且对于立法前评估、立法后评估与合宪性审查这几个制度如何相互衔接，也未作明确规定。当然，税收法

① 参见《立法法》（2015 年修正）第二章第五节。

定之税收立法要提高质量,将税收的全部法律都进行合宪性审查是不可缺少的,合宪性审查也就应当逐步推进。

三、以制定"良法标准化法"完善税法合宪性审查法律制度

如何完善法律(包括税法)的合宪性审查法律制度,关系如何提高立法质量,使法律都能成为促进发展、保障善治的良法,从而来加强宪法实施和监督,抓住依宪治国这一重点与关键,更好地实行依法治国的大问题。为此,笔者主张制定专门的"良法标准化法",来完善法律(包括税法)的合宪性审查法律制度。

一方面,我国的立法已成体系,现在的重点是要提高立法质量。我国自改革开放以来,法治建设发展很快。1979年邓小平同志提出:"应该集中力量制定刑法、民法、诉讼法和其他各种必要的法律,例如工厂法、人民公社法、森林法、草原法、环境保护法、劳动法、外国人投资法等等,经过一定的民主程序讨论通过,并且加强检察机关和司法机关,做到有法可依,有法必依,执法必严,违法必究。国家和企业、企业和企业、企业和个人等等之间的关系,也要用法律的形式来确定;它们之间的矛盾,也有不少要通过法律来解决。现在立法的工作量很大,人力很不够,因此法律条文开始可以粗一点,逐步完善。有的法规地方可以先试搞,然后经过总结提高,制定全国通行的法律。修改补充法律,成熟一条就修改补充一条,不要等'成套设备'。总之,有比没有好,快搞比慢搞好。此外,我们还要大力加强对国际法的研究。"①

到2011年3月10日,时任全国人民代表大会常务委员会委员长吴邦国同志向十一届全国人民代表大会四次会议作全国人大常委会工作报告时庄严宣布,一个立足中国国情和实际、适应改革开放和社会主义现代化建设需要、集中体现党和人民意志的,以宪法为统帅,以宪法相关法、民法商法等多个法律部门的法律为主干,由法律、行政法规、地方性法规与自治条例、单行条例等法律规范构成的中国特色社会主义法律体系已经形成。

2014年10月,中国共产党第十八届中央委员会第四次全体会议通过的《中共中央关于全面推进依法治国若干重大问题的决定》提出,"法律是治国之重器,良法是善治之前提。建设中国特色社会主义法治体系,必须坚持立法先行,发挥立法的引领和推动作用,抓住提高立法质量这个关键"。可见,提高立法质量是重中之重。所以,我们制定专门的良法标准化法来完善法律(包括税法)的合宪性审查法律制度,就正当其时,且意义重大。

另一方面,提高立法质量,造就促进发展、保障善治的良法,可以采取专门的标准化立法来规制。一般认为,法律以及法律秩序属于"公共物品"。公共物品与私人物品都可能有质量方面的问题。有学者认为:"物美价廉、货真价实,不仅是我们对于企业部门生产和提供私人物品和服务的评判标准,而且是我们评判政府部门生产和提供公共物品和

① 邓小平同志在1978年12月13日的中共中央工作会议闭幕会上的讲话:《解放思想,实事求是,团结一致向前看》。

服务的标准。如同我们对于任何的、可以在市场上买到的私人物品和服务的价格水平的评判，对于政府出于生产和提供公共物品和服务的目的而征收的税收水平的评判，同样可采用物美价廉、货真价实的标准。"[①]而对于私人物品的生产，我国现实生活中已有众多标准（由一定量的指标构成），并已由《标准化法》（2017年修订）来"加强标准化工作，提升产品和服务质量，促进科学技术进步，保障人身健康和生命财产安全，维护国家安全、生态环境安全，提高经济社会发展水平"。[②]

那么，对于法律以及法律秩序尤其是税收法律等"公共物品"，是否也能创制专门的良法标准化法，来规范法律（包括税法）的合宪性审查，以满足提升税收立法质量，使之成为促进发展、保障善治的良法？

私人物品的《标准化法》（2017年修订）主要用来规范制定标准、实施标准以及监督管理等行为。例如，在《标准化法》（2017年修订）中规定，我国的"标准包括国家标准、行业标准、地方标准和团体标准、企业标准。国家标准分为强制性标准、推荐性标准，行业标准、地方标准是推荐性标准。强制性标准必须执行。国家鼓励采用推荐性标准"。[③]显然，在良法标准化法中，根据我国《宪法》以及《立法法》的规定，就应把"合宪性"列为强制性标准。那么，在"良法标准化法"中，对于"合宪性"标准由谁来制定，标准的内容（指标等）有哪些，标准的适用范围，标准的修订，适用标准的程序，适用标准的监督，违反标准的法律责任等，对实行法律（包括税法）的合宪性审查，需要作出明确规定。由此可见，以制定良法标准化法，来完善税法合宪性审查法律制度是尤为必要的。

四、以良法标准化法完善税法合宪性审查法律制度的构想

制定良法标准化法，是对《立法法》有关"适用与备案审查"规定的完善，它适用于法律（包括税法）的合宪性审查。但是，良法标准化法可以，除可以对法律（包括税法）的合宪性审查作出规定外，也可对行政法规、地方性法规、自治条例和单行条例、规章的合宪、合法性审查作出规定。这里，试对制定良法标准化法的内容基本构想如下：

一是总则。在良法标准化法的总则中作出如下规定：

（1）对立法宗旨（主要是为了提高立法质量，制定良法标准，对一切法律、行政法规、地方性法规、自治条例和单行条例、规章严格按照标准进行审查，加强宪法实施和监督，使之成为促进发展、保障善治的良法）作出规定。

（2）对本法所指的标准与种类作出原则规定。

（3）对合宪性审查与违宪审查作出规定。

（4）对法律（包括税法）进行合宪性审查的"合宪性"制定统一标准，并规定"合宪性"标准为强制性标准。

---

① 高培勇：《什么才是衡量税负水平高低的根本标准》，载《财会研究》2012年第5期。

② 《标准化法》（2017年修订）第1条。

③ 《标准化法》（2017年修订）第2条第2款、第3款。

(5)对法律(包括税法)按照“合宪性”标准进行审查程序作出规定。

(6)对行政法规、地方性法规、自治条例和单行条例、规章进行合宪、合法(不得与法律相抵触)性审查制定统一标准与审查程序。

(7)对良法标准化工作的内容与经费作出规定。

(8)对提高良法标准质量作出规定。

(9)对良法标准化工作的主管机构和标准化协调机制作出原则规定。

二是法律合宪性审查标准的制定、实施与监管：

(1)对合宪性审查标准的制定主体,制定依据、程序与内容,强制性标准性质,以及适用范围等作出规定。

(2)对实施合宪性审查标准的主体,实施合宪性审查的启动与标准的启用,审查与联合审查结果的处理。

(3)对全国人大制定的法律实施合宪性自我审查适用标准,作出特别规定。

(4)对适用合宪性审查标准的监管,如合宪性审查标准质量的评估、改进措施等作出规定。

(5)对法律案进行可行性评价、立法前评估适用合宪性审查标准作出规定。

三是行政法规、地方性法规、自治条例和单行条例、规章合宪、合法性审查标准的制定、实施与监管：

(1)对合宪、合法性审查标准的制定主体,制定依据、程序与内容,强制性标准性质,以及适用范围作出规定。

(2)对实施合宪、合法性审查标准的主体,实施合宪、合法性审查的启动与标准的启用,审查与联合审查结果的处理。

(3)对适用合宪、合法性审查标准的监管,如合宪、合法性审查标准质量的评估、改进措施等作出规定。

四是对法律责任作出规定等。

当前,对于法律(包括税法)的合宪性审查的研究正在不断深入,由于各国的做法有所不同,我们应依据我国国情,以立法推进合宪性审查工作,并且在制定与实施良法标准化法的实践中,完善法律(包括税法)的合宪性审查。

合作治理视域下税收法治化的路径探讨

张　弛*

一、引言

(一)现代税收治理理念的转变

改革开放后,我国进入了以经济建设为中心的发展时期,这段时期内,政府主要的工作重心已经集中在经济建设上,国家自1980年后也陆续出台了多部经济类法律,规制经济的运行与发展。其中,以1980年9月《个人所得税法》的出台,标志我国税收立法工作的起步,而1986年4月国务院颁布《税收征收管理暂行条例》(已失效),则构成了我国税收程序法律制度的雏形,并以此基础,经过30多年的发展形成如今的税收法律制度。

随着经济的迅速发展与社会结构的不断变化,我国自21世纪后开始进入转型时期,党的十八届三中全会公报提出了"推进国家治理体系和治理能力现代化",税收治理作为国家治理体系的重要一部分,其有效与否也直接影响我国现代财税制度的深化改革与效能发挥。

(二)现代治理下税法的价值追求

传统税收理念中,占据主导性地位的是国库主义理论与税收权力关系理论,所谓国库主义,就是国家始终将增加财政收入、满足国库利益作为第一位的税收考量因素,而在税收权力关系理论中,税收法律关系被认为是国民对国家课税权的服从关系,强调国家权力主体地位的优越性。① 因此,在传统理念下,国家尤其注重征税机关的权力,立法和执法的倾斜配置可能会导致纳税人权利被忽视。实际上,受传统税收理念和苏联行政法学的影响,我国早期立法者和学者普遍认为税法应是一部强调国家对于税收进行行政管理的法律,"如同将警察法视为'警察权力之法'一样,税法也被视作带有浓厚'财政税收权力之法'的味道"。②

随着经济的发展、社会的转型,传统的税法理念逐渐暴露出弊端,新的理念开始崭露

* 中国人民公安大学法学院讲师。

① 参见北京市地方税务局编:《税收征管制度国际比较研究》,中国税务出版社2018年版,第2~3页。

② [日]北野弘久:《税法学原论》(第4版),陈刚等译,中国检察出版社2001年版,第4页。

头角,无论是税收债务理论、公共管理理论,还是纳税人权利理论,其核心都在于调整税收中征税机关与纳税人之间不平等的征纳关系,本质即在于从税收管理到税收治理的转型。根据全球治理委员会提供的定义,理解"治理"一词的关键在于认识这是一个"使相互冲突或不同利益得以调和的并且采取联合行动的持续过程",[①]这也对应着我们的税法制度改革在朝着由"权力—服从"模式向"协商—合作"模式转变的目标前进。所谓治理,强调的是平等、合作、共享、互利,对我国来说,值得倡导的现代税收治理理论就是能够平衡多种价值的理论,无论是国家的税收利益还是纳税人的基本权益,在立法时都应进行均衡保护。

二、合作治理在税法领域的引入

(一)以合作治理实现税法宗旨

传统上,国家管理理论下的法律模式一般表现为"管理法",这在我国现行的税收征纳程序法被命名为税收征收管理法之中就可以看出。管理法强调税收命令与税收处罚,尤其注重纳税义务人的服从,这种模式试图通过命令实现法律与政策的目标,以处罚和制裁作为主要工具手段,而较少考虑具体的措施是否必要和可行,也忽视了私人执法的积极性,容易导致国家资源的耗费。[②] 因此,在现代治理下的税收法治化,有必要引入沟通合作的理念,以协商作为核心机制,平衡征纳关系,从而调动私人主动配合征税机关实现税收目标的动力,并且实实在在地感受到税收所带来的利益,提升整体的税收遵从。

合作治理的概念起源于"合作国家",系德国学者里特尔于1979年在其论文《合作国家:对国家与经济关系的考察》中首次提出,尝试构建一种全新的国家与社会沟通合作的模式,以社会公众主动参与代替被动地接受命令,代表着对传统管制理论的反思与摒弃。[③]

与之相反,合作是一个综合的过程,它是对国家与经济社会之间的相互影响、共同设定目标、共同致力实现目标的协作关系的总结和归纳。[④] 基于上述定义,合作的基础乃是沟通和协商。在国家中,主体并不是单一的,不同的主体必然带来不同利益之间的冲突,而以沟通和协商的方式解决利益冲突,可以在平衡的基础上实现利益总和的最大化,因此一个理性人,通常的选择都是以协商达成契约,而非公开对抗。在税收法律关系中,征税机关代表国家和政府行使税收职权,实现税收利益的公共目的是在整个税收程序中不可或缺的,而纳税义务人基于自身利益最大化的需求,也会选择一种非直接冲突的方式

---

① Commission on Global Governance, *Our Global Neighborhood: The Report of the Commission on Global Governance*, February 16, 1995.

② 参见徐昕:《法律的私人执行》,载《法学研究》2004年第1期。

③ 参见[德]恩斯特-哈绍·里特尔:《合作国家:对国家与经济关系的考察》,赵宏译,载《华东政法大学学报》2016年第4期。

④ 参见[德]恩斯特-哈绍·里特尔:《合作国家:对国家与经济关系的考察》,赵宏译,载《华东政法大学学报》2016年第4期。

维护自身权益。所以,协商是一种最基本的手段,以协商换取不同主体之间的默契与约定,从而维护各方的合作利益。

合作作为一种非单边的行为,参与主体之间应当是平等的,不同主体之间的互信合作是协商的前提。因此,征税机关在合作程序中,应当摒弃自己作为权力机关或者强制机关的思维,以合作意识开展与不同纳税义务人的对话。但是,征税机关作为国家税收利益的维护者,在合作中还担负着组织纳税人开展协商程序的责任。协商最好的结局是使参与协商的各方当事人都能在最终的法规政策中找到符合自身重要利益的体现,①即便协商不能达成一致,相互的沟通也有助于在不同的主体之间增进基本的了解,以避免因信息的缺乏导致在接下来的行动中采取错误的做法。既然合作是以协商为主的方式进行,必然有一个"讨价还价"的利益博弈过程,这个过程一定是公开并且相互尊重的。在税收征纳关系中,纳税义务人应当及时提供所掌握的涉税信息,以便征税机关作出正确的税务决定;征税机关应当及时向纳税义务人公开所掌握的背景信息及专业知识,以便纳税义务人对可能的风险提前做好应对准备。在沟通过程中,各方应当尊重并充分考量彼此的意见,如果仅仅是听取而不采取有价值的措施,协商合作也就失去了它的意义。

因此,合作税收治理的实质,是以征税机关作为核心组织者,与不同的纳税人、利害关系人、第三方机构以及其他社会团体开展平等的对话,通过协商达成相互之间的税收契约,从而确定彼此的权利义务内容。不同的税收契约构成了不同的税收要素,并且不断延展和扩散,最终形成以征税机关作为中心的税收契约合作关系网,实现治理的目的。

(二)合作税收的正当性基础

合作税收的正当性,体现在它以利益均衡作为基本目标理念。税收的背后通常隐含不同利益主体之间的冲突,税收征纳不仅涉及国家征税机关与纳税义务人的博弈,而且涉及社会公共利益与第三方税收关系人。税收政策作为公共政策,牵涉社会公众的切身利益和基本权利,其制定应当尽量兼顾征纳各方,以达成平衡各方利益的正当性目标。②因此,税收政策在制定或者修订前,需要考虑如何通过良好的决策机制实现各方利益的均衡。税收合作治理,就是在各方利益主体间形成协商合作的决策机制,实施法规政策的影响评估,对于政策制定或修订的必要性、科学性及可行性进行分析和讨论,同时进行成本收益分析,从而不断吸纳社会智慧,协调和整合不同利益诉求,降低决策方案的不确定性和风险性,提升决策的正当性基础,实现社会公共利益的帕累托最优。

另外,税法的实施不得超出税收法定主义的限制。税收法定原则要求税收以"法定"作为正当性基础,要以建立在人民"整体性同意"基础之上的法律形式表现出来。法律作为一种体现公共意志的社会规范,这种公共意志不仅包含国家意志,而且涵盖了社会公众的意志,本质上就是不特定个体的共同利益。所以税收正当与否,判断的标准在于既

① 参见章剑生:《现代行政法基本理论》(第2版),法律出版社2014年版,第130页。

② 参见陈清秀:《现代财税法原理》,厦门大学出版社2017年版,第49页。

不能缺乏,也不能违背公共意志,必须得到公共意志的同意和授权。此外,由于税收是国家和政府向纳税人施加了纳税义务和责任,而法律义务和责任的增加应当经过社会公众以协商、承诺、合约等形式的合意认定,才被视为有效。因此,以合意为基础的税收协商能够增加正当性,即提升社会公众对税收政策的可接受性,减少纳税义务人与征税机关之间的冲突,提高税收遵从度,便于征税机关更好地履行职责。[①] 反之,社会公众在进行税收协商时,应当具备合意的自主能力或者完整权利,否则税收结果将被视为缺乏公共意志而不具有实施的正当性基础。

从纳税人权利保护的角度出发,所谓"无救济,则无权利",当个人合法权益遭受侵犯时,只有通过国家和政府得到公平的矫正,法律和权利才不会变成一纸空文。但是,对个人权利的保护从来都不是免费的,国家组织建立争议解决机构需要合理的支出、征税机关稽查违法行为需要合理的成本、税务人员执行公务需要合理的报酬,纳税人几乎每一项权利都对应政府相应的义务,因此要想在权利受损时得到政府积极的救济,纳税人就必须支付合理正当的价格,也就是税收。换言之,一个不能正当组织征税和开支的政府,必然不能在实际中保护纳税人的权利。所以,纳税人参与税收合作治理与其权益保护在价值上是一致的,制度设计的成本对于保护纳税人基本权利是正当的,而成本来自税收,这就导致了以权利为基础的个体主义对政府行为与社会合作的本质依赖。[②] 因此,一部体现正当性的税法,应当是体现公共利益、能够在制定过程中充分引入社会公众合作、从而实现不同主体利益均衡的法。

三、合作治理视域下的税法基本理念

合作治理奠定了税法法治化的核心理念,凸显效率与服务的税收征纳宗旨。保障税收效率与纳税服务,实现不同主体间信息的协作与共享,现代税法的法治化进程应以以下5点作为基本理念,发挥其对于具体税法规则的统帅和指导作用。

(一)以税收法定为纲要

由于社会发展的阶段性,税收的功能更多集中于宏观调控职能,而对税收事项的规范性、法定性强调得不够充分,理解得不够深刻。现代治理理念虽然以合作、协商为主,但依然离不开税收法定的限制。从性质来看,税收法定原则不仅是税法领域的最高原则,还是推进国家治理体系,实现法治国家、法治政府、法治社会一体建设的基本原则;从作用来看,在税收执法风险日增的情形下,落实税收法定原则有助于及时对风险进行预警,拟定风险处理方案,进行风险防范,通过法定程序减少风险的危害性。[③] 从内容上看,税收法定原则贯彻立法的始终,不仅强调税种法定、税收要素法定、税收程序法定,从征

① 参见[美]朱迪·弗里曼:《合作治理与新行政法》,毕洪海等译,商务印书馆2010年版,第200页。

② 参见[美]史蒂芬·霍尔姆斯、[美]凯斯·R.桑斯坦:《权利的成本:为什么自由依赖于税》,毕竟悦译,北京大学出版社2011年版,第55页。

③ 参见戢浩飞:《治理视角下行政执法方式变革研究》,中国政法大学出版社2015年版,第141页。

纳关系角度出发,更要强调征税机关的职权法定,即征税机关任何职权的来源与作用都必须具有明确的法定依据,既源于法又受制于法,否则越权无效,应当受到法律的追究。

（二）以利益均衡为重心

税法中的利益均衡原则,集合了平等原则、比例原则、信赖保护原则的理念,是在税收法定的框架内实现税法规则的实质合理,兼顾国家利益、公共利益、利害关系人利益及纳税人个人利益,以期能实现征纳双方以及其他有关各方关系人利益的公平兼顾,达到各方利益的平衡。① 首先在立法层面,利益均衡原则要求应公平兼顾征纳双方利益,在税负承担的制度设计上,满足量能课税与实质课税的要求,避免纳税人利益的过度牺牲,实现法的社会性效果。其次在执法层面,利益平衡原则应当作为税收裁量权和解释权的重要衡量标准,既避免征税机关滥用裁量和解释,"一切为了国库利益",损害纳税人合法权益;又避免单纯考虑私人财产权的保护,"一切为了纳税人利益",导致某一主体的利益受到重大损害。最后在司法层面,利益均衡原则也可运用在举证责任的分配以及纳税人暂时性权利的保障之中,以维护公共利益的需要。②

（三）以程序正当为保障

波斯纳的法经济学分析将法律程序看作一种工具,认为法律程序应当有助于减少法律制度运作过程中的成本,实现法律效益的最大化。③ 但在税法领域,调整的是国家与公民之间的公共财产权问题,涉及私权利的保障问题不能仅用成本收益的方法进行分析,还必须考虑公平与正义的结果。罗尔斯在《正义论》中认为:"与实体结果的公正性相对,正当法律程序意味着程序结果的公正性。也就是说,要实现正义,正当的法治程序是基本要求,这是因为法治取决于一定形式的正当过程,正当过程又通过程序来实现。"④ 正当法律程序具有实质上和形式上的双重含义:在实质含义上,它表明除非有适当的法律依据、经过适当的法律程序,否则纳税人的权利和自由不能被无端剥夺;在程序含义上,它表示正当的程序必须伴随一切应由法律来决定的行为,包括制定程序正当、实施程序正当、争议解决程序正当等。⑤

（四）以公众参与为基础

公众参与的主要目的是追求民主管理和自我管理,在合作治理的理念下,税法的规范化也呼吁公众参与原则。一方面,公众参与原则强调的是参与税法制定、实施、落实的全过程,实际上就是立法者、征税机关、纳税人、利害关系人、第三方机构、司法机关之间

---

① 参见陈清秀:《现代财税法原理》,厦门大学出版社 2017 年版,第 45 页。

② 参见陈清秀:《现代财税法原理》,厦门大学出版社 2017 年版,第 67 页。

③ See Richard A. Posner, *An Economic Approach to Legal Procedure and Judicial Administration*, 2 Journal of Legal Studies 399 – 400 (1973).

④ [美]约翰·罗尔斯:《正义论》,何怀宏等译,中国社会科学出版社 2001 年版,第 83 页。

⑤ 刘东亮:《什么是正当法律程序》,载《中国法学》2010 年第 4 期。

的互动过程,这种过程意味着相对弱势的纳税人不再是被动的个体,而能够以积极主动的行为影响自身权益,防止权力机构作出对自己不利的处理。① 另一方面,公众参与原则还意味着对宪法赋予公众参与管理国家事务、管理经济和文化事业、管理社会事务的尊重,有利于加强税务监督,保障税收政策获得纳税人的理解和支持,提升税收遵从度。更重要的是,公众参与原则有利于加强公众的主体意识,推动公众主动参与管理国家、社会事务的自觉性,加强公众自治能力。

(五)以税收效率为目标

税收效率原则,是指税法的变革应当以较小的经济耗费获取最大的社会效果和利益。合作治理理念关注当事各方主体的利益均衡,目标是达到共赢,但并不排斥效率原则的应用。相反地,能够在合法、公正实现目标的情况下更进一步地追求效率,恰恰是现代治理理念的本质和内涵。可以说,效率既是现代税法治理的特点,也是实施的要求,因为"提高效率也是为了保障当事人的权益,效率的低下是对当事人权益的损害"。在税收效率原则的要求下,第三方涉税信息共享制度与部门间工作联动机制的建立就非常必要,避免由于客观条件的制约或者经济上的重大原因,一方无法有效履行其法定职责,导致税收目标难以实现。

四、合作治理下税收法治化的路径选择

(一)构建多元主体参与机制

在现代治理理念下,合作治理是一个信息收集、加工、传递、使用、反馈的多元主体参与过程:高质收集信息、科学加工信息、可靠传递信息、有效使用信息、及时反馈信息,才能保证最终税法执行的效率。在这一系列的过程中,征税机关以及其他主体确立新的权责路线,重新配置既有关系,增强相互之间的依赖,形成新的合作机制取代传统管制模式,包含了自我信息披露、社会公众监督与第三方鉴定,充分发挥多元主体的主动建设能力。作为税收法律关系的中心,征税机关应当成为多元合作的组织者、最低标准的制定者、治理能力的建设者。征税机关在职责上应当推动各主体之间的合作,主动披露相关信息、打破谈判僵局并推动形成合意;在合作过程中,应当适时向纳税人或利害关系人提供必要的技术资源和资金支持,主动关注未得到代表的利益团体所关注的问题;在税法实施中可以成为最终的决定者并强制执行当事人应当履行的义务,同时可以给予负责监督的当事人训练和帮助。与之相对应,征税机关某些传统的涉税服务职能可以由独立的专业税务代理机构或经过认证的认证组织完成,而对于税收政策实施的监督和评估则可以由公共利益组织或登记的社会团体承担。

此外,在税收征纳程序中也不能忽视税务代理人与纳税人协会在填补征纳双方信息鸿沟中的作用。征税机关工作人员接受过专业训练,具有较高的专业素养,与之相对的是,纳税义务人所具有的税法专业性普遍不足。为了避免专业落差导致的地位不平等,

---

① 参见周佑勇:《行政法基本原则研究》,武汉大学出版社2005年版,第257页。

致使纳税人合法权益有遭受侵害的可能，发达国家如美、德、日等国均设置了专业的税务代理人与纳税人协会，代表纳税人与征税机关抗衡。为了落实税收效率与服务的宗旨，在税收法治化的进程中对此予以研究。一方面，构建我国以注册税务师为主的现代税务代理制度，规范税务代理人的资质取得、业务范围、权利义务以及法律责任。税务代理人地位的确认，有助于在征纳程序中代理人以税法专家的身份弥补纳税人与征税机关之间的信息鸿沟，以其专业知识监督征税机关依法课税、提出对于税法解释适用的不同看法、协助纳税人完成税收协力义务，从而提高税收效率，保障纳税人合法权益。[①] 另一方面，通过立法确认纳税人协会的法律地位，明确纳税人协会的宗旨与职责，代表纳税人参与税收民主立法与监督，必要时提起税收公益维权诉讼，为纳税人提供积极的涉税咨询、帮助，组织对于重大税收事项的座谈，加强纳税人保护的理论研究，从而不断推动我国纳税人权利保护的发展。

（二）加强纳税人保护与服务

纳税人在税收中最基本的权利为知情权与受尊重权。知情权也可被称为诚实对待权，即纳税人享有被告知与其有关的任何涉税事项真实情况的权利。[②] 具体而言，一方面，纳税人应当知悉国家的税收法律规范，征税机关有义务采取一切措施及时提供最新的税制信息以及税法咨询；另一方面，纳税人有权了解与自身纳税义务相关的一切信息与涉税权利，征税机关负有尽其所能使纳税人获取相关信息资料的义务。受尊重权源于宪法规则下的基本权利，在税收领域又可具体划分为人格尊严权、公平对待权、礼遇善待权与诚实推定权。人格尊严权是权利的基础，征税机关有义务切实保护纳税人的人格，即便纳税人因税务违法行为受到处罚，也不得损害纳税人的人格尊严。公平对待权意味着人人生而平等，纳税人纳税不受歧视，能够获得税法适用的平等对待，既不因身份地位不同而享有某种特殊的税收优惠，也不因民族出身等不同受到不利的税收待遇。礼遇善待权在税收领域具有特殊的意义，纳税人与征税机关地位上的差异，使纳税人时常处于被动、弱势，强调纳税人的礼遇善待，有助于纳税人的权利主体地位得到应有尊重。诚实推定权对于纳税人有特别意义，是指征税机关在无真实凭据的情况下应首先推定纳税人是诚实的、可信赖的、无过错的，直到有足够的证据推翻这一认定为止，能够保证纳税人人格尊严不受侵犯，有利于其履行纳税义务和开展涉税活动。

在公众参与原则下，税法还应当保障纳税人的税收参与权，而参与权的核心又在于听证权，即纳税人"被听取意见的权利"。我国《行政许可法》《行政处罚法》相应规定了当事人的听证权利，但在现行税法中还处于立法空白。税收意味着对私人财产权的剥夺，对纳税人权益影响极大，应当建立听证程序予以保障，并且听证制度应当保证当事人有阐明自身观点的机会，如果当事人在听证程序中始终保持沉默，那么这种公众参与就

① 参见葛克昌、陈清秀：《税务代理与纳税人权利》，北京大学出版社2005年版，第89页。

② 参见丁一：《纳税人权利研究》，中国社会科学出版社2013年版，第285页。

是无意义的。在税收政策制定层面,应当建立民意听证制度,在听证协商中理解各方彼此偏好,继而调整自身偏好,实现偏好转换,使之与税收目标要求更加接近,以求达成共识。在税收执法层面,应当建立当事人听证制度,征税主体在作出对当事人的不利决定时,负有听取当事人意见的义务,不能片面认定事实,剥夺对方辩护的权利,这是公众参与原则的核心要求,也是正当税收程序的前提条件。在税后监督层面,应当建立财政支出决策的听证制度,保障纳税人对税款支出的知情权,加强对税收收支的监督,确保征收的税款用于公共物品和公共服务的生产和提供。

(三)规范征税机关职权程序

税收的目的是满足公共开支的需要,保障税收充足则是国家赋予征税机关的法定职责,对此征税机关拥有单方的税收征管权,能够不受外界主张的掣肘,依据自身的判断主动启动职权进行相关调查,进而公正科学地作出相应税务决定,甚至可以直接对不履行义务的纳税人采取强制性措施。以德国《税法通则》第88条为例,“(在调查时)德国税务机关应当依据自身职权调查案件事实,确定调查的类型和范围,并且不受当事人申请及意见的约束,此项职权的范围根据个案情况确定”。职权调查主义意即征税机关在税收程序中承担主动探求事实真相的权责,这种单方面行使税收权力的合法性来自法律的授权,但法律在授权的同时,无论规定得多么详细,都必然为征税机关留出了大量自由裁量和内容解释的空间。裁量与解释权是一项必要的执法工具,但不受控制的裁量与解释是极其危险且有害的。如果征税机关在高效行使税收职权的动力驱使下,不计代价地要求更多自由裁量与解释权,很有可能会严重威胁纳税人的合法权益与征纳秩序的稳定。[①]

由于征税机关行使税收裁量与解释权质变而产生的消极后果——滥用裁量与解释权,促使人们开始寻找一种规范裁量与解释权更有效的手段,以确保征税机关行使裁量与解释权与立法目的能够保持一致。[②] 从实体方面来看,在控制裁量与解释权方面,立法一旦授予征税机关实体权力,其本身无法控制裁量与解释权不被滥用,因为征税机关行使权力一旦具备实体法的规范要件,就会被认为具有合法行政的前提和基础。相反地,通过健全规范裁量与解释权的法律程序,在权力的行使初期和过程中,控制和规范行为结果趋于合理,是一个更有效的控制方法。从总体上分析,正当程序要求征税机关在履行职权时在事先、事中和事后都必须符合程序规范。征税机关行使职权时应当事先告知行为依据,它要求征税机关在作出税收决定之前,应当告知纳税人或利害关系人有关税收决定的事实、依据和理由,为纳税人或利害关系人行使抗辩权提供正确的导向和基础,且事先告知必须在合理的期限内,给纳税人或利害关系人留出足够充分的准备时间。在事中,征税机关应当听取各方意见,在作出涉及纳税人或利害关系人合法权益的税收决

① 参见施正文:《税收程序法论——监控征税权运行的法理与立法研究》,北京大学出版社2003年版,第108~109页。

② 参见章剑生:《现代行政法基本理论》(第2版),法律出版社2014年版,第77页。

定过程中,应当听取陈述与申辩,并形成交涉过程。税收决定作出之后,征税机关应当及时告知纳税人或利害关系人应当如何行使救济权,指引权益受到侵害的相对人可以在何时、何地、以何种方式、向哪个国家机关提出救济的请求。通过事前、事中、事后的必经程序,征纳双方都不可以左右行政过程,尤其要求最终决定的作出必须附随相关理由,迫使征税机关在程序内作出合理的裁量。正当程序还要求,征税机关违反法定程序而作出的税收行为并不是轻微的程序瑕疵行为,而是重大程序违法行为,应属于绝对无效的行政行为,即行为自始、确定、当然无效,不得因事后的程序补正而由非法行为转化为合法行为。

(四)提升部门信息共享联动

合作治理下税收法治化必须关注涉税信息在部门之间的共享联动问题,信息是征税的基础,信息交流的障碍不仅会影响税收征管的效率,对纳税人的权益也有极大可能会造成影响。

我国当前税收法律法规中有关第三方涉税信息共享制度的规定不多,在税法中未形成系统的原则性规定,但值得肯定的是,各地方在税收征管中都存在信息共享制度的实践,针对第三方涉税信息的提供、利用、监督进行了规定。然而,通过地方立法规定的第三方涉税信息共享制度在征管实践中由于缺乏高位阶法律作为支撑,很难对抗《商业银行法》《证券法》等法律中有关信息保护的规定,①因此,有必要依托税法的制定从法律上确定第三方涉税信息共享制度的地位。从当前税法的规定中看,法律条文更多强调的是"政府其他管理机关"的信息提供义务,②而对于银行等金融机构只要求"支持"或"配合"税务机关的税务查询或税收强制措施,没有明确金融机构应当主动提供的信息内容。由于金融机构掌握着当事人的身份信息、财产信息以及相关方信息,实现完全的信息交流阻力较大,在初期建议可以先从支付信息、收益信息、保险信息等涉税流量信息中寻求制度突破,单独规定需要金融机构提供的内容。从征纳方式长远变革的角度考虑,应尽快拓展我国现有法律规范中规定的第三方的范围,明确各方主体的信息提供义务,为税务机关依法履职提供必要的保障条件。同时应当注意的是,第三方涉税信息共享制度应当协调好公权力职权范围与当事人信息秘密权之间的矛盾,尤其是在涉税信息内容的界定上,须严格以税收法定原则为纲,不得随意扩大第三方提供的涉税信息范畴。

税务部门与其他政府部门之间除信息上的合作共享外,还有业务上的合作联动。税务案件的复杂性往往导致稽侦过程中需要多个部门之间的联动,以涉税犯罪案件为例,稽查部门如果在税收检查程序中查明或怀疑存在税收违法且涉嫌犯罪的案件,应当移送公安经侦部门。但通常税收犯罪与其他形式的犯罪相比,具有隐蔽性强、手段精密的特点,从发现犯罪到取证侦查的一系列过程,都要求稽侦人员具备极强的专业性,不仅要对

① 参见李登喜:《关于制定〈税收基本法〉的思考》,载《法学杂志》2006 年第 5 期。

② 参见《税收征收管理法》第 6 条第 1 款。

税收法律法规有全面的了解，还要对税收案件的作案手法有清晰的认知。为了应对税务案件的查办，有必要全面落实税警联动机制，由公安部门派驻稽查部门成立税侦支队，形成常态化、制度化、规范化的派驻工作机制，打破原有的部门限制，实现信息共享，整合税务专业与公安侦查的优势，形成打击合力。在税警联动的基础之上，可以进一步开展“税警检法”的工作联动模式，通过常态化机制切实加强信息共享、执法配合和交流协作，建立相互之间的涉税信息通报制度、日常工作配合制度、常态交流合作制度，共同加强税收法治建设，完善税收司法保障，构建综合治税格局。

（五）完善涉税争议解决机制

合作治理强调协商与共赢，但并不意味征税机关与纳税主体之间不存在涉税事项的争议。争议解决机制，是指出于对纳税人权利的保护，从法律角度对不满涉税事项结果的纳税人提出的申诉予以复核、解释、复议、仲裁、诉讼等一整套的解决程序，也是解决征纳双方对涉税事项出现争议的程序、步骤和方法。涉税争议具有专业性、大量性和复杂性等特点，尤其在国际税收争议比重逐渐增多的背景下，完善权利救济机制，对于提升税收遵从、提高税收效率等具有重要意义。

随着数字经济与电子商务的发展，纳税人灵活繁杂的交易方式与税法不完备不具体规则之间的矛盾日益显现，税法规则具有滞后性，作为纳税人始终会担心当前自身即将发生的涉税交易在日后产生违法争议，影响其还未实现的特殊税收利益。我国目前还处于税收事先裁定制度的探索阶段，但这种解决潜在争议的柔性制度，将不确定的争议事项在事前进行整体分析和判断，有利于填补税法规则的漏洞、维护纳税人的税收知情权、实现自身税收利益的最大化。税法在制定中有必要确定事先裁定制度，并对主管机关、受理范围、裁定费用、裁定程序、法律效力等作出明确规定。

从域外各国的通行实践来看，大多数国家都将税务机关作为事先裁定的主管机关，但同时也呈现事先裁定机构独立化的趋势。[①] 事先裁定是针对特定纳税人和特定的未来可能争议事项所适用的一项制度，“特定的未来争议事项”要求事先裁定的受理范围应当满足两个条件：一是该事项尚未发生，但未来对纳税人可能具有重要税收经济利益；二是我国当前税法规则对该事项的处理较模糊或没有明确的规定。为了保护纳税人的合理预期信赖，事先裁定的结果应当对征税机关具有约束力，即在纳税人无过错、未发生情事变更的情况下，征税机关必须按照事先的裁定结果作出决定。

由于涉税争议具有相当的专业性和技术性，在我国当前税务复议机制缺乏中立性、税务诉讼机制缺乏效率性的情况下，从争议解决的独立性和灵活性考虑，税法在制定中可以引入以聘任各行业专家等形式构建的专门复核组织或涉税仲裁组织。复核组织或仲裁组织在功能上可以分担一部分复议机制和诉讼机制的压力，充分听取纳税人、征税机关及第三方意见，对征税机关的执法程序进行了解，根据专业判断对涉税实现的决议

---

① 参见北京市地方税务局编：《税收征管制度国际比较研究》，中国税务出版社 2018 年版，第 206 页。

重新审定。但是,为了充分保证复核或仲裁裁决结果的公平公正、科学合理,复核庭或仲裁庭的组成人员应该由以下5类人员组成:一是具有一定法律执业年限的经验人员,如退休法官、行业资深律师等;二是财政税收领域的高级别政府官员或专家学者;三是税务代理机构或纳税人保护协会中的专家或知名代表;四是其他相关领域的高级别政府官员和专家学者,如房地产、市场监管、环境保护等专业领域;五是在当地有一定威望或被大家推选的人大代表、政协委员、居民代表等。当需要对涉税争议事项进行复核或仲裁时,各个领域根据具体案例的要求,分别派出至少一位代表参与复核或仲裁合议,并出具最终裁决结果。

论我国税法典的编纂路径

——以《民法典》为视角

黄思煦*

党的十九届五中全会通过的“十四五”规划,再次强调了到2035年基本实现社会主义现代化的远景目标。其中,在基本实现国家治理体系和治理能力现代化,以及基本建成法治国家、法治政府、法治社会两大目标方面,急需法律的大力更新和日臻完善,从而在制度层面提供强有力的支撑和保障,使国家治理现代化进程更加紧扣法治轨道。在中国特色社会主义法律体系业已形成之际,我国拥有了门类齐全的法律体系。但要使我国法律体系更加内在协调与结构紧密,还需继续付诸努力。长期以来,法律的立改废释与清理是我国法制发展与完善的主要方式。而把法律编纂成为法典已成为法律创制质量的突破口与提升点,可在充分研判一个法律制度的编纂条件以及可能性、可行性与可比性后,审慎、批判、扬弃地将编纂法典的方式予以适用,从而提高其立法水平与质量,并借此实现对法律制度自身的超越,以点带面推动整个法律体系协调性与紧密性的提升。

2020年5月28日,中华人民共和国第十三届全国人民代表大会第三次全体会议以2879票赞成、2票反对、5票弃权的表决结果通过了《民法典》,正式宣告我国民法典时代的到来。《民法典》是新中国成立以来首部以法典命名的法律,旨在保护民事主体的合法权益,调整民事法律关系,维护社会和经济秩序等方面发挥至关重要的作用。在全面深化改革与全面依法治国双轮驱动我国全面建成小康社会的宏大格局里,凝聚无数心血、智慧、精力的《民法典》描绘了宏伟壮丽画卷,谱写了波澜壮阔的诗篇。而对于未来全面建成社会主义现代化强国来说,《民法典》更像是悠长的汽笛与飘扬的风帆,宣示着向新时代、新阶段、新征程起锚起航。《民法典》通过廓清政府管制和社会自治的边界,优化了社会的自我构序能力,是国家治理现代化转型在法治领域的具体投射。一方面,《民法典》定位于权利保障,在构建新时代权利规范体系的同时,体察个人权利的合作面向,以主体间性的培育奠定了共治的制度基础,落实了国家治理的“人本性”价值旨归;另一方

* 就职于众诚汽车保险股份有限公司风控合规部合规管理岗,华南理工大学法学硕士。

面,《民法典》建构政府治理的法律秩序,从积极补强和消极控权双向维度弥合单向权力治理的正当性不足,塑造了交往式的良性互动秩序。《民法典》是共识性道德融于法典性规范、以良法促善治的典范,增进了国家治理的价值正当性,释放了国家治理体系的形式理性与治理能力的实质理性。① 毋庸置疑,《民法典》的出台,势必在我国立法领域产生巨大影响,税收立法即为其中之一。

将目光从我国民法转移到税法,可发现二者在立法上的差距显而易见。较之民事法律制度的高度统一化、系统化、集中化,税收法律制度更多地表现为立法主体多、效力层级低、规范较分散,不利于我国依法治税与深化税制改革。根据全国人大常委会法工委制定、党中央审议通过的《贯彻落实税收法定原则的实施意见》(以下简称《实施意见》),我国进行了大规模的税收立法活动,制定和修改了多部税收法律,取得了一定的成果。同时,应该清楚地认识到,由于种种原因,部分税收暂行条例还没有上升为法律或废止,税收法定原则尚未全面落实,对我国税收法律制度的完善仍然任重道远。民法与税法的联系密切,税法所规范的税收征纳关系大多建立在民法所规范的各类民事法律关系基础之上。② 税法要以民法为基础,民法是税法的前行法,民事行为及其经济效果是税法的课税对象与事实基础。《民法典》进一步厘清了私权利与公权力的边界,推动了在公共产品对价的"平等议价"基础之上,实现社会自治、经济自由的税收国家建设。③ 并且,在保障纳税人权利与落实新发展理念方面,也有很多闪光点可供税法借鉴。可以说,《民法典》不但提高了我国民法的成熟度,而且为税法的完善提供了沃土、夯实了基础。当前,全面落实税收法定原则与大规模税收立法的时代背景,以及市场经济改革、民主法治发展以及纳税人权利意识的提高,为我国建设税收国家提供了可能性。④ 加之基本实现国家治理体系和治理能力现代化要求完善法律体系的大前提,以及落实税收法定、实现依法治税、促动税制改革、优化税制结构以及推进减税降费等小前提,可以反映出我国具备了税收法律编纂的条件。2021 年全国"两会",全国人大代表刘小兵、赵冬苓等均提出制定税法总则、为税法典夯实基础的议案,更是将税法典的编纂进一步推入议事日程。至于编纂的具体实施,可从《民法典》形成路径的角度进行审视,将国内外民法典编纂的经验吸收后,再从我国税收法律制度的实际情况出发,进行税法典的编纂。

一、我国《民法典》的编纂路径及其经验借鉴

《民法典》在我国的编纂,主线是由原《民法通则》到原《民法总则》再到《民法典》,辅之以原《合同法》以及原《物权法》《婚姻法》《继承法》《侵权责任法》等一系列民事单行法的制定及修改。在采用潘德克顿式编纂体系的基础上,《民法典》的各个编纂阶段,

---

① 参见郭洁、佟彤:《〈民法典〉推进国家治理现代化的法理阐释》,载《政法论丛》2020 年第 4 期。

② 参见翟继光:《关注税法与民法典的衔接》,载《中国税务报》2019 年 12 月 31 日,第 7 版。

③ 参见施正文、汪永福:《〈民法典〉的立法精神与税收治理法治化》,载《中国税务》2020 年第 10 期。

④ 参见张富强:《论税收国家的基础》,载《中国法学》2016 年第 2 期。

相应地都紧密结合了体制改革、对外开放、建立社会主义市场经济、中国特色社会主义进入新时代以及社会主要矛盾发生变化等现实国情以及社会发展状况。仔细剖析我国《民法典》的编纂路径，从中汲取具有借鉴意义的经验，有利于税法典的编纂更加切合我国的实际情况，做到因时、因地、因人制宜。

（一）原《民法通则》制定经验借鉴

1986 年 4 月 12 日，第六届全国人民代表大会第四次会议通过原《民法通则》，自 1987 年 1 月 1 日起施行。原《民法通则》不仅填补了经济转轨与对外开放进程中法制的巨大空缺，而且也为我国民事法律制度日后朝向原《民法总则》与《民法典》的编纂奠定了基础。

原《民法通则》有基本原则、公民（自然人）、法人、民事行为和代理、民事权利、民事责任、诉讼时效、涉外民事关系的法律适用、附则九章，共 156 条。原《民法通则》的创建，使我国民法在体系、价值理念、属性特征层面取得多重进步。其一，原《民法通则》构造了“主体—行为—权利—义务—责任—救济”的民事活动完整模式，在维护市场秩序与交易安全、保障合法民事权益、正确调整民事关系等方面扮演关键角色。其二，原《民法通则》确立了人的民事主体地位，在推崇各民事主体之间的意思自治、自由平等的同时，倡导共同维护公序良俗与诚实信用，既最大限度地发挥了人的积极性、主动性与创造性，又增长了社会转型时期的和谐性与平稳性。其三，原《民法通则》立足于中国的国情进行制度设计，而且还在广泛考察世界各国有益经验的基础之上，进行了大量的理念和制度创新，逐渐凸显出中国元素。此外，原《民法通则》通过界定民法的调整对象，区分了民法与经济法等部门法的关系，推动民法成为独立的法律部门，彰显了民法的私法特征。①

尽管原《民法通则》有着突出的时代贡献，然而也存在一定的局限。原《民法通则》是在我国经济体制从计划经济转向有计划商品经济背景下制定的。此外，原《民法通则》许多规定过于原则、简单、抽象，在一定程度上削弱了可操作性与实践性，还带来了大量法律漏洞，需要司法机关频繁运用法律解释手段方可予以适用。② 实际上，原《民法通则》是民法典制定条件尚未成熟时的过渡性立法。在改革开放初期的第五届全国人民代表大会第二次会议上，人大代表普遍表示“集中全国人民的意愿，逐步建立和健全一套适合我国情况的法典、制度，这对进一步发展我国的安定团结政治局面，促进社会主义现代化建设事业的顺利进行，将是一个重要保证”。③ 全国人大常委会法制委员会为起草民法典，专门成立了“民法起草小组”，到 1982 年已经四易其稿。但是立法机关很快意识到

① 参见王利明、易军：《改革开放以来的中国民法》，载《中国社会科学》2008 年第 6 期。

② 参见李开国：《〈民法通则〉的历史功绩与历史局限》，载《现代法学》1997 年第 4 期。

③ 《人心思法　人心思治——人大代表、政协委员谈法律草案》，载《人民日报》1979 年 7 月 1 日，第 2 版。

统一性、综合性的民法典制定难度太高，只能徐缓为之。[①] 1985 年，时任全国人大常委会委员长彭真认为我国正在改革开放中“摸着石头过河”，对于民法典制定应当“改批发为零售”。正如他于一次讲话中指出，“通过大量调查研究，我们觉得一下制定一部民法典是困难的。所以，决定一面起草民法典，一面抓紧制定有关的单行法”。[②] 1986 年，全国人大通过原《民法通则》时，时任全国人大常委会秘书长王汉斌道出“由于民法牵涉范围很广泛，很复杂，经济体制改革刚开始，我们还缺乏经验，制定完整的民法典的条件还不成熟，只好先将那些急需的、比较成熟的部分，制定单行法”的个中因由。[③] 在当下，我国制定税法典的条件，与 20 世纪 80 年代制定民法典相似，是故可借鉴其“先零售，后批发”的立法进程，首先制定与原《民法通则》具有类似性质地位的税法通则，再以此为基础，结合其他税收法律制度循序渐进地编纂税法典。

（二）原《民法总则》制定经验借鉴

2017 年 3 月 15 日，第十二届全国人民代表大会第五次会议通过原《民法总则》，同年 10 月 1 日正式实施。原《民法总则》以原《民法通则》为基础，对其中许多过于原则、简单、抽象的规定进行了修正。与原《民法通则》相比，无论是在概念准确性、制度目的性、体系逻辑性还是法律结构合理性、法律规范可操作性等方面，原《民法总则》确有很大提高，基本上体现了民法的时代精神和中国特色。[④]

原《民法总则》有十一章，分别是基本规定、自然人、法人、非法人组织、民事权利、民事法律行为、代理、民事责任、诉讼时效、期间计算、附则，共计 206 条。除第四章“非法人组织”属于新增内容外，原《民法通则》各章节内容几乎都能从原《民法总则》找到相对应的。在“先零售，后批发”的整体思路下，原《民法总则》可以说是对未来我国民法典总则编的“先批发”。相比原《民法通则》重在构造民事活动完整模式、填补民事法律制度空缺，原《民法总则》旨在贯穿民法各项基本制度，科学而富有逻辑地将各种规定有机地连接在一起，增进民事法律编纂的形式理性。[⑤] 首先，从“基本原则”变为“基本规定”的原《民法总则》第一章，在保留原《民法通则》第 3 条至第 7 条确立的民法基本原则体系的同时，增设了民法的法源适用顺序、特别法优位于一般法以及我国民法的地域效力，与《民法典》总则编第一章无缝对接。其次，原《民法总则》第二章、第三章、第四章为《民法典》的民事法律主体制度搭建了框架：第二章径采“自然人”这一民法专业术语，与高度政治化的“公民”相厘清，减少了概念的模糊与混杂。第三章、第四章丰富了民法中“法人”

① 参见王理万：《中国法典编纂的初心与线索》，载《财经法学》2019 年第 1 期。

② 《彭真文选（一九四一——一九九〇年）》，人民出版社 1991 年版，第 507 页。

③ 参见王汉斌：《关于〈中华人民共和国民法通则（草案）〉的说明——1986 年 4 月 2 日在第六届全国人民代表大会第四次会议上》。

④ 参见梁慧星：《〈中华人民共和国民法总则（草案）〉：解读、评论和修改建议》，载《华东政法大学学报》2016 年第 5 期。

⑤ 参见王利明：《民法总则的立法思路》，载《求是学刊》2015 年第 5 期。

“组织”的概念定义,既适应经济发展,又利于监督管理。第三章引入“营利性”标准,对法人作出营利法人与非营利法人的基本区分,并增加了特别法人,删除联营制度;第四章新增了非法人组织,将个人独资企业、合伙企业、不具有法人资格的专业服务机构等涵盖其中,明确承认自然人和法人之外的第三类民事主体类型。再次,原《民法总则》第五章、第六章、第七章、第八章对民事权利、民事行为(代理)、民事责任进行了扩充,并对当时一些争议较大的立法问题,如人格权法、债法总则进行原则性的规定,既不致使各方意见相左相持不下而影响进程,又避免了立法在相关民事领域的空白。最后,原《民法总则》第九章、第十章、第十一章对民法上的时间制度进行了修正与完善,使民事实体法与民事程序法的衔接更加紧密。原《民法通则》第九章“附则”规定的“期间计算”在原《民法总则》单独成为第十章,与原《民法总则》第九章“诉讼时效”以及第十一章“附则”关于本数的规定,一起构成了较有完整的民法上的时间制度。①

原《民法总则》的制定,实现了理论与实践的有机结合、民法学界积极性与立法机关创造性的有机结合、时代发展特点与民法基本规则的有机结合。原《民法总则》奠定了我国民法典的基础和分则各编的框架,确定了民事活动必须遵循的基本原则和一般性规定,统领民法典各分编。各分编将在总则的基础上,对各项民事制度作出具体规定。② 原《民法总则》充分汲取以往中国民事立法和司法的经验教训,又借鉴了先进的民法理论和民事立法实例,形成了具有科学性、先进性与有中国特色的民法理论体系和规则体系,确立了我国民法典的基本格局。③ 在税法通则创制、实施并不断经受来自理论的考验与实践的检验后,在税制改革不断深化到能正确反映经济基础并对其发挥能动的反作用后,在税收法律编纂条件成熟到可以在未来几年制定税法典时,即应制定税法总则。

(三)《民法典》制定经验借鉴

2020年5月28日,第十三届全国人民代表大会第三次会议通过《民法典》,2021年1月1日正式实施。《民法典》由总则、物权、合同、人格权、婚姻家庭、继承、侵权责任七编以及附则构成,共1260条。作为我国首部以法典命名的法律,《民法典》不仅在条文数量上冠绝全法,而且使其质量良好的立法经验技术与方法思路同样具有借鉴意义。

按照《民法典》内部各编的性质地位进行划分,可将其分为总则与分则两大部分。《民法典》并非总则部分与分则部分的简单叠加,而是二者在创制与实施过程中不断磨合后的融合。在确定采用潘德克顿体系进行民事法律编纂后,对于总则部分与分则部分在立法上先后顺序的处理方法,有先制定总则再推理出分则的演绎法,以及从分则中总结

---

① 参见王竹:《“批发”抑或“零售”——〈民法总则〉的编纂定位与内容评析》,载《当代法学》2018年第1期。

② 李建国:《关于〈中华人民共和国民法总则(草案)〉的说明——2017年3月8日在第十二届全国人民代表大会第五次会议上》,载《中华人民共和国全国人民代表大会常务委员会公报》2017年第2期。

③ 参见杨立新:《从民法通则到民法总则:中国当代民法的历史性跨越》,载《中国社会科学》2018年第2期。

出具有一般性、共同性的规定作为总则的归纳法，即“提取公因式”（Vor die klammer zu ziehen）两种。由于我国长期以来采取“零售式”的民事立法，为使各项民事法律制度并行不悖，遂从庞大的民法规范群体中将作为“公因式”的基础性规范抽象出来，然后把这些规范按照“人、物、权利、行为、责任”的内在逻辑编纂整理起来，形成具有贯穿性、统率性和基础性的总则。而后，将总则所体现的法律思想、所建立的基本制度，落实到分则里。① 通过“提取公因式”的方式将共性的规则抽象出来，形成了从一般到具体所构成的规则体系，使总则“包括适用于民法典以下诸编的规则，亦在某种程度上被提取和抽象的一般性内容”。② 这不仅能够避免法律规则的重复，实现立法简约，而且也增强了《民法典》各编的逻辑体系性。总则部分建立的一般规则，在思想上坚定地继受和贯彻了改革开放的精神，坚持了保障社会主义市场经济体制和人民权利的指导思想，体现了依靠民法进行国家治理的总体要求。而且，在技术层面贯彻了法律关系的主线，坚持了权利核心主义和意思自治原则，建立起了总则与分则之间分工合作、统辖遵从的逻辑关系，也建立起了《民法典》作为一般法对民法特别法的统合逻辑关系。③ 此外，在分则的设立方面，《民法典》结合我国的实际情况与时代背景，实现了超越创新。德国《民法典》由总则、债权、物权、亲属、继承 5 编构成，该结构建造了完整的近代民法体系，适应当时德国政治、经济与社会等方面的需求。但德国《民法典》也存在“以财产权为中心”“重物轻人”的偏颇之处，④其体系也受到了“按照资产阶级从事商业贸易的需求来设计构思，使关于人的法律地位和法律关系的法大大退缩于财产法之后”的批判。⑤ 对此，我国《民法典》结合之前提出人格权法、债法总则两个问题一并作出回应。一方面，《民法典》独立设置人格权编，坚持以人为本的价值理念，突出对人的保护。人格权编对于名誉、肖像、隐私权与个人信息等的保护，很好地应对了现代社会科技发展提出的新挑战。人格权编规定对声音的保护、禁止肖像权的深度伪造、对基因编辑、人体胚胎试验等研究规定底线规则等，都是对于新时期的新问题的回应。这体现了“一切权利均因人而设立”（hominum causa omne ius constitutum est），⑥实现了“民法中的人的再发现”⑦。另一方面，《民法典》合同编通则部分详细地对债权债务作出规定，实际上发挥着债法总则的功用。合同编通则对债权债务的分类、履行、抵消、保全、转让、解除、免除、违约及救济等方面作出规定，并通过第 468 条规定非因合同产生的债权债务关系，适用有关该债权债务关系的法律规定；没有规定的，适用本编通则的有关规定，但是根据其性质不能适用的

---

① 参见孙宪忠：《当前我国民法典分则编纂的几点思考》，载《华东政法大学学报》2019 年第 5 期。
② ［德］迪特尔·梅迪库斯：《德国民法总论》，邵建东译，法律出版社 2000 年版，第 22 页。
③ 参见孙宪忠：《中国民法典总则与分则之间的统辖遵从关系》，载《法学研究》2020 年第 3 期。
④ 参见［德］迪特尔·施瓦布：《民法导论》，郑冲译，法律出版社 2006 年版，第 42 页。
⑤ 参见［德］迪特尔·梅迪库斯：《德国民法总论》，邵建东译，法律出版社 2000 年版，第 22 页。
⑥ ［意］彼德罗·彭梵得：《罗马法教科书》，黄风译，中国政法大学出版社 1992 年版，第 29 页。
⑦ ［日］星野英一：《现代民法基本问题》，段匡、杨永庄译，上海三联书店 2012 年版，第 437 页。

除外。合同编通则吸收了债法总则规范,在确保合同编完整性的基础上,解决债法共同适用的一些问题,打通了合同规范与非合同之债规范的壁垒,最大限度地减少法律适用的烦琐程度。同时避免传统大陆法系因民法典设置债法总则,导致制度的叠床架屋,以及法律适用在民法典总则规范、债法总则规范以及合同规范之间来回往复。[①]

二、税法通则——破局和奠基

我国编纂税法典可以参照《民法典》的形成路径,分为3个阶段进行,即先制定税法通则,继而税法总则,终而税法典。税法通则作为第一阶段破局和奠基的编纂目标,应当确定明晰其税收通则法的性质定位,打造构筑牢固并且可以沿用的编排体例,并且对相关税收法律进行清理。以期既为全面推进税收法治、深化税制改革提供强有力的法律依据,又夯实税收法律编纂的基础。

(一)税法通则的性质定位

税法通则,是规定税收基本原则、制度以及一般规则,调整税收分配关系和税收征纳关系,并指导解决其中基本性、共同性、一般性实体问题与程序问题的税收通则性法律。简言之,税法通则是税收法律制度的通则法、综合法、一般法。除在属性上有公法与私法之分野外,税法与民法还存在一个显著区别,在于税法可集调整税收分配关系的实体法,以及调整税收征纳关系的程序法于一身,而民法多为实体法与程序法分立。税法的这一独特性,须在寻找《民法典》编纂的共同经验中着重把握,才能辩证地处理税法与民法间共性与个性的关系。鉴于原《民法通则》名称的确定,经历了从"民法"到"民法总则",再到"民法通则"3个阶段,与整个民事立法的过程一样曲折。在进行税收法律编纂的第一阶段,也需要制定对一般事项与特别事项均作出规定以求全面的法律,故而应当将其命名为"税法通则"。正所谓"凡法律所规定的事项,仅为原则性的或共同性的,尚需根据这种法律,以分别制定个别的法规者,得定名为通则,换言之,属于同一类事项共同适用的原则或组织的规定者,称'通则'"。[②] 而且除税法外,诸如商法、经济法、行政法等调整范围较广,难以实现或短期内不易实现法典化的法律领域,在制定相关单行法的同时,可尝试制定各自的"通则",以提高立法的科学化水平。[③]

税法通则之所以定性为税收法律制度的通则法,主要原因体现在其立法内容、体例模式以及价值观念三个方面。第一,在立法内容方面,税法通则是关于税收基本原则、税收基本制度、税收一般规则的共通性规定。其中,税收基本原则由税收法定原则、税收公平原则、税收量能原则等一系列对于税收活动具有普遍指导意义的原则组成;税收基本制度则包括但不限于针对税务机关权力与职责、纳税人权利与义务、税收构成要件、征纳行为、法律责任等实体基本制度,以及税收确定程序、税收征收程序、税收执行程序、税收

① 参见王利明:《体系创新:中国民法典的特色与贡献》,载《比较法研究》2020年第4期。

② 管欧:《推开法律之门》,中国政法大学出版社2011年版,第111页。

③ 参见刘风景:《〈民法通则〉名称的历史考察与现实价值》,载《社会科学研究》2016年第5期。

救济程序等程序基本制度;税收一般规则,主要包括税收征收管理中征纳双方行动的期间、时效、送达等问题的规定。第二,在体例模式方面,税法通则是我国税收法律体系化以及编纂的基本形态。税法通则通过税收基本原则、税收基本制度、税收一般规则三大架构,对税收征收管理、纳税人权利义务、税务机关权力职责、法律责任及救济等税收法律关系所涉及的问题进行了规定,构成了"税收产生—缴纳—征收—管理"的完整税收活动模式。正如原《民法通则》以"主体—行为—权利—义务—责任—救济"的体例,构建了民事活动完整模式。此外,税法通则明晰了纳税人权利与税务机关权力相统一的税权二元结构,将税权博弈模式合理化、合法化。[①] 厘清了征纳双方主体的法律责任,促成纳税人自觉履行纳税义务与税务机关正确履行税收征管职责,提高对税法的遵从程度。第三,在价值观念方面,税法通则内化了现代法治与依法治税理念,并通过原则与规则的设置体现出来。税收法定原则,直接反映依法治税的具体要求;税收公平原则、税收量能原则是分配正义价值的缩影与投射;税务机关职责与纳税人权利则体现了尊重与保障人权、制约与监督公权的现代法治理念。此外,税法通则一些具体的制度设计,还体现了权利义务相统一、合理区别对待、兼顾效率与公平等先进前沿的价值观念。

作为税收法律的通则法,税法通则将在解决税收活动亟待调整的共同问题、健全和完善税收法律体系中起到举足轻重的作用。我国税收立法、执法、司法、守法实践中所缺乏的正是这些带有普遍性、经常性、规范性的基本制度和共同规则。可以预见的是,税法通则将会打破这一局面,并以可操作性强、切实可行的制度规范征税行为,保护纳税人权利,提高税收征管水平,培养税法意识。[②] 进而,为税收法治建设与深化税制改革带来实在的、共同的、可观的利益。

(二)税法通则的体例编排

由于税法通则具有税收通则性法律的性质地位,在进行税法通则体例上的编排时,既须保证其内部章节条款紧密协调,又应确立其对各税收单行法、特别法的统领、指引、规范,还当注重并推动其与民法、刑法、行政法等部门法的衔接。从而自内向外地缓解税法通则与其他法律规范之间的张力,为税法通则的适用以及税收法律的编纂夯实基础。为达到这一目的,需要对国内外相关立法经验进行比较、考察,博采众长以编排税法通则体例。

1. 国内立法经验。在20世纪末21世纪初,我国立法机关、实务部门以及专家学者通过组织制定"税收基本法"的形式,作出了税收法律编纂的努力与尝试。1997年,国家税务总局组织制定的《中华人民共和国税收基本法(草案)讨论第六稿》分为总则、税收立法、税法解释、税收行政执法、行政协助、权利与义务、法律责任、附则八章。2006年,全国人大财政经济委员会委托刘剑文教授牵头组织的《中华人民共和国税收基本法(专家

① 参见张富强:《论税权二元结构及其价值逻辑》,载《法学家》2011年第2期。

② 参见施正文:《关于税法通则的定位》,载《涉外税务》2006年第4期。

稿)》分别为总则、税法的制定、修改、废止与解释、纳税义务、税收征纳、税收救济、法律责任、税收的国际协调与合作、附则。[①] 这两部建议稿对税收的基本制度与一般规则都作出了规定,而且大体上依照了"税收产生—缴纳—征收—管理"税收活动时间线以及税务工作基本思路。税收基本法目的在于将税收实体与程序法律规范有机结合,把以税收法定为核心的税收活动基本原则、税法创制与运行的基本问题以及纳税人权利、税务中介机构、税收行政协助制度等重大问题规定下来,形成一部综合性法律。这样不仅可以弥补各税种税收暂行条例中存在的分散、模糊、重叠等问题所造成的漏洞,还能够提高税收法律制度的权威性和确定性,改变长期以来税收领域法律层次偏低的"法律倒置"现象和税收权力运转不良、效率低下、刚性不足的状况,具有重大的现实意义。[②] 虽然最终未能付诸立法,但从中仍然可以汲取一些编纂税法通则的经验教训,以求消弭争议与分歧,在最大限度上达成共识。税收基本法追求立法内容尽善尽美的本意无可厚非,但应当认识到,没有任何一部法律可以面面俱到。为了包罗税收万象而制定过于庞杂的税法,最后只会适得其反。以《中华人民共和国税收基本法(专家稿)》为例,其草案框定的篇幅体量为200~300条、30,000~40,000字。除附则外的其他章,少则设有3节,多则设置6节,而且5~6节的章居多,如总则、税收征收、法律责任等,而纳税义务等章只有3节,内容相对较少。此外,税收管理体制、纳税人权利等基本制度均为总则分节,使总则部分显得过于集中与臃肿,结构失衡。因而,当下编纂税法通则,不仅要对内容进行轻重缓急的取舍,更应在确保详略得当、重点突出、特征鲜明的情况下,注意内容编排的均匀与平衡。

2. 国外立法实践。在总结国内立法经验的同时,还应注考察国外税收立法的实践。综观世界,德国、克罗地亚以及日本的相关立法值得研究。(1)1977年起施行的德国《税法通则》,分为总则、税收债法、一般程序规定、征税的实施、征收程序、强制执行、行政救济程序、刑罚罚款及其程序、附则九章,共有415条。若将其极具精确性的用语、逻辑性的条文、庞大的规模与完整的结构按下不表,只挑最适合我国考察也最适合我国税法现状的一点,就是德国《税法通则》将税收债权债务关系作为税收法律关系之核心,贯穿全篇章节,以税务机关和纳税人之间平等的债权债务关系为基本的指导思想,用税务机关行使税收请求权与纳税人履行税收债务代替过于直接与突兀的课征与缴纳。而我国税法以税收权力的运行为主线,在制度构建上倾向实现行政机关权力而非税务机关和纳税人之间权利的平衡。而且由于缺乏类似税收债权债务关系的主线引导,对纳税义务于何时何地以及在满足何种条件下成立没有统一的规定,造成各税收单行法之间甚至存在诸

---

① 参见汤贡亮:《回顾与希冀——税制改革呼唤〈税收基本法〉》,载刘剑文主编:《财税法学前沿问题研究6:依法治国与财税法定原则》,法律出版社2016年版,第154页。

② 参见李登喜:《关于制定〈税收基本法〉的思考》,载《法学杂志》2006年第5期。

多矛盾冲突，反倒是扩大了税务机关的自由裁量权，不利于纳税人权利的保护。[①] 对此，可参考德国《税法通则》关于税收债权债务的规定，并引入“税收——公法之债”的理论，形成贯穿税法各项制度的主线，促进我国税收法制的统一。(2)克罗地亚共和国《税收基本法》于2001年颁布实施，包括一般规定、税收原则、税收法律关系、税收债务关系、一般程序规定、强制执行、税收违法的法律救济、法律责任以及附则九章，共有175条。在税收法律关系的性质方面与德国《税法通则》不同的是，克罗地亚共和国《税收基本法》虽也明确为税收债权债务关系，但不限于税务机关拥有征收税款、利息和罚款、基于纳税担保义务产生的变价金额的税收债权，而且还规定了纳税人享有请求退还无法律依据缴纳的税款、无法律依据缴纳的税款的利息的税收债权。如此一来，税收债权债务的范围得到界定，税收法律关系双方在税收征纳上的权利义务也明确下来。虽然我国《税收征收管理法》规定了纳税人的退税权，但并未进一步规定纳税人的税收债权范围。而从保护纳税人的财产权与限制税务机关征税权的角度看，应在税法通则中具体规定纳税人与税务机关的债权债务范围，以此“请求权基础”推动税收向公法之债的转型。此外，克罗地亚共和国《税收基本法》还对税务代理进行专章规定，形成了税务代理行为的完整规则体系。而我国《税收征收管理法》仅在负责中规定纳税人、扣缴义务人可以委托税务代理人代为办理税务事宜，但对税务代理人的法律地位、代理权的范围等重要问题未作进一步规定。对此，可以参考克罗地亚共和国《税收基本法》有关税务代理的规定，同时结合《民法典》总则编代理章，完善税务代理行为以及税收行为的规则体系。(3)日本《国税通则法》于1962年颁布，后经多次修改，除去附则部分，有总则、国税纳税义务的确定、国税的缴纳和征收、纳税延缓和税收担保、国税的退还及其加算金、附带税、期限限制以及除外适用、行政程序法情形、不服审查及其诉讼、杂则、罚则127条。较之德国《税法通则》与克罗地亚共和国《税收基本法》以税收债权债务贯穿税收法律关系的全部，日本《国税通则法》明确规定了国税范围与税收基本要素的概念，以解决日本单行税种法并立而造成各个法律规定之间不健全、不统一的问题。尤其是在税收基本要素方面，日本《国税通则法》对纳税人、纳税申告书、课税标准、法定申报期限、法定缴纳期限等概念加以规定，使其能以相同的内涵和外延在各单行税种法中统一适用，并以明确的立法限制税务机关在税法基本概念解释方面的自由裁量权，增加了税法的刚性和约束力。同样地，我国采用各税种单行立法的模式，税收要素的内涵和外延大多由各税收单行法作出规定。由于各税种客观上存在性质的差异，税收要素的内涵和外延在各个税法中不尽相同，产生了模糊和冲突，造成税法适用上的困难。这给税务机关在税法基本概念解释上提供了

---

① 参见刘剑文、汤洁茵:《试析〈德国税法通则〉对我国当前立法的借鉴意义》,载《河北法学》2007年第4期。

自由裁量空间，会影响税制统一以及税法的刚性和约束力。[①] 因此，应从我国各税收单行法中抽象与提炼出税收要素的一般范畴，并在税法通则中形成税收基本要素，确保各要素概念的内涵与外延在税法适用中的一致性。

综上所述，我国在编排税法通则体例时应抓住重点，分清主次，从实际情况出发。首先，应以税收分配关系以及征纳关系作为核心概念建立架构，借鉴大陆法系"税收权利义务分配关系—税收征纳行为—对税收征纳权利的救济"的一般立法结构模式，塑造"税收征纳主体—税收征纳行为—税收法律责任（及救济）"的主线，既在实践中适应我国税收行为日新月异、税收经济高速运行的需要，又在理论上契合"假定条件—行为模式—法律后果"的逻辑结构，增强税法的可理解性与可操作性。其次，应处理好实体性规范与程序性规范的关系。由于税收征纳行为既涉及税务机关的权力与职责，又关乎纳税人的权利与义务，还会联系到法律责任及相关救济。因而税法通则不仅要在实体上明确得以进行各种行为的权责义务边界，还须在程序上对其顺序、期间与时限等作出规定。最后，还应明晰各项税收要素，确保税收征纳行为在各要素齐备的条件下进行。这也是协调实体性规范与程序性规范的一个要求，因为税收要素不仅包括纳税人、税目、税基、税率等实体性要素，也包括纳税期限、纳税地点等程序性要素。实体性要素重要之处在于确定何人承担何种税收、几许税收；而程序性要素重要之处在于，无之则征纳双方并不明晰究应在何时完成相关征纳行为，而且只要其未届满，纵然已经确定何人应缴纳何种税收几许，亦不必完纳税款。[②] 由此，可将税法通则体例编排如下：第一章基本原则；第二章税务机关；第三章税收要素；第四章税收征纳；第五章纳税人权利；第六章税收法律责任；第七章复议与诉讼；第八章附则。

（三）税法通则和税法清理

作为税收法律制度的通则法、综合法、一般法，税法通则不仅本身要有正确的性质定位与合理的体例编排，而且在其编纂时还应针对一些层级低、零散乱的税收法律制度，包括税务规范性文件与税收优惠政策，做好相关的法律清理工作，方能使各税种法之间并行不悖。从而，为税收法律的进一步编纂以及深度整合夯实基础。

当前，我国的税收立法现状是，各税种的单行法律法规以及《税收征收管理法》在整个税法体系中占据主体地位。在征税原则与税收要素的设计思路方面，现行的各税种单行法之间不尽相同，各税种单行法与《税收征收管理法》之间以及税法与其他法律法规之间也难言协调和统一。[③] 将这些业已形成的、相对稳定的、正在实施的原则和理念从税收

---

① 参见刘剑文、汤洁茵：《日本〈国税通则法〉的主要内容及其对我国的借鉴意义》，载《涉外税务》2006年第12期。

② 参见侯卓：《"债务关系说"的批判性反思——兼论〈税收征管法〉修改如何对待债法性规范》，载《法学》2019年第9期。

③ 参见张义军：《〈税收基本法〉立法问题研究》，载《税收经济研究》2015年第5期。

单行法映射到税法通则中,具有一定难度。然而,在我国的税法实施中,另有规范性文件以及优惠政策纷繁复杂的特殊情况,这使其成为编纂税法通则时进行法律清理的着重点。税法的位阶由高到低,质量如何姑且不论,但可以肯定的是数量必定由少到多。制定税务规范性文件,正是行使税法解释权最常见的方式。但在财税部门突破税法字面意义进行扩充和限制解释的例子俯拾皆是,对税收法律的权威性、严肃性以及纳税人权利造成了损害的情况下,应对现有税务规范性文件逐步、逐级、逐层地清理。[①] 并且,自下而上、稳步妥帖地对各地方政府税收优惠政策的使用进行规制与纠偏,发挥税收优惠政策在促进区域经济发展中的优势,减少地方政府滥用税收优惠政策可能带来的恶意税收竞争,以及可能与税法存在的抵牾。

对税务规范性文件与税收优惠政策的正本清源,不能"矫枉过正",在财税实践中收效良好且不与上位法抵触的政策文件可予以保留。若其兼具可操作性、示范性与普遍性,还可将其上升和推广,即提炼与整合这部分具体规则与解释方法,适当总结出一些原则与理念,再以各种有益经验指导税法通则基本原则和一般规则的制定,进而推而广之。在这一过程中,还可以厘清与明晰税收立法权、解释权的范围,为税收法律的编纂与适用再添一臂之力。

三、税法总则——承上及启下

税法总则上承税法通则,下启税法典,在税收法律编纂中极具关键性。当原《民法通则》施行一段时间,既发挥出通则法、综合法、一般法的作用,对税收领域的基本性、共同性、一般性实体问题与程序问题作出现实回应,又发现其固有的、内生的局限,需要进一步完善与提升时,即为税法总则应运而生之时机。进而,形成以《税法总则》为龙头、税收实体法为主体、税收程序法为支撑的税收法律体系。再经过一段时期的实践和沉淀,可以考虑顺应新时代法典化的潮流,在此基础上编纂税法典,推动我国税收法律体系化建设进入更高层次。[②]

(一)税法总则与税法通则的衔接

如前所述,税法总则是对税法通则的升级换代。欲在税收法律编纂中使这两部具有关键地位的法律完成平稳过渡,必须确保税法总则与税法通则的衔接妥适、熨帖。若要达到这一目的,从税法通则到税法总则的过程中,必须做到有所改变与有所不变。

一方面,在税法总则的体例编排与章节设置上,应当根据税法通则的实施情况以及经济社会的变化发展,进行增添、删减等调整。此外,原《民法总则》对原《民法通则》内容的继受与变更,也为税法总则与税法通则的关系处理提供了一些具体的思路,使二者衔接有迹可循。例如,原《民法通则》第一章"基本原则"民事活动原则部分的内容,被原《民法总则》悉数吸收并予以扩充,成为其第一章"基本规定"的主要部分;

① 参见刘剑文:《落实税收法定原则的意义与路径》,载《中国人大》2017年第19期。

② 参见金辉:《财税法专家呼吁制定〈税法总则〉》,载《经济参考报》2020年1月21日,第8版。

又如,原《民法通则》中“民事法律行为和代理”是为一章,在原《民法总则》则各设一章;再如,原《民法总则》将“期间计算”从附则剥离,使其单独成章。由此可见,税法通则向税法总则过渡时,对应的部分亦有需要修改的可能。对此,税法总则可借鉴原《民法总则》,增强立法的预见性与前瞻性,为未来的立改废释做好准备。其一,可将税法通则中的基本原则部分保留,并适当扩充其内涵,再增加对税法解释、税法渊源适用顺序、税法总则与其他税法的关系等基本问题的规定。其二,对原属于税收征纳行为的税务代理,由于涉及税务机关与纳税人以外的第三人、纳税人的授权委托、代理权限范围等问题,宜将其单独设立一章,以联结征纳行为与纳税人权利。其三,把规定于附则的期间计算单独设章,置于复议与诉讼之后、附则之前,在体系上构成完整的时效期间计算制度。

另一方面,税法总则的性质定位应当保持不变。纵然因法律名称变化而不宜再使用“通则法”的提法,综合法、一般法仍为税法总则在税收法律制度中的性质定位。再者,由于税法总则是税法通则的升级换代,即使“通则法”需要按下不表,其精神内核也绝不应被摒弃,反而更应当通过“总则法”彰显。在税收法律编纂中保持并不断巩固税法总则综合法、一般法的性质地位,唯此方能加深税法总则对各税收单行法、特别法的统领、指引与规范,同时也可以为税收法律的编纂以及税法典的制定做好进一步铺垫。

(二)税法总则的内容设置与安排

在体例编排和章节设置方面比照税法通则进行修改与完善后,税法总则的内容设置与安排,应当同《民法典》保持衔接与一致。《民法典》的调整对象,是最基本的民事关系。而税法所调整的税收征纳关系,又是在各类基本民事关系的基础之上形成的。可以说,税法与《民法典》的关联千丝万缕。因此,在税法总则的内容设置与安排上,除显扬税法本色外,更需特别注意的是使税法与民法交汇领域的相关术语概念、制度规则等衔接一致。

根据前述要求,应对税法总则的内容设置作出如下安排。第一章基本规定,具体内容有立法目的、基本原则、税法解释、税法渊源适用顺序以及税法总则与其他税法的关系。第二章税务机关,对税务机关的行政级别、管理体制、权力范围等事项作出规定。第三章税收要素,包括纳税人、征税对象、税率等实体性要素,以及纳税期限、纳税地点等程序性要素。因相当部分税收要素是以《民法典》相关制度作为立法基础,此章制度设计应做好与《民法典》的衔接。其一,纳税人通常而言都是民事主体,具有一定的权利能力与行为能力,但我国民法与税法对其规定却有差异。《民法典》将民事主体确定为“自然人、法人、非法人组织”,而现行税法中纳税人多以“个人、单位”等术语形式出现。这些术语概念的内涵与外延较模糊,在具体税种法律使用不仅会导致税收要素不明确,也会出现法律适用的冲突。从税收立法的规范性、科学性及与《民法典》的协调性考虑,税法总则宜将对纳税人的规定与《民法典》对民事主体的规定并轨,把“个人、单位”修改为“自然人、法人、非法人组织”。其二,在征税对象方面,《民法典》规定物权设立、变更、转让和消灭的基本制度，为很多税种的单行法设立奠定基础。在物权的变动环节，税法设置了增值税及其附加、车辆购置税、契税、土地增值税、个人所得税、企业所得税、印花税、关税、资源税等税种。在物权的保有环节，税法设置了房产税、车船税、城镇土地使用税、耕地占用税等税种。上述各税种的纳税义务，也是由于物权的取得或者变动而产生。[①]因此，税法总则可以充分借鉴《民法典》物权制度，对各税种法的征税对象作出一般性的规定，加强税法总则与各税种法以及《民法典》的联系。其三，在纳税期限方面，《民法典》期间计算一章也有更细致的规定可供税法总则参考。《民法典》第 203 条第 2 款规定："期间的最后一日的截止时间为二十四时；有业务时间的，停止业务活动的时间为截止时间。"而税法中不少税款的缴纳截止时间规定为次月 15 日，对于需要到银行现场缴纳的纳税人来说，15 日截止时间为当天银行结束营业时间；对于网上申报与扣缴税款的纳税人来说，15 日截止时间则可以延长至当天的 24 时。[②] 第四章税收征纳，包括对税收征管行为、税收缴纳行为以及税收征纳程序的一般规定。第五章纳税人权利，从实体上与程序上分别设置纳税人权利，构建纳税人权利体系。实体性权利主要包括税收公平权、诚实纳税推定权、公共产品选择权、参与税收立法权、税收征收监督权；程序性权利主要包括税收法律政策知情权、陈诉申辩权、申请延期及减免权、申请回避及听证权、拒绝非法税务检查权、控告、检举及举报权等。[③] 第六章税务代理，主要规定税务代理人与税务机关、纳税人的法律关系，以及在该关系中的法律地位、权限范围，从而填补现行税法中税务代理制度的空白，实现纳税公平与征税效率的统一。[④] 第七章税收法律责任，规定归责原则与责任适用，以及纳税人、税务代理人、税务机关及其工作人员的行政责任、刑事责任。第八章税务行政复议程序，包括税务行政复议启动条件、复议机关及其审查范围、税务和解以及与诉讼程序的衔接。第九章诉讼程序，主要规定税务行政诉讼的前置条件、管辖法院、一般程序性规则，以及涉及民事诉讼、刑事诉讼等情况的处理。第十章诉讼时效，规定税务行政诉讼时效的起算与终了，中断、中止等事由以及重新计算的情形。第十一章期间计算，对税法中的年、月、日、时与业务时间、法定休假日顺延进行规定。第十二章附则，规定本数与其他比较词的关系，以及本法的实施时间。

在原《民法总则》颁布实施后，民法中主体、权利、行为、程序和责任等方面的制度与税法相关制度的衔接并不顺畅，甚至存在一些矛盾。[⑤] 上述税法总则的内容设置中，与《民法典》高度关联、需要进行衔接的部分，也应根据《民法典》运行情况进行调整，以实现税法与民法更顺畅的磨合、更优质的组合以及更高层次的配合。

---

① 参见翟继光：《关注税法与民法典的衔接》，载《中国税务报》2019 年 12 月 31 日，第 7 版。

② 参见翟继光：《与每个人相伴一生的法律：民法和税法》，载《中国税务报》2020 年 6 月 24 日，第 3 版。

③ 参见张富强：《纳税权入宪入法的逻辑进路》，载《政法论坛》2017 年第 4 期。

④ 参见李清伟：《税务代理制度建构与税收通则法条文设计》，载《财经研究》2008 年第 6 期。

⑤ 参见熊伟：《从〈民法总则〉谈税法与私法的衔接》，载《湘江法律评论》2017 年第 1 期。

（三）税法总则向税法典启动过渡

从原《民法通则》正式实施到原《民法总则》出台，所经时间超过了30年。而从原《民法总则》正式实施到《民法典》颁布，只有不到3年的时间。这既反映出我国民法由通则法到总则法的法律编纂过程需大量时间沉淀与精力付出，又体现了从总则法到编纂法典时间之紧、任务之重。若以此立法进程审视税收法律编纂，可以预见的是，在对施行了相当一段时间的税法通则进行升级换代后，税法总则将立即向税法典启动过渡。此即税法总则之承上及启下，连接着税收法律编纂的两大关键阶段。

之所以税法通则会在未来实施较长的时间才会迎来税法总则，是因为这一阶段的税收法律编纂工作偏重税法的立改废释与清理，需要逐步推进以夯实基础，方可在此基础之上进行一定的整合，并推动税法通则向税法总则的更新。一方面，眼下各税收单行法的创制、修改、废止、解释以及大量的税收法规、优惠政策的清理实属重中之重。我国现行18个税种有12个由全国人大及其常委会制定法律，分别是个人所得税法、企业所得税法、车船税法、环境保护税法、船舶吨税法、烟叶税法、耕地占用税法、资源税法、车辆购置税法、城市建设维护税法、契税法以及印花税法，而增值税、消费税、房产税、城镇土地使用税以及进出口关税仍由国务院制定行政法规。在形式上将税收制度由行政法规上升为法律，在实质上保持宏观税负水平稳定，不仅是税收法定的内在要求，更是依法治税的应有之义。[①] 另一方面，现行税制稳定性、系统性不足的问题依旧突出，这对税收法律的编纂产生了不利的影响。一些诸如增值税与房产税的重要税收制度，处于变动不居的状态，即为税收实体法在结构上存在不统一的明证。2014年中央政治局审议通过《深化财税体制改革总体方案》，是继1984年、1994年以及2004年之后开启的新一轮税改。此次财税改革强调的目标是建立“统一完整、法治规范、公开透明、运行高效”的“现代财政制度”，在经济、社会和政治层面，应有利于市场统一和资源配置优化、促进社会公平、实现国家长治久安。新税改的首要目标是“统一完整、法治规范”，体现构建统一的税收法治体系的需要。税法的“统一”是税制优化的体现，在以往税改不断“统一税法”的基础上，新税改还要通过税种的废止和合并，实现增值税法、房地产税法的统一。税制的“完整”，是指税法体系应全面覆盖，相关税种及相应制度应有尽有。其实，统一完整，既是对税制的法治化、规范化的要求，也是税收法治现代化的基本体现。如果一国税制不统一、不完整，就会导致税收领域的不平等、不公平，就难以形成税收领域的“良法之治”。[②] 也正因如此，在税法通则到税法总则的编纂阶段，应当“高筑墙，广积粮”，最终才能“驶得万年船”。

当税法通则到税法总则的阶段性任务完成后，应即行开启向税法典的过渡。在前一

---

① 参见刘剑文、郭维真：《准确理解税收法定进程中的“税制平移”》，载《中国社会科学报》2019年5月15日，第5版。

② 参见张守文：《税制变迁与税收法治现代化》，载《中国社会科学》2015年第2期。

阶段的税法立改废释以及清理的基础上，加强税收法律制度的顶层设计，将税法总则拔高到统率位置。在税法总则的统率下，将众多税收法律制度进行统一整合，作为税法典的分则部分，形成结构严密、层次有序、内容完整的税收法律体系。同时，不仅要在形式上满足"一税一法"的基本要求，还应当提高每一部税收单行法律的质量，精雕细琢税法条文的合理性、合法性及合宪性，达到实质的税收法治与公平正义。①

四、税法典——统合与引领

在税法通则的奠基与税法总则的承启之下，税收法律编纂进入制定税法典的阶段。作为统合税收法律制度与引领税收法律活动的税法典，须有体系化的税法整体框架、类型化的税法制度整合以及协调化的税法配套规范。从而，以税法典的问世宣告税收法律编纂任务完成，以及结构严密、门类齐全、内外协调的税收法律制度体系最终形成。

（一）税法典的整体框架构建

若要体系化地构建税法典框架，首要确认的一点是应当把税法典视作一个整体、一部法律。现代意义上的成文法，通常包括总则、分则和附则 3 个部分。《民法典》即为典型一例，因而对于税法典亦应等同视之，在整体框架层面将其分为税法典总则、税法典分则和税法典附则。

首先，税法典的总则部分大体上应承袭税法总则，只需在细微之处稍作修改。由于在税法总则向税法典过渡的阶段，已经确立了税法总则的统帅地位，故可直接将税法总则作为税法典的第一编，亦即总则部分。这样既能够在税收法律编纂过程中保持制度的稳定性，又可在总则部分的统帅之下加强对分则部分各税收单行法的整合，推动税法典的体系化。具体而言，税法典总则内容应进行如下编排：第一章基本规定、第二章税务机关、第三章税收要素、第四章税收征纳、第五章纳税人权利、第六章税务代理、第七章税收法律责任、第八章税收行政复议、第九章诉讼程序、第十章诉讼时效、第十一章期间计算。至于少许修改，可根据税收领域的发展以及税法总则适用等实际情况，对一些概念、术语等具体表达方式略作调整，修改力度无须过大，可参考《民法典》总则编对原《民法总则》原有内容的修改。其次，在税法典的分则部分，应当根据各税种的征税对象，同时结合税制改革进行分门别类，设置包括流转税法、所得税法、财产税法、行为税法、土地与资源税法 5 个分编。② 因分则各编涉及较多税法类型化整合的问题，将于下文展开详述。最后，还应将原属税法总则第十二章的附则从税法典总则部分移除，单独成为税法典的附则，对税法典与各税收单行法之间的关系、税法典正式施行时间以及其他税收法律制度的废止时间、税法典中本数与其他比较词的关系作出规定。

体系化的税法典整体框架，是达到税收法律体系结构严密目标的必要条件。"在该体系架构中，有其组成之部分，及由之组成之全体。从而有部分与部分间，以及部分与全

① 参见刘剑文：《理财治国视阈下财税改革的法治路径》，载《现代法学》2015 年第 3 期。

② 参见张富强主编：《税法学》，法律出版社 2007 年版，第 2 ~ 4 页。

体之间逻辑或价值的关联。基于该关联，使体系在逻辑及价值上有其统一性、一贯性。”[①]而要实现门类齐全和内外协调，还须在税法典“总则—分则—附则”的整体框架之下，将各税收法律制度进行类型化的整合，以达到门类齐全与内在协调；加之税法典以外的配套税法规范，以达到外在协调。

（二）税法典的各类税法整合

税法典对于各类税法的整合，旨在以类型化的税收法律制度达致税法体系的门类齐全与内在协调。将税收法律制度类型化，形成各类税法，有利于贯彻落实税收法定原则，提升税法创制与运行的质量，促进税收公平正义，提高纳税人对税法的遵从程度。[②] 税法典的总则、分则以及附则既“各尽其责”，又“勠力同心”，方可使税法典实现统合与引领。

一方面，税法典的总则部分吸纳了税法总则以及《税收征收管理法》的内容，对税收基本原则、制度以及一般规则作出规定，不仅持续统率着将要纳入税法典分则的各税种法，而且通过回应税收领域中的基本性、共同性、一般性问题，增强了在实践中的适用性与指导性。从而有力推动了各类税法的整合，达到内在协调。例如，税法典总则规定了税法的调整对象，税法主体的权利与义务，中央政府与地方政府的关系，国家、政府和纳税人的关系，税务机关、税收要素与税收征纳，为税收法律关系的形成提供了依据。税法典分则的各个税种在此基础上，相应形成包括增值税法律关系、消费税法律关系等特别的税收法律关系。又如，税法典总则将征税对象分为流转额、所得额、特定财产、特定行为、土地与资源五大类。税法典分则就根据该分类，设立流转税法、所得税法、财产税法、行为税法、土地与资源税法5个分编。再如，税法典总则规定的纳税人权利、税收法律责任、税收行政复议、诉讼程序确立了纳税人权利及救济体系，分则的各税种在征收管理中发生争议的应当据此解决；税法典通过诉讼时效与期间计算形成的时间制度，亦应当成为各税种法纳税期限、追责期限等时间计算的根本前提。另一方面，承前所述，税法典分则根据征税对象将各税种法分为流转税法、所得税法、财产税法、行为税法、土地与资源税法5个大类。这不但在一定程度上实现了税收立法的精细化，还确保了税收法律制度的门类齐全。在“一税一法”的基础上，以及税法典总则统合引领的情况下，税法典分则将对各税种法进行如下整合：(1)第二编流转税法，包括增值税法、消费税法、进出口关税法以及船舶吨税法；(2)第三编所得税法，由个人所得税法与企业所得税法组成；(3)第四编财产税法，包括房产税法、契税法与车船税法；(4)第五编行为税法，由环境保护税法、车辆购置税法、城市建设维护税法、印花税法和烟叶税法组成；(5)第六编土地与资源税法，包括土地增值税法、耕地占用税法、城镇土地使用税法以及资源税法在内。

当然，上述分类只是在现行18个税种及其归属的征税对象大类的基础之上作出的，在未来进行税法典编纂时，则应当考虑现行税种可能发生的增减变动，从实际情况出发

---

① 黄茂荣：《法学方法与现代税法》，北京大学出版社2011年版，第115页。

② 参见陈少英、杨剑：《试论税法的类型化》，载《税务研究》2013年第11期。

进行各类税法的整合。例如在消费税立法改革中,有可能将车辆购置税并入其中,如此一来,车辆购置税相关规定就需要调整至消费税中。值得一提的是,在税法典分则整合的过程中,税种法律出现改革与修订是正常现象,应当根据税种法律的变化发展灵活调整,将其改革成果统一整合至税种制度编中,促进税法典的体系更严密,结构更加合理。此外,因为税法典在对各税收单行法进行统一整合时,均会涉及这些法律制度内容的调整与修改。所以,在税法典附则部分,除需要对整部法典中的"本数"与"以上""以下""以内""届满"以及"不满""超过""以外"的包含关系作出规定外,还应当明确税法典正式施行的时间。

在税法典总则部分整合税法总则以及《税收征收管理法》,税法典分则部分整合各类税种法,税法典附则部分对整部税法典与其他税收法律制度的关系明确规定后,税法典实现了税收法律制度的类型化,达致税收法律体系的门类齐全与内在协调。而欲使税收法律体系外在协调,还需辅之以税法典的一系列配套规范,进一步提升税法典的协调性。

(三)税法典的配套规范体系

税法典的配套规范体系,是税法典之外的、与税法典创制及施行相关的一系列规范构成的体系。税法系统在与其他社会规范系统的分化中保持一种相对独立、封闭的轨迹,由此税法系统建立起一种特别的场域,在全社会之中作为独立的社会系统运行。作为一个封闭的系统,税法在其自身的运作维度上是完全自治的。[①] 加之从我国税法创制与施行的历史经验来看,税法典出台后仍然需要配套税务规范性文件[②]、税法解释、税收政策等广义上的"规范"体系,方可促动税法典的外在协调。

1. 税务规范性文件的制定。税务规范性文件,是指县以上税务机关依照法定职权和规定程序制定并发布的,影响税务行政相对人权利、义务,在本辖区内具有普遍约束力并反复适用的文件。[③] 税务规范性文件在我国税务实践中发挥着难以取代的作用,其目的在于管理行政机关内部工作,并执行立法机构授予税务部门的广泛公共政策。因此,在税务规范性文件方面,应当严格遵照行政立法的合法性以及合理性要件,通过设定质量标准对其制定、执行、修改以及废止进行系统性的控制。首先,在制定税务规范性文件时,需要审查主体、内容、程序等事项的合法性与合理性。对此,可以从内部流程、外部监督以及登记备案三个方面着手:(1)在内部流程中,税务规范性文件制定主体应建立办公部门牵头、起草部门论证、法规部门审查的流程,并将其常态化,把好税务规范性文件质量的第一关;(2)在外部监督中,制定主体可通过公告、听证等方式向社会公众征求意见,

① 参见王文婷:《现实视界中的税法规范生成》,载刘剑文主编:《财税法论丛》第16卷,法律出版社2015年版。

② 国家税务总局《关于修改〈税收规范性文件制定管理办法〉的决定》将《税收规范性文件制定管理办法》文件名以外的"税收规范性文件"全部改为"税务规范性文件"。

③ 参见《税收规范性文件制定管理办法》第2条(中华人民共和国国家税务总局令第41号,已被修改)。

推进税务规范性文件制定的科学化与民主化；(3)当税务规范性文件发布时，还应当向上级税务机关、同级政府等有权部门登记备案，使文件在各部门间形成良性的互动与反馈。其次，在税务规范性文件实施及修改时，可通过制定主体对税务规范性文件与上位法依据相抵触的规定应当及时修改的自我纠错机制、行政相对人提起复议时申请一并审查具体行政行为的税务规范性文件依据的复议审查机制、有权主体发现各税务规范性文件之间不一致时依照权限作出裁决的冲突裁决机制进行相关处理。最后，还应当在税务规范性文件的废止中引入时效制度与评估制度。前者规定了税务规范性文件的有效期，过期文件自动废止。后者则规定制定主体定期分阶段对税务规范性文件实效进行评估，以决定是否废除该文件。①

2. 税法解释权的行使。税法解释权，是拥有税法解释权的主体依法对税收法律条文的理解与适用问题进行释明的行为及过程。在税法实践中，各税务行政部门通常以制定前文所述税务规范性文件的形式，在名义上进行税法的行政解释。② 故而在此既定事实之下，税法解释还应引入立法解释与司法解释，以完善税法解释体系，同时形成税法解释权内部的分权与制衡，规范税法解释权的行使。其一，税法立法解释，是税法立法机关对税法条文含义与适用条件的阐明。《立法法》第 45 条规定，法律解释权属于全国人民代表大会常务委员会；第 50 条规定，全国人民代表大会常务委员会的法律解释同法律具有同等效力。同时，在税收法定主义下，税法只能是全国人民代表大会及其常务委员会制定的“法律”。由此可得，税法立法解释是全国人大常委会作出的有权解释。但是，全国人大常委会的立法解释数量少、范围小，远不能满足实践中合法、规范、有效的立法解释需要。对此，应当完善立法解释机制，进一步增强立法解释的主动性、权威性和有效性。通过确立立法解释启动原则和程序，合理划定立法解释的范围边界以规范立法解释的程序，强化全国人大常委会释法工作与法律实施主体释法需求之间的衔接，建立敏锐高效且能良性互动的法律解释工作运行体系。其二，税法司法解释，是国家司法机关依法对税法作出具有普遍司法效力的解释。根据《立法法》第 104 条的规定，最高人民法院、最高人民检察院作出的属于审判、检察工作中具体应用法律的解释，应当主要针对具体的法律条文，并符合立法的目的、原则和原意。最高人民法院、最高人民检察院以外的审判机关和检察机关，不得作出具体应用法律的解释。税法司法解释由于有全国人大常委会的法律授权，解释后的“产品”具有普遍司法效力，可在司法过程中予以援引。③ 因此，税法司法解释亦应作为税法典配套规范，辅助税法典的实施。税法司法解释应由最高人民法院、最高人民检察院对税法实践中存在争议的疑案、难案进行收集、分析与编码，以确保所选案例以及适用法律具有司法解释的必要性与代表性。在此基础之上进行研判，在

---

① 参见罗亚苍：《税法二论》，载史际春主编：《经济法学评论》第 14 卷，中国法制出版社 2014 年版。

② 参见伍劲松：《我国税法行政解释制度之反思》，载《税务研究》2010 年第 3 期。

③ 参见刘作翔：《当代中国的规范体系：理论与制度结构》，载《中国社会科学》2019 年第 7 期。

内部对司法解释进行立项与起草，之后向全国人大常委会报送，同时可以对内容公开征求意见与讨论。从而在实体内容方面实现司法解释的精细化、法治化，在制定程序方面提升司法解释的民主化、规范化。①

3. 税收政策的法治化。税收政策是根据经济社会发展需求而制定的，指导税收征收管理与税法创制执行的基本方针、准则，是对特定企业及其投资者（管理者）等，在税收、非税等收入和财政支出等方面实施的优惠政策。税收政策的主要意义在于配合国家在一定时期的政治、经济和社会发展总目标，让政府合理利用税收杠杆，调整税收征纳关系以及纳税主体之间的利益分配。② 政策与法实质趋同，密不可分，二者均为国家制定或认可的行为规范，并由国家来推动和保障实现的。合理的税收优惠政策可弥补狭义法律的机械教条僵化，防止公权力主体被不必要且很容易规避的程序掣肘。③ 当然，税收政策的制定亦应当纳入法治轨道，以防止与国家政策及法律规定背道而驰，避免税收递减效应、资源配置效率降低以及收入分配不公现象的产生。④ 在制定税收政策时，既要遵守相关的税收法律制度，又要充分发挥税收政策的效用，筑造不同层级的税收政策结构，形成以调节职能为主体的税收政策体系，发挥其组合效果和替代效应。例如，组合运用所得税、财产税和消费税政策，形成所得税调节个人收入分配、财产税和消费税调节个人财富分配，通过多种税收政策的组合运用使收入差距保持在合理的范围。⑤ 进而，在促进国民收入再分配更加公平正义的同时，与税法典形成稳定性、灵活性并存的外在协调的税法配套规范。

① 参见聂友伦：《论司法解释的立法性质》，载《华东政法大学学报》2020 年第 3 期。

② 参见李玉虎：《清理规范地方税收优惠政策的背景、进程与思路》，中国法学会财税法学研究会 2015 年年会论文。

③ 参见史际春：《法的政策化与政策法治化》，载陈云良主编：《经济法论丛》2018 年第 1 期（总第 31 期），社会科学文献出版社 2018 年版。

④ 参见刘剑文、马琳：《清理税收优惠政策的法律路径》，载《中国税务报》2014 年 3 月 5 日，B01 版。

⑤ 参见叶金育：《收入分配改革中的财税政策工具及其立法配置》，载《中央财经大学学报》2013 年第 9 期。

"德发案"与实质课税原则*

贺　燕**

"德发公司与广州地税稽查局税务处理决定纠纷案"(以下简称"德发案"),从一开始就受到各界的广泛关注。各界对其中所涉问题的讨论,不仅没有随着最高人民法院提审决定的作出而尘埃落定,相反,最高人民法院的判决书又提供了进一步探讨的话题。已有学者就其中涉及的法律问题,如稽查局管辖权的有无、税务机关税收核定权的性质及法律限制、行政惯例的适用等,从民法、行政法等法角度展开分析。① 不同视角和面向的讨论,提供了不同的思路。如果回归到税法上,该案的实体问题在于税务机关对纳税人拍卖成交价格的否定是否有法律和法理依据,从实质课税原则来探讨该问题,或许能有所启发。有关实质课税原则,尤其是经济实质原则如何适用,适用的方法、程序等,是有关实质课税原则的研究可以进一步拓展的地方,也是实质课税原则真正发挥其功能所应解决的问题。从"德发案"切入,能够使这一类讨论更具有现实价值和指引意义。故此,在笔者已有研究成果的基础上,②试图再作一些澄清式和拓展性尝试,也试图回应一些新的观点。

"德发案"中,拍卖竞价活动是否合理,计税依据有无明显偏低,以及税务机关是否可以否定拍卖成交价格,或者更进一步说,税务机关是否可以否定市场交易的定价结果,如

---

* 司法部课题"国际合作反避税形势下我国一般反避税规则重构研究"(课题编号:16SFB3040)的阶段性研究成果。

** 首都经济贸易大学法学院副教授。

① 参见汤洁茵:《不可承受之重:税收核定的反避税功能之反思—以〈税收征管法〉第 35 条第(6)项为起点的探讨》,载《中外法学》2017 年第 6 期;陈新民:《论行政惯例的适用问题——评最高人民法院"广州德发房产建设有限公司诉广州市地方税务局第一稽查局税务处理决定案"判决》,载《法学评论》2018 年第 5 期;袁森庚:《最高人民法院提审的德发公司案分析》,载《税务研究》2017 年第 6 期;廖仕梅:《从民法视角探析推定课税——基于"最高人民法院提审广州德发公司案例"分析》,载《地方财政研究》2015 年第 10 期;李登喜、李大庆:《论税收核定权的裁量属性及法律控制——基于"德发案"和〈税收征管法〉第三十五条的研究》,载《税收经济研究》2018 年第 6 期。

② 参见贺燕:《实质课税原则的法理分析与立法研究——实质正义与税权横向配置》,中国政法大学出版社 2015 年版。

何在税法上重构一个符合纳税人经济地位的价格，是实体问题的核心。前述实体问题在法律上落脚为一个条文，即《税收征收管理法》第35条第1款第6项所规定的，纳税人成交价格偏低，缺乏合理理由时，税务机关的核定权。如果用实质课税原则来分析，则是税务机关是否可以否定私法交易的形式及其所对应的经济效果，重构一个"经济实质"课税？应当指出，在实质课税原则适用的几个维度中，"德发案"所涉及的只是其中的"经济实质"维度。

一、实质课税原则的再澄清

所谓实质课税，简言之，是在纳税人交易的形式和实质相背离时，税法应就其实质进行课税。通常，形式和实质相符是常态，在形式和实质不符的时候，才有必要适用实质课税原则。实质课税体现的是一种实质的正义观，其基于对社会现实纷繁复杂，法律规则抽象结果难以涵摄变动不居、丰富多样的社会交易形态的基本认识而生。在其他国家，有所谓的实质重于形式原则、经济实质原则，但与我们所称的实质课税原则并不等同。在笔者所知的范围内，如意大利、美国，理论界和实务界通常也没有"实质课税"或者"实质课税原则"这一概念。[①] 此外，还有学者指出，在日本还有狭义的实质课税原则和广义的实质课税原则之分，前者仅指所得归属的实质主义，而后者则不限于此，与德国经济观察法作相同理解。[②] 多数学者包括作者在内，将实质课税原则追溯到德国的经济观察法，但同样，笔者并不将试图构建的"实质课税原则"等同于经济观察法。

"实质课税"作为一个概念，同其他的法律概念一样，是一个抽象思维的结果，用来"以一种简略的方式辨别那些具有相同或共同要素的典型情形的工作性工具"，[③]也同其他的法律概念，如过错、行为能力、意思表示等类似，其在法学理论体系中能否得到一席之地，能否围绕其构建一套规范体系，取决于其现实价值和法理上的构建是否成功，并且这种法理上的构建能否对现实法律问题的解决提供有效规则指引。实质课税原则的法理构建已然初步完成，也已应用于税法实践。

从价值取向看，实质课税体现的是实质正义。税法中的实质与形式问题，同其他部门法中的实质与形式之争并没有本质的区别，不同的是，或许是因为课税作为一种对财产设定负担的国家活动，关系广泛，大量而反复发生，抛弃形式，天然地使人不安，从而带来所谓的缺乏稳定预期的难题。然而，实质课税原则的难题，与其说产生于该原则本身，毋宁是产生于其适用的方法。作为公共成本分担的理念和指导原则，追求实质正义，实

---

① 也并不让人费解——面对同样的实践难题，不同的法律体系充分发掘了其自有的法律资源，英美法的普通法资源，大陆法的权利滥用理论。就如同同样是面对行政权的限制问题，美国从联邦宪法和英国法中生发出正当程序原则。而德国公法上则使用比例原则等。

② 参见张美慧：《实质课税原则之研究——从合作社营业税争讼案件谈起》，台北，新学林出版股份有限公司2015年版，第14~17页。

③ [美]E. 博登海默：《法理学：法律哲学与法律方法》，邓正来译，中国政法大学出版社2004年版，第501页。

现实质公平,不仅符合量能课税原则,也是实现社会政策目标的前提。

在适用阶段上,实质课税,作为立法的指导原则,在于课税要素的选择上,要按照实质主义的要求选择课税要素。在法律的解释和适用中,需要采取实质主义的立场来对课税事实进行认定。无论是立法中的适用,还是执法、司法中的适用,实质课税原则都可指向课税事实,且其典型的功能是被用来分析诸如反避税的问题。

有学者结合当前对实质课税的探讨涉及的"抽象税收构成确立""法律文本解释""应税事实判断"3个维度,分别论证了"实质课税"并不是原则,而是"例外",既然"实质课税"的适用,不是一以贯之的,没有办法成立其所主张的"原则"在法律制度上的更多实践,①那么"实质课税原则"作为一项"税法原则"是否成立?下文将继续回应这个质疑。该学者并不质疑某些情形下"实质课税"的必要性。此外,需要指出的是,税法上所谓的"形式课税"做法,并不意味着税法放弃"实质课税",而是使税法推定实质与形式相符,从而取其外观课税。然而,在满足条件时,如需否认外观形式,则如下文所述,因实质课税原则的不同维度也有不同的程序和要求。当然,围绕实质课税适用的方法和程序,仍然有一些基础性的工作需要完成。这些基础性的工作需要围绕实质课税原则的几个维度进行展开,也有待在税法实践中通过个案丰富经验。

二、实质课税原则的三个维度

现代国家的税收主要基于民商事活动的成果,在此基础上进行税法评价,以税法的方式来分担公共负担。民商事活动的基本运行规则是民商事法律,民商事法律作为基础性的法律,为整个法律体系完成了赋权、供给利益交换规则和分配规则等工作。学者提出税法交易定性理论,指出不同的交易中,税法和私法的定性可能存在协调融合也可能存在冲突和背离。② 可谓是看到民商事基础法律规则和税法第二次调整之间的辩证关系。从实质课税的作用领域看,也恰恰在两种不同的评价本身,及其交叉领域。因此,根据纳税人的实质与形式背离的几种情形,实质课税原则也可以被总结为两个基本的维度,即法律的实质主义和经济的实质主义。此外,基于我国税收法治发展的阶段和税收执法的实际价值,还可以有事实认定的实质主义之存在价值。③ 课税事实的认定过程,既涉及民商法等法律的一元次评价,也涉及税法上的第二元次评价,既包括比较纯粹的事实认定,也包括所谓法律定性,也即法律关系的认定问题。如可转换债,应该界定为债券还是股票就是一种法律关系的定性。只要税法对不同的法律关系及其经济效果有不同

---

① 参见汤洁茵:《形式与实质之争:税法视域的检讨》,载《中国法学》2018年第2期。

② 参见滕祥志:《税法的交易定性理论》,载《法学家》2012年第1期。

③ 这里的3个维度与汤洁茵《形式与实质之争:税法视域的检讨》一文并不相同。尽管其基于三段论的划分富有启发性。考虑法律的适用,总不免目光在事实和法律之间流连忘返。实质课税,无论是哪个面向,总需要落脚在课税要件上。课税要件的满足与否,既有事实认定问题,也有法律关系定性的问题,当然也有法律层面的解释问题,三者难免有所联结。故此,这里仍然在两个面向之外,按照税法调整的特殊性,来对实质课税原则按照其作用原理进行维度的划分。

的税务处理，课税事实和法律性质认定的难题和必要性就一直存在。

(一)法律的实质主义

所谓法律的实质主义，日本学者金子宏教授有过阐述，对课税要件事实认定所必需的法律关系，不要按照表面上所存在的法律关系而应按真实存在的法律关系来进行课税要件事实的认定。金子宏教授支持法律实质主义，认为不应离开真实的法律关系，应按照其经济成果或目的来对法律要件的存在与否进行判断。①法律实质主义，可以在交易定性中适用。如英国经典的"威斯特敏斯特公爵案"中，被认为确立了法律实质主义的立场，否认经济实质主义的适用。然而，正如该案的异议法官所提出的，恰恰正是基于法律实质主义，公爵给家丁发放的报酬不应当认定为年金，而是对其劳动的报酬。②

法律的实质主义，是按照纳税人交易的基础法律规范(主要是民商事法律规范)来进行的定性或者课税要件事实的确定。法律的实质主义维度主要在税法的解释和适用阶段发挥其功能。在这个维度，通常并不需要有税法的二次判断存在。如"郑州人和公司案"③中，争讼的焦点是人和公司与商户签订的《商铺经营使用权转让合同》并取得收入的行为是属于销售建筑物取得财产转让收入，还是该合同从性质上来讲属于租赁合同，人和公司的收入为租金收入。在前述"威斯特敏斯特公爵案"中，发放的所谓年金，也可以基于税法以外的法律关系，对其进行认定。这里的法律实质主义，并不只是税法独有。因为概念和分类是解决法律问题所必需，④类型化存在，就决定了"归类"或者说"定性"的必要性。如合同法中，"合同的分类，作为类型化法思考的范例，已然构成法律人学习、理解和适用合同法规范不可欠缺的工具"，合同法基于对法律生活的观察梳理出不同的合同类型，⑤并配置不同的权利义务规则，从而也有定性的需要。合同法司法实践中，如明星和经纪公司签订的娱乐合同，是属于委托合同，从而艺人或者经纪公司可以随时解除合同，还是其他性质，常成为争讼焦点。

在税法上，只要税法在民商事交易的基础上课予税收负担，不同的法律关系的税法效果不同，就会有法律实质主义的适用。尽管单纯的法律实质主义，"并不得脱离真实所

---

① 参见[日]金子宏:《日本税法》，战宪斌、郑林根等译，法律出版社2004年版，第103页。

② 参见贺燕:《实质课税原则的法理分析与立法研究——实质正义与税权横向配置》，中国政法大学出版社2015年版，第26页。

③ 人和公司系郑州火车站前大同路、福寿路、乔家门地下人防工程的投资开发人，该人防工程的产权属于国家。人和公司于2008年12月28日开始营业，当年与租赁户签订603份商铺经营使用权转让合同，并一次性收取了租金，在缴纳税款时，人和公司当时按照不动产销售这一税目缴纳所得税，在2009年1月一次性缴纳企业所得税1.93亿元。后人和公司提出退税申请，认为应当按照租金收入进行缴税。在该案中，合同的不同定性，在企业所得税法上的效果大不相同。参见河南省高级人民法院(2014)豫法行终字第00042号行政判决书。

④ 参见[美]E.博登海默:《法理学：法律哲学与法律方法》，邓正来译，中国政法大学出版社2004年版，第504页。

⑤ 参见韩世远:《合同法总论》(第4版)，法律出版社2018年版，第68～69页。

存在的法律关系来按照经济上的效果或者目的来判断法律要件的存在与否”。[①] 然而，并不是说法律实质主义，不需要考虑当事人之间的利益归属等经济效果，只要法律概念或者类型化系基于经济效果的因素来设置，则就有需要考虑经济效果或者目的来识别真实的基础法律关系。法律实质主义符合纳税人的真实的法律关系，及其对应的税收负担能力，故而符合税法要旨。

（二）经济的实质主义

经济的实质主义，可称为经济观察法。经济观察法，通常适用于纳税人交易之法律形式没有反映其经济实质的情况下，按照其经济实质进行课税。税收负担有必要维持实质的公平，纵然其法形式或者名义相同，但其实质有差异，因此有必要作出不同处理。[②]

一些学者将经济的实质主义的理论根据追溯至量能课税原则，因“税法规定的税捐义务乃是与经济生活事实关系相联结”而交易之外观并无法合理推导出给付能力，乃由量能课税原则推导出经济观察法。[③] 量能课税原则固然是经济观察法的有力注解，但在实质正义观下的经济实质主义可有更广的价值目标。

唯学界对经济观察法的价值不存争议，但在适用的前提，以及适用的方法和程度上存在较大的争议。经济观察法在反避税中运用，和其他情形下的适用价值等，受到认可。经济观察法应当遵循严格的约束，也并没有异议。如此，对于这种只“例外适用”，或者严格适用，而不是原则上适用的“原则”，还称其为法律原则吗？[④] 作为和法律“规范”相对应的法律“原则”的概念本身，当然与和“例外”相对应的“原则”不是一回事。不同的法律原则体现出不同价值主张，其适用范围有大小，适用方式有差异是事物之理。

由此观之，实质课税原则作为税法上特有的原则，与其他法律原则有所不同。按照黄茂荣教授的观点，税捐法定主义属于形式正义，量能课税原则属于实质正义，稽征经济原则则属于技术正义的要求，但“任何原则在实践上都不能或不得绝对化”。[⑤] 此外，经济的实质主义适用范围也比较广泛，不仅在立法上，也适用于税法的解释和适用中，在后者，主要在反避税中发挥功能。[⑥] 需要指出的是，不同的适用范围和情形，与其他价值的

---

① 陈清秀：《税法总论》，台北，元照出版有限公司2018年版，第198页。

② 参见[日]田中二郎：《租税法》，昭和五十六年（1982年）补正版，第83页以下。转引自陈清秀：《税法总论》，台北，元照出版有限公司2010年版，第199页。

③ 参见陈清秀：《税法总论》，台北，元照出版有限公司2010年版，第200～202页。

④ 有学者主张，为了保障税收安定性和税收法定原则，抽象构成要件规定的实质主义，实例少，税法解释的实质主义等则在“例外”情形方应采取。参见汤洁茵：《形式与实质之争：税法视域的检讨》，载《中国法学》2018年第2期。

⑤ 参见黄茂荣：《法学方法与现代税法》，北京大学出版社2011年版，第129页。黄茂荣教授将实质课税原则视作量能课税原则法理念的体现予以对待。

⑥ 如税收客体认定之有无，税收客体之归属等。参见黄茂荣：《法学方法与现代税法》，北京大学出版社2011年版，第203～227页；贺燕：《实质课税原则的法理分析与立法研究——实质正义与税权横向配置》，中国政法大学出版社2015年版，第103～128页。

冲突程度会存在差异,受到的规制自然不同。因为尽管“原则要求某事在相对于法律上与事实上可能的范围内尽最大可能被实现,并能以不同的程度被实现”,原则的适用程度还涉及与其他原则之间的权衡。① 如果在解释和适用环节中适用实质课税原则,法治原则的稳定和可预期要求,需要对其进行更多的限制,在反避税中适用实质课税原则,自然也需要符合反避税的法理。

(三)事实认定的实质主义

事实认定的实质主义,则是对法律事实的认定上,基于事实认定和法律适用的分野而归纳出来的实质课税维度。事实认定的实质主义,在纳税人的真实意思与表示出来的意思存在背离时,需要探究纳税人的真实意思表示。如普通法院所确立的伪装规则(sham doctrine),和大陆法系所确立的虚假意思表示的规则,秉持的是事实认定的实质主义立场。事实认定的实质主义可被纳入法律实质主义维度,二者也可能纠缠在一起。税法上需要探求纳税人“真意”,根据事实的认定,才能有法律关系定性的可能。事实认定的实质主义,需要围绕一定的证据法则进行,其具体规则有根据税法的目的、功能和特性进行构建的必要性。

(四)三个维度的抉择

法律的实质主义和事实认定的实质主义,争议小于经济效果认定的实质主义,可能在于前二者尚依存于基础法律关系,有较成熟的方法论作为适用的指引,有更高的稳定性。对固守形式正义的税法实践或者学者来说,多只接受法律的实质主义(和事实认定的实质主义)。唯对于经济认定的实质主义,则需要基于法的价值和目的进行解释,②否认基础法律关系后,其法律后果的确定具有极大的技术性和专业性。如何在法律上确认技术性和专业性规则,是我们面临的难题。不独税法,金融法、竞争法,乃至知识产权法、民法等领域,都离不开这个问题。

经济实质主义是反避税的重要方法,一般认为为税法所特有,实质课税原则应当秉持经济实质主义无疑。对于法律的实质主义和事实认定的实质主义,已经有比较成熟的法学方法论的指引,有必要将其专门纳入税法的实质课税原则吗?③ 回答是肯定的。如

---

① 参见雷磊:《法律体系、法律方法与法治》,中国政法大学出版社2016年版,第46~47页。

② 经济实质原则的确定需要借助目的解释,这是对现实税法问题进行回应的必然要求。杨仁寿先生批判大陆法系一味只知运用法律逻辑如数学公式般推理一番,不能切合现代法学的要求。必须将目的论的思考方法及其历史条件带进法学研究领域,始得其肯綮。参见杨仁寿:《法学方法论之进展——实践哲学的复兴》,台北,三民书局股份有限公司2013年版,第6页。

③ 如陈清秀教授认为,法律的实质主义不足以适当反映量能课税精神,不宜将实质课税原则理解为法律的实质主义,应理解为经济的实质主义更稳妥。参见陈清秀:《税法总论》,法律出版社2019年版,第199页。

对于事实认定的实质主义，尽管德国《民法典》第117条规定了虚伪表示，[①]德国《租税通则》第41条第2款也规定"虚伪法律行为与虚伪事实行为对租税之课征不具意义。虚伪法律行为隐藏有他项法律行为者，按该隐藏之法律行为课征租税。"其理由如下：首先，税法的解释与适用，并不同于一般的民商事法律系主要由法官在"消极案件"中解释与适用，税收的解释和适用在行政机关的"主动执法"中大量而反复发生，法律实质主义立场本身不需要再行论证，对其适用简便而有效率。换言之，直接适用实质课税原则，可以省略原本需要进行的一系列的推理。在税收实践中，不是所有的参与者，都受过法学的专业训练。税收执法也不是个案中司法，其大量而反复发生，需要一个容易操作和使用的"方法论"工具，以便可以从各种法律之解释和意思表示之解释的繁复规则中解脱出来。但是他们只需要正确适用实质课税原则就足矣。如美国学者所认为，经济实质原则的存在价值，恐怕是其所能提供的一种适法的便利。[②] 其次，法律的实质主义相比经济实质主义的优位适用，能满足稳定性和可预期性，符合人们对税收法定原则的预期。[③] 再次，法律的实质主义和事实认定的实质主义不可避免地会因为税法价值目标、法律原则等，带入一些特质。如有需要，实质法律关系的认定，或许有税法考量因素可以进入的空间。[④] 最后，也是最重要的，税法判断和民商事法律的判断，并不是完全重合和相互制约的，认可税法上的法律实质主义，可以使税法判断的过程和结果均一定程度上独立于民商事案件。[⑤] 如最高人民法院在"陈某伟案"中所主张的"税务机关依照法律、行政法规的规定征收税款系其法定职责，在征收税款过程中必然会涉及对相关应税行为性质的识别和判定，而这也是实质课税原则的基本要求。否定税务机关对名实不符的民事法律关系的认定权，不允许税务机关根据纳税人经营活动的实质内容依法征收税款，将不可避免地影响税收征收工作的正常开展，难以避免纳税义务人滥用私法自治以规避或减少依法纳税

---

① 德国《民法典》第117条第1款规定，"表意人与相对人通谋而为虚伪之意思表示者，其意思表示无效"；第2款规定，"虚伪行为隐藏其法律行为者，适用关于该隐藏法律行为之规定"。转引自台湾大学法律学院、台大法学基金会编译：《德国民法典》，北京大学出版社2017年版，第97页。

② 美国学者认为，经济实质原则和法院所创造的实质性并没有太大差别的其他原则一样，其成为税法的一部分已经如此之久，被法官所接受，从而不需要更仔细地对可以适用的法律条款进行文义解读。See Joseph Bankman, *The Economic Substance Doctrine*, Southern California Law Review, Vol. 74:5, p. 11(2000).

③ 参见贺燕：《实质课税原则的法理分析与立法研究——实质正义与税权横向配置》，中国政法大学出版社2015年版，第30页。

④ 如在和经济实质主义立场结合在一起适用时。

⑤ 这种独立性是有必要的。毕竟不同的法律部门之间的调整目的和调整手段是有区分的。以民商法为例，首先，纳税人有大量的意思自由；其次，民商事案件的诉讼程序、事实认定规则也更多地体现了当事人主义和处分原则。如虚假诉讼的存在可为佐证。至于税法和其他法律部门之间的关系应该如何，税法独立的程度为何，已有大量的研究成果，参见李刚：《税法与私法关系总论——兼论中国现代税法学基本理论》，法律出版社2014年版；叶金育：《税法整体化研究：一个法际整合的视角》，北京大学出版社2016年版。

义务,从而造成国家法定税收收入流失,而有违税收公平原则”。[①]

(五)“德发案”与经济的实质主义

“德发案”并不涉及法律的实质主义,或许可以有事实的实质主义存在的空间,但如同其他案例或者社会事件一样,作为客观事实的“实质”已经迷失在“过去”的幽暗中,主要是证据法上的重要议题,已有学者关注税法上的证据规则问题,[②]但这里仅基于法院认定的事实,不再旁及其他。“德发案”所关系到的实质课税原则,与其他反避税案件中所经常涉及的实质课税原则类似,主要是关于经济实质主义的适用。

经济实质主义,抛弃纳税人所采用的法律形式(尽管税法上的否认并不必然对基础法律关系发生法律效果),而采用其法律形式背后之经济效果。法律实质的判断,有一套现有的比较成熟的民商事法律规则体系,和学理体系,尽管也会经常引发争议。然而,经济实质的判断,如前所述,除个别领域外,尚缺乏一套现有的、成熟的规范体系和理论支撑。[③] 通常反避税就是要否认纳税人所采用的法律形式及该法律形式所表明的经济效果,而按照其经济的实质进行课税。经济的实质,可能是经济的实质归属,也可能是实际的经济利益(如交易金额)的大小等,其共同的特点是,不按照名义上的法律关系所对应的经济效果来课税,而是按照实际上的,或者是按照如果不存在某种滥用行为所采用的法律形式/关系时,所应该发生的经济效果来课税。美国的经济实质原则和所谓的分步交易原则等司法判决书规则,都可以归入经济实质主义的立场。

在“德发案”中,从实质课税原则的角度看,税务机关否认了德发公司交易行为的经济效果,并且对交易的结果在税法上进行了重新确定。无论该案中是否满足“缺乏合理理由”“定价偏低”的核定前提,这种核定,属于下文所称的经济实质的构建。税法上对当事人交易行为之经济效果的否定,并不构成对民商事基础法律关系本身及其效果的否认。换句话说,德发公司并不能基于税务机关核定的成交价格,向拍卖的买受人提出价款主张。从这个角度说,正因为税法上的调整,通常无法对民商事基础法律关系本身及其效果相应发生效果,[④]如果这种经济实质的认定,偏离了正当的范围,就会偏离纳税人实际的税负能力,从而使这种课税处分失去了正当性。以下围绕“德发案”涉及的经济实质主义的几个命题展开。

三、经济实质主义的适用条件

经济实质主义,是税法能够实现实质正义的途径。现有的“实质课税”还是“形式课

---

① 最高人民法院(2018)最高法行申 209 号判决书。

② 参见张学干、贾晓东:《对最高人民法院提审德发公司案判决的法律分析》,载《税务研究》2018 年第 6 期。

③ 在转让定价的规则中,已经发展出了诸如成本收益法、公式法等方法来确定经济实质。

④ 但因为税法的违反,会使法律行为的效力存在瑕疵。至少在民法学者看来,规避课税的合意,属于危害国家公序行为,而应归于无效。参见梁慧星:《民法学说判例与立法研究(二)》,中国法制出版社 1999 年版,第 16 页。

税”之争,根本上是围绕“经济实质主义”的。不可否认,因为战场不一样,面对的因素也会不同,从而会影响结论。

一般会将经济的实质主义与反避税放在一起讨论,经济的实质主义,其基本的功能在于否认纳税人所采取的法律形式的经济效果,而要按照另外的途径重构一种经济效果,将纳税人的避税收益剥夺或者抵消。因为“避税”行为的界定比较难,且对实质的探究,会有损及税收法定之虞,所以实质课税引发了诸多争议,或者被要求严格限制适用条件。但经济的实质主义的适用并不限于对避税的否认。

探求经济实质,存在于法律形式与经济实质相偏离的情况下。有一些偏离是客观发生的偏离,其税法效果不是主动追求的结果,只是一种“附随”的、“消极”的效果,税收负担本身并不是行为人考量的因素(以下称为“消极偏离”),此时一般可优先适用法律的实质主义或者事实的实质主义即可解决,或者予以类型化,在立法上制定具体的规则。还有一些偏离则是行为人主动追求的结果(以下称为“积极偏离”),以期取得税法上的某种利益,这一类就是所谓的“避税”了。经济实质主义的适用,取决于不同的阶段和不同的适用类型,适用条件和程序当有区别。

不是所有的情形,均有税收法定主义的冲突,如有关客体的归属,非法收益的课税等,是消极偏离的实质课税,立法予以规定,则形式正义与实质正义实现了统一。对于积极偏离的情形,在有特别规范的情况下,实质课税的适用需要满足特别规则设定的适用条件,并且以其规定的适当方法进行,在没有特别规范的情形下,则需要遵循合理的解释规则。如“德发案”中,对于纳税人所采取的价格的否认,设置的前提是“价格明显偏低”,且“没有正当理由”,从法律适用的规范分析角度,在个案中的适用需要紧扣该两个前提。

因为主题所限,本文并不试图谈论避税的认定,而是试图根据我国反避税的核心概念,来聚焦“合理商业目的”这个要素在规范经济实质主义适用范围中的功能。

通常避税行为和节税行为一样,都以追求税收利益为目的。避税行为的可责性,在于行为人滥用了法律形式的形成可能性。私法领域的基本理念是意思自治,纳税人具有选择交易形式以实现其目的的权利,税法上应当充分尊重这个权利。然而,权利的行使应当善意,这也是私法自治的法理。纳税人的纳税义务不得因其采取的不合于常规的交易形式而被规避,如果采取通常采用的交易形式会产生该等纳税义务的话。故此,大陆法系国家从禁止权利滥用原则为法理基础制定反避税的规则。[①] 如果我们也将经济观察法立基于此,则在我国的反避税概念框架中,合理商业目的则可以是一项反向的排除规则。关于“合理商业目的”的证明,对于纳税人来说是一项抗辩的权利而非责任,除法律根据情形对举证责任的分配另有规定外,纳税人的举证“权利”并不能免除税务机关证明

① 有关禁止权利滥用理论在反避税规则生成中的理论功能和发展,参见贺燕、张亚伟:《欧盟反避税之禁止权利滥用原则》,载施正文主编:《中国税法评论》第2卷,中国税务出版社2014年版。

纳税人存在权利滥用行为的举证责任。

什么是商业目的？从文义看，这是一个与作为商主体的纳税人相关的概念，而不是与自然人普通民事行为相关的概念。商业目的，是指税收利益之外的目的，但不应当被限制为“营利”。企业的目的固然是追求经济利益，经济利益既有长远的，也有眼前的，取得经济利益的基础在于具有合法性、满足法律关于市场规制和管制的各种要求，以及良好的商誉和可供调配、运用的各项市场要素，基于这些因素和要素考虑而为的行为，都可能成立“商业目的”。故此，学者认为，“一般而言，商业目的必须根据特定的经济行业与特定商业活动的属性、实施交易时的经济环境等因素予以判断，必须考虑纳税人的动机和交易是否服务于有用的经济目的”。[①] 此外，商业目的的判断还可与“非常规的交易”综合适用，如果一项交易安排，一个理性的善意的纳税人是不会采用的，法律可为权利滥用的推定，纳税人则既可以推翻该推定，也可以通过证明商业目的而排除避税认定。商业目的的计划往往是事先的，事先的预计与执行的结果往往会有所差异，如何确保税务机关事后评价的公允和妥当？合理商业目的的判断，要基于一个理性和善良的商主体，根据计划当时及可合理预计的情形加以判定。

法律尽管可以确立标准，却无法穷尽列举各种具体情形，从实体法的角度，为确保公平，具体个案中的情形，是否具有合理商业目的，需要遵从法律解释和构建的方法，权衡法律目的和所涉利益进行判断。故此，除适用的条件外，为了实现税法适用的稳定性，提高可预期性，对经济实质主义还应当围绕程序构造、举证责任分配规则和权利救济规则等进行全方位构造法律规则。以下围绕与德发案有紧密联系的经济实质的解释方法展开分析。

四、经济实质的解释（认定）

经济实质的确定，在实质课税原则的语境下，是如何重新发现甚至是重构被交易形式所掩盖的经济效果，多体现为税收客体的量化问题。毕竟在个案中，适用实质课税原则，在解决了是否应当适用实质课税原则对形式给予否认后，面临的问题之一是如何量化应税收入/所得等。[②] “以往的观念，包括法学界的主流观念，忽视税收客体定量的法律属性，以为定量问题纯属会计学领域，显然失之偏颇。”[③]在实质课税原则的研究中，现有的研究较集中在实质课税原则的法律地位上，并没有能够深入到实质课税原则适用的

---

① 汤洁茵：《〈企业所得税法〉一般反避税条款适用要件的审思与确立——基于国外的经验与借鉴》，载《现代法学》2012 年第 5 期。

② 当然在一些情形中，也需要确定其他税收要素，如主体，归属等，但这些大概可以归入所谓的“定性”中。这里侧重“定量”问题，“德发案”的焦点之一也即在此。

③ 滕祥志：《税法的交易定性理论》，载《法学家》2012 年第 1 期。

方法论问题。这也无可厚非。[①] 如果说“法律判断不仅擅长于定性，而且决定和指引着税收客体的量化”，[②]我们需要一个关于量化的“方法”。

（一）经济实质认定的基本要求和方法

从经济实质认定的基本要求来看，经济实质在个案中的解释或者构建，应当尽可能地还原纳税人交易的真实经济效果，从而使课税更加客观。无论各相关要素，是否有利于纳税人，均需要一体适用，与之相对应，税收之债的积极因素和消极因素均要考虑进来，这是经济实质认定的整体性要求。

这种个案的解释，及作为其结果的经济效果的构建并不总是很容易。原因至少有两个方面：一是纳税人讼争交易的具体经济效果的确定信息，主要掌握在纳税人的手中，或者相关信息被其他主体所占有。负有证明义务人的税务机关通常缺乏足够的调查职权和调查手段（也有避免对私人领域过渡干预的考虑），抑或是这种事实的确定性证明是不经济的。二是在很多情况下经济实质需要“构建”，某项交易的形式被否定之后，如何按照“通常”会采用的法律形式所对应的经济效果课税？如转让定价中“价格”的确定，以及“德发案”中作为计税依据的“价格”的核定。市场中的定价取决于多重复杂因素，无法将所有因素一一量化形成具体指引。在实质正义的实现过程中，法律只能采用尽可能客观、稳定而可预期的方式，实现法律上的“构建”。

鉴于以上原因，经济实质认定的基本方法，与通常的课税方法无异，可以归结为直接认定法和间接认定法。在直接认定法，税务机关需要基于课税要素的直接证据进行认定，即所谓的“查实征收”。在间接认定法，则在纳税人不履行协力义务，或者查实征收不具经济和手段的可能性时，采用间接证据对经济实质进行“推定”。如关联交易的定价方法，是比较典型的经济实质的间接认定方法。直接认定法主要是证明问题，通常能够比较确定地还原纳税人交易的经济实质。但间接认定法，何种间接证据可为依据，如何使间接认定的结果充分反映纳税人的纳税能力，需要根据不同的情形予以类型化，以提供个案中解释“经济实质”的方法论指引。[③] 这种“量化式”方法论遵循一定数量公式，极具技术性，不同于一般的法律解释的方法论更多考虑利益权衡。以下通过经济实质的推定来探讨间接认定法的可能方法。

---

① 当前，税收体制面对数字经济形态，也是停顿在我们当时的立法技术和规则还不能生成合适的对有关规则进行重新解释的规则，或者重新确定概念和规则体系之下。笔者认为，这种调整，就如同实质课税原则所面临的难题类似——传统的解释方法，要么不能解决问题需要方法论上的创新，要么需要研究既有的方法如何迎合性地解释需求。

② 滕祥志：《税法的交易定性理论》，载《法学家》2012年第1期。

③ 直接认定，与诉讼过程中“再现式”的还原肯定是不同的思路。从而对所谓“证据”的选择和认定，自然也不一样。对于认定的程序，也会有不同之处。如在民事诉讼中，对于已发生事实的还原，和对抽象事实的证明应该是不一样的。如对是否存在侵权或者违约行为的认定，和对损失金额的证明，存在区别。

（二）经济实质的推定（核定）

通常，税收核定一般适用于纳税人违反协力义务的情形，但其他情形也可以使用。[①]有学者主张，唯有在纳税人没有尽到协力义务的时候，方有推计课税的适用。理由是“反避税调整是以查实征收为基本诉求的。在此所指的‘实’应当是指能够表彰纳税人经济给付能力的实际发生的经济事实关系，量能课税原则才得以真正得以实施。”“为实现量能课税而探求交易的实际状况的反避税调查，在事实认定方法上必然是排斥税收核定的。”而“税收核定是一种旨在降低税务机关证明困难的应税事实的表见证明方式”。[②]因我国《税收征收管理法》第35条第1款第6项与其他各项不属于一个类别，该学者反对该款以税收核定行反避税之功能殊值认同。但反避税中是否可以“不得不”放弃“查实征收”而采用“推计课税”，则可以再讨论。

反避税的事实调查应当还原实际发生的经济事实关系，通常也有赖于纳税人协力义务的履行，此外，如前所述，因为纳税人交易形式被否认，实际的经济事实关系（这里所称的经济实质），有时需要“建构”。因此，在前述间接认定经济实质的情况下，即有所谓“推计课税”，或者“核定征收”适用的必要。不可否认，核定征收只是一种构建性的还原。此时如果放弃课税，则与诚实保存课税资料，并据实报缴税款的纳税比较，也不符合公平负担原则。[③] 更也会使滥用权利的主体获得不当的利益。因此，“在核实课征，势有不能或稽征费用过巨时，基于租税经济要求，退而求其次，追求接近真实以切合实际”。[④]核定征收，税务机关并不是免除了发现“经济实质”的责任，而是因为信息的不对称，以及因为纳税人协力义务的违反，税务机关在还原或者认定“经济实质”的过程中，其承担的“证明”义务的程度是可以有所降低的。

常用之推估方法有多种，如内部比较法、外部比较法、年度比较法、财产增益法、资金来往法等。[⑤] 此时，需要依据法律规定的顺位，不违反伦理法则及一般经验法则，力求接近于真实。[⑥] 尽管如此，核定要达到“唯一”“确定”的结果却也难以实现。如构建“经济实质”时，通常需要参照可比交易。在选择作为参照系的可比交易时，此交易与讼争交易之间是否具有相似性是需要证明的。有意见认为，只有税务机关综合评价收集的证据和

---

① 一般认为，推计课税的情形，一在事件性质使然，二在纳税人违法协力义务。参见陈敏：《税法总论》，台北，新学林出版股份有限公司2019年版，第700页。在适用实质课税原则时，需要依法和核定时，主要不是因为纳税人违反协力义务。

② 参见汤洁茵：《不可承受之重：税收核定的反避税功能之反思　以〈税收征管法〉第35条第（6）项为起点的探讨》，载《中外法学》2017年第6期。

③ 参见陈清秀：《税法总论》，台北，元照出版有限公司2018年版，第544页。

④ 葛克昌：《所得税与宪法》，北京大学出版社2004年版，第128页。

⑤ 参见陈敏：《税法总论》，台北，新学林出版股份有限公司2019年版，第702～703页。

⑥ Vgl. Pahlke/Koenig, AO2, § 162 Rdnr. 4. 转引自陈敏：《税法总论》，台北，新学林出版股份有限公司2019年版，第701页。

各种间接事实并进行事实的精细分析,基于合理的商业目的的考量,能够得出"系争交易只能以与可比交易相同或类似的状况发生"这一强制性的、最终的和唯一的且不可动摇的结论,由此确定的交易的实际金额才具有高度的信服力。[①] 这一结论的达成自然是理想状态。然而在现实的课税实践中是难以达到的,或者说如果要求达到这一程序所需要的成本是难以承受的,所需要的手段也是难以满足的。在达到以上确定程度不具有现实可能时,唯有按照次优的方法,才能实现课税的公平。如果存在偏差,只要在经验法则所认可的正常幅度范围内,则因纳税人滥用权利避税本身具有非难性,其承受偏差造成的不利益,并无不妥当,甚至可以归入一般商业风险的范畴。对于国家来说,如果因此偏差带来税收的损失,则考虑到课税成本的节约,[②]并无不妥。实质课税原则可以接受一个无法证明是"唯一""确定"但经由合理方法和程序之后的核定结果。为了尽可能达到此种要求,在前述推估方法之中,为了增强纳税人和税务机关的认可度,是否可以引入类似第三方的评估机制,可以探讨。

五、"德发案"所涉实质课税问题的评析

如前文所述,"德发案"中,关于实体问题引发的讨论主要可以归结为两个:一是该案适用《税收征收管理法》第35条第1款第6项的条件是否满足;二是税务机关对价格的核定是否合理。对于第一个问题,最高人民法院在判决书中表述认为,涉案房产以底价拍卖给唯一参加竞买的盛丰实业有限公司,而一人竞买不符合拍卖法关于公开竞价的规定,扭曲拍卖的正常价格形成机制,导致实际成交价格明显偏低。此问题的关键在于,在没有法定机构认定涉案拍卖行为无效,也没有充分证据证明涉案拍卖行为违反拍卖法的禁止性规定,在涉案拍卖行为仍然有效的情况下,税务机关能否以涉案拍卖行为只有一个竞买人参加竞买即一人竞拍为由,不认可拍卖形成的价格作为计税依据,直接核定应纳税额。然而,笔锋一转,法院认为:"但对于拍卖活动中未实现充分竞价的一人竞拍,在拍卖成交价格明显偏低的情况下,即使拍卖当事人对拍卖效力不持异议,因涉及国家税收利益,该拍卖成交价格作为计税依据并非绝对不能质疑。"推理过程给读者带来错觉——当事人组织拍卖过程有"过错",拍卖成交价格低了是当事人自己的事,但不能使得国家的税收利益受到减损,所以税务局有权核定应纳税额。然而正如"本院认为"所提出,税务机关行使法律赋予的核定权有两个前提:一是成交价格明显偏低,二是无合理理由。后续的推理中,仅强调了"成交价格明显偏低",对是否属于缺乏"合理理由"论证不够清晰,考虑到这一类案例在实践中多有发生,最高人民法院在判决书中没有对其作出更多分析,实属可惜。最高人民法院之所以对前述两个概念不作更多分析,虽然与其试图保持一定"谦抑"有关系,但现行法律条文对两个概念缺乏必要界定也难辞其咎。这些

① 参见汤洁茵:《不可承受之重:税收核定的反避税功能之反思　以〈税收征管法〉第35条第(6)项为起点的探讨》,载《中外法学》2017年第6期。

② 考虑纳税人通常也有协力义务,对于纳税人来说,也会有成本节约的考虑。

因素导致这类案件的争议空间增加。

价格明显偏低，主要是一种事实判断，虽然现行法律没有确定何种程度属于"明显偏低"，但至少从可操作性的角度而言，可以提供较为具体的规则。[①] 但"没有合理理由"，不再单纯是事实判断，而会带入价值判断，且法律并没有提供任何对于"正当理由"的定义，也没有提供正当与否的判断标准。从立法论的应然角度看，这一条文大有改进的空间，但在立法改进之前，司法应可承担起发展税法的使命，确立可供参考的规则指引，或至少给予必要界定。

对于《税收征收管理法》第35条第1款第6项之规定，首先要追问的是，该项规定的目的是什么？是要规范故意的避税行为？还是仅仅是为了增加国库收入？如果是后者，则应摒弃，如果是前者，该条规则限于"价格偏低"，则能够打击的避税范围过窄。又因为"价格偏低"需要纳税人以不明所以的"合理理由"来正当化或者排除税务机关的核定权，则又使国家干预正常的市场交易行为过多。

只要价格是正常市场活动形成的结果，国家不应该去干预，而应尊重"意思自治"所形成的价格。虽然意思自治不是税法的价值追求，公平课税才是。但意思自治意思是市场理性，其结果意味着纳税人真实的纳税能力。因此，从民法角度批评税务机关的纳税调整妨碍了意思自治，在税法上而言，难以成立。从税法的角度看，如果税务机关没有正当理由，否认了纳税人交易的法律形式及其/或其经济效果，则可能会使应税事实的认定与纳税人实际的负税能力不相匹配，违背税收公平原则。毕竟，"作为税收负担能力评价基础的交易活动及其经济后果首先属于民商法规范的范围"。[②] 税法通常需要尊重这个负担能力，在此基础上实现税收债权。为了保障法的安定性，并维护纳税人的稳定预期，经济实质主义的适用，还应当满足一定的前提，并按照适当的方法进行方能符合正义。

在拍卖交易中，因拍卖作为一种竞争性缔约机制，良好组织的拍卖本身是一种公开、透明，不容易受到人为干预的价格形成和交易对象确定的程序，因此达成的交易通常可以排除"权利滥用"的推定，[③]从而不具备适用经济实质主义的前提条件。唯在现实中，拍卖和同样的竞争性缔约机制——招投标，难免被操控的情形，使其公开和竞争性不存在。此种操控的高度盖然性被税务局证明后，当事人就无法仅以拍卖作为"合理理由"的依据。反之，假设该案中拍卖程序不存在瑕疵，则可以否定"价格明显偏低"的滥用假定，不需由纳税人再行证明"合理理由"。税法以实现公共负担的公平分配为目的，这是课税的实体正义。不否认税法要尊重意思自治，但是尊重意思自治的原因，并不是要确立意

---

① 如对于股权转让的征税问题，国家税务总局制定的《股权转让所得个人所得税管理办法(试行)》(国家税务总局公告2014年第67号)尝试列举股权转让收入明显偏低的情形作为指引，提高了确定性和可操作性。

② 汤洁茵：《形式与实质之争：税法视域的检讨》，载《中国法学》2018年第2期。

③ 避税的构成要件通常包括客观行为要件和追求税收利益的主观目的要件。客观行为要件说的是纳税人存在权利滥用行为，一般表现为非常规交易。两要件中否认其一，即可以排除避税的认定。

思自治本身在税法上的地位,而是因为税法要实现公平负担。市场交易价格的形成,是市场主体自主决定的,其反映了市场主体真实的负担能力。

有关价格的核定,也就是经济实质的构建在该案中是否合法且合理?当前《税收征收管理法实施细则》第47条尽管列举了各种核定的方法,但列举的方式仅能提供一种方向或者可能。加上当前的税收核定制度本身也存在较大缺陷,核定前的调查程序规则缺失,对税务机关核定方法选择也缺乏约束等,①不仅未能给纳税人提供指引性,也给税务机关埋下了执法风险,但该条规定了纳税人的异议权,程序上提供了双方达成一致的机会。在这种情形下,通常可比交易法是一种能够确保横向公平和中性的做法,"德发案"中税务机关也从可比价格的角度进行了价格的确定,从判决书看,似乎纳税人并未对价格的核定方法提出异议,税务机关关于经济实质重构的证明标准可以被接受。

综上所述,从法律完善的角度,应当将《税收征收管理法》第35条第1款第6项的规制精神,纳入反避税规则体系,从现有的条文中独立出来,在实践中,该条款也被视为一般反避税规则。② 该条可以特别反避税思路构建,以一般反避税规则的思路行漏洞填补之功能。具体而言,将价格明显偏低的交易行为,归入一种明显不合常规的行为一种,作为法律对滥用权利、规避税负在客观方面的一种推定情形,而将合理理由作为该种推定的抗辩理由。在商业的语境下,合理理由可以按照合理商业目的规则进行解释。合理理由的提出和证明,应由纳税人完成。以后对于"德发案"中类似的情形,还是要放在反避税的框架下,在我国目前基于"合理商业目的"所构建的规则体系中来谈论经济实质主义的适用前提和经济实质的认定方法。值得关注的是,原来营业税中也有类似条款,在营业税改征增值税试点期间,陆续将"正当理由"改为了"合理商业目的"。③ 可惜2015年公布的《税收征收管理法修订草案(征求意见稿)》在文字上和体系上均没有对该款进行调整。在当下,司法机关应当发挥司法能动性,而不应保持"司法沉默",在个案中按照实质课税的原理解释现有规则,积极发展税法。

---

① 参见丛中笑:《我国税收核定制度的梳理与重构》,载漆多俊主编:《经济法论丛》第16卷(2009年上卷),中国方正出版社2009年版。

② 参见袁森庚:《最高人民法院提审的德发公司案分析》,载《税务研究》2017年第6期。

③ 财政部、国家税务总局《关于在上海市开展交通运输业和部分现代服务业营业税改征增值税试点的通知》(财税〔2011〕111号,已失效)第40条规定,纳税人提供应税服务的价格明显偏低或者偏高且不具有合理商业目的的,或者发生本办法第11条所列视同提供应税服务而无销售额的,主管税务机关有权按照一定顺序确定销售额。但其他领域仍然在沿用"合理理由",如前引《股权转让所得个人所得税管理办法(试行)》。

税收目的与税法目的关系论

——基于法律文本的分析实证

邓　然

税收目的与税法目的关系,是指国家税收征收的目的与税收法律规范的立法目的之间的关系。传统税法学因囿于财政学思维,没有对税收目的与税法目的作出实质性区分,进而导致税法的价值功能被遮蔽,在税收立法、税法解释、税法适用方面缺乏必要的价值基础和规范引导。现代税法在发展演进过程中,强调事实税法与规范税法相统一、技术性规范与价值性规范相结合的税法模式意义,税收目的与税法目的之间关系的处理被赋予了新的含义。本文以探索税收目的与税法目的关系为核心,以税收立法现代化为逻辑基点,辅以法律文本实证分析方法,力图揭示税收目的与税法目的的原貌、两者关系的形成逻辑以及当前研究中所存的问题,继而寻求我国税收法治建设的正确导向。

一、税收目的与税法目的关系的研究意义

在税收与税法关系的研究中,学界就"有税必有法、无法不成税"已形成相对一致的看法,并将税法和税收两者间的关系归结为"税法与税收密不可分,税法是税收的法律表现形式,税收则是税法所确定的具体内容"。① 但更进一步地对税收目的和税法目的两者关系的研究却付之阙如,大都把两者一概而论,未加区分。有学者认为,税收与税法是内容与形式的关系,因此两者在本质、任务、目的和作用等方面的内容是趋同一致的。② 还有学者认为,就税制创建的核心目标是税收立法而言,税收目的即税收立法目的,税收目的与税法目的是完全相同的。③ 此类观点的形成,从原因方面进行检视,与传统税法学研究囿于"税收经济学附庸"的思维有关,税法目的为税收目的所覆盖,税法被视为国家取得财政收入的技术性工具,忽视了税法与税收之间的不同特质。不可否认的是,税收经济学是税法学赖以存在和发展的理论基础之一,但并不表明作为法学学科的税法学能

---

① 参见贺芳、钟红霞主编:《税法理论与实务》,中国商务出版社 2012 年版,第 1 页。

② 参见史正保主编:《税法原理与实务》(第 3 版),经济科学出版社 2011 年版,第 11 页。

③ 参见姚轩鸽:《优良税制论:基于伦理视域的探索与尝试》,中国财政经济出版社 2018 年版,第 65 页。

够不加辨析地直接套用税收经济学的有关内容。税收与税法分属不同的学科领域，考察问题的出发点大异其趣：财政视域下的税收研究更多是关注税收资金的动向，研究如何提高税收经济活动的效率，减少税收负面影响，以"效率优先"为其价值向导；税法学研究则以"权利—义务"作为基本范畴构造税收法律关系，注重维持各方主体之间的权利义务均衡以及确保失衡后寻求救济的可能性，并以"公平优先"为价值取向。因此，有必要对税收目的和税法目的予以重新界定。

相较其他法学学科而言，当前我国税法学研究中最薄弱的环节便是缺乏分析问题的理论工具。税法学虽然在发展中积聚了一系列的专有名词，但概念的内涵与外延、概念与概念之间的法律联系未能得到充分的揭示，这是以往研究视角的偏狭与研究内容的偏重所造成的。因此，对税收目的和税法目的及其关系的再审视，有助于厘清税法的设计逻辑，巩固相关的理论基础，推进税法学研究向更高层次发展。

区分税法目的与税收目的之间的关系，对税收法治现代化具有重要的现实意义。税收法治不仅是指形式意义上的税收法律制度，更重要的是指具有独立于税收法律制度的价值判断和价值理念。① 它要求税法不单单在技术层面上能够实际执行，而且在价值层面上能够有效保障公民财产权利，兼顾合法性与合理性。税收法治要求税法能够兼顾社会公共需要的满足和公民财产权利的保障，这既是税收法治的最高判断标准，也是一种最理想的良性循环社会状态。所谓"现代化"，即在理念、制度及实务操作上的创新。现代化作为世界性的历史进程，是传统社会向现代社会的转变与跃进，是人类涉及社会主要领域的深刻变革过程。现阶段，我国税收法治现代化建设的主要任务之一就是要创建符合我国国情的税收法律体系，其中最重要和紧迫的便是与时俱进，完善税收立法。② 随着税收法治进程的不断推进，税收立法观已经从原初形式主义的税收经济工具论逐渐过渡到强调形式法治与实质法治相结合的有机论。从实质法治的层面来看，税法必须追求税收正义，通过规制征税权力、提供目的指引、保护和平衡相应法益，进而实现税收法治现代化。从某种意义上说，税收法治首先强调的是法治税收，即税收不能脱离税法的价值判断而孤立存在。税收法治现代化意义上的税法应当是事实税法与规范税法相统一，技术性规范与价值性规范相结合，税收法治的价值理念主导税收立法与税法实施的全过程。

税法目的是税法立法所要实现的宗旨与目标，是税法的法律价值符号。税法目的之于税收立法和税法实施的重要意义在于：在税收立法方面，税法目的是各种税收法律、法规的首要条款，税法中的其他条款均不得与之相悖；在税法实施方面，税收的征收主体在具体适用税法时，不得违反税法目的来实施税收征收行为，自由裁量的限度也应当受到税法目的的约束。当税法存在立法留白或规范内部存在适用冲突时，应以税法目的为指

① 参见庞凤喜：《论税收调控与税收立法》，载《湖北财税》2003 年第 20 期。
② 参见涂龙力、解爱国：《论税收法治的现代化》，载《税务研究》2005 年第 4 期。

引予以消解。法律是目的产物,法律文字是达成目的的手段。适用法律时如果知悉法律目的,也就明白了法律文字的真意。[①] 深化对税收目的和税法目的的认识,既是税收理论现代化面临的重大理论课题,也是实现税收立法现代化的实践前提。

二、税收目的的概念界定与类型解构

所谓税收目的,是社会创建税收有意识地达到的结果,也就是税收征收主体有意识地追求的行为结果。税收目的的内涵,即是指反映税收目的本质属性的总和。[②] 关于税收目的的内涵,可以从税收的定义和税收目的的专项研究这两个层面进行发掘。

一方面,关于税收目的的内涵可以从学理上和立法中有关"税收"的定义中知悉。在学理上,国外学者对税收概念的界定虽然多种多样,但是定义中涉及税收目的却较少。其中,日本学者金子宏对税收的定义涵盖了税收目的的内容,其认为"税收不是作为国家对特别支付的一种报偿,而是国家以实现提供公共服务而筹集资金这一目的,依据法律规定向私人所课的金钱给付"。[③] 而在国内有关税收概念的研究中,多数学者是基于财政学的角度对税收进行界定,参见的大多是国外经济学、财政学对于税收的定义,因此包含税收目的的定义相对较少。但是也不乏学者从税法学立场出发,把税收目的作为税收定义的组成元素。刘剑文教授认为,"税收是国家或其他公法团体为财政收入或其他附带目的,对满足法定构成要件的人强制课予的无对价金钱给付义务"。[④] 德国 1919 年 12 月 23 日生效的《帝国税收通则》第 1 条规定:"公法团体以收入为目的,对所有符合法律规定给付义务之构成要件者,课征一次性或继续性的无对价金钱给付"。[⑤] 德国 1977 年《税收通则》第 3 条第 1 款规定:"所谓税收,就是公共团体以收入为目的,对所有符合法律规定给付义务之构成要件者,课征无对价之金钱给付。收入也可以是次要目的"。从《帝国税收通则》到《税收通则》中有关税收定义的修改,显示出税收目的的变迁,即由传统的"唯财政论"逐渐发展为"多元目的论"。

另一方面,在学术界也不乏专门针对税收目的的理论研究结论,并且历来存有很多说法。德国学者间关于税收目的的研究存有"一元论"和"多元论"的争议。德国传统行政法学派学者奥托·迈耶认为,税收目的仅有财政目的一种,而税法的作用是把这项给付义务与构成要件联系起来,使财政目的得以付诸实践。[⑥] 迪特尔·比尔克则认为,原则上税收具有为国家任务的履行提供资金的目的,但是除此之外,税收也经常对行为带来

---

① 参见陈敏:《税法总论》,台北,新学林出版股份有限公司 2019 年版,第 165 页。

② 参见姚轩鸽:《税收起源与目的浅探》,载《现代财经(天津财经大学学报)》2010 年第 3 期。

③ [日]金子宏:《日本税法》,战宪斌、郑林根等译,法律出版社 2004 年版,第 7 页。

④ 刘剑文、熊伟:《税法基础理论》,北京大学出版社 2004 年版,第 10 页。

⑤ [德]迪特尔·比尔克:《德国税法教科书》(第 13 版),徐妍译,北京大学出版社 2018 年版,第 32 页。

⑥ See O. Mayer, Deutsches Verwaltungsrecht Ⅰ, 1895, S. 386.

影响并对社会进行塑造,这些甚至能够占主导地位。[①] 我国学者马寅初先生也持税收目的"多元论"的观点,在其著作《财政学与中国财政——理想与现实》(上册)中曾论述道:"我们要知道,租税之目的,不止财政收入一种,政府往往利用之以达到其他目的也。财产税与所得税之目的,除充裕国库外,亦在加重富人税负,平均财富分配。关税之目的,除财政收入外,亦在保护国内幼稚工业。同样烟酒是足以伤害国民健康之嗜好品,故烟酒税之课征,含有寓禁于征之意,是以课税为手段,以增进国民康健为目的也。"[②]陈敏也在《税法总论》一书中指出:"税收征收,如今不仅是为了获取财政收入,更是国家行政一般行政目的的需要,并且凭借税收优惠或特别税收负担的方式,引导纳税人的行为,继而实现各种社会政策目的。"[③]

是故,税收目的的内涵并非仅是取得财政收入这一单一构成,而是复合的。税收目的可以被解构为两类——财政目的与政策目的:税收的财政目的是各类税收均具有的普遍目的,即筹集资金,其是税收最基本、最传统的目的,满足国家实现其公共职能的需要;税收的政策目的,是指在该税收领域筹措资金不仅是单纯地为了满足一般财政需求,还是为达成特定的政策目标,如充分就业、保护环境等。两类目的之间存在密切关联,前者是后者的基础,后者体现税收的更高价值目标。这一点在我国历史上的一些重要思想中就有所显现,如"寓禁于征",对某些于社会发展不利的行为,课以高税,以达到限制或禁止其继续发生的目的。相应地,在鼓励或推动于社会发展有利的行为上,亦可通过税款征收来实现。[④] 当然,财政目的与政策目的在不同的税种中是存在不同序位的,税收的政策目的可以成为税收的主要目的,但也不能由此否定财政收入作为税收的附带目的。即便是协助财政收入之外的国家任务完成,也需以财政收入为基础。[⑤] 追根溯源,无论被冠以何种名称,任何税种最终都可被归结为税,因此它们均具有税的本质属性,即取得财政收入。

三、税法目的的实证分析与范式归结

税法目的,或称税法宗旨,通常是指税法调整所欲达到的目标,它是税法的制定和执行的基点和出发点。[⑥] 从法哲学的视角来看,立法目的是主导法律形成的相关者准备依靠法律制度达到的实际目的和基本价值。[⑦] 法律有明示其目的的,亦有未明示其目的的。

---

① 参见[德]迪特尔·比尔克:《德国税法教科书》(第13版),徐妍译,北京大学出版社2018年版,第61页。

② 马寅初:《财政学与中国财政——理论与现实》(上册),商务印书馆2005年版,第216页。

③ 陈敏:《税法总论》,台北,新学林出版股份有限公司2019年版,第26页。

④ 参见张守文:《税收行为范畴的提炼及其价值》,载《税务研究》2003年第7期。

⑤ 参见葛克昌:《国家学与国家法——社会国、租税国与法治国理念》,台北,月旦出版股份有限公司1996年版,第142页。

⑥ 参见张守文:《税法原理》(第3版),北京大学出版社2004年版,第28页。

⑦ 参见王曦、陈维春:《浅论环境基本法的立法目的》,载《华东政法学院学报》2004年第5期。

法律如未明示其目的，则应当探求。根据法律之外的体系以及立法沿革所作出的解释，即在于探求法律目的。① 是故，法律文本和立法沿革是研究税法目的的重要依据，其是税收的创制初衷与税法的立法宗旨的映照。通过对我国税收法律文本和相关背景资料中税法目的的厘清，有助于更直观地还原税法目的的原貌。

（一）我国税收法律文本中税法目的的梳理

"每一个法律文本在各种宏大的目的之下，也都有各自特殊的目标预设与价值定位，这都集中体现于立法目的条款。"②立法目的条款可以清晰地展示该部法律的立法初衷和整体价值导向，是具体税制设计是否合法与合理的度量标准，亦是法律解释和法律修改的重要参考。当然，每一部税法的立法目的都是既定的、实在的，不会随意变更而脱离原初设计意图，且不会因目的条款的缺失而消弭。一部税法中的其他条文也必然体现该部税法特定的目的，有因字面表述的有限性而未能尽述的"言外之意"，应结合目的条款或立法意图重新解释其的内涵与外延。此外，能够反映立法者意图的相关立法文件，诸如征求意见稿、草案的起草说明等，亦是把握税法目的的重要参考。表1结合法律文本和相应的立法资料，对我国现行实体税法和程序税法的税法目的进行梳理与归结。

表1 我国现行实体税法与程序税法的税法目的梳理

序号	税种	法律法规	税法目的[1]	参考文本
1	耕地占用税	《耕地占用税法》	完善耕地占用税制度，增强其权威性和执法刚性，保护纳税人合法权益，更好地发挥税收调节作用，促进土地资源合理利用，加强土地管理，保护耕地	《耕地占用税法》；关于《中华人民共和国耕地占用税法（征求意见稿）》的说明
2	环境保护税	《环境保护税法》	以严格的法律制度保护生态环境，保护纳税人合法权益，发挥环境保护税在保护和改善环境，减少污染物排放，推进生态文明建设，加快转变经济发展方式上的作用	《环境保护税法》；关于《中华人民共和国环境保护税法（草案）》的说明
3	车船税	《车船税法》	完善车辆购置税法律制度，增强其科学性、稳定性和权威性，保护纳税人合法权益，更好地发挥车船税应有的调节功能，体现对汽车消费的政策导向	《车船税法》；关于《中华人民共和国车船税法（草案）》的说明

① 参见陈敏：《税法总论》，台北，新学林出版股份有限公司2019年版，第168页。

② 刘风景：《立法目的条款之法理基础及表述技术》，载《法商研究》2013年第3期。

续表

序号	税种	法律法规	税法目的	参考文本
4	车辆购置税	《车辆购置税法》	完善车辆购置税法律制度，增强其科学性、稳定性和权威性，保护纳税人合法权益，更好地发挥车辆购置税在组织财政收入、促进交通基础设施建设和引导汽车产业发展等方面的作用	《车辆购置税法》； 关于《中华人民共和国车辆购置税法（征求意见稿）》的说明
5	船舶吨税	《船舶吨税法》	完善船舶吨税法律制度，增强其科学性、稳定性和权威性，保护纳税人合法权益，更好地实现船舶吨税为海上公用航标等航行设施的修建维护筹集资金的政策目的	《船舶吨税法》； 关于《中华人民共和国船舶吨税法（草案）》的说明
6	个人所得税	《个人所得税法》	为了强化个人所得税组织财政收入和适当调节个人收入的功能，维护国家权益和纳税人的合法权益	《个人所得税法》； 关于《中华人民共和国个人所得税法修正案（草案）》的说明
7	企业所得税	《企业所得税法》	为了发挥企业所得税调控作用，按照国家产业政策要求，推动产业升级和技术进步，优化国民经济结构。理顺分配关系，兼顾财政承受能力和纳税人负担水平，有效地组织财政收入	《企业所得税法》； 关于《中华人民共和国企业所得税法修正案（草案）》的说明
8	烟叶税	《烟叶税法》	完善烟叶税法律制度，增强其科学性、稳定性和权威性，保护纳税人合法权益，更好地发挥烟叶税组织财政收入、控制烟草生产与消费、提高人民健康水平的作用	《烟叶税法》； 关于《中华人民共和国烟叶税法（征求意见稿）》的说明
9	印花税法	《印花税法》	完善税收法律制度，提高印花税规范化、法治化水平，减少自由裁量权，使税收征管更加科学规范，更好适应实际需要、便于相机调控	《印花税法》； 关于《中华人民共和国印花税法（草案）》的说明； 关于《中华人民共和国印花税法（征求意见稿）》的说明

续表

序号	税种	法律法规	税法目的	参考文本
10	契税法	《契税法》	为推动完善税收法律制度,更好地满足社会主义市场经济新形势的需要,发挥契税筹集财政收入和调控房地产市场的功能	《契税法》 关于《中华人民共和国契税法(草案)》的说明; 国家税务总局农业税征收管理局《关于印发契税宣传提纲的通知》(国税农函〔1997〕12号)
11	城市维护建设税	《城市维护建设税法》	推动完善税收法律制度,发挥城市维护建设税在筹集城市维护建设资金,加强城市维护建设上的重要作用	《城市维护建设税法》; 关于《中华人民共和国城市维护建设税法(草案)》的说明
12	资源税法	《资源税法》	完善资源税法律制度,增强其科学性、稳定性和权威性,保护纳税人的合法权益,更好地发挥资源税在组织收入、促进资源节约和环境保护的作用	《资源税法》; 关于《中华人民共和国资源税法(草案)》的说明
13	城镇土地使用税	《城镇土地使用税暂行条例》	为了合理利用城镇土地,调节土地级差收入,提高土地使用效益,加强土地管理,制定本条例	《城镇土地使用税暂行条例》
14	土地增值税	《土地增值税暂行条例》	完善土地增值税制度,增强其权威性和执法刚性,发挥土地增值税筹集财政收入、调节土地增值收益分配、促进房地产市场健康稳定发展的作用	《土地增值税暂行条例》; 关于《中华人民共和国土地增值税法(征求意见稿)》的说明
15	关税	《进出口关税条例》	为了贯彻对外开放政策,促进对外经济贸易和国民经济的发展	《进出口关税条例》
16	消费税	《消费税暂行条例》	为了实现消费税的调控功能,发挥其组织财政收入、促进资源配置、引导生产消费等方面的作用	《消费税暂行条例》; 财政部有关负责人就消费税政策调整相关问题答记者问(2006年)

续表

序号	税种	法律法规	税法目的	参考文本
17	房产税	《房产税暂行条例》	为了加强对房屋的管理、提高房屋的使用效率、调节收入和筹集财政收入	《房产税暂行条例》；财政部、国家税务总局房产税宣传提纲（财税地字〔1986〕7号）
18	增值税	《增值税暂行条例》	为完善税收法律制度，建立现代增值税制度体系，进一步发挥增值税筹集财政收入的作用	《增值税暂行条例》；关于《中华人民共和国增值税法（征求意见稿）》的说明
19	税收征管法	《税收征收管理法》	为了加强税收征收管理，规范税收征收和缴纳行为，保障国家税收收入，保护纳税人的合法权益，促进经济和社会发展，制定本法	《税收征收管理法》

〔1〕此处的税法目的，是指广义的税法目的，包括法律、暂行条例等在内的税收法律的目的。对于目前已经提出税法草案的税种，其税法目的以税法草案为准。对于设立立法目的条款的税法，其税法目的为立法目的条款和草案说明中有关立法目的的表述内容的统合。

由表1可知，在我国税收法律体系中关于税种的创设，有些是以暂行条例的形式确定的，如增值税、消费税和房产税等；有些是以法律形式固定的，如环境保护税；还有些是从暂行条例上升为法律，如耕地占用税、车船税和烟叶税等。伴随着法律位阶的上升，税法目的的内容也随之发生改变，从“为了某税种对应的税收目的的实现”拓展为“完善税制＋增强其科学性、稳定性和权威性＋保护纳税人的合法权益＋更好地实现税收目的”，而税制的完善和科学性、稳定性、权威性的增强都是为了后两者服务的。

（二）单个税种税法目的的具体分析

表1结合法律文本和立法资料，对我国现行税收实体法中每一种税和税收程序法的税法目的进行了归整。以与公民个人财富最紧密相关的个人所得税法为例，对其税法目的展开具体分析。虽然我国个人所得税法几经修改，但是立法目的条款始终未能增补进该法的法律文本中，致使无法直接知晓该税种的税法目的。但是，通过对该法相关立法和修法沿革的追溯，可以对个人所得税法的立法目的进行穿透式的提炼。1980年《关于〈中华人民共和国个人所得税法（草案）〉说明》中指明，“个人所得税的税收收入是国家预算的一部分，随着经济的发展，收入高的境内外居民将会逐渐增多，他们应当对国家多作些贡献。为了维护我们国家的经济利益，本着平等互利的原则，故开征个人所得税”，

这段说明代表了当时开征个人所得税的财政目的。[①] 再到 1993 年《关于〈中华人民共和国个人所得税法修正案(草案)〉的说明》中阐释了该法的修改原因和修改目的,修改原因是"由于社会经济生活发生了诸多变化,现行个人所得税法在征税范围、应税项目、免税政策等方面已同现实生活不相适应,需要改进和完善。为了解决上述问题,适应形势发展的需要,通过修订个人所得税法,规范和完善税制,是十分必要的",而修改的目的是"强化组织财政收入和适当调节个人收入,维护国家权益,增强公民纳税意识,使个人所得课税制度进一步完善"。[②] 此后,在历次个人所得税修改的草案说明中都有涉及有关税收目的与税法目的的内容。2005 年《关于〈中华人民共和国个人所得税法修正案(草案)〉的说明》中指出"我国个人所得税征收管理不断加强,调节收入分配和组织财政收入的功能不断得到强化,对促进经济和社会发展发挥了积极作用",这是对个人所得税的财政目的和政策目的的阐释。[③] 2007 年《关于〈中华人民共和国个人所得税法修正案(草案)〉的说明》中指出"将减除费用标准由现行的 1600 元/月提高至 2000 元/月,既可满足居民基本生活消费支出需要,也统筹兼顾了财政承受能力,并体现了重点照顾中低收入者的政策调整意图",由此可见,个人所得税法的修正兼顾了两种税收目的的意图,同时注重保护中低收入者,加大对高收入群体的调节力度。[④] 2011 年《关于〈中华人民共和国个人所得税法修正案(草案)〉的说明》中指出"为了贯彻中央关于加强税收对居民收入分配调节的要求,降低中低收入者税收负担,加大对高收入者的调节,并考虑到居民基本生活消费支出增长的实际情况,有必要修订个人所得税法",表明了此次修法的意图侧重于实现个税税收目的中的调节目的。[⑤] 2018 年最新一次《关于〈中华人民共和国个人所得税法修正案(草案)〉的说明》中再次明确"个人所得税是目前我国仅次于增值税、企业所得税的第三大税种,在筹集财政收入、调节收入分配方面发挥着重要作用"。[⑥] 因此,个人所得税的税收目的主要是包括取得税收收入的财政目的和基于社会原则重新分配财富的政策目的。而个人所得税法的立法目的之一是确保其税收目的的实现,同时税法修改的目的也是适应经济、社会发展要求,根据形势变化作出相应调整以便实现税收目

① 参见顾明:《关于〈中华人民共和国中外合资经营企业所得税法(草案)〉和〈中华人民共和国个人所得税法(草案)〉的说明》,1980 年 9 月 2 日在第五届全国人民代表大会第三次会议上。

② 刘仲藜:《关于〈中华人民共和国个人所得税法修正案(草案)〉的说明》,1993 年 8 月 25 日在第八届全国人民代表大会常务委员会第三次会议上。

③ 参见金人庆:《关于〈中华人民共和国个人所得税法修正案(草案)〉的说明》,2005 年 8 月 23 日在第十届全国人民代表大会常务委员会第十七次会议上。

④ 参见谢旭人:《关于〈中华人民共和国个人所得税法修正案(草案)〉的说明》,2007 年 12 月 23 日在第十届全国人民代表大会常务委员会第三十一次会议上。

⑤ 参见谢旭人:《关于〈中华人民共和国个人所得税法修正案(草案)〉的说明》,2011 年 4 月 20 日在第十一届全国人民代表大会常务委员会第二十次会议上。

⑥ 刘昆:《关于〈中华人民共和国个人所得税法修正案(草案)〉的说明》,2018 年 6 月 19 日在第十三届全国人民代表大会常务委员会第三次会议上。

的。因而，修法目的与立法目的之间是相互契合的。

此外，具体税制要素在个人所得税法具体条款中的明确规定和公开发布，包括纳税主体、征税对象、税率和税目等，以及要求征税机关的征收管理应当依据《税收征收管理法》的规定执行，这实际上是满足了税收法定原则所要求的税种法定、税收要素法定和征税程序法定。以法律形式确定下的具体化客观标准：一方面，使纳税人的税收负担具有稳定性和可预测性；另一方面，也最大限度地框定了税务机关的行政权力和自由裁量权，避免其恣意侵害纳税人合法权益。对形式正义的完善和对实质正义的追求，都体现了个人所得税法保障纳税人合法权益的目的。综上，个人所得税法的税法目的可以被归结为实现个人所得税组织财政收入和适当调节个人收入的目的，维护国家权益和纳税人的合法权益。

（三）税法目的的范式归结

1. 税法目的的组成内容

通过对上述法律文本的分析可知，在税法目的的内容组成上，税法目的可以用"技术目的（确保税收目的的实现）+价值目的（保障纳税人的合法权益）"框架予以提炼。在税法技术目的上，国家和社会对税收活动与税收收入的客观需要，决定了与税收相对应的税法的存在，而税法则对税收活动的有序进行和税收目的的有效实现发挥着极为重要的保障作用。通过形式多样、配套齐全的税法体系，明确税收每一要素和每一环节，能够保障税收目的有效和有序达成。在价值目的上，纳税人权利保障是税法的根本性命题，日本税法学家北野弘久就曾明确指出"若从现代税法体现的权利意识出发，税法不单是税务机关行使征税权的根据，即'征税之法'，更重要的是，税法是保障纳税者基本权利的、旨在对抗征税权滥用的'权利之法'。"①

不同税法间的税法目的存在差异，而这一差异在实体税法间主要体现为税收政策目的的不同。就税法目的而言，无论是实体税法还是程序税法的税法目的组成内容都可以被提炼为"实现税收目的+保护纳税人合法权益"范式。因此，从范式上看，各部税法的目的是重合的，都兼具以上两者。但是从具体构成内容上看，税收目的是由财政目的和政策目的组成的，不同税种间的政策目的存在差异，这就使各个税法的技术目的所承载的税收目的大异其趣。而程序税法目的与实体税法目的差异则主要表现为，两者在对税收目的的实现方式和纳税人合法权益的保障方式上存在不同。

2. 税法目的的表现形式

在税法目的的表现形式上，单行税法中的目的条款是其税法目的的集中体现，通常以"为了……""推动……""促进……"等形式表述出来。但是，目的条款有时包含但不囊括所有的税法目的。一方面，我国现有单行税法中有些并未设置目的条款，不能据此推断该部税法没有税法目的；另一方面，有些税法目的条款并未将保障纳税人的合法权

① ［日］北野弘久：《税法学原论》（第4版），陈刚、杨建广等译，中国检察出版社2001年版，第18页。

益这一税法目的列明。因此,税法目的在法律文本中的表现形式分为显性化和隐性化两种。税法目的显性化则表现为立法目的条款,隐性化,是指税法目的是隐含于立法说明和法律条文的具体规定之中。在税法目的的隐性化问题上,有些税法的立法说明也仅是技术性说明而非价值性说明,并不包含有关立法目的的阐释。在此种情况下,就需要通过对税法文本本身的调整对象和具体制度设计的分析提炼,结合立法文件将法条背后隐含的目的显性化。因此,对税法目的的研究仅限于目的条款是片面的,还需要结合具体税法规范和税法体系予以解释和分析。

3. 税法目的的实现方式

在税法目的之一的税收目的的实现方式上,税收实体法和税收程序法各自通过不同方式进行了规范设计。税收实体法主要是把税收构成要件通过法律条文的形式在实体法中确定下来,使其兼具确定性和强制力,从而保障税收目的的实现。以税收构成要件中税率的设计为例,如在《增值税暂行条例》中就包含了标准税率、低税率和免征税目这3类。标准税率是作为财政目的规范,以实现筹集财政收入的目的。低税率和免征项目则属于调控规范,以实现特定的经济社会政策目标。① 而税收程序法则是把税收程序通过法律条文的形式在程序法中确定下来,使其兼具可行性和强制力。

在保障纳税人合法权益的税法目的上,税收法定构成要件在实体法中的法律化不仅是税收目的的实现方式,还是纳税人权利保护的方式。因为,税收以法定构成要件为前提,不但要求依法征税,而且强调税收义务的发生不以行政权力的干预为前提,使行政机关只能确定、催缴或实现税收债权,而不能创设纳税义务。此外,不仅税收的发生以满足税收事由为前提,税收的变更、消灭等都有相应的构成要件。一旦出现法定的税收事由,相应的法律后果自然出现。税务机关在这些问题上没有自由裁量权,只有依法办事的职责。与以暂行条例等行政法规形式确定税种征收相比,税收法定是把规则的制定权和修改权赋予立法机关,确保了税法的科学性、稳定性和权威性,体现对行政权力的规制,是另一种方式的对私人财产的保护。在权利设置上,税法不仅规定了纳税人享有的权利,如纳税人享有知情权、延期纳税权、申请减免税权、多缴税款要求退还权、不服税务机关的处理决定申请复议或提出诉讼权等,还严格规定了对税务机关执法行为的监督制约制度,如进行税收征收管理必须按照法定的权限和程序行事、造成纳税人合法权益损失的要负赔偿责任等,为纳税人保护自身合法权益提供了重要的法律依据和救济途径。

四、税收目的与税法目的的关系论

税收目的与税法目的之间的关系,并非简单的词语使用上的不同,而是存在本质上的区别。对税收目的和税法目的的识别,对两者关系的研究,有助于正确把握税收法治现代化建设的方向,保障我国税制改革和税收法治现代化建设的总体质量和水平。

---

① 参见叶姗:《增值税法的设计:基于税收负担的公平分配》,载《环球法律评论》2017 年第 5 期。

(一)税收目的与税法目的关系解构

税收现代化的特征之一便是税收兼具了为政府筹集财政资金的财政目的和调控经济运行的政策目的。当然,不同税种在具体目的上的侧重点存在差异。正确判别税收目的,不仅有助于更好地理解课税的依据,而且有助于更好地认识税法的宗旨。税收目的与税法目的间存在密切联系,税法目的是由税收目的和法的一般功能构成的。① 就税收目的而言,税法的目的是以法的形式保障税收的财政目的和政策目的的实现。就法的一般功能而言,税法的基本目的是为征税机关进行税收征管和纳税人保护自己的权益提供法律依据与法律保障。正是由于这种内在的递延逻辑关系才使税法在规定纳税义务的同时控制公权力,政策目的的实现和价值目的的赋予使税法不再单纯作为税收征管的工具,而是具有管理和控制国家收入的更深层的意蕴(见图1)。

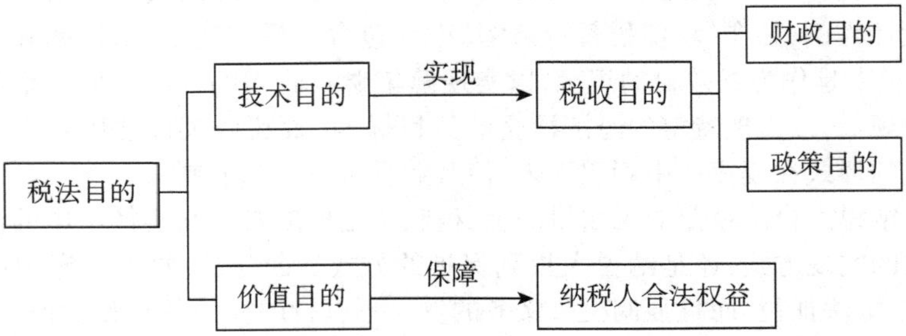

图1 税收目的与税法目的关系

因此,税收目的与税法目的有各自独特的内涵和价值功能,税收目的无法完全替代税法目的在税收立法中的作用,税法目的也不能脱离税收目的而孤立存在。对二者关系的厘清,不但有利于保障纳税人权利,而且有助于正确把握税收法治现代化的方向,对今后税收立法提供价值基础和规范引导。

(二)税法要素拓补之税法目的的纳入

税法要素是构成税法的必要因素或必不可少的内容,其在税法理论中占据极为重要的地位。② 在当前税法要素理论研究中,对税法要素的解读大都围绕着征税对象、税率、纳税人、纳税环节、纳税期限等内容展开,以解答对何课税、如何课税和由谁缴付等问题。③ 然而,从纳税人权利保护为核心的税收立法现代化的视角来看,税法要素构成中除

① 参见刘剑文主编:《税法学》(第4版),北京大学出版社2010年版,第18~19页。

② 参见张守文:《税法通论》,北京大学出版社2004年版,第59页。

③ 在现有研究中,张守文(《税法通论》)、史正保(《税法原理与实务》)、涂龙力(《税法学通论》)、徐元彪(《税法》)、徐孟洲(《税法学》)、王曙光(《税法学》)等学者的著述中对税法构成要素的剖析,均未将税法目的囊括在内。只有少部分学者,如石卫祥(《税法Ⅰ》)、谭文培(《税法实务》)等学者把税法目的纳入税法构成要素范畴。

技术要素外,还需要价值要素,应当把为何征收,即税法目的作为要素之一纳入其中,并作为税法的第一要素。税法目的是课税的价值基础,将税法目的纳入税法要素构成有助于提高税法的可接受性,为修法、释法和用法提供价值牵引,使税收法定不再形式化与空洞化。

把税法目的纳入税法要素是具备充分性和必要性的。一方面,每一部税法都存有税法目的,这是所有税法的共同要素。通过本文第三部分的分析可知,无论是税收实体法还是税收程序法,无论是单行税法还是暂行条例,每部税法都存有税法目的。税法目的有些是通过立法目的条款的形式表现出来,有些则需要借助立法资料和规范设计予以归结,但是都可以用相应的范式概括。因此,税法目的是真实存在于每一部税法之中的。另一方面,每一部税法都需要税法目的。英国法学家边沁认为,"如果政府在重要时刻不屑把其动机告知国民,那么就是说它宣布它选择对一切事情都诉诸强制力,就等于说它根本不考虑其臣民的意见"。① 立法目的之于税法尤为重要,税法是一部义务法,②那些对于纳税义务的必要性产生怀疑、认为税负待遇不公引起忧虑以及由于税制规则的复杂而不理解的人们,会对税法产生的天然的敌意与排斥,进而造成税法运作上的问题。税法不仅是单方面的以管理行为为特征的干预法,它也是由合作思想决定的分享法。纳税人由于对他的经济、工作和个人领域的实物控制权,能够在很大程度上妨碍、解释、澄清以及操纵税负。财政管理只有与纳税人合作才能计算出正确的税收结果并把此结果作为基础。税法执行对收集纳税人工作和私人领域的精确数据和详细内容的要求越多,法律通过个人支付能力的正确理解越致力实质平等,财政管理就越依赖纳税人的协作意愿、诚实以及他们对履行基本义务的理解。③ 税法目的在税法中发挥着对税种设立说理和对征税者行为规制的作用,其阐明了征税缘由与税款用途,即为何征税与征税何为,相互区隔的同时也为每一部税法赋予了独特的"正义",有助于征纳税双方对此税种设立意图的理解以及可能给国民经济生活带来影响的预测,增强社会公众对该税的可接受度,便于展开税收征管。

从实践中来看,税法目的之于中国税制有更重要的意义。根据当前我国税收立法情况,代表税法体系母法的税收基本法并没有制定,一系列税收单行法律法规构成我国税法体系。由于缺乏统领和引导,每一部单行法律法规都是孤立存在的,此时税法目的便被委以重任,具有重要的理论和现实意义。税法目的是税收法律规范制定、解释和适用过程中应当自觉遵守、一以贯之的立法意图,包含对立法、释法、执法的天然约束,确保征

① [英]吉米·边沁:《立法理论》,李贵方等译,中国人民公安大学出版社 2004 年版,第 523 页。

② 参见[德]迪特尔·比尔克:《德国税法教科书》(第 13 版),徐妍译,北京大学出版社 2018 年版,第 2 页。

③ 参见[德]迪特尔·比尔克:《德国税法教科书》(第 13 版),徐妍译,北京大学出版社 2018 年版,第 18 页。

税和纳税行为合于立法目的，不偏离立法初衷。然而在当前中国加快税收立法现代化的时代背景下，已经通过的单行税法多是从国务院制定的行政法规上升而成，虽遵从了形式意义上税收法定原则，但多为简单的税制平移，税法目的未得到应有的重视。税法目的是税法具体规范的价值定位，是法的顶层设计思路。就立法而言，从税法目的出发，可以更有效地实现理性的制度化、制度的融通性和规则的协调性。是故，把税法目的纳入税法要素予以研究至关重要。

税收正当性探析

——兼论税收正当性与税收合法性之关系

姚轩鸽*

税收关乎国运兴衰,关系每个国民福祉的增减。马克思认为:“国家存在的经济体现就是捐税,共和国以收税人的姿态表明了自己的存在。”①即财税是“国家治理的基础和重要支柱”。事实上,“几乎从西方国家政府(包括地方政府)的每一次更迭中都可以找到直接或间接的税收因素”。② 因为税收“与一国政治、经济改革和社会变迁始终密切相关,古今中外历次重大的‘变法’、‘改革’、‘革命’、‘战争’,大多都与税法变革密切相关,且普遍涉及税收的公平性、合理性或合法性问题。”③

问题或在于,怎样的税收才有助国运的兴旺,有助每个国民福祉总量的增进?或怎样的税收将会导致国运的衰弱,每个国民福祉总量的削减?这一追问的本质意义在于,税收正当性是什么?在哪里?其实,从税收诞生那一刻起,关于税收正当性的追问就没有停止过。日本学者金子宏提出,“为何要课征税收,其正当根据是什么,这是在税收的历史上,很早就一直阐述的问题”。④ 在美国学者派普斯看来,“争取自由的斗争从一开始正是主要围绕税收这个问题而展开的。”⑤即是围绕“税收正当性”这个问题展开的。

基于此,笔者围绕“税收正当性”这个税收学研究的核心与基本问题,拟从伦理学视域,对“正当”“正当性”的内涵与本质,以及二者之区别与联系等问题进行再探索,以期深化对“税收正当”“税收正当性”的内涵与本质,以及二者之区别与联系等问题认知的

---

* 三亚学院国家治理研究院研究员。

① 《马克思恩格斯全集》(第9卷),中共中央马克思、恩格斯、列宁、斯大林著作编译局译,人民出版社1961年版,第50页。

② [美]B. 盖伊·彼得斯:《税收政治学:一种比较的视角》,郭为桂、黄宁莺译,江苏人民出版社2008年版,第1页。

③ 张守文:《税制变迁与税收法治现代化》,载《中国社会科学》2015年第2期。

④ [日]金子宏:《日本税法原理》,刘多田等译,中国财政经济出版社1989年版,第15页。

⑤ [美]理查德·派普斯:《财产论》,蒋琳琦译,经济科学出版社2003年版,第147页。

深化，以期为优良税制之制定探寻到理性、科学、理想的途径与方法，最终增进税收在文明转型中的现实与未来功德，增进全社会和每个国民的福祉总量，实现每个国民对美好生活向往的愿景。

一、“正当”“正当性”内涵及其关系辨析

意欲破解“税收正当性”的内涵与本质，必须首先厘清“正当”“正当性”各自的内涵与本质，以及二者之区别与联系等问题。而且，这是深化“税收正当性”认识的逻辑前提。

（一）“正当”的内涵与本质

何为“正当”？一般认为是处理人际关系“应该”如何的规范，是指“一个人的行为、要求、愿望等符合社会的政策和行为规范的要求，或者符合社会发展的需要和人民的利益”。而且，“正当”这种道德规范是“最起码的、最低的”行为要求。而“最起码的、最低的”的道德规范即基本道德原则——为己利他与最低道德原则——纯粹为己。其中，关于具有重大社会效应“应该且必须”的基本道德原则，即法律规范。何怀宏先生就说：“底线道德……的主要内容就几乎等于法律的要求。”①

从词源意义而言，“正当”也是指人际关系“应该”如何的规范，指“不偏斜，平正”之道德规范。正，从一从止。守一而止。古文正从一、足。足者亦止也。守一以止也，即不偏斜，平正。当，形声。从田，从尚，尚亦声。“尚”意为“摊开”“展平”。“尚”与“田”联合起来表示“把要比较面积的两部分田块都清除掉农作物，然后一一丈量、加总、比较”。“正当”的本义是指比较两部分田块的面积。合而言之，“正当”引申义为处理人际利害关系时应该“不偏斜”，要“平正”，即“为己利他”“不损人”。或者说，“正当”，是指处理人际利害关系时既不应损人利己，也不应害人害己，至少应该守住底线（法——重要的道德原则）。即“正当”的本质含义是指人际行为“应该”如何之基本和最低道德原则或规范。因此，凡是符合“正当”道德原则或规范的行为便是“正当”的，凡是不符合“正当”道德原则或规范的行为便是“不正当”的。当然，由于不同社会所制定之“正当”道德原则或规范不同，“正当”便呈现各种各样的形态。

一是认为“正当”即“应当”。波特说：“凡是正当的，都是应当的；反之，凡是应当的，都是正当的。”②艾温则认为：“正当的行为与应当的行为是同义的。”③其实，“正当”与“应该”或“应当”是有区别的，因为“应该”或“应当”的外延要比“正当”广阔得多。如麦凯认为：“应当”可分为“道德应当”与“知识应当”两类。④ 既有道德之“应该”或“应当”，

---

① 何怀宏：《底线伦理》，辽宁人民出版社 1998 年版，第 8 页。

② Burton F. Porter, *The Good Life: Alternatives in Ethics*, Macmillan Publishing Co. Inc. New York, 1980, p. 33.

③ C. Ewing, *The Definition of Good*, Hyperion Press, Inc. Westport, 1979, p. 123.

④ See J. L. Mackie, *Ethics: Inventing Right and Wrong*, Singapore Richard Clay Pte. Ltd., 1977, p. 73. “我们必须说明的，不仅有道德的、谨慎的、假言命令的应该，而且还有诸如‘这个戏法应该这样变’，‘他们现在应该穿越国境’和‘它应该溶解了，可奇怪的是为什么还没有’等等。也许可以称这些应该为知识的应该。”

也有非道德之“应该”或“应当”。因为“正当”是一种“道德善”，一种“道德应该”。而“应该”或“应当”是一种“善”，要比“正当”的外延更广，包含“非道德应该”。对此，王海明先生精辟地指出，尽管“道德应该”与“非道德应该”都是指行为的效用性，但二者的区别主要在于：“前者是行为对于道德目的的效用性；后者是行为对于非道德目的的目的——如个人目的——的效用性。”[①]即“应该”或“应当”要比“正当”的外延广泛，而且“应该”或“应当”是“善”与“正当”的中介。当然，“应该”或“应当”与“正当”也有联系，二者都是行为对于“主体目的”之效用。而学者闫世东尽管也认为“应该”或“应当”与“正当”有区别，但其论证和结论却值得商榷。在他看来，“凡应当的都是正当的，但凡正当的却不一定都是应当的。正当是应当的基础，应当是正当的具体体现而已”。[②] 事实恰恰相反，凡“应当的”，未必都是“正当的”。因为“正当”是指道德行为对于道德目的之效用，是一种“道德善”，“正当”道德原则和规范具有“可普遍化性”。[③] 因此，“应该”或“应当”与“正当”二者是一种整体与部分的关系。相反，凡是“正当”的，都是“应当”的，但凡“应该”的却未必是“正当”的。同理，“应当”是指所有行为对于一切目的之效用，仅仅是一种“善”，是“不可普遍化”的。比如，“为自己”的行为或是应当的，但未必是“正当”的。因为“为自己”的行为如果伤害社会和他人的利益，便不是“正当”的。质言之，“正当”，是指行为应该或应当如何的道德原则或规范。因此，“正当”既具有普遍性、绝对性与客观性，也具有特殊性、相对性与主观性。这意味着，不同社会不同时代，便有不同的正当道德原则或规范，比如，共同正当道德原则与特定正当道德原则、相对正当道德原则与绝对正当道德原则、主观正当道德原则与客观正当道德原则等。

二是认为“正当”即公正。持此论者认为，因为“正当”就是公正之内在伦理要求和价值。但“公正的外延小于善也小于正当，公正是一种特殊的美，特殊的道德善（正当）。如果善是一切行为应该如何的道德总原则，那么公正是一定类型的行为应该如何的道德原则”。[④] 因为公正仅仅是指行为主体之间权利与义务的平等交换，不包括“不平等交换”的行为，如义务大于权利的“分外善行”以及义务小于权利的“不公正”行为等。

三是认为“正当”即“权利”。《布莱克法律词典》就认为，权利就是“正义或伦理上的正当”。[⑤] 而“希腊人并没有明显的权利概念。他们讲到和用于特定场合的权利就是正

---

① 王海明：《新伦理学》，商务印书馆2008年版，第213页。

② 闫世东：《正当性：社会权力运行的基本原则》，载《社会科学家》2012年第3期。

③ See R. M. Hare, *Essays in Ethical Theory*, Clarendon Press Oxford, 1989, p. 179. 道德应该的“可普遍化性”（universalizability）概念，源于康德，确立于黑尔。黑尔认为，道德应该具有两个特性：“第二个特性通常被叫作可普遍化性。可普遍化性的意思是，一个人说‘我应该’，他就使他自己同意处在他的环境下的任何人应该。”

④ 赵昆：《正当与相称：公正之内涵界定》，载《伦理学研究》2005年第5期。

⑤ 参见北岳：《关于义务与权利的随想》（上），载《法学》1994年第8期。

当行为”。[①] 学者范进学则“将权利界定为‘正当的事物’。”[②]其实，权利是指权力保障下的利益索取，既包括“德定”权利，也包括法定权利。理论上，“正当”即“权利”，或者“权利”即“正当”，因为道德和法是一种整体与局部的关系。但在现实中，由于道德与法大多是一种交叉关系，“正当”便未必就等于“权利”，“权利”也未必就等于“正当”。

四是认为“正当”即“能产生尽可能多的善”。[③] 美国学者爱因·兰德认为，“它（正义）与慈善以及自我提高都处于这样一种普遍原则之下，即我们要产生尽可能多的善”。[④] 问题的关键是要看如何界定“正当”？比如，一个社会遵从的是哪种正当道德原则？即是优良正当道德原则，还是恶劣正当道德原则？遵从优良正当道德原则，当然“能产生尽可能多的善”；遵从恶劣正当道德原则，则“能产生尽可能多的恶”。

五是认为“正当”即“价值”。因为“正当”首先要求某种行为在道德和伦理上可以被“认可和接受”，其次还要求“行为不能危及其他主体的既存利益”，或者将“危害控制在合理范围”之内，同时在实践上是可行和必需的。[⑤] 显然，这里的“正当”是指“正当性”，是指“正当”道德原则的内在根据——正当道德价值。“正当”作为一种道德原则或规范，固然需要“被人们认可或接受”，而且不能“危及其他主体的既存利益”。由于道德原则或规范具有主观性，便具有随意约定的属性。因为“正当性”同时取决于对“道德终极目的”与“行为事实如何之规律”的认知要“同真”，即“正当性”尽管是“正当”道德原则或规范制定的根据，但“正当性”不等于“正当”，只有经过“同真”的“道德终极目的”与“行为事实如何之规律”之认知，方可获得“道德正当性”，再经过正确的“正当价值判断”，推导制定出优良的道德原则或规范。

六是认为“正当”即“道德应该”。里查德·泰勒就认为，“只要我们设想仅仅存在一个人的世界，尽管这个人是个有目的有感情的生物，那么，在这个世界里也只可能有善与恶，而绝无正当与不正当或道德责任等伦理概念存在的余地”。[⑥] 但波吉曼并不完全认同此论，认为道德原则具有不以人的意志而转移的客观正确性。换言之，道德上的正当

---

① Bryan A. Garner, *Black's Law Dictionary*, West Publishing Co., 1979, p. 1189.

② 范进学：《权利概念论》，载《中国法学》2003 年第 2 期。该文提出：“权利最本质、最核心的东西即‘正当’……只有且惟有‘正当’或‘正当的’才是权利内在本质的构成要素，由此可以将权利界定为‘正当的事物’。”

③ W. D. R O, *Right and The Good*, Oxford: Oxford University Press, 2002, p. 27.

④ ［美］爱因·兰德：《新个体主义伦理观：爱因·兰德文选》，秦裕译，三联书店上海分店 1993 年版，第 7 页。

⑤ See Peter Malanczuk, *Humanitarian Intervention and the Legitimacy of the Use of Force*, Het Spinhuis, Vol. 2, p. 78(1993).

⑥ Louis P. Pojman, *Ethical Theory: Classical and Contemporary Readings*, Wadsworth Publishing Company USA, 1995, p. 136.

或不正当并非依赖而是独立于社会之承认与否。[1] 对此,王海明先生认同里查德·泰勒的观点,"正当"即"道德善""道德应该"。他说:"所谓道德应该与道德不应该,亦即正当与不正当,亦即道德善恶,是行为对于社会创造道德的需要、欲望、目的的效用性,简言之,也就是行为对于道德目的的效用性:相符者即为道德应该,即为正当,即为道德善;相违者即为道德不应该,即为不正当,即为道德恶。"[2]即就"正当"的本质而言,"正当"是指"行为对于社会创造道德的需要、欲望、目的的效用性",是指符合"正当性"之道德原则或规范,是根据"正当性"推导出的道德原则或规范。因此,凡是符合"正当"道德原则或规范的行为就是"正当的";凡是不符合"正当"道德原则或规范的行为就是"不正当的"。但是否符合"正当性",则要具体问题具体分析,不可一概而论。

当然,也有认为"正当"不可定义的观点。学者罗斯等就认为,"正当"与"善"都是简单属性,是不可定义的。[3]

(二)"正当性"的内涵

"正当",是指符合"正当性"之道德原则或规范,是根据"正当性"推导出的道德原则或规范。"正当性"(行为对于社会创造道德的需要、欲望、目的的效用性)是"正当"道德原则和规范的内在根据,即"正当"道德原则和规范得以推导出来的价值根据。因此,如果一个社会对"正当性"认知为"真",便可据此推导出优良的"正当"道德原则或规范。相反,如果一个社会对"正当性"认知为"假",据此则可能推导出低劣的"正当"道德原则或规范。这意味着,作为正当道德,其基本结构便由正当道德原则或规范之形式与"正当性"(正当道德价值)之内容二者构成。但是,要从"正当性"直接推导出"正当"(道德原则或规范)显然不可能,必须有一个"中介"——正当道德价值判断。而且,正当道德价值判断是"正当性",即正当道德价值之思想形式,"正当"道德原则或规范则是"正当性"(正当道德价值)的规范形式。无疑,凡是与"正当性"(正当道德价值)一致的正当价值判断才是正确的,据此制定的"正当"道德原则或规范方为优良;凡是与"正当性"(正当道德价值)不一致的正当价值判断则是错误的,据此制定的"正当"道德原则或规范则是低劣的。逻辑上,正当道德之完整结构便由正当性(正当道德价值)、正当道德价值判断与正当道德原则或规范三者构成。

毋庸置疑,"正当"问题的核心是——何为"正当性"?"正当性"既然是"行为对于社会创造道德的需要、欲望、目的的效用性",是正当道德价值。那么,何为价值便成为必须弄清的基本问题。众所周知,"价值是客体的事实属性对于主体的需要——及其各种转

---

① See Louis P. Pojman, *Ethical Theory: Classical and Contemporary Readings*, Wadsworth Publishing Company USA, 1995, p.456.

② 王海明:《新伦理学》,商务印书馆2008年版,第212页。

③ W. D. R O, *Right and The Good*, Oxford Universe it Press, 2002, p.27.

化形态,如欲望、目的、兴趣等等——的作用”。[①] 而“价值”的这一界定,如赖金良先生所言,在学术界已有共识。[②] 因此,所谓“正当性”(正当道德价值),便是指“行为事实如何”之客体固有属性与社会创建“正当道德之需要、欲望、目的发生关系时”的效用。因此,学者彭长桂、高俊山认为,“正当性是一个通过认知和评价来对某个对象达成共识的集体过程,在达成共识的过程中对于每个点上的支持程度必然伴随着不同的认知和评价”。[③] 即是指行为事实对于主体欲望、目的、兴趣等的作用。问题是,由于存在“不同的认知和评价”,“正当性”便有真假之别。因此,“合意的正当性根据不是合意,而是作为正当性本来标准的趋同”,而且,“没有什么能够取代论辩者的知识和经验,而是以这种知识和经验的完备为前提”。[④] 因为“论辩者的知识和经验”直接关涉其对行为事实如何之固有属性与正当道德目的认知之真假,从而关系“正当性”(正当道德价值)本身之真假。正因如此,李普塞特认为,“正当性是评价性的”。[⑤] 即是指行为主体正当目的,也就是社会创建正当道德之目的对“行为事实如何固有属性”效用性之评价,也是指对正当目的与“行为事实如何固有属性”之认知和评价。当然,正当道德目的有许多,既有具体、特定的,也有总体、根本、核心、终极的,等等。但无论如何,与社会创建一切制度规范的终极目的一样,正当道德终极目的同样只有一个,即“增进全社会和每个国民的福祉总量”。逻辑上,这也是评价正当道德原则或规范本身优劣的终极标准。

进言之,“正当性”,是指行为事实如何之固有属性对于正当道德目的之效用。即凡是增进全社会和每个国民福祉的行为,便是道德的、善的,“正当”的;凡是削减社会和每个国民福祉总量的行为,便是不道德的、恶的,“不正当”的。因此,罗伯特·梅纳德·哈钦斯认为,“将功利或最大幸福原则作为道德终极标准的学说,主张行为的正当性与其增进幸福的程度成比例;行为的不正当性与其减少幸福的程度成比例”。[⑥] 而“正当性”的这一界定同时也意味着,正当道德之深层结构由“行为事实如何之固有属性”与“正当道德目的”二者构成。因此,人们对“正当道德目的”认识之真假,对“行为事实如何固有属性”认识之真假,便成为“正当性”,也就是“正当道德价值”真假之充要条件。逻辑上,唯有对正当道德目的之认识为“真”,对行为事实如何之固有属性认识为“真”,“正当性”也即正当道德价值才可能为“真”,据此再经过正当道德价值判断,方可推导出优良的正当

---

① 王海明:《新伦理学》,商务印书馆2008年版,第212页。

② 参见王玉樑、[日]岩崎允胤主编:《中日价值哲学新论》,陕西人民教育出版社1994年版,第47页。

③ 彭长桂、高俊山:《组织正当性的结构维度和认知视角》,载《北京科技大学学报(社会科学版)》2010年第3期。

④ [德]阿图尔·考夫曼:《后现代法哲学——告别演讲》,米健译,法律出版社2000年版,第48~49页。

⑤ [美]西摩·马丁·李普塞特:《政治人——政治的社会基础》,张绍宗译,上海人民出版社1997年版,第55页。

⑥ Robert Maynard Hutchins, *Great Books of the Western World*, Volume. 43, American State Papers the Federalist, by J. S. Mill, Encyclop Aedia Britannica, Inc. Chicago, 1952, p. 448.

道德原则或规范。反之,如果对正当道德目的之认识与行为事实如何固有属性之认识"一真一假",或者"同假",其"正当性"或正当道德价值即为"假",据此再经过正当道德价值判断,便只能推导出低劣的正当道德原则或规范。正如沃克(Walker)等所言,就是因为"正当性"是"某个规范或规范性系统支配或应该支配某个人行动的信念"。[①] 就是因为"正当性"既是行为应该如何之正当道德原则或规范制定、推导之内在根据,也是"支配或应该支配某个人行动的信念"。由此可知,《辞海》对"正当性"的解释——"在伦理学上,指符合道德原则和规范的行为,也指社会对这一行为的肯定评价"。[②] 显然值得商榷和推敲,是把"正当性"等同"正当"了。

或许正因为"正当性"问题如此复杂,亨廷顿也说,"正当性是政治分析家们尽量避免使用的不易把握的概念",但却是理解"在二十世纪所面临的问题却必不可少"[③]的概念。毋庸讳言,古往今来一切低劣正当道德原则或规范,问题无不出在这四个方面:对正当道德目的、行为事实如何之固有属性的认知、对正当性或者正当道德价值之认知以及对正当道德价值判断之认知。或者说,一切充满主观随意性、相对性、特殊性的正当道德原则或规范,问题不是出在对正当道德目的与行为事实如何固有属性认知之真假方面,就是出在对正当性或者正当道德价值认知之真假方面,或者出在对正当道德价值判断之对错方面。因为,"正当"具有内容与形式之二重性,由正当道德目的、行为事实如何之固有属性、正当道德价值与正当道德价值判断 4 种因素构成。一句话,要确定"正当"或道德善究竟是什么,成为可以指导具体行为的正当道德原则或规范,就必须进行"正当目的""行为本性"与"行为对正当目的的效用"之研究。[④]

(三)"正当"与"正当性"关系辨析

从"正当""正当性"内涵与结构分析可知,一方面,"正当"与"正当性"是形式与内容的关系。即"正当"作为道德原则规范,是从"正当性"推导出来的,"正当性"是内容,"正当"是形式,"正当性"真假决定"正当"道德原则之优劣。可见"正当"与"正当性"二者既有联系,也有区别。另一方面,"正当性"作为"正当"道德原则是否"正当"的性质,其真假取决于人们对正当道德目的与行为事实如何固有属性认知之真假。因此,正当问题研究的核心在于对"正当性"认知真理性的把握。即"正当性"认知越接近真理,据此推导的正当道德原则或规范体系便越优良,越正当,越有助于增进全社会和每个国民的福祉总量,越能"满足人民不断增长的美好生活需要"。反之,对"正当性"的认知越远离真理,据此推导的正当道德原则或规范体系便越低劣,越不正当,越会削减全社会和每个

---

① Walker H. A, Thomas G, M. & Zelditch M. , *Legitimacy and Collective Action*, 65 Social Forces 378 - 404(1986).

② 夏征农主编:《辞海:1999 年版缩印本(音序)》,上海辞书出版社 2002 年版,第 2174 页。

③ [美]塞缪尔·亨廷顿:《第三波:20 世纪后期民主化浪潮》,刘军宁译,三联书店 1998 年版,第 54 页。

④ 王海明:《新伦理学》,商务印书馆 2008 年版,第 211 页。

国民的福祉总量,越不利于"满足人民不断增长的美好生活需要"。或正因如此,许多研究者对"正当""正当性"内涵与结构缺乏清晰的认知,以为"正当""正当性"是特殊的、相对的、主观的,不可能有普遍的、绝对的、客观的。约翰·拉德(John Ladd)就说,"行为在道德上的正当性和不正当性随着社会的变化而变化,不存在适用于一切时代一切人的绝对的、普遍的道德标准。因此,它认为一个人以某种方式行动是否正当,是完全依据或相对于他所属于的社会来说的"。[①] 但正如里弗斯所言,"任何不追求正当目的的决定显然是不合理的"。[②] 即认为正当目的具有普遍性、绝对性和客观性。或者说,因为"目的审查将会使很多政府行为产生合宪性问题"。[③] "目的本身并非不受任何限制,目的本身必须符合宪法。"[④]

二、税收正当、税收正当性的内涵及其二者关系

(一)"税收正当"内涵

伴随"正当""正当性"内涵及其二者关系问题认知的深化,"税收正当""税收正当性"及其关系问题或将迎刃而解。当然,必须首先对"税收"概念予以厘清。关于"税收"的界定,古今中外可谓汗牛充栋。有"公需说"、"保险说"、"交换说"、"义务说"、牺牲论、"新利益说"、"经济调节说"、"权力说"等。1980 年版的《新大英百科全书》对"税收"的界定是:"在现代经济中,税收是国家公共收入最重要的来源。税收是强制的和固定的征收;它通常被认为是政府公共收入的捐献,用以满足政府开支的需要,而并不表明是为了某一特定的目的。税收是无偿的,它不是通过交换来取得。这一点与政府的其他收入大不相同,如出售公共财产或发行公债等等。税收总是为了全体纳税人的福利而征收,每一个纳税人在不受任何利益支配的情况下承担了纳税义务。"经合组织(Organization for Economic Co-operation and Development,OECD)则将"税收"界定为:"对政府的强制性的、无偿的支付。"世界银行对"税收"的界定是:"为公共目的而收取的强制性的、无偿的、不可返还的收入。"[⑤]日本学者认为,"税收是国家以取得满足公共需求的资金为目的,基于法律的规定,无偿地向私人课征的金钱给付。"[⑥]我国教科书通常认为,"税收是国家为了实现其职能,凭借政治权力,按照法律预先规定的标准,强制地、无偿地取得财政收入所形成的特定的分配关系"。[⑦] 等等。

其实对"税收"的上述等界定,都是从一个特定角度对"税收"的认识,其价值和意义

---

① Louis P. Pojman, *Etihcal Theory*, *Classical and Contemporary Readings Belmont*, California: Wadsworth Pub. Co., 1995, p. 29.

② Julian Rivers, *Proportionality and Variable Intensity of Review*, 65(1) Cambridge L. J. 174, 195(2006).

③ Ashutosh Bhagwat, *Purpose Scrutiny in Constitutional Analysis*, 85 Cal. L. Rev. 297, 301 (1997).

④ 许玉镇:《比例原则的法理研究》,中国社会科学出版社 2009 年版,第 55 页。

⑤ 王健:《OECD 国家的环境税及其对我国的启示》,载《中国资源综合利用》2004 年第 5 期。

⑥ [日]金子宏:《日本税法原理》,刘多田等译,中国财政经济出版社 1989 年版,第 5~6 页。

⑦ 李香菊等主编:《中国税收学》,陕西人民出版社 1999 年版,第 1 页。

毋庸否认。但同时不可忽视的是,这些对“税收”的界定也存在缺陷,其中共同缺憾在于对“税收”的界定,局限于“阶级社会”,并未涵盖“无阶级社会”。问题是,难道“无阶级社会”,比如,原始社会以及未来的共产主义社会就没有税收了吗?因此,笔者陋见以为,所谓税收,是指“国民与国家共同就公共产品供求交换价款缔结、履行原初或衍生契约的活动”。[①] 笔者的这一界定,至少能避免税收阶级说的局限性。道理如洛克所论,“因为如果任何人凭着自己的权势,主张有权向人民征课赋税而无需取得人民的那种同意,他就侵犯了有关财产权的基本规定,破坏了政府的目的”;或者说,“未经人民自己或其代表的同意,绝不应该对人民的财产课税”。[②] 众所周知,契约有自愿与被迫两种。即根据契约的自由平等性,可将税收分为自由平等税收与专制税收。或者说,可分为经纳税人同意而被强制征收的税收与未经纳税人同意而被强制征收的税收两种。无疑,经纳税人同意而被强制征收的税收属于自由平等税收,属于善税,是正当的;未经纳税人同意而被强制征收的税收属于专制税收,属于恶税,是不正当的。同理,用税也分两类,即国民同意的用税与未经国民同意的用税,前者正当,属于“良支”,后者非正当,属于“恶支”。

税收既然是指“国民与国家共同就公共产品供求交换价款缔结、履行原初或衍生契约的活动”,那么“税收正当”便是指国民与国家在“就公共产品供求交换价款缔结、履行原初或衍生契约”的活动中,应该遵从的正当道德原则或规范。或者说,凡是国民和国家遵从税收正当道德原则或规范缔结、履行原初或衍生契约的活动,就属于“税收正当”。反之,凡是国民和国家违背税收正当道德原则或规范缔结、履行原初或衍生契约的活动,就属于“税收不正当”。而且,税收正当道德原则或规范是一个体系,既有终极原则或规范,比如,是否增进全社会和每个国民福祉总量,满足“人民不断增长的美好生活需求”;也有最高道德原则或规范,比如,“人道、自由、平等、法治、限度”,以及“政治、经济与思想”等;还有根本道德原则或规范,如公正(完全平等原则与比例平等原则)。当然也包括具体税收正当道德准则,诸如“诚信、便利、节俭”等。理论上,凡是遵从上述税收正当道德原则或规范的涉税行为,便属于税收正当行为,也是应该的善的税收行为;凡是违背上述税收正当道德原则或规范的涉税行为,便属于不正当税收行为,是不应该的恶的税收行为。而且,税收正当既是涉税行为应该如何的非权力道德原则或规范,也是判定具体涉税利害行为之正当与否的道德评价标准。

(二)“税收正当性”内涵

“税收正当性”与“税收正当”虽有联系,但“税收正当性”不等于“税收正当”,“税收正当性”,是指征纳利害行为是否正当的性质。从“正当性”与“正当”的内涵与关系分析可知,一方面,“税收正当性”是“税收正当”道德原则或规范得以推导出来的道德价值根据或价值导向系统。德国学者德昂伯格说:“即使生活关系仍然包含着自身的标准和秩

① 姚轩鸽:《论税制的道德价值基础》,载《西部学刊》2014 年第 3 期。

② [英]洛克:《政府论》(下篇),瞿菊农、叶启芳译,商务印书馆 1996 年版,第 88 ~ 89 页。

序，即使它或多或少地有所发展。人们将这种藏在事物内部的秩序称为事物本质。"①即任何税收正当道德原则或规范都必须符合"税收之本质"，符合税收的内在行为规律，唯有此，才是税收正当性之实现的基本前提。也如哈贝马斯所言，因为"实在法再也不能从一个更高层次的道德法中取得它的正当性了"。② 如此，朱为群教授关于"税收正当性"的表述或值得商榷，因为他忽视了对"税收利害社会行为事实如何之规律"的关注，仅仅强调"征税目的与征税程序"。他说："税收的正当性要从征税目的和征税程序两个方面考察。征税目的是否具有正当性，是所有税收问题的逻辑起点。征税程序的正当性，其实质在于税收的开征停征以及税基、税率等税收制度的核心要素都应该由相应的法律程序来决定。"③征税目的是"逻辑起点"没有问题，因为它是税收正当性，也就是税收正当道德价值的主体标准，但"税收行为事实如何之固有属性"则是"税收正当性"，也就是税收正当道德价值得以产生的源泉。即"税收行为事实如何之固有属性"唯有通过征税目的，才能从获取"税收正当性"——税收正当道德价值之真理，进而方可据此再经过税收正当道德价值判断推导出优良的税收正当道德原则或规范。

另一方面，"税收正当性"本身也是税收道德原则或规范，如"征纳两利"正当道德价值。因为"税收正当性"是指税收利害行为是否"正当"的性质，它是税收利害行为事实如何与税收正当道德目的发生关系时产生的效应，是与税收正当价值可以互换的概念，即"税收正当性"即是指"税收正当道德价值"。而且，唯有对税收利害行为事实如何与税收正当道德目的的认知同为"真"，税收正当性，或者说税收正当道德价值才可能为"真"，据此再经过税收正当道德价值判断，方可推导制定出优良的税收正当道德原则或规范。反之，如果对税收利害行为事实如何与税收正当道德目的之认知同为"假"，或者"一真一假"，税收正当性，或者说税收正当道德价值就不可能为"真"，据此再经过税收正当道德价值判断，也不可能推导制定出的优良的税收正当道德原则或规范。事实上，正是由于不同社会对"税收正当性"的认识不同，即对税收正当价值判断的不同，才据此制定出了形形色色、优劣不同的税收制度规范体系（税收道德与税法）。比如，根据利他主义道德价值、利己主义道德价值、己他两利主义道德价值，便可推导出不同的税制（税收道德与税法）体系，优劣不同，位阶高低也不同。所以，学者王宗涛就认为，"税收正当性包括公共利益（民主）正当性、科学正当性、法律正当性，分别代表公共利益（民主）、科学、法律三个价值维度"。④

简言之，"税收正当性"，是指税收正当与否的性质，"税收正当"是一种税收道德原

① ［德］伯恩·魏德士：《法理学》，丁小春、吴越译，法律出版社2003年版，第393页。

② ［德］哈贝马斯：《在事实与规范之间：关于法律和民主法治国的商谈理论》，童世骏译，三联书店2003年版，第695页。

③ 朱为群：《对税收四个基本理论问题的认识》，载《税务研究》2016年第1期。

④ 王宗涛：《税收正当性：一个理论命题与分析框架》，载《甘肃政法学院学报》2012年第2期。

则或规范,二者的区别显而易见。税收正当性一方面取决于对“税收正当道德目的”认识之真假,另一方面取决于对“税收征纳行为事实如何”认知之真假。唯有二者同真,通过“税收正当道德目的”,从“税收行为事实如何之事实”获得科学的“税收正当性”真理,也就是税收正当道德价值真理,然后方可据此再经过“税收正当道德价值判断”,推导制定出优良的正当道德原则或规范体系,并以此作为价值导向系统,制定出优良的税法体系,及其税制体系(税收道德与税法)。

(三)“税收正当”与“税收正当性”关系辨析

综上所述,“税收正当性”,是指国民与国家“就公共产品供求交换价款缔结、履行原初或衍生契约活动”之正当与否的性质,“税收正当”,是指国民与国家“在就公共产品供求交换价款缔结、履行原初或衍生契约活动”中“应该如何”的道德原则或规范,是一种应该如何的非权力规范。据此可知,“税收正当”与“税收正当性”之区别与联系,即“税收正当性”既是“税收正当”道德原则或规范据以推导和制定的价值根据,也是征税人、纳税人应当如何处理征纳税人之间利害关系的“非权力规范”。而“税收正当”仅仅是指征税人、纳税人“应当如何”处理征纳税人之间涉税利害关系的“非权力规范”。而且,“税收正当”——即“税收正当”道德原则或规范可自由缔结。但是,唯有低劣的“税收正当”道德原则或规范可以随意制定,优良“税收正当”道德原则或规范不可随意制定。当然,如果没有“税收正当”道德原则或规范的自由缔结,也就不存在“税收正当”道德原则或规范的优劣差异。但“税收正当性”和税收正当道德价值一样,不可随意认定,它是通过“税收正当道德目的”,从“税收行为事实如何之固有属性”中得出的,只有对“税收正当道德目的”的认知为真,对“税收行为事实如何之固有属性”的认知为真,才可能获取税收正当性之真理,才可能据此再经过“税收正当道德价值判断”推导出优良的税收正当道德原则和规范。

进言之,“税收正当性”之真理性,一方面取决于对“税收正当道德目的”认识之真假,另一方面则取决于对“税收行为事实如何之固有属性”的认知之真假。而且,唯有二者“同真”,才能通过“税收正当道德目的”,从“税收行为事实如何之固有属性”中获得“税收正当性”之真理,也就是“税收正当道德价值”之真理,从而据此再经过“税收正当道德价值判断”,推导制定出优良的正当道德原则或规范体系(非权力规范),并作为税收道德价值导向系统,制定出优良的税法体系(权力规范),及其税制体系(税收道德与税法规范)。相反地,如果对“税收正当道德目的”之认识,或者对“税收行为事实如何之固有属性”的认识“同假”,或者“一真一假”,便不可能获得“税收正当道德价值”之真理,也不可能据此推导出优良的税收正当道德原则或规范。

同样,“税收正当”具有内容与形式的基本结构,以及税收正当性、税收正当道德价值判断与税收正当道德原则或规范之完整结构。同时由于“税收正当性”由“税收正当道德目的”与“税收行为事实如何之固有属性”二者构成,即由“税收正当道德目的、税收行为事实如何之固有属性、税收正当性(税收正当道德价值)、税收正当道德价值判断”四大要素构成。因此，优良税收正当道德原则或规范便取决于人们对“税收正当道德目的、税收行为事实如何之固有属性、税收正当性（税收正当道德价值）、税收正当道德价值判断”四大要素认知之真假与对错。或者说，唯有对“税收正当道德目的、税收行为事实如何之固有属性”之认知为真，才可能获得税收正当性（税收正当道德价值）之真理，才可能据此再经过税收正当道德价值判断之对错，推导制定出优良税收正当道德原则或规范。

至于“税收正当”类型，由于是对“税收正当”的一种外部划分，理论上，有多少个划分的标准，便会有多少个“税收正当”类型。比如，如果以“税收正当”的权力与非权力划分，便有税收正当道德原则或规范与税收正当法律原则或规范；如果以实质与程序划分，便有实质税收正当与程序税收正当；如果以“税收正当”的普遍性与特殊性、相对性与绝对性、客观性与主观性划分，便有共同“税收正当”与特定“税收正当”、相对税收正当与绝对税收正当、客观税收正当与主观税收正当等。当然，正因如此，才有了税收正当道德原则或规范体系之优劣差异与位阶高低等多样性。

三、兼论与“税收合法性”之关系

（一）“合法”“合法性”内涵及其关系辨析

关于“正当”的内涵探讨启示我们，“合法”，是指“合法律”，也就是符合一定的法律原则和规范。由于道德和法都是一种行为规范，区别仅在于道德是一种“应该”如何的非权力规范，其实现凭借的是舆论与教育两种力量，旨在调节一切行为。而法律是一种“必须且应该”如何之权力规范，其主要凭借暴力与行政强制力量实现自己，旨在调节那些与社会具有重大利害关系之行为。理论上，道德和法便是一种整体与部分的，或者说包含与被包含的关系。因此，“合道德”即“合德”，是指符合一定的道德原则或规范；“合法”即“合法律”，是指符合一定的法律原则和规范。问题在于“法”是一种权力规范，包含宪法、法律、行政法规、地方性法规、自治条例和单行条例。因此，“合法”或者“合法律”，便是指符合一定的宪法、法律、行政法规、地方性法规、自治条例和单行条例的原则或规范。但是，由于理论上道德是法的价值导向系统，“合法”或者“合法律”，都应该“合德”，即符合一定的道德原则或规范，包括“正当”的道德原则或规范。但实践中，由于道德与法总是处于一种交叉关系，因此，“合法”而“不合德”，或者“不合法”而“合德”，或者既“不合法”也“不合德”的现象往往存在，处于一种十分复杂的状态。当然严格说，“合法”与“合法律”是不同的，“合法律”的不一定“合法”。

但是，尽管“合法”与“合法性”有关，但“合法”不一定等于“合法性”。因为“合法性”是指是否“合法”的性质。就“合法”而言，一方面，“合法”是指符合一定的“必须”如何之权力原则或规范，诸如宪法、法律、行政法规、地方性法规、自治条例和单行条例之法律原则或规范。另一方面，也即从道德是法的价值导向系统观之，“合法”也是指符合一定的“应该”如何之道德原则或规范。在理想状态下，也就是在优良道德与优良法律状态下，“合法”即“合德”，“合德”即“合法”。因此，所合“法律”之优良性，决定所“合德”之程度，也决定所“合法律”是否具有“合法性”。在理想状态下，“合法性”与“合德性”是同构的。或者说，“合德性”决定“合法性”。“合德性”，是指通过道德目的，从行为事实如何之固有属性得出效用——道德价值，是优良道德原则或规范，经由道德价值判断得以推导和制定的价值根据，也就是优良法律原则或规范，再经由法律价值判断得以推导和制定的价值根据。难怪卡尔·施密特认为，“一个完整的合法性体系说明了要求服从的理由，并且表明排除任何抵制的权利是正确的。法的特殊形式在这里就是法律，对国家强制的特殊边界就是合法性”。[①] 即“合法性”体系更多强调“必须性”，强调凭借权力力量，也就是凭借暴力强制力量与行政强制力量，对重大利害社会效应行为的关注和调节。“合德性”体系则更强调“应该性”，强调凭借非权力力量，也就是教育强制力量与舆论强制力量，对一切利害社会效应之行为的关注和调节。

道理就在于，道德是法律的价值导向系统，而且道德和法律具有同样的结构，都具有内容与形式的二重性，都由社会创建目的（道德与法律）、行为事实如何之固有属性、价值（道德与法律）、价值判断（道德与法律）四大要素构成。所以在理想状态下，“合德性”即“合法性”，“正当性”即“合法性”，“正当性”“合德性”“合法性”三者的区别仅在于所规范和调节的对象及其凭借的工具存在一定的差异。因此，对“合法性”的质疑，也就是对“道德正当性”的怀疑。所以，哈贝马斯认为，“合法性含有若干道德意味，满足了合法性，似乎意味着满足了在道德上很重要的价值”。[②] 或者说，“合法性”重在强调是否“合法”（合法度），即税法符合“法”（道德价值）之性质。由于法律是一种“必须且应该”如何的权力规范，是由权力所主导的权利与义务交换之规范，因此，权力的“合法性”，便成为“合法性”问题的“枢纽关节点”。或者说，对权力的“合法性”认知，也就是对权力目的之认知是否为真，对权力行为事实如何之认知是否为真，便成为决定权利与义务交换规范体系是否“合法”、公正的充要条件。正是在这个意义上，哈贝马斯认为，“合法性意味着某种政治秩序被认可的价值”。[③] 也就是说，被管理者对权力的同意规模越大，权力便越合法，行为便越具有“合法性”与“公正性”，权利与义务交换规范体系便越具有“合法性”，自然越具有“合德性”与“正当性”。相反地，如果被管理者对权力的同意规模越小，则权力越缺少“合法性”与“公正性”，权利与义务交换规范体系便越缺少“合法性”，缺少“合德性”与“正当性”。

（二）“税收合法性”的内涵与本质

逻辑上，“税收合法性”，是指征税行为是否符合“法”的性质。税收行为是否符合“法”的性质——“税收合法性”，显然与“税收合法”不同，“税收合法”主要是指符合“税法”权力规范，既符合广义的“国家制定的用以调节国家与纳税人之间在征纳税方面的权

---

① ［德］卡尔·施米特：《合法性与正当性》，冯克利等译，上海人民出版社 2015 年版，第 96 页。

② ［德］哈贝马斯：《合法化危机》，刘北成等译，上海人民出版社 2000 年版，第 119 页。

③ ［德］哈贝马斯：《交往与社会进化》，张博树译，重庆出版社 1989 年版，第 184 页。

利及义务关系的法律规范”,也符合狭义的“特指由全国人民代表大会及其常务委员会制定和颁布的税收法律”。包括“宪法、法律、行政法规、地方性法规、自治条例和单行条例”各层次的税收法律。当然也包含符合“税收道德”的非权力规范。因为税收道德是税法的价值导向系统,税收道德优良,则税法可能优良;税收道德低劣,则税法可能低劣。但从根本来说,“税收合法”,是指符合“税收合法性”,即符合税收开征的终极目的及其税收行为事实之规律。

毋庸置疑,“合法性”正如“正当性”一样,由“法律目的”与“法律行为事实如何之规律性的固有属性”二者构成。唯有对“税收法律目的”之认知为真,对“税收法律行为事实如何之固有属性”的认知为真,方可获得“税收法律价值”之真理,从而据此再经过“税收法律价值判断”,推导制定出优良的税收法律原则或规范。相反,如果对“税收法律目的”之认知为假,对“税收行为事实如何之固有属性”的认知为假,或者对“税收法律目的”之认知与对“税收行为事实如何之固有属性”的认知“一真一假”,都不可能获得“税收法律价值”之真理。自然,据此经过“税收法律价值判断”,便不可能推导制定出优良的税收法律原则或规范,也就是具有“税收合法性”之税收法律原则或规范,便不可能增进全社会和每个国民福祉总量,满足“人民不断增长的美好生活需求”的终极目的。

或许正是在这个意义上,霍尔巴赫认为,“当征税的目的不是为了保卫国家和增进国家福利时,征税就变成了盗窃”。[①] 或如密尔的观点,优良的税制设计应“不妨碍公民的勤勉也非不必要地干涉其自由的征税方法,不仅有助于保存国家财富,而且有助于增加国家财富,并鼓励个人能力更积极地发挥出来。反言之,一切有碍于增进人民财富和道德的财政和税收上的错误,如果达到足够严重的程度,肯定也可能使人民贫困化和道德败坏。”[②]而何塞·路易斯·卡多佐和佩德罗·莱恩说得最清楚,他们认为,“若将税收收入用于改善纳税人的生活——比如提升教育、健康和福利水平,以及建设道路和铁路——则税收能够很快为政府提供合法性”。[③] 同理,唯有符合“税收行为事实如何之规律”的税收,税法遵从度才会比较高,征税与纳税成本才会较低。道理如孟德斯鸠所言,“因为国民相信赋税是缴纳给自己的,因此愿意纳税”。[④]

(三)“税收合法性”与“税收正当性”关系辨析

“正当性”与“合法性”内涵探讨告诉我们,“税收合法性”与“税收正当性”二者既有联系,也有差别。在理想状态下,二者也是一种包含与被包含、整体与局部的关系。但现实中,则通常呈现为一种非常复杂的交叉关系。在理想状态下,一方面,“税收合法性”即

---

① [法]霍尔巴赫:《自然政治论》,陈太先、眭茂译,商务印书馆2002年版,第103~104页。

② [英]J. S. 密尔:《代议制政府》,汪瑄译,商务印书馆1982年版,第22页。

③ [葡]何塞·路易斯·卡多佐、佩德罗·莱恩编:《为自由国家而纳税——19世纪欧洲公共财政的兴起》,徐静、黄文鑫、曹璐译,上海财经大学出版社2018年版,第266页。

④ [法]孟德斯鸠:《论法的精神》(上册),张雁深译,商务印书馆1961年版,第221页。

“税收正当性”,“税收正当性”即“税收合法性”。学者赵凯即持此论,认为“正当性”主要包括两种:一种是狭义的合法性,也称合法律性,即符合实在法的规定;而另一种与正当性同义的合法性则是广义的合法性,是针对某种制度、公共权力或者政治秩序而言的。[①]道理在于,“税收合法性”与“税收正当性”具有同样的结构,都是由“税收目的”与“税收行为事实如何之规律的固有属性”二者构成,都取决于对“税收目的”与“税收行为事实如何之规律的固有属性”认知之真假,“同真”即“税收合法性”与“税收正当性”拥有同样的税收价值,既是正当道德价值,也是正当法律价值,据此再借由道德和法律价值判断,即可推导制定出优良的税收道德、法律原则或规范。即凡是符合税收正当道德原则,诸如“人道、自由、平等、法治、限度”,与“民主、经济与思想”自由,及其公正原则的税收法律,便具有“税收合法性”与“税收正当性”。反过来,凡是符合“税收合法性”的税收法律原则或规范,便符合人道、自由、平等、法治、限度、民主、经济与思想自由,及其公正道德价值,具有“税收正当性”。换言之,在理想状态下,“税收正当性”与“税收合法性”是一种包含与被包含的关系,“税收正当性”的外延远大于“税收合法性”的外延,即“税收合法性”属于“税收正当性”的范畴,但“税收正当性”则不全属于“税收合法性”。

另一方面,由于“税收合法性”与“税收正当性”所调节税收行为的重点不同,实现自己价值所凭借的力量不同,现实中,“税收合法性”与“税收正当性”便存在一定的错位或冲突的情形,呈现为一种纷繁交叉的复杂形态。正是在这个意义上,哈贝马斯认为,“正当性”不同于“合法性”,也不同于“合法律性”。因为“正当性”更多指向“民众对制度的肯定与认同,关涉到制度形成、运行与调整中的价值判断。而且,只有同时具备正当性和合法律性的政治秩序才能称得上公平正义,才能使社会长治久安”。[②] 而“税收合法性”重在对具有重大社会利害关系的税收行为进行调节,凭借的是暴力与行政两大强制力量,守护的是税收治理秩序的“底线”。“税收正当性”则既包含对具有重大社会利害关系的税收行为进行调节的诉求,也有凭借舆论与教育两种非权力力量,对一切具有社会利害税收行为进行调节的期待。即“税收正当性”的外延较大,“税收合法性”外延较小。而且,“税收合法性”重在强调“税权”的“合法性”,也就是纳税人的“同意”,“未经纳税人同意不得交税”。所以洛克认为,唯当主体自由地认可政治权力的施行,唯当政治权力一直在所授权的范围内发挥作用,这些政治权力才是道德上正当的,并且这些主体才有道德义务服从政治权力,特定国家的正当性因此就被认可,成为国家与其成员之间的关系的真实历史。[③] 或如迪韦尔热所言,合法性“只不过是由于本集体的成员或至少是多数成员承认它为权力。如果在权力的合法性问题上出现共同同意的情况,那么这种权力

---

① 参见赵凯、李玲:《从公共产品供给看国家课税权的正当性》,载《法治与社会》2008 年第 27 期。

② [德]哈贝马斯:《在事实与规范之间:关于法律和民主法治国的商谈理论》,童世骏译,三联书店 2003 年版,第 533 页。

③ A. John Simmons, *Justification and Legitimacy*, 109 Ethics 745 (1999).

就是合法的。不合法的权力则不再是一种权力,而只是一种力量"。[①] 布伦南、布坎南也一再强调:"对统治者的控制,一直是通过对征税权的约束来实现的。"[②]因为征税权的"合法性",关系征税人与纳税人之间权利与义务交换的公正平等性。根本说来是因为,"权利是指权力保障下的利益索取,义务是指权力保障下之利益奉献"。逻辑上,税收权力的"合法性"或者"合意性",及其监督制衡的有效性,便成为税收正义,也就是权利与义务分配是否公正平等的前提。

四、结语

总之,"税收正当性"与"税收合法性"是优良税收治理实践必然遭遇的核心问题,也是税收治理研究的根本问题。"税收正当性"研究的价值和意义在于提醒和告诫我们,优良税收治理体系构建必须首先明确社会创建税收制度的终极目的是什么?或者说,必须首先明确社会税制创建是为了"谁的""什么"?同时,在于对"税收行为事实如何之规律"的认知与把握。唯有对税收治理终极目的与税收行为事实如何之规律的认知同为"真",才可能获得"税收正当性",也就是税收道德价值之真理,再经过税收道德价值判断,方可推导制定出优良的税制(税收道德与税法)。其次是对正当道德原则或规范,及其"税收合法律"道德原则或规范的探索与遵从。而优良税法的制定,首先取决于对"税法终极目的"与"税法行为事实如何之规律"的正确把握。最后是基于"税收合法性",再经过税法价值判断,推导制定税法原则或规范,并遵从之。而且,关键在于税权的合法性,及其使用过程中监督制衡的有效性。但"税收正当性"与"税收合法性"研究的共同重要性与必要性在于,优良税收治理"应该且必须"把握核心与根本问题,不能仅满足于皮相层面各构成要素的优化。道理毋庸赘言,正如英国政治思想家埃德蒙·柏克所言,因为"国家的岁入就是国家"。[③] 逻辑上,也不可不对"税收正当性"与"税收合法性"问题给予特别关注,不可不在税收治理的核心与根本问题方面,特别是在税权合法性及其使用过程中监督制衡有效性方面的集思广益。"征税的权力涉及毁灭的权力。"[④]即税收治理的核心和根本在于"税收正当性"与"税收合法性",关键在于税权的"合法性"及其税权使用过程中监督制衡的有效性。

---

① [法]莫里斯·迪韦尔热:《政治社会学——政治学要素》,杨祖功、王大东译,华夏出版社1987年版,第117页。

② [澳]杰佛瑞·布伦南、[美]詹姆斯·M.布坎南:《宪政经济学》,冯克利等译,中国社会科学出版社2004年版,第10页。

③ [英]柏克:《法国革命论》,何兆武等译,商务印书馆1998年版,第292页。

④ [澳]杰佛瑞·布伦南、[美]詹姆斯·M.布坎南:《宪政经济学》,冯克利等译,中国社会科学出版社2004年版,第1页。

结构性简约税法的理论证成与工具适用

邹新凯*

一、问题缘起

税收法定、量能课税、稽征经济合为税法建制原则。其中,税收法定确立税法制度①的形式正义,量能课税夯实税法制度的实质正义,稽征经济导向税法制度的技术理性,三大原则造就税法特色的正义标准。② 相比税收法定与量能课税,稽征经济的内涵并不丰富,实践总结多于学理提炼。一方面,稽征经济确应契合税收法定与量能课税的意旨,与后两项原则的冲突与调和要求厘清稽征经济的内涵、评价指标与边界;另一方面,稽征经济的既有总结看似清晰明确,但在评价主体、评价标准、评价方法、改良渠道等可操作性上缺乏明确、丰富的体系内容,理论工具的解释力、指导力受到抑制,无法满足对财税法治、税收正义的较高要求,对稽征经济原则的空洞理解更可能生成一些扭曲、极端的征管手段。③ 域外国家税制实践中,效率、公平、法治、基本权利同为税法核心价值。中国经济效率、公平、法治、基本权利保障皆被全面研究、广泛强调,但行政效率往往主要局限于税务系统内部检讨,新一轮财税体制改革实施前,征管与合规成本的研究成果少有突破。④

---

* 武汉大学法学院博士研究生。

① 除非特指,本文中的税法是各级税收法源的简称,在此意义上与税制等同。

② 参见叶金育:《证券交易印花税的规范审查与实施评估——以税法建制原则为分析工具》,载《证券法苑》2015 年第 2 期。

③ 有的地方违反上位法规定,通过即征即退、先征后返等措施,在征管环节僭越中央减免税权,变相出台财税补贴与税收优惠政策;有的地方直接征收或通过延缓退税等变相征收“过头税”。2019 年全国税务工作会议仍在强调这两类问题。

④ 参见年志远、王一棠:《“营改增”后税收征管效率的制度解析》,载《当代经济研究》2018 年第 5 期;王周飞、王正明:《从降低“征纳成本”的视角论税务部门社会管理的地位与创新》,载《税收经济研究》2012 年第 1 期;王乔、龚志坚:《从税收征纳交易费用看税收征管制度改革》,载《税务研究》2010 年第 6 期;龚志坚、熊平园、舒成:《我国税收征管制度变迁的路径选择——基于税收征纳交易费用的分析》,载《税务与经济》2008 年第 5 期。

部分域外比较研究，也因论证不足而无法对中国税制实践形成直接、清晰的指引[①]。稽征经济原则的学理供给严重不足，不仅影响不同层级税务机关的认知，易致税法设计与执行不畅，更可能加深税务机关与纳税人间的矛盾，不利于和谐征纳关系和税收良法善治的构建。

二、典型税种法演进和征管创新对稽征经济原则的偏离

面对税法大量行政和政府资源相对有限的矛盾，税收征管应当进行成本效益分析，在建设税收法治、竭力平等课税的同时，注重考量征管经济性，避免预算绩效低下、行政效能不高甚至国家财政因税收征纳不足而导致入不敷出等情况的出现。税捐稽征经济原则之实践，在内部价值上的表现为，在立法及执法上，取向并遵守事务法则，建构、解释、适用税捐概念、类型及体系，以形成一个符合事务法则之税捐秩序，避免由于税法规定与事务法则冲突，以致趋于烦琐。在外部形态上的表现为尽可能使用简明易懂的文字，避免标新立异的定义，简化课税负担之构成要件的类型及种类，减少例外规定，降低繁杂的程序要求[②]。可见，税收征管的经济性建设，除要求税务机关不断创新征管举措、降低征收成本外，更仰赖税收实体与程序规则的设计。既有稽征经济原则天然包含税制设计与征管实践两端。无论何端，必须以恪守税收法定、公平课征为前提。

税收构成要件将社会生活中出现的税法事实加以类型化，用于课税的定性识别与定量判断，成功架起税法规范与案件事实间的连通桥梁，成为“当为与存在之间的调和者”。[③] 在税收构成要件中，税收客体既是区分税与非税、此税与彼税的界线，又是确定其他构成要件要素的基础和前提，向来都被视为构成要素的核心[④]。税收客体由消费、所得、财产等要素构成，相应地，税制有消费税制、所得税制以及财产税制之分[⑤]。

（一）消费税制

消费税制包括直接消费税，比如烟酒消费税，以及间接消费税，比如营业税、增值税。以增值税为例，《增值税暂行条例》自 1994 年起施行以来，由于消费型增值税的内部构建和“营改增”的外部革新，先后历经 3 次修订，除税基计算方式、税率水平变化外，一直坚持三档税率设置方式，看似根据不同行业特性建立差异化税率符合公平原则，但在发票抵扣与管理、税率施行方面存在较多漏洞与协调弊端，各种形式的偷、骗、抗、逃层出不穷且屡禁不止，严重影响流转环节的实际公平度。更有甚者，一些行业所适税率的决策过

---

① 参见黄权辉：《简化税收遵从和税收征管数字化》，载《国际税收》2019 年第 7 期；[荷]茱莉亚・德容、张瑛：《简化税收遵从与新技术的使用》，载《国际税收》2019 年第 7 期；沈亚军：《美国联邦税视角下跨境数字经济税收复杂性分析》，载《经济研究参考》2019 年第 3 期；王明世、刘冬、周文：《通过应用大数据简化税收征管程序的构想》，载《国际税收》2016 年第 2 期。

② 参见黄茂荣：《法学方法与现代税法》，北京大学出版社 2010 年版，第 263 页。

③ 吕铖钢：《税收构成要件理论的类型化重塑》，载《地方财政研究》2018 年第 10 期。

④ 参见施正文：《税收债法论》，中国政法大学出版社 2008 年版，第 53 页。

⑤ 参见黄茂荣：《税法总论》（第 3 册），台北，植根法学丛书编辑室 2008 年版，第 96 页。

程不公开，税制执行不透明。增值税的多档税率及其行业配置，整体运行良好，但税制明显复杂，结果便是，漏洞填补和行业协调不仅有待建立长效应对机制，纳税人税负平等负担的实现尚需努力。此外，减税降费背景下，增值税推行应纳税额加计抵减和留抵退税制度，抵扣规则的复杂程度明显增加，若不构建"简明易行可操作"的增值税制与征管程序，极易贬损税法变迁与减税降费的体验感、获得感。

（二）所得税制

中国所得税包括个人所得税和企业所得税两种。《个人所得税法》自1980年颁布以来，历经7次修改，税制调整幅度逐步扩大。近年来，个人所得税改革主要表现为免征额逐步提高，税率降低、级距扩大以及综合所得与专项附加扣除的创设。整体审视，个人所得税制复杂趋向明显。以2018年《个人所得税法》修改为例，除继续调整免征额、优化税率税目外，其明确将工资、薪金所得，劳务报酬所得，稿酬所得和特许权使用费所得合为综合所得，将子女教育、继续教育、大病医疗、住房贷款利息和住房租金等列为专项附加扣除。这虽有助于降低中低收入者税负，进一步贯彻量能负担的所得税课征原则，但与此同时，税制复杂性大增，对征管水平要求较高。[①] 修改后《个人所得税法》若无简便、有效征管程序予以保障，必将增加纳税人负担，减损个人所得税改革的成效。

《企业所得税法》在合并《外商投资企业和外国企业所得税法》（已失效）、《企业所得税暂行条例》（已失效）基础上颁行，为增强中国企业国际竞争力、在更高水平上吸引外资以及统一企业税收政策创造了有利条件。[②] 内外资企业所得税法的统一，促进税制精简，降低了征管费用和纳税人合规成本。但《企业所得税法》中一些规则空洞泛化，需要财税部门出台大量规范性文件予以支撑，可能引发征纳两造争议，增大稽征成本。例如，《企业所得税法实施条例》第9条对权责发生制的执行及其与收付实现制的关系模糊不明，部颁税法规则尚不完善，征纳双方各执己见，在加大税法与会计规则衔接复杂度的同时，征管费用和纳税人合规成本皆有提高。[③] 若仅依靠规范性文件填补企业所得税法规则缺漏，不但背离税收法定原则，也容易因实效性不足遭受纳税人质疑，财税部门继续出台规范性文件予以完善，由此形成导向税制烦琐的恶性循环。例如，重组业务企业所得税规则[④]适用范围狭窄，且在股权支付额与非股权支付额的划分问题、股权收购适用特殊重组时收购企业取得股权计税基础的确定问题、一般重组被合并方税收优惠的结转问题、一般重组分立各方税收优惠政策的衔接问题、特殊重组中主要股东转让股权期限的

① 参见曾金华：《新个税法将如何影响你的钱包》，载新华网，http://www.xinhuanet.com//2018-09/04/c_1123374552.htm。

② 参见丛明：《统一企业所得税法的重大意义及其影响》，载《涉外税务》2007年第5期。

③ 参见郝硕博：《所得税制与谨慎性原则的摩擦与消弥》，载《财经问题研究》2001年第6期。

④ 财政部、国家税务总局《关于企业重组业务企业所得税处理若干问题的通知》（财税〔2009〕59号）和《企业重组业务企业所得税管理办法》（国家税务总局公告2010年第4号）。

限制问题上等方面存在诸多不合理之处，[①]税基、税收优惠的复杂确定、享受方式不但增加了纳税人合规负担，也不是纳税人权益保护和税收公益增进的最佳方式。

（三）财产税制

在财产税中，以土地税类为例，内部各税种间呈现截然相反的税制复杂程度。土地增值税的暂行条例及其实施细则以授权立法的方式，将税基计算和税收优惠交由央地财税主管部门细化执行，导致土地增值税规范性文件整体呈现散、多、乱等复杂特征。在预缴—清算模式下，税制复杂性导致征纳双方争议频发，增大征管成本，税基计算、税额确认上的规则漏洞，会被纳税人借以延缓税款缴纳，损害国家利益。[②] 同样地，《契税暂行条例》（已失效）仅有15条，但围绕契税客体属物权行为抑或债权行为，财税主管部门一事一议，出台了许多相互矛盾的规范性文件，加大税制复杂性的同时引发适用困境。[③] 相比之下，《房产税暂行条例》第11条、《城镇土地使用税暂行条例》第14条，条款内容及结构较简约，但不明确、不完善、简单笼统的税制规则也受到税收法定贯彻不足、量能课税体现不够等质疑，[④]这既影响低征管费用的可持续性，更不符合税法基本价值的践行路线。

（四）税收征管创新

自1986年第一部税收征管法规——《税收征收管理暂行条例》（已失效）出台后，我国征管经济性建设便一直在路上。伴随经济社会发展和科技水平提升，征管技术提高、征管成本下降是必然趋势。一些征管机制因不符合征收经济性要求、增大管理风险而渐遭改革甚至淘汰。比如，改革开放初期，我国实行专户管理的征管模式，税收专管员上门收税、各税统管、征管查合一。[⑤] 一些征管机制因降低征管费用、强化税收管理而逐步得到推广。比如，大企业等税源专业化管理制度的构建与实施。[⑥] 还有的是，因减少合规成本、便利纳税人而越发受到重视。比如，税收优惠清单式管理、减少税收证明事项、电子办税、自助办税等。[⑦] 近年来，在减税降费实施过程中，"有些政策规定得很明确，但是具体的经办流程却不清楚；有些业务口径很清晰，但是税务机关的系统却不能及时支撑。同样的业务，换一个税务局办事程序就会有很大的变化。有些纳税人还遇见过网络上公示的办税流程和专管员工位前张贴的小纸条的办税流程不一致，需要提供的资料内容也不一样"。[⑧]

---

① 参见高金平：《资产重组税收制度建设的若干思考》，载《财政研究》2013年第9期。

② 参见熊伟、叶金育：《土地增值税的制度缺陷》，载《东方早报》2014年1月28日，第9版。

③ 参见刘勇：《契税征收与返还的解释论》，载《法学》2018年第2期。

④ 参见田芳：《房地产税改革目标及其路径》，载《财经问题研究》2015年第5期。

⑤ 参见李玉梅：《税收征管制度的改革与创新——国家税务总局局长肖捷答记者问》，载《学习时报》2011年8月29日，第1版。

⑥ 国家税务总局《关于进一步加强税源管理工作的意见》（国税发〔2006〕149号，已失效）。

⑦ 国家税务总局《关于实施便民办税缴费十条新举措的通知》（税总函〔2019〕223号）。

⑧ 王骏：《〈税收征管操作规范〉：这个厉害了》，载微信公众号"中国财税浪子"2019年7月8日，https://mp.weixin.qq.com/s/RnAwj5n6ypGoC_rishP6Ew。

这不仅增加纳税人的合规成本，实际操作层面的流程较长、系统延迟、材料烦琐等问题又增加税务机关的管理难度，最终人为加大了税费政策实施及征管的复杂性。

自改革开放以来，我国税种架构逐渐完整、税法规则日趋成熟、税收法治越发坚实。总体趋势是，税制数量越来越多，部分税制频繁变动，同一税种中、不同税种间税制变化的关联度、互动性加强，税务机关、纳税代理人、纳税人理解税制、运用税制甚至筹划税制的负担与烦琐程度大大增加。税制改革和税法变迁行至地方，既有复杂税制设计不仅会加大各级税务机关执行负担，多变的税收政策，引致实际操作更新较快，基层税务人员往往应接不暇，无法及时学习，相关基础设施与配套措施不完善，纳税人的合规成本也被因此抬高。各级税收法源共同呈现多而杂的主观体验与客观样态，需要引起重视。

三、稽征经济的实质是结构性简约税法：理论证成与体系诠释

一般而言，税法制度越简约、征管程序越便利，税务机关执行成本越低，纳税人遵从时也相对轻松；税法制度越复杂、征管程序越烦琐，税务机关执行成本越高，纳税人负担相对较大。由此，简约税法应当成为税收法治的价值取向。一方面，经济社会发展各时期税法的价值位阶与发展重点可能不同；另一方面，无论何时何地，在培育税制公平、法定、透明、中性等优良品质的同时，税制设计与执行中不必要的复杂度始终应尽力避免，[①]以夯实税收良法善治之基。

（一）税法制度的改革方向

既然税法规则"简约与复杂"、征管成本"提高与降低"是稽征经济的主要评价指标，相关的理论剖析可循此展开。实际上，税法实体与程序规则应为简约还是复杂，在世界主要国家和国际组织中，都是一个颇具争议的话题。[②] 何为简约税制、何为复杂税制，其概念语境和判定基准，理论纷争不断，[③]而各国税制实践也各不相同。简约与复杂，虽是一种主观感受，纳税人、代理人、税务机关、税制策划者之间有时结论不同，[④]但有一些客观标准，[⑤]为一国税法的价值选择供给智识。结合域外对税制"简约与复杂"关系的既有研究，[⑥]较全面的说法是，简约税制与复杂税制的区隔涵盖以下七个方面，相符度越低，税制越复杂。(1)可预测性。如果纳税人及其顾问能够轻松、准确地理解某一规则及其范围，则该规则将变得简单。(2)合比例性。如果解决方案的复杂性不超过实现预期目标的合理必

---

① 参见刘尚希、樊轶侠：《论高质量发展与税收制度的适应性改革》，载《税务研究》2019 年第 5 期。

② See Pronk P., *In Search of Simplicity: Tax Reform in the Netherlands*, 10 Intertax 545 – 552(2009).

③ See Pollack S. D., *Tax Complexity, Reform, and the Illusions of Tax Simplification*, 2 George Mason Independent Law Review 319 – 360(1994).

④ See Budak T., James S. & Sawyer A., *The Complexity of Tax Simplification: Experiences from Around the World*, Palgrave Macmillan UK, 2016, p. 2 – 4.

⑤ See Schuck P. H., *Legal Complexity: Some Causes, Consequences, and Cures*, 1 Duke Law Journal 1 – 52(1992).

⑥ See Cooper G. S., *Themes and Issues in Tax Simplification*, 10 Australian Tax Forum 417 – 460(1993).

要性,则该方案将变得简单。(3)一致性。这适用于规则以相同的方式处理类似问题,而无须作出任意区分的情况。(4)易于遵从。如果纳税人能够很容易地遵守某一规则,而不会产生过多的成本,则该规则将变得简单。(5)易于行政管理。如果税务机关能够很容易地管理,则该规则将变得简单。(6)易于协调。如果某一规则与其他税收规则相适应,则该规则将变得简单。(7)易于表达。如果某一规则被清楚地表达出来,则该规则将变得简单。

综合来看,税制的简约与复杂,受历史传统、政治体制、经济发展、税法目标等因素制约,均有其必要性。简约税制有三大典型优势:第一,征管的经济性实现度更高。在简约税制之下,税务机关的征管成本和纳税人的合规成本相对较低,更易协调税法大量行政与政府资源相对有限的困境,高效执行税法。第二,税制透明度更高,降低公权滥用风险。税制越复杂,纳税人理解、遵从、监督税法实施的难度越大,透明度的降低可能诱发财税主管部门的机会主义行为,一事一议、特事特议,为有关主体攫取部门利益或个人私益提供操作空间。第三,简约税制可适度增进税收的法定性和公平度。比如,在土地增值税、契税、房地产税、耕地占用税等地方税域,多样繁复的规则既易生税制漏洞,又可能因过于各事各办而难以保障纳税人间的横向公平和纵向公平。简约税法的倡行会使财税主管部门大幅削减税制重复及冗余规则,回归税法适用的统一性、法定性品格,同时革除部分纳税人群体的不当税收特权,平衡各地的纳税人权益。

相对地,复杂性亦存两大典型优势:第一,增强税制确定性和公平度。发达国家税改并非总将简化考虑在内,故而难言简化是税改优先事项。[①] 公平、法定恒为税法核心价值。公平度的拓深,要求税法规则充分考量各类纳税人群体,全面涵盖同类纳税人的横向公平和不同纳税人的纵向公平;法定性的增强,要求税法语言暂别开放式结构,[②]用词讲究平实明晰,起草风格推崇全面详尽,由此,税制条款数量大增,规则间联系紧密,互动较多,极易叠加复杂性。第二,更好完成国家发展任务。规范理财行为、促进社会公平、保障经济发展是财税法的三大功能,[③]税法制度或需承载财政收入目的,或意图调节社会行为,或旨在促进经济发展。同一税制更可能同时兼备两三重目的,存在主要目的、次要目的以及固定目的之分。[④] 税法制度间灵活配置,相互协作,共同完成国家治理下的建设任务。在此期间,各方理解运用税制和持续叠加各类规则,复杂性凸显难以完全避免。

可以看出,复杂税制的优势大多是简约税制的劣势,反之亦然。相较而言,复杂税制似乎比简约税制更具挖潜价值,在提升经济发展质量的同时彰显税法多元理念和丰富功能,支持税制复杂的动力很足。[⑤] 但细察之,税制设计与施行受多种因素影响,即使是税

---

① 参见刘尚希、樊轶侠:《论高质量发展与税收制度的适应性改革》,载《税务研究》2019年第5期。

② 参见于永宁:《论开放结构背景下的法官自由裁量》,载《法制与社会发展》2015年第4期。

③ 参见刘剑文:《财税法功能的定位及其当代变迁》,载《中国法学》2015年第4期。

④ 参见叶金育、褚睿刚:《环境税立法目的:从形式诉求到实质要义》,载《法律科学(西北政法大学学报)》2017年第1期。

⑤ See Partlow J., *The Necessity of Complexity in the Tax System*, 1 Wyoming Law Review 303 - 334(2013).

法制度的整体风格,也难以进行“一刀切”的直观判定。英美德日等域外发达国家的税制轨迹,均在构建相当程度的复杂税制后,进行各式税法简约化改革,并围绕税法复杂性①、简化税法②、税制简素原则③等展开学理探讨。域外既有理论难以在简约税制与复杂税制间作出价值选择和关系协调,普遍认为,税法制度中不必要、非合理的复杂性应极力简化,在保障税制明确、公平、有效调控经济之下全力降低烦琐设计与复杂执行方式,从而收获简约税法良效。④

《“十三五”规划纲要》要求,建立税种科学、结构优化、法律健全、规范公平、征管高效的现代税收制度,学界对税收与国家治理现代化、现代税收制度等议题已展开深入探讨,⑤但对税制简繁关注不多,而这同样事关税法文明建设质量的高低。简约税制与中国当前税改中的部分实体与程序规则变迁亦暗含内在的一致性,因而简约税法的理论内涵、实施方案及其与稽征经济的理论关联有必要予以深入研究。

(二)简约税法与稽征经济原则的理论联结

简约税法与稽征经济原则关联密切。稽征经济原则有3项目标要求:(1)简化“税法”,避免过度复杂或难以执行之规定方式;(2)降低征纳成本;(3)量能平等课征。第一项目标属于简约税法的当然之义。第二项目标“降低征纳成本”内含税务机关与纳税人双重维度,在税务机关,税法应降低征收额度,在纳税义务人,税法应避免不必要协力义务与申报费用——有学者以“纳税便利原则”代之。⑥ 简约税法强调税制简约、征管简便,与第二项目标要求十分契合,同时简约税法也不可能只站在税制策划者和税务机关一方。即便不论税法理论应秉持利益衡平立场,⑦竭力构建和谐征纳关系、推进税收法治建设,注重纳税人权利保护,本就为税法理论的基本素养。故而,简约税法天然内生税务机关与纳税义务人双重维度,是征纳双方的简约。第三项目标,在法定主义基础上,税收制度应力求普遍、平等,量能课税不应让步稽征经济,如此方能体现税法的人权价值。但国家必须创新征管实践,以成本效益比例最大化之心充分利用有限行政资源,勠力公平课征。因此,第三项目标明示了稽征经济原则的内在边界,引出了比例原则的衡量基准。简约税法的处境又与之完全相同。具体而言,税法制度的简约化也有可能架空税收法定,背离税收公平。比如,税收法律越简约,法律概念与条款内容覆盖面越大,越难以在

---

① See Snape J., *Tax Law: Complexity, Politics and Policy Making*, 2 Social Legal Studies 155-164(2015).

② 参见张慰:《公平视野下的德国简化税法改革方案——基于保罗·基尔希霍夫教授税收正义理论的公法学思考》,载《西南政法大学学报》2014年第1期。

③ 参见李貌:《日本不动产保有税的立法镜鉴》,载《中国社会科学报》2019年8月7日,第6版。

④ See Ulph D., *Measuring Tax Complexity*, Accessed Aug. 14, 2019, https://www.gov.uk/government/uploads/system/uploads/attachment_data/file/193497/ots_david_ulph_measuring_tax_complexity.pdf.

⑤ 参见张斌:《推进税收治理现代化的思考》,载《财政科学》2018年第8期。

⑥ 参见单飞跃:《纳税便利原则研究》,载《中国法学》2019年第1期。

⑦ 参见陈清秀:《现代财税法原理》,厦门大学出版社2017年版,第88~89页。

纷繁的税收实务中被妥适运用，往往需要央地财税主管部门以规范性文件的方式予以细化。长此以往，政策容易取代法律，税收法治退化为部门共治，严重影响法律预期、公平竞争与纳税人权益。再如，不同地方、不同行业、不同纳税人群体各具特色，简约税法往往统一化、标准化，可能违背事物发展规律，致使税法制度或与经济实践不相契合，降低税收经济效率，或在各地各行业人群中产生不同理解，难以导向税收公平、阻碍税法实施。[①] 另外，税法复杂化也可以降低征管费用和遵从成本。比如，税制越复杂，税务机关越有动力掌握纳税人的各类信息，涉税信息的收集整理和有效利用，将对税收征管流程的优化和稽征费用的降低大有裨益；税制越复杂，纳税人越能理解、接受税制策划者借由财税改革传递的正当价值，有利于提升遵从意愿。换言之，只有不过分损害税收法定、不过分危及课税公平，使之合比例，简约税法才有发展空间。

虽然最好的税法不一定是最简约的税法，无论简约还是复杂，皆为综合权衡的结果，但不宜就此忽视、降低对"简约与复杂"的认识。这对基准与稽征经济关联度极高，既是评估税法质量、考量税收政策的核心要素，更事关纳税人遵从意愿、申报成本，还涉及税务机关能否有效执行税法、做好纳税服务。若深挖得当，可如同法定、公平、基本权利一般，揭示出税制演进和征管创新的"简化"价值，深入推进税收实质法治。[②]

（三）稽征经济性的实质是结构性简约税法

从长远来看，我国税法一定是走向简约的，这主要有以下四方面原因。

首先，哲学与心理学认为，简单性更符合主体的认知需要，且人的思维在正确反映事务本质等客观真理的时候才是经济的，由此，经济性推动认识更符合人性，在真理性基础上同步架构简单性，[③]真正实现思维经济。[④] 稽征经济不仅要求避免烦琐，要求税制由设计到执行都能简化，更提倡遵从事物本质建构税收秩序，即以事物本质为基加以简化。由此推论，稽征经济与思维经济下的简约税法完全吻合。

其次，简约税法是域外国家和地区的共同追求。税收复杂性不仅在美国、英国、德国、荷兰、日本，甚至在欧盟、经合组织等同样产生巨大困扰。美国联邦所得税法的复杂性不但在学界引发广泛争论，而且已成为政治选举的宣传手段和税制改革的必备议程。[⑤] 英国2010年设置税收简化办公室，为中央政府简化英国税制提供独立建议。[⑥] 新西兰、

---

① See Miller J. A., *Indeterminacy Complexity and Fairness*: *Justifying Rule Simplification in the Law of Taxation*, 1 Washington Law Review 1 - 78(1993).

② 参见李桂林：《实质法治：法治的必然选择》，载《法学》2018年第7期。

③ 参见姜琬：《科学理论的"简单性"与"真理性"之关系》，载《深圳大学学报（人文社会科学版）》2013年第5期。

④ 参见赵东海：《简单性与复杂性关系三辨》，载《系统科学学报》2010年第4期。

⑤ See Pollack S. D., *Tax Complexity*, *Reform and the Illusions of Tax Simplification*, 2 George Mason Independent Law Review 319 - 360(1994).

⑥ See Alan W., *Tax* "*Please*, *Sir*, *I Want... More*", 2 Business Law Review 122 - 124(2013).

澳大利亚皆有税收简化审查项目,土耳其、马来西亚、南非、泰国等也有类似举措。

再次,税收征管属行政法域,我国《宪法》第27条第1款规定,一切国家机关实行精简的原则,实行工作责任制,实行工作人员的培训和考核制度,不断提高工作质量和工作效率,反对官僚主义;《公务员法》第14条第4项将"勤勉尽责、努力提高工作质量和效率"作为公务员应尽义务之一。"作为主权者的人民,当然也希望其缴纳税收支撑起来的国家公权力体系是有效率的,从而可以让他们的支出物有所值——用尽可能少的税赋,得到最优的公共管理和服务。"①

最后,简约税法完全可以满足中国发展需要,助力税收法定落实,限制课税公权力。中国改革开放以来,税收立法风格一直较简约,在贯彻落实税收法定过程中,税制由暂行条例平转上升为法律是基本趋势,②税法条文少有实质增加。除非税法学如民商法(《民法典》有1260条)、刑事法(《刑法》有452条)、行政法(主要行政各法条文均在60~100条)般发达,否则税收法律层面的这一"简约"特征有可能长期维持。国务院财税主管部门大量颁布的税法规则,对指导中国税制实践起到不可或缺的作用,今后也将长期存在。③ 税收法定要想取得真正实效,必须加强税收法律对行政法规、规范性文件的控制,促成对税收规则的合法性、合宪性审查。④ 简约化在各级税收法源的推广,有助于限制财税主管部门的税法解释权,减少其在税收执法中滥权的可能,税收显著性与透明度的提高,有利于压缩分利者抛开社会其他成员展开"勾结"行动的空间。⑤

综合前述,一方面,简约税法和稽征经济的各项目标、实践方式内涵一致,可谓理论相通,实为一体;另一方面,如同稽征经济恒为税法建制原则,简约税法应是中国税制的发展方向之一。但务必注意的是,正因理解、重视复杂税制的价值,简约税法才永远在路上。不同经济社会发展阶段,税制总是有简约的部分,亦有复杂的环节,并非"一刀切",而是呈现有繁有简的结构性特征。毕竟不同时期,税收策划者的立法目的各异,对税法制度中简约与复杂安排的用意及发挥的功效有不同的理解,但简约税法是最终指向。比如,税法由财政目的规范、社会目的规范以及简化规范组成,⑥这意味着有的条款是为了筹集财政收入,有的旨在促进经济发展、增进公共福利,还有的纯粹为了简便征管程序,提高行政效能。一个国家处在不同阶段,对3类规范的需求及创制数量各有不同,一以贯之的是,税制设计与征管程序的详略,要服务于立法目的实现,最大化彰显稽征经济与

① 沈岿:《论行政法上的效能原则》,载《清华法学》2019年第4期。

② 参见刘剑文、郭维真:《准确理解税收法定进程中的"税制平移"》,载《中国社会科学报》2019年5月15日,第5版。

③ 参见滕祥志:《部颁税法规则正义:从形式到实质》,载胡建淼主编、浙江大学公法与比较法研究所编:《公法研究》第10辑,浙江大学出版社2011年版。

④ 参见熊伟:《法治财税:从理想图景到现实诉求》,载《清华法学》2014年第5期。

⑤ 参见徐键:《分权改革背景下的地方财政自主权》,载《法学研究》2012年第3期。

⑥ 参见陈清秀:《税法总论》,台北,元照出版有限公司2014年版,第21~24页。

简约税法的价值功能。

既然税法制度对简约税法的追求客观上呈现有繁有简的结构性特征,简约税法与稽征经济又实为一体,那么,结构性简约税法,可谓稽征经济理论的实践样态。即贯彻稽征经济原则的实质与过程可以提炼为遵从结构性简约税法。结构性简约税法不应拘泥于解释和总结现实,而是运用税制简化的结构性思维,于每一阶段,在兼顾各方的税法实体与程序规则设计出来后,致力将其中复杂的部分尽力简化,更需对税法简约后的部分用心审度,确保能够达致"≥复杂税制"的功效,避免简化过度,最终不断迈向稽征经济。

根据稽征经济理论的原初要义,比例原则是基础,税收法定主义和量能课税原则是价值边界,这同步框定了结构性简约税法的框架。① 框架之内,稽征经济即结构性简约税法,需要在一系列税法简约化的具体建设目标和要求之下,使用一些制度工具完成。

综合域内外对稽征经济、税收复杂性以及税制简化的相关研究成果,照应中国国情,结构性简约税法应当包括基础、工具、目标以及边界四部分,内含八大细分目标,合为"四梁八柱",持续充实拓展,如图 1 所示。具体而言,税收法定的形式框架与量能课税的实质规则,始终是稽征经济即结构性简约税法的边界。每一时期,只有竭力契合税收法定的要求、满足公平课税的要义,税法才能谈论简约。结构性简约税法希望完成的任务、达到的目标,共计八大部分。

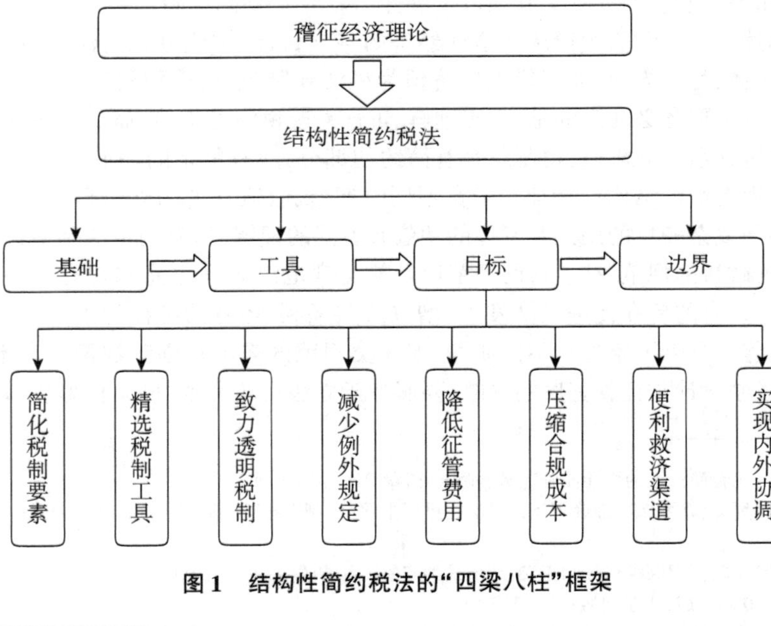

图 1 结构性简约税法的"四梁八柱"框架

① 参见黄茂荣:《税捐稽征经济原则及其"司法"审查》,载《人大法律评论》编辑委员会组编:《人大法律评论》总第 21 辑,法律出版社 2016 年版。

1. 简化税制要素。税制要素包括税收实体和程序要件。其中,税收主体、税收客体、客体归属、税基、税率、税收特别措施是公认的实体要件,①主体要素、客体要素、规则要素以及保障要素则是典型的程序法要素。② 对于实体要件,简化意指减少复杂的课税规则。在征税主体,是精简合并税务机关,实施扁平化管理;在税收客体、税基,是避免烦琐冗长、理解费力争议的概念定义和计算方式,但并不排斥平易近人的起草风格;在税率、税收优惠,是减少税制漏洞和避税空间的前提下实现简明操作。之于程序要件,简化意指只保留必要的征纳程序,降低技术规则的烦琐程度,强化税收执法与遵从责任等。

2. 精选税制工具。为促进经济发展、增进社会福祉、提高民生质量,财税政策工具的使用与改进日益受到重视。错选政策工具,不仅无法实现政策目的,更会削弱税制实用性,加重复杂度。③ 精选税制工具,要求以最精准、最少的税制工具践行国家任务,因此产生的税制烦琐度要合比例。④

3. 致力透明税制。税制不透明容易加深税法复杂性,引发避税和腐败,⑤侵损社会公益及纳税人权利。这要求扩大税务系统在税收执法、税政管理、纳税服务等领域的公开程度,减少内部执行口径的数量、弱化其作用。此外,提升税收立法和重大决策的民主参与度,完善规范性文件的调整与监督机制等,亦可提升透明度水平。

4. 减少例外规定。税法中的例外规定有二:一在税制设计,二在征管实际操作。总体趋势应是,除非必要,税法中的例外规定应努力减少,以免增加后过分扩大税制复杂性。

5. 降低征管费用。税法改革下征管与纳税费用的双降固然理想,但若只能二者择其一,纳税人合规成本的减低应被优先考虑,这是纳税人权益保护和纳税便利原则的必备之义。对降低税务机关征管费用的举措,也应说明其对纳税人合规行为的影响,降低税务机关不正当转嫁税收负担的可能性。

6. 压缩合规成本。纳税人登记、申报、缴税、开票、申请行政审批等程序的简明,以及与税务机关沟通的便捷,对提高遵从意愿、减少合规操作时的烦琐程度、贯彻税收法治大有裨益。

7. 便利救济渠道。税费征管和纳税服务是税务系统的核心业务,税务机关在开展纳税服务、从事税费征管时存在不规范行为、侵犯行政相对人权益,纳税人、缴费人应有方便且有利于自身的投诉、复议、诉讼程序,征纳争议的高效解决可为结构性简约税法提供

---

① 参见施正文:《税收债法论》,中国政法大学出版社 2008 年版,第 24 ~ 26 页。

② 参见施正文:《税收程序法论——监控征税权运行的法理与立法研究》,北京大学出版社 2003 年版,第 206 ~ 207 页。

③ 参见黄茂荣:《税法总论》(第 2 册),台北,植根法学丛书编辑室 2015 年版,第 394 ~ 395 页。

④ 参见叶金育:《体育产业发展中的财税政策工具:选择、组合与应用》,载《体育科学》2016 年第 6 期。

⑤ See Hill C. A., *Is Simplification of the Federal Tax System Possible*, 3 Journal of Tax Practice Procedure 42 – 48 (2001).

适用保障。

8. 实现内外协调。税收法制意欲彰显稽征或征管经济,对内宜尊重事物法则,税种法间、各税与征管法间机制互鉴、条款互联,导向税法融合;①对外既与民商法、行政法、刑事法等法律部门有机协调,顺畅衔接,②也宜颇具效率地参与、完成地方性事务,获取地方支持,控制征纳成本的"别样"提升。这一过程可节约立法与行政资源,提高税法质量,有效减少税法复杂性的加剧可能,切合结构性简约税法内涵。

(四)结构性简约税法的适用工具锻造

为落实8个细分目标,结构性简约税法在稽征经济理论框架下,以比例原则工具③为基础,形塑达到上述目标的检视工具。总结域外实践,除比例原则外,这些操作型工具还包括税法结构性简约化的评价指标体系、设立简化税法专门机构以及定期开展税法简约化审查项目等。

根据结构性简约税法理论,如图2所示,实施税法简约化改造的流程:(1)在新一轮财税体制改革中,国家可以建立专业委员会,由人大系统、财税系统离任官员,财政税收学、法学学者以及知名财税实务专家等共同组成,定期开启税法简约化审查项目,并向全国人大常委会、国务院、财税主管部门提交独立报告。(2)开展税法简约化审查时,可对整体税法文本、税收构成要件、税收征管程序进行适当性、必要性以及均衡性审查。着重审查具体税制对税法目标的贯彻是否过于复杂、有无简化空间、已有简化税制是否有趋向复杂化完善的必要性,这都由简化指标体系提供衡量基准。(3)简化指标体系中的各项指标、权重及判定规则,并非一成不变,而是尊重稽征经济与量能课税的比例边界,确保简化指标体系认可的税收实体与程序规则均不违反公平课税。这是一个反复循环的过程。(4)经比例原则工具和简化指标体系认可的税法制度,仍不应违反各项法律,这是税收法治的底线要求。若法律条款适用时不甚明确,文义解释是第一选择,若仍具争议,应作出最终符合立法目的之释义,体系解释、历史解释、比较法解释、社会学解释等主要起到辅助作用。④"对于一个解释行为,解释主体不可能只用一种解释方法,通常情况下,解释者是综合利用各种解释方法,一个解释结果是许多解释方法相互结合的产物。"⑤为建设税收法治时最大限度地实现税制简化,只要该简化税制契合所涉法律条款的立法目的,同时与条款文义解释结果不至过于偏离,可以直接确认或经适度修正后确认并不违法。低位阶简化税制在取得良好成效后应及时升级为高位阶法律法规;当简约税制被判定为高度违法时,则应尽快停止施行。

① 参见陈清秀:《法理学》,台北,元照出版有限公司2018年版,第501~538页。

② 参见龚伟:《税法中的利益及其平衡机制研究》,中国法制出版社2016年版,第121~122页。

③ 参见邹新凯:《公平竞争审查例外规定实施的规范分析与完善方向——以比例原则为分析工具》,载陈云良主编:《经济法论丛》2018年第2期(总第32期),社会科学文献出版社2018年版。

④ 参见孔祥俊:《法律解释与适用方法》,中国法制出版社2017年版,第376~394页。

⑤ 张弘、张刚:《行政解释论:作为行政法之适用方法意义探究》,中国法制出版社2007年版,第338页。

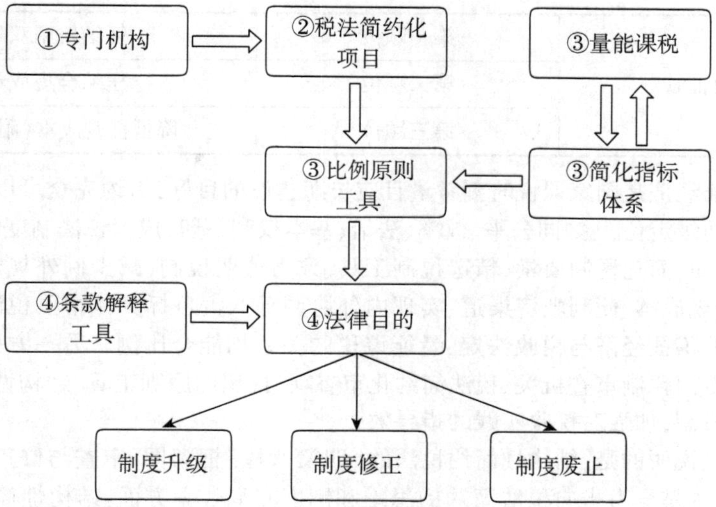

图 2　税法结构性简约化的审查与修正流程

简化指标体系并非法学可专擅，一个完美简化指标体系的创设，务必融合法学、经济学、统计学等多学科知识，丰富其指标、细化其权重，并建立相应的动态调整机制。即便如此，从财税法视角出发，简化指标体系中仍有一些固定指标和判定规则，以守护结构性简约税法的底线，确保功效发挥。简化指标体系如表 1 所示，至少区分两大向度，即税制设计和税收征管。税制设计从税法文本形式和规则实质出发，审查税制是否简约。文本形式关注各级税收法源，要求满足致力透明税制、减少例外规定、便利救济渠道 3 项指标。规则实质照应税制内容，要求满足简化税制要素、精选税制工具两项指标。税收征管向度依照税制简化改革的目的优先性区分为 3 种顺位。第一顺位要求优先选择能实现征纳与合规成本双降的征管程序。第二顺位要求优先选择能降低纳税人合规成本的征管程序。但财税主管机关绝非不能单独出台只为降低征管成本的程序举措，只是该举措不仅处于第三顺位，还需要公开此类文件，并且充分说明对纳税人合规成本的影响，方可实施。

表 1　简化指标体系中的固有指标及判定规则

税制设计	税制文本形式	致力透明税制
		减少例外规定
		便利救济渠道
	税制规则内容	简化税制要素
		精选税制工具

续表

税收征管	第一顺位	征纳费用双降
	第二顺位	压缩合规成本
	第三顺位	降低征管成本(附条件)

既然稽征经济是国家课税时刻考量且应长期建设的目标,简约完全可以突破以往技术性原则的初级定位,①如同公平、效率、法治、基本权利一般,成为税法制度的内生价值。申言之,一方面,简化税制要素、精选税制工具、致力透明税制、减少例外规定、降低征管费用、压缩合规成本、便利救济渠道、实现内外协调等八大目标具体指引税法简化进程,保障每一时期稽征经济与税收法定、量能课税的关系均能合比例。另一方面,结构性简约税法创设专门税制审查机关、税法简约化审查项目、比例原则工具、结构性简约化评价指标体系等机制,加强对税收实践的指导效力。

需要特别说明的是,结构性简约税法的"四梁八柱"框架图、审查与修正流程以及简化指标体系,皆是全力指向税法简约的思维和制度布局。一方面,结构性简约税法是对国家追求税法简约实践的过程提炼,简约税法始终是落脚点和归依处。另一方面,国家建设目标与任务向来颇多,税制数量越来越多、税制间互动协作模式趋向多元,一言以蔽之,当前税法支持国家建设引致的复杂化动力依旧十分充足,无须在构建结构性简约税法理论时着重强调。结构性简约税法的具体适用,静态上,在满足税法目的、维护税法基本价值之下,运用简约化工具,优先全力将复杂税制进行简化,直至无法简化时方可保留;其后评估已有简约税制的再简化空间,巩固简约税法的既定成效。动态上,复杂税制的后续发展,简化工具的同步审查与修正不可或缺,以不断降低税制繁杂的副作用;其后再关注已有简约税制是否能够继续保持简化发展路径,转向复杂化设计是否必要等。在国家建设与发展的每一时期,结构性简约税法,正是通过在外部结构上保持税制有繁有简,内在表现上净化税制复杂弊端,努力达到征管经济。

四、结构性简约税法视域下的税制改革优化

改革开放以来,我国税制大致经历了简化—复杂—不断简化的历史轨迹,至今仍在"统一税法、公平税负、简化税制、合理分权"和"简税制、宽税基、低税率、严征管"的方向上演进,②这不仅符合税法制度发展的国际潮流,更诠释出简约与公平、法治、效率等并非天然冲突。鉴于此,税制改革与执行者不妨以结构性简约税法理论为指导,只要简化工具运用得当,完全可在释放简约税法良效,增强税收征管经济性的同时落实税收法定、维护公平课税,实现新一轮财税体制改革的多维目标。

① 参见葛克昌:《纳税者权利保护法析论》,台北,元照出版有限公司2018年版,第111页。

② 参见张守文:《税制变迁与税收法治现代化》,载《中国社会科学》2015年第2期。

（一）实体税制的结构性修正

实体税制方面，因循结构性简约税法指示的审查与修正流程，在加快建立现代财税制度当中，宜对落实税收法定和减税降费作出修正。

其一，税种结构的优化，简约是重要考量指标，这是高征管效率的关键保障。在完成税收法定改革任务时，通过对消费、所得、财产课税的简化，即努力消除对同一税收客体的重复征税，重新审查同一征税范围内各税收客体区别对待的必要性，可以有效实现简化、公平、法治间的价值均衡。比如，土地税类中的房产税、城镇土地使用税、土地增值税、契税以及耕地占用税，其保留与重组的核心基准，在于土地税种财政与调控功能的搭配。结构性简约税法的指导价值在于，根据每一时期土地税种不同的财政与调控功能需要，尽力构建可以满足需要的最少税种和最简税制。土地房屋一体课税，若能始终达到各时期国家对筹集财政收入、调节收入分配以及调控房地产市场的目标要求，就应推而广之，以简化税制，降低征纳成本。

其二，结构性简约税法的思维和方法，同样可为具体税种革新作出贡献。土地增值税与增值税、所得税之间的重复征税非常明显，其立法与施行，需要在量能课税和征管经济下进行充分的比例原则审查，扩大纳税人的参与程度，提高税收法律对规范性文件的控制力。同时，只要可以实现筹集财政收入、调节收益分配以及促进房地产市场发展的目的，除拓展必要的复杂税制外，土地增值税法应竭力缩减税基税额的烦琐计算与确定方式，重新厘定既有税收优惠的必要性、正当性，实现当前阶段的税制简约。增值税多档税率引发的部分行业税负配置不公和抵扣管理负担加重向来为人所诟病。根据简约税法的结构性思维，时下直接采行一档税率违背量能课税，并不现实，但三档简并为两档可以达致量能课税与征管经济的合比例。推进增值税税率、税基和申报简化改革时，只要经比例原则工具检视后还在公平课税、税收法定的评价范围内，简化指标体系的要求应尽力达成。未来所得税法规则的完善、明晰确实会增加税制的复杂度，但这一过程实属夯实税法正义的必然之举，此时强调结构性简约税法思维，在于深度理解税制简化的功效之后，可以对税种法中简约与复杂的区位作出妥适安排。比如，企业所得税法对权责发生制、资产重组以及反避税规则的增补，需要同步废止规范性文件中的相同规则，实现纵向简化。再如，面对个人所得税法为贯彻量能课税而筑起的复杂税制，立法者一方面应同步在个人所得税法文本中架设其他税制简化规范，尽力在整体意义上削弱复杂税制的弊端，另一方面需在征管程序一端发力，以简明的申报与汇算清缴规则、便利的投诉与复议诉讼渠道，降低复杂税制的执行成本，增加税法的透明度。《纳税投诉服务管理办法》（国家税务总局公告 2019 年第 27 号）的出台，既提高了投诉效率，利于纳税人权益保护，又能强化税法实施时征纳双方的沟通，及时解决征纳争议，避免征管成本远期增加的风险。

（二）征管程序的结构性优化

征管程序方面，近年来国家贯彻“简明易行好操作”的征管理念，在“互联网＋”助力下，丰富各类手段，降低纳税人合规成本，但运用税法简化的结构性思维审视后，以下策略仍值得考虑。

其一，谨慎引入现代科技，适度保留征管程序的复杂性。数字经济时代，以“互联网＋”、大数据、区块链等为代表的先进科技，将对税务部门的工作理念产生冲击。税收征管应当重新思考新技术对政策重新设计、征管模式再造的影响，利用高科技手段，以最小税收成本，提高税收征管效率，[①]推动税收现代化的跃升式发展[②]。网上办税、大数据管理、电子发票等正逐步成为中国税务机关的日常工作方式。先进征管技术能够降低各税收征管环节中的征纳成本，值得推广，但其中的稽征经济性风险也不容小觑。以部分学者较推崇的形式申报即政府利用第三方数据信息事前填好申报表，纳税人负责修正和确认制度为例，虽可能降低大多数纳税人的合规费用，降低税收征管难度，但这类简化的申报系统会带来太多的网络安全、资源和合规成本风险。比如，当绝大部分纳税人实现网上形式申报时，第三方数据系统、征管系统、申报系统的安全漏洞与风险将大增，维护压力与成本不可小觑。再如，形式申报下征管的过于简化将使纳税人对既有税制的法定性、公平度缺乏足够认知，以致诱发简约税法的弊端。还如，形式申报系统一旦出错，纳税人的合规成本仍将“反弹”。[③] 因此，面对全球以现代科技优化征管环节的浪潮，极力推崇先进征管技术恐非妥善之道，宜坚持税法简化的结构性思维，承认部分复杂征管程序对税法基本价值尚有助益，加强不同程序的保留审查，防止因科技应用而过于简化。

其二，征管简化改革不能突破上位法底线。各级税收法源中的实体与程序规则均应自觉遵循法治逻辑，提升其统一化、透明度、规范性等法治要素含量，不得突破实质法治底线，尤要处理好改革与法治的关系。对于部分征管简化创新，如国家税务总局着力推广的容缺容错机制，在结构性简约税法看来，只要不违反《行政许可法》《税收征收管理法》的立法目的及相关条款的规制要旨（目的解释），尚能被法条文义解释所包容，此对上位法中“申请材料齐全方可受理”规定的部分突破应被判定为合比例。若征管工具另起炉灶，完全背离所涉法律条款的文义和立法目的，一味强调纳税服务理念和纳税人权利保护，则对此类程序创新的合法性、合理性应予以检讨，以维护国家税收公益。

五、结语

剖析稽征经济的既有理论内涵，考察域内外税制先进经验和简化趋势，可以证明稽征经济的实质是结构性简约税法。结构性简约税法以基础（比例原则）、工具（审查与修

---

① 参见王明世、刘冬、周文：《通过应用大数据简化税收征管程序的构想》，载《国际税收》2016年第2期。

② 参见曹明星、蒋安琦、刘奇超：《区块链技术在税收领域的应用：功能补拓、实践观照与问题前瞻》，载《国际税收》2018年第5期。

③ See Bankman J. & Maule J., *Perspectives on Two Proposals for Tax Filing Simplification*, 4 ABA Tax Times 9－20(2016).

正流程中诸工具)、目标、边界(税收法定与量能课税)为四梁,以简化税制要素、精选税制工具、致力透明税制、减少例外规定、降低征管费用、压缩合规成本、便利救济渠道、实现内外协调八大目标为脊柱,形塑出四梁八柱的理论体系。若能对其中的价值功能予以充分挖掘,有助完善稽征经济理论,与公平、法治、效率、基本权利一道,促进税法简化价值的深远发展。

我国纳税人信息权与涉税信息管理权间的冲突与平衡协调*

曹　阳**

纳税人涉税信息,是指纳税人拥有、与税收征纳有关且能为税务机关或相关第三方主体掌握的信息。而纳税人信息权,是指纳税人享有的能对其涉税信息不受税务机关等主体侵犯或滥用、可加以积极控制和保护的权利。由此纳税人信息权可形成一个权利束,以纳税人对其涉税信息的有效控制与保护为其束点。另外,还应明确,基于纳税人信息权的权益属性,有必要对纳税人信息权采取一体但分层的法律保护观。① 对纳税人信息权施以法律保护,不仅在较短的域外历史演进历程中得以加强,而且也获得了必要性与现实基础等方面的有力支持,从而为其在国内的进一步发展与完善奠定了较坚实的基础,②但国内对该权利的法律保护往往失之偏颇。另外,因涉税信息管理工作异常艰巨和复杂,涉税信息管理权本身也是一个权力束,以税务机关对纳税人涉税信息的合理使用与有效管理为其束点,并可具体分为涉税信息采集权、涉税信息存储权、涉税信息使用与分析权、涉税信息共享与公开权等诸多子权力,由于上述两项对向的权利(力)束间存在客体的同一性和行使方式的对立(乃至互斥)性等诸多特质,故而它们之间时常存在博弈和冲突,因此需要对纳税人信息权与涉税信息管理权间的关系妥加调适,使之更趋平衡协调。就此笔者拟先从对纳税人信息权与税务机关涉税信息管理权间的冲突及其表现的解析入手,通过对我国对纳税人信息权与涉税信息管理权加以平衡协调中的现存问题予以深入探究,从而自多重维度探讨促进我国纳税人信息权与涉税信息管理权间平衡协调的对策建议。

---

* 中国人民大学2019年度拔尖创新人才培育资助计划、国家社科基金重大项目"'互联网+'背景下的税收征管模式研究"(项目编号:17ZDA052)的阶段性成果。

** 中国人民大学法学院博士研究生。

① 参见曹阳:《大数据背景下的纳税人信息权及其构建研究》,载《法治研究》2020年第5期。

② 参见朱大旗、曹阳:《大数据背景下我国纳税人信息权的法律保护研究》,载《中国人民大学学报》2020年第6期。

一、纳税人信息权与涉税信息管理权间的冲突及其表现

作为税收征纳领域公权力与私权利对向冲突必然规律的具体体现，纳税人信息权与税务机关的涉税信息管理权间的矛盾冲突具有其深刻的必然性。① 这可充分表现在税务机关近乎所有的涉税信息管理环节中，纳税人信息权与税务机关对应权力间均存在矛盾冲突（后者往往被概括为税务机关的涉税信息管理权）。进而这种冲突可体现为后述相关诸权利（力）间平衡协调的反面，如对纳税人信息权在保护程度、范围等方面的度量失之偏颇，即对该权利呈现过度保护或保护不足以至失衡等态势。

（一）纳税人信息权与涉税信息采集权间的冲突

涉税信息采集系查明应税事实的关键性前提，故而其在税收征纳过程中具有举足轻重的基础性地位，现行相关实定法对此也予以确认。但税务机关力求取得的这些涉税信息恰恰又落入纳税人信息权的保护客体范围，这使二者间难以避免在其本源层面的冲突：一方面，税务机关往往会超出必要限度、直接或间接地获得纳税人涉税信息，由此会产生侵犯纳税人信息权的风险。根据现行《税收征收管理法》等各层级立法的规定，纳税人不但有义务向税务机关主动申报其相关涉税信息，而且税务机关有权检查与纳税人涉税信息高度相关的有关资料、应税商品或场所；相较而言，这方面的法律保护机制就显得颇为匮乏，如何确保税务机关能全面落实其不收集与税收征纳无关的纳税人信息等庄严承诺犹未可知。另一方面，对纳税人涉税信息不成比例的过度保护也易造成对税务机关征管（尤其涉税信息管理）职责履行方面相当程度的阻碍。纳税人涉税信息固然属于应受保护的信息范畴，但因其范围很广、信息量极大、与税收征管事项高度关联，故其对税收征管的重要作用仍不可低估，成为税务机关实现查明应税事实、确定各纳税人税负等职能的必要和关键依据。若纳税人信息权及其保护范围过度扩张，则会导致税务机关所需涉税信息难以取得、相应的税收征纳活动难以为继的窘境，由此更易引发税款大量流失、纳税人税收遵从率走低和征管成本高企，进而致使不同纳税人间税负的横向不公及征管效率低下等后果。

（二）纳税人信息权与涉税信息存储权间的冲突

税务机关应依法存储和妥善保护被其收集的纳税人涉税信息，这在税收征纳过程中亦显得颇为重要。详言之，首先，这表现在对近乎所有的涉税信息税务机关采用的是高度中心化的信息管理方式，加上涉税信息汇聚在一起具有高度经济价值，致使涉税信息存储的潜在风险高度集中并被放大。而税务机关对此的安全防护水平与管控能力不尽如人意，因此相关涉税信息难免沦为某些不法分子觊觎已久的“唐僧肉”。其次，这也表现在税务机关工作人员等个人有机会接触涉税信息，并存有不当外泄或侵害纳税人涉税信息之虞，从而会显著增加纳税人经济上的风险。而国内税务机关工作人员泄露乃至贩

① 参见闫晴：《税务信息管理权与保护权的冲突与平衡》，载《北京理工大学学报（社会科学版）》2018 年第 4 期。

卖纳税人个人信息的案例也时有发生，[①]这不仅直接侵犯了纳税人信息权，而且给广大纳税人带来了巨大的经济损失风险。最后，这还表现在假如过度保护涉税信息，则纳税人不愿更新其已过时的涉税信息，这会导致税务机关征管活动精准度的显著降低。尽管纳税人享有对其涉税信息的更正与删除权，但鉴于涉税信息具有较显著的公益性和法定性，[②]及对税收征纳活动全程的不可或缺性，相关私权利应向公益做必要让步，并承受相应的必要羁束。另外，由于纳税人在市场经济中交易活动频繁，及由此导致纳税人涉税信息瞬息万变，均使纳税人应承担向税务机关提供其更新后的涉税信息等必要义务，但纳税人作为经济理性人的逐利性决定其更倾向于怠于乃至拒绝提供其更新后的涉税信息，这直接导致税务机关对相关涉税信息的掌握相对滞后甚至阙如，从而对征管效率提升及公正税收征管秩序的建构均会造成一定程度的阻碍。

（三）纳税人信息权与涉税信息使用和分析权间的冲突

对涉税信息的使用和分析系税务机关涉税信息管理的最终归宿和立足点。基于其所具备的精准分析其掌控的海量涉税信息的能力，税务机关可完成与税收征管工作相关的众多任务，因此其应在法定范围内妥善使用和分析涉税信息，但基于税收征管实践的复杂性、涉税信息边界远未明确等主、客观因素，纳税人与税务机关在涉税信息分析与使用方面也时有冲突。这主要表现在税务机关对纳税人涉税信息的滥用及不当分析等问题上：一方面，对涉税信息的分析与使用确有利于对其价值进行充分利用和挖掘，这对税收征管等活动均大有裨益，但现实中，相比其他政府部门，税务机关的信息化水平尚待提升，这便成为进一步优化涉税信息使用与分析工作的“瓶颈”。另一方面，基于对纳税人信息权妥善保护的通盘考虑，税务机关应积极权衡乃至主动限缩其对涉税信息的使用与分析权，这在国际税收情报交换日趋活跃的时代背景下显得尤为突出。这既表现在税务机关应慎重对待经其分析处理后的纳税人涉税信息，如对其对外披露工作须审慎拿捏其风险，即便应予公开也应提前对上述信息做去识别化等处理，以免损害纳税人相关合法权益；也表现在为了更妥善地保护国内纳税人信息权等相关合法权益，税务机关应对涉税信息的跨境使用等施以必要控制，以免纳税人涉税信息被滥用或不当外泄。

（四）纳税人信息权与涉税信息共享和公开权间的冲突

首先，尽管涉税信息共享与信息不对称前提下税源联动管理及协同共治、综合治税体系中流程再造等新形势下的多项合理需求高度契合，并已获得2015年《税收征收管理法修订草案（征求意见稿）》中相关但书条款的认可，但此类行为不但恣意扩张了涉税信息的传播风险与扩散范围，且与税务机关等相关主体所应恪守的涉税信息保密义务也存在明显抵牾，进而会滋长侵害纳税人信息权之虞，故相关诸权利（力）间亦存在较严重的抵牾冲突，对此应予以必要限制：这集中表现在税务机关若与其他相关主体不当交换或

---

① 参见马云云：《地税人员泄露他人信息被判刑》，载《齐鲁晚报》2016年2月28日，B1版。

② 参见闫海：《论纳税人信息权、税务信息管理权及其平衡术》，载《中国政法大学学报》2019年第6期。

过度分享纳税人涉税信息,将会加剧纳税人涉税信息泄露等风险,进而将明显有损纳税人信息权的保护水平。尤其基于纳税人涉税信息承载的显著经济价值,假如其为其他主体所轻易获取或充分利用,将很可能为后者带来颇为可观的不当经济利益,但由此会侵犯纳税人信息权,对纳税人如实提供其涉税信息的积极性也将造成严重冲击,进一步激化纳税人与税务机关在此方面本已存在的矛盾冲突,乃至会破坏市场资源的公平合理配置格局。

其次,依据我国政府信息公开立法中的相关规定,涉税信息显然属于政府信息范畴,对此税务机关等相关政府部门有依法公开的职责。但涉税信息保护相关立法界定的纳税人涉税信息涉密范围与我国政府信息公开中例外情形涵盖的涉非公第三方个体信息范围高度契合,二者均精准指向个人隐私和商业秘密这对范畴,由此可见,其内在逻辑是一致的,即对商业秘密与个人隐私等应保密的涉税信息应予体系化的周密保护。上述实定法规定看似为税务机关信息公开权与纳税人信息权间规定了较明晰的边界,但验之于实践则不尽然。这主要是因为涉税信息公开内容繁杂多样、税务机关这方面的权力过于单一集中,加上商业秘密与个人信息等重要客体的边界或范围均很模糊,以及是否应对不敏感或非涉密的涉税个人信息及企业数据公开披露而不加任何保护,在理论与实务界尚有较大争议,故而税务机关僭越其信息公开权、侵犯纳税人信息权的现象仍时有发生。这集中体现了税务机关涉税信息公开代表的公益与纳税人信息权保护代表的私益间长期存在的冲突:税务机关如实公开纳税人涉税信息可确保公众知情监督权及社会公益的顺利实现,但若公开失当,则可能造成纳税人本人及相关第三人合法权益受损等较严重后果。

二、我国对纳税人信息权与涉税信息管理权加以平衡协调中遇到的问题

(一)我国涉税信息保护中与纳税人信息权和涉税信息管理权间平衡协调相关的问题

其一,当前在立法层面我国涉税信息保护还存在与诸权利(力)间平衡协调不足的“软肋”。一是与涉税信息保护相关的现行立法位阶大多较低、彼此易发生抵牾。这主要表现在相关法律规范除《税收征收管理法》及其实施细则中寥寥数项条文外,其他均为位阶相对较低的法律规范,而且往往规定较散乱,并存在不少不合理乃至冲突之处。二是与我国纳税人信息权相关的制度供给稍显匮乏,这表现为高层级立法规定得不周延或太过原则,仅能由低位阶法律规范填补其所留罅隙,对一些相关重要事项也含糊其词,可操作性不强。这主要表现在现行《税收征收管理法》及其实施细则明确规定纳税人涉税信息保护的条文甚为稀少,即便有所规定,其规定内容也相当粗疏、简略,不完全具备将其落到实处并依循立法本旨准确施行的可行性。三是即便在低位阶法律规范中,也存在相关规定不全面或不周延、立法罅隙较多等“软肋”:相关规定中的条文显得较粗糙、可操作性较差,如未能精细列举受保护的纳税人应保密涉税信息的具体内容及对其可予以合理使用的范围、对纳税人非涉密涉税信息保护不足、未明确规定全体纳税人涉税信息保护

的具体途径等。

其二，当下我国涉税信息保护在重视与贯彻前述一体但分层的法律保护观方面存在较明显缺失：在一体保护方面，我国相关立法将纳税人违法及非涉密涉税信息基本排除于保护范围外，对纳税人应保密涉税信息的保护力度尚显单薄。在分层保护方面，目前我国对纳税人非涉密涉税信息等的保护措施存有较多漏洞，遑论对纳税人涉税信息形成错落有致的分层保护，这表现在相关立法对纳税人非涉密涉税信息的界定远未明晰，对纳税人应保密涉税信息及非涉密涉税信息的保密和法定披露情形等规定也较散乱且不周延，将法定公开与纳税人同意公开情形等性质大相径庭的规定混杂于一处而未予精细区别，难以达致税收实质公平及纳税人信息权与涉税信息管理权间平衡协调等规范本旨。另外，当下我国对涉税信息的法律保护大多集中于涉税信息采集与存储方面，未能充分重视其他涉税信息管理和流通阶段的涉税信息保护工作，加上相关环节或多或少均存在相当程度的保密风险，这易导致涉税信息披露、共享与使用等环节成为涉税信息保护的"瓶颈"和短板，进而影响整体保护成效的彰显。

其三，当下我国立法对纳税人接受税务机关等相关主体处理时对本人涉税信息的知情权与不完全意义上的选择权等规定也存在较多缺憾，实务中往往易受较严重的限制：一方面，虽有学者认为，"纳税人不宜对其涉税信息行使同意权"，以免干扰税务机关的涉税信息收集工作，①但与前大数据时代的税收征管相比，现今纳税人难以有效控制其已被税务机关采集的涉税信息，甚至可能无从知晓税务机关共享、公开乃至使用其涉税信息的行为，因此应赋予纳税人对自身涉税信息被处理状况的不完全意义上的选择及同意权，②在这方面当前相关立法存在明显漏洞；另一方面，应赋予纳税人对其涉税信息被采集的情况及内容等较充分的知情权，尤其应立基于现行《税收征收管理法》，适度扩张其知情范围，为纳税人有效参与涉税信息管理等活动提供较充分的法理依据，以与税务机关强势的涉税信息管理权间保持必要的平衡协调，但这也是我国当前相关立法规定的一大不足。此外，我国现行相关立法并未明确赋予纳税人更正、删除与补充其涉税信息的权利，这使前文界定的纳税人信息权在国内实定法中还远未完备，甚至会影响相关涉税信息的全面、准确、及时等品质。③

其四，与纳税人信息权保护相关的立法（尤其一般法与特别法规范）间缺少必要和顺畅的协调衔接，这给相关保护工作的开展带来一定的困扰。一方面，这表现在作为相关权利保护一般法的《民法典》中相关规定与作为相关权利保护特别法的《税收征收管理法》间难以有效对接：《民法典》虽对个人信息及其保护作了开创性和较基本的规定，但

---

① 参见闫海：《论纳税人信息权、税务信息管理权及其平衡术》，载《中国政法大学学报》2019年第6期。

② 但这并非完全意义上的选择及同意权，如在涉税信息采集阶段，纳税人即无权对其被收集信息的内容行使选择及同意权。

③ 参见闫海：《论纳税人信息权、税务信息管理权及其平衡术》，载《中国政法大学学报》2019年第6期。

对个人信息保护中的诸多具体内容仍语焉不详，且对企业数据及其保护问题基本未予明确，故难以担当相关权利保护一般法的重任，只能留待《个人信息保护法》等重要立法来妥善解决；而现行《税收征收管理法》对纳税人权利及其保护的规定极为单薄，只有寥寥数语，且该法及其实施细则中对纳税人信息权的相关规定更是少得可怜，基本不具备可操作性，这种严重不足的制度供给无法解决前述诸范畴间的协调衔接问题。另一方面，这也表现在《税收征收管理法》与《刑法》等其他立法衔接不畅，即对相关行为构成犯罪的，未在《税收征收管理法》中直接规定相应的刑事责任，而仅能适用《刑法》第253条之一侵犯公民个人信息罪或第219条侵犯商业秘密罪追究行为人刑事责任，但此种对纳税人涉税信息的刑事司法保护不够周延完备；另外，由于涉数据犯罪具有难以量化金额等痼疾，而《刑法》条文中的"情节严重"等指称太过含糊、门槛较高，赋予司法机关较宽泛的自由裁量权，这也会对纳税人信息权与涉税信息管理权间平衡协调效果的发挥产生相当程度的负面影响。

其五，对相关违法侵权行为的责任追究与救济等配套机制亟待完善。这主要表现在现行《税收征收管理法》第87条对违反涉税信息保密义务的行为，仅规定了所在单位内部的行政处分责任，该责任规定不仅很粗糙，而且与纳税人涉税信息受损后果相比，明显不成比例。申言之，该规定仅针对相关内部责任人规定了较单薄的行政处分责任，内部行政管理色彩浓厚，这不仅实质上堵死了纳税人就其涉税信息受侵害等事实向相关责任人追究民事责任的救济渠道，难以有效衔接民法等其他部门法，而且就相关行政处分是否妥当，纳税人并无提出异议或行政诉讼的权利，[①]这显然背离了《税收征收管理法》所应具备的可诉性特质。而且上述问责机制亟待健全，另外由于未能细化承担该行政责任的类型、限度和环节，这足以体现出对侵犯纳税人信息权行为的处罚畸轻，对违法者的威慑效果也不理想，难以最大限度地遏制相关违法行为，甚至会激化纳税人信息权与涉税信息管理权间的矛盾冲突，这对实现二者间平衡协调来说也明显不利。

（二）我国涉税信息管理中与纳税人信息权和涉税信息管理权间平衡协调相关的问题

其一，我国在涉税信息管理方面的立法供给不足已成为有碍于纳税人信息权与涉税信息管理权间平衡协调的重要短板。尽管2015年《税收征收管理法》修订草案辟出专章对涉税信息披露等方面事宜作了开创性规定，但此内容始终未能进入现行《税收征收管理法》文本中。综观现行《税收征收管理法》及其实施细则，它们在涉税信息管理等方面的规定相当粗糙，仅对相关单位负有提供涉税信息、强化协力护税等义务作了原则性规定，欠缺足够的可操作性，且现行《税收征收管理法》及其实施细则对上述涉税信息管理

---

① 但纳税人仍可就侵犯其涉税信息的行为直接提起复议或行政诉讼，尽管其提起复议或行政诉讼的依据都并非相关立法中明确列举的受案范围，而仅能依据《行政复议法》与《行政诉讼法》等现行立法中的兜底条款。参见闫海：《论纳税人信息权、税务信息管理权及其平衡术》，载《中国政法大学学报》2019年第6期。

具体应采取何种形式和程序、相关单位与税务机关具体有哪些权力和职责、违反相关规定者应如何追究责任等内容均无明确具体的规定。由此可见,高层级刚性立法规定的缺失,使税务机关在组织协调社会上其他主体提供涉税信息时,难以突破《商业银行法》等高位阶立法对金融机构等相关主体恪守信息保密义务的要求,往往因并无强大的权威而处于被动的窘境,甚至受到较大阻力的干扰。即便是2015年《税收征收管理法》修订草案中的相关规定也存在不少瑕疵,突出表现在其第四章的标题"信息披露"与该章实际内容不相匹配,而且该章内容相对单薄,无法支撑起日趋重要的涉税信息管理工作之全部。质言之,"信息披露"一词并不能很好地涵盖该章内容,公众往往将其与"信息公开""数据开放"等范畴联系在一起,就其文义而言,仅为涉税信息管理的一个子集;而《税收征收管理法》修订草案第四章内容多为涉税信息提供与单向共享等信息披露以外的事项,系涉税信息管理的另一子集,因此本章标题与内容有名实不符之嫌。

其二,为满足实际工作中涉税信息管理的急迫需要,我国很多地区以"综合治税"或"税收保障"为名积极开展这方面的立法探索与尝试,并形成不少独具当地特色的地方性专门立法。

其三,我国相关立法中对涉税信息管理中相关主体违反相应义务时的责任追究与惩戒等机制尚待完善。我国现行《税收征收管理法》及其实施细则对违反涉税信息管理义务的法律责任等均未作出明确规定,因此各地的涉税信息管理及其相应法律责任基本上只能靠相关地方性规范等低层级区域立法来管控,各地立法及法律适用实践在此方面并未得以协调统一,由此也存在不少罅隙。尽管2015年《税收征收管理法》修订草案第111条对此作了专门规定,但其迄今未能载入现行法律文本中,而且该条存在一定程度的瑕疵,这主要表现为涉税信息提供与共享等协力义务履行与责任承担主体存在不一致的争议:相关规定责任主体较单一,且对其中列举的"有关单位"语焉不详,难以明确其是否涵盖了该修订草案第35条规定的"政府有关部门和机构",但依据对该修订草案的体系性解释,上述"有关单位"并不包含税务机关以外的其他政府部门,由此第35条规定的负有提供涉税信息义务的相关主体缺乏必要的法律责任督促,致使上述法定义务被虚置。在此"利好条件"的激励下,其他政府部门并无足够的动力积极提供其所掌握的涉税信息,这使该修订草案精心设计的涉税信息管理等制度有落空之虞。

其四,面对相关前沿技术的突飞猛进和形态纷繁复杂的涉税信息,我国税务机关在涉税信息管理方面随之跟进的步伐略显迟缓,这在涉税信息的采集、使用与共享等维度均有所体现,这对纳税人信息权与涉税信息管理权间的平衡协调亦产生了相当程度的影响。一是在涉税信息的不当泄露与滥用方面,自"金三"工程在全国范围内推行后,涉税信息在税务系统内部已基本实现全面共享,大多数税务机关工作人员仅凭自己的工号和密码即可登录相关系统,轻易接触税务机关掌控的海量涉税信息,甚至可将其自由复制转移;与此形成鲜明对照的是,税务系统中禁止信息随意复制及严格监控信息访问等机制尚不健全,上述工作人员的违法行为大多未被系统觉察和记录,这显著增加了涉税信息被外泄或滥用之虞，由此会为相关纳税人带来较严重的经济损失。二是在涉税信息共享方面，各政府部门纵向上金字塔式的科层治理模式与横向上各自为政、条块分割的矩阵式职能设置，使涉税信息共享机制往往与该制度的设计初衷相悖，无形中增添相关协作中的多重成本，这导致相关程序出现烦琐、复杂化的倾向，与我国税收征管体制改革所倡导的便民高效及稽征经济原则等重要理念产生了一定程度的抵牾冲突。三是在涉税信息的采集与传输方面，由于缺乏高层级立法的强制性规定，国内现有的涉税信息采集往往遇到领导意志或部门利益至上等瓶颈的窒碍，其他相关部门主动性不够、未予以有效配合，使之无法常态化，延续性较差，能采集到的涉税信息内容不全且范围很小，采集成本也很高；而不同部门间信息化程度不一，相应平台建设水平参差不齐，甚至仅能通过手动收集纸质报表等形式完成任务，这易造成使用面窄、重复采集、难以妥善保存等问题；加之各方间数据采集与传输往往缺乏统一的口径与标准，税务机关需耗费大量时间和精力对其采集到的涉税信息加以筛分比对，这在大幅提升涉税信息共享难度的同时，也降低了涉税信息利用效率。

其五，相关立法对涉税信息共享的参与主体（尤其政府部门间）及相关客体（涉税信息）范围的规定模糊不清，这明显有碍于相关权责的厘清：一方面，整体而言，政府部门间的涉税信息共享等管理活动的边界依旧不太清晰。2015年《税收征收管理法》修订草案第35条将上述活动主体限定为"政府有关部门和机构"，但相关表述迄今仍未被载入该法的现行正式文本中。即便修订草案的上述规定也存在不少纰漏，其中对"政府有关部门和机构"各地的理解也未统一：尽管该指称限定的范畴较含糊，但根据其文义，显然不包括司法机关与公用事业单位等单位，而该规定实际上已被地方相关立法所突破，不但很多省市将涉税信息共享主体拓展至司法机关，甚至有些省市将该范围延伸至自来水、电力公司等公用事业单位，但在中央层面对此规定仍含混不清，这进而会影响纳税人信息权与涉税信息管理权间边界划分及所涉主体范围。另一方面，涉税信息共享中所涉客体范围也存在一定程度的模糊性，尽管2015年《税收征收管理法》修订草案第35条等相关条文中对该客体作了较详尽列举，并以属概念"与征税有关的信息"兜底，在一定程度上填补了现行法律规定的空白，但这些条款——尤其是第35条末尾的授权——迄今仍未被纳入现行法律规定中，国务院至今也无相关具体办法可供落地实施，因此现行法律规定仍较模糊。

（三）我国纳税人信息权与涉税信息管理权互动中与二者平衡协调相关的现存问题

其一，在各方就涉税信息管理与保护的博弈中，纳税人信息权与涉税信息管理权的边界不甚清晰。这首先表现在迄今涉税信息管理与保护的客体范围不明确，而且两者间并非全同关系。这种范围或边界上的不确定性使税务机关与纳税人在涉税信息管理与保护的交互过程中往往易出现纠纷乃至冲突，这在大数据背景下犹然。同时这也表现在税务机关与纳税人双方对纳税人信息权的认知存有显著差异：纳税人认为其属于积极性权利，为了实现该权利兼具积极性与消极性的众多权能，税务机关应依法履行消极保护和积极促进纳税人信息权的义务;税务机关则认为其仅为防卫性质的消极性权利,由此可见,双方对该权利——进而对纳税人信息权与涉税信息管理权间边界如何厘定——的看法存在显著差异,并有冲突之虞。鉴于税务机关在涉税信息管理与保护等活动中的强势地位,如何妥善调适二者间关系、消除观念分歧、避免不必要冲突也很棘手。

其二,我国相关立法未对是否应限制纳税人涉税信息的过度采集与共享加以明确。要言之,为保持纳税人信息权与涉税信息管理权间平衡协调,我国相关立法应对纳税人涉税信息的过度采集与共享加以明确限制,但当前国内立法对此却语焉不详,甚至在较低层级立法与法律实践中有放任乃至推动过度采集与分享涉税信息之嫌,这固然与我国涉税信息管理的迫切需要相关,但由此也极易造成涉税信息疏于保护乃至大范围扩散。鉴于国内税务机关对涉税信息的保护工作还存在不少疏忽,上述过度采集与共享纳税人涉税信息的后果亦不容小觑,对纳税人信息权与涉税信息管理权间的平衡协调也会产生消极影响。

其三,我国理论和实务界就纳税人涉税信息应单向共享还是应双向共享存有一定争议。作为关系涉税信息管理正常运行的重要问题,纳税人涉税信息应单向共享还是应双向共享在我国理论和实务界本就是一个争讼不休的棘手难题。究其本质,各执一端的单向共享论者与双向共享论者其实是与其对纳税人信息权及其法律保护的基本认知一脉相承的,由此他们均陷入偏执一隅的观念窠臼中。而在国内实践中,中央和多地省级税务机关通过与市场监管、住建、民政等其他政府部门乃至银行等金融机构签订涉税信息合作协议或联合发布涉税信息共享规范等方式,实质上默许了对纳税人涉税信息限制较少的双向共享,并已得到2015年《税收征收管理法》修订草案第11条第4款中但书的肯认,但也引来不少争议。

其四,我国相关立法对纳税人涉税信息的合理使用与有效管理缺乏必要的约束和符合常理的适度延拓。这除表现在对涉税信息流动的范围、方向及后续加工处理等诸多事项未加以严格限定外,还表现在对纳税人涉税信息共享及其管控予以规定时,未注意一些细节问题,如接受共享信息一方能否二次共享其所掌握的涉税信息?若能容许,是否需要再次经过纳税人本人知情乃至同意?甚或需要经过作为接受共享信息方上级的省级以上政府部门领导批准?在共享过程中,相关各方是否仍需依循现行《民法典》等相关法律中明确的合法、正当、必要原则及学界普遍认可的最小化使用原则?[①] 而在符合常理的适度延拓方面,国内学界普遍认为应将纳税人的继承人、财产托管人、公司股东、合伙企业合伙人等重要的利害相关方纳入该纳税人涉税信息的可公开对象范围,针对此种正当合理的呼吁,国内相关立法基本未予回应,殊为遗憾。

其五,国内相关实践对需保密的涉税信息往往未能采取去识别化等技术处理措施。质言之,为履行其信息公开等法定职责,税务机关往往在媒体上公开发布一些税收违法

① 参见王利明:《数据共享与个人信息保护》,载《现代法学》2019年第1期。

案例以起到警示作用，有时涉案单位名称或个人姓名乃至一些较敏感细节未被隐去，这固然可起到对违法纳税人信用惩戒教育的重要作用，并达至提醒乃至警示广大纳税人的积极效果，也与上述将纳税人违法涉税信息基本排除于保护范围外的立法初衷相吻合，但易对纳税人的日常经营与其他方面活动产生远大于预期效果的不利影响，也与纳税人权利保护的根本宗旨存在一定抵牾之处，这对相关诸权利（力）间平衡协调目标的实现来说弊远大于利。

三、促进我国纳税人信息权与涉税信息管理权间平衡协调的对策

（一）促进我国涉税信息保护中纳税人信息权与涉税信息管理权间平衡协调的对策

其一，为了能更妥善地平衡协调纳税人信息权与涉税信息管理权，有必要更规范地保护纳税人涉税信息的上位范畴即个人信息及企业数据，并妥当地安排相应的平衡协调机制。这不仅需要就这些上位概念的内涵与法律属性等基本内容加以明确，还要从作为一般法的《民法典》等相关立法出发，确保个人信息和企业数据能得到更周密的法律保护和更合理的流通及利用，以为纳税人涉税信息及促进与之相关的诸权利（力）间的平衡协调奠定更坚实的法理基础。详言之，在个人信息保护层面，立基《民法典》中有关个人信息及其保护等基本规定，尚需通过《个人信息保护法》的颁行，确立起作为个人信息保护一般法的重要地位，从而打造一套较严密的个人信息保护网，以更好地保护其中的自然人纳税人信息权。在企业数据保护层面，国内各界对企业数据是否需要单独立法保护本就争讼不休，而且考虑相关立法成本，短期内在该方面较难取得较明显的立法进展，即便这方面的立法日后能通过，其层级很可能会较低，从而无法像《个人信息保护法》那样充分发挥其在相关领域的统合协调作用。但为了贯彻上述一体保护观，仍需有效保护企业纳税人信息权，以与自然人纳税人信息权形成统一、联动的保护机制，确保相关保护体系更臻完善。

其二，在与纳税人信息权直接关联的高层级法律规范层面，鉴于涉税信息采集、管理与共享等内容在2015年《税收征收管理法》修订草案中已有了较详尽的规定，为了更好地保持纳税人信息权与涉税信息管理权间的平衡协调，应对《税收征收管理法》及其实施细则予以适时修改，并在其中载入纳税人信息权及其保护的专门条款，以此作为纳税人信息权保护的特别法。详言之，一是应通过专章对纳税人权利保护作专门规定，并在其中辟出专条规定纳税人涉税信息、纳税人信息权及其保护等事项，具体可通过“概括＋列举＋兜底”的定义范式以周延规范纳税人涉税信息；同时立基于对纳税人信息权的扼要界定，进一步将其类型化为前述多个具体的子权利，以便在实践中法律适用部门对此作出更准确的裁断与认定。二是应在前述纳税人信息权保护专条中，对纳税人信息权一体但分层的法律保护策略作较全面而精准的规定，在较低层级法律规范中对纳税人应保密及非涉密涉税信息的保密和法定公开等情形加以条理化的精细区分，以克服先前的积弊，形成对纳税人信息权错落有致的保护体系，进而实现纳税人信息权与涉税信息管理权间的平衡协调，以免武断地“一刀切”或顾此失彼。

其三,在《税收征收管理法》等高位阶立法中,应进一步细化和充实其中对侵犯纳税人信息权行为的责任追究与救济机制的规定,尤其应完善针对该行为的损害赔偿机制和行政责任追究机制,以确保与其他对应部门法间无缝对接。仅就已有的行政处分责任而言,应进一步细化承担行政责任的类型、限度和环节等要素,并促使纳税人就相关行政处分提出异议或行政诉讼等渠道便利化。就损害赔偿机制而言,无论采用"民事诉讼→侵权赔偿"还是"行政诉讼→国家赔偿"模式(尽管笔者更倾向前者),均应为相关涉税信息的受害人提供便利其提起诉讼和请求损害赔偿的渠道,并使之更趋多样化,以增强对侵犯纳税人信息权行为责任追究与救济的法律效果,有效赔偿受害人的损失。另外,对侵犯纳税人信息权的刑事责任追究机制也应更趋严密,用词更臻精细,也应规定于《税收征收管理法》中,以免留下刑事立法空白。

其四,应理顺现行相关立法中可操作性较差、抵牾冲突或存有歧义的条文,以确保纳税人信息权保护体系的和谐统一,增强其可操作性。如对现行《税收征收管理法》中第8条第2款中前后两句间关系在法律解释上不甚明确(这在2015年《税收征收管理法》修订草案中仍得以延续)的情形,日后修法时,应通过修改相关条文,明确前一句并非后一句的前提,两者间系并行不悖的关系,税务机关负有主动保护涉税信息的法定义务,且不以纳税人是否要求税务机关保护其涉税信息为转移。由此可看出,只有厘清现行相关法律规范中存有歧义或抵牾冲突等弊病的法律条文,使之能自洽相容,才能确保纳税人信息权保护体系更高效地运行、更充分地发挥其作用,进而使其在与涉税信息管理权联动中保持和谐关系、相互间更趋平衡协调。

其五,在相关立法中应合理有效地监管涉税信息流动中的所有环节,以免出现监管缺失或罅隙,唯此方可形成一个较完整的管控链条,保持涉税信息的法律保护与有效管理间的平衡协调。同时,也应赋予纳税人接受税务机关等相关主体处理自身涉税信息时的知情权与不完全意义上的选择权等更丰富的涉税信息相关权利,并确保纳税人享有较充分地更正、删除与补充自身涉税信息的诸权利,使纳税人信息权更趋完备。

(二)促进我国涉税信息管理中纳税人信息权与涉税信息管理权间平衡协调的对策

其一,针对我国涉税信息管理立法供给不足的困境,应通过如下多措并举来健全,以促进纳税人信息权与涉税信息管理权间的平衡协调:应在2015年《税收征收管理法》修订草案基础上进一步修订涉税信息管理部分,以克服其先前固有的积弊。鉴于目前国内涉税信息管理中很多重要内容大多仅由地方相关立法规定,高层级相关立法对这些内容的规定或极为简略、或基本缺失,层级较低且不够权威,加之这些低层级立法无法与《商业银行法》等高层级立法中规定的金融机构等相关主体恪守信息保密义务等要求相抗衡,进而难以形成较稳定的平衡协调之势,因此有必要通过提升相关立法层级、细化高层级立法中相关规定等方式,促使我国涉税信息管理立法得到质与量层面的跃升,进而助推纳税人信息权与涉税信息管理权间的平衡协调。这可从对2015年《税收征收管理法》修订草案的充实与优化入手,使该修订草案对现行条文相关弊病的纠正与细化得到进一步巩固与完善:巩固主要体现在增强相关高层级立法中对涉税信息管理规定的可操作性,对涉税信息管理具体应采取的形式和程序、相关单位与税务机关拥有的权力和职责、违反相关规定者追究责任的具体方式等内容加以明确规定;完善主要体现在考察域外相关立法例,将与涉税信息管理相关的较重要内容从分散、杂乱、低层级甚至有些重复的众多条款中聚合于一处加以专门规定,使之更趋系统和条理化。另外,针对前述2015年《税收征收管理法》修订草案第四章标题"信息披露"与内容不太相符的问题,日后对此修订时,不妨以一个更全面的上位概念"涉税信息管理"为其标题来统摄全章内容,并在修订时加以必要的细化和补充,以与当前国内税务机关涉税信息管理权限不断迅速扩张的实际情况相衔接,并对后者形成适当的约束与控制。

其二,针对涉税信息管理方面中央相关立法与地方先行立法间存在脱节,同时针对地方立法的"超前"或越位之嫌等问题,应有针对性地加以解决。详言之,应坚持中央顶层设计与地方先行试点相结合的立法探索策略,即既要坚持中央统一立法,又要允许地方因地制宜,尊重合理合法框架下的地方制度创新,以及时发现和纠正实践中涌现出来的具体问题、降低试错成本,构建多层次的涉税信息管理规则体系。另外,还应在中央立法层面,细致、全面地统筹规定跨区域涉税信息管理等重要事项,明确涉税信息管理中应依循的基本原则及其他根本性问题;亦可将当前涉税信息管理地方探索中一些成功经验和有效举措总结成为具有可操作性的中央立法建议,并在全国推行。通过上述多管齐下,方能妥善解决前述涉税信息管理方面央地间立法"倒挂"失衡等棘手问题,以促进纳税人信息权与涉税信息管理权间的平衡协调。

其三,针对当前国内高层级相关立法中对涉税信息管理相关主体违反相应义务时的责任追究与惩戒机制不甚健全的现状,应在2015年《税收征收管理法》修订草案基础上作进一步完善,填补国内现行相关立法的空白,避免早先这部分内容只能靠相关地方性规范等低层级区域立法来管控且未完全一致的窘境:应对涉税信息管理相关规定中的责任承担主体作较周延的规定,将税务机关以外的其他政府部门囊括于其中,保证各方权义责的平衡协调;并可将相关责任承担方式按涉税信息管理相关主体身份上的差异加以细化,以确保相关责任追究与惩戒机制更规范、与不同主体的实际情况更契合。

其四,应密切关注相关前沿技术与经济社会发展步伐,及时提高涉税信息管理水平,以尽量提升征管质效、减少征纳成本,进一步促进纳税人信息权与涉税信息管理权间的平衡协调。(1)针对涉税信息被不当外泄或滥用等问题,应完善相关责任人的内控与确责机制:这首先要求针对税务机关工作人员等相关人员,做好涉税信息保护的宣传教育与纪律约束工作,从行政责任和法律责任高度提升其守法和护法意识。其次应通过技术和机制设计,确保相关系统存储的涉税信息不被随意访问和复制(可为不同人员的相关访问和复制权限分级设限)。同时,应进一步完善税务机关的内控制度,如通过确立实时追踪与访问留痕等机制,全程监控相关人员接触或管理涉税信息的行为,为责任人的确定和处理提供必要依据。(2)在涉税信息共享方面,针对各政府部门纵向与横向上治理模式与职能设置等方面的短板，及其所带来的成本高企和质效低下等弊端，考察域外方兴未艾的新公共管理等前沿理论，对相关政府部门及其相互间的沟通交流机制作集约化、扁平化改造，使之能有效消除先前涉税信息共享程序太过烦冗等积弊。(3)应切实解决涉税信息存储与安全保障中的现存问题。税务机关应对其所掌握的涉税信息采取分布式存储与去中心化的管理策略(必要时可引入区块链等前沿技术)，使相关系统受攻击后造成信息泄露或扩散等损失的风险大大降低；针对存储涉税信息等重要数据的征管系统频频遭受日益猖獗和隐蔽的攻击等态势，应全力推进信息安全设备国产化的进程，实现信息安全防护的持续创新。[①] (4)在涉税信息的采集与传输方面，在高层级立法中增添相关强制性规定，突破领导意志或部门利益至上等"瓶颈"的窒碍，促使国内涉税信息采集机制得以常态化，并适度克服先前对涉税信息范围和内容的过多限制，以降低采集成本；应加大投入其他相关部门的信息化建设，加快电子政务系统的一体化建设进程，以消除各政府部门间信息化程度参差不齐、进而影响涉税信息采集与共享等现存短板；各方间就涉税数据的采集与传输等环节应统一其口径和标准，以降低涉税信息共享难度。

其五，应在相关立法中明晰涉税信息共享的参与主体及相关客体的范围，以利于厘清相关权责：在参与主体方面，应立基于2015年《税收征收管理法》修订草案并作进一步完善，但不宜在相关高层级立法中将所有可能参与涉税信息共享的主体罗列出来，这样会占用必要的立法资源，而且法律文本会显得臃肿不堪；而应保持相关高位阶立法适度的开放性，并在契合上位法的范围内尊重各地合乎常理的制度创新，以确保法律的持续有效和权威性、及时应对国家经济社会生活的瞬息万变，[②]但也不致违背税收法定等基本原则。详言之，在该修订草案第35条基础上可将相关主体范围延拓至"政府有关部门、机构和其他有关单位"，并对"其他有关单位"的范围作出明确而周延的界定(但非逐一列举)，以保持整章的系统完整及和谐一致，并在该法中允许地方立法在符合上位法的范围内作出合理、必要的制度创新，以促进纳税人信息权与涉税信息管理权间边界划分及所涉主体范围的细化。在客体方面，待日后正式修法时，应自法律层面认可该修订草案第35条等相关条文中就涉税信息共享客体所作的列举与种属界说，并督促国务院通过颁行经授权的相关具体办法等方式明确和细化类似该修订草案第35条的规定。

(三)促进我国纳税人信息权与涉税信息管理权互动中平衡协调的对策

其一，应对纳税人信息权与涉税信息管理权间的边界或范围予以初步明确。考虑我国基本国情及相关权能的特质，我国立法者除需在高层级立法中对纳税人信息权与涉税信息管理权等重要概念及相应的平衡协调策略等加以明确界定外，不妨在相关较低层级

---

① 参见于春敏：《"互联网＋税务"模式下纳税人涉税信息保护问题初探》，载《税务研究》2018年第11期。

② 参见郭志东：《政府部门间涉税信息共享的困境及破解思路——以〈税收征管法〉修订为背景》，载《税收经济研究》2016年第4期。

法律规定中通过立法授权为税务机关采集、披露与使用涉税信息明确列举其权限的“正面清单”，并保持相关行为的适度与必要的谦抑，同时通过立法授权为纳税人涉税信息保护与维权行为列出分层、覆盖面广且较详尽的“正面清单”，在为纳税人合法维权行为提供充分法律依据的同时，以免纳税人信息权与涉税信息管理权间发生不必要的冲突，并可根据相关情势发生显著变化、依据上述立法授权适时对上述较低层级法律规范加以适当调整，[①]以此在高层级立法相关规定基础上，形成二者间相对灵活的边界，确保对纳税人涉税信息的妥善保护与有效管理，并保持纳税人信息权与涉税信息管理权间的平衡协调。另外，也应明确并统一涉税信息管理与保护的客体范围，而不仅囿于纳税人应保密涉税信息的狭隘范畴，并结合纳税人信息权兼具积极性与消极性权能的通说，努力弥合税务机关与纳税人双方对纳税人信息权在认知上存在的差异，以促进纳税人信息权与涉税信息管理权间的平衡协调。

其二，应在相关立法中明确针对纳税人涉税信息的适度管理规则。针对国内实务中广泛存在的税务机关对纳税人涉税信息过度采集与共享等现象，在涉税信息采集与共享阶段，在相关立法中明确税务机关收集或分享纳税人涉税信息应严格恪守比例原则，以必要、合理为限，尤其是不能收集或分享与税收征管无关的信息，甚或借纳税人应履行“及时提供信息”义务等名义，向其过度收集信息，或将收集到的涉税信息不加区分或未经审慎考量地分享给其他无关单位或个人，以保持公权力在信息收集与共享方面的适度谦抑，这也与公平信息实践诸原则所要求的“数据最小化”等子原则高度吻合。

其三，应通过相关立法的明确规定，妥善消弭国内各界就纳税人涉税信息应单向共享还是应双向共享的争议。针对此争议，笔者持一种折中立场，即对绝对的单向共享论与纯粹的双向共享论均不敢苟同，基于对纳税人信息权基本学理问题的认识，更倾向一种有限度且附加严格限制性条件的双向共享说，即纳税人涉税信息原则上应只可单向共享，但在相关法律或其授权的行政法规明确要求税务机关与某些国家机关或金融机构等单位双向共享涉税信息时，则仅针对上述单位允许双向共享，但共享时要严格依循相关保密规则与共享程序，尤其应明确而严格地限定那些较敏感或应保密涉税信息的共享工作，这样在恪守税收法定与比例原则等原则理念的同时，也充分促进了纳税人信息权与涉税信息管理权间的平衡协调，以免失之偏颇、形成“信息孤岛”或造成各方间不必要的争端。

其四，我国相关立法应进一步强化对纳税人涉税信息的合理使用与有效管理必要的

---

① 两种“正面清单”间的广阔空间不可避免地会产生一定程度的法律罅隙，必要时通常可由立法者通过相同层级立法补充，但如情况紧急、来不及补充立法或需要法律适用部门及时地相机裁量时，也需要法律适用部门在法定的裁量空间内，严格依循与纳税人涉税信息有关的诸权利(力)间平衡协调相关的“合理的日常经验法则、严密的逻辑规则及科学的理论原则等”及相应的法定程序加以谨慎、负责的判断，以同时坚守程序正义和实体正义这两条底线。

约束和符合常理的适度延拓。国内相关立法首先应对涉税信息流动的范围、方向及后续加工处理等众多事项加以严格限定，如规定前述有限度且附加严格限制性条件的涉税信息双向共享等机制。另外，也应充分重视一些细节问题：接受共享信息一方虽能二次共享其所掌握的涉税信息，但要受到作为接受共享信息方上级的省级以上政府部门领导批准等机制的约束，必要时还需再次经纳税人本人知情乃至同意，方能再次共享该信息。共享过程中相关各方应切实依循合法、正当、必要原则及最小化使用原则，尽管这在一定程度上牺牲了部分征管效率，但却能充分发挥保护纳税人信息权的效果，两者相较而言利大于弊，有助于纳税人信息权与涉税信息管理权间达到动态均衡和统合协调的良性互动状态，故可被视作为保护纳税人信息权而做的必要牺牲、应被相关立法肯认。而在对纳税人涉税信息可公开对象合乎常理的适度延拓方面，国内相关立法与法律适用实践应积极顺应理论和实务界普遍认为的应将纳税人的继承人、财产托管人、公司股东、合伙企业合伙人等重要的利害相关方纳入该纳税人涉税信息的可公开对象范围内等主流观点，并将其及时载入相关立法中，以切实解决上述关联主体难以依法获得相关涉税信息的现实困局。

其五，在实践中，涉税信息共享与公开前，应对较敏感的涉税信息采取去识别化等技术处理措施，并可将此规定适时载入相关立法中。税务机关往往在媒体上公开发布一些税收违法案例等涉税信息，该措施本无可厚非，但税务机关应切实履行其对纳税人应尽的为应保密涉税信息保密的职责，将其中一些不宜公开的敏感细节隐去或作其他去识别化处理，使处理后的涉税信息无法再(单独或组合起来)指向某一具体的个人或企业，从而达到涉税信息保护及保证相关纳税人能正常经营、免受外界不必要干扰的目的，但对那些去识别化后不能指向具体个体、无关紧要或广为公众知悉的非敏感信息，则可适度对外公开，以求最终达致纳税人信息权保护与发挥上述公开机制的警示、惩戒与教育作用等不同考量间的平衡协调。

双重规制下法律概念“税收”辨析

——兼论《税收征收管理法》中并列法律概念问题*

张 怡** 吕俊山***

“税收”是我国税法体系中的基础法律概念，是理解和掌握税收法律关系的核心概念。但是，我国法律法规和裁判文书中“税收”的使用，无论是从现代汉语规范还是从法律逻辑的角度分析，都存在不规范的现象。

一、法律概念“税收”语义之约束：现代汉语规范与法律逻辑的双重规制

从现代汉语语言学的角度分析，“税收”是个多义词。而作为法律概念的“税收”，与作为现代汉语中多义词的“税收”应当具有明显的不同。

(一)“税”与“税款”“税收”的对应关系

我国法律中不乏直接使用单音节词“税”的情形。例如，《国家赔偿法》第 41 条第 2 款规定：“对赔偿请求人取得的赔偿金不予征税。”在双音节词具有更好修辞效果的情形中，①使用客观、中立的表示“税”这一含义的双音节名词，我们可以选择不显示立场的现代汉语双音节词“税款”。

虽然从国家财政收入而非纳税人的角度观察，使用双音节词“税收”用作名词来替代单音节词“税”，似乎并无不可，但因为我国包括税法在内的法律文件已经普遍使用“税款”一词作为表示“税”这个概念的双音节词，如果也使用“税收”一词表示“税”这个法律概念，就会出现两个双音节词——“税收”和“税款”表示同一个法律概念的情形，造成法律文件中“多词同义”现象。多词同义，将无法体现法律概念之法律规定性而产生逻辑混乱。② 因此，基于法律逻辑的要求和词语所暗含的立场可知，在我国法律中准确替换单音

---

* 原载《税务研究》2019 年第 3 期。

** 西南政法大学经济法学院教授，中国法学会财税法学研究会副会长，中国财税法治研究院执行院长，经济学博士。

*** 西南政法大学经济法学院博士研究生，中国财税法治研究院研究员，中国法学会财税法学研究会理事。

① 法律法规中的修辞，是指消极修辞而不是积极修辞。

② 参见雍琦：《法律逻辑学》，法律出版社 2004 年版，第 26 页。

节词“税”的双音节名词应当是“税款”而不是“税收”。①

如果进一步分析“税款”的内部结构,可以看出,“税款”中的“税”是表示事物名称的语素作修饰成分,“税”的语法作用是限定“款”的性质,因此“税款”是“具有‘税’的性质的款项”。从历史发展视角和法律概念外延的视角分析,用“税款”表示“税”这一概念,实际上排除了实物税的情形,能够准确表现出法律概念“税”在现代社会的典型特征。因为在现代税法体系中,税以金钱给付为原则,即使存在以物纳税的例外情况,其着眼点也在于所缴纳财产的金钱价值而不在于其使用价值。② 于是,在只能用货币纳税并计量的时代,“款”成为“税”的唯一形态,双音节单义词“税款”对应的正是“税”这一法律概念,“税款”也因此成为我国法律的基本概念。

综上可知,在实物税不复存在的当今社会中,“税”和“税款”是同义词,二者的区别主要在于音节数量的不同。在法律法规和裁判文书等法律文本中,为了避免产生多词同义问题,法律概念“税收”和“税款”应当严格区别开来。

(二)“税收”的现代汉语引申和法律逻辑塑造

追本溯源,现代汉语中的“税收”,是动词性短语“征收税款”转化为名词性短语“税款征收”并进一步节缩而成的。③ “税款征收”这种表示受事成分的名词在前,表示动作行为的动词在后的组合形式,构成的往往是偏正关系的名词性短语,基本含义是指某种行为——不是行为的进行,而是行为的名称。“税款征收”节缩为“税收”,从而由名词性短语转变为名词,是汉语构词过程中双音节化倾向的表现。④ 现代汉语中作为多义词的“税收”,其基本义是表示行为名称的“征收”。“税收”可以引申为“征收”的对象——“税款”,可以引申为“征收”的结果——“收入”,还可以从相近、相关的角度进行其他的引申。

关于“税收”一词的确切含义,税法学者认识不一。我国财税法学者刘剑文和熊伟认为,“税收是国家或其他公法团体为财政收入或其他附带目的,对满足法定构成要件的人强制课予的无对价金钱给付义务”。⑤ 定义的中心语“金钱给付义务”属于“税款征收的权利义务”范畴,是对“税收”基本含义的引申。财税法学者李刚认为,“税收是指人民以要求并享受国家所提供的公共服务为目的,依法向征税机关缴纳一定的财产从而形成国

① 但是,即使在大量使用“税款”表示“税”这个概念的《税收征收管理法》中,也多次使用“税收”表示“税”这一概念,而这正是本文重点研究的现象。

② 参见[日]金子宏:《日本税法》,战宪斌、郑林根等译,法律出版社2004年版,第8页。

③ 本文中关于现代汉语“税收”一词的来源和词性、基本义和引申义等汉语专业知识,“税收”与“税款”的语义层面细微的区别以及汉语构词双音节化倾向等语法问题的表述,都是根据山东大学教授张宗正先生为本文提供的专业意见修改而成的,张宗正先生还为本文其他汉语知识的规范表述提供了学术支持。

④ 汉语构词中的双音节倾向包括两种情形:单音节补足为双音节,多音节,特别是四音节的短语往往节缩为双音节。

⑤ 刘剑文、熊伟:《税法基础理论》,北京大学出版社2004年版,“前言”第11页。

家财政收入,供国家提供公共服务之需的一种活动”。[①] 定义的中心语是“活动”,表明该定义的基础是“税收”一词的基本义。因此,尽管税法学者对“税收”的理解不尽相同,但是,这种现象一般不会影响学者在各自作品中对“税收”一词的合理使用。

“税收”作为一个普通现代汉语词语或者法学研究领域的专业术语可以具有基本义和引申义等多种含义,然而作为一个法律概念,则应当避免一词多义现象。“通过一个表达在同一个推导语境中多于一次出现,却不总是具有相同的意义”,这一论证错误通常被称为偷换概念。[②] 如果将同一部法律文件作为一个相对完整的推导语境,则《税收征收管理法》中的“税收”概念,在其基本义已经被该法使用31次、“税款”被使用124次的情况下就应坚持只使用其基本义而不可与“税款”表达同一含义。这样,“税收征收管理”中的“税收”应当改作“税款”,因为从语言学角度看,“税收”是表动作行为的名词,“税款”是表示事物的名词,放在“征收”之前的只能是“税款”。

但是,假设如此则需要调整的法律规范数量过大,或者如此则违反了从《税收征收管理法》生效以来这种使用已经形成的语言习惯,那么为了在法律逻辑和语言习惯之间获得平衡,也可以考虑将“税收征收管理”作为固定表达形式予以保留。这正是本文考察法律概念“税收”在我国法律体系中使用问题中要关注的问题之一。

二、法律概念“税收”错误之源流:法律法规与裁判文书的考察和比较

下文将考察法律概念“税收”和“税款”在我国法律法规和裁判文书中的使用情况,总结“税收”的规范使用比例、错误使用的次数和类型,并对是否应当将短语“税收征收管理”中的“税收”改为“税款”作出结论。

(一)税法之“法律”文本中“税收”的考察

以下将分析税法体系中属于“法律”位阶的法律文件中“税收”和“税款”的使用情况。

首先考察《税收征收管理法》。《税收征收管理法》中“税收”出现50次。[③] “税收”正确使用基本义的情形共出现31次,按照先后顺序,依次出现在以下短语或者句子之中:“保障国家税收收入”“其他同税收法律、行政法规相抵触的决定”“广泛宣传税收法律、行政法规”“国家税收法律、行政法规的规定”“查处税收违法案件”“违反税收法律、行政法规的行为”“有关税收的规定”“税收保全措施”“对国家税收造成损害的”“税收违法行为”“对审计机关、财政机关依法查出的税收违法行为”“调查税收违法案件”“税务机关查询所获得的材料,不得用于税收以外的用途”“有本法规定的税收违法行为”“调离税收工作岗位”“检举税收违法违纪行为”“税务人员对控告、检举税收违法违纪行

① 李刚:《现代税法学要论》,厦门大学出版社2014年版,第6页。

② 参见[德]乌尔里希·克卢格:《法律逻辑》,雷磊译,法律出版社2016年版,第229页。

③ 为了保证统计的科学性,除《税收征收管理法》外,本文统计的“税收”均不包括直接引用的《税收征收管理法》名称及其简称税收征管法中出现“税收”的情形。

为的纳税人、扣缴义务人以及其他检举人进行打击报复的，依法给予行政处分”“同税收法律、行政法规相抵触”“查处税收违法案件”“违反税收法律、行政法规”“有关税收的条约、协定”和“本法施行前颁布的税收法律”。

在法律概念“税款”出现 124 次的背景下，《税收征收管理法》中“税收”应改作“税款”的情形共有 12 次，占比为 8.8%。这种误用法律概念“税收”的情形包括法律文件名称“税收征收管理法”，第 1 条中的“加强税收征收管理”“规范税收征收和缴纳行为”，第 2 条中的“由税务机关征收的各种税收的征收管理”，第 5 条中的“全国税收征收管理工作”“应当按照国务院规定的税收征收管理范围分别进行征收管理”“税收征收管理工作”，第 6 条中的“加强税收征收管理信息系统的现代化建设”，第 23 条中的“税收征收管理”，第 53 条和第 76 条中的“税收征收管理范围”和第 90 条中的“关税及海关代征税收的征收管理”。

《税收征收管理法》第 82 条第 1 款“不征或者少征应征税款，致使国家税收遭受重大损失”之中“税收”，应当改用“税收利益”，因为这里“税收”不是已经实现的收入，而是本应实现的利益。

值得关注的还有第 45 条中“税收”的使用。该条第 1 款“税收优先于无担保债权”“税收应当先于抵押权、质权、留置权执行”中的“税收”，应当改作与“无担保债权”“抵押权、质权、留置权”构成并列关系的法律概念“税收债权”。第 2 款“纳税人欠缴税款，同时又被行政机关决定处以罚款、没收违法所得的，税收优先于罚款、没收违法所得”中的“税收”实际指的是对“欠缴税款”的追缴，应当改为“追缴税款”。

除《税收征收管理法》外，税法体系中包括《个人所得税法》《企业所得税法》《环境保护税法》等在内的法律对“税收”一词的使用全部正确（见表 1）。

表 1　税法“法律”文件中“税收”与“税款”的使用情况

序号	法律名称	“税收”/次	规范/次	不规范/次	规范比例/%	“税款”/次
1	《税收征收管理法》	50	31	19	62	124
2	《个人所得税法》	1	1	0	100	18
3	《企业所得税法》	10	10	0	100	9
4	《车船税法》	0	0	0	100	1
5	《烟叶税法》	0	0	0	100	1
6	《车辆购置税法》	0	0	0	100	6
7	《耕地占用税法》	0	0	0	100	0

续表

序号	法律名称	“税收”/次	规范/次	不规范/次	规范比例/%	“税款”/次
8	《环境保护税法》	1	1	0	100	5
总计		62	43	19	69.3	164

注：(1)第三列和第七列，分别是“税收”和“税款”出现的次数；(2)第四列是“税收”规范使用的次数；(3)第五列是“税收”一词不规范使用的次数；(4)第六列的“规范比例”，是指第四列数值与第三列数值的比值，第三列为0则第六列为100%；(5)以下各表与本表体例相同。

（二）税法之“行政法规”文本中“税收”的考察

截至2022年年底，在我国现行16种税收行政法规中，只有《税收征收管理法实施细则》《进出口关税条例》《环境保护税法实施条例》中的“税收”一词存在使用不规范的现象。

《税收征收管理法实施细则》中“税收”共出现29次，正确使用其基本义的共有25次（见表2）。其中，出现在“税收法律”之中共8次，出现在“税收违法行为”之中共5次，出现在“税收保全措施”中5次。其余出现在“调整税收定额”“外出经营活动税收管理证明”“降低税收成本”“税务机关根据有利于税收控管和方便纳税的原则”“税收强制执行决定书”之中。“税收”应改作“税款”的，共有3次：第2条中规定，“由税务机关征收的各种税收的征收管理”；第44条中规定，“可以按照国家有关规定委托有关单位和人员代征零星分散和异地缴纳的税收，并发给委托代征证书”；第84条中规定，“税收征收管理范围”。“税收”应作“税种”使用的，在第39条第1款中规定：“税务机关应当将各种税收的税款、滞纳金、罚款，按照国家规定的预算科目和预算级次及时缴入国库”。①

表2　税法“行政法规”中“税收”与“税款”的使用情况

序号	法规名称	“税收”/次	规范/次	不规范/次	规范比例/%	“税款”/次
1	《税收征收管理法实施细则》	29	25	4	86	83
2	《个人所得税法实施条例》	1	1	0	100	18
3	《企业所得税法实施条例》	0	0	0	100	12
4	《车船税法实施条例》	0	0	0	100	9
5	《增值税暂行条例》	1	1	0	100	8
6	《消费税暂行条例》	0	0	0	100	6
7	《城镇维护建设税暂行条例》	0	0	0	100	1

① “各种税收”应当改为“各个税种”，或者更简单地把“各种税收的税款”改为“各种税款”。

续表

序号	法规名称	“税收”/次	规范/次	不规范/次	规范比例/%	“税款”/次
8	《征收教育费附加的暂行规定》	0	0	0	100	0
9	《城镇土地使用税暂行条例》	0	0	0	100	0
10	《房产税暂行条例》	0	0	0	100	0
11	《土地增值税暂行条例》	0	0	0	100	0
12	《印花税暂行条例》	0	0	0	100	0
13	《契税暂行条例》(已失效)	0	0	0	100	2
14	《资源税暂行条例》(已失效)	0	0	0	100	3
15	《进出口关税条例》	7	2	5	14	45
16	《环境保护税法实施条例》	3	2	1	67	3
总计		41	31	10	75.6	190

《进出口关税条例》中“税收”一词应该改作“税款”的情形共有5次:“进口时在货物的价款中列明的下列税收、费用,不计入该货物的完税价格”“进口关税及国内税收”“进口关税及国内税收”“按照本条例规定计入或者不计入完税价格的成本、费用、税收,应当以客观、可量化的数据为依据”“因出口而退还的国内环节有关税收”。

《环境保护税法实施条例》第18条中规定:“税务机关对税收征收管辖有争议的”中,“税收”一词应该改作“税款”。

综合上述可知,在误用“税收”最严重的《税收征收管理法实施细则》中,“税收”应该改为“税款”时的次数是正确使用和应当使用“税款”总数的3.5%,错误率不及《税收征收管理法》的一半。

(三)税法之外“法律”文本中“税收”的考察

把我国全部现行法律作为一个完整的推导语境,选择全国人民代表大会网站中“法律文件”栏目所包括的除税法外的全部法律作为考察对象,①将其中出现“税收”或者“税款”的法律文件进行统计,得出的关于“税收”和“税款”的使用情况如表3所示。

① 这里以全国人大官方网站中按照“首页 权威发布 法律文件”路径获取的法律文件作为研究对象,采用人工统计的方法筛选、判断和统计的。该路径获取的法律文件是从2017年11月4日开始发布的,截至日期为2019年1月9日。

表3　税法之外的法律文件中"税收"与"税款"使用情况(一)

序号	法律名称	"税收"/次	规范/次	不规范/次	规范比例/%	"税款"/次
1	《预算法》	8	8	0	100	8
2	《社会保险法》	1	1	0	100	0
3	《民办教育促进法》	3	3	0	100	0
4	《节约能源法》	3	3	0	100	0
5	《残疾人保障法》	1	1	0	100	0
6	《农业机械化促进法》	3	3	0	100	0
7	《大气污染防治法》	1	1	0	100	0
8	《电子商务法》	4	3	1	75	0
9	《土壤污染防治法》	3	3	0	100	0
10	《农民专业合作社法》	2	2	0	100	1
11	《海关法》	1	1	0	100	27
12	《中外合作经营企业法》	1	1	0	100	1
13	《境外非政府组织境内活动管理法》	1	1	0	100	1
总计		32	31	1	96.9	38

根据表3可知,我国近期颁布和重新修订的法律,除《电子商务法》一处错用"税收"外,法律概念"税收"所使用的全部是符合规范的基本义。

修正后的《预算法》,在继续正确使用短语"税收收入"的同时,增加了更加复杂的短语"税收返还"。"税收返还"中的"税收",是"税收收入"的缩略形式,而"税收收入"中的"税收"仍然用的是"税收"的基本义。《电子商务法》中的"税收征收管理法律"如果用概括性更强的短语"税收法律"取代,就可以避免法律概念"税收"的使用错误。

表4是"中国法院网"收录的从2017年10月到1992年《税收征收管理法》颁布之日,我国制定或者修正、修订的法律中"税收"和"税款"的使用情况。

在这164部法律中,只有《立法法》《刑法》《乡镇企业法》《防沙治沙法》《证券投资基金法》共5部法律对"税收"的使用出现了错误,占同期法律总量的3%。尽管如此,"税收"应当改作"税款"的情形出现在《立法法》和《刑法》中,容易造成夸大"税收"使用错误率的后果。

表4 税法之外的法律文件中"税收"与"税款"使用情况(二)

序号	法律名称	"税收"/次	规范/次	不规范/次	规范比例/%	"税款"/次
1	《红十字会法》	1	1	0	100	0
2	《外资企业法》(已失效)	1	1	0	100	1
3	《中外合资经营企业法》(已失效)	1	1	0	100	0
4	《环境保护法》	2	2	0	100	0
5	《证券投资基金法》	2	0	2	0	0
6	《水土保持法》	1	1	0	100	0
7	《可再生能源法》	1	1	0	100	0
8	《科学技术进步法》	4	4	0	100	0
9	《禁毒法》	1	1	0	100	0
10	《城市房地产管理法》	1	1	0	100	0
11	《促进就业法》	2	2	0	100	0
12	《合伙企业法》	1	1	0	100	2
13	《防沙治沙法》	3	0	3	0	0
14	《信托法》	0	0	0	100	1
15	《区域自治法》	4	4	0	100	0
16	《药品管理法》	0	0	0	100	1
17	《立法法》	2	1	1	50	0
18	《独资企业法》	0	0	0	100	1
19	《刑法》	3	0	3	0	32
20	《乡镇企业法》	6	4	2	67	1
21	《促进科技成果转化法》	1	1	0	100	0
22	《预算法》	1	1	0	100	0
23	《农业技术推广法》	1	1	0	100	0
24	《澳门特别行政区基本法》	3	3	0	100	0
25	《海商法》	0	0	0	100	1
总计		42	31	11	73.8	40

《税收征收管理法》名称中“税收”的错误是《立法法》中的错误和《刑法》中的前两处错误的直接原因。《立法法》(2015 年修正)第 8 条第 1 款第 6 项规定中的“税种的设立、税率的确定和税收征收管理等税收基本制度”,第一处“税收”应当改作“税款”;《刑法》中“税收”前两次都出现在“节”标题“危害税收征管罪”中,也都应当改作“税款”。《刑法》第 404 条“致使国家税收遭受重大损失的”中的“税收”,应当改为“税收利益”。

综上所述,通过对我国相关法律、行政法规文本中法律概念“税收”的考察,可以得出以下结论:第一,在我国现行法律法规中,《税收征收管理法》“税收”使用的错误数量远高于其他全部法律中相应错误数量的总和。第二,《税收征收管理法》中“税收”的错误用法,对税法中其他法律对“税收”的使用没有影响。第三,“税收征收管理法”“税收征收管理”中“税收”的错误用法,对我国法律整体上的影响有限。因此,改正《税收征收管理法》中“税收”的错误用法具有可行性。

(四)裁判文书中“税收”的考察

法律概念“税收”的误用如果仅限于法律法规的文本,则其讨论的价值也仅限于立法领域。事实上,法律法规是裁判文书写作的基本法律依据,因此法律法规中“税收”的错误使用和裁判文书中“税收”的错误使用之间的关系,应当是源与流的关系。下面通过对我国公开的典型法律文书中“税收”一词的使用情况考察,以探究立法领域中“税收”一词的误用对法律文书为标志的司法实践的影响。

截至 2018 年 12 月 31 日,我国裁判文书网公开发布的裁判文书中,将检索条件中“法院层级”设定为“最高人民法院”,“案由”设定为“税务行政管理”,通过“全文检索”“税收”,共出现 4 个结果:广州德发房产建设有限公司再审案件判决书,①杭州儿童投资主基金再审案件裁定书,②清远市伟华实业有限公司再审两份裁定书。③

在直接引用法律文件名称和内容中的“税收”之外,广州德发房产建设有限公司再审判决书使用“税收”9 次,2 次属于误用;杭州儿童投资主基金再审裁定书使用“税收”8 次,全部正确;清远市伟华实业有限公司再审裁定书(2016)最高法行申 5121 号使用“税收”2 次,都是误用;清远市伟华实业有限公司(2016)最高法行申 5122 号再审裁定书未使用“税收”一词。因此,最高人民法院审理的税务行政管理类案件的裁判文书中,“税收”一词使用的正确率是 78.9%,低于税法和其他法律的正确率,与税法体系中行政法规的正确率比较接近。

在这些裁判文书中,“税收”一词应当改为“税款”的情形分别是“保障国家税收的足额征收是税务机关的基本职责”“可能因市场竞价不充分导致拍卖价格明显偏低而造成国家税收流失”“进行审核清算并确认了预征税收事项”“作出的税收征收行为”。

---

① 参见最高人民法院(2015)行提字第 13 号行政判决书。

② 参见最高人民法院(2016)最高法行申 1867 号行政裁定书。

③ 参见最高人民法院(2016)最高法行申 5121 号和 5122 号行政裁定书。

与上述最高人民法院的裁判文书相比,中国法学会财税法学研究会于2018年年底评选出的十大税务行政诉讼案件裁判文书中"税收"一词也存在误用的情形——其突出特征,在于存在超出我国法律法规中错误的类型——混淆了"税收"与"税务"的区别。《国家税务总局兰州市税务局不履行法定职责一审行政判决书》,[①]在18次使用"税务机关"的背景下仍然两次使用"税收机关"这一生造的词语。可见,作为基层人民法院的兰州铁路运输法院对法律概念"税收"的正确使用仍然存在相当的难度。对比最高人民法院行政审判十大典型案例(第一批)中"儿童投资主基金诉杭州市西湖区国家税务局税务征收案"一审裁判文书和再审裁定书,[②]可以发现,最高人民法院的再审裁定书未出现误用"税收"的情形,而一审裁判文书中"不能证明原告未实施不具有合理商业目的的安排而减少其应纳税收"中的"税收"应当改为"税款"。但是,杭州市西湖区人民法院判决书中错误使用"税收"的情形和兰州铁路运输法院裁判文书之外其他裁判文书所表现的错误一样,都未超出《税收征收管理法》中"税收"使用的错误类型。

由此可见,我国法律、行政法规中法律概念"税收"的不规范使用,客观上对司法实践造成了不良影响,因此,应当规范以《税收征收管理法》为重点的法律中法律概念"税收"的错误用法。

三、联合结构之审视:并列法律概念使用中的困境与破解

除"税收"外,在法律概念的规范使用上,《税收征收管理法》因为法律概念的搭配关系处理不当而导致错误使用联合结构的问题也比较突出。[③]

在现代汉语的联合结构中,连词"或者"前后的内容在有些情况下是兼容的,而在有些情况下则是排斥的。[④] 以《税收征收管理法》第40条规定为例,"从事生产、经营的纳税人、扣缴义务人未按照规定的期限缴纳或者解缴税款"包含两个密切相关的联合结构:一个是"纳税人、扣缴义务人",另一个是"缴纳或者解缴税款"。"缴纳税款"和"解缴税款"无论是相容的还是排斥的,都是相对第一个联合结构"纳税人、扣缴义务人"而言的。"纳税人"和"扣缴义务人"作为并列成分,其组成的句法结构有两种类型:一种结构里的"并列成分可以拆开分说";另一种结构里的"并列成分不能拆开分说"。[⑤] 如果能够拆开,则该句子简化后变成并列的两种情形:第一种情形,"纳税人缴纳税款或解缴税款";第二种情形,"扣缴义务人缴纳税款或者解缴税款"。如果是不能拆开,则该句子的意思

① 参见兰州铁路运输法院(2018)甘7101行初125号行政判决书。

② 最高人民法院行政审判十大典型案例(第一批)中共有两个税法案例,但在裁判文书网上,"广州德发房产建设有限公司诉广州市地方税务局第一稽查局税务处理决定案",只有最高人民法院的裁定书,而没有该案件一审、二审法律文书,因此暂时无法进行对比分析。

③ 现代汉语中,联合结构又可称为联合短语。本文中使用"联合结构"而不使用"联合短语",旨在方便理解。在其后的间接引用中把原文的"联合短语"替换为"联合结构"也是出于同样的考虑。

④ 参见朱德熙:《语法讲义》,商务印书馆(香港)有限公司2007年版,第158~159页。

⑤ 参见朱德熙:《语法讲义》,商务印书馆(香港)有限公司2007年版,第156~158页。

就是"纳税人和扣缴义务人都缴纳税款或者解缴税款"。显然,"纳税人"和"扣缴义务人"不论是否能够拆开,表达的意思都不是"纳税人缴纳税款或者扣缴义务人解缴税款"。

"(名词1、名词2)+(动词1或动词2)"这种联合结构造成了法律概念的错误搭配——"纳税人"也可以"解缴税款",[1]而这种结构在《税收征收管理法》多次出现,也造成多个搭配错误的语法问题。

现代汉语中,许多语病出在能充当各种成分的联合结构上,往往是联合结构中有一部分词语能与配对成分搭配,另一部分不能搭配,因此,遇到联合结构,要逐项检查,看能否与配对成分搭配。[2]《税收征收管理法》中出现的联合结构问题,在第32条中得到了部分解决。该条规定:"纳税人未按照规定期限缴纳税款的,扣缴义务人未按照规定期限解缴税款的,税务机关除责令限期缴纳外,从滞纳税款之日起,按日加收滞纳税款万分之五的滞纳金。""纳税人"和"扣缴义务人"不作为联合结构出现,"缴纳税款"和"解缴税款"也不作为联合结构出现,解决了上述两个联合结构一起使用导致的搭配不当问题。[3]

继续分析《税收征收管理法》第40条中错误使用联合结构的语法问题,可以发现:即使前面的3种情形的表达没有语病,接下来的"由税务机关责令限期缴纳"也引出了新的词语搭配问题。如果"缴纳税款"不包括"解缴税款",则这里的"责令限期缴纳"与联合结构充任主语中的"扣缴义务人"搭配不当。可见,这里造成联合结构语病的深层原因在于不能准确辨析并把握各个法律概念的正确应用规则。因此,以《税收征收管理法》第40条为代表的联合结构中出现的语病,形式上是语法中的词语搭配问题,本质上则是并列法律概念的辨析和应用问题。破解并列法律概念使用中的困境,应当从法律概念辨析入手,以准确表达为标准,谨慎使用现代汉语中的联合结构。

四、结论

税法基础概念"税收"的误用问题由来已久,《税收征收管理法》等法律法规对"税收"的误用现象应予纠正。

作为成文法国家,我国的法律法规,因为其严谨的文体特征而理应成为规范使用现代汉语的典范。在《税收征收管理法》等法律法规的修订和新法的立法过程中,应当注意的是,我国法律法规文本中的语言和法律概念"税收"一样,应当同时受到现代汉语规范和法律逻辑的双重规制。

---

① 纳税人如果同时是扣缴义务人,当然可以"解缴税款",但是"解缴税款"时其身份就不是纳税人而是解缴义务人。因此,法律概念"纳税人"和"解缴税款"仍然不能搭配。

② 参见黄伯荣、廖序东主编:《现代汉语》(增订6版),高等教育出版社2017年版,第115页。

③ 该法第32条中"税务机关除责令限期缴纳外"没有对应"扣缴义务人"的"解缴税款",如果认为"缴纳税款"包括"解缴税款",则此处没有语病,否则就仍然存在联合结构的对应问题。

人大预决算审查与国有资产监督的衔接机制探究

——以预算权配置转型为契机*

孙伯龙**

在我国，国有资产对国民经济具有主导和支撑作用，而对国有资产的监督更是我国人民当家作主、发扬社会主义民主法治的基石，因此完善对国有资产的监督制度也是提升国家治理现代化的重要一环。在现代财政法治国家，建立全口径全覆盖的国有资产监督，最关键的是发挥人大的预算监督实权。在《中共中央关于建立国务院向全国人大常委会报告国有资产管理情况制度的意见》（以下简称《意见》）中，明确提出人大在国有资产管理上的监督权，这种监督模式也是新时期我国国有资产监督体制创新和完善的方向。[①] 人大对国有资产的监督，不仅是要"摸清家底"，更要从权力主体的角度强化对国有资产的管理。因此，在我国人大职权范围内，要强化人大对国有资产的监督就需要重新配置人大预算权，构建预决算审查与国有资产监督紧密衔接的多元机制，推进我国人大制度的与时俱进。

一、国有资产监督的问题梳理

从改革开放至今 40 余年来，与国有资产改革同步，我国的国有资产监管大致经历了以下 3 个阶段：一是监管体制初步形成阶段（1978～1988 年），这一时期从计划经济向商品经济过渡，我国对国有企业的改革主要是简政放权、承包产权，并在 1988 年组建了国有资产监督管理局专门负责对国有企业的监督管理工作。二是监管机构逐步确立阶段

* 司法部法治建设与法学理论研究部级课题"政府应急财政支出法治化问题研究"（课题编号：21SFB4062）的阶段性研究成果。

** 杭州师范大学沈钧儒法学院副教授。

① 2019 年 5 月 12 日，全国人大常委会通过了《十三届全国人大常委会贯彻落实〈中共中央关于建立国务院向全国人大常委会报告国有资产管理情况制度的意见〉五年规划（2018—2022）》，明确提出经过 5 年努力，全面摸清国有资产家底，厘清国有资产管理体制机制，建立健全国有资产管理情况报告和监督制度。

(1989～2003年),由于国家经贸委、企工委、财政部等多个部委对国有资产都能够进行监督,也变相导致新成立的国有资产监督管理局被“架空”,因此1998年国务院撤销该局。党的十六大明确“在中央政府和省、市(地)两级地方政府设立国有资产管理机构”,据此,2003年中央与地方先后设立了国有资产监督管理委员会(以下简称国资委),标志我国国有资产监管机构的确立。三是监管体系调适阶段(2004年至今),随着《企业国有资产法》等相关法规规范的实施,我国形成了国有资产“统一出资、分级监管”的模式,并逐步建立了以国有企业内部管理组织监督、政府出资人监督和审计监督、人大监督、社会公众监督等复合型的国有资产监督模式。

尽管我国近些年来不断深化和完善对国有资产的监督,并且也富有成效,但在探索国有资产出资人监管体制中还存在以下三方面的不足:一是加强对国有企业的监督是我国经济建设中必不可少的一环,但是政府不合理地干预国有企业运营反而会形成政企不分、政出多门等弊端,导致国有企业市场活力不足。二是为了促进国有资产的保值增值,作为公共政策制定者、执行者的政府往往不能一视同仁地对待所有市场主体,造成国有资本与民争利问题突出。三是长期以来我国国有资产监督的重点集中在“管人、管事、管资产”,因此监督机制主要是以行政直接干预为主导,对于非经营性质的国有资本及国有资产仍主要是分属不同部门管理,而缺乏系统、权威、实效的国有资产监督机制。

随着我国综合国力的快速提升,改革不断深化,如何强化对国有资产的监督逐渐成为一项改革任务。[①] 从监管主体来看,理论及实务界争论焦点主要是究竟是否有必要建立统一的国有资产监管机构,以及如何处理好现有的内外多重监督机构之间的关系?党的十八届三中全会提出要“加强人大预算决算审查监督、国有资产监督职能”被视为推进人民代表大会制度与时俱进的主要内容之一,“以管资本为主加强国有资产监管”成为新时期指导我国国有资产监管工作的新要求。因此,由人大肩负起监督国有资产的职责,也就成为我国落实好国有资产监管体制各项改革任务的重中之重。

二、人大监督国有资产的法理考察

国有资产所有权与经营权分离是国有资产管理模式的基础,委托代理理论则是国有资产的所有权和经营权分离的理论依据。人民代表大会是我国的权力机关,国有资产是国家所有(全民所有),因此由人大监督国有资产具有法理正当性。但是仍需要进一步理顺国有资产监督的法律渊源,明确监督权的行使方式,方能强化人大监督国有资产的法治根基。

(一)人大监督国有资产的法律渊源

其一,国有资产的所有权与经营权分离的法律渊源。我国《宪法》明文指出“生产资料的社会主义公有制是经济制度的基础”,在国家根本大法中对国有资产的所有权加以明确,也奠定了我国的基本政治制度、经济制度内生性的制度逻辑是围绕公有制所确立

① 参见《加强人大监督　管好国有资产(坚持和完善人民代表大会制度)——访全国人大常委会预算工作委员会主任史耀斌》,载《人民日报》2019年5月23日,第18版。

的。而在原《物权法》中清楚地界定了国家所有权的主体和范围，其中第 45 条从所有权角度对国有资产的主体加以明确，即法律规定的国有资产属于全民，并由国务院代表行使所有权。计划经济向市场经济体制转型是以对公有制企业的改革为突破口，1988 年制定的《全民所有制工业企业法》提出，国家依照所有权和经营权分离的原则授予企业经营管理。此时，政府作为出资人，对国有资产并不直接参与经营，从所有权主体角度进行宏观管理监督。国有资产的所有权与经营权分离成为推动建立市场机制、释放国有资产经济活力的重要举措。①

其二，国有资产监督权的法律渊源。从所有权角度，国务院和地方政府分别代表国家对国有资产履行出资人的职责，并获得出资人权益，所以国有资产的经营管理情况属于政府工作的重要组成部分，通过设立专门机构对国有资产的活动进行管理。通常对于国有资产的监督可以从内部监督和外部监督两个维度展开：内部监督主要是建立和完善国有资产的公司制的管理模式，如我国在市场经济建设初期就制定了《公司法》，其中专门规定了国有独资公司的设立、组织、运行规则，在随后《公司法》的修订中，对国有独资企业的内部监督机构调整体现了我国建立现代企业管理制度的趋向。尤其是现行《公司法》第 64 条至第 70 条对国有独资公司的设立、章程、董事会、监事会以及监督管理组织的职能分工更加科学。外部监督则主要是由外部机构组织监督国有资产经营者，以确保国有资产的保值增值，2008 年颁布的《企业国有资产法》，明确了经营性国有资产的管理机制，特别是该法第七章对国有资产外部监督制度予以规定，这类监督主体主要有人大常委会、政府及政府审计机关、社会公众等。因此，我国《公司法》《企业国有资产法》建立了监督国有企业的基本法律准则。

从规范对象来看，企业国有资产法仅适用于经营性的国有企业，即使是国有金融企业也存在诸多除外情形，而不包括非经营性的国有资产，如事业单位国有资产，城市土地、森林、水流、矿产等资源，所以目前我国仍缺乏统一的国有资产监督立法。但是不论是国有资产的监督组织机构多么复杂，最终都应接受我国人大及社会公众的监督。这与我国宪法规定的人大及其常委会的监督职权密不可分，因此人大作为民意机关对政府出资人运营、管理国有资产的活动展开监督也是"于法有据"。

（二）人大监督国有资产的形式

从制度设计与权力配置的角度出发，人大对国有资产的监督不同于政府作为出资人对国有资产经营者的监督。依据宪法及相关法律规定的人大及其常委会的职权，我国人大机构可通过以下 3 种方式对国有资产进行监督：

第一种是听取和审议政府代表国家履行出资人职责的情况和国有资产监督管理情况的专项工作报告。这种方式规定在《企业国有资产法》第 63 条，并且对经营性国有资产的监督主体仅限定为各级人大常委会。但在实践中，各级政府并未严格履行该条款，

① 参见许健聪：《中国复合型公共财产法治体系的构建》，华南理工大学 2017 年博士学位论文，第 17 页。

国有资产的运营管理情况一般只在政府部门工作报告中简略地提及，专项工作报告长期以来成为“具文”，政府国有资产管理状况公开性、透明性都十分模糊。[①] 直至 2017 年 12 月，中共中央印发了《意见》，其法律渊源正是前述第 63 条。2018 年 10 月，国务院首次向全国人大常委会汇报了国有资产管理情况的年度综合报告以及金融国有资产的专项报告，标志着我国进一步落实了人大常委会听取和审议本级政府国有资产管理情况的报告制度。

第二种是对国有资产预算决算的审查和批准。按照《预算法》的规定，即“中央预算由全国人大审查批准，地方各级预算由本级人大审查和批准”，因此，人大对国有资产的监督方式之一就是预算监督。通常国有资产预算除经营性资产的预算外，还包括资源性资产预算和行政事业性资产预算，但由于我国《预算法》注重对经营性国资预算的控制，而忽视后两种预算，也导致人大的预算监督实际上并不能覆盖全部的国有资产。另外，根据《各级人民代表大会常务委员会监督法》第三章的规定，人大常委会有权审查和批准同级政府的决算草案，所以人大常委会在其职权范围内可对国有资产的决算草案展开监督。尽管我国提出全口径预算和绩效预算，但是国有资产的预算编制中常常是国有资产管理与预算管理对接不通畅，尤其是对国有资本经营预算的范围、标准、口径还不完善，收入范围仅仅涵盖企业国有资产，导致“资产与预算脱节、预算执行效果偏差”。[②] 2018 年 9 月，中共中央、国务院在《关于全面实施预算绩效管理的意见》中提出，将一般公共预算、国有资本经营预算等预算全部纳入绩效管理，其中，对国有资本经营预算绩效管理要重点关注贯彻国家战略、收益上缴、支出结构、使用效果等情况，其目的在于发挥国有资产的公共功能的同时，提升国有资本资源配置效率。

第三种是对国有资产相关法律实施情况进行执法检查。从前文可知我国国有资产法律法规较零散，根据《各级人民代表大会常务委员会监督法》第四章的规定，人大常委会有权对国有资产相关法律法规实施情况组织执法检查。国有资产的监督涉及会计、审计、管理、法律等多领域的专业知识，因此真正实现对国有资产监督，就需要专业人员客观地对国有资产的管理情况进行评估，人大常委会可启动对《企业国有资产法》的执法检查，按照精干、效能的原则，组织专业人员组成执法检查并提出相应的执法检查报告。如在 2013 年 6 月，云南省昭通市人大常委会对本市国有资产监督管理工作情况进行检查，执法检查组发布了《关于检查〈企业国有资产法〉实施情况的报告》，指明市政府在贯彻实施《企业国有资产法》工作存在的问题，并提出 7 点具体建议，市政府对此高度重视，向市人大常委会提出《情况报告》，两份报告都向本级人民代表大会代表通报并向社会公布。又如 2019 年 5 月，河南省孟津县（现孟津区）人大常委会检查全县的《预算法》《国有资产法》贯彻落实情况。上述做法在全国来说都具有典型性和代表性，也充分体现了

① 参见曹华：《加强人大国有资产监督职能的思考》，载《人大研究》2014 年第 3 期。

② 参见刘海清：《行政事业单位国有资产管理与预算管理有效对接中存在的问题及对策》，载《财经界》2015 年第 36 期。

地方人大机构通过履行执法检查职权来强化对国有资产的监督。

三、国有资产监督中预算权的配置逻辑

尽管国有资产受到多个主体监督，但是不同于政府、国资委或其他主体对国有资产的监督，人大对国有资产的监督具有最高权威性。① 从前述 3 种监督方式来看，其共同的内在特质是围绕人大及其常委会的预算决算批准、审查权展开的，从而实现预算对国有资产的监督。② 因为无论是审议政府国资管理情况，抑或是对《企业国有资产法》《预算法》展开执法检查，人大及其常委会实际上还是对国家资产的管理状况、国有资本运营状况进行监督，所以人大在国有资产监督中的预算权力配置就显得十分重要。

（一）国有资产的预算审批

我国于 2007 年启动国有资本经营预算编制试点，其目的是规范国有企业改制和转让国有产权，以防止国有资产流失。随着混合所有制成为国有企业改革的方向，对于国有资产的监督也势必从“管资产”向“管资本”过渡。③ 对于国有资产的预算应当涵盖企业国有资本经营预算、金融类企业国有资本经营预算、行政事业单位国有资产预算，但是我国的国有资产经营预算中主要是经营性国有资本的收入、支出、资产和负债情况，对国有金融资产、非经营性资产和自然资源资产并未纳入全口径的国有资产监督管理之中。因此，对于国有资产监督就需要妥善处理国有资本经营预算和公共预算的衔接关系。

国有资本经营预算不同于以税收为主要来源的公共预算，国有资本经营预算中组织、编制、执行都离不开相应机构的监督，其中国资委、国有资本运营机构、企业内部监事会、董事会等监督主体可通过内部预算控制和内部审计，以确保预算收入足额按时缴纳，并降低漏缴和少缴的风险；各级人大、政府及审计部门、党政纪检机构、社会组织以及个人，通过外部监督、外部审计，确保国有资本经营预算支出方向和重点符合国家宏观政策需要及国企改革任务。

（二）国有资产监督中的人大预算权配置

从预算权力的配置结构来看，不同于政府出资人及其委托机构对国有资本经营预算支出事前、事中、事后的全过程监督管理，根据《预算法》的规定，人大常委会有权对预算草案、决算草案以及预算调整方案进行审查。从人大的预算参与、预算实效性和预算问责来看，人大在国有资本经营性预算和有关国有资产的公共预算中的权力也在不断强化。

在国有资产经营预算中，人大主要审查以下两个方面的内容：一是国有资产的支出。人大通过预算草案的审查批准、预算执行中的检查及决算审批等方式，引导国有资产流

---

① 参见亐道远：《加强人大对企业国有资产监督的思考》，载《河北学刊》2013 年第 6 期。

② 参见王桦宇：《论人大预决算审查监督权的实质回归》，载《法学评论》2017 年第 2 期。

③ 党的十八届三中全会提出，“以管资本为主加强国有资产监管”；党的十九大报告更是明确提出，“做强做优做大国有资本”。这是新时期我国国有资本监管的重大转变，也是新一轮国企国资改革的总方针。

向不破坏市场竞争秩序、并产生较大经济和社会效益的行业领域中，在国有资产支出环节更要避免国有资产形态、功能、使用领域变化以及价值的流失，确保国有资本经营收支预算平衡。二是国有资产的绩效。国有资产经营预算的支出效果应当是人大预算决算审查中的核心内容，人大应加强国有资产的运行绩效管理，进一步完善国有企业的绩效评价指标，具体如资本预算支出是否达到预期效果、实现了保值增值，资本预算支出是否符合国家战略、宏观经济政策、国有企业转型升级等，以及资本预算支出的社会效果等。

在一般公共预算中，人大对于国有资产的预算审查则较零散，主要是我国当前尚未形成全口径的国有资产预算决算，因此在一般公共预算中常常也混杂了金融国有资本收益、行政事业单位国有资产的收支活动。人大对这类国有资产的监督主要是在一般公共预算审核批准中，对非经营性国有资产的购置、处置、配置以及资金使用进行审查、批准。但就客观而言，我国对非经营性国有资产管理原则是"国家所有，政府分级管理，单位占有使用"，侧重自我内部监督，因此在一般公共预算中所涉项目较笼统。

四、国有资产监督与预算决算审查监督的衔接机制建构

随着改革不断深化，我国各级人大在预算权配置中逐渐居于核心地位，这种转型使新时期人大对国有资产的监督不断强化，并逐步与人大预算决算审查监督相衔接。在上文《意见》中，明确提出人大常委会听取和审议政府的国有资产管理情况报告要与对国有资本经营预算决算、部门预算决算的审查监督相结合。[①] 基于我国人大监督国有资产职权和预算决算权力配置逻辑，本文认为还需要从以下四个方面着力建构二者的衔接机制。

(一)明确预算权配置相关法律依据

我国在国有资产中形成了"人民、全国人大及其常委会、国务院及各级政府、国资委(财政部门等)"四层级的国有资产委托代理关系。但正如前述，现行法律并不能完全覆盖国有资产范围，并且在监督体制上也未凸显不同监督主体和监督方式之间的衔接关系，因此有必要尽快修订我国《企业国有资产法》，理顺上述四层级的委托代理关系，统一国有资本经营预算的口径和范围。在时机成熟后可从广义的国有资产管理角度制定专门法律法规。与此同时，从预算决算监督的角度，有必要明确国有资产预算决算范围，提升国有资产预算编制、执行、调整的科学性和透明性，强化人大运用预算权力来监督我国国有资产的有序运行。

(二)完善一般公共预算决算中的国有资产监督

如前所述，我国当前需要做好一般公共预算与国有资本经营预算之间的衔接，具体而言，就是要在一般公共预算决算的编制和审查中反映国家投资、政府投资基金等国有资本的情况。在一般公共预算中对国有资产进行监督，可从以下三个方面着手：一是规

---

① 参见史耀斌：《学习贯彻习近平新时代中国特色社会主义思想 努力开拓人大预算决算审查监督、国有资产监督工作新局面》，载《中国人大》2019 年第 4 期。

范各类非经营性国有资产的收支管理。按照国有资产的类型由人大审查相关部门预算情况,明确国有资本经营预算调入一般公共预算的比例,同时在支出环节进行实质审查,避免国有资产流失。二是严格非经营性国有资产预算调整。对非经营性国有资产的预算调整人大可以从源头加以控制,尤其是在部门预算中对于行政事业单位国有资产应当体现预算"硬约束"。三是重视和完善决算审批监督。人大机构对预算执行情况进行决算审查时,就需要重点对国有资产的预算与决算偏差加以监督。① 人大在对国有资产的决算审批中更应该把好最后一道关,具体可通过专项调查或听证制度来充分发挥人大各专门委员会的作用,同时严格审批涉及国有资产的决算草案。

(三)加强国有资产预算的绩效管理

当前,我国在多个领域进行混合所有制改革,国有资本将以更多元的形式参与市场,以此为契机,应当细化我国各类国有资产的预算科目,健全国资预算编制体系,改进国有资本经营预算决算审查批准的标准,增强人大对国有资产经营预算的审核与监督权。同时,建立健全国有资产经营预算执行的过程控制机制,例如,国有资本预算执行情况的定期报告制度。此外,人大还要对国资委和控股公司在国有资本运营中的重大决策进行监督,防止造成国有资产的重大风险。最后,人大要尽快细化对国有资本分类管理的绩效预算评价指标,真正使国有资本经营预算成为加强国有资本治理、战略布局、优化配置的基本平台。

(四)健全人大监督意见和建议的落实机制

人大既有国有资产监督职权,也有预算决算审批职权,要建立二者的衔接机制,从根本上还需要增强监督实效性。人大结合国有资产管理报告和监督情况,提出对相关预算决算审查监督的意见建议。预算决算监督国有资产管理部门应及时落实人大监督意见和建议,按照意见处理时限和程序,及时向人大反馈整改方案并向社会公开。同时,对于国有资产管理中涉嫌违法违纪的,要加大问责力度和重大决策终身负责制,追究违法违纪责任人相应的法律责任、政治责任和行政责任。另外,可尝试设置与人大预算问责相适应的经济补偿责任,通过追究相关责任主体的经济责任来减少国有资产流失风险,并恢复受损的社会公共利益。② 通过完善人大国有资产监督与预算决算审查监督的意见和建议落实机制,来促进我国国有资产的规模化、法治化运行。

① 参见邹新月、王艳:《如何建立健全人大国有资产监督机制》,载《人民之声》2018年第12期。

② 参见陈治:《国家治理视阈下预算权配置的反思与转型》,载《中国法律评论》2018年第6期。

政府间横向税收分配制度的本土化解构

滕文标[*]

一、问题提出与研究现状

税收分配,即税收在不同层级政府之间的配置。税收,即国家为财政收入或其他目的,对满足法定构成要件的人强制课予的无对价金钱给付义务。① 从整体上看,税收归属于国家。而国家为了维护其主权,需要由具体政府来管理和行使税收权力,包括中央政府和各级地方政府。② 因此,税收需要在各级政府之间进行分配,以保障政府行使其职能,向社会提供公共服务。

而从理论上来讲,这种分配应当包括横向政府间税收分配和纵向政府间税收分配。但我国"分税制"改革,基于当时之主要矛盾——中央财力过低,③选择的改革重心在于后者,尤其是中央与省级政府之间,而对于前者在当时并未予以过多关注。横向税收分配,是在此后的税制改革过程中逐步受到关注的,例如所得税分享体制改革,改变按隶属关系确定归属后,引入了跨区域经营、集中缴库的中央企业所得税地区间分配制度。此后这类问题又扩展到跨区域项目上,并且在其他税种如营业税、增值税上也加以关注。理论上讲,横向税收分配有两种解释:一是广义上的,只要不是中央税,都需要以一定的方式加以分配;④二是狭义上的,只针对那些纳税主体或者应税基础跨区域,两个及以上地方政府对此享有税收权力,而需要加以分配的情形。本文侧重狭义上的横向税收分配,在目前的税制结构上主要是所得税和增值税。

在理论研究上,国外学者对横向税收分配的关注,主要集中于跨区域经营企业与销

---

* 武汉大学法学院博士研究生。

① 刘剑文、熊伟:《财政税收法》(第7版),法律出版社2017年版,第161页。

② 王绍光:《国家治理与基础性国家能力》,载《华中科技大学学报(社会科学版)》2014年第3期。

③ 王绍光:《分权的底限》,中国计划出版社1997年版,第49页。

④ 由于我国存在的税收返还分配方式,即使是中央税,可能也需要遵循一定的分配规则,如消费税,正是因为"分税制"改革后存在的消费税返还和燃油税费改革后出现的消费税返还,中央不得不对地方征缴消费税进行特别规范,参见财政部、国家税务总局《关于消费税纳税人总分支机构汇总缴纳消费税有关政策的通知》(财税〔2012〕42号)。

售上。美国实行销售税，当一州纳税人跨州销售时，购买州如何征税，曾经一度成为争议热点，两种解决方案被提出：一是赋予购买州对此类销售的使用税征收权；二是采取类似跨州企业所得税的分配办法对销售税进行分配。两种方式各有利弊，如后一种方式，虽然能够实现州际之间对销售税的合理分配，但由于存在税基和税率差异，可能无法实现跨州纳税人和州内纳税人之间的公平。① 而在跨州企业所得税上，理论上可以采用"独立核算""特别类型分配""因素分配"3 种方式分配。② 马斯格雷夫提出州政府可以适用来源地原则，对企业在本辖区内的增加值征税，并提出了供给法和供求法两种确定来源地的方式。③ 但此后美国实践中，还出现了以销售为单一因素的分配方式，为此，麦克卢尔认为，这种单一因素分配方式与 WTO 关贸总协定不符。④ 此外，学者还对独立核算和因素分配两者的优缺点进行了充分的探讨。⑤ 而在分配治理上，虽然有学者认为应当加强联邦政府对州际税收协调的作用，⑥但是各州普遍担忧联邦介入对州税权的影响，从而选择成立州际税收协调委员会（MTC）来应对跨州税收问题。⑦

国内学者对横向税收分配的关注，多从税收与税源相背离入手，如汇总纳税、总部经济等，分析我国横向税收分配存在的问题，提出区域税收分配应当遵循税收与税源相一致原则。⑧

在企业所得税上，陶勇认为，应当完全取消按所有权划分或注册地划分的标准，把所

---

① See Lockhart & William B., *The Sales Tax in Interstate Commerce*, Harvard Law Review, Vol. 52, No. 4.

② See Arthur D. Lynn & Jr., *Formula Apportionment of Corporate Income for State Tax Purposes: Natura Non Facit Saltum*, Ohio St. L. J. Vol. 18, (1957).

③ 参见[美]佩吉·B. 马斯格雷夫：《美国州公司所得税税基的分配原则》，白彦锋、王法忠译，载《经济社会体制比较》2007 年第 2 期。

④ See Charles E. McLure, Jr. & Walter Hellerstein, *Does Sales-only Apportionment of Corporate Income Violate the GATT?*, NBER Working Paper, No. 9060, 2002.

⑤ See McLure & Charles E. Jr., *The Elusive Incidence of the Corporate Income Tax: The State Case*, Public Finance Quarterly, Vol. 9, No. 4; Mieszkowski & John Morgan, *The National Effects of Differential State Corporate Income Taxes on Multistate Corporations*, in Charles E. McLure Jr., ed. *The State Corporation Income Tax: Issues in Worldwide Unitary Taxation*, Stanford Ca: Hoover Institution Press, p. 253 – 263; Nielsen, S. B. et al., *Formula Apportionment and Transfer Pricing under Oligopolistic Competition*, Journal of Public Economic Theory, Vol. 5, No. 2.

⑥ See Wildasin & David E., *State and Provincial Corporation Income Taxation: Current Practice and Policy Issues for the US and Canada*, Canadian Tax Journal, Vol. 48, No. 2; Fox, William F. & John A. Swain, *The Federal Role in State Taxation: A Normative Approach*, National Tax Journal, Vol. 60, No. 3.

⑦ See W. Bartley Hildreth et al., *Interstate Tax Uniformity and the Multistate Tax Commission*, National Tax Journal, Vol. 58, No. 3.

⑧ 参见王道树：《企业所得税收入归属机制研究》，载《财贸经济》2007 年第 4 期；靳万军：《关于区域税收与税源背离问题的初步思考》，载《税务研究》2007 年第 1 期；湖北省地方税务局课题组：《法人所得税制下企业汇总纳税管理和税收横向分配问题研究》，载《经济研究参考》2008 年第 33 期。

有企业都纳入适用范围,根据因素法,建立地区间收入分配公式。[①] 刘生旺认为,应将总机构纳入分配范围、放弃财政分配、注重消费的税收利益。[②] 欧阳暐则提出,可以将企业集团目前的“三因素”标准扩大到“多因素”,如将“企业利润”也纳入其中。[③] 但也有学者并不认可此种观点,认为应当考虑以营业收入作为单一参考因素来计算分摊应纳所得税额。[④] 雷根强等提出,应以分配公平、效率损失最小和福利改进为导向,区分一般性行业和特殊性行业的税收分配。[⑤] 此外,有学者提出,应当在中央层面建立跨区域税收调解委员会,[⑥]允许地方政府签订横向分配协议解决具体个案争议,[⑦]推动建立省际之间的税收协调机制,[⑧]包括征管机构间的协调机制。[⑨] 但并未对此展开论述,对为何需要此项机制、如何发挥此项机制功效缺乏探讨。

在个人所得税上,开始有学者关注工作与居住异地群体的个人所得税分配问题,其中李建军认为,基于受益标准,应坚持居住地征税分税原则。[⑩] 而王蓓则认为,应当针对不同分类所得的特征,兼顾所得来源地和居住地对个人享用公共物品和服务的贡献大小进行合理划分。[⑪] 在增值税上,有学者指出,我国目前实行的生产地归属原则不符合增值税消费税的本质,应当转向消费地归属原则,并且采用诸如人口数量、零售总额等因素进行分配。[⑫] 但是上述研究总体而言,也与企业所得税研究进路类似,多以描述性或者实践性研究为主,缺乏规范性研究。

---

① 参见陶勇:《政府间财力分配与中国地方财政能力的差异》,载《税务研究》2010 年第 4 期。

② 参见刘生旺、陈鑫:《企业所得税地区间分配公平性的比较分析——基于行业的数据》,载《中央财经大学学报》2014 年第 1 期。

③ 参见欧阳暐:《大企业集团跨区经营税收分配问题研究》,载《扬州大学税务学院学报》2011 年第 2 期。

④ 参见袁自永、郑磊磊:《完善现行跨省市总分机构企业所得税分配办法的思考》,载《税收经济研究》2016 年第 2 期。

⑤ 参见雷根强、陈鑫:《公司所得税地区间分配的经验与启示——以美国跨州经营公司为例》,载《财政研究》2010 年第 6 期。

⑥ 参见杨志安等:《我国地区间税收与税源背离的调节对策》,载《涉外税务》2012 年第 12 期。

⑦ 参见杨虹:《总部经济模式下区域税收与税源背离的思考》,载《中央财经大学学报》2009 年第 7 期;邓子基、李为巍:《总部经济与地方财税》,载《税务研究》2011 年第 2 期。

⑧ 参见叶振鹏、周金荣:《我国企业所得税汇总纳税跨地区税收转移问题研究》,载《财政研究》2008 年第 2 期;白彦锋:《我国地区间税权横向划分问题探究》,载《税务研究》2009 年第 6 期。

⑨ 参见崔运政:《我国跨地区企业所得税转移和分配问题研究》,载《税务研究》2010 年第 11 期。

⑩ 参见李建军等:《我国所得税收入划分研究——基于理论、国际经验和税收能力视角》,载《税务研究》2017 年第 10 期。

⑪ 参见王蓓:《我国区域间税源背离问题及横向税收分配制度设计》,载《税收经济研究》2013 年第 3 期。

⑫ 有关文献包括但不限于,杨帆、刘怡:《重构增值税地区间分享制度》,载《税务研究》2014 年第 8 期;刘怡:《改革增值税分享制度促进地方政府工作重点从投资转向消费》,载《中国财政》2013 年第 10 期;吕冰洋等:《实现消费地原则的增值税改革:政府间财政关系的破解之策》,载《中央财经大学学报》2015 年第 6 期;龚振中、孙文峰:《基于消费地原则的增值税课征模式比较及选择》,载《税务研究》2017 年第 7 期;唐明:《全面“营改增”后增值税收入地区间横向分配机制研究》,载《中南财经政法大学学报》2018 年第 2 期。

从学界研究可以看到,研究所关注的重点呈现两种状态:一是宏观整体的描述性研究,提出了相关分配原则,但是对具体制度和其背后的经济政治思想分析不足;二是过于侧重实践问题,提出的解决方案多是就问题说问题,既缺乏对问题生成的社会经济原因的分析,也缺乏本土性论证。

为此,笔者将着重理论与本土化分析,从3个部分对我国横向税收分配制度进行探讨:首先是我国为何需要横向税收分配制度,这一问题虽已有学者论及,但是并不深入;[①]其次根据我国横向税收分配的实践,分析所存在的问题;最后从基础概念和制度规范两个方面,对存在的问题进行探讨,强调制度的本土化。

二、横向税收分配的必要性考察

认识横向税收分配的必要性及其地位,应当将其放置于整个财政体系中看待,这是一个基础的前置性问题。国家获得的税收收入,往往可以通过不同的途径分配给不同层级的政府,如税种分配、税收分配、转移支付,其中每种方式又有不同的实践路径。

(一)财税分配的可选择路径

现代财政体制强调分权和分税的重要性。[②] 在这种普遍性规律下,各国往往通过各种不同的方式达到分税的目的,包括纵向政府间和横向政府间的分税。这些方式,大致可以分为3类:

首先是税种分配方式。各国的税种分配各有差异,有的国家的税种分配极为彻底,日本就是其中的代表。日本的税制体系包括三级,国税24种、都道府县税15种、市町村税14种。[③] 而且在地方税上,日本税制设计强调"税基的非流动性",从而在较大程度上避免了流动性税基的地区间税收协调难题,例如地方税中的住民税,其以是否具有住所(事务所)作为纳税区分标准。[④]

其次是一般理解上的税收分配。国家虽然没有完全的税种划分,但是对各项税收收入归属进行了明确,包括一些流动性的税基归属。跨区域企业税收是此种横向政府税收分配的典型场景。例如美国州企业所得税,为了解决集团企业跨区域经营的税收分配问题,逐渐形成了以"因素法"为核心的分配制度。[⑤] 此外,德国"增值税预先平衡制度"也是此种分配方式的代表,德国将属州级财政所有的增值税收入中的75%按人均增值税额

---

① 参见付广军:《税收分配在区域政府收入中应当有所作为》,载《税务研究》2010年第11期。

② See Wallace E. Oates, *An Essay on Fiscal Federalism*, Journal of Economic Literature, Vol. 37, No. 3.

③ 载日本财务省官网,https://www.mof.go.jp/tax_policy/summary/condition/a01.htm,载日本总务省官网,https://www.soumu.go.jp/main_sosiki/jichi_zeisei/czaisei/czaisei_seido/ichiran01.html,最后访问日期:2020年10月20日。

④ 载日本总务省官网,https://www.soumu.go.jp/main_content/000696137.pdf,最后访问日期:2020年10月20日。

⑤ See Charles E. McLure Jr., *The Difficulty of Getting Serious about State Corporate Tax Reform*, Washington and Lee Law Review, Vol. 67, No. 1.

与各州的居民人数来进行分配，这不同于我国传统理解的增值税“属地原则”。①

最后是通过转移支付的方式实现分财。而这又主要有两种类型：一是横向转移支付；二是纵向转移支付。前者如德国将增值税收入中剩下的25%用于州际财政平衡，分配给那些财政收入能力较弱的州，凡是人均税收能力低于既定标准的州都有资格获得相应补助。② 而在各国实践中，一些特定事项的横向平等机制也发挥一定的“横向平等”功效，例如，我国的“对口支援”也具有一定的横向转移支付特征，但是其运作方式与制度化的横向转移支付差异明显。③ 还有学者提出，“区域生态补偿”的横向转移支付制度，④虽然这种特殊情形下的“转移支付”多少与理论上的以“横向均衡”为基础的横向转移支付制度存在区别，⑤但也在一定程度上缓释了财政横向差异。

纵向转移支付，就显得更普遍了，纵向转移支付虽然发生在上下级政府之间，但是由于在转移支付的因素及其比重设置上的倾向差异，也能够间接达到平衡横向政府间财政收入的目的。从实践来看，无论上述其他方式是否完备，各国普遍都会施行或多或少的纵向转移支付制度。例如，美国联邦的整体拨款（block grants）和岁入分享（revenue sharing）制度，前者是对部分法定项目的综合性拨款，后者是根据一定公式返还累进所得税。⑥ 日本的地方交付税，把中央税的所得税、法人税、酒税等5个税种的一定比例之和作为交付总额，以弥补地方财源不足或者用于灾害救济。⑦

此外，需要阐明的是，在一国之中，这些方式并不是相互排斥的，而往往是一种排列组合。例如，美国以税种分配、税收分配以及纵向转移支付为主；法国的财政分配体现为税种专享分配、横向平等基金和纵向转移支付。⑧ 德国的财政体制则相对而言更复杂，集合了税种划分、税收分配、横向转移支付、纵向转移支付等多种形式。⑨ 因此，选择怎样的组合方式来配置财政收入，往往是一项具有本土特色的制度。

（二）我国引入横向税收分配的理由

我国之所以引入横向税收分配，与我国的税制设计、纵向财政体制均有密不可分的联系。具体而言，一方面，我国的税种设计，不具备完全拒绝“税基流动”的可能，从而需要采取分配税收的方式对部分税种进行特别规范；另一方面，我国转移支付的目标差异

① 参见王玮：《共享税模式下的政府间财力配置——基于中、德的比较分析》，载《财贸研究》2015年第4期。

② 参见唐明、熊蓓珍：《中德增值税收入共享制度比较与借鉴》，载《地方财政研究》2018年第4期。

③ 参见王玮：《中国能引入横向财政平衡机制吗？——兼论“对口支援”的改革》，载《财贸研究》2010年第2期。

④ 参见杜振华、焦玉良：《建立横向转移支付制度实现生态补偿》，载《宏观经济研究》2004年第9期。

⑤ See James M. Buchanan, *An Economic Theory of Clubs*, Economic, Vol. 32, No. 125, p. 1 – 14.

⑥ 参见靳继东：《世界主要国家政府间财政关系立法概论》，科学出版社2020年版，第81～88页。

⑦ 参见［日］金子宏：《日本税法》，战宪斌、郑林根等译，法律出版社2004年版，第75页。

⑧ 参见黄凯斌：《法国分权改革与地方治理研究》，中国社会科学出版社2012年版，第141～150页。

⑨ 参见罗湘衡：《德国联邦制下府际财政关系研究》，人民出版社2018年版，第222～226页。

和治理现状，也决定了横向税收分配是必要的。

1. 税收分配而非完全划分税种

如上文所言，横向税收收入配置有税收分配和完全划分税种两种方式。划分税种的方式可以规避部分税种的流动性特性，使地方享有的税收能够较好地契合本地的税源；而对跨区域税收进行分配的方式，则要通过公平交易原则、因素分配法等方式来确保各州（省）能够获得应得部分的税收。①

从理论上而言，化解地方政府间出现的税收分享问题，一个最直截了当的方式是将这些税收全部划归中央，打破地方对此类税收的直接享有。以所得税为例，传统理论认为，所得税因其税基流动性大、区域分布不均衡、收入波动等原因，适合归入中央税。② 但在实践中，往往地方政府也可以涉及所得税，并且一般以共享形式存在。③ 换言之，税收究竟依据何种原理划分归属，各国会根据自身的政治体制、经济财政制度的历史和现实、地方政府治理模式等进行决策，④而呈现与“完美”理论相背离的现象。

我国对流动性税收实行共享税制，并且逐渐扩大其规模，笔者认为，主要有两方面的考虑：一方面，是我国传统财政关系改革的“路径依赖”；另一方面，“分税制”改革中确立的税种划分标准，明确将同经济发展直接相关的主要税种划为中央与地方共享税。⑤ 换言之，地方政府还需要承担经济发展的支出责任，而上述这些税收往往显著地与地方经济发展成果相关，如增值税、所得税，不可能完全剥夺地方对所得税的享有，而影响地方发展经济的积极性和支出保障。

而我国之所以采取分配税收的方式，也受多方因素影响：首先，我国的税制体系，是新中国成立后渐进式发展而来的，是一种历史的选择。所得税、消费税等具有流动性、容易跨区域的税收类型，作为主体税，一直以来对其的关注，更多的在于具体税制要素的设计上，而非具体种类或环节的划分上。其次，央地之间政治关系也是影响决策的重要因素，在税制领域，采取分配税收而非划分税种的方式，能够有助于中央控制该税种的正常运作，维护中央权威，防止地方在税制上的分化，阻碍统一市场的形成和运行。最后，税收征纳成本也是税制结构的影响因素。统一、简化的税制，能够节约税收行政成本，也能够便利纳税人纳税，减少多税种带来的遵从和纳税成本。“营改增”的推进和完成，正体现了我国税制设计和改革的上述考量。

---

① 参见王道树等：《美国州公司所得税收入归属的经验与借鉴》，载《税务研究》2007 年第 5 期。

② See Musgrave, Richard A., *Who Should Tax, Where and What? in Tax Assignment in Federal Countries*, ed. by Charles E. McLure Jr., Australian National University, 1983, p. 23.

③ 参见高培勇主编：《世界主要国家财税体制：比较与借鉴》，中国财政经济出版社 2010 年版，第 114 页。

④ 参见李建军等：《我国所得税收入划分研究——基于理论、国际经验和税收能力视角》，载《税务研究》2017 年第 10 期。

⑤ 参见国务院《关于实行分税制财政管理体制的决定》（国发〔1993〕85 号）。

2. 横向税收分配的比较优势

横向税收分配与转移支付相比,一方面两种方式可以并存,另一方面这两种方式又存在各自不同的比较优势,无法用其中一种取代另一种。

从我国税收收入划分改革中可以看到,税收分配背后的利益博弈之复杂,国家所欲追求目标之多重。如2001年的所得税改革文件提出,中央增加的所得税收入全部用于地方主要是中西部地区的转移支付,这是为了缩小地区间的财力差异;同时,也提到要保证地方既得利益,不影响地方财政运行,又有要保证富有地方的财政收入的想法在里面。[①] 从中可以见得,财政分配体制往往需要考虑多重目标,国家既要抑制地区间财政收入差距过大,也要确保地方有积极发展的动力。基于此,税收分配与转移支付往往在一国财政体制中都必不可少。

但是,不同于转移支付追求的结果公平,税收收入分配的内在机理在于确保税收的归属符合相应的税收理论,即地方获得相关税收应当有理论和权力支撑。横向税收分配作为税收收入分配的下属概念,其追求也是一致的,即确保不同地方对同一税收的分配和归属符合相应的理论和法律要求。其并没有太多的类似转移支付来实现地区间财力均衡的目的,若有,也只是为了确保地区间在确定税收收入时的公平,或者说是,地方间税收收入的"起点公平"。[②] 而实现起点公平后,基于地区间财源本就存在的差异,地方之间的税收收入能力是不同的,在此基础上,通过转移支付来实现地区间财力的均衡,而最终达致公共服务的均等化,才是整个较完整的财政体制运行流程。[③]

而且与转移支付相比,税收分配产生的资源可以为地方政府传递更多的权力和自治,同时,地方政府也将因此承担更多的税收风险,[④]从而更有利于形成一个负责任的、财政自主的地方政府。[⑤] 德国横向转移支付出现的问题,就是一个实践注解,被帮助的州已经对帮助州的"援助"形成了一种路径依赖,陷入了一种"合作决策陷阱"。[⑥]

综上所言,横向税收分配,是一个具有国情特色的问题,我国共享税种的设置、纵向财政分配体制共同决定了横向税收分配在我国财政体制上有必要被认真对待。

---

① 参见国务院《关于印发所得税收入分享改革方案的通知》(国发〔2001〕37号)。

② 参见王蓓、计金标:《政府间横向税收分配的理论基础:内涵与原则》,载《经济体制改革》2013年第6期。

③ 参见明俣、王志平:《区域税收分配问题及方法探究》,载《税务研究》2012年第8期。

④ See Hansjörg Blöchliger, Oliver Petzold, *Finding the Dividing Line between Tax Sharing and Grants: A Statistical Investigation*, OECD, COM/CTPA/ECO/GOV/WP (2009)10.

⑤ See Mckinno, Ronald I., *The Logic of Market—Preserving Federalism*, Virginia Law Review, Vol. 83, No. 7.

⑥ Katrin Auel, *Still No Exit from the Joint Decision Trap: The German Federal Reform(s)*, German Politics, Vol. 17, No. 4.

(三)过往关注不够的可能解释

我国实践和研究对横向税收分配关注不多的原因,与财税制度背后的经济基础密不可分。改革开放以来,中央下放了大量的经济发展权力,竞争有利于激发地方官员发展经济的动力,招商引资的持续高潮就是印证,有学者将此称为"行政区经济"。① 在此种经济模型中,一个地方的经济能够形成一个循环体系,从而确保该地方的部分经济利益能够为该地方政府通过税收方式俘获。这也与我国行政管理体制中的"属地原则"实现了良好衔接。② 可以说,正是因为此种经济发展模式,规则制定者似乎认为遵从与税收征管一致的"属地原则"即能够实现横向税收合理分配。

建立在这套经济基础之上的税收制度逻辑并没有太多问题,但问题在于此种经济发展模式本身就是存在缺陷的,那么建立在缺陷之上的制度自然免不了存在问题。行政区经济,并不符合市场经济发展规律,也突破了中央设想的分权目标,同时,还带来了行政区划边缘地带经济发展明显落后于中心城市的弊病。③ 而且,地方政府及其官员为发展经济和争夺税源展开了激烈竞争,甚至已经达到了一种过度竞争的状态。④ 为此,进入21世纪后,中央大力调整此种经济发展模式,明确市场在资源配置中的决定性作用,减少行政管理对经济发展的制约;⑤强调区域经济一体化发展。⑥ 此种经济发展模式的调整,也对原有的税收分配体制产生冲击,原有税收归属制度面临越来越多的实践难题,不断受到地方政府的质疑。

正是在这样的背景之下,国家才开始逐渐重视横向税收分配,例如,2002年实行的所得税分配改革中,对跨地区经营、集中缴库的中央企业所得税等收入的地区间分配施以原则性规范,⑦此后在2007年通过的《企业所得税法》中引入汇总纳税制度,并对其税收分配进行了规范。⑧ 此外,针对地方政府间就有关项目的税收归属争议,例如,重庆市与湖北省对长江三峡水电站建设及生产过程中所产生的税收分配问题,贵州省与广西壮族自治区就龙滩水电站的税收收入划分争议等跨省区项目税收分配,财政部于2008年出

---

① 参见刘君德:《中国转型期凸现的"行政区经济"现象分析》,载《理论前沿》2004年第10期。

② 参见周黎安:《行政发包制》,载《社会》2014年第6期。

③ 参见安树伟、张素娥:《"行政区经济"和"行政区边缘经济"》,载《生产力研究》2004年第7期。

④ 参见叶姗:《法律规制税收竞争何以可能——基于我国省级预算单位的四重法律角色》,载《比较法研究》2015年第1期。

⑤ 中共中央《关于全面深化改革若干重大问题的决定》。

⑥ 中共中央、国务院《关于建立更加有效的区域协调发展新机制的意见》。

⑦ 参见财政部《关于印发〈跨地区经营、集中缴库的企业所得税地区间分配暂行办法〉的通知》(财预〔2002〕5号);财政部、中国人民银行、国家税务总局《关于印发〈跨地区经营集中缴库企业所得税地区间分配办法〉的通知》(财预〔2003〕452号)。

⑧ 参见财政部、国家税务总局、中国人民银行《关于印发〈跨省市总分机构企业所得税分配及预算管理暂行办法〉的通知》(财预〔2008〕10号);财政部、国家税务总局、中国人民银行《关于印发〈跨省市总分机构企业所得税分配及预算管理办法〉的通知》(财预〔2012〕40号)。

台《关于跨省区水电项目税收分配的指导意见》加以规范。

在日益强调"统一市场""市场决定资源配置""加强内部循环"等经济发展论调下，加大对横向税收分配的关注和研究实属必要。而且因为在这其中，并非只是简单地对具体税种税收如何进行分配的问题，更主要的是涉及政府间关系和目的、各主体之间如何博弈、如何平衡利益等法律视角下的问题。因此，需要加大法学视域中的横向税收分配制度研究。

三、我国横向税收分配的实践剖析

改革开放后，一方面，地方政府的地方代理者身份开始苏醒；[①]另一方面，中央政府也积极推动市场化改革，在这种双向激励作用下，地方政府开始为了本地区的利益对那些跨区域经济活动的税收收益进行争夺。为此，中央又不得不对这些事务进行再次规范，以防止市场走向地方政府主导的地区封锁极端。可以说，我国的横向税收分配正是此种控制的产物，但是此后在诸如政治压力、经济发展困局等多方影响下，横向政府间的税收收入分享场景逐渐扩张，以致在一定程度上混淆了横向税收分配的原有概念和机理。而且由于规范思路的碎片化和政策主导，导致争议问题往往缺失一种可预期的解决方案，而需要求助于上级政府。

（一）我国横向税收分配的发展

我国的横向税收分配，是市场发展与财政体制改革共同作用的结果。从发展进程上来看，20世纪80年代中期开始，中央和地方积极推动企业跨地区、跨部门、跨行业联合，对当时所推行的"划分税种、核定收支、分级包干"的财政体制产生了一定的冲击，尤其是中央提出对联合企业的内部交易根据联合性质，而实行不征、减征或者免征产品税等优惠，[②]这在一定程度上打破了原有税收收入确定规则，但是由于当时的财政体制并未改变按企业隶属关系纳税的方式，也就没有一个特别的调整机制来缓和地区之间的税收利益冲突，从而制约了横向经济联合向更深层次的发展。[③]

为此，两方面的改革举措开始推进：一是市场主体改革，股份制改革开始推进，《公司法》于1993年出台，为横向经济联合的高级发展形式确定了一套基础法律规则，从而规范了市场主体的纳税地位、会计基础和纳税结构。二是财政体制改革，"分税制"试点，并且也与1993年正式由国务院出台文件予以规范。"分税制"改革有助于弱化市场封锁现象，促进全国统一开放市场的形成。[④] 两项举措的共同推进，在推动统一开放市场形成的同时，也产生了一项新的要求，那就是对跨地区企业的税收进行分配。

---

① 参见徐清飞：《我国中央与地方权力配置基本理论探究——以对权力属性的分析为起点》，载《法制与社会发展》2012年第3期。

② 财政部《关于促进横向经济联合若干税收问题的暂行办法》（〔86〕财税字第078号）。

③ 李益新：《横向经济联合：问题与发展》，载《中国工业经济研究》1990年第3期。

④ 何振一：《1994年财税改革举措效果及问题剖析》，载《经济研究》1994年第4期。

在增值税上，我国1994年施行的《增值税暂行条例》及其实施细则，引入了跨区域经营"特殊分配"规则，只不过这不是基于税基类型的划分。该暂行条例第22条规定，固定业户跨县经营，实行机构所在地申报纳税，而如果纳税人未申请外出经营证明，则需要在销售地或者劳务发生地纳税，相应的共享部分的税收也就归属于此地。暂行条例还对省内跨区域总分机构适用汇总纳税进行了规定，此后中央财税部门对连锁经营企业的汇总纳税分配规则进行了明示，要求经批准汇总纳税的，财政部门应当研究采取妥善办法，保证分店所在地的财政利益在纳税地点变化后不受影响。① 随着跨区域企业增多后，财政部在2012年印发《总分机构试点纳税人增值税计算缴纳暂行办法》，要求分支机构按照应征增值税销售额和预征率计算缴纳增值税，从而实现在总机构所在地与分支机构所在地之间的税收分配。②

在营业税上，1993年《营业税暂行条例》（已失效）规定，转让土地使用权、销售不动产在土地所在地、不动产所在地申报纳税，③并且这一规则延续到了"营改增"之后，原来纳税人跨县（市、区）提供建筑服务、销售和出租不动产等的应税行为，引入"异地预缴"制度，从而在不动产所在地与机构所在地进行税收分配。④

而在跨地区企业所得税上，由于1993年"分税制"改革时，依然采取的是按隶属关系划分，故而即使企业跨地区经营，非隶属地区也不具备对该企业征税的权力。真正意义上的企业所得税的横向分配，主要从2002年所得税分配体制改革后开始。在改革文件中，明确提出了要对跨地区经营、集中缴库的中央企业所得税等收入，按相关因素在有关地区之间进行分配。此后，中央财税部门陆续出台了相关文件，对企业所得税汇总纳税规则进行细化，形成了"统一计算、分级管理、就地预缴、汇总清算、财政调库"的管理办法。⑤

而随着人口流动逐渐放开，个人的跨地区流动带来的所得税归属权争议也逐渐增多。但是由于我国此前对个人所得税实行代扣代缴制，个人所得税归属代扣代缴人所在地，重新调整的需求不大，只在一些特殊情形下存在横向分配。⑥ 而2018年个人所得税改革后，以自主申报、汇算清缴为核心的个人所得税征管机制，对个人所得税的归属提出

---

① 财政部、国家税务总局《关于连锁经营企业增值税纳税地点问题的通知》（财税字〔1997〕97号）。

② 这是一般计税方法下呈现的分配状态，如果是简易计税方法，预缴税额与应纳税额是一致的，所以这又是一种特殊类型的分配方式，而不是因素分配或者说比例分配。

③ 《营业税暂行条例》（国务院令第136号，已失效）第12条。

④ 国家税务总局《关于发布〈纳税人跨县（市、区）提供建筑服务增值税征收管理暂行办法〉的公告》（国家税务总局公告2016年第17号）。

⑤ 财政部、国家税务总局、中国人民银行《关于印发〈跨省市总分机构企业所得税分配及预算管理暂行办法〉的通知》（财预〔2008〕10号）。

⑥ 例如，国家税务总局《关于建筑安装业跨省异地工程作业人员个人所得税征收管理问题的公告》（国家税务总局公告2015年第52号）规定，异地施工企业个人所得税一律由扣缴义务人向工程作业所在地税务机关申报缴纳。

了新的要求，在这种要求下，可能发生不同于以往的个人所得税分配或者退税分配。[①]

除上述因为纳税主体跨区域的横向税收分配需求外，我国实践中也出现了诸多具有本土特色的实践方式和政策内容，例如，在地理上跨行政区划的水电、交通、旅游景区等项目，此类项目因为涉及两个及两个以上的行政区域，涉及的地方政府又都享有一定的税权，从而需要对该项目产生的税收收益通过一定的方式进行划分。例如，跨省合资铁路企业，缴纳的地方享有的税收收入，按照相关省份铁路客、货运周转量，运营里程等因素进行分配。[②]

（二）我国横向税收分配的问题

从上述的实践发展来看，我国横向税收分配制度存在的问题，可以主要归结为两个核心的问题：

1. 基础概念不够清晰

我国横向税收分配，往往基于纳税人身份的差异，采取不同的对待方式，一般纳税人与小规模纳税人的区分、企业纳税人与个人纳税人的区别，但从税种的性质上而言，在增值税和所得税上，并不会基于纳税人身份的差异而展示出与地区联结的差异，这多少说明了我国目前横向税收分配存在的主要问题：

第一，横向税收分配的内涵不明。我国传统的横向税收分配建立在"征管即归属"的这一基本规则上，也就是说，横向税收分配规则最终都会落到征管权的分配上，但是这种归属权附随于征管权的模式显然受到了后来实践中出现的"跨地区项目"的冲击，因为这些项目只有一个纳税单位或者说一套会计账簿。为此，曾经有一段时间，我国要求此类项目的纳税人应当分别向每一个具有税收归属权的地方政府申报纳税，如在跨区域项目上，跨省合资铁路的缴库，依然遵循着注册地和非注册地主管税务机关按照分配比例，就地办理缴库的办法。[③] 在跨省水电项目上亦是如此，这对于纳税人来说，是一笔繁重的纳税成本。而在当下，问题更加复杂了，因为在汇总纳税中，依然遵循的是按照分配征管权来实现横向税收分配结果；而在跨地区项目和区域经济合作中，分配的对象已经变成了最终的税收收入，所有征管行为由单个税务机关完成。因此，我们可能需要思考，这样的区分是否合理科学，我国的横向税收分配到底分配的是什么？不同的分配对象或者说分配客体会对制度、对主体乃至于经济社会系统产生什么影响。

第二，横向税收分配的原则不清。一方面体现在相同性质税种之间的原则差异，如企业所得税和个人所得税，在合伙企业中，法人合伙人和个人合伙人的征管地点可以不

① 参见聂海峰、刘怡：《个人所得税地区间汇算清缴方法研究》，载《财政研究》2020 年第 5 期。

② 财政部、国家税务总局、中国人民银行《关于调整铁路运输企业税收收入划分办法的通知》（财预〔2012〕383 号）。

③ 财政部、国家税务总局、中国人民银行《关于调整铁路运输企业税收收入划分办法的通知》（财预〔2012〕383 号）。

同，但是对税收收入归属如果也采取不同的分配原则加以对待，显然需要得到合理的解释。① 只是征管上的便利理由，并不足以将此种稽征经济顺延至分配环节。更严重的是在增值税上，我国实行出口退税分摊和留抵退税后，地方在没有收到企业增值税款的情况下，还要承担由其他地方政府收取的上一环节增值税，显然有失公平。另一方面则表现在分配的外延模糊上，同样的分配场景，纳入分配的税种却存在差异，例如，财政部关于跨省合资铁路运输企业的税收收入分配，纳入横向税收分配的只有企业所得税、增值税（营业税），②而在 2008 年出台的《关于跨省区水电项目税收分配的指导意见》中，分配的对象包括了增值税、企业所得税以及随增值税附征的城市维护建设税和教育费附加收入。因此，如何看待这些实践差异，如何判断横向税收分配原则，乃至于以此区分不同类型的税收分配，是我国构建科学横向税收分配制度的前提。

2. 规范逻辑不够明确

我国横向税收分配并未在纵向税收分配时予以系统化规范，而是基于后续出现的各种实践问题陆续出台相关政策性文件进行规范。这就产生了碎片化管理弊端、政策体系混乱、规范逻辑不清晰。具体而言，主要表现在：

第一，分配规则不尽合理。横向税收分配的目的是合理地分配税收，但是目前的规则体系显然达不成上述目的，偏离了税收中性的要求。③ 以至于中央在出台相关政策时，鼓励中央企业在内蒙古的分支机构变更为独立法人，实行税收属地化管理。④ 这似乎在变相说明我国目前推进的汇总纳税分配规则是不合理、不科学的。规则不合理还体现在跨区域项目上，例如，湖北省与重庆市就三峡水电站税收归属的问题，并没有因为财政部出台分配文件，就停止争议。湖北省税务局一直认为，三峡水电站对于重庆市来说，只存在流经当地和移民等非税源形成因素，因而不属于税源地，不应当通过横向税收分配的方式划分财权，而只能通过财政手段加以解决。⑤ 而且目前的分配规则，还面临数字经济带来的冲击。企业所得税所实行的“营业收入、职工薪酬和资产总额”三因素标准，并不适应数字经济的价值创造原理，企业往往并不需要设置分支机构就能够从某个地区得到

---

① 参见财政部、国家税务总局《关于印发〈关于个人独资企业和合伙企业投资者征收个人所得税的规定〉的通知》（财税〔2000〕91 号）；财政部、国家税务总局《关于合伙企业合伙人所得税问题的通知》（财税〔2008〕第 159 号）。

② 财政部、国家税务总局、中国人民银行《关于跨省合资铁路运输企业“营改增”后税收收入分配有关问题的补充通知》（财预〔2014〕96 号）。

③ 参见侯卓：《重识税收中性原则及其治理价值——以竞争中性和税收中性的结合研究为视角》，载《财政研究》2020 年第 9 期。

④ 国务院《关于进一步促进内蒙古经济社会又好又快发展的若干意见》（国发〔2011〕21 号）。

⑤ 湖北省地方税务局课题组、王文童等：《法人所得税制下企业汇总纳税管理和税收横向分配问题研究》，载《经济研究参考》2008 年第 33 期。

持续且重要的所得。[①] 可见,碎片化的管理方式始终无法跟上时代发展的步伐,而会给地方政府间的税收分配造成重大影响。

第二,权力主体关系不清晰。从理论上讲,横向税收分配由于只涉及地方政府之间的税收归属问题,应当纳入地方政府的平等协商范畴,上级政府介入应当有合理理由。但从实践来看,横向分配文件往往是由上级政府出面对实体内容进行直接规范。例如,财政部所印发的诸多回应性文件,涉及了跨省区的水电项目、铁路运输企业的税收分配,也有对企业所得税、增值税汇总纳税的规定。这种权力规范方式,导致地方在出现跨区域税收问题时,不是依照相关原则进行协商,而是利用自身的政治议价能力尽可能多地获取利益。[②] 这种权力关系现状,一方面使地方缺乏主动性去对边界问题进行协商,"中心—边缘"问题依然存在,往往只有中央规划推进的项目,才不得不进行协商;另一方面由于并不关涉中央税收利益,中央也不会主动对相关问题进行调整。

总体来说,我国目前的横向税收分配需要从概念层面和制度层面加以审视,既不能照搬移植国外的规则,又不能因为本土实践混淆制度原则,从而构建起一套符合本土特色、概念清晰、逻辑顺畅的横向税收分配制度,并将其完美地嵌入我国财政分配体制中。

四、横向税收分配的基本范畴澄清

由于实行统一税制,理论上纳税人所缴纳的税收并不会基于所处地方的差异而呈现不同。因此,我国横向税收分配的目的是单一的,就是为了在地方政府间合理分配税收。这一基础差异对横向税收分配的影响是深远的,其很大程度上决定了我国横向税收分配的方式方法。

(一)横向税收分配的客体:税收收益权

从理论上来讲,横向税收分配至少有两种方式:税基分配和税收收入分配。在企业所得税汇总纳税分配上,美国所推崇的方式,是对税基进行分配。这其实是由美国的税制体系和税权关系所决定的。美国各州具有独立的开展企业所得税的权力,并且能够自行定义税基和税率,在这种税收权力安排下,美国的公式分配只能针对税基。而我国,税基分配或者"变相的税收分配"及其后续征管行为,并不符合我国财政体制。国地税合并后,我国的横向税收分配的实质是税收收益权的分配,而不是整个税收权力的分配,尤其是不应当包括税收征收权的分配。

张守文教授认为,狭义的税权包括税收立法权、税收征管权、税收收益权。税收收益权依赖税收征管权的实现而实现。[③] 这一观点有其合理之处,税收收益权需要在征管权

---

① 这在国际税收上已经得到了充分的探讨。See OECD, *Tax Challenges Arising from Digitalisation-Interim Report* 2018 *Inclusive Framework on BEPS*.

② 参见陈鑫、刘生旺:《企业所得税地区间分配的公平性研究》,载《中南财经政法大学学报》2013 年第 3 期。

③ 参见张守文:《税权的定位与分配》,载《法商研究(中南政法学院学报)》2000 年第 1 期。

规范、合理实现的基础上行使。但这一观点与我国实际有所出入。税收收益权与征管权的关系，并非总是伴生的，而是可以相互独立的，例如地方税收收益权的实现，可以由中央实施征管权后间接实现。换言之，税收收益权本身也是一种独立的税收权力（权能），是政府有依据税收法律获取税收收入的权限。① 税收收益权，虽然是政府相对纳税人而言之权力，但同时，也需要关切其在政府间财政关系中的地位，这也足以见得税收收益权是政府税收权力中最为重要的权力。②

强调税收征管权与税收收益权的相对独立，能够为纳税人的单一性和税收分享主体的多元性之间的冲突提供解决方案。横向税收分配可以突破税收征管的约束，而直接达致对税收收益权的分配。只要将税收收益权划分清楚，具体的征收权完全可以由一个机构统一行使。③ 此种理解之意义在于，打破传统"征管即归属"的横向分配理念，明确跨区域税收纳税地点的设置与税收收益的分享之间可以分离，税收收益权并非只能通过直接向纳税人征税而实现，还可以由异地税务机关征收后，分配给本地政府，从而间接实现本地的税收收益权。

在我国，强调税收收益权的独立性，有强大的现实支撑。我国"分税制"改革已因应了此种权能分离的理论。"分税制"改革后，在税收征管权上，虽然推行国地税两套征税体系，但是关涉共享税收的征管在国地税之间一直纠缠不清。例如，所得税分享改革后，对于主管税务机关的分配并没有清晰、明确地划分，④这多少增加了纳税人的成本，也在一定程度上导致了国地税机关之间关系的失衡、失序。因而在2018年国务院机构改革中，作出了合并国地税的决定，税务机关实行以国税总局为主导的双重管理体制，在税务机关的经费开支上也将以中央财政保障为主。⑤ 除纳税人主义和纳税服务理念的要求外，这一改革可以明显看到中央有收回和集中征管权的意图。

而且只针对税收收益权进行分配，能够降低成本，契合稽征经济和纳税人便利主义的要求。一来我国的税收制度并不复杂，尤其在税基和税率上，所得税和增值税的税基全国统一，并不需要各地对分配后的税基再进行调整；而有的学者提出我国存在区域税率差异，应当采取税基分配的理由，也并不充分，⑥相对少数地区的税率差异，统一由一个税务机关征收后进行分配的成本显然要低于由不同税务机关对分配后的税基分别进行

① 参见陈清秀：《税法总论》，法律出版社2019年版，第92页。

② 参见葛克昌：《税法基本问题（财政宪法篇）》，北京大学出版社2004年版，第167～168页。

③ 参见刘剑文、熊伟：《税法基础理论》，北京大学出版社2004年版，第42页。

④ 国家税务总局《关于所得税收入分享体制改革后税收征管范围的通知》（国税发〔2002〕8号）、国家税务总局《关于所得税收入分享体制改革后税收征管范围的补充通知》（国税发〔2003〕76号）。

⑤ 中共中央办公厅、国务院办公厅印发《国税地税征管体制改革方案》；财政部、税务总局《关于印发〈税务部门经费保障实施办法〉的通知》（财行〔2018〕305号）。

⑥ 参见王玉玲：《论我国分税制下税收横向分配制度的构建——以民族地区为视角的研究》，载《中国特色社会主义研究》2009年第2期。

征收。税率差异,完全能够在纳税人申报纳税时就予以区分,进而在后续的税收分配环节推之适用。二来强调我国横向税收分配的客体是税收收益权,更能减少纳税人的纳税成本。在目前的制度安排下,纳税人需要根据分配后的税基在各个分支机构和总机构所在地缴纳税款,而且如果后续涉及退税或者补税,同样需要如此操作。如果只是分配税收收益权,纳税人则只需要向注册地税务机关申报纳税、退税或者补税。

因而我国当前的一些规则,尤其是汇总纳税的分配规则可能需要进行本土化改造,从而与跨区域项目统一为对税收收益分配。例如,当前汇总纳税分配规则,依然要求分支机构就地申报缴纳税收,增加了纳税人的义务,甚至从文义解释上来看,有违《企业所得税法》关于纳税地点的规定。当然,从税收管理上看,可以赋予分支机构所在地税务机关管理权,但是其并不必然需要享有征收权。又如,增值税理论中提出的"消费地原则",并无否定目前对征管权所实行的"生产地原则",而只是在征管权实现后,再依据消费地原则进行收益分配。[①]

因此,在我国的税制结构和财政体制下,强调横向税收分配的权力实质在于税收收益权,具有鲜明意义。一方面,这体现了国家与纳税人之间的权利义务关系,纳税人有依法纳税的义务,但是并不应当承担税收分配的义务,税收征管应当以纳税人成本最小化为优先考虑因素;另一方面,这也彰显了我国中央与地方之间的税收权力关系,推动地方财政自主权,至少应当明确税收收益权的归属,并将之法定化。

(二)社会目标转变下的横向分配原则

如何在地区间进行税收分配,既是一个技术问题,也是一个政治决策问题。因为,一方面,税收与经济的密切联系,分配原则的差异能够产生不同的经济刺激效果;另一方面,税收作为地方政府的主要收入来源,不同的分配原则也会对政府的行为产生不同的引导功能。

目前,学界将横向税收分配的原则,归结为"税收与税源一致原则",[②]但是很显然,这一原则并无法直接适用,其只能用于排除不属于分配范围的地方。还有学者提出,税收收益权配置应当遵循税源贡献、"成本—收益"、税负归宿原则。[③]这种具体化的原则相较属地原则,有其适用优势,但在其中还需要结合我国的社会经济发展状况,乃至于中央政府的宏观决策,来具体确定不同税种的分配原则。

从实践来看,我国目前的横向税收分配,采用的主要是税源贡献原则。具体来讲,对于所得税来说,就是收入来源地原则;对于增值税来说,是生产地原则。例如,在企业所

---

① 参见黄夏岚、刘怡:《增值税收入地区间转移的衡量　生产地原则与消费地原则的比较》,载《财贸经济》2012 年第 1 期。

② 参见靳万军:《区域税收分配简论》,载《税务研究》2012 年第 2 期。

③ 参见王蓓、计金标:《政府间横向税收分配的理论基础:内涵与原则》,载《经济体制改革》2013 年第 6 期。

得税的分配上,资产和工资薪金,其实都代表了一种创造新价值的基础要素,[①]其所占比达到了65%。同样在个人所得税中,由于代扣代缴制的存在,这种分配原则显得更明显,个人所得税归于支付报酬所在地,而非纳税人居住地。而在增值税上,虽然是多环节课税,但是跨地区环节的增值税,并不归属于目的地,而是由生产地享有。此种分配原则,从理论上讲,也符合税收管辖中的属地原则要求,但是其所引发的激励或者引导效应是否符合社会预期,是否符合我国目前的社会经济发展要求,则是需要打个问号的。因为这种分配原则下的弊端已经凸显,地方政府过于注重经济基础建设而非公共服务提供。[②]

笔者认为,随着我国全面建成小康社会的实现,社会主要矛盾转变,要求各地政府应当转变职能,侧重人民美好生活的建设,这就不仅是经济发展事务了,更重要的应当是提供公共服务,经济发展也不能以牺牲生态环境等公共服务和产品为代价。而且基于经济体量的发展和经济系统的形成,经济发展其实已经构成了一个自组织系统,其能够在与环境的交融过程中,实现转型升级,乃至于创新发展。[③] 此外,即使政府要发挥其经济职能,也应当突破原有之经济总量标准,而转向经济结构的调整。[④] 在这种目标转变情况下,有必要对横向税收分配的原则也加以调整,从而激励地方政府转变其关注重点。

首先,在增值税分配原则上,应当逐步实现"消费地原则"分配,以契合增值税"消费税"的本质,为地方政府优化公共服务、注重民生投资、鼓励本地消费、拉动内需提供动力。[⑤] 虽然由于增值税征管只能针对相应纳税人,而非直接针对应税商品导致在具体的分配实践中会存在诸多难题,但是这并不应当成为阻碍增值税横向分配调整的原因。例如,在近期,可以将地方享有部分的"20%"以"人口和社会消费品零售总额"为分配因素进行横向分配。[⑥] 其次,在所得税上,同样应当注重对来源地的调整,企业所得税应当关注销售地,而个人所得税应当关注居住地。具体而言,企业所得税分配中的营业收入应当以销售地原则进行统计,并提高分配比重,实现供给与需求的平衡状态,减少因侧重供给而刺激的地方政府经济发展支出,使其更加关注消费端(需求端)的转型升级,这也契合我国以国内大循环为主体的新发展格局要求。个人所得税应当注重纳税人居住地的税收收益权,尤其在交通方便、工作形式多元的现代化场景下,居住地与工作地之间会出现不一致,虽然从征管效率上看可以由工作地(收入来源地)预扣预缴,但在最终的汇算

① See Musgrave & Peggy B., *Principles for Dividing the State Corporate Tax Base*, in Charles E. McLure Jr., ed., *The State Corporation Income Tax: Issues in Worldwide Unitary Taxation*, Stanford Ca: Hoover Institution Press, 1984, p. 228 - 246.

② 参见于长革:《财政分权、政府间竞争与经济社会发展失衡》,载《经济研究参考》2010年第54期。

③ 参见刘洪、姚立:《经济系统演化的基本原理》,载《数量经济技术经济研究》2000年第12期。

④ 参见张维迎:《市场与政府》,西北大学出版社2014年版,第400~406页。

⑤ 参见王蓓、李芳芳:《我国流转税体系跨区域税收分配问题研究——兼论"消费地原则"征税模式的适用性》,载《经济体制改革》2015年第2期。

⑥ 参见龚振中、孙文峰:《基于消费地原则的增值税课征模式比较及选择》,载《税务研究》2017年第7期。

清缴后,应当在工作地和居住地之间加以平衡,尤其自2018年税制改革后,引入了专项附加扣除等项目。同样地,即使目前无法完全实现由居住地享有个人所得税,也应当设置合理的分配因素和比例对此类群体的个人所得税进行横向分配。

因此,可以看到,随着政治社会目标的转变,税源地的判断其实可以有所不同。我国全面建成小康社会和社会主要矛盾的转变,乃至于内循环为主的新发展格局,都要求我国横向税收分配原则应当向消费地(居住地)倾斜。

(三)横向税收分配的范围审视

在明确我国横向税收分配的原则后,还需要澄清的一个问题是:在实践中出现的诸多以"税收收入分配(分享)"为标签的事务并不能都归入横向税收分配中。根据横向税收分配的基本原则,地方政府能够参与分配的税收,必然是本辖区内产生的税收。这也是国家行政权力配置的内在要求,即地方享有的税收权力只能框定于本行政区划内。[①]而以此审视我国目前纷繁复杂的税收收入分配实践,可以看到,其实有很大一部分已经突破了传统横向税收分配的理论范围,例如,飞地经济、产业转移的税收分享,飞出地和转出地并不属于这些转移企业的管辖区,没有对这些企业的税收收益权。因此,一方面,我国目前横向税收分配中混杂了财政分配的目的,有待商榷。汇总纳税分配中,采取了部分税收按"财政调库"的形式划分,有明显的财政公平分配意味在其中,但正如前文所言,横向税收分配的目的并不在于财政公平,而是合理分配,使其分配结果符合税收原理要求,财政公平的考虑不妨回归到最终统一的公共服务均等化场景下。

另一方面,我国实践中存在的飞地经济税收收入分享、产业转移税收收入分享并不属于横向税收分配的范围,其只构成了更大外延上的税收利益分配。这种调节税收利益分配的方式,有别于转移支付等传统财政分配,其只针对特定事项进行,而且采取的形式与横向税收分配极为相似,要么是异地缴纳,本地扣除;要么是设定一定的分配要素进行分配。这一方式存在的理由,其实是为了激励合作,平衡利益。正如有学者指出的,是为了更好地发挥税收服务经济发展的职能作用,促进区域生产要素自由流动,引导产业结构转型升级。[②] 或者是为了调动产业转移的积极性,保护产业转移转出地的税收稳定,[③]也就是通过税收分享的形式来实现其他目的,而已经完全超出了横向税收分配单纯在地区间合理分配税收的目的。

在实践中,这种方式也在逐渐增加,需要加以重视。例如,日本一些相对落后的地区认为家乡为培养年轻人,在教育和医疗等方面花费了大量的福利成本,可是等到年轻人具备纳税能力的时候,他们大部分却去了富有的大都市工作并在那里纳税,大城市坐享

① 参见张彪:《地方政府跨域合作的合宪性问题与制度进路》,载《南京社会科学》2016年第8期。

② 参见王郁琛:《促进长三角高质量一体化发展的税收分享政策研究》,载《税收经济研究》2019年第3期。

③ 参见谷彦芳等:《京津冀协同发展下产业转移税收分享政策研究》,载《经济研究参考》2018年第46期。

其成,没有什么付出却享有收益,不符合税制精神。[①] 从而确立了一种向家乡捐款抵税的个人所得税收利益分配方式。但是这种方式本质上属于一方享有税收收益权,另一方没有税收收益权的情形,故而从根本上决定了此种分配必然是受到限制的,以免非权利方过度侵蚀权利方的税收利益,如分配时间或者分配数量。

当然,实践远比单纯理论要复杂得多,即使在产业转移、飞地经济,乃至于区域合作发展中,也在极大程度上存在横向税收分配的现实需求。例如,区域合作,免不了在行政边界上的项目合作;产业转移也需要一个实现过程,在这个过程中也有可能出现两地均享有收益权的情况。对于这种混合的状态,应当坚持区分对待的态度,因为横向税收分配与税收形式利益补偿在目的、原理、要求等方面都存在差异,一体化处理虽然在最终结果上能够被接受,但是过程规范和程序正义同样值得被尊重。

概言之,我国实践中的税收收入分享,其实有两种类型:一种是横向税收分配;另一种是税收形式的利益补偿。无论从制度理性上而言,还是从财政体制完整性上来说,都有必要对这两种方式加以区分,并分别制定相应的法律规则加以规范。本文基于行文要求,后文将只针对横向税收分配的制度完善进行分析。

五、横向税收分配的法治模式转型

虽然从目前的规范逻辑上看,我国横向税收分配以政策为主,规则碎片化,立法滞后,在一定程度上导致了无法为地区间横向税收分配提供规范、可预期的指引,应当尽可能地通过法律予以规制,以实现政府间财税关系的法治化。[②] 尤其是当今区域协同发展日益深化的趋势更需要我国未来出台政府间财政关系法时,对横向政府间税收关系作出相应的规定。[③] 但是在立法之前,我们可能还需要思考采取什么样的法治模式。笔者认为,一方面,考虑横向税收分配的复杂性,完全由法律进行实体性规则规范,既不科学也不明智;另一方面,由于横向税收分配其实只涉及地方政府间关系,因此可以考虑规范其协商程序,来达到最终的争端化解和分配目的。当然,在这一过程中,也需要考虑中央政府的地位和作用,同时更应当确保纳税人权利得到应有保障。

(一)规范逻辑不清的根源:复杂性

因为横向税收分配的基础是复杂的,这导致了任何具体规则都无法完全覆盖调整范围。横向税收分配基础的复杂性主要表现在经济基础的复杂性。一方面,随着纳税人生产经济方式的增加,经济所得的类型逐渐丰富,而不再局限于营业所得,已经出现了很多单纯为了投资所得而设立的企业或者其他组织形式。这一类纳税人的所得价值创造规律显然与传统规则中所设想的规律存在出入,从而导致因素公式分配在一定程度上出现

① 参见周雪若:《日本家乡税政策及其启示》,载《税务研究》2008 年第 11 期。

② 参见徐孟洲、叶姗:《论地方政府间税收不当竞争的法律规制》,载《政治与法律》2006 年第 6 期。

③ 参见涂缦缦:《制定我国〈政府间财政关系法〉的重点与难点》,载《政治与法律》2019 年第 8 期。

不适应性。[1] 另一方面，经济形态的转变，也对传统规则所预想的那套价值创造方式产生深刻冲击，如金融机构的价值创造，我国并没有注重其特殊性，而采取了与其他行业同样的分配方式，但金融机构的价值创造，与传统因素分配中的三因素的关系可能并没有那么紧密，相反其诸如贷存款数额、风险应对机制等对其价值创造的影响更显著。[2] 而对这种经济发展形态的冲击，最明显的还是数字经济，传统的分配规则建立在明确的物理联系基础上，数字经济则直接打破了此种联系假设，当其他地方政府面对异地纳税人从本地获取持续且重要的收入来源时，却无法利用传统规则下对分支机构的管控手段。为此，无论是国际社会，还是国内政府间，对数字经济形态下的税收利益划分都表现出了极高的热情。

在这种复杂现实下，传统的简化规则或者说只抓重点的规则，无疑会造成对一些经济形态、所得类型乃至于纳税人的忽视。例如，传统规则对无形资产的忽视，在一定程度上导致了目前数字经济税收分配的困境。[3] 这正是系统复杂性给规则治理带来的难题，为了简化问题直达所谓的“原理”或者“规律”，结果孕育了形式主义和退却主义，使机构变得僵硬，从而无法应付新的突发事件。[4] 因此，在面对日益复杂的经济环境下，可能养成把复杂性当作复杂性对待的思维方式，能够突破目前规则治理的困境。[5]

（二）回应复杂性：走向混合治理模式

把复杂性当作复杂性对待，简单地说就是我们不仅需要把握事物的本质和核心，也应当注重那些特殊性事物或者环节，这些事物虽然不符合核心规则或者原理要求，但也会成为影响系统稳定，乃至于可能发展成为新的核心要素。譬如，个人所得税的分配，随着税制结构的调整，无论在体量上，还是地位上，都会越发重要。

因应这种复杂性的规范模式，应当保持规则的准确性和灵活性共存，对于一般性或者普遍性分配需求，可以制定相应的法律规则加以规范；而对于特殊性事务，则可以考虑通过协商的途径加以解决，从而转向“规则—协商混合治理”模式，构建一套动态互动性的法治模式。具体而言，在规则端，上级政府可以根据该时期的社会经济目标，确立合理的分配原则，并制定一般性规则，为协商程序搭建框架；而在协商端，发挥协商功效，对具体事项、特殊事务、新生事务中出现的税收分配需求加以解决。其中，契合时代特性的规则，能够为协商提供参照性指引，确保协商过程和结果的合法性、合理性；反过来因为随

---

① 美国对于州际企业所得税的协调，其实是区分了不同所得类型的。See Uniform Division of Income for Tax Purposes Act（§ § 79 - 3271—79 - 3293b）.

② Miller, Benjamin F., *States Approaches to Combination of Dissimilar Businesses*, State Tax Notes, June 19, 1995.

③ 参见陈鑫：《我国政府间企业所得税分配问题研究》，经济科学出版社 2011 年版，第 154 页。

④ 参见［美］P. 诺内特、［美］塞尔兹尼克：《转变中的法律与社会：迈向回应型法》，张志铭译，中国政法大学出版社 1994 年版，第 93 页。

⑤ 参见苗东升：《复杂性科学研究》，中国书籍出版社 2013 年版，第 196 ~ 201 页。

着社会经济的发展,协商形成的相应经验也可能通过归纳总结提升成为新的规则,从而确保整个横向税收分配法治模式,能够契合社会经济基础的发展,不至于成为阻碍经济结构调整和社会服务升级的桎梏。

这一模式的优点在于契合社会经济发展方式。我国传统的横向税收分配规则,是建立在布局广泛的中央企业基础上,往往这些企业在全国大部分省份中均存在分支机构或者业务活动,从协调效率上讲,由中央出台统一规则有其优势。但与这种基础假设不同的是,改革开放后发展起来的民营经济,会有一个逐渐扩张的过程,而且绝大多数企业并不会进行全国性的布局,需要进行协商调整的地区是限定的。跨区域项目的限定性则更加明显。在这种多元化的发展路径下,统一规则的优势在一定程度上被稀释,通过特定主体间的协商,解决具体分配问题,不再是一种无效率行为。

而且,规则—协商型混合治理模式,并不违背我国宪法法律的要求。如前所言,横向税收分配并非地方税收权力的让渡,只是对具体的权力内容的协商明确。因而从法理上而言,并没有突破宪法及相关组织法中所规定的"本行政区"内的地方政府权力限制边界。而且,在混合治理模式中,中央或者上级政府依然发挥着巨大作用,一方面,上级政府可以出台法律,对协商的原则、程序、范围等进行规范;另一方面,上级政府也可以介入协商程序,对协商过程加以控制、监督乃至激励。这也符合《宪法》第3条规定的民主集中制原则。

但这一模式能够运转的前提在于地方享有相应的法定税权,至少是税收收益权。而这在目前法律尚未作出明确规定,我国宪法在国家权力配置上并未对财政权作出明确规定。虽然从宪法对各级人大预算审批权的规定以及《立法法》对财政基本制度的规定中,多少能够看出赋予地方税收收益权并将之法定化的必要性,但是因为目前确定具体划分中央与地方收入的依据依然是国务院决定文件,中央政府可以决定和调整地方税收收入的形式和数额。① 为了更加限定中央政府对税收归属恣意调整的权力,使地方政府享有实质、法定的税收收益权,需要尽快制定相应的法律予以规范。② 而除中央与省级政府之间的税收收益权配置需要法律明确规定外,省级以下政府的税收收益权配置同样需要加以法定化,当然这一法定化过程,需要权衡全国统一和地方自主。

(三)混合治理模式的基本框架构建

推进混合治理,重点在于实现规则与协商的良性互动。在规则端,应当根据社会经济发展和程序机制要求,确立3种类型的分配规则:一般性规则、示范性规则和程序性规则。其中,一般性规则,应当强制适用;示范性规则,由地方政府参照适用,可以根据具体情形进行协商;程序性规则,主要是为了保障地方协商程序的正当和效率。

而在协商端,应当设立双层次协商程序、四方主体的内外部共同治理机制。双层次

---

① 参见刘剑文、熊伟:《税法基础理论》,北京大学出版社2004年版,第52页。

② 参见刘剑文、熊伟:《税法基础理论》,北京大学出版社2004年版,第52页。

协商程序,包括地方自主协商程序和中央指导协商程序;四方主体包括:地方政府,作为横向税收分配的核心主体;中央政府,作为激励者、控制者和协调者;地方人大,对地方政府的横向税收分配工作具有监督权;纳税人,既可以主动提请协商,同时也应当保障纳税人的合法权利。

1.横向税收分配规则类型及其规范化

由于单一治理规则已经无法因应横向税收分配的复杂性,因此丰富治理规则类型,提高规则准确性的同时,也提升规则的灵活性是必然追求。但是如果在同一种规则状态下,赋予其灵活性,很可能导致规则的"无效化"。解决问题的思路,可以将规则进行分类:对于发展已经较成熟,经济模式较固定的跨区域经营行业、企业的横向税收分配,由上级政府制定一般性规则加以适用。地方在适用此类一般性规则时,没有协商空间,属于强制性规则。地方或者纳税人,认为此类分配规则不合理,应当向上级政府提出异议申请,由上级政府进行审议决策,而不能由其自主与其他关联地方政府进行协商,从而确保此类规则的统一适用。例如,我国目前跨区域经营企业汇总纳税分配规则,对于传统制造企业、销售行业的税源归属认定,已经较合理,所需要完善的就是提高规则的准确性,如取消财政分配手段,降低总机构所在地的分享比重。又如,我国对铁路运输企业的增值税和所得税分配,也已经较完善,并不需要再由地方政府对此规则进行重新协商。

而对一些新生经济形态,或者涉及地区较少的横向税收分配需求,可以考虑赋予地方一定的协商权,中央可以出台示范性规则,引导地方协商的方向和大致结果。此类规则,可以添加诸如"以地方平等协商为原则""地方在参照时可以根据具体情形进行协商"等。具体而言,此类事项主要包括两个方面:一是新兴业态或者新生需要,如数字经济企业,行业或者企业的税源创造规律尚不稳定;或者如果对增值税采"消费地原则",根据人口、零售总额等因素进行分配,留存一段时间的过渡期会更合理,而在这段时间内,由中央指导地方协商进行分配,或许是一种不错的缓冲方式;又如,个人所得税的横向分配,此类问题也需要有一个平台加以调控。二是边界地区的合作项目,此类项目涉及的地方政府主体往往不会过多,一般以两个或者三个主体为主。由地方自主协商,可以在一定程度上调动地方发展边界地区的积极性,将发展外部性问题内部化,实现地方政府间由"零和博弈"走向"正和博弈"。①

而在第二类规则或者上述两类实体性规则都尚未关注的事务中,如何确保地方协商或者中央搭建的协商平台能够合理、正当地运转,实现合理的横向税收分配,就必然需要有一套程序性规则加以把控。规范化的协商程序规则应当至少包括协商启动规范、过程有序高效和结果公开透明。在协商程序启动阶段,首先应当明确协商事务范围,在规则—程序型模式下,只有属于第二类规则或者尚无规则的事项,始有协商之必要。协商程序的启动,可以由地方政府提起,也可以由对上级政府分配规则有充分质疑理由的纳

① 参见张紧跟:《当代中国地方政府间横向关系协调研究》,中国社会科学出版社2006年版,第7页。

税人提出。在协商过程中,一方面,有必要对协商的时限予以规范,因为税收作为政府间财政的主要收入来源,无法承受协商过程动辄数年所带来的财政支出压力。另一方面,有必要对协商的内容加以原则性规范,协商不能偏离税制的内在原理,应当以真实反映税收来源为基准。而协商结果的公开,既是公共财政的现实需求,以实现权力机关和上级政府的监督职能;也是纳税人权利保护的要求,防止协商结果对纳税人产生不利影响,并对其他同类型事项有借鉴意义。

2. 横向税收分配协商程序与保障机制

具体到协商环节,如何确保协商过程的正当、效率,协商结果的科学、合理,是制度建设和实施需要重点把握的内容。其中,协商平台建设是重要抓手,而明确各类主体的权责,是确保有序、有效开展协商的保障。

对于第一层次的地方协商而言,其实已经在我国出现了多种形式的协商平台或者组织机构,主要有两种形式:一是中央指导下的地方协商组织;二是地方自主协商合作组织。前者如安徽省与浙江省就新安江流域的生态保护和补偿,在保障地方政府自愿协商的基础上,将作为执行监督者的中央政府也纳入协议范围,承担一定的补偿责任,体现补偿运行的强制要素。[①] 而在京津冀产业转移税收协调中,也采取了由中央政府牵头组建京津冀协同发展税收工作领导小组的方式,推动地区间协商的有序进展。[②] 后者则在区域经济合作场景中,十分普遍。例如,长三角、珠三角等根据合作协议成立的合作理事会、首长联席会等形式,作为推进区域经济一体化的沟通和协商平台。[③] 笔者认为,在横向税收分配场景中,并不必然需要中央政府介入第一层次的地方协商,转而可以采用批准或者备案制度加以控制,[④]而赋予地方有更多的协商自主权,激发其主动性和积极性。

而在第二层次的协商组织上,也存在两种方式可供参考:一是完全由地方组建协商平台;二是由上级政府领导组建。前者在美国州企业所得税分配中有所实践,美国在20世纪60年代,引入了州际税收委员会(MTC),以协调各州企业所得税的分配,同时为了保障各州的财政自主权不被联邦政府所剥夺。[⑤] 州际税收委员会由每州的税收财政部门负责人组成。但是这一协商平台不符合我国国情,就治理成本、权力结构和政治体制而言,我国当前更适合采取后一种"中央领导 + 地方参与"的模式。也就是由中央财税部门

---

① 参见徐键:《论跨地区水生态补偿的法制协调机制——以新安江流域生态补偿为中心的思考》,载《法学论坛》2012 年第 4 期。

② 《税务总局:京津冀协同发展税收工作领导小组成立》,载中国政府网,http://www.gov.cn/xinwen/2014-07/18/content_2720141.htm。

③ 参见叶必丰:《区域经济一体化的法律治理》,载《中国社会科学》2012 年第 8 期。

④ 参见张彪、周叶中:《区域合作法律保障机制研究——以中部六省为例》,载周佑勇主编:《区域政府间合作的法治原理与机制》,法律出版社 2016 年版。

⑤ See W. Bartley Hildreth, *Interstate Tax Uniformity and the Multistate Tax Commission*, National Tax Journal, Vol. 58, No. 3.

牵头,由各省(市)财税部门首长组成横向税收分配协调委员会。一方面,能够对协商结果予以确认,而得以被地方遵守,消解美国模式下的无法定效力之尴尬局面;另一方面,可以起到监督者和激励者的作用,监督各主体协商过程和结果,及时解决协商难题,实现高效治理。

概言之,无论是第一层次的地方协商,还是第二层次的上级领导协商,我国政府间横向税收分配,上级政府无疑不能缺位。但是其也并非完全主导协商过程,其介入两层次的协商中,主要起到的是监督协商公正、控制协商效率、激励协商开展的作用。具体而言,其介入协商主要有两方面理由:一是权力制衡。分权必有制衡,上级政府介入地方税收收益权行使,有我国政治委托代理关系或者发包—承包关系的理由,①地方政府是中央政府的代理人,那么作为委托人自然需要制约地方政府的权力行使行为,以避免背离中央政府的目标。二是成本考量。在一些涉及多个地方、同种类型多次出现、协商成本高的领域或者事务中,由上级政府出面对其加以规范,亦有必要,例如,汇总纳税、跨省水电项目税收分配等。

而除上下级政府在协商平台和过程中的角色地位外,还有两类主体的定位也需要加以重视,一是地方权力机关,二是纳税人。

我国《宪法》规定,地方政府应当对人大负责,接受人大监督。虽然我们称人大为立法机关,但是它们的绝大部分工作却不是制度和批准一般行为规则,而是指导政府在解决特定问题时采取何种行政措施。并且值得注意的是,恰恰是政府治理而不是立法工作渐渐变成了代议机构的首要任务。② 就横向税收分配而言,虽然不涉及对法律规定的税收收益权的调整,但由于涉及具体的税收利益分配问题,地方协商确定的横向税收分配,显然也应当受到人大的监督,如采取协商结果汇报制度,或者在年度政府报告中对相关协商行为结果进行汇报。

横向税收分配虽然不影响上级政府的税收收入,但是因为属于税收收益权的行使,会在一定程度上影响纳税人的权利。一方面,这既包括前端的纳税人财产权,因为我国目前依然存在区域税收优惠政策,不同的分配结果显然会影响纳税人最终所缴纳的税负;另一方面,由于各地政府存在支出端的差异,在税式支出优惠未完全规范之前,地区间的税收分配,同样可能影响纳税人享受优惠的程度和数量。因此,无论从中、短期现实来看,还是从长期规范来讲,在协商程序中保障纳税人权利也非常之必要。这就要求协商过程和结果应当对纳税人开放,保持透明度。③ 如果纳税人对协商结果有异议,应当赋

① 参见丁轶:《等级体制下的契约化治理　重新认识中国宪法中的“两个积极性”》,载《中外法学》2017年第4期。

② 参见[英]弗里德利希·冯·哈耶克:《法律、立法与自由》(第2、3卷),中国大百科全书出版社2000年版,第302～303页。

③ See K. Perrou, *Taxpayer Participation in Tax Treaty Dispute Resolution*, IBFD, 2014.

予其救济权利。这种救济权应当覆盖上文所言之 3 种类型的分配规则。

综上所言，横向税收分配涉及的权力关系复杂性、横向税收分配经济基础的发展性，决定了横向税收分配应当以一种动态平衡的视角加以治理，构建一套多元且相互协作的协调和监督机制，最终形成以三类型规则和双层次协商为核心的内部治理规范；以人大监督、纳税人救济为主要内容的外部监督机制。

六、结语：实现“财、政、法、技”的联动与协调

横向税收分配，不仅是单一的财政分配的问题，还会牵涉前端的税收、背后的政治、基础的事权等。此种多重复杂关系，更是凸显了“财税法治”的重要性。在当前的探索中，“法”上的意蕴并不浓厚，更多的是中央政策主导或者地方政府创新，这或多或少对当前合作机制不稳定、利益分配不合理、要素流动依然受阻等现状有影响，未来，应当着力推进政府间财政关系法治化，既规范政府与市场的关系，也要为优化政府之间的关系提供指引。

横向税收分配，首先应当处理好纳税人和征管机构的关系。财税划分与统筹分配税制，亦须斟酌纳税义务人基本权。[①] 传统以“征管即归属”的分配方式，其实在很大程度上影响了后续税收分配制度的构建，这多少造成了纳税人纳税成本的增加，并不合理。如今在税务机构合并，由国家税务总局主导管理模式下，税务机构与地方政府在共享税征管上应当保持一定距离，甚至可以尝试探索税务机关与行政区划相分离的征管组织体系。[②] 而且，对税法上的纳税地点与税收归属的关系应当予以重视和重新审视。国内纳税地点的设置应当以纳税人便利为原则，因其导致的税源与税收的不匹配，则应通过税收分配的方式来重新配置。

横向税收分配，需要结合税制体系进行联动。现代国家多采复合税制，所得税、消费税、财产税等多类型税收并存。横向税收分配提供了一种新的视角来看待这些税种及其相互之间的关系，同时，协调好这些税种关系也能更好地促进横向税收分配合理化。因为税收分配所遵循的原则，往往会影响不同税种的归属，那么采什么税种能更好实现目的，就需要加以考量。

我国宪法规定，应当充分发挥中央与地方两个积极性。地方政府在行政管理、人事安排、财政决策、责任承担方面具有相对独立性，其法律地位也来自宪法确认。[③] 基于此种认识的地方税收自主权，至少应当在税收分配上保证地方之间的公平。未来税收横向分配的规范和落实，自然首先需要更加清晰规范的政府间关系。

横向税收分配，还应当与政府间事权划分相适应。无论是中央抑或是地方，倘若缺

① 参见葛克昌：《税法基本问题（财政宪法篇）》，北京大学出版社 2004 年版，第 183 页。

② 参见龚振中等：《我国跨行政区划税务组织机构设置的构想——动因及路径》，载《税务研究》2019 年第 10 期。

③ 参见熊伟：《分税制模式下地方财政自主权研究》，载《政法论丛》2019 年第 1 期。

失法定的、明确的事权领域，不仅难以真正贯彻落实政策，地方更将彻底丧失在央地关系中扮演积极建构性角色的基础。① 在财政领域，事权和支出责任划分应当是前置性条件，在此基础上，税权的划分、税收的归属才能理顺。虽然由于受益存在多重性和交叉性，政府间事权在现实中难以明确划分，但是改革事项越难，其意义和重要性也就越大。② 如若事权得以正确划分，那么基于此再进行税收的划分和横向分配，显然也会减少很多不必要的问题和冲突。

横向税收分配，还离不开现代技术的推广应用。传统横向税收分配中一项制度性难题是信息不对称和共享不顺畅，随着税收大数据应用的推广，税务机关信息整合共享机制形成，技术上的进步，必然更加有利于地方之间平等协商地位的形成，完善不同税务机构之间的信息交换和沟通机制，能够确保税收横向分配的基数准确和结果合理。

在国家财税治理现代化的背景下，明确横向税收分配的基础概念，规范横向税收分配制度模式，实现"财、政、法、技"的联动和协调，才能确保地方税收关系体制的正当、合理、科学。

---

① 参见郑毅：《论中央与地方关系中的"积极性"与"主动性"原则——基于我国〈宪法〉第 3 条第 4 款的考察》，载《政治与法律》2019 年第 3 期。

② 参见熊文钊主编：《大国地方：中央与地方关系法治化研究》，中国政法大学出版社 2012 年版，第 250 页。

第二篇　优化营商环境与财税法创新研究

优化营商环境视域下网络虚构交易的税法因应*

茅孝军**

一、背景及问题

营造公平竞争的市场环境，是党的十八届三中全会以来的改革方向之一。随着公平竞争审查制度及《优化营商环境条例》的推出，该议题正处于社会关注的焦点。本质上，营造公平竞争的市场环境是当前阶段经济高质量发展的基础条件。在数字经济领域，《电子商务法》首次明确将虚构交易纳入“虚假或者引人误解的商业宣传”的范围内。① 随着互联网与经济的深度结合，网络虚构交易的制度成因及应对措施尤其值得关注。

网络虚构交易相关问题一直为学界与实务界所关注。一般而言，网络虚构交易会涉及虚假宣传②及恶意诋毁的问题。从法学视角来看，这些问题将首先影响市场竞争秩序。因此，现有研究更多关注网络虚构交易的法律规制问题。问题在于，这种现象为何会产生？又为何会一直存在？通常来讲，一种现象长期存在，其背后必然存在一定的激励因素，无论这种激励因素是有意设计的还是自生自发的。税制作为一个较重要的激励工具，在市场交易中无法回避。网络虚构交易应税与否，会涉及两个方面：一是当其不被征税或可退税时，这种行为的税收成本自然较低，网络运营者采用该措施的倾向也更明显；二是那些未采取网络虚构交易方式的市场主体自然要承担更高的营销成本，最终产生

---

* 原载《税务与经济》2021 年第 1 期。国家社科基金重点项目“‘宽进严管’背景下市场主体信用监管制度研究”（项目编号：16AFX016）、重庆市社科规划项目“需求差异导向下的税收司法裁决说理的问题研究”（项目编号：2018BS118）与财政部央地共建西南政法大学中国财税法治研究院项目成果。

** 西南政法大学经济法学院博士研究生，西南政法大学中国财税法治研究院助理研究员，主要研究方向为财税法学。

① 《电子商务法》第 17 条规定：“电子商务经营者不得以虚构交易、编造用户评价等方式进行虚假或者引人误解的商业宣传，欺骗、误导消费者。”需要注意的是，《反不正当竞争法》第 8 条仅规定了“组织虚假交易”的行为，而未明确指出“虚构交易”属于“虚假或者引人误解的商业宣传”。

② 需要说明的是，按照《反不正当竞争法》第 8 条的规定，虚假宣传包含两个类型：虚假或者引人误解的商业宣传。由于目前尚未对两种类型达成一致看法，本文以虚假宣传概括表示，以避免相关用语的混淆。

"劣币驱逐良币"的效应。这既会影响市场主体的比较优势,有损于竞争秩序,也会损害当前消费环境,不利于消费者有效辨别商品与服务。从目前来看,从税法的角度分析网络虚构交易涉税问题的相关研究尚未出现。

转向平等竞争,是优化营商环境的目标取向。[①] 而不平等的本质是一种关系结构,即"情况"和"对待"之间的关系问题。[②] 从网络虚构交易来看,违法经营者与守法经营者之间实际上构成"不同情况相同对待"的关系。故现有税制设计可能构成对守法经营者的间接歧视。从经营者角度来看,优化营商环境本质上是为其营造一个能够带来外部经济的环境,核心表现在于降低其综合交易成本。[③] 但实际上,中国营商环境改善的指标主要体现在企业的"准入"上,而非企业的"运营"中。[④] 鉴于此,本文首先分析虚构应税交易的可税性,在此基础上分析当前税制设计的不良影响,最终尝试探索优化营商环境视域下的税制设计,以实现税法的竞争中立,维护市场主体的竞争利益。

二、规则澄清:网络虚构交易可税性探析

考察网络虚构交易可税性问题,首先要明确网络虚构交易发生在交易的何种环节,涉及哪些税种。无论是《电子商务法》,还是《网络交易监督管理办法(征求意见稿)》都对网络虚构交易持否定性评价。但由于税法评价有其自身一套体系,因此尽管相关交易违反强制性规定合同自始无效,也无法得出相关税负应以合同订立前的情况为基准的结论。在实践中,为了维护整个交易流程,网络虚构交易往往覆盖从购买者咨询到购买者收货、好评整个环节的全部事项。从税法对网络交易的评价来看,网络虚构交易的税法相关特征有以下几点:一是发生在最终消费环节;二是不涉及增值税专用发票问题;三是为维持利润在正常范围,成本也将一定程度造假。鉴于此,以下主要分析网络虚构交易下增值税与企业所得税的可税性问题。[⑤]

(一)不构成增值税应税交易

增值税法应该如何评价网络虚构交易?[⑥] 按照《增值税暂行条例》相关规定,构成增值税应税交易需要满足以下条件:在我国境内有偿销售货物、提供加工、修理、修配服务以及进口货物。从《增值税法(征求意见稿)》来看,实质性内容并未改变。从这个角度

---

① 参见刘志彪:《平等竞争:中国民营企业营商环境优化之本》,载《社会科学战线》2019年第4期。

② 参见赵真:《比例原则在反歧视诉讼中的适用——以香港平等机会委员会诉教育署案为例》,载《行政法学研究》2012年第1期。

③ 参见刘刚、梁晗:《外部性视角下营商环境的优化——基于企业需求导向的研究》,载《中国行政管理》2019年第11期。

④ 参见洪海:《从世界银行评价指标体系入手 全面优化营商环境》,载《中国市场监管研究》2018年第3期。

⑤ 由于涉及增值税,自然会涉及城市维护建设税、教育费附加及地方教育附加。若产品属于应税消费品,则还应考虑消费税问题。

⑥ 需要说明的是,本文所称增值税法是指以《增值税暂行条例》为主体的一系列规则,并非特指某一部法律。

来看,网络虚构交易似乎完全满足增值税应税交易的要求。但问题在于,虽然网络交易的外观符合销售货物、有相应对价的要求,但必须指出,在最终发货环节涉及的货物一般不是虚构交易的对象。因此,货物与对价之间不具有对应关系。值得注意的是,虽然我国增值税法没有明确要求给付与对价之间的"直接性相联结"要素,①但可以从其他角度解释这种现象。

一方面,虽然网络虚构交易表面上属于买卖合同应自始无效,但从一些案件来看,网络虚构交易所涉法律关系实际上可以构成一种"阴阳合同"。② 其阳合同的外观是买卖双方就特定商品达成的合约,并通过物流来履行合同。其阴合同的实质是以高价买卖低价值商品,③通过物流履行合同后实现阳合同履行完毕的外观。与类似阴阳合同的避税目的不同,网络虚构交易的本质仍然是一种"刷单"行为,主要目的是提高特定商品的销量,最终实现虚假宣传的目的。而在实践中,这类合同一般不会直接被认定无效,需要根据具体的情况综合看待。从虚假宣传的目的来看,网络虚构交易仅仅涉及交易数量的虚构,不会直接涉及商品主要功能的宣传,一般也不会被认定为欺诈。④ 因此,理论上网络虚构交易所涉增值税问题应当分而视之:阳合同所涉交易应当认定为没有实际发生,不构成增值税应税交易;阴合同所涉交易应当按照实质课税原则,仅就实际交易的物品及其对价作为增值税的计算依据。⑤ 但实际税收征管很少考虑阴合同所涉税款,故阴合同所涉税款实缴为零。而实际税收征管侧重按照阳合同计税,这种情况下所涉税款可申请退税。

另一方面,与此密切联系的是增值税专用发票的开立。由于网络虚构交易一般存在于最终消费环节,不会涉及增值税专用发票的抵扣问题,因此其不会损害增值税抵扣链条的完整性。⑥ 但因所涉内容复杂,有必要借鉴虚开增值税专用发票的相关规定予以解读。按照国家税务总局《关于纳税人虚开增值税专用发票征补税款问题的公告》(国家税务总局公告 2012 年第 33 号)规定,"纳税人虚开增值税专用发票,未就其虚开金额申报并缴纳增值税的,应按照其虚开金额补缴增值税;已就其虚开金额申报并缴纳增值税的,不再按照其虚开金额补缴增值税"。换言之,在上游环节虚构交易的,经营者应就虚开交易缴纳增值税。此规定所处的背景在于:早期增值税抵扣制度采用的是手写发票。⑦ 为解决此过程中的重复征税问题,才有了补税的要求。随着金税三期的持续推广,以及

① 参见杨小强:《中国增值税法:改革与正义》,中国税务出版社 2008 年版,第 43 页。

② 参见河南省汝州市人民法院(2019)豫 0482 民初 677 号民事判决书。

③ 需要说明的是,结合实践来看,最终发货包裹可能是空的。

④ 参见马一德:《虚假宣传构成欺诈之认定》,载《法律科学(西北政法大学学报)》2014 年第 6 期。

⑤ 需要说明的是,按照《发票管理办法》第 22 条的规定,上述行为可能构成虚开发票的行为遭受处罚。本文侧重关注税收相关情况,故对此问题不予展开。

⑥ 参见茅孝军:《增值税抵扣权入法热的冷思考》,载《税收经济研究》2019 年第 6 期。

⑦ 参见国家税务总局关于《纳税人虚开增值税专用发票征补税款问题的公告》的解读。

区块链发票的试点，这种现象已经很难规避税务机关的监管。因此，从以上分析来看，网络虚构交易不需要相应的补税。

从实践来看，网络虚构交易发生在最终消费环节，存在一定程度上的不开增值税普通发票的情况。但必须承认，由于针对特定商品的交易并未发生，不构成增值税应税交易。在征管不严的情况下，网络虚构交易的阴合同会逃过税务机关的监管，相应税款不会按时入库。① 另外需要注意的是，城市维护建设税、教育费附加及地方教育附加也会因无须补缴或漏缴增值税而相应减少。

（二）成本费用及虚构收入应在计算企业所得税时扣除

企业所得税与增值税不同，不会过分关注具体交易的可税性问题，而是从总体的角度把握经营者的税负情况。在此背景下，网络虚构交易主要涉及应纳税所得额的确认。具体而言，主要包括相关收入的确认及成本费用的扣除。一方面，从企业所得税的角度看，网络虚构交易最终将体现为虚增收入。从现有案例来看，虚增收入所多缴的企业所得税在会计报表调整后可以申请退还相应税款。② 另一方面，相关成本费用的范围及类型难以界定。虽然网络虚构交易的主要目的是提高销售量，最终增加特定商品的曝光率，本质上属于一种宣传营销行为，但相关成本能否列支在广告费和业务宣传费项目下则属另外的问题。

《企业所得税法》及相关规则规定了广告费和业务宣传费支出在一定范围内可以扣除。③ 虽然暂无文件明确规定两者的概念定义及内涵，但曾有税务规范性文件专门处理两者申请扣除所应满足的条件。一般而言，申请扣除广告费支出需要满足3项条件：广告由专门机构制作、已实际支付费用，并已取得相应发票、通过一定的媒体传播，④业务宣传费与广告费的主要区别在于未通过媒体传播。⑤ 此外，《广告法》所称的广告，是指“通过一定媒介和形式”介绍“所推销的商品或者服务”的商业活动。从以上的广告界定来看，网络虚构交易可以被界定为一种业务宣传行为，相关成本费用应可以在广告费和业务宣传费项下申请扣除。而根据成本费用与收益对应原则，由于虚构收入将会从总收入中剔除，故相关成本费用自然也应从被扣除的成本费用中剔除。⑥

从理论上看，网络虚构交易所涉增值税与企业所得税在证据充分的情况下，可以实现零负担。而现实情况中不仅涉及税负问题，还需结合电商平台的处罚机制、虚构交易

---

① 一般来说，增值税由最终消费环节的消费者负担。但由于网络虚构交易并不存在最终消费者，故该交易实际缴纳的增值税由网络经营者承担。

② 相关案例，参见中国证监会行政处罚决定书（宁波圣莱达电器股份有限公司）（〔2018〕33号）。

③ 参见《企业所得税法》第8条、《企业所得税法实施条例》第44条。

④ 参见国家税务总局《关于印发〈企业所得税税前扣除办法〉的通知》（国税发〔2000〕84号，已失效）第41条，虽然该文件已失效，但对本文的研究内容来说仍然具有重要的参考价值。

⑤ 参见国家税务总局《关于印发〈企业所得税税前扣除办法〉的通知》（国税发〔2000〕84号，已失效）第42条。

⑥ 参见《企业所得税法实施条例》第28条第2款。

引发的行政处罚等内容综合考虑。而征管技术难以覆盖交易的各个细节，少征或多征的情况必然存在。例如，税务机关在年度税收调查时可能就会按照全部收入要求经营者补缴增值税与企业所得税。故网络经营者选择是否承担相应税款已经成为其经营策略不可分离的重要部分。但总体上，网络虚构交易的税负成本较低。值得反思的是，这种税制设计是否与现有网络交易环境相契合？

三、税制反思：网络虚构交易税制设计的扭曲效应

税制设计是否会影响市场竞争？这个问题的相关思考在税收思想史上已有体现。"管理糟糕的好税收，可能较之管理良好的坏税收更加不公平"。[①] 从税收优惠引发的税负不均来看，有研究指出，"非税收优惠享受者的公平竞争权受到侵害"。[②] 实际上，税制设计影响市场竞争的本质在于人们会对激励作出反应，而若没有考虑这一点，即使是善意的公共政策也可能会产生意想不到的负面结果。[③] 就网络虚构交易而言，现有税制设计是否对互联网领域市场竞争产生扭曲效应？回答这个问题，需要从现有规则出发，反思现有税制设计下存在的不良影响。

（一）现有税制间接鼓励网络虚构交易

从目前来看，现有税制设计并未考虑其对市场主体决策的影响。虽然网络虚构交易在一定程度上可能面临税收调查的风险，但只要相关材料齐备，能够证明网络虚构交易的准确范围便可申请退税。故网络虚构交易实质上并未承担税负。在这种情况下，市场主体基于趋利避害的本性偏向税负较低的选择也就不足为奇。而一旦政策在某一领域作出了最初的政策与制度选择，由此形成的模式将被延续下去，除非有足够的力量克服项目起初形成的惯性。[④] 虽然电子商务在我国快速发展，但如果税制设计不能适应乃至引导这种交易模式，那么如何保证电子商务在我国更好发展？更紧要的是，现有税制设计能否维持电子商务当前的繁荣？

在不考虑虚构交易可能处罚的前提下，现有税制设计实际上在间接鼓励网络虚构交易的发生。从成本—收益的视角来看，网络经营者虚构交易的税制成本为零，且在销量等宣传效果方面，易获得与真实交易类似效果。长此以往，网络经营者不再关注商品质量的提升，而侧重通过技术手段实现优质商品的销量外观。这一点在我国电子商务环境中已有所显现。不可否认，当前电子商务税收征管工作成效明显。因为以获取财政收入

---

① ［美］哈罗德·M. 格罗夫斯、唐纳德·J. 柯伦编：《税收哲人：英美税收思想史二百年》，刘守刚、刘雪梅译，上海财经大学出版社 2018 年版，第 47 页。

② 王霞：《税收优惠法律制度研究：以法律的规范性及正当性为视角》，法律出版社 2012 年版，第 39 页。

③ 参见［美］哈维·S. 罗森、［美］特德·盖亚：《财政学》（第 10 版），郭庆旺译，中国人民大学出版社 2015 年版，第 120 页。

④ 参见［美］B. 盖伊·彼得斯：《政治科学中的制度理论："新制度主义"》，王向民、段红伟译，上海人民出版社 2011 年版，第 71 页。

的税法也会带来一些附带效果，只不过这种附带效果并非税法的目的。[①] 但这种事后监管模式能否适应快速变化的电子商务？

（二）对守法经营者构成事实上的税制歧视

判断网络虚构交易目前适用的税制设计是否构成一种税制歧视，需要放到特定的历史阶段中去考察。从我国电子商务的发展来看，目前我国电子商务规模位居全球前列。如果仅从宏观把握现有网络交易相关的税制设计，容易得出现有税制设计符合税收公平要求的结论。这显然与现实情况相矛盾。虽然每个网络经营者适用相同税制设计，也不存在仅部分经营者能够享受税收优惠的情况，但是我们不能忽略所谓“间接歧视”的现象。所谓间接歧视，是指在形式上无差别规定，但在事实上与实现合法目的不相关、不必要、不合理，其适用的效果是把被法律保护的特征群体处于与他人相比不利或特惠的地位而构成的歧视。[②] 申言之，在网络交易过程中，现有税制设计能否保证市场主体的竞争优势不被扭曲？

一般来说，判断一项税制设计是否构成歧视，需要满足两个要件：一是存在不合理的差别待遇；二是不存在正当化事由。当然也可从其他角度判断税收歧视的存在，如有研究指出，只要一部税法不会扭曲相关要素的匹配，该税法便是竞争中立的，即满足非歧视原则的要求。[③] 本文主要借助要件理论来判断歧视的构成。为了更直观地分析网络经营者比较优势如何被扭曲的问题，本文将网络经营者简化为两类：无虚构交易的网络经营者与有虚构交易的网络经营者。

就第一个要件来看，在现有税制设计下，由于对两类经营者的税制设计相同，在实现销量增长的外观方面，无虚构交易的网络经营者实际上承担着更多的经营成本。故实际上存在不合理的差别待遇。前已述及，由于成本更低，网络经营者更倾向借助虚构交易实现销量增长的目标。从要素匹配的视角来看，网络经营者与潜在交易的匹配往往需要借助一些外观来展现，例如，广告宣传、实际销量、用户评论质量等。这些内容恰恰与网络虚构交易密切相关。从客服咨询环节到最后收获好评，网络虚构交易足够以假乱真。因此，网络经营者与潜在交易的匹配被扭曲。虽然现有税制设计对要素匹配的扭曲并非故意产生，但无法否认这种扭曲效果的客观存在。

就第二个要件来看，结合学界及实务界对网络虚构交易的一致批判，加之缺乏直接相关的产业政策支持，故现有税制设计形成的差别待遇并无正当化事由。即便为了保证征管效率，现有税制设计所带来的负面影响也难以通过比例原则的审查。尽管存在一定的惩罚措施，但只要税制设计没有表现出应有的激励结构，尤其是没有考虑相应的不良

---

① 参见陈清秀：《税法总论》，台北，元照出版有限公司 2018 年版，第 22 页。

② 参见周伟：《论禁止歧视》，载《现代法学》2006 年第 5 期。

③ See Ruth Mason & Michael S. Knoll, *What is Tax Discrimination*, Yale Law Journal, p. 1014 – 1116 (2012).

影响,那么税制带来的扭曲效应就不应被忽略。故现有税制设计对守法网络经营者构成事实上的歧视。

(三)扭曲电子商务的竞争秩序

现有税制设计能够适应电子商务发展早期的需要。电子商务作为一种新兴商业模式不过十几年的时间。但我们应该抛弃这样一种至今仍然极其流行的习惯:一旦认为一种制度、一种习俗、一种道德准则是好的或坏的,就不加区别地认为它们对于任何类型的社会来说,都是好的或坏的。① 换言之,判断税制设计与当前电子商务环境是否契合应该是一个动态性的过程。目前,整个营商环境更加注重公平竞争。例如,"依法促进各类生产要素自由流动"是《优化营商环境条例》的核心目标之一。因此,当前阶段判断应着重关注税制设计能否保障电子商务的竞争秩序,尤其是相关要素的自由流动。

从网络经营者的个体视角来看,网络虚构交易产生的相关税负可申请退税,完全符合现有税法体系的规定。然而,按特定纳税人有利之租税负担,对其他纳税人来说不仅不公平,且有害于市场自由竞争。② 从最根本的利益层面来讲,竞争法与税法之间的共同点和联系在于,二者都直接或间接地与市场主体的切身利益密切相关,在不同程度上都致力为市场主体营造或者建立一种有利于其生长发展的经济环境。③ 有研究指出,欧盟法通过保证货物、个人、劳务提供、资金的自由流动,以及禁止国家援助来防止竞争秩序被税法扭曲④。而现有税制设计既在间接鼓励网络经营者虚构交易,对守法网络经营者也构成事实上的歧视。在这种环境下,现有税制设计维持原状必然会因影响相关要素的自由流动,最终导致对竞争秩序的扭曲。

从公共利益的视角来看,网络虚构交易的长期存在将影响社会总体福利。虽然其他商业模式下也存在虚构交易的现象,但网络虚构交易更简单也更容易实现。如果税法不予回应,税法维护社会整体利益的角色自难实现。⑤ 总体上,税法回应的方式分为两种:一是对存量政策的清理,如优化营商环境目标提出以来,中央政策一再强调"逐步清理废除妨碍全国统一市场和公平竞争的存量政策";⑥二是制定增量政策,调整现有税制设计,使其与优化营商环境的目标契合。如果现有税制设计保持不变,必定会影响社会总体福利。

四、网络虚构交易的税法因应

从税法的角度来看,被网络虚构交易掩盖的实质必须得以挖掘和认定,并不以民法

① 参见[法]E. 迪尔凯姆:《社会学方法的准则》,商务印书馆 2011 年版,第 81 页。

② 葛克昌:《税法基本问题(财政宪法篇)》,北京大学出版社 2004 年版,第 154 页。

③ 宁立志、李强:《竞争法视野中的税负安排》,载刘剑文主编:《财税法论丛》第 6 卷,法律出版社 2005 年版。

④ 徐妍:《欧盟税法的理论与实践》,中国政法大学出版社 2018 年版,第 7 ~ 13 页。

⑤ 朱一飞:《税收调控权研究》,法律出版社 2012 年版,第 82 页。

⑥ 参见中共中央、国务院《关于新时代加快完善社会主义市场经济体制的意见》。

的或然无效认定为准。[①] 但就个案来讲,网络虚构交易的数量众多与实质课税成本颇高之间的主要矛盾需要平衡。此外,有研究强调,当在各自为政进行决策的前提下,对各种社会格局进行抉择时,改善某些决策的现行体系的变化也可能会恶化其他决策。[②] 换言之,调整现有税制设计应避免带来新的问题。而税法还应注意电子商务中竞争秩序的维护。笔者认为,电子商务中竞争秩序的维护应为主要目标,相关税收政策均应围绕该目标展开。

(一)应按形式外观全额征收相关税款并限制退税

为了消除现有税制设计的扭曲效应,有必要限制网络虚构交易所产生的增值税与企业所得税的退税申请。笔者认为,可以适当突破增值税及企业所得税的设计原理,要求网络经营者就两税及其附加税负纳税义务。原因有二:一是网络虚构交易因其成本较低,容易形成恶性竞争的局面,故有必要增添其税制成本;二是在税制转型期间,有必要暂时矫正早期税制不合理引致的遗留问题及其对竞争秩序的影响,待时机成熟再考虑形式与实质的统一。按照均衡经济结构,为避免征税活动对市场经济正常运行机制的干扰,税收立法倾向采用中性原则。而在中国非均衡经济环境下,这种税收立法无异于一种"人为的不公平"。[③] 只有在立法技术及征管技术发展到一定阶段后,税法才应转换到均衡经济结构下设计的模式。故当前阶段强调形式税收法定及税收公平对转换经济动能及优化营商环境的实际意义不大。

按照增值税一般原理,经营者不应有任何的增值税负担。[④] 但这只是理想状态下的税制设计。在实践中,由于存在大量的减免税环节,以及特殊的税制设计,诸如出口退税环节退税率低于流转环节税率,导致一定的增值税负担滞留在流转环节。从跨境贸易来看,增值税的设计被要求实现以下目标:一是境况相似的企业在进行同类交易时,应当征收相同水平的增值税;二是如需针对境外企业单独制定规则,则增值税的管理不应对企业造成不成比例或不恰当的合规成本。[⑤] 此外,有研究指出,农民不仅在消费环节承担增值税税负,而且在生产环节只能自己消化增值税进项税额。[⑥] 既然这种现象大量、长期存在,为何相关税制设计一直在默认重复征税,来侵蚀市场主体的利益? 因此,以增值税的理想模式为依据限制相关税制工具的使用便显得不合理。相反,要求网络虚构交易缴纳增值税是税法对其数量众多及发生隐蔽的特点做出的妥协。

虽然将虚假交易数据作为计税依据可能值得商榷,但反映出一个公认的价值判断,

---

① 参见滕祥志:《税法的交易定性理论》,载《法学家》2012 年第 1 期。

② 参见[美]罗纳德·H. 科斯:《企业、市场与法律》,盛洪、陈郁译,格致出版社、上海三联书店、上海人民出版社 2014 年版,第 118 页。

③ 参见张怡:《税收法定化:从税收衡平到税收实质公平的演进》,载《现代法学》2015 年第 3 期。

④ 参见陈清秀:《税法各论》,法律出版社 2016 年版,第 416 页。

⑤ 参见石伟:《"竞争中立"制度的理论与实践》,法律出版社 2017 年版,第 138 页。

⑥ 参见张怡等:《衡平税法研究》,中国人民大学出版社 2012 年版,第 212 页。

虚构交易应当承担一定社会代价。从企业所得税的角度看,实践中已出现企业虚增收入“吹牛”被征税的案例。该案判决指出,“该(虚假)数据系上诉人自行申报提供,上诉人因为该数据顺利通过工商年检并获得县、市龙头企业称号,享受了相应的政策优惠,理应缴纳相应的税款”。[①] 就此案来看,虽然在处理虚构事实方面税收不是万能的,但必须承认,税收并非万能论的一个隐含前提是相关税制设计完善,不会产生一些额外负面效果。而事实情况并非如此。因此,从社会治理的目标及效果来看,法院的判决没有问题。同理,笔者认为,当前阶段网络虚构交易所涉企业所得税可以全额征收,并且限制退税。

(二)限制相关成本费用在计算企业所得税时扣除

网络虚构交易无论是借助虚假交易平台发生,还是通过网络经营者自行完成,必定会产生相当的成本费用。理论上,企业所得税中成本费用的扣除需要满足以下条件:费用支出真实性之证明、费用支出必要性之证明(以关联性为代表)、费用支出合理性之证明(以金额限制为代表)。本文侧重从必要性及合理性方面作限缩解释,作为限制相关成本费用的扣除的理论依据。

从必要性来看,网络虚构交易与虚增收入之间必然存在联系。但不容否认的是,网络虚构交易所产生的成本费用与合法交易所获收入也存在密切的联系。只是从实务来看,很难将成本费用在合法收入与虚构收入间准确分摊。而现有法律法规并未对此问题明确规定。申言之,按此规则,网络虚构交易的成本费用有且只能按照虚构收入与合法收入之比例来分摊。但此种类推适用会带来一个问题,即按比例分摊会间接肯定虚假交易的正当性。为避免此种矛盾,故有必要限制相关成本费用的扣除。

从合理性来看,市场主体自行决定成本费用的投入方式在未构成滥用的前提下,税务机关应该予以认可相关活动的安排。一般来说,广告费和业务宣传费也只能在年度销售收入的15%以内申请扣除。但现有企业所得税相关规定也基于公共利益等方面的考虑对特定成本费用的扣除作严格限制或稍微放宽。如企业所得税汇算清缴时,烟草企业不被允许扣除广告费和业务宣传费。[②] 就化妆品制造或销售、医药制造和饮料制造企业的扣除比例放宽至30%。[③] 这说明一个问题,现有税收政策的权限范围允许税务规范性文件就特定行业、特定事项调整费用扣除的标准。因此,就网络虚构交易而言,其对于电子商务环境中的竞争秩序没有任何贡献,税收政策可以考虑从合理性的角度禁止或严格限制相关成本费用的扣除。

---

① 参见云南省昭通市中级人民法院(2014)昭中行终字第46号行政判决书。

② 参见财政部、国家税务总局《关于广告费和业务宣传费支出税前扣除政策的通知》(财税〔2017〕41号,已失效)。

③ 参见财政部、国家税务总局《关于广告费和业务宣传费支出税前扣除政策的通知》(财税〔2017〕41号,已失效)。

（三）税收征管应对网络虚构交易保持警惕

目前的税收征管法仍然将税收收入最大化的国库利益作为中心。① 网络虚构交易在税收征管活动中可以体现为虚假的纳税申报、虚假的计税依据两种形式。② 但现有税收征管法侧重关注应纳税款的不缴或少缴，而较少回应现有税制设计对于竞争秩序的影响。故只要不涉及发票的造假等活动，网络虚构交易并不会受到处罚。即便在《税收征收管理法草案（征求意见稿）》中此问题也同样被忽视。

笔者认为，税务机关在税收征管活动中应对网络虚构交易等新兴商业策略保持警惕。虽然前述“国库主义”的理念在“分税制”改革初期具有一定效果，但随着税收治理现代化的提出，“纳税人主义”导向的税收征管将会是必然趋势。而回应税制设计对竞争秩序的扭曲，是这种变革过程中无法回避的问题。以网络虚构交易为代表的新兴商业策略正不断刷新税法的陈旧认知，即便可以借助大数据、区块链发票等新型技术识别这些商业创新，但这种创新对于税收征管活动的偏离以及对于竞争秩序的破坏，却始终无法被抵消。因此，面对网络虚构交易，即使无法立刻修法回应，税务机关在适用税收征管法时也可扩大解释相关条文，尝试从纳税人主义的角度回应竞争秩序的扭曲。

五、余论：“税法的竞争中立”之提出

从政策导向来看，《优化营商环境条例》目前较关注税收执法层面的歧视。例如，该文件强调“在……税费减免……方面，应当依法平等对待各类市场主体，不得制定或者实施歧视性政策措施”。而从“破除制约市场竞争的各类障碍和隐性壁垒”③来看，显然不应局限在税收执法层面。从网络虚构交易一例即可窥见税收立法对于竞争秩序的影响。从短期来看，以网络虚构交易为代表的商业策略正侵蚀税收利益，而现行税法却无动于衷。从长期来看，这涉及税法与竞争秩序的认知问题。传统税法学一直局限在税收法定的泥淖，已经难以顾及税收公平等问题的圆满实现。故税法能否以及如何维护竞争秩序的问题不被重视也属自然。但“税收潜力创造了税收，税收创造了行政管理，而行政管理反过来又创造了税收潜力”。④ 因此，税法的各阶段都应极力避免对竞争秩序的影响。

笔者将这种理念归纳为“税法的竞争中立”。⑤ 从相关政策发展来看，这种理念正逐

---

① 朱大旗、胡明等：《〈税收征收管理法〉修订问题研究》，法律出版社 2018 年版，第 33 页。

② 参见《税收征收管理法》第 63 条、第 64 条。

③ 中共中央、国务院《关于新时代加快完善社会主义市场经济体制的意见》。

④ ［美］理查德·A. 马斯格雷夫、艾伦·T. 皮考克主编：《财政理论史上的经典文献》，刘守刚、王晓丹译，上海财经大学出版社 2015 年版，第 59 页。

⑤ 需要说明的是，税法的竞争中立的提法并非笔者首创。霍菲尔德教授在其论文标题中首次使用该词。但该文更加强调从“竞争上平等机会权”导出受正确课税的人民拥有向法院提起诉讼之权利，并引入近年来德国法院关于防止竞争歪曲的相关判决，导出任何一税法条文均得作为“第三人保护条文”的原则，从而在国家对特定团体（或人民）给予租税优惠或者不予以课税时，人民有权要求国家为一般、平等、竞争中立地课税。具体内容，参见［德］Ulrich Hufeld：《税法的竞争中立——体系问题与竞争对手的法律保护》，谢如兰译，载《月旦财经法杂志》2010 年第 3 期。

步显现。“内外有别”“国企重组超特殊待遇”等中国税制发展过程中的差别待遇仍历历在目。尽管这些内容具有一定的历史合理性，偏离税法的竞争中立，中国经济也能高速增长，但这种发展模式是以牺牲税制的优化为代价，并且这种代价延续至今。从竞争中立的发展历程来看，其并非禁止政府干预市场，而是限制政府对市场的歧视性干预。[①] 故当前阶段税法应承担两项任务：一是树立税法竞争中立的理念，纠正税法影响竞争秩序的不足，抓紧弥补税制所付出的代价；二是明确税法竞争中立的边界，避免其成为新的政策工具而背离税法理念转型的初衷。从呼应优化营商环境改革来看，税法的竞争中立这一议题不应被回避。

① 参见刘戒骄：《竞争中性的理论脉络与实践逻辑》，载《中国工业经济》2019 年第 6 期。

我国供给侧结构性改革中减税的发展演进、现实挑战及法律建构*

徐楠芝**

“十三五”以来，我国顺应经济发展适时提出坚持以供给侧结构性改革为主线，加快建设现代化经济体系的步伐。其中，实施减税是供给侧结构性改革中的重要举措，并为“三去一补一降”提供了有效的正向激励。税收本身具有“内在稳定器”的功能，可以降低国民收入增减对经济波动反应的灵敏程度。国家可以通过采取增税或减税措施来防止经济过热或过冷，从而有助于“熨平”经济周期，平衡经济波动。① 经济学界研究减税对宏观经济和微观市场主体的影响，并运用收入放弃法、收入收益法、支出等量法和现值法等测算减税的最优规模。② 但从法学角度来看，在持续深化供给侧结构性改革的今天，税收法治的制度性供给严重不足。换言之，法律并没有充分发挥其在保障减税措施制定科学性、程序运行正当性、监督审查完备性中应有的规制力。为此，本文拟梳理供给侧结构性改革中减税的实践轨迹，分析当前减税面临的现实挑战，最终提出规制减税措施的建议，以期推动供给侧结构性改革中减税的法治进程。

一、发展演进：供给侧结构性改革中减税的实践轨迹

早在 2008 年，中央经济工作会议就提出：“加强和改善宏观调控，实施积极的财政政策和适度宽松的货币政策。实行结构性减税，优化财政支出结构。”可以说，减税作为国家宏观调控的重要策略伴随着经济发展的始终。只要国家存在，“大国轻税”的理念就有存在的必要。③ 根据近年来供给侧结构性改革中减税实践的阶段性特征，可以将其大致分为三个阶段：

---

* 原载《兰州财经大学学报》2020 年第 2 期，在原文基础上修订。

** 上海交通大学凯原法学院博士研究生。

① 参见张守文：《税法原理》，北京大学出版社 2019 年版，第 10 页。

② 参见王玮编著：《税收学原理》，清华大学出版社 2016 年版，第 101 页。

③ 参见杨志勇：《大国轻税》，广东经济出版社 2018 年版，第 3 页。

（一）“融入改革”:2016～2018 年

我国的供给侧结构性改革始于 2015 年 11 月中央财经领导小组会议提出“在适度扩大总需求的同时，着力加强供给侧结构性改革”，至此，结构性减税开始融入于供给侧结构性改革的背景中，持续为供给侧结构性改革发力。其一，制度性供给创新。依“主线”而推进的供给侧结构性改革，实为以改革为核心、以现代化为主轴攻坚克难的制度供给创新。[①] 及至税收领域，税制改革就是税收制度、税收体制的创新。[②] 基于此，税制改革的不断优化过程中也带来了减税的效果。如全面推行“营改增”，加快“清费立税”改革，优化资源税税制等。其二，推动创新驱动发展战略。为推动旧能转换，培育新的发展动能，实现创新从“跟踪”到“领跑”的转变，这一时期的减税措施包括动漫企业免征进口税收、科技企业孵化器税收优惠、国家大学科技园税收优惠、股权激励和技术入股人员所得税优惠、残疾人创业就业优惠、企业研究开发（R&D）费用税前加计扣除企业所得税等。其三，降低企业的制度性交易成本。与需求侧改革不同，供给侧结构性改革重在强调降低企业的制度性交易成本。于是，降低企业的融资成本（免征增值税、涉农贷款营业税优惠）、降低增值税税率、物流企业大宗商品仓储设施用地城镇土地使用税优惠等减税措施对于供给侧结构性改革的纵深发展均起到了积极推动作用。

（二）“提档加速”:2018～2020 年

随着我国供给侧结构性改革的持续深化，需要不断优化营商环境，进一步激发市场主体活力。因此，这一时期的减税规模也进入了“井喷式”增长的“提档加速”阶段，政府运用多种政策“组合拳”来减轻企业负担。其一，延续和加大前期的减税力度。例如，延续动漫产业增值税优惠、落实重点群体创业就业税收优惠、提高研究开发费用税前加计扣除比例、扩大小型微利企业所得税优惠范围等。其二，从“结构性减税”转向“普惠性减税”与“结构性减税”相结合。随着 2019 年年初相继出台《关于实施小微企业普惠性税收减免政策的通知》《关于实施小型微利企业普惠性所得税减免政策有关问题的公告》等文件，小微企业领域基本上实现了普惠性减税。其三，推动去产能去库存。对按照去产能和调结构政策要求停产停业、关闭的企业，自停产停业次月起免征房产税、城镇土地使用税。其四，促进民营企业发展。例如，实施小型微利企业减半征收企业所得税、金融机构向小微企业提供贷款的利息收入及担保机构向中小企业提供信用担保收入免征增值税等惠及民营企业的优惠政策。

（三）“全面升级”:2020 年至今

2020 年以来，供给侧结构性改革中的新一轮减税措施实现了全面升级，并在着力构建新发展格局的背景下出现新的特征。其一，实施助力经济复苏的防疫减税优惠。2020

---

① 参见贾康：《建设新时代的现代化经济体系——从我国社会主要矛盾的转化看以供给侧结构性改革为主线》，载《人民论坛·学术前沿》2018 年第 5 期。

② 参见许多奇：《新税制改革与创新驱动发展战略》，载《中国社会科学》2018 年第 3 期。

年，财政部、税务总局出台了《关于支持新型冠状病毒感染的肺炎疫情防控有关税收政策的公告》等一系列旨在“抗疫情”“促经济”的减税政策，助力企业复产复工，落实“六稳”“六保”任务。其二，制定巩固疫情防控和经济发展成果的减税激励。一是加大制造业企业的减税优惠力度。2021 年财政部、国家税务总局发布《关于进一步完善研发费用税前加计扣除政策的公告》，针对制造业企业研发费用的企业所得税实施 100% 加计扣除。二是实施培育新型消费发展的减税举措，推动国内国际市场双循环。三是深化创新驱动发展战略。在全球新一轮科技革命的背景下，增强“十四五”期间科研机构科技创新进口税收优惠，加大软件企业和集成电路企业的减税优惠等。其三，加大减税力度。在 2019 年全年减税降费 2.36 万亿元的基础上，[①]2020 年全年减税降费超过 2.6 万亿元，[②]2021 年前三季度新增减税降费 9101 亿元（见表 1）。[③]

表 1　供给侧结构性改革中减税的类型化表达

供给侧结构性改革的内容	“十三五”规划以来减税措施的表达
制度供给	“营改增”、个人所得税法修订、“清费立税”推进资源税改革
创新驱动	动漫企业免征进口税收、科技企业孵化器税收优惠、股权激励和技术入股人员所得税、残疾人创业就业优惠、高新技术企业减按 15% 的税率征企业所得税、小微企业减免企业所得税、小型微利企业普惠性所得税减免、软件企业和集成电路企业税费优惠
降低成本	降低企业的融资成本（免征增值税、涉农贷款营业税优惠）、简并增值税税率档次、物流企业大宗商品仓储设施用地城镇土地使用税优惠、中小企业融资（信用）担保机构准备金企业所得税税前扣除、助力疫情企业复产复工的税收优惠、制造业企业研发费用的企业所得税实施 100% 加计扣除
去产能去库存	对按照去产能和调结构政策要求停产停业、关闭的企业，免征房产税、城镇土地使用税

二、现实挑战：供给侧结构性改革中减税的法律困境

“十三五”规划实施以来，减税降费作为持续促进供给侧结构性改革的重要措施备受重视，这一点从我国减税的范围和力度不断演变与升级可以得到印证。但是，从减税的

---

① 《[人民网]2019 年减税降费 2.36 万亿元　代表委员热议工作成效》，载国家税务总局官网 2020 年 5 月 22 日，http://www.chinatax.gov.cn/chinatax/n810219/n810780/c5150379/content.html。

② 张晓翀：《去年减税降费力度空前　2021 年政策将着力优化和落实》，载财政部官网，http://www.mof.gov.cn/zhengwuxinxi/caizhengxinwen/202103/t20210306_3666716.htm。

③ 张晓翀：《去年减税降费力度空前　2021 年政策将着力优化和落实》，载财政部官网，http://ha.mof.gov.cn/zt/ysjg/ysgllt/202111/t20211126_3769356.htm。

本质来看,减税过程作为国家公权力的设立和运行,其在法律依据、制定主体、制定程序、法律监督方面仍然面临诸多现实挑战。概括而言,目前减税的法律困境主要表现在以下几个方面。

(一)减税的法律依据亟待完善

目前,我国有关减免税的措施零星地、原则性地分布在法律和行政法规中,而大量的税收优惠措施集中在行政机关制定的规章和规范性文件中。及至供给侧结构性改革中的减税措施,主要是由财政部和国家税务总局出台的数量众多的规范性文件构成。然而,由于我国税收领域既没有统一的税收基本法,也没有集合的税收优惠法则,使这些规范性文件的制定尚且欠缺法律依据。减税上位法律依据的缺失,致使减税面临以下制度困境:其一,尚未形成严密的制度化和规范化体系。从近年来发布的减税文件可知,减税涉及增值税、企业所得税、车辆购置税等多税种,尚未形成严密的规范化体系。加之减税措施之间同构性强、协调性差等问题造成税法适用困难,进一步弱化减税制度的内在逻辑。其二,减税的立改废过于频繁。法律的确定性与安定性是法治国家建设的基本要求。但是,减税的频繁变更无疑会侵害纳税人的可预测性与法律的稳定性。以小微企业为例,有关小微企业减税的文件数量众多,且改废频繁,往往不到半年就会以新文废止旧文。尽管对小微企业减税有利于扶持企业,然而频繁的变更不但增加了纳税人纳税的不确定性,而且降低了纳税人税收征管的遵从度。如此一来,看似减税政策出台得十分密集,但是频繁的变动实际上加剧了落地的周期成本。

(二)减税的制定主体尚未规范

税收立法权中尤为重要的是税种的开征权与停征权、税目的确定权和税率的调整权、税收优惠的确定权等。[①] 从减税的制定主体来看,还存在以下问题:其一,"政出多门"导致减税的制定主体混乱,使立法机关减税权限"缺位",行政机关减税权限"越位"。目前,我国减税措施的制定权集中在国务院财税部门,有些减税文件的制定主体还涉及国务院下设的工信部、科技部等多个部门。甚至,诸如"营改增"这样关乎税种开征与停征的重大税制变革也仅仅是由财政部、国家税务总局以"通知"的形式出台。其实,从"广义上的减税权"来看,供给侧结构性改革中的减税涉及税种的变动、降低税基、减少税率、延期纳税等多种形式(见表2)。[②] 很显然,这与《立法法》第8条"税种的设立、税率的确定和税收征收管理等税收基本制度只能制定法律"的规定相差甚远。其二,行政机关行使减税立法权缺乏规范的授权依据。秉持立法权为立法机关独享和法律具有法规创造力的认识,"行政法的传统模式将行政机关设想为一个纯粹的传送带,职责是在特定案

---

① 参见张守文:《税权的定位与分配》,载《法商研究(中南政法学院学报)》2000年第1期。

② 所谓"广义上的减税权",即税收减征权,包括减少税种和税目、降低税率和税基、停征税种和减征税额等,旨在降低纳税人税收负担的权力。参见张守文:《"结构性减税"中的减税权问题》,载《中国法学》2013年第5期。

件中执行立法指令”。[①] 正因如此,行政机关行使立法权必须有明确的法律规定或授权依据。退一步看,即使是由行政机关行使减税立法权,目前的减税也因为缺乏明确而规范的授权依据而面临制定主体不当的困境。[②]

表2　供给侧结构性改革中减税的方式、表达与主体

减税方式	供给侧结构性改革中减税的表达	减税主体
税种变动	废除营业税、设立增值税	财政部、国家税务总局
降低税率	增值税税率下调、小型微利企业减半征收企业所得税、个人所得税优惠、大宗商品仓储设施的土地城镇土地使用税优惠	财政部、国家税务总局
免税	金融机构向小型企业、微型企业和个体工商户发放小额贷款取得的利息收入,免征增值税、车船税减免优惠、小规模纳税人免征增值税、新能源汽车免征车辆购置税、捐赠用于疫情防控的进口物资,免征进口关税和进口环节增值税、消费税	财政部、国家税务总局、工业和信息化部
降低税基	个人所得税6种专项扣除、提高科技型中小企业研究开发费用税前加计扣除比例、中小企业融资(信用)担保机构有关准备金企业所得税税前扣除、责任保险费企业所得税税前扣除	财政部、科技部、国家税务总局
延期纳税	非上市公司的企业研发人员享受与上市公司同等的递延缴纳个人所得税、新型显示器件项目进口设备增值税分期纳税	财政部、海关总署、国家税务总局
退税	外贸综合服务企业出口货物退(免)税、退还部分行业增值税留抵税额、先进制造业增值税期末留抵退税政策	财政部、国家税务总局

(三)减税的法律原则需要明确

当前,由于减税的法律原则不明,使减税的立法精神、方向、适度性等不易把握。这不仅影响供给侧结构性改革的减税效果,而且极易生成以下几组难以消解的矛盾:其一,

---

① [美]理查德·B.斯图尔特:《美国行政法的重构》,沈岿译,商务印书馆2002年版,第10页。

② 全国人大常委会、全国人大分别在1984年和1985年对国务院作过授权决定。其中,1984年全国人大常委会《关于授权国务院改革工商税制发布有关税收条例草案试行的决定》,已被全国人大常委会于2009年6月27日通过的全国人民代表大会常务委员会《关于废止部分法律的决定》废止;1985年全国人大《关于授权国务院在经济体制改革和对外开放方面可以制定暂行的规定或者条例的决定》仍然有效。然而,1985年授权决定因存在无特定的目标、范围、期限等概括式授权问题而难以作为减税授权的依据。

减税的“轻”与“重”。一是在政府与公民的维度上,明确减税的法律原则来平衡政府减税权与纳税人权利甚为关键。这是因为,减税权如同征税权一般,其不当行使不仅会侵害纳税人的财产性权益,而且可能会导致新的税负不公。二是在政府与市场的维度上,需要明确的法律原则来把握减税的尺度。在经济学上,大规模的减税将导致减税的边际递减效应,并且可能会伤及税本。减税的单次政策力度不够或者力度过大都可能带来负外部性。力度不够可能导致市场微观主体感受不到明显的减负,力度过大则可能引导市场微观主体投机性地选择自己不擅长的领域。[①] 其二,减税的碎片化与改革的整体性。供给侧结构性改革是一项系统性工程,这就要求减税在降低制度性成本、去产能等改革中“多管齐下”,才能达到聚力集合的效果。然而,当前的减税措施多呈现分散化、碎片化等特征,更侧重激励“双创”,而对于去产能去库存等激励不足。其三,减税的均衡性与区域的异质性。目前,改革进程中减税的差异主要表现为因行业和产业而不同,但对于如何发挥减税在区域协调发展中的作用关注不足。

(四)减税的制定程序仍待完善

与以往行政机关出台的减税措施不同,近些年的减税在制定程序方面有所改进。这表现在近年的政府工作报告中,我们能够看到上一年的减税完成情况与当年减税规模的目标任务。[②] 同时,在行政机关内部,财政部、国家税务总局等部门发布了《财政部规范性文件制定管理办法》《税务规范性文件制定管理办法》等部门规章、内部规范性文件的制定程序。但是,总体来看,我国减税措施的制定尚未形成规范化的法定程序。具体而言:其一,减税计划的制定尚未精细化。当前的减税计划仅仅提出了减税的数额和产业,“粗而不细”不仅导致减税红利难以细致而精确地落实到微观主体的经济生活中,而且赋予了税务机关在减税执法过程中较大的自由裁量权和政策解释权,极易引发权力滥用,影响政府行政执法的公信力。其二,减税缺乏公众参与机制。如果政府的决策缺少公众参与,建立在单通道信息传输机制上的行政立法机制,会因为行政机关与公民之间的信息失真而产生一系列立法上的偏差。[③] 很显然,公众参与缺位会阻塞减税从决策到执行过程的传导效应,进一步影响减税决策的有效落实。其三,减税缺少程序公开环节。程序公开原则长期以来被视为是程序公正的基本标准和要求,同时构成保证民主立法的前提,是维护公民知情权和监督权的必然要求。目前,供给侧结构性改革中的减税措施不仅缺少程序公开环节,而且决策制定过程的透明度也不够。

(五)减税的监督机制尚未健全

从税法发展的脉络来看,减税是伴随国家从“自由法治国”到“社会法治国”,从“财

---

① 参见何代欣:《实施更大规模减税降费面临的挑战及对策》,载《税务研究》2019 年第 2 期。

② 例如,在 2018 年提出减税降负 1.1 万亿元、实际完成 1.3 万亿元的基础上,2019 年提出减税降负 2 万亿元,重点减轻制造业和小微企业负担。

③ 参见刘莘:《行政立法研究》,法律出版社 2018 年版,第 126 页。

产国家”到“租税国家”，政府职能扩张与权力膨胀的产物。遗憾的是，我国目前的减税监督机制并不健全。其一，立法监督的效果并不明显。虽然我国《宪法》规定，全国人大常委会有权撤销国务院制定的同宪法、法律相抵触的行政法规、决定和命令以形成立法机关的监督机制。但是，权力机关的会议次数和期限都是非常有限的，而减税措施具有很强的时间性和现实性，①且减税的文件数量众多，均使立法监督的效果并不明显。其二，行政监督的局限性。税务规范性文件的行政监控主要是上一级税务机关对下一级税务机关的备案审查和复议审查。但是由于减税主要是由国家税务总局制定的，使得行政监督难以发挥。其三，司法监督难以触及。首先，减税通常面对的是不特定纳税人，并非具体行政行为而无法依照《行政诉讼法》形成独立的行政诉讼；其次，尽管现行《行政诉讼法》规定，公民认为行政行为所依据的国务院部门制定的规范性文件不合法，在对行政行为提起诉讼时，可以一并请求对该规范性文件进行附带审查。但是，由于减税往往缺乏赖以作出的具体行政行为而不能对其进行附带审查。这样，也就意味着对于减税在司法层面依然难以予以有效监督。毋庸置疑，监督机制的缺失不仅难以评估减税措施的实施效果，进而缺乏有效的反馈机制，而且会增加减税权行使的随意性。

三、法律建构：供给侧结构性改革中减税的制度体系

当前，我国经济已由高速增长阶段转向高质量发展阶段，新时代社会主要矛盾的变化，凸显人民日益增长的对民主法治的需求、对法治品质的要求、对安全保障的法律依赖与法律优质产品供给不足等之间的矛盾。② “轻税”的目标不会自动实现，需要在法治社会建设中逐步去实现。③ 因此，发挥法律制度在供给侧结构性改革中对于减税措施应有的规制力就显得尤为紧迫和必要。为此，需要从宏观层面构建减税的法律制度体系，明确以下几点。

（一）完善减税的法律依据

前文述及，法律依据的缺失是供给侧结构性改革中减税亟待解决的问题。建议我国在法律层面构建完善的减税立法体系，以明确减税的法律依据。为理顺减税立法，使之更系统化、科学化、合理化，我国可以制定税收领域统一的税法通则来明确税法领域的基本问题，如税收主体、税收客体、税基、税率、纳税方法、纳税期间、税收优惠制度等。需要明确的是，其一，税法通则不是单行税种法的集合。由于我国长期实行税种单行立法，因而不宜过早制定由单行税种法构成的税法典，分散的单行税法形式仍需坚持。现阶段只需加快税法通则的制定，类似税法典的总编。其二，制定框架性的“税收优惠编”。例如，《德国税法通则》第 2 章第 3 节专门规定了受税收优惠之目的之拘束，包括公益目的、慈

① 参见叶必丰、周佑勇：《行政规范研究》，法律出版社 2002 年版，第 230 页。

② 参见张文显：《新思想引领法治新征程——习近平新时代中国特色社会主义思想对依法治国和法治建设的指导意义》，载《法学研究》2017 年第 6 期。

③ 参见杨志勇：《大国轻税》，广东经济出版社 2018 年版，第 11 页。

善目的、无私利之企图、完全性等要素。同时,从长远来看,我国可整合零散的单行减税文件,消除重复性减税规定,将长期适用、稳定性较强且能够上升为制度的减税措施统一由专门的税收优惠法固定下来,①形成具体的、明确的、可操作性的减税规则,降低减税措施的变动频率,确保减税立法的稳定化、规范化与系统化。

(二)厘清减税的制定主体

从减税的制定主体来看,依据《立法法》第8条、第9条"税种的设立、税率的确定和税收征收管理等税收基本制度只能制定法律""尚未制定法律的,全国人民代表大会及其常务委员会有权作出决定,授权国务院可以根据实际需要,对其中的部分事项先制定行政法规"和《税收征收管理法》第3条"税收的开征、停征以及减税、免税、退税、补税,依照法律的规定执行;法律授权国务院规定的,依照国务院制定的行政法规的规定执行"的规定,减税的制定主体为立法机关或国务院。其中,减税中涉及税种的开征和停征对纳税人的影响最大,须由立法机关制定法律。应当承认,供给侧结构性改革中大部分的减税措施具有明显的易变性和灵活性的特征,其往往致力鼓励和刺激新的优质增量供给,淘汰旧的落后产能。为此,笔者建议,将带有政策性、临时性、短期激励型的减税措施由全国人大及其常委会授权国务院立法。同立法机关立法相比,行政立法的程序相对简单,灵敏性和适应性较强,授权行政机关更能体现供给侧结构性改革中减税的宏观调控性质。但是,立法机关应当明确授权的目的、内容、范围、期限等重要事项。② 进言之,临时性减税权至少应集中在国务院,而不包括国务院财税部门或其他部门。这样,一方面能够有效避免制定部门追求利益最大化的恶性竞争,另一方面可以减少和控制不规范、无序性的减税文件数量。事实上,现行税法中已有将具体减税权赋予国务院立法的实践。例如,《企业所得税法》第35条、第36条"税收优惠的具体办法,由国务院规定""根据国民经济和社会发展……国务院可以制定企业所得税专项优惠政策"、《环境保护税法》第12条"国务院批准免税的其他情形"等法律的规定。

(三)明确减税的法律原则

构筑明确的法律原则有益于为减税决策的制定提供立法目标、方向与尺度。具体而言:

其一,在政府与公民层面,减税应遵循比例原则。比例原则作为实质法治国原则的典范,曾被德国行政法鼻祖奥托·迈耶誉为公法领域的"皇冠原则",其又分为适当性、必要性与均衡性3个子原则。为实现供给侧结构性改革中减税的目标,减税决策的制定必然包含了行政机关的自由裁量权。因此,政府的减税权同样需要遵循比例原则。一是减

---

① 2013年《中共中央关于全面深化改革若干重大问题的决定》明确提出:"税收优惠政策统一由专门税收法律法规规定,清理规范税收优惠政策。"此后,国务院于2014年出台《关于清理规范税收等优惠政策的通知》(国发〔2014〕62号),于2015年出台《关于税收等优惠政策相关事项的通知》(国发〔2015〕25号)。

② 此外,授权立法应遵循《立法法》第10条、第11条、第12条、第13条的相关规定。

税的适当性。在减轻公民负担的多重措施中,诸如“减税”“降费”“普惠性金融”等,政府所运用的调控手段必须有助于行政目标的实现。二是减税的必要性。减税需要运用对相对人最温和的手段。特别是,随着未来自然人征管机制的完善,在面向自然人减税时,在减税方式的选择上,采取免税、降低税率抑或延期纳税,减免直接税还是间接税,需要分析和衡量哪种手段既对纳税人的侵害最小又能达到国家宏观调控的规制目的。三是减税的均衡性原则。为实现减税权与纳税人权利的平衡,政府行使减税权的行政目的与手段之间必须合乎比例,从而规范减税裁量权理性化,减少对行政相对人的侵害。同时,基于供给侧结构性改革中“调结构、稳增长”的目标,减税也应呈现具有精准调控对象的结构性减税,坚持定向减税和相机减税。

其二,减税应坚持辅助性原则。辅助性原则,是指只要更小的单位能够有效而可靠地完成经济任务,更小的范围就具有优先的自治权。① 作为欧盟制定经济行政政策的重要准则,其对于明确供给侧结构性改革中减税措施的制定原则仍然具有重要的借鉴意义。一是在政府与市场层面,减税需坚持辅助性原则,即市场主体能够优先自发调节的事项,政府就不应过多地运用行政权力干预,而是促进政府从“无限政府”走向“有限政府”。二是在中央与地方层面,推动与地方经济发展相契合的供给侧结构性改革,并优先运用具有区域异质性的减税手段。例如,针对地方长期亏损的“僵尸企业”和“夕阳产业”,应当适时予以清理或建立合理的市场退出机制,以强化减税对于去产能去库存的推动作用;而针对天使投资期的“朝阳产业”,应加快产业升级,以实现供给侧结构性改革的整体性要求。又如,在经济发达地区,减税应关注尖端制造业和高端服务业,在欠发达地区,减税应聚焦传统产业,以兼顾区域经济的协调发展。

(四)实施减税的制定程序

法律程序是保障立法民主科学、规范行政裁量权的核心要义。根据我国《立法法》和《行政法规制定程序条例》的规定,行政法规的制定必须遵循严格的立法程序,因而授权减税立法自然也应受法律程序的约束。

其一,制订精细化的减税立法计划。在深入对企业融资、生产、经营与发展等过程调研的基础上,分析减税对于微观主体的经济活动和经营计划的影响,确保供给侧结构性改革中减税措施制定得合理化、规范化和精细化。在此基础上,由国务院财税部门起草具体的减税立法草案,提请国务院法制机构审查。

其二,审查与通过。在提请国务院全体会议通过减税法规的过程中,应当广泛征求和听取纳税人的意见。因为,公众参与是行政立法多渠道信息传输机制的表现,它能够拓宽行政立法的信息通道,弥补单通道信息传输机制的不足。② 一是重大减税决策听证制度。重大减税决策应召开听证会,邀请与减税相关的利害关系人参与决策,确保纳税

① 参见[德]罗尔夫·施托贝尔:《经济宪法与经济行政法》,谢立斌译,商务印书馆2008年版,第341页。

② 参见刘莘:《行政立法研究》,法律出版社2018年版,第126页。

人在决策制定过程中与行政机关沟通、协商、交流。这样不仅有利于政府与税务机关详细了解减税对于纳税人经济活动的影响,而且能够减少不当减税的侵害。二是建立专家咨询论证。如何将减税措施更好地熔铸于供给侧结构性改革之中,发挥减税对于改革的正向激励作用,均需要经济学、税法学等专家贡献学科智识。三是坚持减税程序公开。坚持减税程序公开原则,增加减税立法的透明度,有利于将减税纳入法治轨道,维护公民的减税立法监督权,保障纳税人的减税知情权。

其三,签署并公布。减税法规以国务院令的形式发布,并应及时在国务院公报和全国范围的报纸上刊登公布。

(五)形塑减税的监督机制

减税监督机制的不健全,不仅容易导致行政机关滥用减税权力,而且不利于解决减税"落地难"问题。为此,有必要构筑完善的减税监督机制。

其一,引入立法后评估制度,进一步强化立法监督。首先,对于减税措施的实施评估不仅是通过设定减税立法评估的指标体系(如对企业生产、市场机制、供给侧结构性改革的影响)来对改革效果进行评价,更重要的是,在评估过程中及时发现减税存在的问题与缺陷,形成高效的减税信息反馈回路,从而修正减税的方向与目标。其次,在"临时性"减税立法到期之后,通过再次审议,尽快终止不必要延续的立法,防止授权立法的无期限性,提高立法的质量。

其二,设立专门的税务委员会,加强减税的行政监督。美国设立了税收联合委员会对税法实施与税收征管进行监督,并且拥有不定时地向财务委员会及赋税委员会报告,同时自行决定向参议院或众议院报告,提出适当的建议的权力。① 我国可以设置专门的税务委员会,对改革中减税的具体执行情况进行定期检查与监督,并且可以建议制定机关废止或修改不当的减税立法。

其三,基于目前司法监督的有限性,可构建纳税人诉讼监督机制。在法国,如果行政通告授予其他纳税人以税收优惠,而没有授予部分纳税人(或授予不符合优惠资格的另一纳税人),受到不利影响的纳税人可以向法院对该通告提起诉讼。② 我国可以构建纳税人诉讼监督机制。一是从纳税人权利保护的角度出发,赋予纳税人减税诉讼权有益于维护其自身权益;二是有助于监督行政机关在制定减税决策中履行审慎义务。当然,考虑减税可能带来不利影响的纳税人数量众多,赋予其宽泛的诉权会使诉讼案件激增,从而加重法院的司法负担。因此,建议当前将纳税人诉讼作为公益诉讼,在地方成立纳税人协会作为原告向政府或者税务机关提起诉讼。

---

①　参见《外国税收征管法律译本》组译:《外国税收征管法律译本》,中国税务出版社 2012 年版,第 1424 ~ 1425 页。

②　参见[美]维克多·瑟仁伊:《比较税法》,丁一译,北京大学出版社 2006 年版,第 123 页。

四、结语

“法律秩序决定着人们应当怎样行为，它是一种规范的体系，一种规范性的秩序。”① 在“税收法定 2020”与“法治政府建设”的双重目标之下，减税措施的制定过程无疑在考验政府依法行政的智慧。在持续深化供给侧结构性改革的同时，加强“重大改革于法有据”“税收法治”的制度性供给理应同步进行。本文的研究在于为减税措施的制定与实施构筑法律制度体系，界定减税的法律依据、制定主体、法律原则、法律程序和监督机制。在国家宏观调控从经济发展的“短期促进”向“短期促进与长期保障相融合”的制度变迁过程中，②法律制度是推动减税措施制定科学性和合理性的长期保障，并将为助力供给侧结构性改革保驾护航。尤为关键的是，发挥法治在减税决策中应有的规制力，也是实现税负公平，落实税收法定原则，加强纳税人权利保护的应有之义。

---

① 参见［奥］凯尔森：《法与国家的一般理论》，沈宗灵译，商务印书馆 2013 年版，第 21 页。

② 参见张守文：《改革开放与中国经济法的制度变迁》，载《法学》2018 年第 8 期。

强化“智慧税务”建设
推进税收治理能力现代化

李克桥[*]　马　硕[**]

一、“智慧税务”在税收治理能力现代化中的重要作用

(一)“智慧税务”是国家治理基础的重要组成部分

财政是国家治理的基础和重要支柱,已经写进具有里程碑意义的《中共中央关于全面深化改革若干重大问题的决定》。税收作为国家财政的重要组成部分,在国家治理体系中,既属于财政这一国家治理基础体系的分量最重的子集,也必然属于国家治理的基础,成为国家治理体系和治理能力现代化的重要组成部分,而“智慧税务”又从属于税收治理的建设内容,自然也成为国家治理基础的重要组成部分。

(二)“智慧税务”是国家层面深化税收征管改革的重要目标

2021 年 3 月 24 日,中共中央办公厅、国务院办公厅联合印发的《关于进一步深化税收征管改革的意见》指出,到 2025 年,深化税收征管制度改革取得显著成效,基本建成强大的“智慧税务”,形成国内一流的智能化行政应用系统,全方位提高税务执法、服务、监管能力。

(三)“智慧税务”是省级层面税收征管改革方案的主要任务之一

2021 年 8 月 2 日,河北省委办公厅、河北省政府办公厅印发的《关于进一步深化税收征管改革的实施方案》进一步明确指出,到 2025 年的工作总目标是深化税收征管制度改革取得显著成效,税收治理体系和治理能力现代化水平显著提升。其中主要任务之一,就是积极推进“智慧税务”建设,到 2025 年,依托“智慧税务”,实现税务执法、服务、监管与大数据智能化应用深度融合、高效联动、全面升级。

从中共中央、国务院,到省委、省政府,在相关文件中,均将“智慧税务”的建设与全方位提高税务“执法、服务、监管能力”紧密联系在一起,可以说,“智慧税务”是税务机关治理能力现代化的重要标志,是税务机关推进高质量管理体制的“标配”。因此,建设“智

* 河北大学管理学院教授。

** 就职于国家税务总局保定市税务局。

慧税务”,对于提高税收治理现代化有着重要意义。

二、“智慧税务”平台建设的主要方向

为了实现“税务执法规范性、税费服务便捷性、税务监管精准性”,笔者认为,在今后一段时间内,应该在“智慧税务”平台建设中,强化以下措施。

(一)对接“智慧城市”建设,扩宽“智慧税务”的广度

目前,为了更大范围地发挥我国集中力量办大事的体制优势,在推行政府主导、多元参与的“智慧城市”建设过程中,“智慧税务”作为政府平台建设的一部分,应与当地的“智慧城市”建设紧密对接,基于河北省的实际,将“智慧税务”有机地融入“数字河北”和“新型智慧城市”规划,打造具有河北特色“智慧税务”品牌和税费服务体系。结合税费缴纳服务功能,积极拓展“冀时办”平台,将图像识别技术、语音识别技术、光学字符识别技术、对话机器人等有效地应用于“12366”智能客服、资料智能审核等业务场景,构建多部门动态沟通机制。本着“简便、经济”的原则,为广大纳税人以及需要缴纳社保等其他与政府发生经济往来的实体和个人,提供高效便捷的服务平台,通过移动终端模块与电子税务局、“智慧税务”大厅的无缝链接,提升纳税人体验感,充分体现“以人为本”“人民至上”的服务理念,将“智慧税务”建设惠及所有百姓,使百姓有更实在的获得感。

(二)考察先进经验,融合多种现代信息技术

考察先进的“智慧城市”和“智慧政府”建设经验,充分利用人工智能、云计算、大数据、移动互联网、区块链、5G等新技术,构建“智慧税务”生态系统,优化税收营商环境,促进经济社会和谐发展。例如,瑞典首都斯德哥尔摩,通过运用REID技术以及利用激光、摄像等先进技术与设备,自动识别进出市中心的车辆,分时段收取“道路拥堵税”,不仅将拥堵率降低了25%,道交废气排放量也减少了14%,二氧化碳等温室气体排放量下降了40%。

“网络强国、数字中国”作为《中共中央关于制定国民经济和社会发展第十四个五年规划和二〇三五年远景目标的建议》明确我国实现治理现代化的重要目标之一,要将其与“智慧税务”紧密联系,实现税收征管现代化。

首先,构建适应5G时代的“智慧税务”平台。搭建集指挥、信息集中和业务处理于一身的5G集约处理中心,对智能办税终端功能进行优化,增强资料传递、远程视频、缴纳税款等功能。

其次,融合多种现代技术,实现税收治理与经济社会协同发展。利用排污检测嵌入技术强化环境保护税的监管;利用产业链云计算功能配合增值税各环节的计征与抵扣;利用卫星定位系统建立交通运输行业税源监控;利用卫星遥感技术和其他配套的检测设备检测碳排放,为我国适时开征碳税,实现碳中和目标服务。

(三)推进税收数据处理“国标”体系

税务执法规范性的要求,除制度统一外,最重要的是技术、执行标准等要求统一,这就要求“智慧税务”做到以下几点:一是必须建立全国统一的数据系统、平台体系、数据格式,以保证税收数据采集的完整性、广泛性和时效性;二是规范民间软件开发团体开发的

涉税软件标准，提高不同系统数据共享的兼容性；三是打造安全有效的涉税信息风险防控网络，既要做到“外信内享”，还要防止“内息外泄”，在保护纳税人商业秘密和个人隐私的前提下，利用税收大数据开展上下游企业的供需分析，让税收大数据成为产销畅通的桥梁。强化税务数据共享的防火墙设置，提高税务系统信息拷贝的闭环性能。

（四）紧贴“阳光政务”建设，深化“智慧税务”的深度

实现税费服务便捷性，主要体现在智能化、个性化的税费平台建设时，要实现税费缴纳、政策咨询与推送、风险评估等方面的精细化和差异化。依托全国一体化政务服务平台，实现跨省数据共享和互认，为纳税人跨区域报税、抵税、风险评估等提供便捷通道。

首先，在“智慧税务”管理与服务中，应以“金税四期”工程建设为载体，平稳过渡“信息管税”至“数字治税”。在完善办税平台方面，通过整合智能客服、人工服务和知识数据资源整合，完成“数据 + 规则 + 人工智能”的组合处理，建立一体化的“识别—分析—计算—处理—结果”税务流程，实现税收政策等咨询无时差、无断网、全天候智能化获取；在升级“指尖办税”方面，通过健全智能咨询方面，通过“三化”（网络化、信息化、智能化）简化办税流程，提升纳税人办税体验。

其次，在税费缴纳方面，应该简化税费缴纳的表格和种类，合并缴纳期限，实现多种税费一个缴纳期一次缴纳完成，将办理事项由部门间“串联”转变为“并联”，真正实现纳税人从“多跑网络，少跑马路”“最多跑一次”到“一次不用跑”，从根本上降低征纳双方的征纳成本，提高征管效率。

最后，在提供个性化服务方面，体现为不同信用等级纳税人，对纳税服务需求程度有较大的差异。信用等级越高的纳税人，需要的税务专业服务越精细化和精准性。好的纳税服务对于提高纳税遵从度有明显的促进作用。因此，在纳税服务平台建设中，应做好智能化、个性化服务，实现法人税费信息“一户式”、自然人税费信息“一人式”智能归集，对不同的纳税人实行“量身定做”服务，对纳税诚信等级高的纳税人，通过平台定期推送特质化税收信息，包括相关税务政策的宣传、税收优惠政策的便捷办理、税务辅导等。对于普通纳税人，推送的内容主要体现在加强纳税诚信宣传教育，做好相应税收政策的宣传、解释，对于纳税诚信等级较差的纳税人，推送的内容侧重于警示教育和纳税稽查等。

（五）打造“信用 + 风险”的税务监管信息集成系统

打造“信用 + 风险”的税务监管信息集成系统，是实现税务监管精准性的重要前提。“智慧税务”通过打造“规模大、类型多、颗粒度细”的税收大数据分析系统，实现税收大数据常态化安全监管机制，不仅有助于安全态势感知平台建设，也有利于健全数据安全监测机制。

平台在实现实名制缴纳税费技术的基础上，将税费缴纳的单位和个人缴纳税费情况与信用评定等级进行动态分析和归类，促使纳税人如实缴纳税费，诚信纳税；同构构建“风险 + 监管”信息集成系统，能够有效比对隐瞒收入、虚列成本、转移利润以及利用“税收洼地”“阴阳合同”和关联交易等逃避税行为；上线全国统一的电子发票服务平台，不

仅有效降低制度性交易成本，也有利于打击虚开发票等涉税违法犯罪行为。

（六）构建“合纵连横”的财政与税收融合的信息网络

在税务系统推进税收征管数字化升级和智能化改造的同时，财政部门也在提高预算管理信息化水平方面提出了“实现中央和地方财政系统信息贯通”的明确目标。国务院《关于进一步深化预算管理制度改革的意见》（国发〔2021〕5 号）指出，“用信息化手段支撑中央和地方预算管理，规范各级预算管理工作流程等，统一数据标准，推动数据共享。以省级财政为主体加快建设覆盖本地区的预算管理一体化系统并与中央财政对接，动态反映各级预算安排和执行情况，力争 2022 年底全面运行”。

因此，在将纳税服务系统升级过程中，应以《基层纳税服务规范 3.0》为蓝本，升级为“4.0”，并进一步强化税务稽查工作中税务系统内部稽查部门与风险监控部门的合作，以及税务部门与同级地方政府各部门的协作，根据财税部门归属“条块”结合的机构设置特征，打造“合纵连横”的财税信息沟通模式，推进财政预算管理体制与税收征管机制深度融合，建立财政、税务线上合署办公沟通机制，搭建税费征管交互平台，将税收征管与非税征管通盘考虑。在技术层面，基于区块链技术打造跨部门、多方参与的数据共享和业务协同的基础设施，构建开放共治的税务生态，实现多方数据的互通、信息的融合叠加，形成税收社会化协同共治。

三、“智慧税务”建设的组织保障与实施

为了如期实现“智慧税务”的建设目标，发挥“智慧税务”在税收治理能力现代化水平提升过程中的效能，应加强以下几方面的措施。

（一）建立协同共治机制

从中央到地方各级政府，应建立党政联席会议制度，负责协调本级政府各部门与税务机关在税费征收与减免、综合治税、司法保障、经费保障等方面的关系，建立长期有效的沟通协调机制，保障涉税数据与信息共享。

从国家层面上看，不仅需要国家税务总局尽快将全国划分若干区域税收协同共治板块，出台诸如长三角一体化征管措施，更需要从国务院财政、税务主管部门视角，联合出台一些规范性文件，为各级地方政府财税部门在“税费一体化”征缴中构建协同机制提供政策支持和法理依据。

从地方层面上看，由各级税务机关牵头，加强组织协调，鼓励地方政府给予综合治税政策等方面的鼎力支持，强化同级政府协调能力，突出税收征管“团队意识”，建立健全税费协同工作机制，搭建各相关部门协同治税的桥梁。

（二）强化激励制约机制

一是加强绩效考核管理，对“智慧税务”建设过程中的绩效考核指标进行精细化设置，提高成本、时间、效率等指标的占比，优化不同层级评优比例，适当向基层下沉，实行考核责任追究制，将考核者变成责任承担者，对担任考核的部门和人员实行责任追究制，防止考核流于形式，又要防止考核变味，徒增工作负担。二是构建精神激励机制，鉴于

"智慧税务"建设需要艰辛的付出，应培养基层税务人员敬业精神和职业荣誉感，防止职业倦怠。三是改革职级晋升标准，除提拔股所级"实权"职级外，也可以增设"科级科员、副科级科员"等虚职，满足基层专业人员的荣誉感和获得感。四是优化业务流程和岗责体系，适当上移全局性、复杂性税费服务和管理职责，有效降低基层税务人员的风险与压力。

（三）健全人才培养体系

一是全面提升税务人员的专业技术素养，尤其是税收征管数字化和智能化水平，从入职考试到在职人员的继续教育，实施"以考促学"；二是注重培养一支具备互联网思维、精通信息技术的复合型人才队伍；三是依托国家税务总局领军人才培养项目，积极培养和引进数据分析专业人才；四是鉴于税务机关属于以国家税务总局为主与省（自治区、直辖市）政府双重领导管理体制，可以"挂职锻炼"方式，实现税务干部与地方政府干部的交流，全面提升干部的综合素养。

（四）打造优良的社会环境

智慧税务平台建设得再好，如果不能很好地应用，也难以发挥提高治理水平的效果。因此，智慧税务不仅要强化软硬件的建设，还要注重全方位的维护与应用。而要得到社会广泛认可，不仅让纳税人熟知，满足纳税人的需求，还要得到社会各阶层、各部门的认可，这就需要通过传统媒介和现代融媒体进行广泛宣传，将智慧税务平台与广大民众日常联系密切的其他平台实现融合、全方位贯通，给予全民线上服务的最佳体验。同时，引进第三方涉税服务机构与平台，既可以借助第三方节约税收征纳成本，也有利于实现对征纳各环节的有效监督。

激励科技创新税式支出制度的不足及立法完善

——基于组织理论的分析*

付大学**

法律本身对人的创造力具有开发作用，为人们创制并维系一个安全领域，将人们在经济追求与生理追求未被耗尽的剩余精力引入合乎社会需求的渠道。① 从应然角度，法律对人们的创新活动进行引领或激励是其应有功能，税法也不例外。从实然角度，科技创新离不开法律的激励和政府干预。科技创新知识的非竞争性与科技成果（或产品）的正外部性——对他人的溢出效应（spills over），创新者或投资者无法获取研发投入的全部收益，社会回报率可能远远高于私人回报率。② 于是，科技创新经常会出现"市场失灵"——市场主体对研发的不重视与研发投入的不足，需要政府利用法律手段进行干预。同时，经济增长与社会发展又离不开科技创新，诺贝尔经济学奖获得者索洛很早就论证了二者关系，其认为，"1909 年至 1949 年间，美国每小时劳动的经济增长绝大部分可归因于技术进步"。③ 我国正处于经济转型升级的关键时期，科技创新成为经济增长的核心动力，缺少科技创新就难以完成经济转型升级。

政府用税收优惠激励科技创新成为世界各国普遍采用的一种激励路径，美国财税法

* 司法部 2018 年度国家法治与法学理论研究项目（项目编号：18SFB2050）、2019 年度教育部人文社会科学研究规划基金项目（项目编号：19YJA820010）成果。

** 法学博士，天津工业大学法学院/知识产权学院教授、硕士研究生导师。

① 参见[美]E. 博登海默：《法理学：法律哲学与法律方法》，邓正来译，中国政法大学出版社 2004 年版，第 406～409 页。

② 研发的公共回报率可能是私人回报率的两到五倍。See Michael J. Graetz & Rachael Doud, *Technological Innovation, International Competition, and the Challenges of International Income Taxation*, 113 Columbia Law Review 349 (2013).

③ 索洛最初估计值是 87.5%，但后来被修正为 81%。See Robert M. Solow, *Technical Change and the Aggregate Production Function*, 39 The Review of Economics and Statistics 312－320 (1957).

学家萨里教授在1967年演讲中首次将税收优惠称为“税式支出”,[①]后来被学者广泛使用。税式支出是政府为实现特定政策目标,依法对特定纳税人作出的包括加计扣除、税收抵免或税收优惠等税收减让措施,是政府财政的一种间接支出。税式支出是法律法规授予政府对法定税制结构和规则的有意背离,成为我国政府激励科技创新的一个重要手段。在税式支出激励下,需要对激励科技创新的税式支出进行审视与完善。本文在分析激励科技创新税式支出基本框架与存在问题基础上,运用组织理论探寻问题产生的原因;然后,比较分析非税激励制度与税式支出的区别联系及其缺陷,间接阐释税式支出激励的比较优势和不可替代性;最后提出规范激励科技创新税式支出的立法完善建议。

一、制度不足:激励科技创新税式支出立法现状及存在的问题

为了提升科技实力与科技水平,我国政府从科技创新的前端、中端和后端对企业实行了大量的税式支出激励制度,让企业能享受到实实在在的税收利益。令人遗憾的是,一些企业为得到税收利益,不择手段地满足相应条件,从而骗取一定税收优惠或逃避纳税义务,导致该制度在实施中出现诸多问题。在此首先对我国激励科技创新税式支出法律制度进行梳理,然后进一步分析该制度实施中所产生的问题。

(一)我国激励科技创新税收支出的立法现状

1.以支出为基础的激励制度:研发投入的税收抵扣

以支出为基础的激励制度,可称为“研发税收激励”,就是给予进行研发投入(研发支出)企业有利的税收待遇,是指企业开展科技创新研发活动时所投入的人财物支出,在计算企业应税所得额中可以加计扣除,达到以少缴或不缴税款方式激励科技创新的税式支出制度。激励手段有费用加计扣除、加速折旧等方式;扣除范围包括研发人员人工费用、直接投入费用、折旧费用、无形资产摊销费用、试验费用和其他相关费用。

我国以支出为基础的激励制度从2008年至今逐渐体系化,扣除范围逐渐扩大,程序不断简化。2008年实施的《企业所得税法》第30条与《企业所得税法实施条例》第95条从法律和行政法规层面上对该种激励制度进行了确认与细化。《企业所得税法实施条例》第95条规定,“未形成无形资产的,研究开发费用的50%加计扣除;形成无形资产的,按照无形资产成本的150%摊销”。随后,2015年发布的《关于完善研究开发费用税前加计扣除政策的通知》(财税〔2015〕119号)与《关于企业研究开发费用税前加计扣除政策有关问题的公告》(国家税务总局2015年第97号)两个文件,进一步放宽了享受优惠的适用范围,降低了企业享受优惠的门槛。2017年发布了《关于提高科技型中小企业研究开发费用税前加计扣除比例的通知》(财税〔2017〕34号)与《关于提高科技型中小企业研究开发费用税前加计扣除比例有关问题的公告》(国家税务总局公告2017年第18号)两个文件进一步鼓励科技型中小企业加大研发费用投入,提高了科技型中小企业享受研发

---

① See Stanley S. Surrey & William F. Hellmuth, *The Tax Expenditure Budget—Response to Professor Bittker*, 22 National Tax Journal 528 (1969).

费用加计扣除比例。未形成无形资产的,由 50% 提高到 75%;形成无形资产的,按照无形资产成本的 175% 摊销。2018 年 9 月在《关于提高研究开发费用税前加计扣除比例的通知》(财税〔2018〕99 号)中将这个比例扩展适用至所有企业。

对研发支出加计扣除等激励手段一个重要理由就是科技创新的财务限制,即进行高风险的研发活动,企业外部融资受限。因为创新是一个高度不确定的活动,在发明人提供的信息和投资者可获得的信息之间存在很大的差异。这可能意味着创新的外部资本只能以过高的成本获得,或者根本无法获得外部融资。[①] 因此,研发活动需要政府给予直接或间接的资金支持。我国这些加计扣除激励措施给开展研发活动的企业带来了直接的税收利益,等于给予研发活动间接的资金支持,与直接的财政资金支持在效果上没有本质区别。

2. 以收入为基础的激励制度:技术转让的税收优惠

以收入为基础的激励制度,也可称为"专利盒税制激励",是对企业符合条件的技术转让(或技术产品转让)收入,免征或减征企业所得税、增值税等,以实现激励创新的税式支出制度。我国技术转让中的"技术"包括专利,类似于欧盟一些国家推行的"专利盒"税制,因此也被国际上称为中国"专利盒"制度。[②] "专利盒"税制为专利、专利产品等无形资产转让收益规定了优惠的税率,目前欧盟已有 14 个国家采用此税制。专利盒税制激励以收入为基础,主要通过所得税优惠或减免方式进行激励。以支出为基础与以收入为基础的两种激励制度之间的区别如下:一是激励的时机不同。前者是在研发投入发生时对科技创新研发的激励,即前端激励;后者是当技术转让收益发生时对科技成果商业化、产业化的激励,即中后段激励。二是激励方式不同。前者主要采用计税时费用加计扣除;而后者主要采用优惠税率或税收减免。

我国《企业所得税法》第 27 条和《企业所得税法实施条例》第 90 条明确了技术转让所得的税收优惠问题。技术转让所得可以减半征收(一个纳税年度,技术转让所得超过 500 万元的部分按 12.5% 征税)和免征(一个纳税年度,技术转让所得不超过 500 万元的部分)企业所得税。国家税务总局发布的《关于技术转让所得减免企业所得税有关问题的通知》(国税函〔2009〕212 号)和《关于居民企业技术转让有关企业所得税政策问题的通知》(财税〔2010〕111 号)对技术转让条件、技术范围等进行了细化规定。技术范围包括:专利(含国防专利)、计算机软件著作权、集成电路布图设计专有权、植物新品种权、生物医药新品种,以及财政部和国家税务总局确定的其他技术。2015 年国家税务总局发布的《关于许可使用权技术转让所得企业所得税有关问题的公告》(国家税务总局公告

---

① See S. Appelt et al., *R&D Tax Incentives: Evidence on Design, Incidence and Impacts*, OECD Science, Technology and Industry Policy Papers, No. 32, OECD Publishing, Paris, 2016, http://dx. doi. org/10. 1787/5jlr8fldqk7j-en.

② 参见王郁琛、宋伟:《专利盒:促进创新的税收激励政策》,载《科技与法律》2012 年第 5 期。

2015年第82号）进一步明确居民企业转让5年以上非独占许可使用权（但拥有所有权）取得的技术转让所得适用优惠税率。另外，2016年国家税务总局发布的《营业税改征增值税试点过渡政策的规定》中明确，纳税人提供技术转让、技术开发和与之相关的技术咨询、技术服务免征增值税。

因为“专利盒”是一个相对较新的税制，此税制对科技创新的激励效率问题在经济学领域仍鲜有研究，也未获得让人信服的证据。爱尔兰财政部部长迈克尔·努南表示，爱尔兰决定取消对专利收入的免税制度，即取消“专利盒”税制。爱尔兰税务委员会认为税收豁免对刺激创新没有达到预期的效果，并没有带来研发的增加，却成为一些公司避税的工具。[①] 尽管如此，“专利盒”税制仍受到许多国家青睐，除欧盟14个国家外，美国、日本等国家正考虑引入“专利盒”税制，毕竟其能产生吸引国外高新技术企业投资、解决就业问题等诸多社会效益，也能避免在国际税收竞争中处于劣势地位。

3. 综合激励制度：高新技术企业的税收优惠

综合激励制度，可称为“先进制造业税制激励”，是指为吸引先进制造业，对经过认定的先进制造企业给予优惠的企业所得税税率，从而达到激励创新的税式支出制度。无论是企业经营所得还是转让无形资产所得，或其他一切所得都享有一个综合的优惠所得税税率，对科技创新企业来说是一个综合激励制度。尽管有科技创新的前端激励、中端和后端激励，有些科技创新行为难免会被遗漏。许多国家建立了一个综合激励制度，对先进制造业给予全方位创新激励，在我国集中体现在高新技术企业的税收优惠制度上。

我国《企业所得税法》第28条和《企业所得税法实施条例》第93条明确了高新技术企业优惠税率（企业所得税为15%）和认定条件。科技部、财政部和国家税务总局颁布了《高新技术企业认定管理办法》（国科发火〔2016〕32号）和科技部发布的《高新技术企业认定管理工作指引》（2016年）对高新技术企业认定的组织与实施、认定程序、认定条件、享受税收优惠和监督管理等方面进行系统的规定，为高新技术企业认定提供了详细的操作程序。

政府给予高新技术企业税制激励的原因在于，高新技术企业与科技创新紧密相连，高端制造离不开科技研发与创新。从企业角度，失去了科技创新能力，就可能失去高新技术企业资格，也就不再享有税收优惠。例如，《高新技术企业认定管理办法》中对创新能力提出明确要求：研发人员不低于企业职工10%；研发经费投入不低于最近一年收入的一定比例；高新技术产品收入不低于总收入的60%；等等。另外，从1948年至2003年发展历史来看，在特定行业内生产率提高通常与高技能岗位就业增加有关，[②]即高新技术企业提供的大量高收入高技能就业岗位，有利于提高相关产业的生产率。总之，高新技

① See Michael J. Graetz & Rachael Doud, *Technological Innovation, International Competition, and the Challenges of International Income Taxation*, 113 Columbia Law Review 372 (2013).

② See William Nordhaus, *The Sources of the Productivity Rebound and the Manufacturing Employment Puzzle*, National Bureau of Economic Research (2005), https://www.nber.org/papers/w11354.

术企业的税收优惠能促进科技创新,提升特定行业劳动生产率。

(二)激励科技创新税式支出立法存在的问题

1.现行税式支出制度造成专利量多质低

我国从2008年全面实施科技创新税式支出激励制度以来,确实带来科技创新成果快速增长。以专利为例,从2011年至今中国专利申请量和授权量已连续多年居世界首位,如2017年共授权发明专利42万件。然而,专利质量与其他专利强国相比还有较大差距,多数专利都存在低质(或低价值)问题。虽然2017年有效专利实施率达到了50.3%,但专利的许可实施率与转让率仅为6.8%和5.4%,[①]许可实施率与转让率是评判专利质量的一个核心指标,可见,我国专利质量不容乐观。有效专利实施率过半数虽然反映了专利的实施情况,但并不能体现专利质量,因为很多企业为了享受国家的税收优惠政策而实施了一些没有多大创新价值的专利。专利质量高低的另一个重要指标就是专利的使用寿命,我国专利平均寿命不到4年,与发明专利20年保护期、外观设计和实用新型10年保护期都有较大差距。从国内外情况来看,达到最长维持年限的国外发明、实用新型和外观设计专利量分别占其总量的0.6%、2.0%和6.3%,而国内仅为0.02%、1.1%和0.5%,差距明显;国内发明专利平均维持年限在3.8年、实用新型专利为3.5年、外观设计专利为3.2年,而国外发明专利平均寿命为7.5年、实用新型专利为4.3年、外观设计专利为5.7年。[②]

导致我国专利量多质低的原因有多种,税式支出激励是其重要原因之一。科技创新的3种税式支出激励制度都与专利数量紧密相关,很多企业为了获得税收抵扣、税收减免和税收优惠不得不凑专利数量。加之,专利质量审查不严或缺乏审查,助长了专利拼凑现象。一方面,专利主管机关(知识产权局)缺乏判断专利质量的动力(高价值专利除外);另一方面,税务主管部门缺乏判断专利质量的专业技术能力,因此很多税式支出激励制度实施时并未考核专利质量问题。总之,我国税式支出激励制度虽然带来科技创新成果数量急剧上升,但高价值的创新成果仍严重不足,企业专利数量未能转化为真正的科技创新能力。

2.造成税收不公平,侵蚀税基与财政预算

就税收公平角度而言,一方面,企业投机行为可能造成税式支出不公平。很多不具有科技创新能力的企业,不择手段地满足激励条件以获得税收优惠。如"伪高新"企业骗取国家税收优惠的新闻屡上报端,[③]这种投机行为毫无疑问侵蚀了税法的税收公平原则。

---

① 参见《2017年全国专利调查基础数据报告(二)》,载国家知识产权局官网,http://www.sipo.gov.cn/docs/20180510140511788614.pdf,最后访问日期:2018年8月16日。

② 参见国家知识产权局:《2014年中国有效专利年度报告》,载国家知识产权局官网,http://www.sipo.gov.cn/docs/pub/old/tjxx/yjcg/201512/P020151231619398115416.pdf,最后访问日期:2018年8月16日。

③ 参见孟飞:《岂能让"伪高新企业"泛滥》,载《经济日报》2013年3月2日,第6版。

再如，"专利盒"税制经常沦为跨国公司的一种避税工具，侵蚀本国或他国税基，扰乱税收管辖权和征收权。① 另一方面，税式支出普遍对高收入者更有利。一些学者认为，真正的科技创新企业往往是利润率比较高的新兴产业，企业收益比传统企业要高，再享受税收优惠对其他纳税人来说是一种不公平。萨里教授认为，在实现社会目标方面税式支出激励往往不如财政直接补贴，税式支出激励是不公平的，它给人们带来了高税负。税式支出激励不公平表现在，它们对高收入纳税人的价值要高于低收入纳税人；它们不利于那些在税式支出之外的人。税式支出激励只能造就"税式百万富翁"，往往与要实现的社会目标偏离较远。② 萨里教授的观点可能有些过激，但造成税收不公平的事实确实存在。就我国而言，尽管税式支出巨大，但整体税收收入并没有减少，反而每年有一定幅度的增加（如2017年增长10.7%，超出GDP增幅）。税式支出所减少的税收收入部分是通过其他企业或个人的高税负来填补的，从而产生整体税收的高税负。因此，科技创新税式支出激励制度会损害税基，造成税收不公平，导致其他纳税人税负增加。

目前，我国税式支出并未纳入预算法的调整范围，存在适用比较随意的现象。预算的一个重要目标就是做到收支平衡，控制政府肆意支出行为。"预算是关于政治的经济，而非经济的经济。"③然而，税式支出却成为地方政府不受预算法控制的间接支出行为。若税式支出无法得到有效约束，国家预算就难以实现有效控制，纳税人税收负担就会比实际更重。④ 甚至有学者认为，科技创新的税式支出激励制度，不一定是创新能力提升的"灵丹妙药"，有可能成为预算的"特洛伊木马"。⑤ 毫无疑问，无限扩张的税式支出肯定会对预算制度造成一定侵害。

3. 税式支出激励制度不具有普遍效用，且增加税收成本

税式支出激励制度并非对所有科技创新都起作用，而对一些行业或企业并不产生激励效用。以研发投入税收激励为例，有学者对30个行业进行实证研究，发现研发投入税收激励只对5个行业的研发产生重要影响（税式支出的弹性为正），对剩余25个行业并未产生实质效用（税式支出的弹性为负）。⑥ 由此可见，税式支出制度对科技创新的激励并不一定具有普遍效用，需要相应的法律制度对其进行控制或限制。

科技创新企业与创新行为所产生的税收问题，除遵守基本的税法规则外，还有许多

---

① 参见励贺林、付广军：《防范专利盒税制成为跨国企业集团避税的工具》，载《税务研究》2017年第9期。

② See Stanley S. Surrey, *Tax Incentives as a Device for Implementing Government Policy: A Comparison with Direct Government Expenditures*, 83 Harvard Law Review 705 - 738 (1970).

③ 参见［美］阿伦·威尔达夫斯基、［美］布莱登·斯瓦德洛编：《预算与治理》，苟燕楠译，上海财经大学出版社2010年版，第306页。

④ 张牧君：《税式支出视域下我国〈企业所得税法〉的结构性分析》，载《中州学刊》2017年第9期。

⑤ See Stephen E. Shay et al., *R&D Tax Incentives: Growth Panacea or Budget Trojan Horse*, 69 Tax Law Review 419 - 457 (2016).

⑥ 参见方重、梅玉华：《税式支出对企业研发激励效应的实证研究》，载《税务研究》2011年第8期。

特殊的抵扣规则,这使税制更加复杂,无疑会增加税收成本。税收成本与税制结构呈正相关关系,税制结构越复杂,税收成本越高。一方面,税式支出激励制度增加了税收的征收成本。税收征管机构需要与其他主管部门协作,需要审查纳税人提交的证明税收抵免的各种表格或材料,增加了征税的人力成本和时间成本。另一方面,税式支出激励制度增加了税收的遵从成本。复杂的税式支出激励制度有时超出了中小企业的应对能力,不得不委托税务中介机构,增加了税收的遵从成本。

二、深层动因:激励科技创新税式支出制度缺陷之组织理论分析

任何规则执行都需要由特定组织负责,特定组织的结构设计会影响规则执行的成效。激励科技创新的税式支出出现诸多问题,更深层次的原因是税务机关实施的激励制度难以实现组织理论下专业化与协作成本的最优结合。

(一)组织理论:部门划分下专业化与协作成本

无论企业还是政府能够高效运行,需满足组织理论的要求。此处组织理论,是一种狭义上的组织理论,是如何对一个组织进行最优的部门划分——横向划分,就是对一个组织进行横向的职能分工。以我国科技创新及其财税激励为例,横向部门划分就是科技创新活动中哪些活动由科技部门管,哪些由国家税务总局或财政部管等。威斯巴赫和努西姆二位教授2004年提出分析税式支出激励制度优劣的理论工具——组织理论。从组织理论角度,一个组织的横向划分关键在于要权衡专业化和协作成本问题。[①] 专业化是一个组织或部门及其工作人员从事某种工作所应具备的专业设备、专业知识和技能等;而协作成本是不同组织或不同部门之间在共同完成某项工作时因相互协调所增加的成本。专业化和协作成本在组织体系构建中是一个悖论,过分强调专业化而进行部门细分后会产生不同部门之间的协作成本;通过整合或合并来降低不同部门间的协作成本又会导致专业化不足。如在一家公司中,部门划分后将某个职能划归特定部门,可以使该部门工作或业务实现专业化、部门内部协作更便利,进而提高效率或成效,但增加了该部门与公司其他部门之间的协作成本。以一家旅馆公司为例,其将豪华型酒店业务与经济型酒店业务分开经营,授权每个部门(两类酒店)专门提供各自特定类型的服务,进而实现专业化、流程化,但分开经营意味着不同部门(两类酒店)之间的协作将更加困难。[②] 部门划分的基本规律:如果不同业务(或生产)之间的协作特别重要时(比如,酒店因采用共同标准或操作流程会大大降低成本),将某个特定业务(或生产)进行专业化(如单独分离出豪华酒店)所得收益可能就是不值得的,此时就不宜对不同业务进行部门划分。相反地,若某个特定业务(或生产)的专业化和内部协作越有价值,且不同业务(或生产)

① See David A. Weisbach & Jacob Nussim, *The Integration of Tax and Spending Programs*, 113 Yale Law Journal 983 - 997 (2004).

② See David A. Weisbach & Jacob Nussim, *The Integration of Tax and Spending Programs*, 113 Yale Law Journal 985 (2004).

之间协作无足轻重,划分这些业务(部门划分)的可能性就越大,部门划分所得收益就越多。

根据亚当·斯密的理论,专业化是劳动分工的基础,劳动分工能提升效率,是商品经济产生的前提。[①] 可见,专业化是商品经济必由之路,是进入现代社会之必然趋势。然而,专业化是有一定限度的,因为它受协作成本的约束。过于专业化意味着不同专业之间的协作是困难的,协作成本是高昂的。[②] 任何组织,无论是公司还是政府,其专业化都要受到协作成本的限制。对政府来说,各部门通过专业分工利用专业优势能提升政策执行和监管效率,但过于专业化分工又会增加不同部门之间的协作成本。政府部门的最优划分就是最大化地利用协作优势,同时将专业化不足所造成的损失最小化,即协作畅通(成本低),且不失专业化。当公司规模较小,很多采用U形(Unitary的首字母)模式进行部门划分——根据各部门的单一功能(如采购、加工、销售和售后服务等)进行划分;当公司规模越来越大时,通常会采用M形(Multidivisional的首字母)模式进行部门划分——将一个产品的全流程(包括采购、加工和销售等整个流程)划分给一个部门,每个部门内部又进行U形划分。[③] 政府的部门划分一般采用M形模式(特定情形下也存在U形),将提供一个完整的公共产品划分给一个部门,如教育部门、交通部门和公安部门等分别提供教育、交通和安全保障等公共产品。政府采用M形部门划分时,目标在于保证部门不失专业性前提下尽量降低协作成本。将不同的两个以上任务(或功能)划归给一个部门,一般要考虑任务之间的"互补性"(complementary)和"范围经济"(economies of scope)。换言之,两个以上任务协作或结合(如性能上的互补性)所得收益能超过将它们分开的好处(如规模经济或专业知识)。[④] 因此,就政府而言,一般将紧密相关或互补,且需要相互协作的公共任务组合到一起,划分给一个政府部门。

与公司不同,政府无法用具体的企业化标准(如利润率、股指等)来衡量政府部门某个政策执行的效率问题。但是,政府部门职责划分的优劣可以根据在既定成本下政策执行的精准度(政策产生的实际效果)来衡量,或者精准度相同时通过执行成本高低来判断。从公共任务执行角度,在既定成本下政府哪个部门执行任务的精准度更高,该任务就应该分配给这个部门;同理,在公共任务执行精准度一样的情况下,哪个部门执行成本更低就交由该部门负责。政府部门设置和职责划分就是在权衡专业性和协作成本,在降低执行与监管成本下提升公共任务完成的精准度。部门内的专业化与部门间的协作之最佳平衡是一个组织符合成本—效益分析的体现,要权衡精准地实现组织目标的收益与

① 参见[英]亚当·斯密:《国富论》,谢祖钧译,中华书局2017年版,第3~24页。

② See Gary S. Becker & Kevin M. Murphy, *The Division of Labor, Coordination Costs, and Knowledge*, 107 Quarterly Journal of Economics 1137-1160 (1992).

③ See A. D. Chandler Jr., *Strategy and Structure: Chapters in the History of the Industrial Enterprise*, M. I. T. Press, 1962, p. 89.

④ See David A. Weisbach & Jacob Nussim, *The Integration of Tax and Spending Programs*, 113 Yale Law Journal 989 (2004).

成本。[①] 科技创新税式支出激励一方面要具备专业性，另一方面又要降低协作成本，税务机关实施该制度是否符合组织理论，下文展开分析。

（二）激励科技创新税式支出中专业化与协作成本的冲突

从激励方式角度分类，政府对科技创新激励手段有 3 种，且往往同时使用。第一种为权利激励，即知识产权主管部门通过法定程序赋予创新者知识产权；第二种为定位与荣誉激励，如我国的科学技术奖一定包含地位和荣誉奖励，让受奖者获得极大的荣誉感，享有崇高的社会地位；第三种为金钱激励，是一种非常重要和常用的激励方式，包括财政支出激励和税式支出激励。财政支出激励是由政府利用财政资金以资助、奖励、补贴等方式来激励科技创新。权利激励、地位和荣誉激励一般由专业主管部门（如知识产权局、国家科学技术奖励委员会等）负责实施；财政支出激励（现金的直接转移）也由政府各主管部门组织实施；而税式支出激励（现金的间接转移）则全部由税务机关实施。由于判断创新与否的专业性不足，税务机关实施税式支出激励并不符合组织理论。

税务机关缺乏精准实施税式支出激励的专业能力。税务机关专业性仅体现在测算和执行与收入、支出、折旧和企业规模等相关的专业能力上，而对科技创新项目中是否具备实质意义上的创新，税务机关缺乏专业判断能力。以研发投入的税收抵扣为例，根据《关于完善研究开发费用税前加计扣除政策的通知》（财税〔2015〕119 号）中所定义的"研发活动"，[②]税务机关需要判断研发活动是否创造性应用了科技新知识，是否对技术、产品和服务有实质性改进，纳入研发的所有活动是否与研发有实质的相关性等。对这些问题的判断需要税务机关具备极其专业的知识，然而税务机关并不具备。努西姆和索里克认为，如果赋予税务机关激励创新的任务，它最好采用非自由裁量或最低自由裁量的税法规则。但是，税收激励规则以创新为前提，判断创新与否需要专业的科技知识与能力，需要税务机关进行自由裁量，税务机关却缺乏必要的科技专业知识作为自由裁量的基础。[③] 如生物科技研发活动是否对产品有实质性的改进，税务机关缺乏实质判断能力，只能根据企业提供的书面文件作形式判断。在税务机关仅作形式判断时，很难实现税式支出激励的精准性，此时政策执行的精准性就大打折扣。当然，税务机关可以与科技主管部门进行协作，是否具备科技创新的实质性内容由专业主管部门来判断，税务机关根据主管部门的意见来决定是否给予税收优惠。然而，税务机关和主管部门之间又产生较高的协作成本，这也是研发投入激励相关法律没有作出这样规定的原因。即使在技术转

---

① See Jacob Nussim & Anat Sorek, *Theorizing Tax Incentives for Innovation*, 36 Virginia Tax Review 72 (2017).

② 《关于完善研究开发费用税前加计扣除政策的通知》（财税〔2015〕119 号）规定，研发活动是指企业为获得科学与技术新知识，创造性运用科学技术新知识，或实质性改进技术、产品（服务）、工艺而持续进行的具有明确目标的系统性活动。

③ See Jacob Nussim & Anat Sorek, *Theorizing Tax Incentives for Innovation*, 36 Virginia Tax Review 77 (2017).

让和高新技术企业税式支出激励中,税务机关和主管部门之间的协作问题也受到成本的制约。可见,税务机关实施的科技创新税式支出激励很难平衡专业性和协作成本之间的关系,很难实现二者最优结合。

税收机关实施的 3 种激励科技创新税式支出制度都存在专业性与协作成本冲突问题。先以研发投入税收抵扣为例:首先,区分研发和非研发活动边界比较困难。如研发投入的最大部分是工资和福利(统计显示:占到研发投入的 80% ~90%),但谁的工资有助于创新性知识的创造——抵扣的工资范围难以界定清楚。换言之,税务机关无法区分抵扣的工资中哪些对创新作出了真正的贡献,或真正投入研发项目之中。于是,我国相关法律对此规定了一个比较宽泛的范围,[①]这种规定是否科学值得深究。其次,研发活动与产生创新性成果之间存在时间差,于是研发投入的税收抵扣不能与研发结果相挂钩。[②]一些所谓的研发投入税收抵扣可能未产生任何科技创新的结果,可能成为税收流失堂而皇之的借口。

再以技术转让税收优惠("专利盒"税制)为例,税务机关对技术转让对象、权属和合同缺乏判断能力,需要其他主管部门的协作,就产生了较高的协作成本。第一步要确定是否属于技术转让税收优惠范围。是否属于专利技术、植物新品种和生物医药新品种等需经过主管部门(如知识产权局、农业农村部和卫健委等)认定,取得相应证明文件。第二步技术(企业转让符合条件的 5 年以上非独占许可使用权的技术)所有权的权属需要主管部门(如知识产权局、农业农村部和卫健委等)认定。第三步技术转让合同要经过主管部门(如科技部门或商务部门等)认定。可见,我国技术转让税收优惠的实施需要税务机关与多个主管部门之间协作,产生了较高的协作成本,而且一个环节协作出现问题就会影响政策执行的精准性。进而,有学者认为,"专利盒"激励设计并不好,还不如直接的政府研究资助,甚至还不如研发投入税收抵扣和高新技术企业税收优惠,它仅仅创造了为促进增长而"做某事"的表象,是稀缺财政资源的浪费。[③] 是否具备科技创新需要专门机构来判定,税务机关是不可能具有这种能力的,这样就产生了专业性和协作成本之间的冲突问题。因此,激励科技创新税式支出难以达到最优组织理论。

基于上述原因,一些财税法专家指出,科技创新税式支出激励是不明智之举,应该为权利激励和财政支出激励所替代。如萨里教授认为,作为实现社会目标的一种手段,税式支出激励通常不如直接补贴:一方面,这种激励通常不公平,因为它们使高纳税等级的人受益最多;另一方面,这种激励更难执行和管理,原因在于它们是由缺少非税专业知识

---

① 国家税务总局《关于企业研究开发费用税前加计扣除政策有关问题的公告》(国家税务总局公告 2015 年第 97 号)规定,企业直接从事研发活动人员包括研究人员、技术人员、辅助人员。

② 我国研发投入税收抵扣不以结果为判断标准。如《企业所得税法实施条例》第 95 条规定,未形成无形资产的,研究开发费用的 50% 加计扣除;形成无形资产的,按照无形资产成本的 150% 摊销。

③ See Stephen E. Shay et al., *R&D Tax Incentives: Growth Panacea or Budget Trojan Horse*, 69 Tax Law Review 425 (2016).

的税务人员和机构执行。[①] 还有学者指出,在激励创新上现金直接激励通常优于税式支出激励。激励创新一般应利用知识产权和财政支出激励,而不是用税收工具,因为该工具不符合专业化、范围经济和降低协作成本的要求;激励创新的公共任务不应分配给税务机关,税务机关不太适合设计和实施创新激励制度;甚至提出,科技创新的税式支出激励措施应被废除,或被由主管部门负责实施的财政支出激励所取代。[②] 这些观点有一定的道理,但可能难免存在绝对化。

虽然从组织理论角度分析,税务机关实施科技创新税式支出激励制度确实存在问题,但笔者不赞同上述学者的部分观点,不同意用权利激励或财政支出激励取代税式支出激励。组织理论毕竟仅从一个角度分析税式支出激励制度的实施问题,不能"一叶障目,不见泰山",即不能用局部缺陷来完全否定一个制度的整体价值。若税式支出激励制度应当完全被取代,那就难以解释从萨里教授20世纪70年代提出质疑后,世界各国(包括美国)税式支出制度不但没有减少,反而有愈演愈烈之势,逐渐成为不可替代的制度。因此,尽管税务机关实施科技创新税式支出激励不符合组织理论下专业化和协作成本的最优结合,但是税式支出激励是否应该被废除或被其他制度取代,其他激励创新的制度是否就完美无缺,还需要进一步对比分析,而不能妄下结论。

三、税式支出的比较优势:科技创新非税激励机制之缺陷

科技创新的非税激励制度包括知识产权、财政支出激励、政府优先采购和荣誉激励等。政府优先采购由于受到西方国家的反对,我国被迫取消了该制度;[③]荣誉激励若不与其他激励制度相结合,对企业能否产生真正激励创新的结果是值得怀疑的,在此对这两个制度与税式支出不再作比较。知识产权与财政支出激励是白圭无玷,还是瑕瑜互见,需要与税式支出激励制度逐一对比分析。

(一)知识产权与税式支出的区别联系及其缺陷

由于科技创新知识的准公共产品属性,不具有物理上排他性且排他成本较高。只有通过法律赋予发明创造者排他性权利——知识产权,才能激励创新。无论是专利和版权,还是商标和商业秘密等,都是赋予权利人排他性权利,使科技创新知识在一定期限内具有私有属性,进而给权利人带来创新利益。简言之,知识产权就是赋予创新者对创新成果的垄断性权利,利用可预期收益激励科技创新,解决创新知识供给不足问题,最终增加社会福利。

税式支出和知识产权均为激励创新的法律制度,二者最主要联系在于经常同时适

---

① See Stanley S. Surrey, *Tax Incentives as a Device for Implementing Government Policy: A Comparison with Direct Government Expenditures*, 83 Harvard Law Review 705 – 738 (1970).

② See Jacob Nussim & Anat Sorek, *Theorizing Tax Incentives for Innovation*, 36 Virginia Tax Review 30 (2017).

③ 参见付大学、杨美琪:《科技创新的政府采购激励之再思考》,载《中国政府采购》2019年第1期。

用。无论是以支出或收入为基础的税收优惠激励,还是综合性的高新技术企业税收优惠激励,绝大多数以知识产权为基础——拥有某种知识产权往往是享有税收优惠的条件。即使是以支出为基础的研发投入税收优惠激励,也不会因为后续获得了知识产权保护而补缴税款,而是按照形成知识产权成本(无形资产成本)的175%摊销。二者主要区别有两点:其一,知识产权是一种权利激励,有些需要知识产权主管部门的确认或授予;而税式支出激励是一种金钱激励,全部由税务机关实施,或由主管部门协作税务机关实施。其二,从组织理论角度,相比税式支出激励,知识产权激励更符合组织理论。我国现有专利权和商标权的权利激励更好地权衡了专业性和协作成本之间的问题。以我国现有组织机构为例,由知识产权局负责专利、商标的登记和行政裁决等工作,由市场监管执法稽查局负责商标和专利执法工作,都充分考虑了各自的专业性。知识产权局和执法稽查局都隶属于国家市场监督管理总局,大大降低了协作成本。

尽管知识产权的实施符合组织理论,但其存在难以克服的缺陷。缺陷之一,对科技创新成果的过度保护反过来又会阻碍创新。斯蒂格利茨指出,知识产权具有减少创新者可利用的知识库之后果,这可能对研发投资和创新水平产生负面影响,过强的知识产权保护可能会导致创新速度的降低。[①] 如医药领域的"专利困局"导致一些新药难以研发和投产就是一个典型例证。[②] 知识产权制度具有两面性:一方面,通过一定范围的知识产权保护激励创新,进而增进社会福利,这是实施知识产权制度的社会收益;另一方面,权利人通过知识产权取得市场独占力又会阻碍创新,这是实施知识产权制度的社会成本。所有知识产权都是在社会成本和社会收益间寻找平衡点,不是无节制保护,而是对知识产权进行一定范围或期限的限制(如我国专利法定保护年限为20年)。缺陷之二,在创新之初,知识产权无法给创新者带来融资。很多创新需要大量前期投入,知识产权无法解决创新初期的资金来源问题。从研发资金投入角度,知识产权对创新者来说可能是"锦上添花",而不是"雪中送炭"。于是,知识产权能否真正激励创新也受到一些学者质疑。[③] 由于知识产权制度也存在一些缺陷,许多国家根据各自不同经济发展阶段采取不同的知识产权保护策略,而不是对知识产权实行无期限的、绝对化的保护。

---

① See Joseph E. Stiglitz, *Intellectual Property Rights, the Pool of Knowledge, and Innovation*, National Bureau of Economic Research (2014), http://www.nber.org/papers/w20014.pdf.

② 例如,一种大有希望治疗帕金森病的药品,最终因前端的专利困局而未能研发入市。因为随着医药领域专利权的累积,它逐渐变成了"幻影收费站"阻碍了新药开发的步伐。开发该新药的公司需要向测试相关的每一项专利持有人付钱。哪怕只忘了一个人,也会招来昂贵难缠的官司。每一位专利持有人都认为自己的发现至关重要,并有权索取相应的费用,到最后,他们要求的金额总计已经超过了这种药所带来的预期利润。该公司最终不得不放弃该救命新药的开发。参见[美]迈克尔·赫勒:《困局经济学》,闾佳译,机械工业出版社2009年版,第4页。

③ 如有学者提出专利制度与创新无必然联系。See Eric Schiff, *Industrialization Without National Patents: The Netherlands*, 1869-1912; *Switzerland*, 1850-1907, Princeton University Press, 1971, p.121-126.

(二)财政支出与税式支出的区别联系及其缺陷

财政支出激励,是指政府以财政资金直接支出为基础的激励制度,为科技创新提供现金支付,如政府利用财政资金资助研发、为科技创新提供财政补贴,以及对科技成果进行奖励等。根据激励基础不同,财政支出激励主要有两种:一种是以成本为基础的激励(如公共资助、补贴等);另一种是以价值为基础的激励(如政府奖励、政府购买等)。财政支出激励是通过增加新信息的"盈利"能力来鼓励个人生产信息,从而可以解决市场供给不足的失灵问题。① 此处盈利中的"利"不是源于市场,而是源于政府的财政资金。对短期无盈利能力且社会回报率高的基础研究,通常采用政府资助等财政支出激励制度来激励科技创新。

税式支出激励和财政支出激励之间的联系在于,就广义而言二者都是一种财政资金支出,前者为间接支出(税式支出),后者为直接支出。另外,二者都属于金钱激励,有时会同时适用。二者的主要区别体现在三个方面:其一,税式支出激励原则上更适合于在合理时间内能推向市场的应用科技研发活动;而财政支出激励更适合于支持长期的、高风险的研究,以及针对生产公共物品(公共卫生、国防等)或具有较高溢出效应的特定领域与基础性研究。有学者指出,如果一项研究被预期会产生更多商业结果,那么税式支出激励可能比政府资助更有效,因为项目的最终选择留给最明智的投资者——公司。② 其二,税式支出激励虽有政府干预,但科技研发与否,以及研发什么则由公司(市场)决定,所以税式支出激励被认为是基于市场之工具,而财政支出激励则被认为是基于政府的工具。③ 其三,财政支出激励由各自主管部门负责实施,而税式支出激励由税收机关负责实施。从组织理论角度,财政支出激励制度更好地权衡了专业性和协作成本。我国各主管部门负责实施科技研发资助、科技创新奖励、补贴等财政支出激励制度,既体现了专业性,也减少了不同主管部门之间的协作,降低了协作成本。从组织理论角度分析,财政支出激励制度更好地平衡了专业化和协作成本问题。

然而,财政支出激励制度也存在无法回避的问题。问题之一,财政支出激励(尤其是补贴、资助和奖励)可能引起其他国家的反补贴调查。若政府对高新技术企业进行补贴,且属于专项性补贴,WTO 其他成员能以对其利益造成不利影响为由提起反补贴调查。若政府依据合同对企业研发进行补贴,虽属于《补贴与反补贴措施协议》第 8.2 条规定的不可诉性补贴,但该条款已于 2000 年 1 月 1 日失效,只要补贴具有专项性同样会引起其他成员的反补贴调查。问题之二,财政支出激励需要政府有充盈的财力。2017 年全国财

① See Jacob Nussim & Anat Sorek, *Theorizing Tax Incentives for Innovation*, 36 Virginia Tax Review 34 (2017).

② See Brett Frischmann, *Innovation and Institutions: Rethinking the Economics of U. S. Science and Technology Policy*, 24 Vermont Law Review 353 (2000).

③ See Daniel J. Hemel & Lisa Larrimore Ouellette, *Beyond the Patents-Prizes Debate*, 92 Texas Law Review 303 – 382 (2013).

政支出为203,330亿元,而全国财政收入才172,567亿元,财政缺口高达3万多亿元。①在财政如此紧张情况下,依靠各级政府对企业科技创新进行大量财政支出激励是不现实的。问题之三,财政支出激励依然存在委托代理问题。财政支出激励制度的执行都是由具体公务人员负责,是否资助(奖励或补贴等)某个项目取决于政府机构及其公务人员的自由裁量权,难免会出现委托代理问题和权力寻租问题,从而增加财政支出激励制度实施的成本。

总之,所有激励制度都存在瑕疵,都是在激励成本与收益之间权衡,没有最优激励措施,只有次优激励制度。换言之,每种激励制度都存在弊端,且各自又具有不可相互替代的独特价值,需要不同制度分别从不同的角度共同激励以实现激励创新的最终目标。因此,税式支出激励制度不应被废除,或被其他激励制度所取代,而应通过制度设置对其进行规范。

四、立法完善:逐步规范激励科技创新的税式支出

每种激励制度都有其独特存在价值,尽管税式支出激励制度不符合组织理论的最佳策略,但其具有其他制度不可替代的优势。加之国际竞争的需要,税式支出激励制度仍受到各国政府的青睐。首先,随着经济全球化,为吸引跨国公司在本国进行研发活动,并为获取或持有知识产权创造良好环境,税式支出成为各国政府激励科技创新与国际税收竞争的一个重要手段。其次,税收制度是一种效果显著的社会控制工具,其激励成效往往立竿见影。从功能角度看,税收制度本身对市场主体行为具有控制、诱导作用,能通过激励等手段引导企业行为。这也是各国政府偏爱税收工具的重要原因。再次,税式支出激励制度不是财政资金的直接支出,让人们产生无须财政支出就能产生激励效果的"幻觉",政府政策推行时不会遭遇太多阻力。最后,税式支出激励制度仍契合我国国情与经济发展阶段。我国在核心技术上的突破成为经济发展与安全的头等大事,更需要利用税式支出激励创新为经济转型与技术突破助力。加之,国际税收与高端技术竞争越来越激烈,尽管税式支出激励存在天然缺陷,但任何国家也不会轻言放弃此种工具,以避免在先进技术国际竞争中处于劣势地位。因此,我国应从多方面完善税式支出激励制度,扬长避短以更好实现激励目标。

(一)激励科技创新税式支出应纳入税收法定范围

从立法层面看,税式支出应由法律来规定——税式支出实行法定,通过税收法定限制税式支出随意开立。基于财政信托理论,②政府受全体人民的委托而享有"公共财产权",在公共财产取得、用益与处分时应严格遵循法定主义。③包括科技创新税式支出在内的所有财政资金直接或间接支出,都是政府处分公共财产行为,理应获得人民的代议

① 资料来源:载国家统计局,http://data.stats.gov.cn。

② 参见朱大旗:《现代预算权体系中的人民主体地位》,载《现代法学》2015年第3期。

③ 参见刘剑文、王桦宇:《公共财产权的概念及其法治逻辑》,载《中国社会科学》2014年第8期。

机构——全国人大及其常委会的同意。然而，我国《立法法》第 8 条未将税收优惠等税式支出纳入法定范围，于是经常出现主管机关“一纸通知”就能随意提高扣除比例与改变优惠税率，①甚至开设新的税式支出。科技创新税式支出激励要想获得合法性，必须逐步将税式支出激励的开立、适用范围、扣除比例或优惠税率实行税收法定。

在法定的前提下，要严格规范实施税式支出激励制度，提高税式支出激励的精准度。首先，规范研发投入税收抵扣。虽然国家税务总局明确了研发费用税前加计扣除的范围与比例，但在实际操作中仍存在主观随意性。如人员人工费用中可扣除的人员范围就是“直接从事研发活动人员”，包括研究人员、技术人员和辅助人员，然而税务人员仅从企业在汇算清缴之前履行备案手续时所提交的书面材料进行形式审查，难免出现主观随意性。税务机关应加大对企业研发费用支出的核查，在专业性不足时要注重与专业机构的合作，尽管增加了协作成本，但能提升研发投入税收抵扣的精准度。其次，规范技术转让税收优惠。在技术转让中，税务机关要与科技部门和商务部门协作辨别“真”技术转让与“伪”技术转让，科技部门（境内转让）和商务部门（跨境转让）在进行技术转让合同备案时要注重审查所转让技术的质量水平。最后，规范高新技术企业税收优惠。高新技术企业认定时虽然强调了科技部门、财政部门和税务部门的协作，并强调专家评审的作用，但缺少对知识产权质量的审查，如很多企业靠劣质专利数量获得认定。对此，笔者认为，一方面，在高新技术企业认定时要注重审查专利等知识产权的质量，明确高价值专利的数量；另一方面，在高新技术企业年度备案时应委托专业机构对其资格进行审查。总之，税务部门要加强与其他部门（或专业机构）的协作，来规范税式支出制度的实施，即便增加了协作成本也要提升激励的有效性。

（二）逐步将税式支出纳入预算法规制范围

激励科技创新税式支出的规范程度受整体税式支出制度规范与否的制约。税式支出被学者称为预算外支出（off-budget expenditure）或者“后门”支出（“back door” expenditure），认为其违反了税则的通用性和统一性原则，②最终会侵害一国的财税制度，降低财政支出效率。尽管如此，税式支出仍具有无限扩张本性，如科技创新税式支出激励虽其不符合组织理论，且支出效率也值得质疑，但近年来其支出规模却大幅度增长，未来仍会继续扩张。进而，巨额税式支出游离于预算法规制范围之外，不受人大的监督和制约。以科技创新税式支出激励为例，下文提出税式支出应逐步纳入预算法规制范围，从而限制其无限扩张性。

第一步，建立科技创新税式支出的报告制度。税式支出报告制度是世界经合组织成

---

① 如《企业所得税法实施条例》第 95 条规定，未形成无形资产的，研究开发费用的 50% 加计扣除；形成无形资产的，按照无形资产成本的 150% 摊销。然而，财税〔2017〕34 号和财税〔2018〕99 号直接将加计扣除比例提高至 75% 和 175% 。

② See Dirk-Jan Kraan, *Off-budget and Tax Expenditures*, 4 OECD Journal on Budgeting 123 (2004).

员和一些发展中国家的普遍做法，[1]如美国联邦政府和17个州政府对所有偏离正常税法的情况进行清点和编目形成税式支出报告，每年度或每两年度以预算文件附件形式向议会提交报告。[2] 我国应以科技创新税式支出激励为试点，每年编制该领域的税式支出专项报告，提交全国人大专业委员会审查。税式支出专项报告包括科技创新领域税收减免与优惠的规模、实施绩效与成本等。专项报告制度逐渐成熟之后，将其推广至所有税式支出领域。根据各个税种分别编制税式支出报告，作为政府预算文件的附件，提交全国人大审查。对于支出绩效不高的税式支出，全国人大要逐步压缩其支出规模，从而限制税式支出无限扩张本性。

第二步，将税式支出纳入政府预算文件，全面接受人大的审查监督。随着人大的预算监督管理能力提升，报告制度全面推行之后，逐步将其并入政府预算文件，作为其中一部分而不是附件。人大根据税式支出绩效，有权对某个领域的税式支出预算给予批准或不批准，也有权要求政府压缩某个领域的税式支出规模重新提交审议。全国人大及其常委会应根据税式支出绩效和成本，通过修法随时取消某个领域的税式支出。

当然，我国距离将税式支出纳入政府预算文件还有漫长的路要走，但逐步推行税式支出报告制度是可行的，这也是国际通行的做法，毕竟税式支出与财政直接支出有很大不同。通过定期向权力机构的报告制度限制税式支出规模，在一定程度上能够防止税式支出的无限扩张。因此，我国《预算法》日后修订时应规定税式支出报告制度，逐步将税式支出纳入预算法规制范围。一旦激励科技创新税式支出规模被限定，各级政府自动会对该领域税式支出进行严格审查，进而提升激励的精准性。

（三）激励科技创新税式支出制度应考量专利质量

如前文所述，科技创新税式支出激励制度都与专利紧密相关，高新技术企业和技术转让税收优惠都以专利为基础。许多企业以低价值专利或垃圾专利骗取税式支出，与我国专利质量审查不严不无关系。一方面，知识产权主管部门授予专利时要严把质量关。税务机关由于缺乏判断专利质量的专业能力，只能根据知识产权主管部门授予的专利给予相关主体税收优惠，专利的质量高低直接决定税式支出激励制度实施的精准性。无论是税收激励还是财政直接资助奖励制度都会扭曲企业专利申请的动机，导致大量低质专利产生。[3] 知识产权主管部门要破除专利数量迷信，严格审查专利质量，建立高价值专利库。所幸的是，2018年《国家知识产权战略纲要》实施10周年之际，知识产权主管部门更加重视专利质量问题，提出：突出质量导向，淡化数量情结；提高知识产权审查质量和

---

① 参见张智勇：《税收法律前沿问题研究——论我国对税式支出的预算法律规制》，载《政治与法律》2012年第7期。

② See Karen M. Benker, *Tax Expenditure Reporting: Closing the Loophole in State Budget Oversight*, 39 National Tax Journal 403 - 417 (2016).

③ 参见张杰、郑文平：《创新追赶战略抑制了中国专利质量么?》，载《经济研究》2018年第5期。

效率，严把审查授权关；深入实施专利质量提升工程，大力培育高价值核心专利。[①] 若专利质量普遍得到提升，税务机关实施税式支出激励时就无须具备相关的专业能力，也无须与其他主管部门进行协作，会降低执行成本与协作成本。

另一方面，在当前专利质量参差不齐情况下，修订相关法律以实施不同的优惠税率。目前每种科技创新税式支出激励制度都实行统一的抵扣比例或优惠税率，不利于产生高价值专利。笔者建议，实施研发投入税收激励时，应根据后续是否获得高价值专利给予不同等级的抵扣比例；实施技术转让税收激励时，应根据不同专利质量给予不同的免税数额与优惠税率；实施高新技术企业税收激励时，应根据该企业拥有高价值专利的数量给予不同的优惠税率。总之，税务机关要根据企业所拥有的专利质量来实施不同税率的激励措施。

（四）监管制度中强化对税式支出欺诈行为的查处力度

根据预期效用理论，[②]被查出概率和处罚力度是影响企业骗取税式支出的一个关键因素。纳税人在骗税所获得的收益大于其所付出的成本时（骗税的预期效用最大）就会选择骗税。纳税人所付出的成本由被查出概率和处罚力度所决定。被查出概率和处罚力度越大，骗税行为就越少；反之，骗税行为就越多。[③] 因此，依据预期效用理论，政府应明确罚则、提升查处率与加大处罚力度，以遏制企业骗取税式支出的行为。

首先，明确骗取税式支出行为的罚则。由于税务机关实施激励科技创新税式支出难以满足最优组织理论要求，纳税人更容易骗取税式支出。激励科技创新税式支出条款散见于前文所述的税收法律法规和规范性文件之中，对骗取此类税式支出的行为缺乏相应罚则，现行《税收征收管理法》及其实施细则也无对应的罚则条款。因此，在修订《税收征收管理法》时应明确骗取税式支出行为的法律责任，增加骗取激励科技创新税式支出行为的罚则条款。

其次，提升税式支出欺诈行为的查出率。税务机关查出税式支出欺诈行为同样需要具备专业性，在专业性不足时可从两方面着手提升查出率。一方面，与主管部门协作（尽管增加了协作成本）。税务机关要与各主管部门合作对企业所享有的税收抵扣、税收优惠等税式支出进行年度核查与不定期抽查。就高新技术企业税收激励而言，除目前实行的年报制度外，税务机关应与科技、财政等部门合作主动对高新技术企业进行年度核查和不定期抽查，发现不符合条件的企业及时取消其高新技术企业资格。对研发投入抵扣和技术转让税收优惠，税务机关要与科技、商务等部门合作对已享有税收抵扣或优惠的

① 参见余颖：《知识产权：提高质量效率　严格审查授权》，载《经济日报》2019 年 1 月 8 日，第 3 版。

② 预期效用理论由冯·诺伊曼（Von Neumann）和摩根斯坦恩（Morgenstern）在 1944 年创立，该理论假设为人是理性和自利的、偏好是稳定的，人在一系列决策方案中会选择效用最大化的方案。

③ 参见付大学：《财税法社会控制功能分析范式与制度构建》，载《法律科学（西北政法大学学报）》2017 年第 4 期。

企业进行不定期抽查。另一方面,建立健全举报奖励制度。群众的监督是无限的、广泛的,应鼓励人们对科技创新领域税式支出欺诈行为进行举报,健全举报人的保护和奖励制度等。

最后,加大对欺诈行为的处罚力度。一方面,税务机关一旦发现企业有税式支出欺诈行为,除要求其补缴税款外,应处骗税数额1～3倍的罚款;另一方面,将骗取税式支出的企业纳入失信黑名单,禁止其在5年之内再享有任何税收优惠。

五、结论

激励科技创新税式支出已经成为提升国家科技实力、吸引先进制造业和国际税收竞争的一个重要手段,我国的相关制度在激励科技创新方面已取得重要成效。然而,由于专业性和协作成本之间的冲突,税务机关实施科技创新税式支出总会产生诸多问题,成为一把"双刃剑"。理论上通常认为,税式支出对应用研究有明显的激励作用,而财政直接支出对基础研究更有效果。现实中,很多研究成果同时具有商业价值(应用研究的特质)和公共价值(基础研究的特质),需要知识产权、税式支出和财政直接支出等多种工具组成混合激励制度。因此,本文核心观点不是废除激励科技创新的税式支出,而是建议从立法角度多方面规范发展这种激励机制。在税式支出的开立、范围和税率上实行法律保留主义;在税式支出预算约束方面实行每年向人大报告制度;在税式支出制度构建上要注重专利质量问题;在税式支出事后监管制度中加大对欺诈行为的查处力度。

激励科技创新税式支出制度的实施还应注意两个问题:其一,受激励的主体应主要为企业,不应是个人或非企业实体。就个人而言,知识产权、社会地位与荣誉等往往是非常有效的激励方式,因为"激励有能力从事创造性工作的人的,并不是巨大的物质回报;几乎没有科学人士发过财或者想要发财。"①对非企业实体来说,财政直接支出是激励其创新的主要方式。其二,激励科技创新税式支出也要避免引起反补贴调查。只要税式支出具有专向性且对WTO其他成员利益造成不利影响,就有可能引起反补贴调查。激励科技创新税式支出应减少专向性,即尽量避免单独对某个专向科技领域实施创新激励。

① [英]伯特兰·罗素:《权威与个人》,储智勇译,商务印书馆2017年版,第85页。

数字经济时代的区际税收挑战：成因与应对路径*

毛　彦**

一、问题的提出

过去的 20 余年中，互联网与信息通信技术的发展为数字经济提供了广阔舞台，腾讯、阿里巴巴以及字节跳动等科技公司也轮番登场，显现出前所未有的活力与创造力。在此期间，中国的数字经济呈现高速发展的态势。2020 年中国数字经济的增加值达到 39.2 万亿元，占 GDP 比重攀升至 38.6%，并继续保持高速增长。① 数字经济为中国乃至世界经济提供强大推动力的同时，也对国际和国内税收秩序带来前所未有的挑战。

数字经济时代，传统的国际税收规则难以应对数字经济带来的税收挑战，尤其是市场管辖区的税基侵蚀问题。作为市场管辖区的国家因数字经济而产生税源流失，主权国家的税收利益遭受到现实的威胁。在国内税收秩序层面，无论数字经济是否带来区际税收挑战，均不会触及主权国家的整体税收利益，因而未受到足够的重视。但是，数字经济的流动性可能造成地区间税收划分的不公，进而加剧地区间的财政能力差异，这对国内税收秩序的影响并不亚于数字经济对国际税收秩序带来的挑战。②

我国正在迈向数字大国的道路之上，对于数字经济引发的税收挑战，我国不仅应当积极表达对国际税收秩序重塑的态度和观点，而且应当将境内的区际税收问题纳入考虑范围。虽然中国逐渐成为数字经济大国，但是中国数字经济的发展并不均衡。中国数字经济发展的不均衡不只体现在模式之上，即重消费互联网而轻产业互联网，而且各个区域之间也呈现不均衡态势。我国信息通信研究院的数据显示，广东、江苏、山东、浙江以及上海占据我国数字经济总量的前 5 名，而 GDP 位居全国第五和第六的河南和四川，其

* 原载《财政科学》2021 年第 5 期。

** 武汉大学法学院经济法学专业 2020 级博士研究生。

① 参见中国信息通信研究院编写：《中国数字经济发展白皮书》，中国信息通信研究院 2021 年版，第 4 ~7 页。

② 参见王雍君：《数字经济对税制与税收划分的影响：一个分析框架——兼论税收改革的核心命题》，载《税务研究》2020 年第 11 期。

数字经济的体量却不及上海和北京。[①] 与此同时,2019 年中国十大互联网企业在境内的运营实体均位于北京、上海、广州、深圳、杭州,无一在中西部地区。[②] 因此,虽然我国数字经济的市场规模不断扩大,覆盖范围也逐渐扩大,但是总体而言,中西部地区的数字经济发展仍旧落后于东部沿海地区。

以信息网络为载体的数字经济带来生产力和生产关系的重大变革,我国也希望借由数字经济的赛道实现跨越式发展。但是,数字经济引发的税收挑战却不容忽视。国际税收秩序如何应对数字经济的挑战已经吸引了全球的目光。我国境内,基于数字经济发展的不均衡,其是否会对国内的区际税收秩序带来挑战?如果这一挑战存在,是否有必要通过税收工具抑或是财政工具予以解决?如需解决,税收工具与财政工具如何选择?

笔者尝试在数字经济的时代背景下,展开有关区际税收挑战的探讨:首先,究竟是何因素引发现有的区际税收挑战,是数字经济创设了新的情境,还是我国税收法律制度的供给不足;其次,在应对数字经济带来的区际税收挑战时,我们应当秉持何种思路、何种目标,能否从国际税法的管辖权分配中寻求经验;最后,应对区际税收挑战时,财政税收工具的最优选择为何?以上问题都是数字经济时代应对区际税收挑战必须回应的问题,本文的论证也会据此展开。

二、数字经济时代区际税收挑战的成因分析

"利润应在经济活动发生地和价值创造地征税"已经成为国际税收领域的一项重要原则。然而,数字经济的经营模式与价值创造模式却对这一原则带来巨大挑战。虽然用户所在的市场管辖区为数字企业创造具有高附加值的内容与数据,但是却没有因此获得征税权。因此,面对数字经济的税收挑战,国际社会吁求一个公平的国际税收体系,以体现经济活动发生地和价值创造地的征税权。但是,不同于数字经济对国际税收秩序的挑战,数字经济的国内区际税收仍然留存于中国境内,不会对中国整体税收利益造成现实威胁,因而数字经济对区际税收秩序的影响常常被忽视。但是,就区际的税权配置而言,对公平税收体系的诉求同样不应缺席。

(一)用户参与:数字经济时代的价值创造模式

随着信息通信技术的成熟,数字经济规模日益庞大,大型数字企业不断涌现。谈及"数字企业",通常是针对以提供数字服务为核心的互联网企业。中国典型的数字企业包括百度、阿里巴巴以及腾讯,而欧美则是以 Facebook、Amazon 以及 Google 为代表。数字经济通过大数据分析以及多层面的商业模式,不断突破着传统商业的价值创造模式。

---

① 参见中国信息通信研究院编写:《中国数字经济发展白皮书》,中国信息通信研究院 2021 年版,第 8 ~ 10 页。

② 2019 年中国十大互联网企业包括新浪、360、字节跳动、美团、网易、蚂蚁、京东、百度、腾讯以及阿里巴巴。虽然我国互联网企业多采用可变利益实体(VIE)架构,但是其境内运营实体的位置是纳税地点判定的重要依据。2019 年十大互联网企业运营实体的位置,北京占据 5 席,杭州 2 席,上海、广州、深圳各 1 席。参见中国互联网协会和工业和信息化部网络安全产业发展中心《2019 年中国互联网企业 100 强发展报告》。

数字企业能够基于数据分析，针对不同的目标族群提供差异化的商品或服务、精准捕获终端消费群体、深入了解商品或服务的评价差异，以便有目的地改善其商品或服务。[①] 以 Facebook 为例，其无须依赖物理存在，就可以在遥远的市场管辖区内鼓励用户不断创造出独特的内容与数据信息。与此同时，Facebook 利用从市场管辖区获取的脱敏用户数据，促进其广告等业务的收入。自此，一个全新的价值生成链条已经形成。一方面，居中的数字平台企业向用户提供免费的软件服务，用户通过其在数字平台上的积极参与行为，为平台贡献"用户创造的内容"（User-created Content）与数据。另一方面，数字平台企业通过收集、处理以及分析用户数据，向广告服务商提供精准的广告投放服务并据此获利。以 Facebook 为例，其广告业务收入常年占其总营收的 90% 以上。因此，用户的积极参与正在为数字平台企业创造价值。

数字平台通常不会因为用户在数字平台上创造的内容而直接向用户支付费用，然而数字平台却利用用户积极参与生成的内容与数据，通过广告等其他业务实现盈利，甚至形成竞争优势。以经济学的视角观之，用户端的积极参与行为可以为另一端（广告业务）创造具有正面影响的外在性，同时提升另一端的盈利能力。对于市场管辖区的税务机关来说，用户参与并未直接创造现实的收益，但是却以间接的方式促进数字企业的盈利能力。有学者认为，特定范围的数字企业利用用户的积极参与，在用户所在地赚取特殊性地域租金（Location-specific Rent），进而产生剩余利润。[②]

我国企业所得税法框定的征税范围是"以货币形式和非货币形式从各种来源取得的收入"。无论是销售收入、财产转让收入还是特许权使用费收入，企业所得税的产生都仰赖流向企业的真实资金。因此，在传统的企业所得税法规则之下，用户的积极参与无法直接转化为收入，也就无法进入企业所得税的征税范围之中。

数字经济时代传统的企业所得税无法纳入用户参与的价值，作为用户所在地的中西部省份无法因此获得税收收入，进而影响其财政能力。中西部地区的用户资源丰富，但是数字经济的发展却不及东部沿海地区。同时，中西部地区囊括河南、四川等多个人口大省，其用户资源丰富。[③] 当前，越来越多的企业远离用户或者市场所在地，利用网络提供服务，而企业的选址偏好又多是以技术和人才为主的东部沿海地区。因此，区际税收秩序势必面临公平与否的检视。

（二）纳税地点：数字经济对传统税收征管规则的挑战

在国际税收领域，数字经济带来的税收挑战直接冲击市场管辖区的税收利益。在传

① See Jane Yakowitz, *Tragedy of the Data Commons*, 25 Harvard Journal of Law & Technology 1 (2011).

② See Cui Wei, *The Digital Services Tax: A Conceptual Defense*, 73 Tax Law Review 69 (2019).

③ 数字经济较发达，规模较大的地区（北京、天津、山东、江苏、上海、浙江、福建、广东）2019 年总人口为 45,634 万，约占 2019 年全国人口（140,008 万）32.6%，而其余地区人口约占 67.4%，具体数据参见国家统计局网站。

统的国际税收秩序下,用户参与无法为市场管辖区带来征税权。同时,越来越多的数字企业正在摆脱物理存在,利用网络远程经营着用户市场,市场管辖区利用传统的常设机构规则无法对数字企业的营业利润征税。当视角转换至国内,数字经济将如何对区际税收秩序造成挑战。

在国内税收层面,纳税地点的确定同样会直接影响征税权的分配。在中国的税收规范体系之下,纳税地点的确定往往依赖企业的登记注册地。在企业所得税领域,居民企业以企业的登记注册地为纳税地。[①] 在增值税领域,增值税的纳税地点仍然以“机构所在地”为主。但是,总机构和分支机构不在同一地区时,应当分别申报纳税。固定业户在机构所在地之外从事经营活动或者非固定业户也应当在经济活动发生地申报纳税。但是,《增值税暂行条例》规定,以上企业未在经济活动发生地申报纳税的,由机构所在地的税务机关补征税款。[②]

因此,依据现行税收法律的规定,纳税地点几乎被固定在企业的登记注册地。数字企业可以利用互联网在全国各省份提供远程数字服务,无须在线下建立营销和分销机构,也无须向企业注册地之外的其他省份缴纳税款,中西部省市将会难以分享数字企业的税收利益。由于技术需求与偏好,位于东部沿海的一线城市聚集大量的数字企业,消费互联网企业的总部亦全部聚集于一线城市与新一线城市。中西部地区的大量用户参与创造的价值无法在用户所在地缴纳税款,反而流向位于东部的企业登记注册地。对于区际税收划分来说,数字经济无疑会带来巨大的挑战。

(三)跨区经营的税收划分:现有税收规则的不足

随着跨域经营的普及以及数字经济时代的来临,地方税基侵蚀、各地方对税收的争夺以及由此产生的地区发展不均衡,促使中央不得不重新思考统一市场下的区际税收划分问题。

在企业所得税领域,虽然《企业所得税法》仅规定纳税地点为企业登记注册地,并未针对企业的跨区域经营活动进行税收分配。但是,早在2001年国务院印发的《所得税收入分享改革方案》(国发〔2001〕37号)中,中央已经开始部署跨区经营的企业所得税分配问题,文件规定跨区经营的企业所得税按相关因素在有关地区之间进行分配。2012年,财政部、国家税务总局及中国人民银行联合印发的《跨省市总分机构企业所得税分配及预算管理办法》(财预〔2012〕40号)制定了更细致的规定,跨省市总分机构企业按照统一规范、兼顾总机构和分支机构所在地利益的原则,实行“统一计算、分级管理、就地预缴、汇总清算、财政调库”的处理办法,企业所得税按一定比例在各地间进行分配。

在增值税领域,《增值税暂行条例》以固定业户和非固定业户作为标准进行纳税地点的划分。在此基础之上,《总分机构试点纳税人增值税计算缴纳暂行办法》(财税〔2013〕

① 参见《企业所得税法》第50条。
② 参见《增值税暂行条例》第22条第1款。

74 号)进一步细化,规定"总机构应当汇总计算总机构及其分支机构发生业务的应交增值税,抵减分支机构发生业务已缴纳的增值税税款后,在总机构所在地解缴入库"。

因此,我国企业所得税和增值税的税收划分聚焦总机构与分支机构,同时向分支机构所在地分配部分税收。在传统经济时代,持续的跨区域经营活动依赖分支机构等物理存在,"总分机构"模式可以解决地区间的部分税收划分问题。然而,随着数字经济时代的到来,持续的跨区域的服务提供无须在各个省份建立物理存在,"总分机构"的税收划分模式面临困境。

三、应对数字经济时代区际税收挑战的基本思路

数字经济时代,作为用户所在地的中西部省市将会面临较大的税基侵蚀风险。随着税源不断流失,税收的天平逐渐向东部地区倾斜,地区之间的财政能力差异随之扩大,区际税收不公的现象不断涌现。如何应对这一挑战,何种理论可以为应对挑战提供理论支撑,国际税收领域的经验能否参考?意欲实现的目标为何?依循以上思路,本部分将从基本依据、基本方法以及基本目标三个方面展开讨论。

(一)基本依据:来源地原则的应用

来源地原则(Source Principle),是指管辖区有权针对源于境内的收入行使征税权,其核心在于将地理位置与收入联系,增强税收管辖中的属地因素。[①] 同时,来源地原则旨在向经济活动发生地和价值创造地公平地分配征税权,与"利润应当在经济活动发生地和价值创造地征税"这一共识的内涵基本一致。"利润应当在经济活动发生地和价值创造地征税"成为近年来国际税法中最重要的政治共识之一,并且获得二十国集团(G20)的背书,成为应对全球税基侵蚀与数字经济税收挑战的关键理念。

国际税收领域的税收管辖权理论包含居民地原则(Residence Principle)与来源地原则,两个原则构成主权国家对跨境所得征税的基础。[②] 然而,随着经济全球化以及数字经济的发展,跨境制造、跨境销售、无形资产流动以及跨境服务提供的现象越发普遍。随着全球数字市场的开发与利用,居民地原则下数字企业的经营所得与居民地之间的联结关系正在逐步弱化,与市场管辖区的联结关系随之加强。因此,至少在数字经济的范围内,税收管辖权可能更加偏向于来源地原则,以便市场管辖区能够公平地分享数字经济的征税权。[③] 此外,来源地原则不应当被视为一种分配理论,而应当成为一种公平征税和限制征税的规则。换言之,如果一项收入持续地源于某一税收管辖区,这一管辖区应当公平地享有征税权;同时,如果一项收入并未源于某一税收管辖区,此税收管辖区也并未对这

① See Peter Hongler, *Justice in International Tax Law*, IBFD, 2019, p. 436 – 440.

② See Mitchell A. Kane, *A Defense of Source Rules in International Taxation*, 32 Yale Journal on Regulation Bulletin 311(2015).

③ See Peter Hongler & Pasquale Pistone, *Blueprints for a New PE Nexus to Tax Business Income in the Era of the Digital Economy*, IBFD Working Paper, 2015, p. 1 – 61.

一收入的产生作出贡献,那么该税收管辖区不应行使征税权。

来源地原则占据着国际税收领域的舞台,同样可以为应对区际税收挑战提供理论支撑。数字经济时代,数字企业的跨地区服务提供在各个地区缺乏物理存在,传统总分机构的税收划分模式无法因应这一挑战,急需一个原则加以指引。鉴于国内税法并未明确承认用户参与带来的价值创造,同时现行的纳税地点和税收划分规则无法因应数字经济时代的经济模式,一国境内的区际税收挑战随之产生。虽然各个省份同属本国的统一市场,但是各省的税收与财政能力对基本公共服务均等化的实现乃至区域发展都至关重要。来源地原则强调税收的属地因素,帮助缺乏征税权的用户所在地与营业所得之间建立有效的联结关系。依据来源地原则延伸的公平征税规则和限制征税规则,各个用户所在地的税务机关有权针对源于其辖区范围内的收入公平地行使征税权,同时无权针对其他地区创造的价值肆意行使征税权。

(二)基本方法:国际税收领域的实践

数字经济时代,停留于20世纪的传统国际税收规则已经引起众多国家的不满,这一传统规则也无法因应数字时代的税收挑战。[①] 在过去几年中,数十个国家针对数字经济出台包括特别预提税、最低税以及数字服务税等单边税收措施。[②] 与此同时,应G20的要求,OECD努力打造一个包容性框架,以应对数字经济带来的税收挑战与单边税收措施带来的国际税收冲突问题。国际税收层面应对数字经济税收挑战的措施,能否为应对区际税收挑战提供参考?

首先,依据来源地原则,一种新的联结关系在企业与市场管辖区之间产生。数字经济时代,传统以物理存在确定征税权的方式已经难以适应数字时代的经济形态。因此,OECD选择以"年营收"以及"显著和持续参与"作为形成经济联结的因素。[③] 同时,OECD设定的联结度判定标准与英国等国家征收数字服务税时判定"显著数字存在"的标准相类似,都是旨在跳出传统物理存在的限制,将"显著数字存在"与持续经济存在的理念引入其中。在国内税收层面,虽然在本国境内无须使用常设机构等概念,但是联结关系在应对数字经济带来的税收挑战时仍旧重要,此时来源地原则便可以发挥作用。传统以企业登记注册地作为纳税地点的规则,忽视了企业在市场管辖区的价值创造。因此,在应对数字经济带来的区际税收挑战时,通过在企业和用户所在地之间确立新的联结关系,数字企业在用户所在地进行的用户交互与数据收集构成一种持续且显著的数字存在,用户所在地便可以主张分享其贡献的税收利益。

---

① See Lilian V. Faulhaber, *Taxing Tech: The Future of Digital Taxation*, 29 Virginia Tax Review 145 (2019).

② See Arthur J. Cockfield, *Tax Wars: How to End the Conflict Over Taxing Global Digital Commerce*, 17 Berkeley Business Law Journal 347 (2020).

③ See OECD/G20 Base Erosion and Profit Shifting Project, *Tax Challenges Arising from Digitalisation-Report on Pillar One Blueprint*, 2020, p. 10 – 19.

其次,为应对数字经济带来的税收挑战,用户参与的价值应当受到重视。以数字服务税(Digital Services Tax)为例,欧盟委员会早在2018年就已经提出关于数字服务税的立法提案,法国、英国等国的议会也接连通过数字服务税的立法。以英国推行的数字服务税为例,其聚焦于用户参与创造的价值,征税范围包括社交媒体平台、搜索引擎以及在线市场3类业务,采用低税率(2%)的模式,旨在"通过征收有针对性、均衡以及临时性的税收,有效反映数字企业从英国用户参与中获得的价值"。① 与此同时,数字服务税的应纳税额为数字企业相关业务的总收入而非净所得,在形式上属于一种间接税而非直接税。② 因此,数字企业无法依据税收协定在居民国获得抵免。然而,有学者指出,数字服务税的产生,可能进一步推进国际所得税理论与税收秩序的改革,实现既往所得税制改革无法实现的政策目标。③

最后,在应对数字经济带来的市场管辖区征税权问题时,利润分配的公式法将发挥重要作用。2020年10月,OECD发布应对数字经济税收挑战的"支柱一"蓝图报告,支柱一方案通过金额A、金额B向市场管辖区分配征税权,其中,金额A利用新的联结规则对企业的剩余利润进行全球分配。在金额A的利润分配过程中,公式法开始登场。第一步,通过设置利润阈值,计算数字企业的剩余利润;第二步,通过确定重新分配的百分比,计算应分配的剩余利润;第三步,通过确定分配参数,计算各个市场管辖区应得的税基。④ 随着利润分配的公式法引入,国际税收秩序正在进入一个新的领域。公式法的施行需要取得国际共识,在应对区际税收挑战时,基于共识之下的公式法是否可以发挥效用,有待进一步评估。

(三)基本目标:公平的区际税收分配和财政能力配置

在数字经济时代,用户所在地将会面临税基侵蚀巨大风险。面临数字经济的税收挑战,国际社会吁求一个公平的国际税收体系,以体现经济活动发生地和价值创造地的征税权。但是,不同于数字经济对国际税收秩序的挑战,数字经济的税收仍然留存于一国境内,不会对国家的整体税收利益造成现实威胁,因而数字经济对区际税收以及财政秩序的影响常常被忽视。随着税源的不断流失,税收的天平逐渐向东部地区倾斜,进一步扩大地区之间的财政能力差异。因此,针对区际税收分配和财政能力配置而言,对公平的诉求同样不应缺席。在面对数字经济带来的区际税收挑战时,应当立足公平目标,寻找因应挑战的基本思路。

首先,伴随数字经济的发展,地区间不断加剧的财政能力偏差应当受到正视。在此

---

① See HM Treasury, *Digital Services Tax: Response to the Consultation*, 2019, p. 2 – 42.

② 参见张智勇:《数字服务税:正当的课税抑或服务贸易的壁垒?》,载《国际税收》2020年第4期。

③ See Cui Wei, *The Superiority of the Digital Services Tax over Significant Digital Presence Proposals*, 72 National Tax Journal 839 (2019).

④ See OECD/G20 Base Erosion and Profit Shifting Project, *Tax Challenges Arising from Digitalisation-Report on Pillar One Blueprint*, 2020, p. 123 – 138.

基础上,用户通过网络远程参与数字企业的价值创造,这一贡献不应当被忽视。用户的积极参与虽然没有直接创造现实的收益,但却以间接方式促进数字企业的盈利能力。在传统的税收规则之下,这一贡献往往被忽视。正是由于依据传统的税收法律规范无法捕捉到用户参与的价值,所以用户所在地区无法获得该部分的税收利益。随着税源向数字企业的注册地流失,地区间的财政能力差异以及不公平的现象可能会不断加剧。

其次,面对数字经济引发的税收分配的不公以及区际财政能力偏差,有必要通过税收工具抑或是财政工具对其进行纠正。对于解决数字经济导致的“利润征税地与价值创造地的错配问题”,以及相伴而生的地区间财政能力的不均衡问题,税收工具抑或是财政工具都可能成为有效的手段。通过选择适当的工具,税权分配问题以及财政能力差异等问题将会得到解决。但是,工具的选择必须适应中国的基本国情,同时综合考虑税权配置、财政能力协调的各种因素,以发挥财政体系的整体效益,进一步实现公平目标。

四、工具选择:以均衡性转移支付应对数字经济时代的区际税收挑战

面对数字经济引发的“利润征税地与价值创造地的错配”问题,以及相伴而生的地区间财政能力的不均衡问题,税收工具和财政工具都能够成为有效的因应手段。不同工具的选择,也将直接影响应对数字经济时代区际税收挑战的有效性。如何确定因应工具选择的基本标准,如何确保工具运行的有效性,成为无法回避的重要话题。

(一)基本标准:高效、可行、灵活以及确定的财政税收工具

在应对数字经济带来的区际税收挑战时,基于实现公平区际税收分配与财政能力配置的目标,财政税收工具的选择至关重要。不同工具的效应存在差异,政府在应对数字经济带来的区际税收挑战时应当区别对待、审慎选取。[①] 面临数字经济带来的区际税收挑战,财政税收工具应当着力解决用户所在地的征税权分配不公问题。然而,如何选择工具成为解决区际税收挑战的前设性问题。

在工具的选择过程中,应当遵循一系列原则。就数字经济引发的区际税收挑战而言,如何有效缓解数字经济带来的财政能力差异,如何有效实现地区间税收分配与财政能力配置的公平。选择财政税收工具应当考虑以下4点因素:

第一,效率问题。一项优良的应对方案应当尽可能减低纳税人的遵从成本以及政府的行政成本。第二,可行性问题,以确保施行的有效性与公平性。工具的选择必须考虑未来实际执行的可行性,以减少税收秩序失效和不公平的情况。第三,灵活性问题。工具的选择应当保持充足的弹性和灵活性,以确保能够顺应数字经济的不断发展。富有弹性的财政税收工具应可满足政府当下的财政需求,同时又能适应今后的变化,把未来难以预料的发展考虑其中。第四,确定性问题。税收或者财政工具的使用应当简单清晰,易于理解。简明清晰的应对路径可以让政府、企业和公民充分了解其权利和义务,同时

---

① 参见卞志村、杨源源:《结构性财政调控与新常态下财政工具选择》,载《经济研究》2016年第3期。

考虑各种政策以作出最有利的商业决策。①

(二)工具选择:应对区际税收挑战的转移支付方案

应对数字经济带来的区际税收挑战,要解决的就是“利润征税地与价值创造地的错配问题”,以实现数字经济时代税收分配与财政能力配置的公平目标。财政税收工具主要包括收入与支出两个方面。在选取工具纠正利润征税地与价值创造地的错配问题时,无外乎财政与税收两条路径:一是在税收层面,通过调整区际税收分配或者中央与地方的税收分享比例,从收入端增加用户所在地区的税收收入;二是在财政层面,利用中央对地方的转移支付,中央政府从支出端对用户所在地区的财政能力进行调整。②

首先,如何在地区间合理分配税基是应对数字经济区际税收挑战需要解决的一个问题。换言之,什么是契合数字经济发展的税收划分体系?③ 面对数字经济引发的利润征税地与价值创造地的错配问题,援引国际经验可知,设立新的税种以及调整现有征管模式均可以发挥效用。第一,设立新税种的方案。通过引入数字服务税,当数字企业在用户所在地的省市持续经营且构成显著数字存在时,用户地的税务机关有权就相关数字服务征收税款。然而,从前文工具选择的标准来看,这一方案会增加中国互联网企业的税收负担,无法适应中国大力发展数字经济的基本趋势,同时会增加互联网企业的合规成本。第二,基于OECD推行的支柱一方案,通过建立新的联结关系,规避现有关于纳税地点的规定,利用公式法向用户所在地分配征税权。这一方案虽然可以缓解用户所在地的税基侵蚀风险,但是这一复杂的公式分配方法会增加行政成本与税收的复杂性,同时引发区际税收的恶性竞争。因此,面对数字经济引发的区际税收挑战,利用税收工具的方案可能会增加税收复杂性与数字企业的合规风险,在短期内并不适宜用来解决这一问题。但是,数字经济领域公平的税收划分仍然是未来努力和研究的重要方向。

其次,相较税收工具,通过中央对地方的转移支付,对用户所在地区的财政能力进行调整的方案在短期内显得更适合。第一,转移支付机制的实施仅涉及政府间财政关系的调整,已有成熟的运行机制可供选择,符合财政工具选择的适应性要求。第二,利用财政转移支付机制不会向数字企业增加额外的税收负担与合规风险,能够最大限度地不影响中国数字经济的发展,符合中国“加快发展数字经济,推进数字产业化和产业数字化”的基本方略,也符合财政工具选择的效率要求。第三,增值税与企业所得税作为央地共享税,从数字企业发达地区产生的税收收入,有超过50%流向中央政府,中央政府作为数字

---

① See OECD, *Addressing the Tax Challenges of the Digital Economy*, Action 1 - 2015 Final Report, OECD Publishing, 2015, p.20-21.

② See Peter A. Prescott, *One Tax to Rule Them All: Rethinking Fiscal Federalism's Tax-Assignment Problem*, 96 Nebraska Law Review 1 (2017).

③ 参见王雍君:《数字经济对税制与税收划分的影响:一个分析框架——兼论税收改革的核心命题》,载《税务研究》2020年第11期。

经济的受益方,具有转移支付的基本财政能力。[①] 第四,转移支付方案与均等化的公平财力配置目标更契合。一直以来,转移支付都是中央政府实现地区间公平财力配置以及基本公共服务均等化的重要工具。因此,在应对数字经济的区际税收挑战时,相较税收工具,转移支付方案在短期内可能更适宜。当然,转移支付方案仍然具有局限性。第一,一般性转移支付项目的种类众多、目标多元,均等化目标被弱化;第二,转移支付的透明度与稳定性并不高,受到政治博弈的风险较大,目标实现效率较模糊。[②] 因此,在利用转移支付纠正"利润征税地与价值创造地的错配问题",实现财政能力的总体均衡时,应当关注以上局限之处。

(三)用户所在地的财力损失:作为均衡性转移支付中的考虑因素

面对地区的财政能力不均,运用转移支付均衡地区间财力,促进基本公共服务均等化并不新鲜。国务院《关于改革和完善中央对地方转移支付制度的意见》(国发〔2014〕71 号)中已经明确,"科学设置均衡性转移支付测算因素、权重,促进地区间基本公共服务均等化"。我国目前一般性转移支付涵盖"税收返还、均衡性转移支付、民族地区转移支付、县级基本财力保障机制奖补资金、调整工资转移支付、农村税费改革转移支付"等诸多内容。[③] 然而,均衡性转移支付才是推动区际财政能力均等化的重要工具。在数字经济时代,用户参与的价值无法直接转化为用户所在地的税收利益,造成地区间的财政能力差异扩大,均衡性转移支付便成为解决这一问题的关键。

均衡性转移支付作为一般性转移支付的重要组成部分,主要参照各地标准财政收入和标准财政支出的差额及可用于转移支付的资金规模等客观因素,按统一公式计算分配。财政收入能力均等化力图通过使不同地区具有大体相同的财政收入能力,来实现不同社会成员享有公共服务的均等化。[④] 依据《2016 年中央对地方均衡性转移支付办法》(财预〔2016〕63 号)第 4 条的规定,"均衡性转移支付资金分配选取影响财政收支的客观因素,按照各地标准财政收入和标准财政支出差额及转移支付系数计算确定"。各地享受均衡性转移支付用公式表示为:"某地区均衡性转移支付 =(该地区标准财政支出 - 该地区标准财政收入)× 该地区转移支付系数 + 增幅控制调整 + 省对下均等化努力程度奖励资金。"

在这一公式之中,数字经济给用户所在地省份带来的税收损失,可以作为一项要素纳入其中。原则上,设计得当的均衡性转移支付方案可以均衡地区之间的财政能力差异,纠正因数字经济导致的财政能力差异。然而,如果其中的参数设置不当,仍然会影响

---

① 依据《实施更大规模减税降费后调整中央与地方收入划分改革推进方案》,增值税保持中央与地方"五五分享"的比例;企业所得税收入则是中央分享 60%,地方分享 40%。

② See Philippe Wingender, *Intergovernmental Fiscal Reform in China*, IMF Working Paper, 2018, p. 1 - 27.

③ 参见夏冬泓:《财政转移支付结构调整困境及其人权再定位》,载《法学杂志》2018 年第 2 期。

④ 参见王玮:《公共服务均等化:基本理念与模式选择》,载《中南财经政法大学学报》2009 年第 1 期。

公平配置财政能力的目标实现。在现实的实施过程中，除未获得均衡性转移支付的省市外，其余各省获得的均衡性转移支付资金与其财力水平之间呈现正相关关系，均衡性转移支付反而向财力较强的地区发生倾斜，这已背离了基本公共服务均等化的初衷。因此，在应对数字经济带来的区际税收挑战时，如何取得全国性的共识，如何正确衡量用户所在地的财政损失，就显得尤为重要。

衡量用户所在省市的财政能力损失，可以考察英国的数字服务税方案，对用户参与的多寡进行评估。首先，划定数字服务的业务范围。进入这一视野的数字服务通常是带有商业目的，同时严重依赖用户内容贡献的业务类型。其次，利用 IP 地址确定用户所在地，进而划定区域内的用户数量。最后，对用户生成的价值进行评估，通过 IP 地址确定各地能够分享的转移支付数额。

基于此形成的均衡性转移支付方案，充分衡量用户所在地在数字经济时代遭受的税源流失因素，可以进一步推动地区之间的财力均衡，使囿于传统税收秩序导致的区际税收挑战获得缓解；同时，数字经济作为中国经济的重要推动力量，不会加剧地区间的财政能力差异；用户作为数字经济的重要参与者与价值贡献主体，其现实生活中也可以享受更均衡的基本公共服务。

五、结语

数字经济日益成为经济复苏和经济增长的新引擎，无论是国家还是公民，能否从数字经济中享受发展红利，成为数字经济发展的关键。中国作为数字经济大国，国际层面数字经济税收规则的制定关系我国的税收利益与数字经济的发展，一国之内的区际税收秩序同样值得关注。通过均衡性转移支付应对数字经济时代的区际税收挑战，可以在一定程度上弥合数字经济带来的地区间财力差距。但是，作为财政工具的均衡性转移支付仍有待进一步细化，如何科学衡量用户所在省市的财政能力损失，如何在全国范围内达成应对区际税收挑战的共识，仍然存在困难。

经济数字化税收政策体系建构的新观察与新思路:一个总体分析框架

刘奇超*

经济数字化税收政策的体系建构,是一场深刻的利益重构与制度变革。从 2015 年 G20/OECD《应对数字经济的税收挑战》的"三方案"①探讨,到 2018 年《数字化带来的税收挑战:中期报告》的"四政策"②展开,再到 2019 年《应对经济数字化的税收挑战》(以下简称《征求意见稿》)的"双支柱"确立,一个兼顾整体观、共生观与演化观的国际潜在共识呼之欲出。③ 但一些新问题、新矛盾也随之凸显,亟待理性寻求一个包含最大公约数的

* 就职于天津市滨海新区财政局。

① "三方案"为显著经济存在、预提税和均衡说。

② "四政策"是指常设机构修订/替代方案、预提税、均衡税、针对大型企业的特殊税制。

③ 2022 年 10 月 13 日,在美国召开的 G20 财长和央行行长会议上,各国已就应对经济数字化税收挑战的"双支柱"方案达成了最终共识,发布了联合声明。尽管本文研究的范本聚焦"双支柱"改革的早期提案,但这些具有"起源性"意义的倡议和设想,对于学科发展的史料回顾与规则细节的日臻完善有特殊定位和价值。关于"双支柱"的总体进展以及联合声明,参见申铖:《财政部部长刘昆:"双支柱"方案达成共识将有效应对经济数字化税收挑战》,载新华网 2021 年 10 月 14 日, http://m. news. cn/2021 - 10/14/c_1127958218. htm;参见 G20/OECD, *Statement on a Two-Pillar Solution to Address the Tax Challenges Arising from the Digitalisation of the Economy*, https://www. oecd. org/tax/beps/statement-on-a-two-pillar-solution-to-address-the-tax-challenges-arising-from-the-digitalisation-of-the-economy-october - 2021. pdf,最后访问日期:2022 年 5 月 4 日。关于"支柱一"的最新进展,参见 G20/OECD, *Pillar One-Amount A: Extractives Exclusion*, https://www. oecd. org/tax/beps/public-consultation-document-pillar-one-amount-a-extractives-exclusion. pdf,最后访问日期:2022 年 5 月 3 日;G20/OECD, *Pillar One-Amount A: Draft Model Rules for Domestic Legislation on Scope*, https://www. oecd. org/tax/beps/public-consultation-document-pillar-one-amount-a-scope. pdf,最后访问日期:2022 年 5 月 4 日;G20/OECD, *Pillar One-Amount A: Draft Model Rules for Tax Base Determinations*, https://www. oecd. org/tax/beps/public-consultation-document-pillar-one-amount-a-tax-base-determinations. pdf,最后访问日期:2022 年 5 月 4 日;G20/OECD, *Pillar One-Amount A: Draft Model Rules for Nexus and Revenue Sourcing*, https://www. oecd. org/tax/beps/public-consultation-document-pillar-one-amount-a-nexus-revenue-sourcing. pdf,最后访问日期:2022 年 5 月 4 日。关于"支柱二"的最新进展,参见 G20/OECD, *Tax Challenges Arising from the Digitalisation of the Economy-Global Anti-Base Erosion Model Rules (Pillar Two)*, https://www. oecd. org/tax/beps/tax-challenges-arising-from-

最佳治理方案。

一、“双支柱”体系建构的背景确立与逻辑遵循

总体来看，OECD 试图搁置短期与长期方案之争，选择从解决数字化带来的“更广泛”的税收挑战和剩余 BEPS 问题这两个视角分别入手，建立一种择优化、归集化、体系化的“双支柱”体系。对此，西方学界普遍将其称为“BEPS 2.0 版”，以区别于盛兴于 BEPS 方略之后欧洲学术界倡导的“Post-BEPS”语境，以及源于我国的“BEPS 2.0（税基重构与利润共享）”和“Neo-BEPS（税基扩展与利润共享）”倡议的范式创新。其中，从“BEPS 2.0”到“Neo-BEPS”的理论演进主要在于后者丰富了政府贡献理论（一种主张征税权的国家主格观），而该理论被欧洲学者泛称为“福利原则”，但在方法适用上，却作为反对以用户贡献理论主张征税权的现实反思，①同政府贡献学说形成了鲜明对比。

应当说，“双支柱”体系的确立背景较此前而言更复杂，其逻辑遵循建立在“非歧视”基础之上，对“兼容并蓄”的要求更高、更严，但这种“兼”不再是面面俱到，“容”亦不能是政策杂糅。同时，考虑到全球经济数字化税制的改革窗口期较短、义利相兼度较低，无论是认识论范畴的“摸着石头过河”，还是在条件论范畴下的渐进式改革，都很难满足包容性框架成员的整体诉求。似乎只有力求改革一步到位，才能化解单边政策积聚的全球税收治理风险。

为此，第一支柱（以下简称 P1）默许了将“市场/数据”视为一种“价值实现”的增值因素，以使用者或消费者作为价值的创造者，承认市场/数据所在地国家可以主张获得税基的某一份额的立场。一方面，P1 排除了对（部分）数字服务的支付款（包括向不征税或低税率的税收管辖区转移的利润）以预提所得税的方式（或视同预提所得税）征税的现行做法，在一定程度上减少了全球对 UN《税收协定范本》（以下简称 MC）第 12A 条的政策转化空间，但保留将预提税作为显著经济存在（以下简称 SEP）的可能征收机制。另一方面，P1 隐晦地否定了彻底转向目的地型所得税的改革建议，如采用目的地型现金流税、仅以销售为要素分配的单一税制等方案，但对以销售为基础的剩余利润分配法（以下

---

the-digitalisation-of-the-economy-global-anti-base-erosion-model-rules-pillar-two. pdf，最后访问日期：2022 年 5 月 4 日；G20/OECD，*Tax Challenges Arising from the Digitalisation of the Economy-Commentary to the Global Anti-Base Erosion Model Rules (Pillar Two)*，https://www. oecd. org/tax/beps/tax-challenges-arising-from-the-digitalisation-of-the-economy-global-anti-base-erosion-model-rules-pillar-two-commentary. pdf，最后访问日期：2022 年 5 月 4 日；G20/OECD，*Tax Challenges Arising from the Digitalisation of the Economy-Global Anti-Base Erosion Model Rules (Pillar Two) Examples*，https://www. oecd. org/tax/beps/tax-challenges-arising-from-the-digitalisation-of-the-economy-global-anti-base-erosion-model-rules-pillar-two-examples. pdf，最后访问日期：2022 年 5 月 4 日；G20/OECD，*Tax challenges arising from digitalisation: Public comments received on the Implementation Framework of the global minimum tax*，https://www. oecd. org/tax/beps/public-comments-received-on-the-implementation-framework-of-the-global-minimum-tax. htm，最后访问日期：2022 年 5 月 4 日。

① See Patricia Hofmann & Nadine Ried, Comment on J. Becker & J. Englisch, *Taxing Where Value Is Created: What's "User Involvement" Got to Do with It?*, 2 Inter Tax 2 (2019).

简称 RPSM)等过渡性措施持审慎态度。而第二支柱(以下简称 P2)倡导的全球反税基侵蚀提案(以下简称 GLoBE)在尊重每个税收管辖权对税率自主确定权的同时,强化了所有国家在(企业)利润所在的其他国家尚未行使其主要征税权的情形下对"税款回溯"的权力。

二、"双支柱"体系建构的机制整合与框架搭建

(一)第一支柱:修订的利润分配与联结度规则

1. 用户参与提案

英国财政部在 2017 年 11 月首次提出的"用户参与"(以下简称 UP)理论后,于 2018 年 11 月公布征税方案征求意见。该理论强调:用户的持续参与和积极参与是某些高度数字化经营(以下简称 HDBs)创造价值的关键组成部分。这些用户的活动和参与有助于创建品牌、生成有价值的数据,以及发展有助于确立市场势力的关键用户群。从征税范围看,其包括社交媒体平台、搜索引擎和在线市场。在利润分配方法上,该提案承认在使用传统转让定价方法确定分配给用户管辖区的利润方面存在困难。提案建议通过非常规或 RPSM 计算就用户活动或 UP 所应分配给用户管辖区的利润。为简化实施,可按全球用户和每个国家的用户对企业(贡献)的近似价值来分配利润。

2. 营销型无形资产提案

"营销型无形资产"(以下简称 MI)提案由美国提出,其定义为"与市场营销活动相关的无形资产,有助于产品或服务的商业运作,并且/(或者)对产品而言具有重要的推广价值。不同情况下,MI 可以包括商标、商号、客户名单、客户关系,以及专有市场和客户数据,这些无形资产可以用于或有助于向客户推广和销售产品或服务"。

从理论上看,该提案旨在建立 MI 与市场管辖区之间存在"内在功能联系",确保利润在(实质)经济活动发生地和价值创造地征税。该主张将品牌①、商号等部分 MI,视为反映消费者喜好的、由市场管辖区创造出来的无形资产;而将客户数据、客户关系、客户名单等其他无形资产,视为(企业通过积极干预)在市场管辖区内的客户和用户的活动中衍生出来的、由市场管辖区内创造的无形资产。

从方法上看,提案将跨国集团因 MI 而产生的非常规或剩余所得及其伴随风险分配给市场管辖区。而所有其他所得,如由研发所形成的同技术有关的无形资产所得,以及由常规营销和分销职能所产生的常规职能所得,将继续按现行利润分配原则进行分配。对于具体措施,提案建议:(1)用常规交易性转让定价原则,按现行规则和分配给市场管辖区的规则分别计算 MI 后,再调整。而收入分配,则按个案事实和 MI 对利润的经济贡献来确定。(2)使用更多机械式近似修订后的 RPSM 进行利润分配,即先确定常规利润、再确定剩余利润的划分方法[如将成本分析法("开发 MI 所产生的成本"vs."研发成本

① 在某些情形下,品牌被视为是具有社会和商业重要性的商标或商号。品牌可以代表一系列无形资产和/或其他项目,包括商标、商号、客户关系、声誉特征、商誉等。

与贸易型无形资产成本”）转换成更公式化的方法（因商业模式不同，适用不同固定的贡献百分比）。值得注意的是，MI 提案将针对广告收入作出特别调整或修订，以确保利润分配给广告投放目标（客户）的税收管辖区，而非广告购买者的所在地。

3. 显著经济存在提案

SEP 提案是以印度为首的 24 个发展中国家共同提出的。从政策制定上讲，其设计难点在于如何运用定量和/或定性指标，建立一个科学、合理的数字化门槛。通常而言，这些指标包括：（1）存在一个用户基础和相关的数据输入；（2）从该税收管辖区产生的数字内容的数量；（3）以当地货币或以当地支付方式记账、征缴的；（4）以当地语言维护网站；（5）负责向客户最后交付货物或由企业提供其他支持服务，如售后服务或维修保养；（6）为吸引客户而进行持续的网上或其他形式的营销和促销活动。在利润分配方法的选择上，SEP 提案主张部分分配法（或称为零星分配法）。其中，SEP 的税基可按跨国企业的全球利润率乘以某特定管辖区产生的收入（销售额）来确定，而税基分配要素不仅会考虑销售额、资产规模与雇员人数等因素，也将考虑用户的价值贡献。① 当然，为简化实施，提案建议也可采用经修改的核定利润法（如分行业核定利润率）。

（二）第二支柱：全球反税基侵蚀提案

GLoBE 是法国、德国于 2018 年 12 月提出全球最低税方案的集成版，包括所得纳入规则（以下简称 IIR）和对税基侵蚀付款的课税规则（以下简称 TBEP）两项内容。

1. 所得纳入规则

IIR 是一项以 BEPS 第 3 项行动计划为基础，以美国的全球无形低课税所得（以下简称 GILTI）政策为蓝本的补充性 CFC 规则，指“如果一项外国分支机构或受控实体的所得在其设立地或住所地的税收管辖区适用低实际税率，则该笔所得将被征税”。作为一项最低税政策，IIR 的政策要点包括：（1）适用于在该公司拥有显著（如 25%）直接或间接所有者权益的任何股东。（2）应含所得数额按国内法计算，股东有权要求抵免归属于所得而缴纳的任何基础税款。此抵免按逐国规则计算。（3）在豁免外国分支机构的情况下，如该所得在外国管辖区缴纳的实际税率很低，则 IIR 将以转换规则的方式，用抵免法取代免税法以应对此类避税行为。当然，IRR 的最终落地还需进一步考量如何进行受控测试或确定受控企业范围、如何判定安全港范围、收入归属方法、适用门槛等技术性细节。

2. 对税基侵蚀付款的课税规则

TBEP 源于德国 2017 年修订的《所得税法案》第 4j 节中“特许权使用费扣除壁垒”、导管规则，以及美国的税基侵蚀与反滥用税（以下简称 BEAT），是对 IIR 规则的补充。从概念上看，TBEP，是指“除非该付款按不低于最低税率的实际税率征收，否则（税收管辖

① 该方法类似欧委会推动的数字化 CCCTB 改革。参见刘奇超、[奥]科尔曼·茉莉、张春燕等：《欧盟数字经济公平课税方案的总体思路、核心理念与政策要领：一个全景式分析框架》，载《国际税收》2018 年第 10 期。

区)将拒绝对某些付款给予扣除或协定待遇",包括征税不足支付规则[①](以下简称 UPR)和应予课税规则[②](以下简称 STR)两项内容。

从政策上看,UPR 规则的设计要点包括:(1)最低实际税率测试,该测试将考虑对付款征收的任何预提税(包括 STR 也应考量该事项)。同时,对付款是否属于关联方的测试可参考 25% 的共同所有权测试方法,类似 IIR 测试和 BEPS 第 2 项行动计划(混合错配)测试。(2)适用于广泛的付款范围,且涵盖"导管"或"进口"安排。而 STR 规则应仅限于 OECD MC 第 7 条(营业利润)、第 9 条(联属企业)、第 10 条(股息)、第 11 条至第 13 条(利息、特许权使用费和财产收益)、第 21 条(其他所得)规定下关联方之间的付款,但该政策可就 MC 第 11 条至第 13 条探讨更广泛的适用范围。当然,无论是 UPR 还是 STR,均需在政策细节上作出共性回应和特色调整。

三、"双支柱"体系建构的理论创新、方法思辨与政策设计

(一)总体分析框架的基本定位与立场阐明

当前,诸多讨论忽略了经济数字化税收政策置于"当今世界面临百年未有之大变局"中实现创新形成的关键:征税目的为何,以及谁创造的价值? 由于 P1 在利润分配方法上,突破了"数字技术发展乃至经济数字化发展本身都是'革命性'的,而国际税收政策发展则是'演进性'的"基本论断,[③]为最终政策适配"大变局"提供了一个突破口。从这个意义上讲,对"双支柱"中各方案征税目的的讨论和体系辨析,不仅有助于从多视角、多立场诠释不同政策之间的内在关系,也为后续技术细节的设计与最优路径的选择提供了立论基础。而对厘清"谁创造的价值"来说,则更依赖一个深层次的体系化解释:

从整体观看,价值创造的主体已由单一主体(企业)转向多元主体(包括企业、用户、市场和政府);而价值产生的连结点——"交易行为"则是由国家、市场和企业这三方共同参与形成的。市场国的征税权主张是由政府观和市场观共同确立的,两者在理论与实践上存在交集。

从政府观看,企业获得超额利润的来源可定位于政府贡献[包括地域性特殊租(以下简称 LSR)[④]、用户贡献等]。政府贡献理论强调国家利益的整体体现和综合实现,认为主体性国家的税收利益不是源于企业的价值创造,而是国家作为自身存在的贡献应得收益。该理论主要依据地域性特殊优势理论(以下简称 LSA,包括市场溢价和成本节约),辅之以目的解释、体系解释等法律方法,系统主张征税权。而其中的 LSR,强调的是由数字平台创造的"直接网络效应""间接网络效应""将广告收入的税收视为一种基于目的

---

① UPR 是指如该付款未按最低税率缴纳税款,则(税收管辖区)将拒绝扣除支付给关联方的付款项。

② STR 是指只有在另一国家对所得项目充分征税的情形下,(税收管辖区)才会给予该笔付款某些协定待遇。

③ 参见刘奇超等:《数字化、商业模式与价值创造:OECD 观点的发展》,载《国际税收》2018 年第 8 期。

④ See Wei Cui, *The Digital Services Tax: A Conceptual Defense*, SSRN, 2018. 参见崔威等:《数字服务税:一种概念上的辩护》,载《经济研究参考》2020 年第 19 期。

地公式分配的有效形式”，以及“将通过数字平台搜集数据本身的行为视为税基的产生”4 种因素共同形成的、类似特定地点的整体国家平台租金收入，[①]系政府主张征税权的另一种范式解读。

从市场观看，征税权的主张解释来自多个维度。在政治经济学视角下，数据本身没有价值，数据交易行为产生的消费力才有价值，该价值是在市场国的政治、经济、社会等综合因素共同作用下产生的。在数据资本视角下，由市场国的数据规模产生的规模效应、网络效应与反馈效应带来了市场集中化，形成了数据充裕型市场，而数据驱动市场又极大地降低了市场失灵出现的频率，帮助超级巨星公司创造更大价值、攫取更多利润。在用户贡献视角下，位于市场国的每一个用户都是“产消者”，他们既扮演生产者角色又充当消费者角色，在动态过程中创造了价值。这些价值与利润，赋予了市场国征税权。

从政策观看，要坚持“理论一体化解释”与“方法多元化适用”并举的路径选择取向。对 P1 来说，政府贡献理论强调的主体方法——LSA 宜始终作为转让定价的可比因素不变，[②]而 LSR、用户贡献等理论则为 P1 中最终选择的提案提供理论支撑。而从政治经济学、用户贡献等多维度认识 P1，有助于从需求侧阐明市场国课税逻辑。对 P2 来说，政府贡献理论仍具穿透性的解释张力和现实意义，而此时基于征税的目的解释和体系解释在制定规制剩余 BEPS 的政策中占据了主导地位，成为确保“双支柱”之间政策“叠加”总体效应最大化的关键因素。

（二）第一支柱：理论创新与方法思辨的再审视

1. 联结度规则

尽管《征求意见稿》有意融合 UP 与 MI 提案，但存在争议的 UP 提案却带来了理论的创新，看似呼声高的 MI 提案实有内在性缺陷，而利润分配方法难达成的 SEP 提案亦有其可取之处，故理应辩证地看待这些问题。

（1）创新继承用户参与提案

一是把握好代表性理论发展的扬弃。从 LSR 视角看，DST 类似对石油公司征收资源税（资源使用费），既不会导致“数字化”与“非数字化”的区分，又能同前沿学术观点（如基于最终销售的公式分配法）保持思辨与融通解释。同样，有学者提出了一种将 SURE（持续的用户关系）视为无形资产、以观察到的相关现金流为价值衡量基础的新的价值创造范式。[③] 该方案虽能广泛适用于数字和非数字化商业模式，但却在根本上否定了“用户贡献”这一价值创造中的核心概念，不宜采纳。

---

① LSR 可能在生产者或消费者所在地产生。

② 强调将 LSA 仍作为可比因素的原因在于，LSA 不仅同 UP 和 MI 提案有关，也同传统转让定价方法和贸易型无形资产方案有关，更与未来数字技术跃升式发展带来的“不可预测性”税收政策制定有关。

③ See Johannes Becker & Joachim Englisch, *Taxing Where Value is Created: What's "User Involvement" Got to Do with It?*, 2 Intertax 2019；［德］约翰内斯·贝克尔、［德］约阿希姆·恩利施、刘奇超：《在价值创造地征税："用户参与"与它有什么关系？》，载《海关与经贸研究》2019 年第 4 期。

二是理性认识 UP 的“易货交易说”和“第三方价值创造说”。笔者认同用户贡献(包括 UP)理论,承认客户对企业的重要性,但认为用户可能更具独特价值。事实上,将用户和平台企业之间的互动与用户的日常社交活动(如免费邮箱、聊天软件的使用)相比,似乎有些牵强,至少平台企业有明确的商业动机而非社会动机。同时,用户数据的收集和使用与平台企业的经济价值创造之间似乎存在明确的联系。从经济人假设出发,大多数用户很可能不会在知情的情况下允许平台收集用户(过量)数据或者不会花时间去撰写那些没有回报的评论,用户更愿以现金或类似形式获取其所提供信息的经济价值(例如,Facebook 曾为搜集青少年用户信息向每位用户每月提供 20 美元)。当然,在非货币形式下,平台企业与用户之间的互动类似于易货交易,但此举将很可能为企业带来额外收益。

三是正视 UP 提案面临的实际问题。其一,UP 提案未能准确界明“积极 UP”与“消极 UP”的区别,易导致一种“混同”现象。以物联网中的“互联汽车”为例,该汽车内置类似计算机的屏幕和数据传感器,仪表板上有导航和娱乐显示屏,用户在驾驶过程中,既能“主动”提供地理邻近数据、通过租赁提供财务信息,又能充当广告广播方的“被动”接受者。由于互联汽车的用户不会主动撰写消息、评论产品或服务,在内置屏幕上的点击、“进入”网站或“搜索”等在实际上本应归类于活跃 UP 的数据,却变成了被动 UP 数据。同时,英国财政部将“企业从某国采购用户参与的运营数据和个人数据的行为,视为该企业与该国客户之间的被动参与或交易关系”,进而不主张征税权的立场,更不利于解释上述关系。其二,UP 提案在面对机器人、先进材料、增材制造与多维打印、虚拟现实与增强技术、云计算等前沿数字化行业时,确实存在一定程度上的政策失灵。

(2)理性反思营销型无形资产提案

首先,UP 与 MI 似乎是不同维度的事,很可能存在实质性区别,难以实现融合。譬如,在美国,一家金融机构的核心存款历来被认为是一种“以客户为基础”的无形资产,但应不属于 MI。同样,“网络效应”的价值可能被认为是“以客户/用户为基础”的无形资产,而非 MI。换个角度看,企业的“积极干预”是理解为仅针对特定市场管辖区的客户活动,还是企业视客户/用户的行为采取的“主动干预”?对于市场管辖区内的许多客户从该公司的网站上直接购买产品,即使该公司从未参与在此管辖区内推销其产品的营销或其他活动,是否也构成 MI?均未可知。

其次,同市场国建立的“内在功能联系”并不限于 MI,可能存在诸如劳动力、集团协同效应等超过 MI 定义的要素。当然,还可能包括贸易型无形资产(以下简称 TI)。在某些情况下,MI 与 TI 之间的区别并不明显,尤其对某些产品开发与其营销密不可分的商品(低脂产品或无麸质产品)来说。

再次,MI 提案是基于 B2C 提出的,其既未考虑 B2B 情形,又会对 B2B、B2C 和 C2C 型 HDBs 造成不公平的税收环境。以 B2B 为例,许多全球 B2B 企业同其跨国集团客户采用“全球签约”和“国别签约”的混合模式。根据“全球签约”模式,一家企业将同客户的某一法人实体(通常是总公司)签订全球性合同,商品或服务被交付给客户所在多个税收管辖区的多个法人实体。而在“国别签约”模式下,客户的每个法人实体均与跨国公司签订单独的合同。这两种模式关于价值创造活动所在地可能有相同的判定,但对合同“客户”的税收管辖区认定极为不同,进而影响 MI 利润的分配。

最后,《转让定价指南》(以下简称 TPG)给定的 MI 定义范围过窄,应充分考虑不同类型企业之间的经营行为和国别之间的现实差异。以客户名单为例,对于传统企业来说,本地促销和广告可能是形成客户名单的主要投资方式;而对 HDBs 来说,客户名单的形成将更多依赖于对用户具有内在吸引力的、高度成功的、创新性的产品供应。实践中,许多国家或地区实际征收的企业所得税少于其本应对常规回报征收的全部税款(见图 1)。

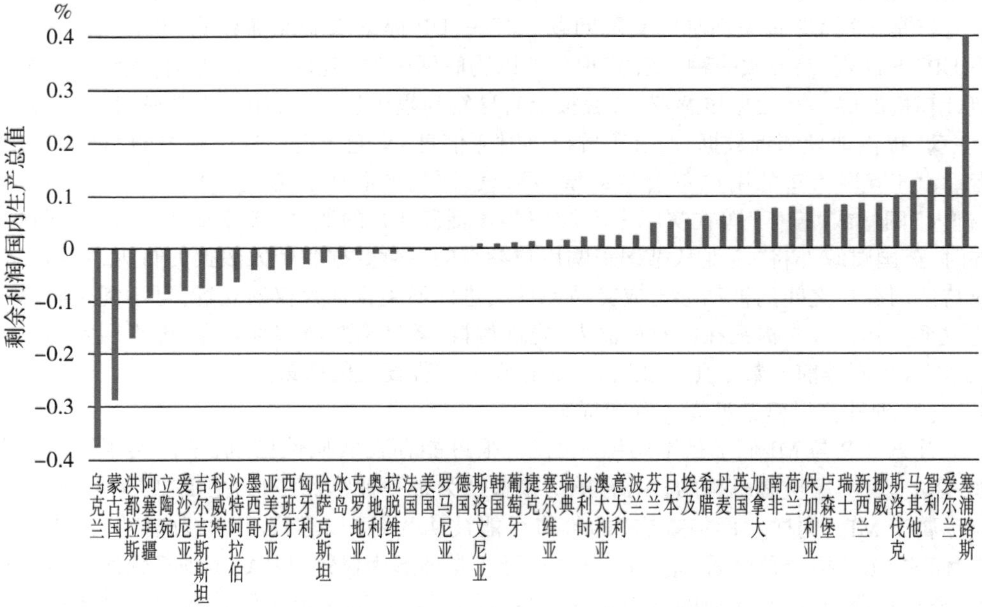

图 1 当前企业所得税超过常规回报的部分国家或地区

资料来源:Vitor Gaspar & Rhoda Weeks-Brown, *Corporate Taxation in the Global Economy*, IMF, 2019, p. 36.

(3)审慎支持显著经济存在提案

不同于 UP 与 MI 之间的融合关系,SEP 是立足于 UP 形成的长期方案。① 从适用范围看,SEP 提案与 UP 提案(仅适用于社交媒体平台、搜索引擎和在线市场)和 MI 提案(仅适用于 B2C)不同,其可适用于所有的 HDBs。同时,SEP 可作为一个新条款引入

---

① 参见[奥]科尔曼·茉莉、刘奇超、陈明:《经济数字化背景下常设机构的规则调整:一个总体框架》,载《国际税收》2018 年第 6 期。

OECD 或 UN 的 MC 中,或设计为 MC 第 5 条的一个新段落,成为现行 PE 概念的重要补充。[①] 从判定标准看,若对 SEP 提案中勾勒的主要判定门槛加以系统完善(见表 1),SEP 亦能同时涵盖 UP 和 MI。

表 1　关于修改判定构成显著经济存在指标的建议

指标	改革建议
完善指标 1	增加衡量每个用户在数字界面上花费的时间程度指标,用以区分仅拥有大量用户群,但由于社会结构、经济发展程度或文化限制导致无法产生深层次用户交互的市场管辖区构成 SEP 的情形。建议将 UP 转化为政策门槛归入该指标
赞同指标 2	考虑到市场管辖区可凭借高度的互联网渗透率和数据规模形成更多的数字内容,建议统筹考量、区分位于市场国的用户与客户的数量(所有用户可能并非客户,但所有客户都可能是用户)
赞同指标 3	要考虑随着支付提供商的增加,在跨境购买或出售商品(服务)过程中,用户对本地货币的使用程度已减少的现实情形
赞同指标 4	由于用户可同时在不同国家(地区)访问网站,若仅于“当地语言维护”这一判定要件,可能会扭曲结论
完善指标 5	要考虑电商企业依靠本地交付网络运营,但不承担与本地服务提供商绑定的保修或售后合同的责任
完善指标 6	考虑到 UP 与 MI 提案的政策主张,建议完善该指标以涵盖 MI 和 UP 范围
增设指标 7	增设年最低收入门槛指标,用于豁免初创企业、小微企业的税收负担
增设指标 8	增设持续经营合作(交互)发生的期间指标,即通过引入最低天数来排除某些企业同税收管辖区在短暂期间内产生少量强烈互动的情形

2. 利润分配方法

(1)剩余利润分配法的争议探讨

OECD 曾于 2018 年发布修订交易利润分割法(以下简称 TPSM)指南,[②]强调 TPSM 的适用要满足如下标准之一:①交易各方均作出了独特且有价值的贡献;②交易各方的业务运营高度整合,以致无法可靠地单独衡量某一成员实体的贡献;③交易各方共同承担显著的经济风险,或各方分别承担密切联系的风险。由此分析,可知:

---

① 尽管,从 LSR 角度看 SEP 的政策效用远不及 DST,但本文遵循的是政府贡献理论视角下的 SLR 解释,肯定 SEP 方案不代表本文对有关理论和学说体系的认知模糊。

② See OECD, *Revised Guidance on the Application of the Transactional Profit Split Method*, Paris, 2018.

首先,RPSM似乎脱离了上述原则,强调UP或MI始终是一种有独特且有价值的贡献,[①]在不考虑HDBs具体差别下,倾向采用一种简单的公式(如销售额、用户/客户因素)来分配剩余利润。[②] 但在跨境利润分配时,依据简单因素分配给MI所属国的方法,并不能正确反映特定市场对跨国公司盈利能力的实际贡献,易导致诸如"一国投资于基础设施(不仅包括IT设施,还包括桥梁、道路、火车轨道、港口等)的'收益'转移到尚未进行类似投资的国家"的异化现象。

其次,RPSM中"常规利润"和"非常规利润"这两个术语的用词同上述指南使用的"基本回报"(basic return)不同,亟待明确。按照MI提案所述,"常规利润"似乎与简单的、低价值活动有关,而"非常规利润"似乎与复杂的、高价值活动有关。但反映到利润分配中,"常规活动"反而可以产生可观的价值和收入,而"非常规活动"尽管是独特的,但却产生很少的价值(剩余利润)?

再次,MI提案给出"所有其他所得"的判定因素过于简单,可能会产生同现实情形不一致的结果。例如,包括企业能力、投入成本差异、运营杠杆、同无形资产无关的卓越(非常规)收益管理等众多衡量指标在内的企业供应链风险管理影响着"其他所得";又如,医药行业的新药研发需先后历经前期研究、研发先导化合物、临床前研究、临床试验等漫长周期步骤,只有长期投资后才可能形成无形资产,而这一过程中可能不会出现用于TI的大量支出,这将如何准确衡量"其他所得"?

复次,为妥善解决RPSM造成的双重征税问题,有观点提出要引入"(利润)放弃国"(Surrender state)概念加以调整。事实上,UP与MI提案之间的一项重要差异系后者在使用RPSM机制时会发生常规利润之和高于跨国集团或业务线的实际总利润("负的剩余利润")的现象。如按"超越独立交易原则(ALP)"的方法来确定分配给市场国的收入,则需按现行ALP方法下调分配给某(些)国家的收入。该建议的主要问题在于如何确保纳税人和税务机关能准确地确定必须放弃部分应税收入的国家("放弃国"),恐政策制定难度较大。

最后,对于符合新政策范围的跨国企业来说,RPSM是否将成为唯一适用的方法?如按此执行,还会衍生一系列难以权衡和回应的问题。例如,若MI定义包括品牌价值,则会对企业间涉及品牌特许权交易的转让定价产生什么影响?若MI包括了传统客户名单和客户关系,那么如何在利润中体现企业自身对这些无形资产的所有权收益?若跨境货物和服务贸易的价格已包括了MI利润,则如何处理其同进口关税、消费者和增值税的关系?

(2)部分分配法的问题界明及其简化措施的最新发展

确实,部分分配法存在一定的设计性缺陷与制度性障碍:第一,以全球利润率来确定

① 《征求意见稿》有意在MI语境下将UP视为(有价值且独特的)无形资产。

② 美国财政部负责国际税收的最高官员奇普·哈特(Chip Harter)表达了这一意向。

市场国税基的做法忽略了各类 HDBs 下价值创造与利润率是极为不同的这一事实。第二,采用类似欧盟数字化 CCCTB 的划分方法来分配税基,需要各国就核心分配因素及其权重系数达成共识,恐难在短期内实现。第三,除某些法律争议外,将预提税作为纯粹的“SEP 征收机制”只能确保实现单一税率征税,而政策的全面落地仍需解决好 B2C 领域扣缴义务人等关键技术问题。

尽管如此,但若将目光转向简化措施,则改革方向豁然明朗。事实上,UP 与 SEP 提案在简化措施的探索方面存在诸多共性和可选方案。例如,遵循 AOA 方法,辅之以重要人员功能,通过区分客户/用户提供的低、中、高 3 种价值增进服务,将 TP 方法的适用限定在从交易净利润法(TNMM)到可比非受控价格法(CUP)或 TPSM 的现有框架内。①又如,通过数字资产、数字使用和数字化劳动 3 个因素测定该行业或该企业的数字化强度,确定在价值链的不同功能或子功能中数字化带来的价值创造,从而确定该功能或子功能应分配的利润。

(三)第二支柱:课税目的与政策设计的再思考

1. 课税目的导向下的政策关联

从外在表征看,GLoBE 旨在解决相同现象的驱动因素:剩余的税基侵蚀可能性和对实际投资的“过渡”税收竞争。但从内在机理看,IIR 主要针对税基侵蚀和投资地点决策的扭曲问题,而 TBEP 主要聚焦本地市场竞争的扭曲问题,仅在较小程度上同真正的税基侵蚀规制有关。因此,IIR 和 TBEP 在性质上是不同的,不必以完全一致的方式设计。而这种不同,衍生出 3 种政策关系的处理方式:

其一,UPR 是对 IIR 的补充与支持,并起保护本地代理人免受不公平竞争的作用。其二,GLoBE 与美国 GILTI、BEAT 政策之间具有内在性设计差异。譬如,根据 IIR 的“双”目标导向,它的设计就不应局限于高度流动的、特别容易受到利润转移影响的无形资产(假设)收益问题,而这将与美国 GILTI 政策所追求的方法不同(例如,IIR 选“逐国”而不非“全球”)。其三,在 P1 与 P2 并行使用时,当选择 P1 中的某项方案后,MI 的征税权便已分配给付款人所在管辖区,而无须再实施 UPR(甚至是 STR),以“税款回溯”的方式强调对用于本地 MI 开发的、来源于境外付款所产生的利润征税。

2. 课税目标基础上的政策设计

如前所述,IIR 与 TBEP 的政策设计,既有共性因素,又有特色指标,宜统筹考量、分别设计。

以 IIR 为例,统筹部分建议:(1)在税率的选择上,宜选最低税率,而非全部本国税率。由于 IIR 不限于某些类型的被动收入或循环安排,故 IIR 的规制范围要比传统 CFC 大。考虑 IIR 作为 CFC 的补充,当同时适用两项政策时,CFC 优先于 IIR,后者仅重在解

① See Institute for Austrian and International Tax Law, *Comments on the Public Consultation Document Issued Addressing the Tax Challenges of the Digitalisation of the Economy*, OECD, 2019, p. 10 – 11.

决剩余的、更抽象的BEPS问题。因此,选择最低税率可有效避免企业的税收筹划,但在实施上较复杂。(2)在范围界定上,无论是按25%或50%的标准判定股东直接或间接拥有的重大控制权,都应引入适当的反避税规则,以打击通过结构化投票或类似试图绕过IIR的税收筹划。(3)均衡设计安全港规则。从理论上讲,IIR的制度设计应尽可能不适用于未反映无形收益的转移收入。但作为简化措施,可考虑参照GILTI,对视同有形个人财产的常规收益进行扣除。同时,如低风险实体经审计的财务报表中报告的全球实质税率足够高(如超过其所在管辖区法定税率的80%),也可考虑完全排除该公司。(4)应对反转交易风险。在传统CFC语境下,大型公司选择反转交易或类似战略已是众所周知的做法,对IIR来说,一个有效对策措施可能是由BEPS包容性框架共同签署协议,承诺对于此种情形,在IIR未能适用时,用UPR予以打击。(5)避免重复性征税。对某实体在单一链条下被课证IIR的多个税收管辖区来说,该链条中拥有高层级所有权的实体应在IIR规则下对其在低层级税收管辖区缴纳的税款享受税收抵免。(6)关于IIR与TBEP之间的政策协调。考虑母公司可获取适用IIR所需的全部信息,而付款方可能不掌握同TBEP有关的信息,故仅从实施难度看,全面推动IIR后可暂不实施TBEP。

四、结论:几组数据背后的政策或有取向

2017年我国数字经济规模已达27.2万亿元,占GDP的比重达到32.9%,成为驱动经济转型升级的重要动力引擎。的确,我国将数字创新置于新旧动能转换的核心位置,以及自身拥有数据规模,奠定了我国既是全球数字经济生产大国,又是全球数字经济消费大国的重要地位,但也让我国在最终政策的选择上陷入"两难境地"。

从数据测算看,欧盟拟开征的DST将影响120~150家企业(1/2以上为美国居民企业),主要以谷歌、亚马逊、脸书、甲骨文等13家美企,以及德国思爱普和瑞典声田2家欧企为主。同时,以英国UP提案中社交媒体平台和搜索引擎的口径测算,尽管我国的腾讯、百度、新浪等企业位列全球前茅,但由于我国企业主要针对中国用户提供中文服务,占欧洲市场份额普遍较低。而从MI视角观察,全球1/3企业的剩余利润正集中在1/100的少数公司中,也集中在总部设立于少数经济体的公司中。① 其中,设立于我国拥有剩余利润的企业或以国有企业和支柱性民营企业为主。

综上所述,我国政策宜兼顾当前实际与未来发展,坚持"政府贡献理论的一体化解释"与"地域性特殊优势等方法多元化适用"并举,将缓释路径设定为:暂选IIR(TBEP实施难度较大,宜审慎选择),暂时搁置MI提案的推动,紧锣密鼓加快对数据与UP的理论定位,及其在价值创造过程中衡量方法的研究,视我国服务贸易持续开放程度与市场未来变化情况,适时推动(从UP提案到)SEP提案的落地。此举,既保留了MI仍为衡量TP重要依据、LSA仍为可比分析因素的政策选择主动权,又维持了现阶段我国"走出去"企业在欧洲被课税可能性小,在全球范围内又未被广泛施以MI课税的现实局面。但是,

① 有关测算结果,来自Bloomberg、PIIE、CAMRI和IMF。

倘若要力求改革一步到位直接选择 MI 提案，则需重新定义 MI［包括商标、商号和特许经营权，已形成客户/用户群的价值（包括客户/用户的名单、数据，专有市场等）及其对未来经营的预期，商誉和持续经营价值］，系统设计 RPSM 机制，以全面、准确、真实地反映我国作为“特殊”市场国的征税权。同时，为有效解决剩余 BEPS 问题，宜配套开征 IIR，但并行实施 MI 与 IIR 会造成一定程度的重复性征税，须根据新的联结度和利润分配规则，将赋予 MI 所属市场管辖区的利润从 IIR 的实质范围中划分出来。

依法精准打击骗取留抵退税的违法行为*

翟继光**

为了稳定宏观经济大盘,帮助各类市场主体渡过难关,我国实施了大规模增值税留抵退税政策,这项全球首创的制度对于进项税额抵扣制度创新的探索以及进一步优化增值税制度具有重要意义。但少数不法分子却盯上了留抵退税这块“肥肉”,利用相关制度尚不完善、基层税务人员尚缺乏识别相关违法行为经验的漏洞,大肆骗取留抵退税。由税务部门牵头的六部门已经行动起来,查处了一大批典型的骗取留抵退税案件。

打击骗取留抵退税的关键是依法和精准。所谓依法,是指对税收违法行为的查处要严格依照法律规定的程序、违法行为的构成要件以及处罚的标准来进行,不能为了严打而舍弃法律的约束。所谓精准,是指仅仅针对极少数违法犯罪嫌疑高的纳税人开展查处行为,避免干扰广大纳税人的生产经营活动,避免开展拉网式的普查行动。为提高依法打击骗取留抵退税违法行为的精准度,建议从以下三个方面入手。

一、总结骗税违法行为的手段,提高税务人员的应对经验

建议国家税务总局组织专家编写骗取留抵退税典型违法犯罪行为的案例分析并组织办理退税审核的税务人员以及相关稽查人员集体学习。案例分析中应详细列举违法分子骗取留抵退税的手段并总结出识别方法以及审核工作的注意事项,避免或者减少类似违法犯罪行为的发生。为防止违法手段被效仿,相关学习资料应当严格保密,对泄密者应给予纪律处分。

我国目前实施的大规模增值税留抵退税政策是特定时期的应急政策,是否会变成一项长期实施的制度还有待进一步深入研究与试点。但无论如何,它是一项减轻纳税人负担、让利于民的优惠政策,如果基层税务机关前期审核把关不严,让一些不法分子钻了空子,不仅会提高政府实施该项政策的成本,还会大大影响该项政策的社会效果,甚至还会被一些人解读为钓鱼执法、欲擒故纵。

作为一项税收优惠政策,其实施的重点是前期把关,为提高时效而降低审核标准的

---

* 原载《财政监督》2022年第16期。

** 法学博士,中国政法大学民商经济法学院教授。

做法不可取。企业即使急需资金,也不在一两个月,而且国家还可以运用银行贷款等其他方式支持企业对短期资金的需求。对大多数企业来说,留抵退税的金额毕竟不会太大。因此,其对企业恢复生产所需资金的支持也是有限的。

目前公布的很多骗取留抵退税的案件多采取隐匿销售收入、推迟确认收入、减少销项税额、虚开发票、未按规定转出进项税额、将不允许抵扣的进项税额予以留抵等手段,这些手段本身就构成了偷税等违法犯罪行为,而且这些也是常见的传统作案手段,并非专门用来骗取留抵退税的新型作案手段。

以上手段虽然是常见的偷逃税方法,但其隐蔽性比较强,仅仅依靠税务机关前期审核中的常规方法是很难识别这些税收违法行为的。而且识别与查处这些违法行为所需要的时间比较长,也不是税务机关前期审核所能胜任的。因此,识别与打击骗取留抵退税的违法行为主要靠稽查人员认真履行职责。为此,加大对税务稽查干部的培训就显得更加重要。

打击骗取留抵退税违法行为的前提是及时发现和识别违法行为,这就需要税务稽查部门充分运用税收大数据,与其他相关政府部门以及金融机构等充分实现信息共享。[①]稽查部门应通过大数据分析锁定具有重大嫌疑的纳税人,通过税法宣传教育争取被查纳税人及其上下游纳税人的配合,通过调取和检查账簿、发票及相关数据等细致的工作迅速固定相关证据,在违法纳税人骗取留抵退税的初期就迅速斩断其违法犯罪之手,避免给国家税款造成更大损失。

如能通过对典型违法犯罪案件的公开处罚与报道,威慑那些准备骗取留抵退税的潜在违法分子,避免其走上违法犯罪之路,督促那些已经骗取了留抵退税的违法分子主动投案补税,以期获得免予处罚或者减轻处罚,我们打击骗取留抵退税的行动就取得了事半功倍之效。

二、准确区分违法行为类型,依法确定相应法律责任

严格区分骗取留抵退税的不同类型并进行不同法律定性是打击骗取留抵退税的重要环节。增值税一般纳税人采取一般计税方法计算增值税时,计算公式为当期增值税销项税额减去允许抵扣的增值税进项税额。在通常情况下,通过这种方法计算的结果为正值,也就是纳税人需要实际缴纳增值税。但在特殊情况下,如当期销售额很小或者为零,而纳税人又大量采购货物,就可能出现当期销项税额小于进项税额的现象,也就是上述公式计算的结果为负值。此时,纳税人不需要缴纳增值税,但在通常情况下,国家也不会退税给纳税人,而是允许纳税人将其作为留抵税额结转至下一个纳税期。因为下一个纳税期(通常为下个月)纳税人还会产生新的销项税额,如果上个月将留抵税额退还给纳税人,下个月纳税人还要实际缴纳增值税,这样一退一征会导致大量的效率损失,不如直接将上个月的税额留待下个月抵扣。这不仅有利于提高征管效率,也有利于减轻纳税人的

① 参见林溪发:《推进涉税信息共享的〈税收征管法〉修订思考》,载《税务研究》2020年第11期。

申报负担。

增值税的留抵税额是纳税人负担的进项税额，其有权从其未来的销项税额中予以抵扣。国家将部分留抵税额退还给纳税人后，纳税人将来就无法从销项税额中抵扣这部分已经退还的税款。留抵退税的实质是纳税人提前抵扣进项税额，或者说是，减少进项税额对纳税人资金的占用。由此可见，该项政策给予纳税人的利益仅仅是退税金额的时间价值，而非退税金额本身。

举例说明，如果纳税人本月不符合留抵退税的条件，但通过虚假申报获取了退税，同时 3 个月之后纳税人就可以抵扣这部分已经退还的税额。对这样的纳税人，我们应该如何定性？该行为显然不是偷税，而仅仅是“偷”了退税金额 3 个月的时间价值。也就是说，纳税人所获利益仅仅是所退税款的 3 个月的贷款利息，并非所退税款本身。对于这类纳税人，如果一定要定偷税，偷税金额也只能按退税款 3 个月的贷款利息来认定。如果不定偷税，可以根据《税收征收管理法实施细则》第 96 条的规定，按照“提供虚假资料，不如实反映情况”予以处罚。纳税人补缴已经退还的税额后，未来仍应当允许纳税人依法抵扣。

三、进一步完善增值税留抵退税政策

在总结打击骗取留抵退税违法行为经验的基础之上，进一步完善留抵退税政策的条件、程序和时限要求也是减少骗取留抵退税行为的重要举措。①

首先，该项政策既然是一项优惠政策，就应当由纳税人主动申请享受，也应当允许符合条件的纳税人自由放弃，而不能为完成退税任务而强迫符合条件的纳税人申请退税或者主动将税款退还给尚未提出申请的纳税人。

其次，作为一项纾困政策，应当把纳税人是否困难这一条件放在首位，如果企业并无资金困难，或者企业可以在未来一两个月内抵扣完相关税额，就无须纳入留抵退税政策的范围，政府的有限资金应当用到刀刃上。关于企业困难的具体标准，可以参照《税收征收管理法实施细则》第 41 条规定的标准：因不可抗力，导致纳税人发生较大损失，正常生产经营活动受到较大影响或者当期货币资金在扣除应付职工工资、社会保险费后，不足以缴纳税款。

再次，在确定相关事项办理时限时应当充分考虑申请退税企业的数量、基层税务机关的审核能力等多种因素，既要及时办理，也要防止审核把关不严。目前报道出来的部分骗取留抵退税的案子就有前期审核把关不严的问题。

最后，建议在前期审核环节满足特定条件时邀请稽查局介入，尽量减少先退再追情形的发生。部分地方出现了税务局在前面退税，稽查局在后面追缴的现象。虽然税务局和稽查局都是在正常履行职责，以前也有纳税人在享受优惠政策中弄虚作假被稽查局查处的情形，但在大规模退税的特殊时期，上个月获得退税的纳税人，下个月就被稽查局盯

---

① 参见滕文标：《增值税留抵退税政策的理论基础与完善机制》，载《税收经济研究》2022 年第 5 期。

上的确会给留抵退税政策的实施效果带来负面影响。税务局在审核过程中,如发现有违法行为的嫌疑,应当首先要求纳税人自查自纠。如纳税人拒绝自查自纠或者未能自查出问题,税务局再考虑移交稽查局。避免给纳税人造成一种“谁申请退税,稽查局就查谁”的印象。

任何全新的制度在执行过程中,只要我们能及时总结经验、完善制度,就能依法精准打击骗取留抵退税的违法行为,也就能充分发挥留抵退税政策纾困减负的积极作用。

家庭生育责任的税法调节：兼评我国《个人所得税法》的改革与完善*

王婷婷**

一、问题缘起与研究目的

党的十八届五中全会决定，坚持计划生育的基本国策，完善人口发展战略，全面实施一对夫妇可生育两个孩子政策，积极开展应对人口老龄化行动。自此，中国的人口政策开始步入“全面两孩”时代。2021 年 5 月 31 日，中共中央政治局会议决定放开三孩，提出了进一步优化生育政策的战略主张。当前，生育政策的持续优化在给国民带来“人口福利”的同时，也给育龄家庭增加了“育儿压力”。传统观念认为，育儿是家庭的“私事”，是每一个家庭基于婚姻家庭关系不可回避的责任，按照民法和婚姻家庭法的基本要求，家庭应当承担抚育儿童的主要义务，应由家庭财产承担育儿责任。然而，进入第二次人口转变阶段的国家或地区已或多或少出现婚姻稳定性减弱、家庭规模小型化、家庭在抚幼、教育、养老等方面功能弱化的问题。① 发达国家在工业化社会的后期也逐渐发现通过家庭内资源的统筹协调来对抗社会风险的方式渐不可行，亟须福利国家伸出“扶持之手”，从公共政策面对家庭变迁作出积极回应，②通过生育责任的分担助力生育友好型社会建设。

客观而言，在国家分担生育责任过程中，存在通过财政方式对个人或家庭进行直接援助和借助税收方式对个人或家庭进行间接救助两种路径。相比社会福利现金给付这一“多予”的途径，税收方式主要通过所得课税的“少取”方式减轻家庭负担。在所有税收手段中，个人所得税作为一项最具人性化、具有再分配功能的税种，承担保障家庭成员

---

* 中国法学会部级法学研究课题“家庭视阈下的税制改革问题研究”（课题编号：CLS［2016］D90）成果。原载易继明主编：《私法》第 17 辑第 2 卷，华中科技大学出版社 2020 年版。

** 西南政法大学经济法学院副教授，中国财税法治研究院研究员，主要研究方向：经济法、财税法。

① 参见吴帆：《第二次人口转变背景下的中国家庭变迁及政策思考》，载《广东社会科学》2012 年第 2 期。

② See F. Block & Fred Block, *Social Foundations of Postindustrial Economies by Gosta Esping-Andersen* , in Contemporary Sociology, 6(2001), p. 581 – 582.

最低生存和发展权利实现的义务，也担负着调节不同家庭收入分配格局的职责。对此，我国2018年《个人所得税法》在进行改革过程中也开始通过税制结构的调整、课税要素的变革对家庭义务的分担予以“关照”，将2018年政府工作报告中提出的“提高个人所得税起征点，增加子女教育、大病医疗等专项费用扣除”①从政治主张变为了现实规范。2018年12月13日，《个人所得税专项附加扣除暂行办法》（国发〔2018〕41号，以下简称《暂行办法》）的出台，更是专门设置了与家庭支出密切相关的6项专项附加扣除，旨在减少家庭因个人所得税税负而被迫减少育儿支出的问题。但总体而言，2018年修订后的《个人所得税法》在助力家庭生育责任的分担、提高家庭养育积极性领域的制度设计方面仍存在诸多不足之处，如以个人为课税单位的制度难以全面反映家庭课税负担，专项附加扣除制度未直接与家庭相挂钩等。鉴于此，有必要通过深入研究厘清国家和家庭在育儿责任分担中的界限，关照不同家庭经济负担状况下纳税人的实质正义，以个人所得税的制度完善为家庭福利的提升、儿童健康成长保驾护航，建构友好型社会的美好图景。

二、现实背景：家庭生育责任及生育功能的弱化

（一）家庭承担生育责任的制度逻辑

所谓生育，是指对生命进行生殖和抚育的全过程，包括对新生命的孕育、生活的供养和进行社会教育的全部内容。② 生育责任，是指保障子女从出生到抚育的全过程顺利进行的所有责任。③ 长期以来，在我国“超生”惩罚、“少生”奖励计划生育政策的主导下，家庭被视为生育责任的首要责任主体，国家仅承担辅助性义务。体现为我国《宪法》第49条规定了“夫妻双方都有实行计划生育的义务”和“父母有抚养教育未成年子女的义务”，而国家对生育责任的承担主要体现为对儿童教育权的保障，如《宪法》第19条规定了国家普及初等义务教育。由此可见，家庭承担了子女生育责任的大部分，除九年义务教育的学费系由国家财政承担外，其余生育成本几乎均由家庭来负担。家庭的首要生育责任主体地位在我国民法规范中亦有体现，2020年通过的《民法典》延续了原《民法总则》和原《婚姻法》中的相关规定，确立了父母子女之间的法律权利义务关系。其中，《民法典》总则编第26条规定，父母对未成年子女负有抚养、教育和保护的义务。第27条规定，父母是未成年子女的监护人。据此可知，家庭是未成年子女的主要照料者和监护责任承担者。此外，根据《民法典》婚姻家庭编第1067条第1款的规定，父母不履行抚养义务的，未成年子女或者不能独立生活的成年子女，有要求父母给付抚养费的权利。该法第1068条继续规定，父母有教育、保护未成年子女的权利和义务。未成年子女造成他人损害的，父母应当依法承担民事责任。不难发现，在我国，父母对子女的抚养教育义务是

① 参见李克强：《2018年政府工作报告》，载中国政府网2018年3月5日，http://www.gov.cn/zhuanti/2018lh/2018zfgzbg/zfgzbg.htm。

② 参见费孝通：《生育制度》，北京联合出版公司2018年版，第53~56页。

③ 参见黄桂霞：《政府、雇主和家庭共担生育责任的探讨》，载《人口与社会》2017年第2期。

一项法定的、强制性义务,而国家则主要是在监护人不履行监护职责或侵害被监护人合法权益等家庭失灵情形时才会介入其中加以干预,典型的如为了预防和制止家庭暴力而制定的《反家庭暴力法》等。

(二)生育成本的增加与家庭育儿功能的弱化

伴随党的十八届五中全会决定的发布,我国的人口生育政策开始从"独生子女"向"全面两孩"转型,放开三孩政策更是表明,国家期望以此提升家庭生育意愿。毋庸置疑的是,该项政策的推行给中国带来了"人口红利",但从经济学角度分析,家庭总是在子女的数量需求和质量需求间作权衡,"生育孩子与否以及生育数量的多少,在很大程度上取决于比较成本",①家庭对生育的选择不仅与生育观念和生育政策的调整密切相关,而且会受到"成本—效用"原则的约束,尤其是家庭生育成本的提升和家庭生活效用的降低会直接降低家庭生育意愿,进而影响一国总生育率的提高。

就一个普通家庭而言,为履行法定的生育责任和义务,将为之花费高额的经济成本,包括从母亲怀孕到孩子成年的生活、教育、医疗等各方面的抚养费用和支出以及家庭为孩子的成长发展而可能遭受的各种损失,包括机会成本、生理成本与心理成本等。② 数据显示,北京、上海、深圳、广州等一线城市生育一个孩子的成本高达200万元以上,涵盖了从怀孕到出生、婴幼儿、幼儿、小学、初中、高中、大学的各个阶段,③即便是对于一个普通家庭来说,养育孩子的成本也数额不菲。从家庭经济负担来说,受到我国长期以来"一孩政策"的影响,传统四世同堂的家庭结构已基本消失,对于大部分"80后"家庭来说,他们所处于的家庭结构为"4+2+1",这意味着夫妻双方需要承担4个老人的养老压力和1个孩子的育儿负担。倘若依照国家计划生育政策生二孩,他们的家庭结构或演化为"4+2+2",随之而来的育儿经济负担将会成倍增加。与此同时,从一个家庭的生命周期来看,不同时期子女生育成本所占家庭经济负担的比例也不尽相同,在家庭扩大时期的一对夫妻收入状况可能会有所改善,但同时家庭所承担的子女养育成本也随之增加(如表1所示)。尤其是,对于在家庭生育中担任重要角色的女性来说,其往往需要面对职业发展与抚育子女的"二难选择"。根据原国家卫计委(现国家卫健委)的调研,已生育一孩而不打算生育二孩的女性中有60.7%是出于无人照料的原因。此外,由于中国婴幼儿托育服务市场尚未发展成熟,托育服务需要花费较大成本,如果没有妥善措施保障家庭解决子女照料问题,将不利于家庭生育意愿的提升。

---

① [美]加里·斯坦利·贝克尔:《家庭论》,王献生、王宇译,商务印书馆2011年版,第8页。

② 参见李宜鸿:《全面二孩政策下女职工生育成本分担问题的探析——基于政府责任与企业社会责任的视角》,载杨遂全主编:《民商法争鸣》第15辑,经济科学出版社2019年版。

③ 参见王潇燕:《生育成本到底有多高　一线城市养大一个娃要花200万?》,载新浪财经,https://finance.sina.com.cn/china/gncj/2018-08-18/doc-ihhvciix2670878.shtml。

表1　家庭生命周期以及消费结构的变化

生命周期	人口规模	家庭构成	收入状况	主导消费
单身期	1	男性或女性	参加工作到结婚时期,1~5年,收入低,消费支出大	满足基本需要,自身教育投资和时尚消费
新婚期	2	夫妻双方	1~5年,收入增加且生活稳定	家庭主要消费期,购入耐用消费品,购买住房,贷款增加
家庭扩大期	2+X↑	夫妻,子女增加	家庭成员年龄增长,出生到大学为9~15年。收入增加,投资能力增强	医疗保健、学前教育、智力开发费用
家庭收缩期	2+X↓	夫妻,子女参加工作到家长退休	工作能力、经济状况达到高峰状态,重点是扩大投资	耐用消费品更新
空巢期	2	夫妻双方	退休以后,主要是安度晚年,投资和消费比较保守	旅游、文化、保健和医疗消费
鳏寡期	1	一方独居	收入继续减少,花费积蓄和接受子女赡养	保健和医疗消费

(三)育儿责任已成为家庭“难以承受之重”

当前,高额的生育成本已成为民众生育意愿提升的“拦路虎”,影响着我国育龄人群的生育决策和家庭的长远发展。数据显示,“全面两孩”政策自2016年实施以来,我国并未达到生育率大幅增长的预期。根据国家统计局的数据,2017年全国新出生人口1723万人,比2016年同比减少了63万人,下降了3.5%,新生儿和出生率呈现双下降趋势。[①]有学者通过对全面二孩政策的实施效果评估认为,中国人口的生育意愿基本稳定在平均TFR(总和生育率)1.6~1.8,这一数据相比全球主要国家依然处于较低位置,低于世界标准生育率2.1(正常完成世代更替所需生育率)的水平,[②]这意味着我国已进入成本约束型的低生育发展阶段——从“政策性低生育”进入“内生性低生育”,[③]未来国家要保持适度的生育水平仍然存在很大挑战。正是基于国家对全面两孩政策的推行与我国生育

① 参见《中华人民共和国2017年国民经济和社会发展统计公报》,载国家统计局官网,http://www.stats.gov.cn/tjsj/zxfb/201802/t20180228_1585631.html。

② 参见穆光宗:《“全面二孩”政策实施效果和前景》,载《中国经济报告》2017年第1期。

③ 参见穆光宗:《从“政策性低生育”进入“内生性低生育”》,载《北京日报》2019年10月28日,第14版。

水平下行压力持续加大之间的矛盾，有学者指出，两孩政策的实施亟须完善家庭政策和重构家庭伦理，以提高家庭承担各种功能责任的能力。[①] 还有学者认为，随着赡养费用、二孩支出、住房贷款、医疗费用等家庭负担的增加，通过优化税制设计保障低收入家庭，理应成为我国财税体制改革的重要命题。[②]

事实上，尽管在我国民法、婚姻法等法律制度体系设计中，家庭仍然是育儿责任的主要承担主体，但家庭育儿成本的居高不下业已成为影响育龄人群生育决策和生育行为的决定性因素，如若不进行有效的国家干预和制度激励，便会延续生育率持续低下的不良情境，不利于家庭责任的有效减负，甚至带来社会养老中的"搭便车"问题，为此，如何通过完善法律制度化解家庭育儿的经济压力应成为家庭利益调整的主要诉求。

三、理论阐释：家庭生育责任的"个税"调节依据

伴随国家计划生育政策的转型，人们逐渐意识到，"生娃不仅是家事也是国事"，[③]既然孩子事关国家利益，不仅是父母"私产"，与他们相关的生育费用理应由国家进行分担，而不应让这沉重的担子单独施加在父母身上。[④] 国家作为生育成本的重要分担者和调节者，理应借助公权力的力量依法调动承担社会责任的资源。[⑤] 当家庭内资源无力独立承担生育责任时，国家有必要借助社会保险制度、财政税收制度、住房保障制度和教育制度等生育保障制度，对生育成本在家庭、雇主和政府等利益主体之间进行合理分配，缓解家庭生育责任的压力。其中，国家对家庭提供财政资助是回应家庭育儿功能失灵的一项重要制度保障，在此过程中，国家可通过财政补贴的直接支出和税收减免的间接支援作为支持生育政策实施的两项重要方式。

（一）直接援助抑或税收减免：国家对家庭提供资助的两种路径

为消减父母在生育问题上的经济顾虑，政府有必要对养育小孩的家庭进行财政支持。财政支持的关键手段在于"多予"，政府可通过直接的财政支出提供必要的公共产品和服务，从而为承担生育责任和抚养义务的人提供经济援助。例如，国家主要通过完善托幼公共服务、为生育保险基金提供补助或直接给低收入家庭提供经济补贴等方式，帮助家庭分担教育费用和社会福利支出。不可否认，通过国家力量的介入，家庭育儿的能力会得到显著提升，但该支持方式存在作用对象和领域有限的弊端。以子女生育责任为例，我国目前尚未建立全面普及的育儿津贴制度及或者特殊儿童专项给付制度，地方政府主要是以"选择性救济"的方式给予经济弱势家庭以相应育儿补助、营养品代金券或者

---

① 参见彭希哲：《实现全面二孩政策目标需要整体性的配套》，载《探索》2016年第1期。

② 参见胡元聪、闫晴：《低收入家庭税法保障的中国方案：理论证成、制度检视及优化路径》，载《中央财经大学学报》2018年第10期。

③ 参见张一琪：《生娃是家事也是国事》，载《人民日报（海外版）》2018年8月6日，第6版。

④ 参见［英］罗素：《婚姻革命》，靳建国译，东方出版社1988年版，第135页。

⑤ 参见胡鸿高：《论企业社会责任》，载《东方法学》2008年第1期。

对特殊儿童给予救助帮扶,[①]难以应对全面两孩政策实施背景下育龄家庭的生育责任普遍提升的问题。

与此同时,减轻家庭税负也是缓解家庭育儿压力的一项重要方式。相对财政补贴方式而言,税收制度的基本着力点在于"少取",其通常做法是将所得从被抚养人的收入中分离出来,允许纳税义务人个人扣除特定数额作为对被抚养人进行资助的补偿,[②]从而保障家庭成员有充分的经济能力承担生育责任。例如,国家可以通过免税额、子女教育支出的特别扣除以及其他列举扣除事项、特殊事项减免等方式进行间接支出,从而为承担生育责任的主体减轻经济压力。严格来说,从课税所得中进行扣除的税收手段虽不会直接给付处于经济弱势的家庭,不属于政府对育儿责任的直接分担,但其优势在于能顾及个人与家庭的主观税负能力,包括生存保障、扶养义务、特别急难以及资本维持等需要,在满足个人和家庭最低生活需要的基础上进行税的征收,[③]通过在国家课税权力与纳税人基本权利之间划定界限的方式为家庭生育责任的承担预留必要的空间。此外,一旦出现家庭责任失灵之情形时,国家还可通过"税式支出"的方式在税收法律制度中制定特殊的条款,以税收减免的方式来达到分担家庭生育责任的政策目的。

(二)个人所得税调节家庭生育责任的理论逻辑

在所有税种中,个人所得税作为最具收入再分配功能的税种,承担分担家庭生育成本的重要任务。为保障纳税人基本权利和提升家庭福利,国家在个人所得税制度的制定实施过程中,往往需要充分考量家庭成员的收入水平和支付能力、家庭生育责任大小进行免征额、与家庭抚养人口相关的费用扣除、税率等制度设计,推进公平课税。家庭生育责任承担之所以需要个人所得税加以调节,主要基于以下原理。

1. 生育能力的保有需要个人所得税予以保障

父母和子女之间的共同生活和亲密关系决定了家庭是有共同预算,承担着共同赋税负担,拥有共同财产的经济合作单位,[④]个人生存和发展的基本需求一定程度上需要依附家庭的存在而实现。正因如此,为保障人们追逐家庭幸福的权利,家庭权作为一项基本权利在国际权利法以及一些国家的宪法中得以确立。例如,《经济、社会及文化权利国际公约》第 11 条规定:"一、缔约各国承认人人有权为他自己和家庭获得相当的生活水准,包括足够的食物、衣着和住房,并能不断改进生活条件……"我国《宪法》第 49 条也明确规定:"婚姻、家庭、母亲和儿童受国家的保护。"依照家庭权保护的基本逻辑,国家对于作

---

① 例如,当儿童遭受家庭暴力之时,根据《反家庭暴力法》第 18 条的规定,县级或者设区的市级人民政府可以单独或者依托救助管理机构设立临时庇护场所,为家庭暴力受害人提供临时生活帮助。

② 参见 V. 图若尼主编:《税法的起草与设计》(第 2 卷),国际货币基金组织、国家税务总局政策法规司译,中国税务出版社 2004 年版,第 545 页。

③ 参见王婷婷:《课税禁区法律问题研究》,法律出版社 2017 年版,第 129 页。

④ 参见李炜光:《李炜光:每个公民都该过问关乎生活的税收》,载《南方都市报》2013 年 12 月 3 日,第 2 版。

为社会基本单元的家庭，特别是对于它的建立和当它负责照顾和教育未独立的儿童时，应给以尽可能广泛的保护和协助。

站在家庭自治权角度，家庭主导儿童的一切生育事务，家庭生育责任的承担必然耗费极大的经济成本，而这必须以家庭收入为支撑。但是，大部分未成年人都属于无经济能力的纳税人，为保障其基本的生存和发展权利，就必须对其成年父母课以法定的强制性的经济供给义务，而这必将削弱家庭的经济能力。当家庭负担过于沉重时，需要国家以税收的方式伸出"援助之手"。而个人所得税在本质上是对个人收益的一种分配，无形之中可能对纳税人及家庭赖以生存的财产利益造成一定的侵害，因此，为防止国家课税侵入"课税禁区"(又称扼杀性的课税)，[①]"国民对于国家享有要求其在立法和其他政策上采取必要措施，以能维持健康且文化性的最低限度生活的权利"，[②]纳税人为维持其个人及受扶养亲属的人性尊严及基本生活水平所需的费用，应当不予课税。因此，对于纳税人已经获得的收益，不仅应当确保个人生活所需的收入部分不课税，也应当将配偶、父母、子女等具有抚养义务的家庭成员所需的财产排除在课税范围之外。

反映在家庭生育责任方面，考虑到未成年生存保障和养育支出是家庭必须支出的一部分，个人所得税法也应将这部分经济支出排除在外，理由在于，既然家庭在未成年人子女的生育、养育、教育、文化上的社会责任不可或缺，国家也已经在立法中认可父母对子女的生育、抚养、监护义务，个人所得税法也应实现与现有法律规范的承接和调整，将个人用于履行未成年子女法定抚养义务的该部分收入纳入课税禁区，以此保障家庭成员生存权利的不可侵犯。

2.生育责任的公平承担需要个人所得税予以平衡

现代社会中，每个人都深深嵌入整个社会，植根于每一个家庭。不同家庭结构中家庭收入水平、育儿数量等条件存在差异，家庭生育和抚养未成年人的支出成本也不一致。相比之下，在一个家庭的生命周期中，单身时期个人虽然收入较少，但通常也没有抚养子女和赡养父母的负担，而组建家庭并生育孩子后，夫妻收入虽可能有所增加，但抚养和赡养负担也将大幅增加。[③] 在不同类型的家庭结构中，两孩家庭显然要比一孩家庭、无孩家庭负担更重的子女抚养压力。

个人所得税法如若不能通过税制设计实现家庭课税公平，将很难实现税收实质正义。根据社会契约论的基本要求，"一国国民都须在可能范围内，按照各自能力的比例，即按照各自在国家保护下享得的收入的比例，缴纳国赋，维持政府"。[④] 这不仅预示纳税

① 参见黄俊杰：《税捐正义》，北京大学出版社2004年版，第5～6页。

② ［日］大须贺明：《生存权论》，林浩译，法律出版社2001年版，第289页。

③ 参见陈业宏、曹胜亮：《个人所得税法实质正义的缺失考量——以纳税人家庭经济负担为视角》，载《法学杂志》2010年第5期。

④ ［英］亚当·斯密：《国民财富的性质和原因的研究》(下卷)，郭大力、王亚南译，商务印书馆1974年版，第384页。

义务承担的合理性,也要求按照量能课税的税收公平原则来分配纳税义务,“让纳税义务人有权信赖且要求相同负担能力的邻人,亦应缴纳相同的赋税”。[①] 换言之,量能课税原则要求对纳税义务进行倾斜性的差别配置,以确保“对于社会意义上、经济意义上的弱者,被要求给予更优厚的保护,借以保障他们与其他国民同等的自由和生存”。[②] 个人所得税是以所得为基础衡量纳税人负担能力的一项税收,它要求人们以个人收入为基础在纳税事项上“各尽所能”。因此,针对不同生命周期、不同结构的家庭,必须考虑家庭经济负担对纳税人纳税能力的制约作用,家庭育儿义务差异和责任大小决定着家庭经济负担的差异,为此个人所得税制度应当依照量能课税原则公平地衡量纳税人的纳税能力,必须对纳税人的家庭负担事项进行摸排分析,使低收入、少财产且育儿支出负担较大的家庭获得更多的税收照顾,以此实现税收实质公平要求。例如,美国 2017 年 12 月 19 日发布的《减税和就业法案》(The Tax Cuts and Jobs Act),对于 17 岁以下的儿童所享有的抵税额由原来的 1000 美元提高至 2000 美元,但这一抵税额的实施是有门槛限制的,收入 20 万美元以上的单身父母和 40 万美元以上的家庭不能享受这一抵税额,[③]这就使很多中产阶级中的多子女家庭能够极大地降低税收负担,由此能够实现个人所得税对生育责任的公平调节。

3. 生育风险的化解需要个人所得税予以调控

过去,在儿童生育和抚养上,往往实行是家庭主义原则,政府仅在监护人能力丧失、儿童遭受虐待时伸出援手,以此确保养家者有充分的育儿能力。然而,一方面,人类社会进入工业化以来,失业风险、养老风险等问题频发增加了家庭应对和处理的难度。另一方面,与儿童相关的服务事项又具备一定的“公共产品”[④]特征的日趋显现也使市场调控机能受到一定限制,仅依靠市场主体来提供无法避免负外部性问题,且市场保险制度的功能也存在覆盖范围的局限性,基于此国家开始借助一定的社会制度来分担育儿责任。反映在生育者照料上,国家通过生育保险、产假以及家庭照顾假等制度设计,为生育者及其配偶分担一定的照顾责任。

与此同时,伴随人类社会从自由法治国向社会法治国的发展,税收的功能也日臻完善。在初始的筹集财政收入功能之外,税收又逐渐具有再分配功能和调控经济的功能。[⑤]

---

① 参见黄士洲:《征纳协同主义下税捐调查与协力义务的交互影响关系——兼论制造费用超耗剔除的规定与实务》,载《月旦法学杂志》2005 年第 2 期。

② 参见[日]芦部信喜原著、[日]高桥和之增订:《宪法》(第 3 版),林来梵、凌维慈、龙绚丽译,北京大学出版社 2006 年版,第 110 页。

③ 参见胡怡建:《美国税改法案制度设计、政策导向和减税分析》,载《税务研究》2018 年第 1 期。

④ 经济学上,具有非竞争性和非排他性的产品为公共产品,就儿童而言,其通常被描述为用于父母养老的耐用消费产品和投资产品,但由于儿童是未来的劳动人口和纳税人,当父母年老时并不能排除其他老年人享用这些成果,因此具有很强的非排他性,对于儿童养育付出较少成本的人来说,无疑是未来劳动人口的“搭便车”者。

⑤ 参见[日]金子宏:《日本税法》,战宪斌、郑林根等译,法律出版社 2004 年版,第 17 页。

在防范家庭风险、提高家庭福祉方面，税收减免成为国外家庭福利供给的重要手段。大部分国家根据家庭收入状况和抚养负担，对儿童照护、子女受教育及老人、残疾人等特殊群体给予必要的税收优惠，以经济辅助、减免税收等方式鼓励生育，对家庭育儿能力给予必要的补给。[①] 其中，个人所得税制度设计在稳固传统家庭功能当中功不可没。例如，在德国，如果家庭有特殊的急难事项需要额外的开支，如儿童生病、怀孕生产、搬家迁居、遭遇学习障碍时，可以申请从个人所得税中予以扣除。[②] 这些税收制度设计充分考虑到了家庭育儿风险的存在，发挥了个人所得税的经济调控功能，使个人所得税在弥补家庭照料成本、提升家庭生育主动性、稳定家庭功能中取得了良好的成效。

四、制度分析：《个人所得税法》(2018 年修订) 调节家庭生育责任的作用与局限

对于我国公民来说，放开二孩政策意味着家庭可以多养一个孩子，这对于家庭的发展来说，无疑是一项重要的政策福利。但诚如上述分析，养育孩子成本的增加必然会增加劳动力再生产的成本，在巨大的家庭育儿成本之下，民众的生育意愿和生育水平均不理想。因此，如果国家要顺利实施两孩政策，不仅需要赋予劳动者多养一个孩子的权利，还要增强他们多养一个孩子的能力。近年来，随着家庭养老、育儿费用、住房压力的不断增加，个税改革正牵动每一个家庭的福祉，如何减轻税收负担正成为纳税人家庭福利保障的共同诉求。

为回应社会现实，2018 年 8 月 31 日，全国人民代表大会常务委员会第五次会议通过了《关于修改〈中华人民共和国个人所得税法〉的决定》，实现分类和综合混合征税制相结合、增设专项附加扣除、优化税率结构、提高免征额、新增反避税条款等是此次个税改革的重要亮点。[③] 值得肯定的是，《个人所得税法》(2018 年修订) 与时俱进地进行了制度调整和改革，其中不少修订事项有助于家庭育儿能力的提升。但是，受到路径依赖影响和立法的“小修”思路，《个人所得税法》(2018 年修订) 的制度设计仍存在不少缺憾和不足之处。

(一) 进步：《个人所得税法》(2018 年修订) 对家庭生育责任的激励与保障

总体上，《个人所得税法》(2018 年修订) 主要从以下几个方面为纳税人减负、缓解家庭压力，取得了显著成效。

1. “分类 + 综合”的征税模式有助于家庭收入能力的整体评估

对于家庭来说，其不仅是“人”的聚合，也是“财”的聚合，要实现对家庭公平征税，就需要对家庭收入能力进行整体评估。就概念而言，“所得”是一种整体性的收入，它包含纳税人所有的综合性所得，纳入征税的所得范围越宽，对纳税人赋税能力的考察就越全面。盖因如此，世界上相当多的国家都将在综合所得基础上适用累进税率的方式对纳税

---

① 参见王军平：《OECD 国家家庭税收优惠政策实践与启示》，载《税务与经济》2012 年第 6 期。

② 参见于秀伟、侯迎春：《“生育友好型”个人所得税制度的构建——基于德国的经验》，载《税务与经济》2018 年第 4 期。

③ 参见谭诗婷、韩冰：《我国新个人所得税改革的亮点及完善建议》，载《商业会计》2020 年第 4 期。

人实行课税。就我国而言,改革开放以来,随着经济快速增长,我国居民家庭收入来源日趋多元化,基于征税效率的考量,原《个人所得税法》确立的征税制度是以个人为单位,实行分类所得税制,将不同来源的所得分为11类并分别计算征收所得,但这种"分散型"的制度设计无法对个人收入进行整体考察,难以做到家庭征收的公平。修改后的《个人所得税法》采取了对部分劳动性所得实行综合征税的做法,将居民个人取得的"工资薪金所得、劳务报酬所得、稿酬所得、特许权使用费所得"4项劳动性所得纳入综合征税范围,按纳税年度合并计算个人所得税,在减除相应费用与扣除后,适用统一的综合所得税率标准。而对纳税人取得的利息、股息、红利所得、财产租赁所得、财产转让所得和偶然所得则继续延续分类所得的课税方法,分别计算个人所得税。这一变化表明进入税法调节的居民收入不再局限于单一项目,而是综合性的收入,这种针对部分所得实行综合性征收的方式能够增进对纳税人收入的整体性理解,使个人所得税的分配作用得以更好发挥,也使国家对每一个家庭收入水平的评估更科学。

2. 基本减除费用标准的提高有助于家庭基本生活需要的保障

"基本减除费用标准",又称"免征额",是考虑了保障纳税人基本生活需要后作出的税基标准。在此方面,许多国家都把一个人处于待业状态并依靠福利生活的最低生活保障水平定义为基本生存需要。① 在个人所得税中,这一扣除标准又被称为"课税的禁区",纳税人只有在其所得超出其个人和家庭最低生活所需费用时始有负担能力,这就要求所得税的征收必须减除纳税人保障生存的必要费用,预留给纳税人最低限度的生存需要和生存空间。考虑到我国原《个人所得税法》规定的3500元标准扣除额过低,修改后的《个人所得税法》将个人所得税基本减除费用标准提高至每月5000元(每年6万元),适用范围扩大到包括劳务报酬、稿酬所得、特许权使用在内的综合所得,提升幅度高达40%。根据统计数据,基本减除费用标准的提高扩大了个人所得税改革的辐射范围,工薪阶层纳税人减税面达100%,8000万人无须缴纳个人所得税。② 就事实效果而言,该项调整能够确保"生活所需之所得不参与分配,唯有超过生活所需的所得,国家才能行使课税权",③进而能够降低中低收入家庭的税收负担,有助于包括儿童、青少年在内的家庭成员基本生存和发展权利的保障。

3. 专项附加扣除的增设有助于缓解家庭的育儿支出压力

随着社会的发展变革,家庭在赡养人口、医疗、教育、住房开支等领域所需支付的成本日趋加大,纳税人的收入不仅要应对个人生活需要,还需负担家庭的日常开支以及子女抚养、老人赡养等责任,个人所得税的征收在对每一纳税人课以纳税义务的同时,无疑

① See T. Dwyer, *The Taxation of Shared Family Incomes*, The Centre for Independent Studies, 2004, p. 4.

② 参见袁从帅:《个税改革减税红利持续释放》,载《中国税务报》2019年4月22日,第7版。

③ 参见潘英芳:《纳税人权利保障之建构与评析——从司法保障到立法保障》,台北,2009年再版发行,第155~157页。

也给家庭增加了负担，不利于家庭生育责任的分担。然而根据我国原《个人所得税法》，个人所得税中仅能扣除3500元的标准扣除额和“三险一金”，这种“一刀切”式的扣除在强调纳税人共性之时，忽略了纳税人家庭结构、婚姻状况、子女抚养和教育、老人赡养等个体差异。为改变家庭特别扣除事项的缺乏造成的税收不公平，修改后的《个人所得税法》第6条增加了“专项附加扣除”，规定子女教育支出、继续教育支出、大病医疗支出、住房贷款利息、住房租金和赡养老人支出可以实行定额或限额扣除。此后，为确保专项附加扣除制度的落实，国务院和国家税务总局先后发布《个人所得税专项附加扣除暂行办法》（国发〔2018〕41号）和《个人所得税专项附加扣除操作办法（试行）》（国家税务总局公告2018年第60号）。从中可以看到，6项附加扣除都是与人民群众家庭生活密切相关的事项，专项附加扣除的制度设计关注到了家庭经济负担的差异性，将家庭生计费用纳入费用扣除的做法有助于减轻家庭税收负担，增强家庭对基本生活风险的抗压能力。例如，有学者提出，合理的子女教育专项附加费用扣除制度不仅符合量能课税原则，而且顺应目前我国二孩政策的发展趋势。① 亦有学者认为，个人所得税赡养老人专项附加扣除制度对于减轻赡养义务人的养老负担、促进赡养法定义务的履行意义重大。② 该项制度设计能够通过提升税收调节针对性，缓解家庭在育儿、养老等领域的经济压力，体现了税收实质公平。不难预见，随着子女教育费用的税前扣除方案实施，家庭抚养子女的成本将得到有效降低。

（二）不足：《个人所得税法》（2018年修订）调节家庭生育责任的局限

尽管《个人所得税法》（2018年修订）的制度改革为家庭间贫富差距的调节、家庭生存权的有效保障以及养育责任的合理分担提供了有力保障，但其在实际降低家庭经济负担和分担家庭生育成本方面还存在诸多不足之处，不利于激励型、友好型生育机制的形成。

1.课税单位的个体化不利于家庭整体收支的衡量

一般而言，个人所得税的课税单位包括家庭、个人或在家庭与个人之间自由选择3种模式，采取不同的课税单位将直接决定着是按照家庭总计费用列支还是个人消费事项列支，也直接影响纳税人个人及其家庭成员生存权的保障力度。相较而言，个人课税制的缺陷是显而易见的，因为个人并非单纯维持其自身生存，还需要基于道义和法律义务的承担维持其他家人，尤其是老、弱、孤、寡、贫、残、疾等的基本生活，③因此，实行个人课税制难以顾及家庭负担。而由于家庭课税制兼顾了纳税人的差异性，能够照顾家庭支出的需求，有助于税收实质公平原则，该项课税模式也为学界所普遍倡导并在许多国家得

---

① 参见夏杨岚、杨若雨、李媚：《对个税专项扣除子女教育支出的思考》，载《管理观察》2020年第20期。

② 参见徐妍：《个人所得税赡养老人专项附加扣除制度法律问题研究》，载《学习与探索》2020年第1期。

③ 参见刘剑文：《对个税工资薪金所得费用扣除标准的反思与展望——以人权保障为视角》，载《涉外税务》2009年第1期。

以采用。例如,法国自1945年以来便采用以家庭为单位的征税制度,法国《个人所得税法》第194条规定,国家课税会先计算一个家庭的总应纳税收入,然后再以"家庭计税分解数"来确立每一个家庭的具体税收负担。[①] 这种做法能够在家庭应纳税额作为被除数不变的情况下,根据孩子数量的大小来扩大除数,使家庭缴纳税额的大小与子女数量的增减紧密相连,进而实现不同育儿责任的家庭承担不同税收。美国也在个人申报制度的基础上增加了夫妻双方联合申报的选择性制度,让纳税人作有利于经济活动的税收选择。尽管我国2018年《个人所得税法》对分类所得税制有所突破,部分所得综合课税的模式有助于对纳税人获得的不同收入事项进行综合考虑,但该法仍然坚持个人为课税单位的做法,"这种将社会最基本单元拆分到人的做法无法兼顾家庭与家庭之间的公平",不利于将家庭作为一个统一的预算单位来统筹考量收入和支出。[②] 尤其是,伴随物价水平的持续提升以及全面两孩等政策的实施,纳税人收入不仅要满足个人生活需要,还需负担家庭的日常开支以及子女抚养、老人赡养等责任。在此背景下,如果固守以个人为单位的征收模式,将难以充分考量个人和家庭生计费用和其他支出,也不利于减轻育龄家庭的经济负担。

2. 费用扣除制度的粗略化不利于生育支出的充分扣除

费用扣除制度,是指在确定个人所得税征税范围后,将列入征税范围的各种收入进行成本费用扣除的制度,从主客观相结合的角度,一般要求做好必要的成本费用扣除和生计费用扣除。根据我国2018年《个人所得税法》规定,现行费用扣除制度采取的是"标准费用扣除+专项扣除+专项附加扣除"做法。尽管整体上看,我国费用扣除的基础和范围都在扩大,但从减轻家庭负担的角度看,现有费用扣除制度仍存在以下问题:一是基本减除费用的实施方式过于机械,并未实行动态调整。2018年《个人所得税法》虽将每一纳税年度的标准扣除额提高到每年6万元(平均5000元/月),但仍然实行的是一视同仁的扣除方法,并未根据纳税人家庭结构的不同进行区别考虑。且现有基本减除费用是与"综合所得"相挂钩的,此外的收入事项并无基本费用的扣除,也会使以其他所得收入为主的个人和家庭处于不公平的征税状态。二是现有费用扣除机制仍然采取一成不变的固定数额,尚未实现动态调整,未能将家庭抚养、赡养系数考虑在内,也未能将免征额与通货膨胀指数挂钩,因此,这种程式化的制度设计无法适应社会经济变迁对纳税人家庭实际税收负担提出的新要求。相比之下,德国根据通货膨胀率的大小调整标准扣除额,实现了纳税人实际税负的动态调整。根据估测,德国政府预计2019年的通货膨胀率为1.84%,2020年的通货膨胀率为1.95%,由此2019年的基本免税额将从2018年的9000欧元增加到9168欧元,2020年增加至9408欧元。就此而言,我国在基本减除费用

① 参见张巍:《中国需要现代化的个人所得税——观英德美法个人所得税》,浙江工商大学出版社2015年版,第245~247页。

② 参见陈茂国、袁希:《我国个人所得税课税单位改革探究》,载《法学评论》2013年第1期。

制度设计上与德国存在较大差距。三是专项附加扣除主要采取定额标准，与不同家庭实际支出的差距较大。基于减轻税务和操作便利的考量，我国《个人所得税专项附加扣除暂行办法》采取的是定额标准，无论专项中实际发生的成本是多少，均采用统一的扣除标准予以扣除。具体操作中，除大病医疗属于限额扣除外，子女教育、继续教育、住房贷款利息、住房租金和赡养老人均采用标准定额扣除法。然而，虽然该方式简便易行，但难以体现不同家庭税负能力差异。以学前教育为例，由于幼儿园收费存在地域区分、城乡差异和公私之分，对每个子女实行每月 1000 元的标准定额显然对高消费地区的家庭造成实质不公。

3. 税收优惠制度的片面化不利于家庭生育支出的减免

在全球低生育率时代，各国为了提升生育水平，普遍采取了生育友好型福利政策，税收减免制度得到广泛适用。我国现行制度尽管在帮扶养老领域增加了退休费、离休费、离休生活补助费的免征事项，但在育儿领域，却只将托儿补助费、独生子女补贴①、妇女生育津贴、生育医疗费等属于生育保险性质的津贴、补贴免税，其他减免税政策与育儿支出无关。相比之下，我国尚未建立有关家庭照料费用的退税制度，免征个人所得税的育儿支出事项也过于狭窄，不利于家庭育儿负担的减轻。

五、基于家庭生育责任分担的个人所得税法理念跃升和制度完善

综上，伴随我国计划生育制度的变迁，育儿这项“家务事”也逐渐从家庭责任步入了社会“公务事”的范畴，国家需要借助生育率的提高来解决愈演愈烈的老龄化问题，但家庭育儿功能的持续弱化又成为我国家庭生育水平不断下降的根本原因。而在一国税制体系中，个人所得税作为直接税，其聚集“众人之财”的功能最明显，对落实人与人之间的公平税负要求最为敏感，个人所得税的立法不仅关涉国家与个人之间的财产利益分配，也涉及国家和家庭之间的利益分配，因此，通过个人所得税的理念转型和制度调整来进行家庭生育责任的成本分担至关重要。观察国外立法，OECD 国家近年来极为注重与家庭相关的税收优惠措施，将家庭税收优惠作为福利供给的重要手段，在稳定家庭功能、提高家庭福祉方面发挥了重要功能。②《德国简化税法改革方案》提倡税法应具有面向未来的能力，保护家庭和作为共同体未来的孩子是税法的基本责任。③ 因此，未来我国也应做好税收制度对家庭责任承担的回应，更加重视个人所得税制度与计划生育政策的协调配合，以生育友好型社会建设为目标，并通过恰当的制度设计减轻家庭负担的生育责任和成本，稳步提升我国家庭的生育率。

---

① 根据国家税务总局《关于印发〈征收个人所得税若干问题的规定〉的通知》（部分失效）的规定，个人按规定标准取得独生子女补贴和托儿补助费，不征收个人所得税。但超过规定标准发放的部分应当并入工资薪金所得。独生子女补贴、托儿补助费具体标准根据当地规定。

② See H. Immervoll & D. Barber, *Can Parents Afford to Work? Childcare Costs, Tax-Benefit Policies and Work Incentives*, IZA Discussion Paper No. 1932, January 2006, p. 3.

③ 参见张慰：《公平视野下的德国简化税法改革方案——基于保罗·基尔希霍夫教授税收正义理论的公法学思考》，载《西南政法大学学报》2014 年第 1 期。

(一)生育责任的“个人所得税”调节应以生育友好型社会建设为目标

2017年全国计划生育工作会议提出,要以实施好全面两孩政策、鼓励按政策生育、完善配套政策措施为主线,深化计划生育服务管理改革,促进家庭发展和流动人口基本公共卫生计生服务均等化,构建生育友好型社会环境。生育友好型社会建设的实质上就是要创建一个有利于促进儿童和生育主体的个体发展、有利于满足生育主体生育需求、有利于人口长期均衡发展的环境。① 尽管全面两孩政策的实施带来了显著成效,但也给我国生育水平的适度提升带来了挑战。鉴于此,建立一个有益于生育主体生育需求实现和生育责任承担的环境至关重要,这就要求我们创设一个安全、舒适、和谐的环境,尽可能地为群众按政策生育提供各项保障,缓解直至解除群众的“生育焦虑”和“生育恐惧”。② 当然,生育友好型社会的建设是多维度的,需要国家财政、税收以及社会保障等公共政策的合力推进。而从税收调节家庭收入分配的角度出发,笔者认为,个人所得税的制度建设也应以生育友好型社会建设为目的,从以下三个方面做好理念转型和思路准备:

第一,个人所得税的立法应关注以“家庭”为单位的人格成长,逐步转变以个人为中心的发展观念,通过制度设计照应以家庭经济单位为基础的发展需求,以契合当前社会发展的“去家庭化”向“再家庭化”的发展路径。这种“再家庭化”注重强调家庭在解决子女抚育、老人赡养等方面的责任,旨在通过国家干预政策的支持在国家与家庭的均衡关系中实现各种公民权利。③ 必须承认的是,从经济分析的角度来看,家庭是一个经济的整体,是家庭成员的聚合,多数家庭成员以家庭为单位共同从事生产、投资和消费行为,共同承担家庭经济负担。因此,税法制度的设计不宜将家庭的经济状况与课税义务割裂开来,而应当将家庭作为税制设置的一个关键环节和基本要素。

第二,个人所得税的立法应当加强以实质公平为核心的规则指引,让“每一个家庭得到应得的正义”。针对社会经济中的主体收入来源多元化、家庭负担支出事项不一的现实,税法制度设计应遵循实质公平的原则,针对不同的家庭结构和生存样态进行实质税负的评估。换言之,单个家庭的不同需求应当成为税法制度进行改造和制定的依据,针对于不同收入水平、不同子女人数的家庭,个人所得税可以通过功能的调节、要素的调整在差异化的家庭之间合理协调税收负担,使家庭收入的获取、家庭支出的幅度与每一个家庭所负担的税负之间高度契合,更好地削减贫富差距,扶持贫弱家庭。唯有如此,方能更好地实现税收实质公平。

第三,个人所得税的立法应注重家庭事务的“公共产品属性”,加强税收的调节作用。

① 参见石人炳:《生育友好型社会:概念、目标和举措》,载《中国人口报》2017年7月26日,第3版。

② 参见杨利春、陈远:《建设生育友好型社会是中国人口发展的战略选择——“全面两孩政策与生育友好型社会建设”专题研讨会综述》,载《中国人口科学》2017年第4期。

③ 参见韩央迪:《家庭主义、去家庭化和再家庭化:福利国家家庭政策的发展脉络与政策意涵》,载《南京师大学报(社会科学版)》2014年第6期。

如前所述，伴随社会变革和社会风险的积聚，家庭养育已从传统的家务事演变成重要的社会事务，这也必然要求兼具经济法和社会法属性的税法规则予以调整。就此而言，个人所得税法的规则设计，一方面，应有助于家庭社会功能的重塑，确保家庭在我国社会福利制度供给相对短缺的背景下，能有效承担育儿和养老责任以及其他社会责任；另一方面，税法不仅应当基于稳定的、常态发展的视角对家庭福利予以照顾，还应从救助家庭急难的角度对处于特殊境遇下的家庭给予照顾，通过税收扶持促进家庭融合，防止征税成为家庭消解的帮凶。

（二）2018 年《个人所得税法》推动家庭生育责任分担的制度建议

尽管我国 2018 年《个人所得税法》的出台在分担家庭育儿责任领域取得了重要的修法成果，但仍然存在很多不足之处。为促进收入的公平分配，切实发挥税法在推动家庭生育责任中的保障作用，建议未来对《个人所得税法》从以下层面进行完善：

1. 建立以家庭为课税单位的“选择性”课税模式

2018 年《个人所得税法》在提倡将劳动所得进行综合征收的同时，依然延续“以个人为主体”的征收方式，该征收方式未能考量每个人所处的家庭结构和家庭环境，不利于家庭责任的分担。面对家庭结构的小型化和家庭收入结构的多元化，笔者建议，实行以家庭为基础的纳税单位，或赋予纳税人按照个人纳税抑或夫妻联合纳税的选择权利。在家庭联合申报制度设计上，可将具有确定婚姻关系的家庭作为纳税单位，将“两代三（四）口之家”设定为纳税的核心家庭，以夫妻双方的收入为基础进行纳税申报，由其抚养的家庭成员作为扣除特殊费用的条件。由此可见，国家可通过汇总家庭成员的所有收入，确定家庭收入和开支的范围进而确定家庭费用扣除的额度，保障纳税人综合负担能力的公平，同时，以家庭为纳税单位申报也使专项附加扣除的纳税主体趋于统一，减少单个家庭成员的纳税成本。当然，考虑家庭课税可能带来的婚姻惩罚或婚姻奖励的影响，可采用双向可选择的计税模式，纳税人既可以选择以个人为单位计税，也可以家庭为单位计税。至于选择何种纳税模式，则由纳税人自主决定。换言之，夫妻合并纳税、以家庭为纳税主体的课税模式与目前以个人为纳税主体的课税模式之间并非相互取代而是相互并存，纳税人有权自行选择有利于自身权益保障的纳税形式。①

2. 设置专门的儿童基础免税额并进行弹性调整

根据 2018 年《个人所得税法》的规定，纳税人的标准扣除额从原有的 3500 元提升到了 5000 元（年扣除额为 6 万元），但是对于大多数中等收入群体来说，5000 元的标准仍低于预期，这种集中性、累积性的免征额方式仍具有弹性不足的特点，难以适应经济社会的快速发展需求。为鼓励家庭更好地落实全面两孩政策，我国可有针对性地为儿童设置基础免税额，将儿童的部分生活成本、看护成本进行税前列支，在综合征收部分予以扣除。与此同时，为实现基本减除费用标准同物价水平挂钩，我国应将家庭消费增减、物价水平

① 参见刘剑文：《个税改革的法治成果与优化路径》，载《现代法学》2019 年第 2 期。

变化以及通货膨胀等因素作为调整个人所得税的考量依据,通过建立个人所得税的减除费用标准同居民物价指数的“联系挂钩”机制,以指数化的方式实现减除费用标准的动态调整,避免长期处于静态形式下不合理的扣除标准导致纳税人实际可支配收入减少的情况。

3. 完善“子女教育支出”等专项附加扣除的规定

从实质公平角度出发,只有在对所有家庭成员取得的全部收入进行综合计税,考虑家庭整体负担基础上,方能实现税收实质公平。根据2018年《个人所得税法》的规定,在标准扣除和专项扣除之外,子女教育、继续教育、大病医疗、住房贷款利息和住房租金等支出可纳入专项附加扣除的事项范围,但专项附加扣除的标准主要采取的是“定额扣除”方式,未能充分体现各个家庭的扣除差异。必须客观看待的是,由于纳税人是否组建家庭、是否养育子女、是否贷款买房、是否租赁房屋等情形各异,家庭因为教育、抚养义务和住房压力的承担所带来的负担亦不尽相同,如果一味地采用统一定额标准,很容易偏离实质公平的课税目标。因此,未来我国有必要推动统一定额扣除标准向据实扣除方式转变,同时考虑到采取“实际费用确定原则”的据实扣除方式可能会带来较大的道德风险,催生家庭在法定义务外随意扩大附加消费的现象,为此,我国在据实扣除过程中可以考虑设置必要的约束条件,采用按一定比例据实扣除,实行最高扣除限额、最高收入扣除比例限制等不同标准,完善亲属纳税人之间的利益分配关系。与此同时,考虑地区之间、城乡之间在教育支出、大病医疗支出以及住房支出等方面存在差距,我国可考虑在由国务院财政、税务主管部门进行顶层设计、摸底分析的基础上,将专项附加扣除标准制定权下放地方,使扣除的标准更均衡、合理、公平,以体现对生活压力较大群体的特殊照顾。

4. 优化调整个人所得税的税收优惠范围

2018年《个人所得税法》在针对弱势家庭进行税收倾斜的同时,未能注重对特殊急难的家庭非常费用开支予以减免。因此,为帮助家庭更好地化解社会风险,我国可在个人所得税制度中规定特殊紧急事项的税收减免,将超出家庭承受能力的费用开支纳入税法考量,如当儿童患有特殊疾病、面临重大学习障碍、家庭遭遇特殊变故之时,可以家庭为单位申请必要的税收减免,以消除纳税人对于生养子女可能产生的风险费用的担忧。与此同时,为鼓励更多的家庭生育两孩甚至三孩,我国可在税收优惠中增加生育两孩以上家庭的税收激励,由税务部门就两孩及三孩家庭制定降低个人所得税的制度和额度,具体减免方式上可参考美国的先征后退方式,在每一纳税年度末由两孩家庭提出申请,并由税务部门按照规定返还。此外,我国还应及时改革独生子女补贴制度,建立普惠性津贴补贴制度,规定凡是生育两个孩子的家庭均可获得一定的父母津贴,这部分津贴也可纳入免征个人所得税的范围。由此可见,通过制定有助于两孩政策实施的减免税和退税制度,可以有效降低家庭的育儿负担,提升家庭生育意愿。

六、结语

随着社会、经济和人口政策的调整,我国家庭的规模、结构、关系、能力和资源都随之发生了巨大的变迁,迫切需要反映公共服务需求的公共财政政策作出相应调整。从人们对美好生活的愿望来看,“养儿防老”是一项重要的家庭寄托,但高昂的育儿成本、沉重的生活压力又在一定程度上抑制了中低收入家庭的育儿意愿,带来了生育率持续走低、生育成本居高不下的社会难题。鉴于此,未来我国在继续强化民法典保障家庭关系稳固发展的同时,还应更加注重生育责任的税法调节,并以生育友好型个人所得税制的建立为目标,推动个人所得税的要素调整、制度改革与全面两孩政策的密切配合,使个人所得税制设计有助于减轻家庭育儿成本、分担家庭生育责任,最终促进全面两孩政策目标的整体实现。

慈善捐赠课税悖论

史正保[*]　王柳芸[**]

一、问题的提出

基于实现部分社会、经济或政治目标上的特定功能的目的，税收优惠措施，是指国家在税收方面给予纳税人和征税对象的各种优待的总称，是一国政府为了实现某种特定的社会、经济或政治目标，通过税收制度减轻或免除纳税人的税负为主要内容的措施。① 税收优惠措施作为税法构成要素之一，逐渐成为理论界探讨的热点话题。伴随《慈善法》的出台，慈善捐赠的税收优惠制度因其独特的激励作用而受到了学者广泛的认同。对慈善捐赠税收优惠制度构建的研究也进一步提出了完善构想。而在这一过程中，有一个绕不开的命题待解——慈善捐赠课税悖论："我"究竟因何要为自己慈善捐赠的善行而承担税负，这一剥夺私人财产权的制度无异于是对"我"如此善行的惩罚。

慈善捐赠课税悖论的存在成为慈善事业发展的阻力，在慈善事业发展陷入"瓶颈"的当下，我们究竟应当如何破解这一悖论？又如何在实践层面获得公共道德的正面评价？这些问题不仅关涉人们对于慈善捐赠及其本质的理解，还关系我们究竟应以何种动机去实施捐赠行为。围绕上述问题，笔者将对慈善捐赠课税悖论进行深入探究。

二、慈善捐赠课税悖论分析

税收法律制度发挥功能有两个前提：学者的理论证成与纳税人的积极评价。关于慈善捐赠课税悖论，笔者主要从以下两个层面展开论述：一是在学理层面，探讨学者对慈善捐赠课税正当性的论证缺陷；二是在实践层面，根据慈善捐赠税收法律制度引导下个体功利主义行为与公共道德评价之间的冲突，寻找公共领域对制度正当性作出消极评价的根源。

（一）法理论证的缺陷

慈善捐赠课税正当性命题中的"课税"并非经济学意义上的概念，而是基于税收法律

---

* 兰州财经大学法学院教授、硕士研究生导师。

** 河北移动衡水分公司职员。

① 参见史正保主编：《税法原理与实务》（第3版），经济科学出版社2011年版，第37页。

制度形成的纳税人权利义务关系的表征。因为现代法治社会,由于税收法定原则的要求,一切涉税行为都应当经由税法进行调整和规范,而经税法调整和规范后的行为便自然指向法律意义上的权利和义务规范。有关慈善捐赠课税正当性,学者大多通过以下两个方面进行论证:一是从课税对象角度的论证;二是从功能定位角度的论证。

1. 从课税对象角度的论证。主要有以下三种理论依据:

(1)主体行为性质理论。张守文教授认为,征税范围是决定对某个主体及其相关收益是否"可税"的关键,而在确定征税范围时,主要由收益性和公益性两个因素决定对某个主体及其行为是否应当征税。他主张以收益为前提,只要主体是以营利为目的的就应当征税,只要是营利活动就应当征税。同时,也提出"主要还是看行为本身的性质,而不是看该主体本身通常是属于哪一类的主体"。① 而这看似合理的两项主张却有逻辑误区,因为当行为是非营利性质时,如果仅看行为本身,是不应当征税的;而事实上,即使行为不具有营利性,而当主体以营利为目的时,其仍属于征税范围,只不过要给予适当的税收优惠。马国强教授认为,与其他各种税收免除或税收减少相比,税收优惠具有三个方面的本质特征:一是税收优惠以组织与个人负有纳税义务为前提,不负纳税义务的组织与个人不存在税收优惠问题;二是税收优惠以法定基准纳税义务为基础,法定基准纳税义务本身的变化不属于税收优惠;三是税收优惠具有明确的政策目标,没有政策目标的税收免除或减少不属于税收优惠。② 那么,主体性质和行为性质何者为主要因素?何者为次要因素表现并不明晰,因为这两个原则必须同时被适用才能清晰地划定征税对象的范围。此外,按照张守文教授的观点,慈善捐赠在满足捐赠主体以营利为目的的情况下不应当纳入征税范围,但税法规定并非如此。根据《企业所得税法》第9条的规定,慈善捐赠不仅应当课税,在直接捐赠的情况下更无法享受任何税收优惠。③ 当然,张守文教授也指出了税法有一些特殊情况的安排,然而他并没有对此正当性作出合理的解释。

(2)自然属性与经济属性理论。马国强教授在分析"不征税"与税收优惠的过程中提出了自然属性与经济属性理论,他认为"一个组织或者个人是否负有纳税义务,关键在于归属于它的物件或事项是否同时具有征税对象的自然属性和经济属性"。他关于"经济属性"与"自然属性"的论述,非以内涵与外延展开,而是采取列举的方式加以说明,且极度依赖现有税法对某一税种征税对象的界定。如增值税的自然属性和经济属性就源于税法对增值税概念的规定,分别是"货物、服务与加工修理修配,无形资产和不动产""在境内销售与提供"。这在确定同一物件或事项是否归属于征税对象的时候产生两种截然不同的评价结果,尤其在现有税法对某税种的课税对象表述并不十分明确的情况下

① 张守文:《论税法上的"可税性"》,载《法学家》2000年第5期。

② 参见马国强:《中国现行税收优惠:问题与建议》,载《税务研究》2003年第3期。

③ 《企业所得税法》第9条规定,企业发生的公益性捐赠支出,在年度利润总额12%以内的部分,准予在计算应纳税所得额时扣除;超过年度利润总额12%的部分,准予结转以后3年内在计算应纳税所得额时扣除。

更显著。例如,《企业所得税法》在表述征税对象时混用“收入”与“所得”,对会计与税法概念没有明确区分,导致其征税对象究竟应当依附于“净资产增加值”还是“固定来源”分歧颇深。据此,究竟何者为企业所得税的“自然属性”抑或是“经济属性”就不得而知了。慈善捐赠税收法律制度当然涉及企业所得税,我们究竟该如何界定慈善捐赠应否属于企业所得税的征税对象?又如何为慈善捐赠课税正当性从课税对象角度寻找正当性根据?

(3)无因性理论。基于“主体行为性质”与“自然属性与经济属性理论”在判定慈善捐赠是否属于征税对象的问题上无法给出确切的答案,杨娟对此二者理论深入分析,认为“主体行为性质论”无法判定形式公益实质经济的捐赠行为的性质及确立有效的公益性行为判断标准,而“自然属性与经济属性论”同样由于考虑捐赠目的从而影响了对捐赠行为经济属性的判定而陷入困境。并提出“究其根本在于都考虑了捐赠行为目的,并以此判定是否属于征税对象”。① 其借鉴物权法上“无因性理论”试图将捐赠行为和捐赠目的分离开来进行评价,以此找到对慈善捐赠课税正当性的论证理据。“无因性理论”使慈善捐赠法律关系更明晰化,但该理论并非揭示对慈善捐赠课税正当性来源,而是对受捐赠型税收优惠制度影响,我国捐赠规模难以有效形成的阻碍性制度以“无因性理论”对其作出完善,对慈善捐赠课税正当性仍有待于进一步论证。

2. 从功能定位角度的论证。相关学者从功能定位的角度对慈善捐赠课税正当性也有论述,且大部分学者都是从这个角度出发的。

(1)组织财政收入。现代财税国家,税收已经成为财政收入的主要来源。税收由国家法律作为保障后仿佛具有了天然的正当性,因而以保证财政收入为名表述对慈善捐赠征税的正当性,在表面看来似乎并无不妥。实质上,将财政视作税收的目的,是一种脱离实践的,用孤立、静止的观点观察事物的思维方式,是典型的形而上学的思维形态。从调整收入分配的角度来看,税收与财政并非可以任意割裂的两个部分,而是同一个过程的两个方面,此二者拥有共同的价值追求,在实现收入分配调整目标的过程中缺任何一者都将必然导致失败。“随着减税降费的逐步深化,这一点表现得愈发明显”这一点在减税降费逐步深化上表现尤为明显。减税降费的根本原因在于哪里?是因为政府财政盈余过多?实则不然,早在 2015 年,随着财政收入增幅放缓,地方财政收支压力与日俱增,财政运转困难加剧。特别是一些收入下滑较严重的地区,收支矛盾突出,成为困扰地方发展的一个重要问题。截至目前,财政部在相关文件当中明确提出了“财政困难系数”,对 35 个地区进行财政困难考察,青海财政困难系数最高,为 90.00。紧随其后的分别是宁夏、西藏、甘肃,均超过 80.00。财政困难系数在 70.00 ~ 80.00 的分别是广西、新疆、黑龙江、贵州、海南、吉林、云南、河南、湖南、江西、陕西、四川、山西、安徽和内蒙古等 15 个地

① 杨娟:《经济目的捐赠获得税收优惠的正当性论证——以无因性理论作为分析工具》,载《宏观经济研究》2018 年第 5 期。

方。辽宁、湖北、河北、重庆、福建、山东6地财政困难系数在60.00~70.00。财政收入连年居首的广东财政困难系数是51.71。这一系数低于50.00的,按高低排,分别是浙江、天津、深圳、大连、江苏、厦门、宁波、青岛、上海和北京。北京财政困难系数最低,为20.00。① 此外,从表1可以看出数据呈现的地域规律相当明显,排在前列的地区基本上都是位于中西部的少数民族聚集区,整体区位优势不大,经济发展水平相对落后,这进一步凸显了我国目前区域经济发展水平两极分化的现状。进入新时代以来,社会的主要矛盾的一个方面就表现在"发展的不平衡"。何为发展的不平衡?一般认为,是区域经济水平的不合理差距,但就作为单个个体的公民而言,发展的不平衡,是指收入差距的日益扩大。我国进入新时代后,政府的主要任务之一是调节收入分配,而税收作为政府调节收入分配的主要手段,就不得不在调节收入分配与保证财政收入功能之间博弈。就社会主要矛盾的变化而言,税收势必将调节收入分配置于主要目的。那么从税收组织财政收入的角度来谈论对慈善捐赠课税的正当性自当失去其理论依据。

表1 2018年财政困难程度系数

东部地区	财政困难系数	中部地区	财政困难系数	西部地区	财政困难系数
北京	20.00	河北	68.83	内蒙古	70.41
天津	45.11	山西	72.27	广西	78.54
辽宁	69.63	吉林	75.38	重庆	61.68
大连	40.48	黑龙江	77.72	四川	72.30
上海	24.14	安徽	70.74	贵州	76.35
江苏	40.45	江西	72.97	云南	73.40
浙江	47.45	河南	73.40	西藏	86.08
宁波	24.63	湖北	69.35	陕西	72.58
福建	61.62	湖南	73.15	甘肃	84.84
厦门	28.74	海南	75.67	青海	90.00
山东	60.51			宁夏	88.06
青岛	24.43			新疆	77.81
广东	51.71				

(2)符合公平原则。有学者认为,税收公平原则作为税收第一原则,其具有统摄税收

① 资料来源:《36省市财政困难系数首次披露:青海最高北京最低,广东高于苏浙》,载东方财富网2019年4月23日,https://finance.eastmoney.com/a/201904231104374213.html。

制度的功能,因此对慈善捐赠课税也势必要符合税收公平原则的要求。例如,就所得税而言,暂且不考虑慈善捐赠的用途,慈善捐赠收入的性质与一般所得并无任何差异,若只对一般所得征税有违税收公平原则。事实上,基于公平原则的考量不同于上述"自然属性与经济属性理论",而与"无因性理论"的内涵相近,它将慈善捐赠的行为目的与行为本身分割开来讨论。法学研究对行为目的有天然的关注,刑法学犯罪构成要件理论中对主观方面的执着追求自不待言,即使物权法中"无因性原则"因在保护交易安全与交易目的考量之间选择了前者,也受到了学者的猛烈抨击。有学者认为,"无因性原则以隔断债权行为、物权行为效力关联为切入点,交易安全保护之功能以物权行为有效为前提,若物权行为不成立或无效,自始不生物权转移至效果,维护交易安全的功能价值无从谈起"。① 剥离慈善捐赠的行为目的将其视同一般所得而课税,或许能做到形式公平,但实质公平从何实现则不得而知了。

以上从两个角度对慈善捐赠课税正当性的论证,并不能形成逻辑自洽的证成,归结为以下原因:前者过分追求经济学理论的指导而丧失了法学理性;后者则是典型的唯功能论,将法的有效性与正当性两者混为一谈。从课税对象角度的论证为税法当中征税对象的确定发挥关键性的作用,但在对慈善捐赠正当性论证上无法自圆其说。

(二)社会的消极评价

以上我们对慈善捐赠课税正当性进行了逻辑推演,根据胡波的观点,制度的正当性还需要从公众领域给予的评价来观察。而公共领域对于制度的察觉一般是通过对相关法律规范和法律制度的认知和自身行为表现而体现。

基于对慈善捐赠课税悖论的无法解答,税法制定者以税收优惠为经济利益,进而诱导公共作出慈善捐赠行为。捐赠者也视慈善捐赠为增加其社会资本的商业手段,这恰恰成为导致整个公共领域对慈善捐赠课税制度存在质疑的最主要因素。应否对慈善捐赠课税？按照逻辑分析的角度,构建和完善慈善捐赠税收法律制度的前提必然是慈善捐赠属于现行税法中应当课税的范畴,因为税收法律关系以法定基准的纳税权利和义务为基础。然而,关于这一问题的探讨,学者大多以经济学的视角去考究,鲜有观点以法学理性去论证。长期以来,我们用经济学的理论观察慈善捐赠,而丧失了法学理性。人们似乎忘记了经济学的理论都是在"理性经济人"的假说上建立起来的,本文并不否认这一假说在解释经济活动中做出的重大贡献。但人是一个综合体,其行为的目的不仅有经济利益的追求,还受情感的左右,而情感本身又是极其复杂的存在。"理性经济人"假说本身就透露功利主义的色彩,用这样的观点去透视慈善捐赠的行为动机,很难规避功利主义的倾向。不得不说,在如此深受社会广泛认同的理论指导下,人的行为会不自主地向其靠拢,人们以慈善捐赠作为获取个体经济利益的工具。这使慈善失去了情感上的基础,而异化为纯经济工具,并与我们自古以来的价值观产生了激烈的冲突。这也正是慈善捐赠

① 李洪健、江海:《论物权行为理论与我国民法典的编纂》,载《私法》2017年第2期。

税收法律制度深受公共苛责，进而由公共道德给予消极评价的根源。

由此可见，慈善捐赠税收法律制度无论是从学理角度进行论证抑或公共道德领域的评价都任重而道远。慈善捐赠税收法律制度本应发挥其匡扶公平正义的价值，但正如前文所述，其因以功利主义的经济学思维进行倡导，慈善捐赠逐渐异化为纯经济工具。表现之一如“社会影响力投资”理论①在中国成为横跨公益与商业的慈善动机主导因素。慈善逐渐失去其得以深植于中华传统文化中的情感基础，试问，这样的慈善课税制度究竟能否指引慈善事业长足的发展？

三、结语

究竟应当如何破解慈善捐赠课税悖论，有待广大学者继续在理论上深入探究。“慈善”一词从古至今无论是其内涵还是外延，都发生了诸多变化，但唯一不变的是深植于其中的情感基础，笔者认为，以此为切入点实属可行之举。以经济学理论为基础对慈善捐赠的行为目的观察，经济学理论以“经济人”假设为前提，这一假说先天具有功利主义的色彩。本文的这一观点在杨娟的《经济目的捐赠获得税收优惠的正当性论证——以无因性理论作为分析工具》中得到了印证，其提出“不得不承认的是现行慈善捐赠税收优惠制度隐含着对来自市场的捐赠主体有经济人假设的前提”。② 但不可否认的是，经济学理论对人的经济活动的解释入木三分，从而赢得了社会的普遍认同，并以此对人的行为产生深远的影响。但这一观点同样存在缺陷，即人不仅受经济理性的制约，还受情感制约。我们首先承认征税是一个经济行为，但当这个行为具有法律意义的时候（如税收法律制度的出现），我们就必须摆脱经济学的视角，而以法学理性去证成、去破解这一悖论。

---

① “社会影响力投资”理论于 2008 年在洛克菲洛基金会首次提出，认为慈善行为是一种投资，而预期利润是社会影响力规模的扩大。

② 杨娟：《经济目的捐赠获得税收优惠的正当性论证——以无因性理论作为分析工具》，载《宏观经济研究》2018 年第 5 期。

“分税制”模式下地方财政自主权研究*

熊 伟**

“分税制”是我国1994年开始实施、迄今仍在深化的财政管理体制,其核心在于处理中央与地方的财政关系,通过规范化、制度化的方式划分政府间财政收支。长期以来,“分税制”多被理解为一种财政分权体制,但从其制度内容来看,相比之前的财政包干制,财政集权反而是难以掩饰的主调,实施之后的客观效果也是如此。随着现代政府职能的扩张,地方在促进经济发展、城市基础设施建设、社会公共事务管理等方面的财政压力越来越大。作为应对,一方面,大力发展土地财政,赚取土地出让金和其他与房地产相关的税费收入;另一方面,通过各种形式举借债务,在“分税制”之外争取了充分的财政自主空间。形式上的财政分权,实质上的财政集权,体制外的财政放权,实践中的财政争权,成为目前“分税制”运行的基本写照。

与财政包干制相同,“分税制”也以承认中央与地方分立、实行多级政府体制为前提。既然二者都需要划分收支,就意味着在划定的收支范围内,地方拥有财政自主权是自然而然的结果。与财政“包干制”不一样的是,“分税制”模式确立之初,地方财政自主权在量上受到较大限缩。但是,由于采用了权威、统一、规范、公开的分权规则,地方财政自主权的稳定性、有效性得到了更好的保障。1994年之后“分税制”的调整和演进,大体上沿着这两条主线交错前行。前者主要受制于政策衡量,目的是平衡央地财力,维持民主集中制的国家体制;后者受法治国家原则指引,通过不断强化分权规则的刚性,消除制度外行为的生存空间,使地方财政自主权逐渐法治化。

与以上背景相对应,本文所要研究的问题包括,在集权导向的“分税制”模式下,地方如何拥有财政自主权?可以拥有哪些财政自主权?不同级次地方政府的财政自主权是否有所差异?中央对地方债是否有救助责任?在深化“分税制”改革的过程中,推进政府间事权与财政支出责任相适应,对地方财政自主权会产生何种影响?此外,中央对地方

* 国家社科基金重点项目“分税制模式下地方财政自主权研究”(项目编号:15AFX021)的研究成果。

** 深圳大学法学院院长,教授、博士研究生导师,2017年度教育部“青年长江学者”,中国法学会财税法学研究会常务副会长。

财政有效的制约及监管机制,更是地方财政自主权的制度前提,需要认真总结和归纳。通过对以上问题的探索,本文得出的结论是,在财政法的意义上,随着地方财政自主权的落实,地方可以不再是中央的派出机构,而成为具有权利能力的主体,有独立的意思表达机制,对内拥有独立的财产,对外独立承担财政责任。不仅如此,从财政自主到行政自治,在宪法的指引下,中国地方政府会经历蜕变,逐渐发展成法律上的实体,拥有不同程度的自治权。

一、“分税”与“包干”:央地财政关系中的权力收放

统观新中国成立以来的财税实践,集权与分权是中央与地方财政关系中财税权力博弈的主旋律。[①] 总体来讲,在改革开放之前,中央集权是财政的主调,尤其以新中国成立初期的统收统支为代表。虽然在1958年和1970年也有过短暂的分权经历,但最后都因为效果适得其反而不得不重新集权。改革开放之后,以“放权让利”为抓手,为配合经济体制改革、激发社会发展活力,地方获得了不同程度的自主权。“分税制”之前的财政体制被称为“包干制”,其特点可被归纳为“分灶吃饭”——央地财政收支通过合同形式加以划分。财政“包干制”下,上缴中央的财政基数被固定,中央无法分享地方的增量收入,随着经济的发展,中央财政收入占全国财政收入的比重不断下降,甚至出现中央向地方借款弥补财政缺口的情况。统计数据显示,1984年,中央财政收入占全国财政收入的比重为40.5%,到1992年就已经下降到了28.1%;1984年,全国财政收入占GDP的比重为22.8%,到1992年已经下降到了12.9%。如果将预算外收入统计进来,这两个比重都会发生变化,但对于中央来说,其结果不会更好,只会更坏,因为预算外收入主要归于地方。

财政“包干制”下央地财力的此消彼长,引发了关于国家能力和国家安全的担心,[②] 分权的底线也作为一个问题被提出。[③] 在此背景下,“分税制”不是着眼进一步分权,而是作为过度分权的纠偏举措,也就在情理之中了。相对于“包干制”,“分税制”在以下几个方面实现了集权:第一,税权集中在中央,地方不能开征税收;如果没有中央的授权,通常没有税收减免权,政府性基金开征权也在中央。第二,对经济发展、市场统一和财政收入有重要影响的税收被划入中央收入,或者通过高比例的方式由中央享有。第三,2000年之后,所得税不再根据企业隶属关系划分,而是统一按比例分享,进一步集中了中央的财权。第四,除国防、外交等有限的几项开支固定在中央外,其他开支项目都缺乏清晰的划分标准,中央推卸支出责任的机会增加,地方缺乏相应的抵御能力。第五,财力从地方向中央倾斜之后,中央向地方转移支付成为常态,地方对中央的财政依存度增加。即便是标准固定的税收返还和一般性转移支付,对中央来说都是资源和优势,可以作为制约

① 参见熊伟:《财政分税制的规范意旨与制度进阶》,载《苏州大学学报(哲学社会科学版)》2016年第5期。

② 参见王绍光、胡鞍钢:《中国国家能力报告》,辽宁人民出版社1993年版,第97~118页。

③ 参见王绍光:《分权的底线》,载《战略与管理》1995年第2期。

地方的手段。

在处理中央与地方经济关系方面，基于效率和激励方面的考虑，经济学家提出了“财政联邦主义”的理念，[①]并被用于解释改革开放后经济上的飞跃。[②] 尽管财政联邦主义对于中国财政包干后的经济增长和社会进步确实有解释力，但它并不足以解释为何在1993年中国选择放弃包干制，改行财政“分税制”。从大方向上讲，财政“包干制”与财政联邦主义是一致的，都强调发挥地方的积极性，实行中央向地方分权。但是，无论坚持何种主义，在分级财政体制下，必须使中央与地方保持“平衡”，保证中央有足够的财政管控能力。[③] 财政“包干制”恰恰在这方面有所欠缺，与经济体制改革统一高效、公开透明、规范稳定的要求不符。有学者因此提出，财政联邦制不符合中国国情，秉承历史传统和政治现实，我国应当实行财政郡县制，在政治集权的前提下财政放权。[④] 在笔者看来，财政联邦主义并不代表一种政治主张，只是对地方财政分权的一种理论概括，都可以通过这个模型进行解释。财政郡县制因此也可以被视为一种财政联邦主义。

“分税制”和“包干制”都属于分权型财政体制，只是二者分权的方式、方法和程度不同而已。分权方式的不同在于，“包干制”采用承包合同的方式，中央与每个省份博弈谈判，政策连续性不足；“分税制”则采用制度化的方式，稳定可靠，公开透明。分权方法的不同在于，“包干制”直接包死上解资金的数额，不分具体的收入形式；“分税制”则以划分税种为主，中央税、地方税、共享税分列，不涉及具体的金额。分权程度的不同在于，包干制偏向调动地方的积极性，上解完中央的，剩下是自己的；“分税制”侧重增强中央的调控能力，留给地方的财力空间有限。财政“分税制”与财政“包干制”的共性则在于，二者都坚持分级财政体制，承认以省为代表的地方具有财政主体地位，可以通过某种形式与中央分享财政利益，承认地方的财政自主权，可以在方案确定的范围内自主组织财源，自主安排财政支出。正因如此，尽管有所调整，“分税制”仍为地方保留了相当的财政自主权。

所谓的地方财政自主权，是指地方政府在法律政策规定范围内，自主组织、管理和运用财政资金的资格或能力。无论“分税制”的方案后续如何调整，基于国务院《关于实行分税制财政管理体制改革的决定》，以下几个方面始终如一，成为保障地方财政自主权的制度屏障：第一，财政分级，地方形式上成为独立的财政主体，拥有独立的权力和利益。第二，在“统一所有、分级管理”的前提下，地方拥有独立的资源和资产，可以独立对外承担责任。第三，地方有独立的财政收入来源，地方税费是其中的大头，土地资产收入后来

---

① 财政联邦主义所关注的是政府的纵向结构，即如何规定各级政府的不同职能，以及怎样对财政手段进行组合，才能使各级政府在公平与效率的双重标准下最好地行使其职权。See Wallace E. Oates, *Studies in Fiscal Federalism*, Edward Elgar Publishing Ltd., 1991, p. 21 – 36.

② See Qian Yingyi & B. R. Weingast, *China's Transition to Markets: Market-Preserving Federalism, Chinese Style*, The Journal of Policy Reform 1.2, 149 – 185 (1996).

③ 参见何锦前：《地方财政自主权的边界分析》，载《法学评论》2016 年第 3 期。

④ 参见刘晓路：《郡县制传统及其在政府间财政关系改革中的现实意义》，载《财贸经济》2011 年第 12 期。

居上。第四，“一级政府一级预算”，地方自主安排财政收支计划，无须经过中央的审批。第五，只要不违反中央制定的强制性规定，地方可以自主进行财政支出。第六，地方自主进行财政管理和监督，如收入征管、财政预算、会计检查、合规审计等。至于地方通过巧立名目、欺上瞒下、违规操作而事实上形成的财政自主空间，①本身就是需要治理整顿的对象，虽然也会给地方政府带来财政收入，或者增加财政支出的灵活度，但不属于制度层面的财政自主权，因此不在本文的讨论范围内。

虽然地方在体现为“量”的财力上有所减少，但由于“分税制”采取了更规范、稳定、公开的制度化分权方式，地方财政自主权反而得到了更好的保障。但由于“分税制”在形式上表现为国务院的行政决定，加之其本身还有待完善，特别是财政支出责任的划分不明，地方财政自主权总体上显得脆弱，难以抵御来自中央的支配和干扰，无法支撑地方成为真正独立的财政主体。这种自主权只是中央放权的结果，其范围和程度取决于最高行政机关的意志。随着“分税制”改革的深入，当央地财政支出的范围划分清楚、地方自主财源得到夯实和补充后，中央与地方财政关系会趋于平衡，地方财政自主空间会越来越规范。若能如此，从财政放权走向财政分权，从财政自主走向财政自治，“分税制”改革将推动央地关系进入新的发展历程。

二、从财力到财权：地方财政自主权的两种指标

衡量地方财政自主权高低的标准是财力还是财权，这是一个需要进一步探究的问题。1993 年国务院出台的“分税制”方案把“财权与事权相匹配”作为改革的基本原则，2007 年之后，党的十七大和党的十八大报告却相继提出，要“健全中央和地方财力与事权相匹配的体制”。财力与财权的差异在哪里？为什么不再提财权与事权的匹配，而改用财力替代财权？尤其是，党的十八届三中全会“决定”中还出现了“事权与支出责任相适应”的提法，国务院《关于推进中央与地方财政事权与支出责任划分改革的指导意见》即以此为基础而制定，这只是表达方式的调整，还是意味着财政改革的转向？从地方财政自主权的角度观察，财权、财力、事权、支出责任，这些名词相互关联而又彼此区别，在学术层面上未必有严格界定，但在政策性文件中应该各有所指。

1993 年“分税制”改革的对象是财政“包干制”。但从制度经济分析的角度看，“分税制”实际上也可以归为广义“包干制”，表现为央地之间的财政分配契约。② 不同的是，首先，“分税制”重点解决中央财政能力不足，而不是继续增强地方的财政自主性。其次，“分税制”的核心在于划分税种，通过分税实现改革目标，而不是继续直接分利。最后，“分税制”在形式上也没有采用契约，而是采用统一的强制性制度，不需要再跟地方频繁谈判。尽管同样着眼央地利益分配，“分税制”所要改变的，恰恰就是“包干制”的“分利”

① 参见徐键：《分权改革背景下的地方财政自主权》，载《法学研究》2012 年第 3 期。

② 参见郭庆旺、吕冰洋：《分税制改革与税收快速增长：基于分权契约框架的分析》，载《税务研究》2006 年第 8 期。

制;所要建立的,是划分税种为核心的“分权”制。在当时的情势下,国有企业已经全部实行利改税,国有资源和资产未得到充分利用,国家财政收入的主体是税收。[①] 分税制之所以被命名为“分税制”,不能不说与当时财政状况有重要关联。

1994 年“分税制”改革并未触动事权,只是对央地财权进行了分割。基于此,当时所谓的“财权”,仅仅是指财政收入权,并不涉及财政支出责任。站在地方政府的立场,财权固然重要,但其本身不是目的,其存在的价值,是为了创造财政收入。由于经济发展水平不一、资源丰富程度相异,即便征管努力程度相同,地方得到的收入也会差异很大。因此,1994 年划分财权之后,地方之间财力不平衡的问题凸显。在事权和财权不作调整的前提下,转移支付制度成为众望所归。尤其是 2002 年所得税分享改革之后,地方利益进一步受限,但转移支付资金的规模实现了跨越式增长,[②]为实现地区之间的平衡发展、解决中西部财力不足的问题提供了保障。因此可以说,党的十七大报告和党的十八大报告强调“财力与事权相匹配”,是对 1994 年“财权与事权相匹配”改革的完善,二者之间并不存在方向性冲突。

改革政策的转型似乎提示我们,财力是连接财权与事权的关键,财力问题解决好了,可以弥补地方财权不足的问题,可以支撑地方履行支出责任。从党的十七大以来的改革思路看,所谓“财力与事权相匹配”的要求,并未从扩大地方财权的角度入手,而是在财权与事权不变的前提下,通过中央对地方的转移支付,解决地方财力短缺。中央与地方之间收支维持一定的缺口,通过转移支付实现中央的调控意图,维护中央的政治权威。

无论是财权与事权相匹配,还是财力与事权相匹配,其着眼点都在财政收入端,但如果事权没有实现合理分割,财政收入改革必然跛脚。严格来说,事权确定是财政分权的前提。当财权分配、财力调整的改革进展 20 年,中央与地方之间基本形成分权架构之后,如果再不推进支出责任划分的改革,前期收入划分所带来的正向效应会大幅减损。党的十八届三中全会通过的《中共中央关于全面深化改革若干重大问题的决定》(以下简称《决定》)提出“事权与支出责任相适应”,正是在这种背景下顺应时势之举。如果仅从财力弥补角度调整央地财政关系,只是看到了症候,而没有把握其病因。之所以需要如此大规模的中央对地方财政转移支付,地方财力不足只是表象,真正原因在于财权与事权不匹配,地方财政自主权没有得到足够尊重。即便形式上表现为财力不足,根子仍在权责界定。财权分配不均,事权划分不明,财权与事权的不匹配,才是造成地方财力不足的根本原因。

---

① 1992 年国家财政总收入为 4188.97 亿元,其中各项税收收入为 3138.79 亿元,占财政总收入的比重约为 74.93%。关于 1992 年国家预算执行情况和 1993 年国家预算草案的报告,载中国人大网,https://www.gov.cn/govweb/test/2008-04/15/content_945169.htm。

② 2002 年是所得税收入分享改革的第一年,当年中央对地方的税收返还和补助支出为 7351.77 亿元,到 2017 年已经增长至 65,051.78 亿元。

在财权与事权匹配的前提下,地方应具备提供公共服务的财力,而不是普遍需要中央的大规模财政救助。在区域间财力严重不均的状况下,为了促进地区间协调发展,实现基本公共服务的均等化,首先也应该考虑一般性转移支付,用规范化、标准化的手段,采用公开透明的因素法,计算地方可得的补助数额。转移支付的指标确定之后,双方根据公开信息都可以得知结果,中央的责任无可推脱,对地方实际上构成一种财权。① 如果没有这个特点,2014 年修改的《预算法》也不会要求中央要将转移支付数额提前告知地方,以便其编制下一年度的财政预算。就此而言,即便是用于弥补财力的转移支付,也可以从法治化的角度理解,将其理解为地方权益,纳入财权与事权相匹配的分析框架中来。② 只有政策性的专项转移支付,才完全控制在中央政府及其部门,由其根据情况相机决定,无法从地方角度被理解为财权,而只是一种财力弥补手段。

进言之,将财权仅理解为财政收入也不可取,广义的财权应该包括"收钱""管钱""花钱",覆盖财政收入、财政管理和财政支出。对于地方政府来说,财政支出不仅仅是一种责任,也是一种权力。哪些事情地方负有支出责任,哪些事情地方拥有自主安排支出的权力,这也是央地财政关系的核心议题,不可简单归结为"事权",从而将其与"财权"相对立。事实上,财权与事权是一体两面的关系。事权包括财权,财权体现事权。财政管理、财政支出也是地方财权的应有之义。

不能否认,地方财力是否充裕,是衡量财政自主权的重要指标。财权统一分配之后,全国大致均衡,但财力却可能大相径庭。即便将一般性或均衡性转移支付纳入地方财权,也不可能完全消除地方之间的财力差距。因此,在"分税制"实施一段时期后,不断有学者和官员提出,财力均衡是政府间财政关系的关键,财权在次。③ 但如上文所述,财力不均是财权分配不合理的结果。要彻底解决地方财政自主权的问题,还是应该夯实财权,而不是仅仅通过转移支付补充财力。例如,建设地方主体性税种、激发地方开拓财源的积极性、严格界定地方支出的范围、增加地方支出的自主权等。政府间转移支付尽管也很重要,但只是调节性财政手段,属于财政内部的第二次分配,不能解决基础性的权益配置问题。只有财权得到合理配置,转移支付的功能才能归位,而不是越俎代庖,用调节性手段替代基础性安排。

---

① 参见朱丘祥:《分税与宪政——中央与地方财政分权的价值与逻辑》,知识产权出版社 2008 年版,第 279 ~ 280 页。

② 重大财政改革之后,如果地方利益受到影响,中央会设立转移支付项目,弥补地方的财力损失。"调整工资转移支付""农村税费改革转移支付""义务教育保障机制转移支付""成品油价格和税费改革转移支付""重点生态功能区转移支付"等,都属于此种类型。这些项目虽有特定的目的或对象,但仍采纳因素法进行分配,对地方来说,其所增加的不仅是财力,也是一种可以测度的财权,尽管尚缺乏相应的程序保障,但中央的随意性大大降低,地方获取资金的确定性大大增加。

③ 参见贾康:《健全中央和地方财力与事权相匹配的体制》,载《中国财政》2008 年第 13 期。

三、"分税制"模式下地方财政自主权的向度

抽象谈论"分税制"下的地方财政自主权,很难发现其与之前"包干制"下的不同,无法测度各财政节点的权限空间,给人笼统模糊的整体印象。例如,地方在预算方面的自主权不同于收入方面的,收入方面的也不同于支出方面的。即便在财政收支体系内部,不同的财政收支形式,地方拥有的权限空间也不一样。

(一)地方预算自主权

一级政府能否自主行使预算权,是衡量其在财政上是否独立的标志。[①] 缺乏预算自主权的地方政府,其收入、支出、资金管理等,都不得不依赖上级政府,失去了作为一级独立财政的基础。改革开放以来,县以上地方政府的预算自主权形式上都有充分保障,无论是 1982 年公布实施的《宪法》,还是财政"包干制"时期的《国家预算管理条例》(已失效),或是财政"分税制"实施后的《预算法》,对此都有明确的规定。拥有预算自主权,意味着地方政府可以编制预算,根据施政计划安排资金收支;意味着地方立法机关可以审查和批准预算,自然也可以否决预算草案,或者要求修改后重新提交审批;意味着地方可以自主执行预算方案,并通过监督机制保证资金安全,提高资金使用效率;还意味着地方需要自我负责,基于财力自求预算平衡,而不是将责任转嫁给中央。

虽然地方可以自主决定预算,但通过法定程序、强制性标准以及政策性引导,中央对地方预算仍有很大话语权。例如,预算法及其实施条例都是中央立法,是地方预算必须遵循的程序规则。中央还会根据形势将地方开支规定扩张或限缩的比例,作为预算编制的强制性标准,或者通过国民经济发展规划、政府年度工作计划、党中央重大决策等,引导地方政府的预算安排。至于通过人大、财政、审计、监察、纪委等渠道,监督地方财政预算的执行情况,预警地方财政风险,督促建立危机应对机制,追究违法行为的法律责任,更是中央常用的手段,也会对地方预算自主权产生重要影响。

一方面,赋予地方预算自主权;另一方面,强调中央的统一领导,这是我国单一制体制下财政分权的必然要求,也是民主集中制国家机构原则的体现。二者之间虽然存在一些冲突,但不至于相互否定,只是内部需要做好制度协调。事实上,地方预算自主必须接受宪法和法律的约束。离开这个前提,仅从抽象理论出发进行推理,缺乏现实意义。只要承认地方是预算主体,可以编制、审批、执行预算,尽管有来自中央的干预,地方的预算自主空间仍然存在。随着地方治理体系的完善,地方预算自主权会进一步扩大,来自中央的干预可以进一步优化。但无论如何,在中国现行政治及宪法体制下,地方预算不可能完全自主。

(二)地方收入自主权

对于地方财政收入的范围,国务院《关于实行分税制财政管理体制的决定》以及之后的相关调整方案已经作了清晰划分,其中既有税费,也有投资利润或红利,还有资产资源

① 参见刘剑文:《强国之道——财税法治的破与立》,社会科学文献出版社 2013 年版,第 171 页。

收入。收入类型不一样,地方自主权也不相同。地方与其所投资企业如何进行利益分配,地方如何处分、利用其所管理的资产资源,这属于行使资产或资源所有权的范围,通常不会涉及第三者利益,只要不违反国家的强制性规定,地方一般享有充分自主权。例如,对建设用地是采用出租还是出让的方式,出让年限的长短,地方政府有权决定;投资利润上缴比率的高低,自然资源特许使用费的标准,地方政府也有权决定。

然而,税费之类的公共征收,事关地方居民的财产和自由,也会涉及资源自由流动以及全国市场的统一,影响地区之间的经济竞争,因此,尽管收入最终归属于地方政府,但其开征却不宜任由地方决定,有必要受到中央的控制。例如,行政事业性收费是基于特定公共服务的对价,对缴费人利益影响较小,因此,对于仅在本地生效的行政事业性收费,可由地方自主决定是否设立和收取。① 相对而言,政府性基金的缴纳义务与基金设立事由的联系并不直接,缴费与公共服务之间的受益关系体现得并不明显,因此,全国或区域范围内实施的政府性基金由中央设定,地方性政府性基金的开征也必须经过中央批准。②

至于税收,无论是中央税、地方税还是中央与地方共享税,"分税制"改革方案已经强调全国税政统一,《立法法》对此作了进一步确认,税收立法成为全国人大及其常委会的专属权力,地方无权开征税收。③ 尽管如此,由于地方税的税源具有强烈的地方性,征税方案通常不适合在全国范围内整齐划一,即便中央统一立法,也不得不给地方保留参与空间。例如,国内各地的环境容量不一,环境质量各异,《环境保护税法》第6条允许地方参与确定税率,第9条允许地方参与确定税基,就是这方面的代表性例证。

对归属于地方的财政收入,除因为与中央共享而由中央直接征收外,一般由地方政府负责征收。但是,国地税机构合并之后,税务系统以中央领导为主,社保费和非税收入也将转由税务系统征收。这意味着地方财政收入自主权的限缩。此外,对于地方自主开征的财政收入,中央虽然不会直接决定取消或者废止,但是,基于国务院的统一领导权,中央可以要求地方作出相应处理。例如,财政部、发改委《关于清理规范一批行政事业性收费有关政策的通知》(财税〔2017〕20号)就要求各省、自治区、直辖市财政部门会同有关部门对本地区出台的行政事业性收费政策进行全面清理,这也是对地方财政自主权的限制。

(三)地方支出自主权

对属于地方的财政收入,地方政府通常可以自主支出,根据施政计划安排使用财政资金。相比收入创设、征管方面的自主权,地方在财政支出方面的自主性更大,只要不违反中央的限制性或禁止性规定,任何支出均在地方自主权的范围内。但是,地方支出自

---

① 参见《行政事业性收费标准管理暂行办法》第4条。

② 参见《政府性基金管理暂行办法》第3条。

③ 参见叶姗:《税权集中的形成及其强化考察近20年的税收规范性文件》,载《中外法学》2012年第4期。

主权应建立在中央与地方支出责任清晰划分的基础上。“分税制”改革方案所设想的，原本就是央地支出范围得到清晰划分的状态，但自1994年至今，这一目标始终没有实现。党的十八大以来所提出的财政改革方案一再提及“事权与财政支出责任相适应”，党的十八届三中全会甚至将其作为财政改革的三大任务之一，但迟至2016年8月，国务院才正式启动财政事权与支出责任改革，迄今仍在推进中。①

尽管“自己的钱自己花”是通理，中央仍可能通过各种方式制约地方，具体如：(1)确立支出依据。例如，只有先设立机构、安排编制，才能安排财政资金，用于办公设施、公务活动、人员工资等，而地方机构和编制的决定权掌握在中央。(2)设定支出标准。例如，地方公务人员的基本工资标准，会议、差旅等经费的报销标准，楼堂馆所的建筑和装修标准，全国范围内具有共通性，中央可以规定统一的标准，也可以设定一定的幅度。(3)强制性支出。尽管争议很大，但现行《农业法》《科技进步法》《教育法》等确实为地方政府在相关项目上设定了财政支出的增长比例，②国务院近年来也持续要求地方提高养老保险待遇，这些都属于强制性支出。③ (4)禁止性支出。在特定时期，基于节约资金、提高清廉度等考虑，中央会对地方设定一些禁止性支出项目，如“三公经费”每年递减，禁止新建或改扩建办公场所，禁止投资于淘汰落后产业等。

中央强制或限制地方的财政支出，有时通过全国人大及其常委会的最高立法权，有时借助国务院的最高行政权，也有时是利用中共中央的最高领导权。在我国现行政治和宪法体制下，这三个方面都具备合法性基础，体现了中央对地方政治集权的一面。中央之所以干涉地方的财政支出，除形成统一标准或定额、有利于提高财政管理效率外，通常会伴随特定的政策目标。以事实上构成财政支出的税收及土地出让金减免为例，中央禁止地方减免地方税，一方面，是因为地方税立法出自中央，地方放弃中央设定的税收，触及中央的法律权威；另一方面，无论是直接的税收减免，还是变相的税收返还或财政奖励，都可能成为地方经济竞争的工具，干预资源的自由流动、影响全国统一市场的形成。

地方财政自主权并不限于以上三个方面。除预算、收入和支出外，在中央统一领导的前提下，地方对所属财政事务还拥有较广泛的管理权，如地方国库管理、会计监督、公款审计、国有资产管理、财政违法行为处罚处分等。既然赋予地方施政的空间，财政自主权就必不可少。尽管“分税制”的整体思路是集权，但仍未突破财政分权的框架，只是分权的程度和方式发生了变化。现有的财政自主权是否足以支撑地方在法律上成为独立的财政主体，特别是可否因此获得对外独立举债和偿还的资格，这是下文需要继续探讨的问题。

---

① 参见国务院《关于推进中央与地方财政事权和支出责任划分改革的指导意见》(国发〔2016〕49号)。

② 参见《农业法》第38条、《科学技术进步法》第59条、《教育法》第56条。

③ 参见徐键：《强制性支出责任与地方财政自主权》，载《北方法学》2011年第2期。

四、不同级次地方财政自主权的差序配置

地方政府的级次不同,其财政自主权也会有不同。我国《宪法》确立了省、县、乡三级政府,省和县之间设地区行政公署,是省政府的派出机构。但自1983年起,"撤地设市"逐渐成为潮流,县级政府普遍改由地级市管辖。① 改革初衷是以市带县,促进中心城市的发展,推进城乡一体化。但是为了自身发展的需要,对县多有挤压和剥削。2005年,"省直管县财政改革"开始试点,2009年之后全面推进。② 而以浙江为代表的一些省份,经由"强县扩权""扩权强县"等阶段,③按照中央机构编制委员会的安排,④已经全面或部分建立"省全面直管县"体制,财政、经济、行政、人事等方面,县政府和地级市平起平坐,直接向省级政府负责。

可见,经由10余年的渐进改革,目前我国省、市、县的关系并不统一,同时存在"地区管县""市州管县""省直管县财政""扩权强县""省全面直管县"5种形态,加上2006年之后的"乡财县管"改革,⑤地方政府内部的管理体制错综复杂,为观察地方财政自主权带来了困难。总体而言,地方财政自主权呈现从上到下层层递减的状态。相比中央和省市,县乡政府不仅财权有限,财力更是捉襟见肘,但财政支出的范围却十分宽泛,导致公共服务提供严重不足。这是否应该是"分税制"之下的常态,值得从财政自主权的角度反思。

(一)省以下政府间收支划分的结构性问题

1994年"分税制"改革只涉及中央与地方的财政关系,对于省以下地方政府相互之间的财政关系,国务院要求各省级政府自行制定执行。事实上,基于"下管一级"的原则,各省遵循的逻辑与中央方案一致,只是规定其与地级市的财政收支如何划分。至于市与所辖县如何划分收支,县与所辖乡如何划分收支,分别由市、县政府决定。在"省直管县"财政改革后的地方,省直接与县市划分财政收支,不再经过地级市这一层级,财政管理的扁平化得到加强。但是,由于收支划分的决定权掌握在上级政府手中,在财力相对失衡的情况下,省级政府在财权和财力分配上向自己倾斜,支出责任则尽量向下级推卸。市政府面对县政府、县政府面对乡政府时,也会如此遵循同样的逻辑。

由于中央授权地方自主决定,在"分税制"改革初期,省以下政府收支划分五花八门,除参照央地分权模式外,有的维持财政包干体制,有的严格与企业隶属关系挂钩,不同级

① 参见中共中央、国务院1983年发布的《关于地市州党政机关机构改革若干问题的通知》。

② 参见财政部《关于切实缓解县乡财政困难的意见》(2005年)、《关于推进省直接管理县财政改革的意见》(2009年)。

③ 参见何显明:《从"强县扩权"到"扩权强县"——浙江"省管县"改革的演进逻辑》,载《中共浙江省委党校学报》2009年第4期。

④ 参见中央机构编制委员会办公室《关于开展省直管县体制改革试点的通知》(中央编办发〔2010〕100号)。

⑤ 参见财政部《关于进一步推进乡财县管工作的通知》(财预〔2006〕402号)。

次政府间的划分方案也不一致,给规范地方财政关系带来很大障碍,不利于“分税制”理念和制度在全国推广。2002 年所得税收入分享改革之后,国务院批转财政部的意见,要求完善省以下财政管理体制,让财政收入划分与企业隶属关系脱钩,科学厘清地方政府之间的支出责任,实施规范的财政转移支付制度。①

和央地财政分权方案一样,划分收入归属并不是难事,无论是将税种按其性质分配给不同层级的地方,还是实行资产资源收入按比例共享,或是分出部分重点企业归特定层级管辖,这些在规则设计上都可以做到。难的是,在决策权集中在上级的模式下,如何保障基层政府的财权和财力。由于上级政府的自利心理以及地方之间支出责任划分不明,加之财政转移支付制度并不完善,收入层层集中、支出层层下降成为必然,县乡财政陷入困境也就不会让人感到意外了。2001 年开始的农村税费改革,2005 年开始的“省直管县”财政改革,2006 年开始的“乡财县管”改革,2010 年开始的“省全面直管县”试点,都在围绕夯实基层地方财政做文章。但是,由于政府间职能未能得到清晰划分,财政支出责任不明,转移支付的随意性难以抑制,县乡财政权轻责重的结构一直无法改变,“分税制”改革的效应难免受到影响。

(二)省级财政管理权与财政自主权

省(包括直辖市、自治区)在中国政治版图中地位十分重要,无论是财政还是行政,在中央与基层之间都起着承上启下的作用。由于我国疆域辽阔、人口众多,各地经济社会发展的差异明显,中央很难对各地采取整齐划一的政策,往往需要省在本区域内灵活调整。因此,除组织本级财政收支外,省还承担着重要的对下管理职责。

从自主权角度看,财政收支划定之后,相比市、县、乡,省无疑拥有最大的空间。第一,与中央“分税制”的集权原则保持一致,各省“分税制”方案也都强调财力适当集中,省级政府在财权和财力方面有天然优势。第二,省以下职责划分比央地之间更加原则,②职责同构的现象严重,给省向下推卸支出责任提供了机会。第三,省级政府集中的财力较多,但如何将其用于转移支付,缺乏明确的标准和程序,政府自主空间很大。第四,出于安全和效率的考虑,中央在向地方授权时,往往止于省级,或者只允许省实施特定行为,剥夺了省以下政府的资格。例如,地方收费的批准权、地方政府性基金的申请权、较大规模财政投资的审核权、迟延纳税的批准权等。第五,最重要的是,无论是通过行政决策还是立法程序,省对基层政府的财政事务有管理权,涉及国有资产、财政预算、支出标准、收入征收、资金入库等各方面,只要不违反法律的强制性规定即可。由此可见,在财政自主权方面,现行体制下省所拥有的空间仅次于中央。造成这个结果的原因,根植于中国地大人多发展不平衡的现实,源于省级政府承上启下的重要地位,也是中央为发挥地方积极性的有意安排。

---

① 参见国务院批转财政部《关于完善省以下财政管理体制有关问题意见的通知》(国发〔2002〕26 号)。

② 参见《地方各级人民代表大会和地方各级人民政府组织法》第 59 条。

以税收为例,我国实施“分税制”以来,尽管一直强调税权集中于中央,但实际上地方仍通过各种方式分享税权。例如,《车船税法》和《环境保护税法》都确认,省可以在法定幅度内确定适用税额,不同的是,前者授权给省级政府,后者受税收法定原则的影响,授权给省人民代表大会。1994 年税制改革时,国务院甚至将屠宰税和筵席税下放地方管理,由省级政府自行决定是否征收,直至 2006 年相关条例被废止。可以预见,随着中央与地方财政关系的发展,省级财政自主权还会扩张——只要地方有足够的治理能力,对于不具有外溢性的地方税源,由省级立法机关开征税收,与纳税人同意原则并无冲突。

(三)“省直管县”模式下市县的财政关系

“省管县”改革是一个渐进过程,大体呈现 3 个不同的阶段。在每一个阶段中,由于财权与事权的匹配方式不一,县市财政关系也呈现不同样态。“省管县”改革的第一阶段是“省管县财政”,县的财政事务直接跟省对接,在收入实现、资金管理、预算编制、转移支付等方面,不再与地级市发生联系。但是,由于人事行政、经济发展、社会管理等方面维持旧体制,地级市对所属县仍然拥有很大的支配权。财政直管之后,不少省份开始选择有代表性的县,将一些原本属于市的经济管理权,下放给县级政府行使。由于放权的范围有限,县在建制上仍然是市的下属单位,只是经济社会管理的权力有所增强,因此被称为“扩权强县”阶段。[①] 在这一阶段中,县的经济社会权力有所增强,地级市的领导力相应减弱,县级财政的自主空间随之增加。第三阶段是“省全面管县”的阶段,市和县在人事、行政、经济等各方面彻底分开,财政上更是成为平等的主体,享有相同的财政权力,履行相同的财政义务,并直接向省级政府负责。只有到了这个阶段,才恢复到三级地方政府体制。

“郡县治,天下安。”自秦始皇统一六国,我国就开始实行郡县制,其对维护政权稳定发挥了重要作用。相比欧洲的封建制,我国历史上的郡县不是独立主体,无论是在行政还是财政,都只是中央政府的派出机构。新中国成立前期的统收统支实际上延续了郡县制,县一级虽然积淀了不少事实上的自主权,但在法律上仍依附于中央财政。改革开放之后,财政分权成为大势所趋,发挥地方政府的积极性备受重视。特别是在“包干制”体制下,市县所享有的自主空间尤其开阔,县域的创新和发展奠定了中国经济改革的基础,也带来了中央与地方财力失衡的弊端。“分税制”改革后,财权和财力的反向调节让县级财政重新陷入被动。特别是在“市管县”体制下,基层政府的境遇更加困难,有时连最基本的公共服务都难以提供。

在我国“分税制”改革中,基于财力平衡的需要而适度集权固然必要,但保障地方,尤其是县级政府的财政自主权也很重要。财权划分是基础,财力调剂只是补充。先设置一种严重失衡的财政结构,再通过中央、省、市转移支付的方式,试图解决县级政府财力匮

① 参见《湖南省赋予省直管县经济体制改革试点县(市)部分市级经济社会管理权限目录》(湘政办发〔2016〕13 号)。

乏的难题，虽然上级的权威得到了保证，但这并不是富有效率的好方法。更可取的是，承认县级政府的财政自主权，清晰划分财权和财力，允许其自主安排财政支出，减少上级政府的干预和审批。基于这个目标，在行政效率进一步提高、科技运用越来越普遍、信息管理不断优化的背景下，改革“市管县”模式，恢复“省管县”体制，是一个值得肯定的举措。

（四）“乡财县管”与“强镇扩权”中的财政问题

乡镇虽然原则上也被确认为一级预算主体，但按照1991年《国家预算管理条例》（已失效）和1994年《预算法》，经省级政府确定，不具备条件的乡镇可以暂不设立预算。2014年《预算法》修订后，经省级政府批准，乡镇预算仍允许上一级政府代编，但强调需报乡镇人大审批，形式上维持了乡镇预算权的完整性。但在实践中，受财政现实和管理体制所致，乡镇预算权仍受到较大限制。2006年，鉴于农村税费改革之后乡财政日益空心化，财政部正式提出“乡财县管”的概念，要求除财政收支规模大并具有一定管理水平的乡镇外，原则上推行乡财县管。①

乡财县管的前提，是承认“乡财”的存在，即确认乡镇财政的法律主体地位，确认乡镇对财政资金的所有权和使用权，确认乡镇的财政支出权。但随着农村税费改革的深化和政府职能的转变，乡镇财政收入规模大幅下降，乡镇财政支出范围明显缩小，不少乡镇存在财政供养人员较多、债务负担过重、管理水平低下等问题。为规范乡镇收支行为，防范和化解乡镇债务风险，中央才决定改革乡镇财政管理方式，实行乡财县管。乡财县管的一般要求是，乡镇管理财政的法律主体地位不变，财政资金的所有权和使用权不变，乡镇的债权债务关系不变。县级财政部门在预算编制、账户设置、集中收付、政府采购和票据管理等方面，对乡镇财政进行管理和监督。乡镇政府在县级财政部门的指导下，编制本级预算、决算草案和本级预算的调整方案，组织本级预算的执行。

由于缺乏良好的乡镇财政治理机制，强化上级对下级的财政控制成为首选，在规范乡镇财政、维护农村基层政权稳定、化解社会矛盾和风险等方面，也的确取得了立竿见影的成效，与我国重视政府间纵向控制、轻视政府内部治理的习惯保持一致，与《预算法》确立的“一级政府一级预算”也没有冲突。但是，由于乡镇失去了在预算编制、账户设置、集中收付、政府采购和票据管理等方面的权力，仅在形式上保留本级人大对预算的审批权，乡镇的财政法律地位徒有其表。就其实质而言，财政县管之后，乡镇相当于县级政府的职能部门，乡镇预算也就只是相当于县级政府的部门预算了。

与乡财县管相对的做法是“强镇扩权”，二者要解决的问题正好相反，前者旨在限缩乡镇的财政自主权，后者则是为了扩大镇的财政自主权。在江苏、浙江、广东等沿海地区，一些经济发达的镇在人口规模、经济总量、财政收支等方面，与中西部地区的县级市甚至地级市相当。但是，受制于行政级别过低，在人员编制、机构设置、投资审核、行政执

---

① 参见财政部《关于进一步推进乡财县管工作的通知》（财预〔2006〕402号）。

法等方面,镇政府的权限空间都非常有限,财政自主权自然受到很大限制,与当地经济社会发展水平极不相称。为了解决这个问题,2000年之后,各地先后开展强镇扩权试点,尝试将部分县级管理职权下放到试点镇。① 国家发改委2014年甚至选择浙江省苍南县龙港镇、吉林省安图县二道白河镇,探索将镇改为市。②

无论是强镇扩权还是撤镇设市,其结果都有助于扩大镇财政自主权,方便镇在本区域范围内组织建设和提供服务。但是,在地方体制整体未动时,局部改革总是会碰到各种羁绊。例如,现有的财政法和税法未必将财政征收权和资金管理权赋予乡镇,地方的强镇扩权改革试点也无法突破。一旦需要县级财税部门中转,下放到镇的财权就容易陷入空转。即便撤镇改市,无论是维持镇级还是升格为副县级,其法律地位都难免尴尬,与现行法律体系中享有执法及管理权的"县级人民政府"仍有很大差距。

由于各地经济社会发展不平衡,乡镇政府虽然在宪法和地方组织法的角度维持统一法律地位,但无论是财政分配还是综合管理,经过持续的改革探索,不同地区的不同乡镇实际上享有不同权限,乡财县管、强镇扩权分别是其两极,代表财政自治权的收缩和扩张。就其内容而言,在地方财政体系中,由于乡镇身处最基层,相对于省、市、县,乡镇的财权最小,大部分情况下财力也最弱。作为最直接面对居民的政权单位,这种状况并不理想,与财政分权的要求也不吻合。未来如果继续维持乡镇的存在,在厘清政府间财政支出责任的前提下,有必要赋予其充分的财权和财力,使其有能力为当地居民提供基本公共服务。即便无须继续维持乡镇一级政权,按照目前乡镇管辖的人口、面积,县级政府仍需设立派出机构,为当地居民近距离提供公共服务。

五、地方债之问:为何中央可以不负责任?

中央与地方权力责任关系的定位,不仅关系地方政府的法律地位,而且会影响地方的对外偿债能力。地方政府作为行政主体,对外从事行政管理、行政处罚、行政强制等活动,这取决于法律本身的创造,不需要考虑其财产能力和责任能力。即便由此而引发侵权赔偿,也是通过国家赔偿的途径解决。然而,当地方政府对外举借债务后,如果因为财力有限无法偿还,中央是否负有偿还责任?地方政府相互之间是否也是如此?按照我国《宪法》,地方政府究竟是不是独立的法律主体?按照我国财政法律制度,地方政府究竟能不能自负其责?对这些问题的回答,不宜单纯诉诸宪法、法律的条文,也不宜仅凭国务院的表态,而应该结合地方财政自主权,从意思自主、权力分立、财产独立的角度观察。如果地方政府没有独立收入来源,不能形成地方资产,无法自主决定财政支出事项,而是完全听命于中央的安排,就不应该自我负责。反之,则应该自负其责。

2014年《预算法》修改之前,我国一直不允许地方举债,制度层面从未要求中央对地

① 参见浙江省人民政府办公厅《关于印发浙江省强镇扩权改革指导意见的通知》(浙政办发〔2014〕71号)。

② 《关于印发国家新型城镇化综合试点方案的通知》(发改规划〔2014〕2960号)。

方债务负责。在特殊情况下,如果采用特定的法律安排,情况另当别论。例如,在中央转贷地方的情形下,中央直接面向债权人,地方只对中央负责。再如,2014 年之前,财政部试点过两种地方债券发行模式——“中央代发代还”与“地方自发、中央代还”。[1] 这两种模式明显借用了中央信用,需要财政部统一对外偿还债务,之后再通过内部程序结算。2014 年《预算法》修改后,在还未生效之前,国务院秉持法律修正案的精神,先后几次就地方政府性债务表态,明确表示要硬化预算约束,防范道德风险,地方政府对其举借的债务负有偿还责任,中央政府实行不救助原则。[2] 由于国务院本身就是利害关系人,其对外撇清责任的行为并不当然具有法律效力。要确定地方债的责任归属,还是应该回到央地财政关系,从地方财政地位的角度寻找结论。

从形式上看,中央与地方政府的机构分立,以及“一级政府、一级财政、一级预算”的体制,应该可以确定地方政府的财政主体地位,使其能够自主决策,拥有相对独立的财产,对外承担法律责任。然而,从财政实际运行的情况看,仅凭地方人大审批本级预算,就认定地方是独立财政主体,需对外独立承担财政责任,并不足以令人信服。形式上的预算权还应该跟收入、支出方面的权力相结合,才能判断地方政府的财政法律地位如何。

改革开放之前,我国财政体制总体上“统收统支”,“在中央统一领导下,地方财政只是作为中央财政计划的执行单位加以考虑和设置的,其自身的利益主体地位未受到重视,也不具备对自身行为负责的基本条件”。[3] 在这种情形下,即便地方形式上编制预算,并报送本级人大审批,地方实质上也不是独立的主体。如果地方政府对外发生债务,中央免不了需要承担责任,即便第一责任人仍可能是地方。中央与地方类似总机构与分支机构的关系。只是,在计划经济体制下,地方没有独立的利益,也就不存在举债的动机。“分灶吃饭”的财政包干制时期,地方成为相对独立的利益主体,但由于地方有较大的制度空间,可以通过跟中央博弈的方式争取更多利益,地方也无须通过举债解决资金需求。

1994 年“分税制”实施后,地方的收入弹性空间被压缩,且收入分配明显处于劣势,加之央地支出责任划分不明,地方财力趋紧,对债务资金的渴求开始变得强烈。尤其是在应对“亚洲金融危机”和“次贷危机”的过程中,鼓励地方举债建设、扩大政府投资规模,成为中央宏观政策的一部分。碍于《预算法》的限制,地方融资平台应运而生,为地方大规模变相举债提供了途径,因此导致不少地方债台高筑,债务风险陡增。在这种背景下,下级地方政府与上级的关系、地方与中央的财政关系,才会被社会所关注,因为这关

① 参见熊伟:《地方债券制度中的政府间财政关系》,载《新视野》2012 年第 3 期。

② 参见国务院《关于深化预算管理制度改革的决定》(国发〔2014〕45 号)、国务院《关于加强地方政府性债务管理的意见》(国发〔2014〕43 号)、国务院办公厅《关于印发地方政府性债务风险应急处置预案的通知》(国办函〔2016〕88 号)。

③ 楼继伟:《中国政府间财政关系再思考》,中国财政经济出版社 2013 年版,第 4 页。

系谁该为地方债最终负责。从政治责任的角度看，既然要求下级服从上级、地方服从中央，中央在全国范围内统一领导，地方在本行政区域内统一领导，任何一级地方政府发生债务危机，上级地方和中央政府都难逃干系，如果处理不好，会影响执政党形象和中央权威。但是否因此可以得出所有债务最终需要中央来偿还的结论？笔者认为，对这个问题的回答必须谨慎，需要从多角度考察后才能得出结论。

从民法角度看，“分税制”实施后，地方政府仍“有独立经费来源”，可以成为机关法人。[①] 相对财政“包干制”，在“分税制”下，中央与地方收入划分更具有刚性，地方缺乏自主创造收入的弹性空间，财权和财力都向中央倾斜，地方的财政自主权总体上缩小。但在既定的时间段内，央地之间的财政收支划分可以大致辨明，各级地方财政收入的规模和财政支出的去向也相对稳定。特别是土地财政兴起之后，地方政府争取到了一块非常重要的财源，用于其经济社会发展、城市基础建设。地方的财政自主权又因此获得提升，足以支撑“有独立经费来源”的要求。即便经过历次调整，如所得税分享改革，地方政府的财权削弱，但通过转移支付的弥补，地方财力总体并未减少，只是在不同地方重新分配而已。所以在“分税制”下，除经省级政府批准不设预算的乡镇外，其他地方政府应该都可以满足机关法人的要求，独立对外承担债务。

在“分税制”下，中央与地方的收入划分非常清楚，但在财政承担、预算安排、支出标准等方面，地方确实受到中央很多干预，影响地方财政自主权的稳定性。但是，只要这种干预建立在法律基础上，具有公开透明和可预见性的特点，对地方的财政主体地位不至于构成太大威胁。中央即便要在支出方面施加影响，通常也会是事出有因，基于某些重大改革的需要，如农村义务教育改革、成品油消费税改革等，且事先明确规则，事后通过转移支付弥补地方损失。鉴于地方财政保持了相对独立性，无论是形式还是实质上，都存在自主决策、自我负责的空间，要认定其为中央的派出机构，要求中央对地方债务承担责任，确实会存在比较大的法律障碍。

尽管我国地方政府既不是联邦制的邦，也不是单一制下的自治法人，而是坚持民主集中制，但这并不妨碍地方在行政上、财政上成为独立的法律主体。《宪法》所确认的“坚持中央的统一领导，充分发挥地方主动性积极性”，为这种政治上一体、法律上区分的体制提供了依据。就中央与地方财政关系而言，这两方面都需要把握好度。过分强调前者而忽视后者，最终的结果就是地方融入中央，全国只有一个财政主体，地方都是附属机构。过分强调后者而忽视前者，又容易导致地方与中央的断裂，挑战国家统一和中央权威。在承认地方财政责任能力的前提下，允许中央基于稳定、规范、公开的原则干预地方，这是目前央地财政关系的必然选择。

---

① 1986年制定的原《民法通则》第50条规定，有独立经费的机关从成立之日起具有法人资格。该条款已经被2018年1月1日生效的原《民法总则》所替代，变化在于，后者扩大了机关法人的范围，有独立执法权的机关也被赋予法人资格。

在治理地方债务风险的问题上，自从 2010 年以来，中央采取了一系列措施，干预地方政府性债务的治理。例如，在《预算法》修改之前，国务院就要求地方加强对融资平台公司的管理，财政部推动地方政府发行债券试点。《预算法》修改后，省级政府被赋予发行债券的资格，但发行资格和额度仍需中央审核，实行规模控制和预算管理。以此为基础，财政部建立了地方政府性债务风险预警机制，并要求地方建立债务风险应急处置机制，同时将存量债务纳入预算管理，允许发行债券实施债务置换。这些措施很清晰地显示出，中央对地方债务的干预不可谓不深，但是这些举措都是基于中央作为领导者的角色，债务人依然是地方政府。中央干预地方债的原因在于，地方债虽然主体明确，内容确定，但地方政府并不是一般的债务人，债务违约会影响党和政府的形象，也会影响公众利益。① 防范地方债务风险，督促地方强化债务治理，是中央的一项重要职能。

在分级政府、分级财政的体制下，还是应该明确分级负责的原则。上级对下级的管理、督促、接管乃至救助，都不能改变债务关系的结构。至于地方与中央、下级与上级之间支出责任不明，导致地方财政自主权边界模糊、影响地方政府财政偿债能力的问题，可以在财政法治建设的过程中逐步解决。现有的情况尽管不甚理想，还不至于到否定一级政府责任能力的程度。基于地方政府的现实财政责任能力以及塑造地方财政主体地位的必要性，对于地方债务，中央应以不负偿还责任为原则，以特殊救助为例外。

六、从财政自主到行政自治：地方政府的法治前景

尽管不同层级地方政府的情况不一样，但无论是财政收入、预算管理还是政府支出，中国地方政府已经拥有一定程度的自主权。在建设现代财政制度和法治国家的要求下，央地财政关系的走向是延续传统的思路，仅仅从发挥地方积极性的角度适当放权，还是着眼长远和根本，通过规范化的方式有序分权，这关系我国国家结构形式的定位。事实上，纯粹用单一制来理解我国中央与地方关系，已经不足以包容特别行政区的差异性，对民族区域自治的特殊性也体现不明显。通过深化“分税制”财政管理体制改革，如果地方的财政自主权能够规范、稳定、明确，可以反过来促进政府间关系的法治化，让各级地方真正成为适格的行政主体，无论是财政还是行政都事实上拥有自主权。

目前，对地方财政自主权影响最大的事项：一是政府间财政支出责任划分不明；二是将地方事权等同于财政支出责任，支出决定权很多情况下仍由中央掌控，通常以审批权、核准权等形式存在。但是，随着政府之间事权与支出责任划分改革的推进，中央与地方之间、地方政府相互之间的支出责任应该会越来越清晰。不仅如此，无论是采用立法模式还是行政模式，在法治国家原则的要求下，财政分权的规范化和稳定性也都会提高。这可以减少中央向地方推卸支出责任的情况，让各级政府各司其职、各尽其责。如果需要地方承担中央的事权，可以通过委托的方式达成协议，但支出责任仍由中央承担。此外，随着行政审批制度改革的深入，地方性事务的权力下放成为必然。这意味着，地方有

① 参见熊伟：《地方债与国家治理：基于法治财政的分析径路》，载《法学评论》2014 年第 2 期。

更多的机会决定自己的事情,中央决策、地方买单的现象会逐渐减少,与此相关的财政关系也会越来越规范。

就财政收入而言,尽管地方在税费方面并无太大自主权,但随着税收法定和费用法定的推进,对于已经赋予地方的职权,其规范性和稳定性可以得到保障。在资源资产收入以及投资收益方面,只要不违反法律的强制性规定,目前地方已经拥有充分的自主权。此外,随着地方治理规范化程度的提高,对于不具有外溢性的地方税费,赋予地方自主立法权,也不见得完全不可能。至少,这并不违反税收法定原则和财政议会主义原则,中央与地方的财政关系越规范,地方越能抵制中央的不当干预。即便地方的实际权力空间不大,权力行使也会有更好的保障。

中央要求地方预算遵守法律法规、遵从各种经济规划,其合理性无庸置疑,这是统一国家的必然要求。但从尊重地方预算自主权的角度看,上级政府直接对下级政府的预算提出具体指示,这种情况应该逐步限缩。即便有需要,也应该借助法律法规的立法程序,而不是通过行政渠道直接下命令。① 事实上,《预算法》并未要求地方在编制预算时服从中央指令,国务院自我扩权本身存在一定的问题。地方预算审批通过后,中央有权监督地方的预算执行,上级有权监督下级的预算执行。但地方预算的执行权本身来自法律赋予,中央对地方的监督并不能增设地方义务,只能要求地方依法严格履行职责。排除上述两个部分的干预,由于有了《预算法》的保障,基于"一级政府一级预算"的机理,加上中央与地方收支划分逐渐明晰,地方预算仍保留较大的空间,与目前地方政府所需的财政自主权基本一致。

在中央和地方财力不均衡的状态下,转移支付确实会影响地方财政自主权,成为中央干预地方财政的重要手段。在标准不明确、程序不清晰的情况下,地方要争取到转移支付资金,往往诉诸不正常渠道,求助人情和关系,挫伤了地方财政的积极性。② 但是,这些现象并不足以否定转移支付制度。我们需要做的,是尽可能让转移支付规范和透明,限制中央政府过大的自由裁量权,排除其随意性。在这方面,自《预算法》修改之后,转移支付制度已经发生很大转变,建立在因素法基础上的一般性转移支付受到强调,地方可以提前得知资金的额度并列入预算,事实上成为一种财政自主权。专项转移支付侧重中央对地方的政策调控,用于解决特别需要,目前已经大幅度缩减、合并或者清理,对地方财政的影响开始降低。就这个角度而言,即便是中央支配体现为转移支付,只要建立相应的制度,地方仍保有一定的财政自主权。

在法律制定、法治实施、法律监督和保障、党内法规建设等方面,自党的十八大以来,我国已经取得了令人瞩目的成绩,依法治国、依法执政、依法行政稳步推进。尽管中央与

---

① 参见熊伟:《财政分税制与地方预算自主权》,载《武汉大学学报(哲学社会科学版)》2014 年第 3 期。

② 参见李齐云:《建立健全与事权相匹配的财税体制研究》,中国财政经济出版社 2013 年版,第 217 ~ 218 页。

地方关系的法治化并未列入其中,但是,此前党的十八届三中全会《决定》已经从财政角度切入央地关系,提出建立事权与支出责任相适应的制度。笔者认为,这种以财促政的思路,反映了高度的政治智慧,是当前深化央地关系改革的现实选择。相比政治改革或全面综合的法律改革,财政改革所涉及的利益更加具体,社会敏感度不高,不需要触动根本性的体制,可以先从局部制度或规则开始,甚至不一定要立法先行,行政手段本身就有很大的空间。① 因此,在不触动宪法体制的前提下,通过财政改革带动法律变革,进一步规范中央与地方的宪制关系,更应该值得鼓励和肯定。

通过近年来的财政改革,"分税制"得到进一步的落实,中央与地方财政关系越来越清晰,总体来说有利于强化地方财政自主权。例如,2014 年《预算法》修改后,省级政府发行债券的资格得以确认,乡镇的预算主体资格不再有例外;转移支付资金提前下达并列入下级预算,专项转移支付的规模受到限制,一般不得要求地方提供配套资金;地方对其政府性债务自负其责,中央实行不救助原则,但负有管理责任。特别是事权与支出责任相适应的改革,如果能够全面深入落实和推进,无论是通过法律加以确认,还是由行政法规予以规范,中央与地方之间、各级地方之间的责、权、利将变得清晰。哪怕只是借助中共中央、国务院的文件,只要内容能够不断优化,也代表着地方自治制度演进的过程。

地方自治有助于解决地方性问题、扩大居民参与空间。自治并无统一的标准,但可以有程度的差异,取决于地方的客观需要以及国家的政治可能。我国特别行政区已经高度自治,民族自治地方也享有一定的自治权,经济特区则在改革开放方面享有某些特权。这些都是我国探索和实施地方自治的实例,与宪法的原则和精神并不抵触。根据不同时期的需要,根据不同地方的实际情况,地方自治的程度可以有所差异,不同层级地方拥有的权力也不一样。我们希望追求的,是在法治化基础上,中央的领导权有规则可循,地方的自主权有尺度可量。即便实行地方自治,中央对地方仍有合理的干预空间。只不过,这种干预不应随意,而应建立在法治轨道上。

目前,影响地方自治的因素,当前正处于改革开放的变动时期,各种矛盾集中爆发,各种问题突出呈现,国家希望整合各方面的利益、实现全国一盘棋,这也是完全可以理解的。但随着民主实践的推进和法治观念的增强,地方政府对地方事务的治理能力在不断改善,其合法性可以更多来自地方民意,而不是中央或上级的命令。以税收立法为例,对于纯粹地方性的税种,只要地方居民自己同意,由地方自主立法完全没问题,与税收法定的原理并无冲突;②对于具有外溢性的税种,因其会影响资源配置、地方竞争,中央保留立法权亦属理所当然。其他公共行政事务的治理也是这个道理。

综上所述,随着"分税制"改革和国家法治化进程的深入,中央与地方之间的事权会

---

① 参见刘剑文:《论财税体制改革的正当性——公共财产法语境下的法理逻辑》,载《清华法学》2014 年第 5 期。

② 参见苗连营:《税收法定视域中的地方税收立法权》,载《中国法学》2016 年第 4 期。

越来越清晰,不仅财政收入、支出和管理方面的权责划分会得以明确,地方财政自主权也会逐步强化。从目前偏向中央集权的政治环境下,地方财政自主权的“量”未必会大幅增加,但由于实行规范化分权模式,地方财政自主权的“质”可以得到更大程度的保障,其稳定性、规范性会因此而提升。党的十八届三中全会《决定》指出,财政是国家治理的基础和重要支柱。随着财政体制改革的推进,特别是随着地方事权范围的特定化,地方的行政自主空间也会逐渐增强,地方民主所能发挥的作用不断突出。唯其如此,《宪法》关于中央与地方关系的原则性规定才有机会落实。

基于房地产拍卖的税收核定法律规制研究*

黄建文** 赵 欢***

最高人民法院提审的税务行政第一案之"广州德发房产公司与广州税稽一局案"(以下简称"广州德发案")①最引人注目的问题是,《税收征收管理法》第35条第6项所谓计税依据明显偏低又无正当理由的适用,特别是该案中税务机关调整基于拍卖价格的计税依据,反映了税法与民法的法际关系争议和税收核定权能否否定拍卖行为,所以该案的理论研究价值与实践意义十分明显。最高人民法院在该案再审行政判决书中的逻辑表明:税法要以民法为基础,这是税法和民法关系的一个基本原则,但基于特定理由,民法关系在税法体系中可以不予认可。有效的拍卖行为并不能绝对地排除税务机关的应纳税额核定权,但税务机关行使核定权时仍应有严格限定。最高人民法院的判决可以给类似案件指明方向,但仍有进一步探讨的空间。

一、问题缘起:房地产拍卖成交价的疑问

拍卖价格与税收核定权,是最高人民法院"广州德发案"行政判决书的关键词。作者选取案例数量最多的中国裁判文书网作为案例来源。依据裁判文书中当事人双方是否以拍卖行为有效为争议焦点以及法院是否对该争议作出了详尽的裁判说理的标准,最终选取了3组案例作为样本。

---

* 2018年江苏省研究生科研创新计划项目"房地产拍卖行为的税法规制"(项目编号:KYCX18_2646)的阶段性成果。

** 常州大学史良法学院教授,研究方向:经济法、财税法。

*** 常州大学史良法学院经济法专业硕士研究生,研究方向:财税法。

① "广州德发房产公司与广州地方税务局第一稽查局案",最高人民法院(2015)行提字第13号行政判决书。

表 1　房地产拍卖行为的司法判例

序号	案件名称	审理法院	案号	裁判理由
1	“广东龙正投资发展有限公司与广东景茂拍卖行有限公司委托拍卖执行复议案”	最高人民法院	(2012)执复字第 6 号	在景茂拍卖行与买受人之间因股东的亲属关系而存在关联关系的情况下,除非能够证明拍卖过程中有其他无关联关系的竞买人参与竞买,且进行了充分的竞价,否则可以推定景茂拍卖行与买受人之间存在串通。该案拍卖中仅一次叫价即以保留价成交,并无竞价。而买受人龙正公司和景茂拍卖行不能提供其他两个竞买人的情况。经审核,其复议中提供的向工商管理部门备案的材料中,并无另外两个竞买人参加竞买的资料。拍卖资料经过了保存期不是其不能提供竞买人情况的理由。据此不能认定有其他竞买人参加了竞买。故拍卖行与龙正公司之间存在串通,其行为导致广丰大厦拍卖不能公平竞价、损害了购房人和其他债权人的利益,拍卖无效
2	“惠州市创天实业发展有限公司诉惠州市人民政府等许可纠纷案”	广东省惠州市中级人民法院	(2017)粤 13 行初 2 号	从《招标拍卖挂牌出让国有建设用地使用权规定》第 11 条规定可知只有法律、法规可以对竞买申请人资格作出限制性规定和限制条件。该案中,被告市国土局在其出具的公告中,对竞买申请人的资格条件设置了多达五项的规定。该拍卖行为无效
3	“广州德发房产建设有限公司与广东省广州市地方税务局第一稽查局再审案”	最高人民法院	(2015)行提字第 13 号	对于一个明显偏低的计税依据,并不必然需要税务机关重新核定;尤其是该计税依据是通过拍卖方式形成时,税务机关一般应予认可和尊重,不宜轻易启动核定程序,以行政认定取代市场竞争形成的计税依据。但应当明确,拍卖行为的效力与应纳税款核定权,分别受民事法律规范和行政法律规范调整,拍卖行为有效并不意味税务机关不能行使应纳税额核定权,另行核定应纳税额也并非否定拍卖行为的有效性。有效的拍卖行为并不能绝对地排除税务机关的应纳税额核定权,但税务机关行使核定权时仍应有严格限定

从表 1 中 3 起司法案例的判决理由可以看出对于“房地产拍卖的税收核定”存在以下问题。

（一）否定拍卖价格缺乏法律依据

拍卖行为是市场行为，通过拍卖方式产生的价格是一种市场价格，应受法律保护和认可。但最高人民法院在"广州德发案"再审判决书中认为："即便德发公司对拍卖成交价格无异议，税务机关基于国家税收利益的考虑，也可以不以拍卖价格作为计税依据，另行核定应纳税额。"最高人民法院实质上是用国家税收利益否定拍卖价格，并没有指出拍卖行为违反法律规定，因此否定拍卖行为缺乏法律依据。

（二）否定拍卖价格的正当理由缺乏正当性

拍卖价格的效力与税法核定权在实质上代表税法和民法领域思维的碰撞。虽然理论界曾有民事法优位、各应按其目的解释等观点，但基于法律体系之统一性，尽可能求其协调仍为一般接受的见解。[①] 我国税法和民法在适用上的衔接，不仅缺少主流理论支撑，而且在司法实践中也理解各异，比如，对于同一主体的交易行为，民法上适用的概念，不一定适用于税法领域，形成税法领域的法律秩序时，无法与民法领域的整体秩序协同。显然，"广州德发案"中德发公司的拍卖程序合法，在民法领域，没有法定机构（法院、仲裁机构）认定拍卖行为无效，税务机关也未能证明德发公司在拍卖活动、纳税申报中存在相互串通、故意损害国家税收利益等违法行为，但是涉及保障国家税收入库的计税依据问题时，判决书对税务机关的税收核定行为进行了分析，认为在国家利益面前，税法的税收核定权是可以突破民法的契约自由，这实质就是裁判文书说理时引入了实质课税原则，纳税人主观上不存在滥用民事法律行为以合法掩盖逃避纳税义务的故意，客观上也没有损害国家税收利益的行为，行政判决书引入实质课税原则以否定拍卖价格的正当性，缺乏法律支撑。

（三）计税依据无正当理由的界定没有法律规制

我国目前缺乏对"计税依据明显偏低后正当理由"标准进行判定的立法，正当理由是一个难以界定的概念，具有一定的主观性，税务机关对正当理由的界定主观随意性过大，缺乏必要的监督和规制。纳税人在市场交易中确定的交易价格，在税务机关的税收核定权面前显得十分脆弱。缺失法律规制的核定征收权，具有明显的主观性和自由裁量性，有可能"过度"侵犯纳税人的财产权。如果滥用税收核定权，则会冲击民法的意思自愿原则，背离自由竞争的市场经济发展方向，造成意思自治原则和核定征税权的失衡。[②]

二、理论审思：基于实质课税原则对拍卖价格的检视

（一）税务机关有权根据实质课税原则认定涉税事实

对于实质课税原则，金子宏教授认为："当要件事实之认定所必要的事实关系和法律

① 参见黄茂荣：《法学方法与现代税法》，北京大学出版社2011年版，第310页。

② 参见黄建文、赵欢：《"交易价格明显偏低且无正当理由"认定标准研究》，载《会计之友》2019年第2期。

关系的外观和实体复杂交错时,不应按外观而应按实体来判断和认定事实关系和法律关系。"①实质课税原则的重要内涵在于"实质重于形式",当形式上没有满足课税要件,此时需要从实质上对课税事实进行认定,以实际内容为准,而非外部的表现形式。

法律、行政法规赋予税务机关征收税款的权力,面对复杂多样的经济活动和交易安排,在履行法定职责过程中,不可避免地需要对涉税法律行为进行判定和识别。如果税务机关不能通过民事交易的合法形式去探究交易安排的实质,则其税款征收工作将难以正常开展,从而造成国家税收收入的流失,而有违税收公平原则,因此税务机关有权按照实质课税原则认定涉税事实。

(二)实质课税原则下拍卖价格的效力

拍卖行为是一种民事法律行为,民事法律强调契约自由,拍卖价格是市场博弈产生的结果,拍卖活动公开、公正,拍卖程序合法有效,拍卖的保证金、保留价等符合交易习惯,在没有违反拍卖相关法律法规和交易习惯的情况下,拍卖成交价格就是市场公允价格,拍卖竞价过程就是市场协商的过程。除非拍卖行为无效,不能随意否定拍卖价格,否则就会打破社会整体自由竞争秩序,违反公平、高效运行的市场价值目标。

(三)实质课税原则进行税收核定的边界

适用实质课税原则,界定税收核定的边界是法律和交易习惯,税务机关应当根据法律规定且经法定程序才能否定计税依据。如果不能依法律规定否定计税依据,即无法举证证明"计税依据明显偏低且无正当理由",进行税收核定就于法无据。如果纳税人利用合法且符合交易习惯的拍卖形式来安排交易,如果税务机关要实施税收核定,则必须证明拍卖价格偏低没有正当理由,否则就会侵害法律秩序的安定性。为了防范滥用核定征收权,在解释税法和补充税法漏洞时应有一定限缩,如果无节制地适用,税收法定原则的精神将名存实亡,任何交易活动,只要交易价格与市场价有差异,就又面临税收核定,这会导致民事主体的经济活动毫无预测可能性。同时对于课税对象要求从本质考量,一方面要求课税对象能经得起法律的实质性审查,另一方面经济实质要符合法定条件。当行为人交易行为的形式和实质不符时,税务机关应当对其作出调整,根据其实质征税。而当纳税人的交易行为不违背法律实质时,经济实质应当服从于法律实质,即对于交易行为,税法第二次评价必须服从于民法第一次评价。

三、法律规制:房地产拍卖中税收核定的路径优化

(一)拍卖成交价的税收核定规制

1. 拍卖行为属于正当理由

部分地市地方税务局发布的《住宅存量房交易计税价格异议处理办法》规定内容是,"对于申报价格明显低于评估价格的,应进一步经过规定程序确认申报交易价格偏低是否有正当理由,经确认有正当理由的,予以认可,以下情况可视为有正当理由:拍卖"。由

① [日]金子宏:《日本税法》,战宪斌、郑林根等译,法律出版社2004年版,第102页。

此可知,我国税务机关认为拍卖价格作为申报价格低于评估价格时,属于正当理由,通过拍卖成交价格是受到税务机关认可的。

2. 拍卖价格是市场公允价格

拍卖行为作为一种市场行为,拍卖成交就是市场主体达成的契约,经过公开竞价程序,拍卖成交价就是市场公允价格,无论是学界还是实务界均认可这一准则。因此,最高人民法院认为,依照法定程序进行的拍卖活动,由于经过公开、公平的竞价,无论拍卖成交价格的高低,都是充分竞争的结果,较之一般的销售方式更能客观地反映商品价格,可以视为市场的公允价格。如果没有法定机构依法认定拍卖行为无效或者违反拍卖法的禁止性规定,税务机关根据《税收征收管理法》的征税行为,当然尊重作为计税依据的拍卖成交价格,不能以拍卖价格明显偏低为由行使核定征收权。

3. 税务机关不能对市场公允价格进行税收核定

市场经济具有很强的灵活性,市场是自由的,市场主体具有自主性,其可以根据交易条件和市场主体的判断适时调整经营策略。拍卖作为一种特殊的买卖方式,可能会跟一般的市场价格存在偏差。在市场经济中,民事主体可以自由地与其他民事主体形成私法上的权利义务关系,只要纳税人并未违反法律的禁止性规定和公序良俗,则税务机关应尊重民事主体的契约自由与意思自治,民事交易行为在私法上的效力自然以民事法为依据。基于保障税收入库原则,国家为了获取财政收入固然可以向满足课税要件的纳税人征收税款,税收征管应当符合比例原则与税收征管谦抑性原则。

虽然"广州德发案"的再审行政判决对房地产拍卖行为与税务机关税收核定权两者之间的关系,并未就法律适用路径表明态度,由于拍卖行为被认为是最体现公共利益最大化和最符合市场经济性质的公平交易方式,如果不动产出卖方没有利用拍卖行为来掩盖非法目的的交易,没有恶意串通等违反民法和拍卖法的行为,也没有违反拍卖的交易习惯,则由此产生的拍卖价格就是市场公允价格,税务机关应尊重拍卖行为,不能进行税收核定。拍卖价格是交易双方在平等自愿的基础上达成合意的结果,税务机关不应"过度"干预。拍卖成交作为一种合同行为,其无效通常需要留待法院依法定程序判定,即使市场监督管理机关作为拍卖行为的监督机关,如果没有充分证据,也无权直接认定其违法。在一般情况下,如果拍卖条件、方式等没有违反民法和拍卖法的禁止性规定,如果未经法院或仲裁机构认定拍卖行为无效时,税务机关就不能依行政权力否定拍卖价格。

在"广州德发案"中,由于德发公司的拍卖行为与我国法律规范并不违背,虽然拍卖得出的价格偏低,但是这是交易双方达成合意的结果,税务机关应该予以肯定和尊重。

(二)房地产拍卖价格的有限干预与税收核定

亚当·斯密和托马斯·霍布斯认为,个人可以将社会利用为工具去获取财产。契约自由的理念认为,个人应该能够自由谈判并签订其合同,不受政府的干预。除最低程度的规制和税负外,任何干预都被视为侵害。契约自由是私法自治的核心内容,民事主体可以利用契约自由做出民事法律行为。契约安排作为民商事行为,民商法所强调的都是当事人"企图发生一定私法上效果"。①

税务机关不能随意进行核定征收,只能在有限范围内进行干预。当拍卖价格明显偏低时,税务机关不能一概而论直接认定其无正当理由并核定其税款,应当注意到拍卖行为的特殊性,法定的拍卖方式、合法的拍卖程序,可以成为拍卖价格明显偏低的正当理由,可以对抗税收核定权。税法不仅是税务机关行使征税权的"征税之法",更是保障纳税者基本权利的"权利之法"。②

契约自由的理念认为,民事主体应该能够自由谈判并采取行动,不受政府的干预。一方面,对于契约自由不能完全放任,否则纳税人会滥用契约自由实施脱法避税行为,导致税负不公并侵害契约正义;另一方面,过分干预契约自由,则会使公法过于介入私法,从而限制意思自治的空间。法律赋予税务机关核定征收权是为了防止国家税收收入的流失,实现税收公平,但是税务机关的核定征收权力应当在一定限度内行使,必须将保护国家税收和谨慎干预契约自由考虑在内,对公权力的运用始终保持着谨慎的态度,限制公权力对契约自由的干预,保持着对契约自由的尊重;对税收核定作出较准确全面的考量,谨慎干预契约自由,保障正常的市场交易秩序。

(三)否定拍卖成交价格的情形与税收核定的规制

民法与税法在一定条件下,就同一交易事实作出不同评价,以防止权利滥用导致税收不公平。也是基于类似考虑,税法上建立了反避税的一套体系,以"实质课税""经济利益""实质重于形式"等理由,对滥用民法意思自由的税法效果予以调整。③ 德国《税收通则法》第42条规定,不允许乱用民法的形式及形成可能性以逃避或减轻纳税义务;当出现乱用之时,税法必须按照适合经济上的行为、事实等诸关系因素的法律形式征收应征额的税款。④ 乱用民法的形式以规避税负,显然纳税义务人能从中获取不当得利,进而破坏税收公平原则,减少国家财政收入,税务机关应当予以否定。如果国家税收不能保证足额征收,这是税务机关的失职,尤其是市场环境复杂,纳税人掌握着纳税资料,双方信息不充分的情况下,采取较严格的税收核定标准也符合我国防止税收流失、保障税款入库的税法精神。

1. 否定拍卖成交价格的情形——违反拍卖程序

如果拍卖行为违反民法或拍卖法的强制性规范并影响交易行为的效力,则税务机关可以否定拍卖价格,进而进行税收核定。在"广州德发案"中,广州德发公司参与的拍卖程序合法,税务局在再审答辩时陈述关于税收核定的5条依据都是针对拍卖交易习惯提

---

① 参见王泽鉴:《民法总则》,中国政法大学出版社2003年版,第256页。

② 参见[日]北野弘久:《税法学原理》,陈刚、杨建广译,中国检察出版社2001年版,第18页。

③ 参见韦国庆:《税法与民法的统一秩序——基于法际关系视角评议最高人民法院德发税案判决》,载熊伟主编:《税法解释与判例评注》第9卷,法律出版社2018年版。

④ 参见[日]金子宏:《日本税法原理》,刘多田等译,中国财政经济出版社1989年版,第81页。

出的。结合案件和拍卖法的规定，违反拍卖程序主要有以下6种情形：未采取公开竞价方式；拍卖人和竞买人不符合法定资格条件；为竞买人非法设置门槛；竞买人之间、竞买人与拍卖人之间恶意串通；竞买拍卖机构未依法先期发布拍卖公告或者公告内容有遗漏或错误，或者未依法定方式予以公告，或者未按法定期限公告；未定保留价或低于保留价拍定。

2. 否定拍卖成交价格的情形——违反交易习惯

在民事活动中形成了大量的交易习惯，虽然没有立法，但是在民事活动中发挥了重要作用，人们反复适用，共同遵守。如果拍卖行为违反交易习惯，根据《民法典》第10条、第510条的规定，税务机关有权质疑拍卖条件以及拍卖成交价格，如果拍卖条件的设定不构成“正当理由”，则税务机关有权进行税收核定。在“广州德发案”中，税务局在再审答辩时陈述了税收核定的五条依据，“拍卖保证金门槛过高、拍卖保留价设置过低、竞买人拍卖前知道底价”这3条违反交易习惯。结合案件和拍卖法的规定，德发公司违反交易习惯主要情形是：德发公司出售已经出卖房屋时，是按单个产权（单间）出让并办理产权证的，而在设定拍卖条件时却把所有未出售房屋、车位全部捆绑成一个标的物，导致拍卖保证金门槛过高，这是把其他竞拍人挡在拍卖“门槛”之外的根本原因，这是典型的违反交易习惯的操作，广州税稽一局原本应当按此思路解决“计税依据明显偏低且无正当理由”的问题，可惜剑走偏锋。

在房地产拍卖过程中，税务机关应注重拍卖程序和交易习惯的正当性和合理性，一旦发现拍卖条件违反拍卖程序或交易习惯，税务机关应主动收集证据，确保相关证据的合法性、真实性、关联性，必须对否定交易双方拍卖价格的判定承担举证责任。如果采取另行核定的方式，则需要对采取何种计税方式进行论证，并及时告知纳税人享有的异议权及救济权，同时税务机关的自由裁量权必须得到必要的控制，防止课税权力的滥用。

司法拍卖中税费转嫁条款的税法含义

郭晓亮*

根据商务部流通业发展司联合中国拍卖行业协会发布的拍卖行业发展报告显示，2017 年，全国拍卖成交额累计 7346.35 亿元，同比 2016 年增长 41.49%，自 2013 年以来年拍卖交易总额再一次突破 7000 亿元大关。① 2018 年，全国拍卖成交总额 6787.84 亿元，同比下降 7.12%，如剔除 2017 年第二季度“广国投”破产财产单槌成交 551 亿元的偶然性因素，2017～2018 年拍卖成交额基本持平。② 同时，网络司法拍卖也异军突起，特别是 2017 年 1 月 1 日正式施行的最高人民法院《关于人民法院网络司法拍卖若干问题的规定》（法释〔2016〕18 号，以下简称《司法拍卖规定》）明确要求，除特殊情况外，“人民法院以拍卖方式处置财产的，应当采取网络司法拍卖方式”，网络司法拍卖越来越多地走进广大人民群众的生活视野。而且网络司法拍卖以较高的信息对称性、价格形成机制的公平性和较低的交易成本受到越来越多竞买者的青睐。由于起拍价往往低于市场评估价 20% 左右，越来越多的人购置不动产，都爱去“天猫”“京东”等知名的网络拍卖平台“捡漏”。

拍卖行业在蓬勃发展的同时，有个现象值得关注：相当比例的拍卖公告中会载明“一切税费由买受人承担”，因这一税费转嫁条款产生的争议一直不断。其中有些问题比较有典型性，如税费约定条款是否有法律效力，是否与“税收法定原则”相冲突？买受人替实际出卖人承担的税款支出，能否在企业所得税税前列支？与此同时，还可能出现一些被大家忽视的问题，如税费约定条款对纳税义务的计算有什么影响？对拍卖行为的民事法律效力有什么影响？对债权人的受偿顺序有什么影响……本文将尝试对以上问题进行探讨。

---

* 河北雄安新区税务局公职律师、税务师，法律硕士。

① 参见《中国拍卖行业发展报告（2017）》，载中国拍卖行业协会官网，http://images.mofcom.gov.cn/ltfzs/201804/20180425170507886.pdf。

② 《2018 年拍卖行业发展报告发布》，载搜狐网 2019 年 7 月 10 日，http://www.sohu.com/a/326110530_120055030。

一、税费转嫁条款的税法含义

在民事交易关系中，一项交易协议的达成，最重要的条件之一是双方就交易价格达成一致。税收是交易成本的重要组成部分，在交易各方约定税费转嫁条款的情况下，买家在其法定纳税义务之外替卖家承担的税金和其他费用，是基于双方的意思自治达成的合意，实际构成交易价格的一部分。将其放在民事法律关系范畴内并不难以理解。举例而言，甲要向乙出售一栋房产，双方关于交易价格达成协议：乙向甲支付100万元现金，另外替甲偿还对第三人的债务50万元。这项交易中，买方按照约定共支付款项150万元。无论是直接支付给卖方，还是按其指令向第三方支付，对于买方来说都是真金白银的流出，没有任何区别。事实上，双方关于标的房产达成的交易价格是两部分支付的总金额150万元。

税法上也同样如此。以增值税为例，《增值税暂行条例》第6条规定："销售额为纳税人发生应税销售行为收取的全部价款和价外费用，但是不包括收取的销项税额。"从增值税的角度看，一项交易的销售额，除不包括收取的销项税额外，不仅包括形式上的价款，还包括与该交易事项相关的其他任何经济利益的流入。类似规定在企业所得税、土地增值税、契税等其他实体税法上都有明确规定。①

以下举例说明税费转嫁条款的具体应用。

例1：在一项不动产的司法拍卖中，增值税征收率为5%。拍卖公告载明：所有税费按法律规定负担（若未约定此条款，仍然需要按税法规定负担）。最后拍卖的落槌价是100万元（计算保留4位小数，下同。）

买方按约定向卖方支付的全部价款100万元为含增值税价格，②其中不含增值税价 = 100\(1+5%) = 95.2381万元，增值税税款为95.2381×5% = 4.7619万元。卖方应向买方开具价税合计为100万元的发票。

---

① 《企业所得税法》第6条规定："企业以货币形式和非货币形式从各种来源取得的收入，为收入总额……"《企业所得税法实施条例》第12条第1款规定："企业所得税法第六条所称企业取得收入的货币形式，包括现金、存款、应收账款、应收票据、准备持有至到期的债券投资以及债务的豁免等。"企业所得税的收入形式包括债务的减少。《土地增值税暂行条例》第2条规定："转让国有土地使用权、地上的建筑物及其附着物（以下简称转让房地产）并取得收入的单位和个人，为土地增值税的纳税义务人（以下简称纳税人），应当依照本条例缴纳土地增值税。"《土地增值税暂行条例实施细则》第5条规定："条例第二条所称的收入，包括转让房地产的全部价款及有关的经济收益。"土地增值税的收入包括相关的所有经济收益。《契税暂行条例》（已失效）第4条规定："契税的计税依据：（一）国有土地使用权出让、土地使用权出售、房屋买卖，为成交价格……"《契税暂行条例实施细则》（已失效）第9条规定："条例所称成交价格，是指土地、房屋权属转移合同确定的价格。包括承受者应交付的货币、实物、无形资产或者其他经济利益。"契税的计税依据仍然包括各种经济利益。

② 在没有明确约定的情况下，双方成交价格是否含增值税，在实践中确有分歧。笔者认为，在拍卖公告的适用场景中，成交价格应理解为含增值税价格。实质上这是如何探究双方真实意思表示的民法问题，需要考虑市场交易习惯等因素加以确定。因为司法拍卖面临的是包括自然人在内的不确定群体，凭借社会生活经验和税务处理经验可以得知，在没有明确规定的情况下，成交价格为含增值税价格。

例2:同上例,但拍卖公告载明:增值税由买方另行负担。

根据拍卖公告,落槌价100万元为不含增值税价格,买方应另行负担增值税税款100×5% =5万元,一共需要支付105万元。含增值税的交易价格为100×(1+5%)=105万元,卖方应向买方开具总金额(含增值税金额)合计105万元的发票。

增值税是价外税,用增值税举例计算双方实际成交价格相对简单。如果加上印花税等其他税种,则计算过程会相对复杂。

例3:同上例,但拍卖公告载明:买方替卖方承担交易产生的增值税和印花税。印花税税率为0.5‰。

根据拍卖公告,落槌价100万元为不含增值税、印花税的价格。计算双方实际成交的含增值税价格较复杂。设不含增值税价格为X万元,列方程如下:①

$100 + X \times 0.5‰ = X$

求得不含增值税价格X=100.05万元。买方在直接向卖方支付100万元形式上的成交款项之外,还需替卖方承担的印花税为100.05×0.5‰=0.05万元,另行承担增值税为100.05×5% =5.0025万元,含增值税价格为100+0.05+5.0025=105.0525万元。卖方应给买方开具的发票总金额(含增值税金额)为105.0525万元。

例4:同上例,拍卖公告载明:买方替卖方承担交易产生的增值税和印花税。印花税税率为0.5‰。另外,需负担此前所欠物业费、水费、车位费等其他费用10万元。

解析:设不含增值税价格为X万元,列方程如下:

$100 + 10 + X \times 0.5‰ = X$

求得不含增值税价格X=110.0550万元。买方需要替卖方承担的印花税为110.0550×0.5‰=0.0550万元,增值税为110.0550×5% =5.5028万元,含增值税价格为100+10+0.0550+5.5028=115.5578万元。卖方应向买方开具的发票总金额(含增值税金额)为115.5578万元。

通过以上分析可以看出,一项交易完整的成交价格为买方需要实际支付的全部对价,该交易价格为含增值税价格。税费转嫁条款实际上是对交易价格构成的约定。如果双方约定税金按税法规定负担(没有约定的情况仍适用税法规定),则双方约定的书面价格即为完整的成交价格;如果双方约定买方替卖方承担税金,则该价格为不含列明税金的价格。除约定的直接支付价款外,双方实际的成交价格还包括买方替卖方承担的税金部分;如果双方约定了买方替卖方承担物业费、水电费等其他费用,这些费用仍然构成实际成交价格的一部分。

---

① 关于印花税的计税依据略有争议。有的秉持形式判断标准,即按照合同载明价款作为计税依据。笔者认为,根据国家税务总局的相关政策解答口径,如果合同明确载明不含增值税价,要优先作为印花税计税依据;如果只载明含增值税价,则以含税价作为计税依据。但无论是含增值税价还是不含增值税价,都包括印花税等税费债务转嫁部分金额。此处所列方程式即以此观点为前提。

因为增值税是价外税,除印花税有特殊规定外,包括增值税、所得税等在内的大多数税种的计税依据均为双方实际成交的不含增值税价格。如果在司法拍卖公告中约定交易税费由买方承担,那么拍卖槌落下的那一刻,买家的最后报价实际上属于不含列明税费的价格,往往小于法律规定的计税依据。如果错将买家的最终报价作为计税依据,就会少缴税款,形成税收风险。正确的做法是还原计算完整的成交价格,在此基础上再依据实体税法的具体规定,准确识别计税依据,计算纳税义务金额。

二、税费转嫁条款相关问题的定性分析

在准确把握税费转嫁条款的税法含义和实践运用后,本文试图在此基础上,对以下一系列长期争议中的问题进行回应和解答。

(一)税费转嫁条款是否具有法律效力

事实上,关于税费转嫁条款是否有效的争议由来已久。[①] 综合学界观点,主要有以下两种针锋相对的理论观点。一是税费转嫁条款无效论。主张无效论的理由主要为:(1)税费转嫁条款与税收法定原则相冲突。《税收征收管理法实施细则》第3条第2款规定:“纳税人应当依照税收法律、行政法规的规定履行纳税义务;其签订的合同、协议等与税收法律、行政法规相抵触的,一律无效。”而各单行税种法规对纳税主体都有明确规定,且属于效力强制性规定,税费转嫁条款与相关的实体法律相冲突,应属无效。(2)税费转嫁条款将陷入财务核算困境。(3)《司法拍卖规定》明确规定,相关税费应按照相关法律、行政法规确定承担主体。[②] 二是税费转嫁条款有效论。理由主要为:税费转嫁条款并不改变行政法律关系中的法定纳税义务人,只是改变了税费承担者,而这并不违反税法的强制性规定。无效论的主张只是混淆了民事法律关系与行政法律关系的差别。[③]

笔者赞成有效论的观点,但理由有所不同,主要概括如下:

第一,税费转嫁条款是一种价格约定方式,属于意思自治的范畴。完整的交易价格为卖方收到的与交易相关的所有经济利益流入,包括双方约定的直接支付价格和买方代卖方承担的债务等。直接支付和代偿税费都是交易价格的组成部分,它们的区别在于支付方式的不同。从事交易的市场主体有权利选择现金或者银行转账等支付方式,同样有权利选择直接支付抑或是代偿债务等其他支付方式。支付方式的选择,显然属于民事法律关系中意思自治的范畴。

---

① 纳税主体是法律明确规定的承担纳税义务的主体,社保费、其他行政事业性收费等费种的缴费主体也是由相关法律法规明确规定的承担义务主体,但在实际交易中却经常转嫁给买受人承担,法定的税费转嫁条款由此面临效力争议。

② 《司法拍卖规定》第13条规定:“因网络司法拍卖本身形成的税费,应当依照相关法律、行政法规的规定,由相应主体承担;没有规定或者规定不明的,人民法院可以根据法律原则和案件实际情况确定税费承担的相关主体、数额。”

③ 参见徐占成:《拍卖公告中税费转嫁承担条款的合法性与操作性之张力》,第八届中国破产法论坛暨《企业破产法》实施十周年研讨会论文。

第二，税费转嫁条款并不违反税收法定原则。法律规定的纳税主体并没有发生变化，税务机关仍然只能向法定的纳税人追缴税款，税款也只能以法定纳税人的名义缴入国库。纳税人可以委托合同相对人代为缴纳税款，可以在收到合同相对人交付的合同价款之后自行缴税，还可以先行缴税再请求合同相对人履行约定的民事给付义务。可以说，税费转嫁条款和税法规定分属民事法律关系和行政法律关系，两者并行不悖。

第三，税费转嫁条款虽然违反了《司法拍卖规定》，但该规定只是对法院系统从事司法拍卖活动的内部约束，本身并不是法律、行政法规的效力性强制规定，司法拍卖交易并不因此而无效。

第四，除约定不明外，税费转嫁条款并不会引发核算困境。具体核算方法和过程参见本文前述举例。至于有学者文章中提出，税费转嫁条款可能带来财务核算困境，①其实有讨论的余地。

该文提到，拍卖一处房产，《拍卖成交确认书》中的成交价款为100万元，②纳税人增值税销项税额为100×5%=5万元，即收入为100万元，应收款总额105万元。如果没有"一切税费由买受人承担"的约定，则纳税人财务上的核算为"应缴增值税－销项税额"为5万元，应收款总额为105万元，但如果有"一切税费由买受人承担"的约定，则纳税人财务上核算"应缴增值税－销项税额"是列5万元还是不列5万元？应收款总额是列100万元还是105万元？如果不列，则涉嫌偷税；如果列，又不可能收回该款，且可能重复纳税。同时，买受人财务上核算房屋价值是列100万元还是105万元？如果列100万元，则房屋折旧基数变小，且与实际支付款不一致；如果列105万元，其中5万元由于无法取得税法认可的支出凭证在所得税前将无法扣除。

在该案例中，成交价格100万元为不含增值税价格，增值税（税率5%）由买方另行承担。首先需要明确的是，销售不动产的"税率"不可能是5%，它只是小规模纳税人和一般纳税人销售老项目适用的"征收率"。另外，这种情况下增值税核算应通过"应交税费－应交增值税"（小规模纳税人适用）或"应交税费－简易计税"（一般纳税人简易计税时适用）科目核算，而不是文章提到的"应缴增值税－销项税额"。

由于双方约定"一切税费由买受人承担"，那么，在不含增值税价格之外，产生的增值税仍然由买方承担（事实上，即使双方没有约定税费转嫁条款，增值税仍然需要买方承担）。该交易的实际成交价格（含税）为105万元，买方需要向卖方支付105万元交易对价，或者直接支付100万元，另外替卖方支付税款5万元。纳税人财务核算时，"应交税费－应交增值税"科目应列5万元，应收款总额是105万元。并不会因为买方代偿5万元税收债务而发生改变。在买方代偿5万元税收债务后，纳税人应同时冲减应收款项和

① 参见黄俊：《拍卖方式下约定税款承担条款的效力》，载熊伟主编：《税法解释与判例评注》第12卷，法律出版社2019年版。

② 笔者已假定为不含增值税价。

应付债务。会计分录大致如下:

借:应交税费－应交增值税/简易计税 5 万元

贷:应收账款 5 万元

纳税人如果不计 5 万元的纳税义务,确有涉税风险;如果先计了纳税义务,最终确实收不回相关款项,则应在所得税上列为损失。①

如果买受人抵扣了相关增值税,则标的房屋价值应核算为 100 万元,否则为 105 万元。由于销售方应向买受方开具价税合计 105 万元的发票,所以不存在"无法取得税法认可的支出凭证在所得税前将无法扣除"的问题。

至于"进项税金无法确定"的问题,在销售方是一般纳税人且采用一般计税方式情况下,确实存在应纳税额无法确定的可能性。这涉及合同价款约定不明的问题,下文另有详述。

第五,税费转嫁条款只是改变了税费承担者的理由并不能让人信服,反而可能误导当事人错误认定计税依据。税费负担者,实际是指税收经济学概念中的负税人。严格来说,税负的实际承担和转移,是由市场供求关系决定的。拥有市场支配力的一方可以把税负转嫁给另一方。在拍卖交易为出卖方带来营利的情况下,无论对税费承担如何约定,买方都是实际的税费承担方。税费的承担主体,并不会因为交易价款的给付形式不同而产生区别。总之,负税人这样的经济学概念和理论在解决具体纠纷时并无实质意义。相反,如果忽视了税费承担条款的税法含义——价格约定方式,片面认为只是非人身属性的债务转移,那么就会低估计税依据,造成税务合规风险。

(二)承担的税费转嫁支出能否在税前扣除

司法拍卖中,买受人按拍卖公告规定,替出卖人额外承担拍卖转让环节的税款等税费支出,能否在所得税税前扣除,同样存在肯定和否定两种观点。

其中,认为不能税前扣除的理由有:(1)买受人代为承担的本应由出卖人负担的税费,属于与其取得收入无关的其他支出,且该部分金额为未完税金额,因此不得税前扣除。(2)税前扣除需要有合法合规的凭证。因买受人承担相关税费并没有改变纳税义务人身份,在税务机关开具的完税凭证上,纳税人仍是出卖人,因此该凭证难以作为买受人的合法凭证。② 相比之下,认为可以税前扣除的理由主要有:承担的转嫁税费属于购买拍卖资产的捆绑支出,是实际发生的与取得收入有关的、合理的支出,应允许在企业所得税

---

① 纳税人发生坏账损失后,所得税方面有明确规定,可以列为损失,以冲回前期所得税税金损失;但在增值税方面并没有明确规定。笔者认为,如果销售方作出豁免债务决定,则说明变更了增值税的计税依据,在当期的增值税申报表中应相应冲减无票收入。根据《发票管理办法》的规定,在未收到款项时不应该开具发票。但实践中普遍存在未收款先开票的情形。如果前期开具了增值税专用发票,应开具红字增值税发票,才能冲回原来多计的增值税销售额。

② 参见徐占成:《拍卖公告中税费转嫁承担条款的合法性与操作性之张力》,第八届中国破产法论坛暨《企业破产法》实施十周年研讨会论文。

税前列支。①

笔者认为,买受人代为承担的本应由出卖人负担的税费可以税前扣除,主要理由如下:一方面,承担转嫁税费与直接支付价款本质上都是支付交易对价,两者只存在支付形式的差别。买方承担的转嫁税费是交易价款的一部分,应计入标的资产的购进成本,按税法规定折旧、摊销或计入销售成本。销售方应将司法拍卖的落槌价还原计算为包括税费转嫁部分在内的完整交易价格,按还原后的完整价格开具发票。买家承担的税费转嫁支出由于是交易价款的一部分,也有权利取得全额发票,税前扣除的凭证问题就不成为问题了。另一方面,那些认为代偿税费金额为未完税金额的观点,正是由于对税费转嫁条款税法含义的错误认识,而低估了销售方的计税依据。事实上,对于销售方来说,这部分负债减少仍然是经济利益的流入,是收入的一种非常规形式,同样应申报纳税。

三、税费转嫁条款背后的法律风险

虽然交易税费转嫁条款并不因违反税收法定原则而自然无效,税费承担方的税前扣除也并不成问题,但这种条款却蕴藏着极大的其他法律风险。

(一)交易价格无法确定,最后导致交易合同效力存疑

拍卖公告中往往约定,"办理过程中涉及买卖双方过户所需承担的一切税费(包括但不仅限于企业所得税、营业税、土地增值税、契税、过户手续费、印花税、权证费、出证金以及房地产交易中规定缴纳的各种费用),以及有可能存在的物业费、水电费等欠费,均由买受人自行承担"。但事实上,并不是所有税种的纳税义务都能直接与某项具体交易建立直接联系,很容易导致拍卖的实际成交价格无法确定。其中,笔者有选择性地列举了简易征收的增值税和印花税、物业费等税费,是因为这两个税种的纳税义务可以与具体交易建立直接联系。但一般计税的增值税和查账征收的企业所得税等税种的纳税义务,是特定纳税主体根据一个纳税期间内财务整体情况核算得出的,具体某项拍卖交易产生的增值税纳税义务或企业所得税纳税义务根本无法量化。

举例言之,一般计税的增值税,其应纳税额 = 当期的销项税额 - 进项税额 - 上期留抵税额,而这3个因素都是由纳税主体某一期间整体经营情况决定的,无法和某一具体的拍卖事项产生一一对应关系。这种情况下,由于构成成交价格一部分的税费转嫁数额无法确定,造成整个实际成交价格也处于不确定的状态。一项交易如果连成交价格都不能确定,其民事法律效力也将面临不确定的状态。如果后续双方不能达成补充协议,②合同事实上没有成立,无法履行。而前期拍卖过程中相关各方付出的交易成本只能付之东

① 参见邹昌达、傅志成:《竞得法院拍卖资产　替被拍卖方缴的税能否列支?》,载《中国税务报》2019年8月6日,B3版。

② 如果销售方放弃转嫁相关纳税义务,或者购买方愿意承担按标的资产直接成本计算出的纳税义务数额债务,那么合同相对方并没有拒绝的合理理由。在这种情况下,合同应该继续履行。但这是民法问题,本文不再赘述。

流,造成社会资源浪费。

(二)交易价格无法事先预期,买方可能有重大误解

重大误解,是指当事人因为对相对人的行为或者合同的标的发生错误认识,从而作出与自己意思相违背,致使自己的利益遭受较大的损失的行为。在约定了税费转嫁的交易合同中,即使在最终能确定交易价格的情况下,有时纳税义务也难以事先预期,可能造成买方重大误解。以不动产交易相关的土地增值税和个人所得税为例,其纳税义务取决于举牌价和拍卖标的原值之间的差额。个人所得税适用财产转让20%的税率,土地增值税适用超额累进税率,最高税率可达60%。但买受人可能并不了解其原值情况,其实际承担的税负可能会超过举牌价的50%。这种约定税费转嫁条款的交易形式,表面上以价格低廉示人,却是内藏玄机,与以建筑面积计价的房地产行业定价规则较相似——房价本来很贵,实际上更贵。或者说,有过之而无不及。因为后者的总价毕竟是确定的,而在转嫁税费的拍卖交易中,竞拍人却是在根本不知道总价的情况下举牌。

试想,买方举牌1000万元购得一处房产,最后被告知还需要另行负担500万元以上的税费。有没有可能以存在重大误解为由提出解除合同,或者反悔？前者仍然导致拍卖合同效力存疑,后者导致达成的拍卖事项无法顺利履行,甚至需要申请公权力机关强制执行。此外,拍卖协议一旦达成,根据税法规定,出卖人对于有些税种在拍卖协议约定的付款日期即产生以完整计税价格计算的纳税义务。① 但转嫁出去的税费,最终买家可能无法承担,最后形成出卖人的坏账损失,且前期已经缴纳的税款也面临无法退回的风险。

(三)扭曲正常的债权清偿顺序

交易税费转嫁条款的实施是否会扭曲正常的债权清偿顺序？这个问题最容易被忽视,但它在实践中完全可能出现。在司法拍卖中,拍卖标的一般都设有抵押权,抵押权人对拍卖收入有优先受偿的权利。在税费转嫁负担的情况下,法院收到了除转嫁税费外的拍卖收入之后会交付有抵押权的债权人,而相关税费由买受人直接交付税务机关、其他单位或个人。但事实上,买受人间接承担的转嫁税费仍然属于拍卖收入的一部分,抵押权人同样有优先受偿的权利。如果由买受人直接代为转付给其他单位或个人,这可能与抵押权优先受偿的法律规定相悖,从而扭曲正常的债权实现顺序。以欠缴的水费为例,自来水公司对不动产的拍卖收入并不具有优先于抵押权人受偿的权利;以税款为例,债权人的抵押权可能发生在税收债权之前而具有优先于税款受偿的权利。但买受方代为清偿债务部分仍然是拍卖收入的一部分,这种直接转付相关税费的做法会扭曲债权清偿顺序,税务局或物业公司收取的税费可能构成不当得利面临被撤销的风险。

---

① 《增值税暂行条例》第19条规定:"增值税纳税义务发生时间:(一)发生应税销售行为,为收讫销售款项或者取得索取销售款项凭据的当天……"其中"取得索取销售款项凭据的当天"即是指交易双方约定的收款日期。上文已述,由于发生坏账损失,目前没有明文规定相应的增值税退税或抵税规定,由此产生税企争议的风险较大。

综上,税费转嫁条款可能造成合同无法成立、重大误解、扭曲债权清偿顺序,最后导致民商事交易秩序和税务管理秩序的混乱和不稳定,浪费社会资源。

四、税费转嫁条款的产生动因及完善建议

(一)回归税费转嫁条款产生动因的理想构造

在司法拍卖公告中约定交易税费转嫁条款,可能的利益动机在于实现司法效率。根据税法相关规定,不动产和股权的变更登记需要以办理完税证明为前提。由于被拍卖人主动清偿包括税收在内的一系列债务积极性不高,如果约定了税费转嫁条款,由买受人直接缴纳相关税费,则免除了人民法院配合税务机关协调相关税款执行入库的程序。另外,人民法院无须将拍卖收入清偿相关债务,从而能筹集更多的拍卖收入。但诚如上文所述,如果以隐藏价格构成的方式来筹集更多的拍卖收入,与"诚实信用原则"相悖;将国家机关应当履行的税款执行程序转嫁给买受人,却是以造成税收流失风险、拍卖行为民事效力风险、债务清偿顺序紊乱风险等巨大风险为代价的。

综上所述,即使税费转嫁条款是价格约定的方式,代偿税费本质上只是支付方式的选择而已,本身并不违反税收法定原则,并不因为违反法律法规的强制性规定而无效。但由于其附带了本文所述的各种风险,使其成为一个外部性价值为负的交易方式。因此,本文的基本建议与最高人民法院《司法拍卖规定》一致,即禁止约定税费转嫁条款。但最高人民法院的规定并不属于法律、法规的强制性规定,对拍卖行为的效力不产生实质性的否定作用,只能对内约束人民法院系统的司法拍卖行为(即使如此,执行效果也不理想,违反司法拍卖规定而约定税费转嫁条款的情形屡见不鲜)。所以,根本性措施还是要以行政法规以上效力等级的法律文件明确禁止在司法拍卖中约定税费转嫁条款。

(二)立足司法实践的税费转嫁条款完善建议

《司法拍卖规定》出台后,税费转嫁条款并未因此而消失,对于这种现实情况,本文拟立足实践视角提出几点防范和化解司法拍卖中税费风险的对策和建议。

1. 进一步完善《司法拍卖规定》

一是制作拍卖公告中的税费承担条款范本,积极引导各级人民法院规范制定拍卖公告。二是增加说明理由条款。如果约定税费转嫁条款,必须在拍卖公告中说明理由。三是增加责任条款,明确因拍卖公告不规范而导致拍卖行为效力问题,给当事人造成损失的,主导拍卖交易的相关领导和直接责任人员要承担相应的民事责任和行政责任。

2. 明确出卖人提供原值证明等相关资料的义务和责任

标的物的原值等相关资料对核算个人所得税、土地增值税的影响重大。为了让司法拍卖的实际成交价格公开透明,从而让买方形成合理预期,在约定税费转嫁条款的情况下,人民法院在制作司法拍卖公告前应要求被拍卖人出具原值证明等相关资料,并告知其对资料的真实性负责,如果因公布信息不真实而导致在拍卖成交之后给买受方增加不合理的税费负担,出卖方应当承担相应的不利后果。如果拒不提供相关资料,则无法向潜在买家提供成交价格的确定性。在这种情况下,不宜约定税费转嫁条款。

3. 在拍卖文件中明确税费转嫁负担的税费种类和金额

以往的概括转嫁条款产生争议的风险大，不利于拍卖交易的顺利开展。为了防范风险，应在《拍卖公告》或者《竞买须知》等相关拍卖文件中对转嫁负担税费的种类和金额（或税款计算方式）作明确说明。上文已述，拍卖标的变更登记时需要前置缴纳的税种仅限于个人转让不动产和股权时的个人所得税。这是税费转嫁条款产生的根源和初衷。为了解决实际问题，同时又最大限度地避免其他风险问题的产生，建议税费转嫁条款的适用情形仅限于个人转让不动产和股权时的个人所得税的转嫁。在确定个人所得税的税款数额时，应在公示被拍卖人提供的原值证明等材料的基础上，提示税款计算方式。如果在拍卖文件中完整、明确地公示拍卖价款之外的税收债务负担，符合诚实信用原则，也能最大限度地实现当事人的真实意思表示和意思自治。

4. 建立买受人代为承担税费后的补偿机制

交易事项达成后，买受人有着较迫切的过户登记需求和索取发票需求。但在一般情况下，被拍卖人履行开具发票义务的主动性不足。应允许买受人依据人民法院出具的拍卖成交确认书（应列明包括转嫁税费在内的完整交易金额），代被拍卖人到税务机关代开发票，到登记机关办理变更登记。在此过程中，买受人可能需要代付开具发票的增值税和印花税。在没有约定税费转嫁条款的情况下，拍卖的落槌价已经包含了被拍卖人应交的各种税费，应允许买受人依据完税凭证从人民法院取得的拍卖收入中优先受偿。

5. 建立人民法院与税务机关的联动工作机制

鉴于人民法院事先掌握被拍卖人的拍卖交易信息，且事后实际控制纳税人因强制执行活动而被拍卖、变卖财产的收入，税务机关与人民法院应当建立联动的工作机制，由人民法院事先向税务机关通报相关拍卖交易信息，由税务机关向人民法院申报税收债权，人民法院协助税务机关按照法定的税收债权优先清偿顺序，依法从拍卖收入中优先清偿相关税收债权。

信托所得课税归属认定的税法问题与应对之策*

李俊英** 吕莎莎***

一、信托所得课税归属之法理基础

(一)信托所得课税的正当性分析

信托所得是我国《企业所得税法》与《个人所得税法》规定的应税所得。信托源于英国,发展于美国,之后传入大陆法系的主要是美国发展而来的商事信托。亚洲最早接受信托的日本在所得税法中对信托所得加以明确规范。我国《个人所得税法》第 6 条与《企业所得税法》第 6 条对"应税所得"作出的分类中却并未提及"信托所得"这一概念。尽管如此,这也并不意味着信托所得不在我国所得税法的应税范围之内,原因有两点:一是信托作为一种获取收益的途径,其所得理应照章纳税。信托人将信托财产转与受托人后,受托人所采取的一系列管理财产的方式,如租赁、投资等,均会产生应税的所得收入。借鉴所得税法对所得收益的分类规定,信托所得可被划分为信托收益累积所得与信托财产转让所得。① 前者是指,经受托人管理处分信托财产而取得的暂不分配给受益人,继续存入原信托财产的一种所得;后者则是信托财产由信托人转移给受托人,再由受托人在特定时期转让给受益人过程中产生的一种转让财产所得。二是我国未在所得税法中明确信托所得应是立法的不足。在所得税法中明确规定信托所得主要是因为其课税归属存在独特性。信托财产的独立性阻却了"私法所有权归属"适用,这是引进信托的大陆法系国家均需面对的难题。

对信托所得课征所得税不仅符合税收法律的规定,其同样是具有"能力多者多缴纳,能力少者少缴纳"内涵的税收公平原则所要求的结果。依照现代经济学的观点,税负能力的衡量标准经历了四个发展阶段。其中,以"所得"作为税负能力的衡量标准最能体现

* 国家社科基金项目"基本公共服务均等化进程中地方税与转移支付的协同效应研究"(项目编号:20BJY229)、江苏省社科基金项目"长三角一体化发展的税收分享机制创新研究"(项目编号:20EYB006)成果。

** 常州大学史良法学院教授,经济学博士,中国财税法治战略研究院研究员,研究方向:财税法、财税理论与政策。

*** 就职于上海市彬信律师事务所。

① 参见刘继虎:《论累积信托收益的课税模式》,载《湖湘论坛》2018 年第 4 期。

公平。[①] 比起间接税的隐匿性,作为直接税的所得税给予了纳税人最直接的"税痛",并由此更好地促使纳税人监督政府落实宪法对公民财产权的保护、促进形成更公平的课税模式。倘若投资者通过信托,借助受托人的管理拥有了一笔不用缴纳所得税的经济收益,那么信托将不仅是富人投资避税的港湾,其造成的富者越富、穷者越穷的贫富差距也将引发极大的社会财富分配不公。

(二)信托所得课税归属的税法价值

1. 信托所得课税归属是明确纳税义务发生的必要前提

纳税义务的发生时间受税收法律关系性质认定的影响。学界对税收法律关系的性质界定颇有争议,至今主要有税收权力与税收之债两种学说。[②] 其中,起源最早的"税收权力说"认为,国家在税收法律关系中的地位具有一定的优越性,税收债务的发生应以税收核定为准。而在权利中心的背景下形成的"税收之债说"却认为,税收是公民让渡的部分财产权,其以此为代价换取国家的构建和自己无法提供的公共服务。在"权力"中心向"权利"中心转换的趋势下,"税收债务关系说"逐渐取代了税收权力说。由此可见,税务机关的职能也开始向服务纳税人转型,其税收核定的权力亦被替换为税收之债发生的构成要件,即税收客体、税收客体归属、税收主体、税基和税率。[③] 据此,作为应税所得的信托收益,其构成要件之一的信托所得课税归属是否确切将直接影响信托所得的纳税义务时间能否明确。

2. 信托所得课税归属是信托所得客体与纳税人之间的逻辑桥梁

信托所得课税归属是税收客体与税收主体之间的逻辑桥梁。我国台湾地区学者陈清秀认为,税收客体归属要件应是税收客体与税收主体之间结合的一种关系;[④]日本学者金子宏主张,课税对象的归属是税收主体与客体连接的因素。[⑤] 信托所得作为税收客体,其确定纳税主体的逻辑即为信托所得的课税归属。而信托所得课税归属是否明确合理不仅会影响纳税主体这一构成要件,还将影响信托所得课税的正当性。

二、信托所得课税归属认定之税法困境

(一)信托所得课税归属规则的立法缺失

1. 缘由:信托所得所有权的"分散"

信托所得的所有权被信托的三方当事人——信托人、受托人与受益人所分。信托可被理解为,基于慈善、投资等目的,信托人将自己的财产转移给信任的受托人并令其为特定的受益人妥善管理财产。此过程所涉及的当事人三方并不拘泥于必须各不相同,其灵

---

① 参见刘剑文、熊伟:《税法基础理论》,北京大学出版社2004年版,第129页。

② 参见杨萍:《关于税收法律关系本质研究——以税收法律关系性质为视角》,载《法制博览》2015年第29期。

③ 参见陈少英:《税法基本理论专题研究》,北京大学出版社2009年版,第120页。

④ 参见陈清秀:《税法总论》,台北,元照出版有限公司2010年版,第311页。

⑤ 参见[日]金子宏:《日本税法》,战宪斌、郑林根等译,法律出版社2004年版,第109页。

活性为信托创造出了更多的适用空间:一是信托人与受托人为同一人的宣言信托。信托人通过口头或者书面表明由其担任受托人,但信托财产由第三方受益人享有。二是在商事信托中较多见的信托人与受益人为同一人的自益信托,其缘由主要是信托人进行商业投资往往是为自己谋利。三是信托人或受益人不明确的信托。信托人不明确的情况是法院通过判决强制设立的推定信托,而受益人不明确的情况则在慈善信托颇多。当然,三方信托主体灵活变动也并非没有局限。根据利益合并原则,信托财产的所有权被合并吸收归同一人所拥有后,信托就不再是信托,而是一种赠与,①所以,在信托中不仅是三方主体,就连其中的受托人与受益人都不能同为一人。

信托财产的所有权被划分后,便出现了信托财产独立的现象。在此需要强调的是,依据《信托法》规定,②我国所称的信托财产包括原信托财产与信托收益,此处并不同于英美国家所称的信托财产。当信托人将财产信托于受托人时,其财产就像被信托人抛出的球体脱离了其控制,信托人的债权人将对其信托财产不再享有追偿权。与此同时,接受信托财产的受托人因相关法律的规定,只需履行忠诚勤勉义务而未有将信托财产用于债务自己清偿的权利。在信托的存续期间,无论是否为自益信托,受益人对信托财产仅限于享有受益权,所以也未能取得完整的信托所得所有权。总之,作为一种经济利益,信托所得似乎并不归属当事人的任何一方,而且当事人之外的主体也对其无法主张权利。

2. 现状:"私法所有权"所得课税归属的规定不适从

信托所得课税归属的立法缺失具有两个层面:第一,现阶段所得税法,无论是《个人所得税法》还是《企业所得税法》均未严格遵循税收法定原则将税收之债的构成要件加以明文规定,而未明确的正是所得课税归属这一构成要件;第二,根据已规定的构成要件推定出所得课税的归属逻辑是:私法所有权的归属。即便如此,从上述阐明的信托财产独立性来看,"私法所有权"的归属逻辑在信托所得课税上是不能适用的。第一层面的问题并非所得税法所独有。我国绝大部分的税法规定都存在课税归属要件不明确的现象。如果说通过明确规定税收客体与税收主体所隐晦包含税收课税归属规则是一种"惯例",那么这样的"惯例"在遇到信托等特殊情况时则往往会引发第二层面的问题,即由税收客体与税收主体推断出的课税归属规则无法适从。倘若税务机关在此情况下坚持依据"私法所有权归属"规则明确信托所得的纳税主体,则会出现两种情况:一是在理解信托独立性特点之下无法明确所有权人,从而无法征收税款;二是将信托等同于委托等民事法律关系进行课税,却难免有失纳税公平。由此可见,信托所得课税归属的立法缺失给予了税务机关权力滥用以及侵害纳税人权利的空间。

---

① 参见高凌云:《被误读的信托——信托法原论》,复旦大学出版社2010年版,第21页。

② 《信托法》第14条规定:"受托人因承诺信托而取得的财产是信托财产。受托人因信托财产的管理运用、处分或者其他情形而取得的财产,也归入信托财产。"

看，仍需从两个理论的本质出发，尊重信托所得独立性特征，另辟蹊径求地适用于我国的“信托所得课税归属”的规则。信托导管理论不仅在英美法系国家占据了主导地位，引进信托的大陆法系国家对此理论也十分青睐，究其缘由还要归于理论背后的实质课税原则。此理论涉及的“双重所有权”中的“实质所有权”本质上与实质课税原则的经济实质内涵一脉相承。从经济实质的角度可以将其理解为，在无法确定所有权人的情况下，真正享有经济利益的人就是纳税人。当然，依据实质课税原则确认受益人为纳税人的征收困境并不会因此而得以避免，对此，信托实体理论设计凸显出的征管效率优势可以成为解决征收难题的应对之策。

三、信托所得课税归属认定的立法完善与征管应对

（一）以“经济实质”作为信托所得课税归属进行立法

1. 经济实质在立法中的适用

实质课税原则的内涵在学界被认为有两种：法律实质与经济实质。[①] 前者主张课税事实的法律性质应当有法可依，后者则认为课税应当依据法律事实中的经济利益加以判断。实质课税原则在立法与执法中的适用侧重点有所不同：立法中更侧重对课税事实定性，凸显立法意图所支撑的经济实质；而作为税收执法机关的税务机关应依法行政。因此，实质课税原则的内涵应当将上述两种学说都包含在内，且税收立法主要适用的则是经济实质。其主要原因有二：一是基于税收之债的理论，纳税人让渡的是受宪法保护的财产权。财产的本质就是经济利益，通过立法明确经济利益不仅可以确定税收构成要件，同时也是对纳税人财产权的保护。二是税法要求税收公平，而实现公平的基础便是衡量纳税人的税负能力。税负能力无论是以所得、财产还是消费等标准衡量均是在以纳税人的经济能力为主，所以经济实质的适用将是以立法实现税收公平的“必经之路”。

税收立法适用经济实质的过程应为：作为由民法调整的课税事实，税收立法需以民法法律关系作为税法定性的基础。[②] 在立法过程中，对于需要税法规定而未规定的内容，应先依据民法判断交易的经济实质，无论其是否与已有规定的税法法律实质一致，均需依据经济实质进行立法。对于形式符合现有税法规定的交易行为，除非其经济实质与已有税法法律实质一致，否则仍需依据经济实质进行立法。立法适用经济实质的内容体现于税收构成要件，确认的逻辑顺序为：先明确税收客体，再依据确认的税收客体归属规则明确承担税收义务的税收主体，最后再确定税基与税率。立法明确经济利益的内容即是明确税收客体，明确经济利益的数量即是明确税基，而经济利益的归属认定不仅明确了税收客体的归属，还可明确税收主体这一税收要件。

---

① 参见贺燕：《实质课税原则的法理分析与立法研究——实质正义与税收横向配置》，中国政法大学出版社2015年版，第25页。

② 参见叶金育、熊伟：《民法规范进入税法的立法路径——公法与私法“接轨”的规范配置技术》，载《江西财经大学学报》2013年第4期。

2. 以“经济实质”课税归属逻辑明确受益人为纳税人

信托所得在所得税法中尚未有明确规定，依据上述立法适用经济实质的流程，应先依据民法的规定对其作出定性判断，而后依据其经济实质进行立法。在对信托进行税法定性前，应先借鉴我国《信托法》第 2 条规定的内容。[①] 依据法条的规定，民法对信托的定性就是一种委托关系。然而，这样的定性其实并不正确，主要原因有二：一是在委托关系中，委托代理人管理处分委托人的财产虽不会拥有委托人财产的所有权，[②]但委托人的债权人却可基于债权对委托财产进行追偿。而在信托关系中，信托财产的独立性表明，不仅仅是受托人并未获得信托财产所有权，就连信托人自己也不再对信托财产有所控制。因此，信托人与受托人的债权人对此财产不再具有追偿权。二是信托中的受托人往往会以自己的名义进行管理处分，而在委托的关系中，受托人主要是以委托人的名义在与第三人进行活动。因此，比起委托代理人的“言听计从”，受托人在履行忠诚与谨慎义务[③]之后更具有一定的自由空间。综上两点来看，信托人保留追偿权的“信托”其实质是一种委托关系，而此情况应根据信托否定理论将其排除于信托的范围之外。

税法探求的是民事法律关系中的经济实质，当私法所有权者与经济利益享有者不一致时，税法会倾向根据经济实质确定纳税人。[④] 信托在私法中的定性并未体现其经济实质，所以“经济实质”的内容需要在所得税法中加以明确，并且依此归属逻辑确定纳税人为受益人。基于上文的论述，信托法律关系主体的不同可将信托划分为自益信托与他益信托。自益信托往往出现于商事信托中，信托人出于更好的投资或融资目的，会选择具有更多经济获利途径的信托公司，当然此外，信托人还会借助信托的特点规避一定的商业风险，如企业破产、无力偿还的债务等。[⑤] 自益信托中的受益人就是信托人自己，所以享有信托所得经济利益的就是信托人，其应被确认为信托累积所得的纳税人。在自益信托中，信托转让所得是不存在的。因为原信托财产是信托人投资出去的成本，在计算信托所得时应当将此成本扣除。所以，根据经济实质明确经济利益的数量，信托人只需对因原信托财产产生的累积所得缴纳所得税。不同于自益信托的是，他益信托中的受益人与信托人是不同的主体。所以，由于原信托财产并非受益人完税后的财产，作为信托所得纳税人的受益人不仅需要担负信托累积所得税负，还需要缴纳信托转让所得税。

---

① 《信托法》第 2 条规定：“本法所称信托，是指委托人基于对受托人的信任，将其财产权委托给受托人，由受托人按委托人的意愿以自己的名义，为受益人的利益或者特定目的，进行管理或者处分的行为。”

② 参见郭双焦：《委托、代理、行纪、信托比较分析》，载《河南商业高等专科学校学报》2002 年第 5 期。

③ 参见曹兴权：《信托受托人忠实义务中受益人利益的定位：单一主义与衡量主义之间》，载《交大法学》2019 年第 2 期。

④ 参见郑志军：《关税课税客体归属论》，载《海关与经贸研究》2014 年第 5 期。

⑤ 参见施天涛、周勤：《商事信托：制度特性、功能实现与立法调整》，载《清华法学》2008 年第 2 期。

（二）“经济实质”归属规则引发的征收难题与应对之策

1.受益人为纳税人的征收困境

适用“经济实质”归属规则明确受益人为纳税主体，这仅仅满足了税收实体理论，在税收程序上尚不具有可操作性。受益人作为信托所得纳税人遵从度低，主要有3种情况：一是受托人并没有立即将经管理获得的收益分配给受益人，而是将其存放于原信托财产中继续进行管理；二是在他益信托中，信托人将信托财产转移给受托人，受托人管理信托财产却未及时将其分配给受益人；三是在信托中的受益人并不明确，信托人只是告知受托人可以作为受益人的群体特点，而此类信托多发生于慈善信托中。在上述情况中，前两种情况实际上存在的征收困境是一致的，即纳税人会因未实际收到经济利益而不愿缴纳或因现有的经济实力不足而无力缴纳，从而形成纳税人遵从度低的现象。所以，无论是由信托人转移给受托人的原信托财产，还是后期受托人在管理信托财产所获得的收益，除非是受托人立即转交给受益人，否则受益人是不会及时纳税申报的。对于第三种情况，受益人的不明确同样会使税款无法及时入库。当然，慈善信托不具有营利性，国家给予的税收减免优待使这一困境并不十分凸显。但是，对于前两种情况，若是也要等到受益人实际取得信托财产或收益再缴纳所得税，则会对市场的经济运行造成一定的影响。因为，倘若受托人取得原信托财产或信托收益需要等待分配给受益人后缴纳所得税，这不仅会有时间相隔导致税差的可能性，还会促使更多人利用这一暂时“避税”的时间获得更多的利益。这与同时取得收益及时缴纳所得税的其他纳税人相比，显得尤为不公平。

为了应对此种问题，英国、日本等均采取将受托人作为纳税义务人的规定，学界也有提出将信托财产作为纳税人的主张。[①] 但依据所得税的特质，这样的规定却有两点不妥当之处：一是所得税的纳税人与负税人是一致的，作为直接税其税负不得转嫁。所以，在所得税范畴中的信托所得自然也应遵循这一特质。[②] 倘若受托人成为信托所得的纳税人，将完税凭证与信托财产一并交予受益人，则此课税模式将会与直接税的特点有违。二是间接税的课税设计一般侧重税收效率，如增值税与消费税等。但直接税则是以税收公平为重，所以作为直接税的所得税在税收构成要件上将会以税收公平为主，而实质课税原则所体现的税收价值也正是税收公平的内涵。基于上述两点原因，信托所得课税归属依据“经济实质”确定受益人为纳税人是最为恰当的。

2.信托实体理论启发下的应对之策：受托人为代缴义务人

为应对受益人缴纳税款难的困境，立法时还需在“经济实质”基础上兼顾其他的税法价值，如税收效率、税收中性等。在借鉴所得税中扣缴义务人的设计，以及信托实体理论

---

① 参见刘继虎：《法律视角下的信托所得税制：以民事信托所得课税为中心》，北京大学出版社2012年版，第75页。

② 参见朱志钢、高梦莹：《论直接税与间接税的合理搭配》，载《税务研究》2013年第6期。

中受托人为纳税人的实践经验基础上，以信托中受托人作为受益人的代缴义务人，其可行性的理由有二：一是扣缴义务人的设计源于个人所得税源分散、纳税人众多，以及计算内容烦琐等有违税收征管效率的原因。与其相类似的是，信托中受益人作为纳税人同样也面临无法及时缴纳税款、人数众多，以及相关信息难掌控等税收效率低的困境。二是与扣缴义务人更易掌控税源信息一样，受托人管理信托财产会比受益人更加了解信托所得的税源情况。基于上述两点理由，信托中的受托人作为代缴义务人既符合了税收征收效率的要求，也与我国所得税法扣缴义务人的制度相呼应。

所以，针对受益人缴纳税款的 3 种困境，可设计相应的扣缴制度。当信托收益未及时分配给受益人时，受托人代缴义务发生时间就在获得收益的当天。对于信托人转移原信托财产的行为需分情况而定：一是自益信托并不存在转让所得的发生，受托人的代缴义务只限于信托累积收益的所得税款。二是在他益信托中，信托人在转移信托财产时，受益人就已经获得其经济利益。所以，除信托累积收益发生的所得税款外，受益人还需代缴转让原信托财产发生的所得税款。至于此情况下的缴纳义务的发生时间，有学者认为，①原信托财产只有在受托人转让给受益人时才会发生信托转让所得纳税义务。对此，依据税收及时入库，以及资源协调分配的理念，原信托财产的经济利益归属于受益人应是从信托人将其财产转移给受托人的当时就已经发生。所以，为防止发生纳税人借助时间差进行暂时“避税”的不公平现象，应在受托人接受转移的当时就发生转让所得的代缴义务。三是对于受益人不明确的信托，除享有免税的慈善信托外，为了确保所得税额及时入库，应由受托人代缴所得税款。在以上所有情况中，受托人代缴税款之后所收到的完税凭证应在分配财产时一并交予受益人。

四、结语

信托是市场经济发展出来的产物，其所有权分散的独立特征“挑战”着大陆法系国家的税法体系。信托作为获得财富的一种途径，涉及的税收客体颇多，信托所得只是其中一种。信托所得课税问题的关键点在于，作为税收构成要件的税收客体归属在税法体系中尚不明确。而此问题在信托所能涉及的所有税种中皆存在。现以信托所得为例提出解决这一问题的应对之策，希冀其他税种在应对信托时能不局限于信托“导管”理论与信托实体理论，而是在研析两种理论基础上结合各税种的独特性创设出适用于我国税制特点的信托课税模式。

---

①　参见姜雪莲：《日本新信托税制内容探析》，载《税务研究》2014 年第 6 期。

新基建背景下我国公募不动产投资信托基金的涉税问题研究*

王怡璞** 刘心诺***

新型基础设施成为我国“十四五”时期的建设重点,新基建越来越成为各地区推动经济高质量发展的重要抓手。不动产投资信托基金(Real Estate Investment Trust,REITs)作为一种重要的金融工具,成为推动新型基础设施建设的重要融资方式。REITs具有流动性较高、收益相对稳定、安全性较强等特点,能够有效盘活存量资产,增加财政收入,防范金融风险。2020年8月7日,中国证监会发布《公开募集基础设施证券投资基金指引(试行)》(以下简称《指引》),首次对房地产投资信托基金(C-REITs)的基本制度和运作架构作出了较明确的规定。2021年6月21日,我国首批基础设施公募REITs① 产品挂牌上市,标志我国公募REITs市场的正式建立。

需要注意的是,基础设施REITs的各个环节都涉及税收问题。对于项目发起人和投资者等相关利益主体来说,税收会在较大程度上对融资成本与投资回报产生影响,从而影响REITs的顺利发行。戈登(Gordon)对美国房地产信托投资基金的税收优惠政策进行研究,指出在加大REITs税收优惠力度的税法修订案通过后,美国REITs市场规模出现显著提升,证明了税收优惠对REITs市场有积极的影响。② 朱拉维茨(Julavits)、罗伯特(Robert)通过实证研究,发现相较于美国金融市场上其他ABS,REITs的最大优势是享

* 国家自然科学基金青年项目“双边税收协定、东道国税收制度环境与对外直接投资:基于中国企业‘走出去’的视角”(项目编号:71703183)、教育部人文社会科学研究青年基金项目“税收情报交换对跨国公司利润转移行为的影响研究:来自我国企业微观层面的证据”(项目编号:17YJC790156)成果。

** 中央财经大学财政税务学院副教授。

*** 就职于中国工商银行股份有限公司,为本文通信作者。

① 目前我国规定“公募REITs”底层资产皆为基础设施,所以本文提及“基础设施领域REITs”及“公募REITs”指代意义相同。

② See Gordon & Robert, *Taking Advantage of Tax Breaks on REITs and QSBS*, Financial-planning. com, 2016.

有“导管原则”的税收优惠政策。[①] 汪诚通过构建博弈矩阵模型研究了投资行为与税负情况的相关性，发现如果REITs能为政府带来较多外部收益，则政府就会更有动力给予税收优惠政策。[②] 可以看到，税收对推动REITs的发展起到了重要作用。然而在推动新基建的背景下，我国目前尚未形成公共基础设施REITs的配套税收体系。基于此，本文旨在从REITs产品设立到上市交易全过程进行税收政策梳理，分析现行政策所存在的问题，考察拥有成熟REITs发行经验的各国市场的相关方法，为完善我国REITs税收配套政策提出建议，旨在为推动新型基础设施建设作出贡献。

一、我国公募REITs现行税收政策分析

（一）我国现行REITs交易架构

我国《基金法》规定，公募基金应投资于上市股债或特殊规定证券品种，为投资于非上市项目公司且同时满足监管要求，公募REITs需要直接持有资产专项计划，通过专项计划间接穿透持有项目公司，即“公募基金＋资产证券化＋项目公司”的产品架构，具体交易架构及步骤如图1所示：

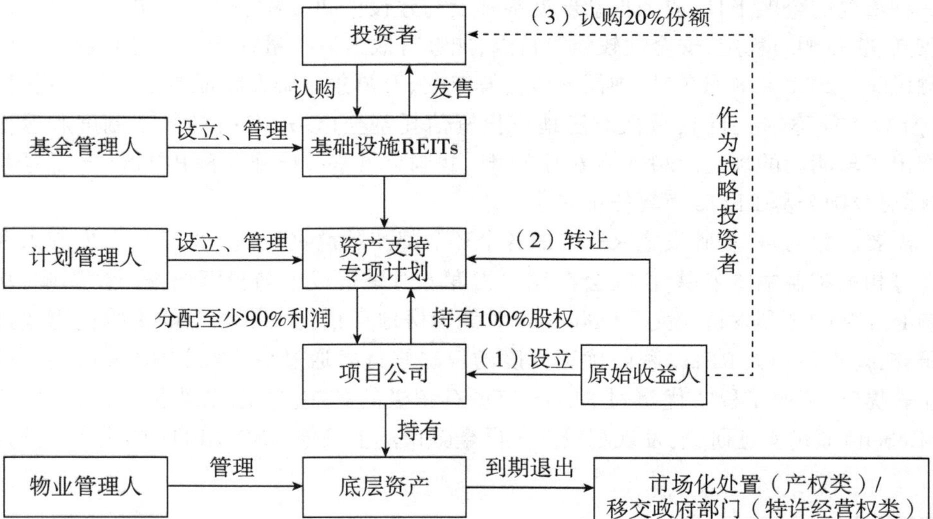

图1　我国现行基础设施领域公募REITs交易架构

（二）配套税收文件分析

2022年1月29日，财政部及税务总局发布《关于基础设施领域不动产投资信托基金（REITs）试点税收政策的公告》（财政部、税务总局公告2022年第3号，以下简称财税

---

① See Julavits & Robert, *REITs Stage Comeback with 26% Return*, Journal of American Banker,2001.

② 参见汪诚、戈岐明：《房地产投资信托基金的税收问题探究》，载《税务研究》2015年第7期。

2022 年第 3 号文)，该公告是我国 REITs 首个配套的税收政策，主要针对市场较关心的基础设施领域 REITs 成立阶段的企业所得税征收办法作出回应，对推动完善 REITs 法律法规具有重大意义。财税 2022 年第 3 号文出台前，我国首批发行的公募 REITs 项目最突出的问题就在于产品设立阶段存在企业所得税的重复征收和特殊性税务处理无法适用所带来的较重税负。财税 2022 年第 3 号文出台标志一个重要的税务问题得以解决。下文将就财税 2022 年第 3 号文的主要内容展开分析。

1. 设立项目公司不征收企业所得税

REITs 产品设立时，原始权益人需将自身持有的物业资产转移到新设立项目公司名下。财政部、国家税务总局《关于企业重组业务企业所得税处理若干问题的通知》(财税〔2009〕59 号)和财政部、国家税务总局《关于促进企业重组有关企业所得税处理问题的通知》(财税〔2014〕109 号)对企业重组行为适用特殊性税务处理享受递延纳税优惠的要求中指出，受让方应在取得股权或资产划转后连续 12 个月内不得转让所取得股权或资产，而实务中为推进产品设立进程，项目公司通常会在短期内将所得 100% 股权转移给专项计划，无法满足自身连续持有 12 个月的条件，所以无法适用特殊性税务处理。原始权益人设立项目公司并非具有商业实质但需承担较重税负的企业所得税。

根据财税 2022 年第 3 号文第 1 条的规定，一是基础设施 REITs 设立项目公司时均享受特殊性税务处理，即原始权益人和项目公司取得对方资产或股权的计税基础均按原物业资产的计税基础确定，且不受重组后受让人连续持有 12 个月等其他条件的限制。二是原始权益人和项目公司均不征收企业所得税，非递延缴纳税款，而是后期所有权再次转移时也无须纳税，即企业所得税只缴纳一次。项目公司持有底层资产 100% 股权的价值本质上等同底层物业资产价值，原始权益人向专项计划转让项目公司股权的增值部分即为底层物业资产增值部分，所以对原始权益人设立项目公司不征收企业所得税解决了对底层资产重复征收企业所得税的问题。

2. 转让项目公司股权延期缴纳企业所得税

根据财税 2022 年第 3 号文第 2 条的规定，原始权益人向专项计划转移项目公司所得增值可递延至收到股权转让价款时再缴纳，且《指引》要求原始权益人或有相同控制人的关联方应合计参与战略配售不低于发行份额的 20%，原始权益人自持部分的增值部分也可在取得股权转让价款时扣除，待实际转让时再缴纳企业所得税。《指引》要求战略自持 20% 份额部分自上市起不少于 60 个月，超过 20% 部分自上市起不少于 36 个月，即战略自持份额增值部分于到期转让时再缴纳企业所得税即可。根据财税 2022 年第 3 号文第 3 条的规定，为将原始权益人的战略配售和后期二级市场交易份额区分，上述享有递延纳税优惠的配售份额按“先进先出”原则确定。多层面的递延纳税规定可有效降低原始权益人的资金压力，可鼓励更多底层资产参与到公募 REITs 市场中。财税 2022 年第 3 号文指出，公告政策适用所有已发行和未发行的基础设施领域 REITs，说明已于 2021 年发行上市的 11 只产品可以就符合条件的企业所得税部分申请退税。

财税 2022 年第 3 号文主要就产品设立阶段的企业所得税给出了配套政策，解决了设立项目公司非商业实质不应征税及底层资产增值重复征税的问题，并为缓解原始权益人资金压力给出了针对性的税收优惠，是为解决我国 REITs 产品税收问题迈出的重大一步。

（三）分环节税收政策梳理

1. 产品成立阶段

在项目重组环节上，原始权益人设立持有底层资产的项目公司，此处讨论底层资产为原始权益人本身持有的情况。在单独成立项目公司时会涉及资产重组，涉及的税收政策如表 1 所示：

表 1　项目重组环节的税收政策梳理

纳税主体	税种	适用文件	内容解读
原始权益人	土地增值税	财政部、税务总局公告 2021 年第 21 号	属于单位、个人以房地产投资的改制重组，非房地产开发企业暂不征收，房地产开发企业正常纳税
	增值税	财税〔2016〕36 号附件 2、国税发〔2016〕14 号	若在重组中将实物资产及相关债权债务和劳动力一并转让，其中涉及的不动产和土地使用权不征税，各地税务局对该税收优惠适用口径未统一。若不适用上述优惠，则应属于视同销售行为上缴增值税
	企业所得税	财政部、税务总局公告 2022 年第 3 号	不征收
	印花税	国务院令第 11 号	税率为 0.05%
	若缴纳增值税则应缴纳城市维护建设税、教育费附加、地方教育附加		
项目公司	印花税	国务院令第 11 号	税率为 0.05%
	契税	财税〔2021〕17 号	原始权益人向项目公司以土地房屋增资视同划转，免征契税

转让股权环节，原始权益人通过将持有 100% 项目公司股权转让给资产支持专项计划。在实务中，为了利用资本弱化从而达到节税的目的，专项计划可能会通过设立全资持有项目公司股权的 SPV 来实现股债结构的搭建。和转让股权环节有关的税收政策梳理如表 2 所示：

表 2　转让股权环节的税收政策梳理

纳税主体	税种	适用文件	内容解读
原始权益人（出让方）	土地增值税	国税函〔2000〕687 号	原始权益人将底层资产 100% 股权转让给项目公司(或 SPV),股权表现形式是底层物业,所以应缴纳土地增值税
	企业所得税	财政部、税务总局公告 2022 年第 3 号	股权转让增值部分可递延至收到股权转让价款时再缴纳,且战略自持增值部分也可在取得股权转让价款时扣除,待实际转让时再缴纳企业所得税
	印花税	国务院令第 11 号	税率为 0.05%
专项计划（受让方）	企业所得税	财税〔2009〕59 号	适用特殊重组税务处理的条件,当期不确认所得或损失,所得税递延纳税
	印花税	国务院令第 11 号	税率为 0.05%
SPV（如有）	企业所得税	财政部、税务总局公告 2022 年第 3 号	因原始权益人设立项目公司时已适用特殊性税务处理,若 SPV 认定为纳税义务人,则应就购买项目公司股权增值部分纳税
	印花税	国务院令第 11 号	税率为 0.05%

公募基金认购专项计划全部份额时,双方签订的信托合同依据财税〔2006〕5 号文不征收印花税,且认购过程不涉及收益,该环节不涉及税务问题。

2. 项目运营阶段

项目运营阶段分为产品内部运营环节和投资者层面的分红环节,分别涉及的税收政策如表 3、表 4 所示:

表 3　运营环节的税收政策梳理

纳税主体	税种	适用文件	内容解读
项目公司	增值税	—	不同基础物业对应不同的增值税税率及优惠政策
	企业所得税	—	不同基础物业对应不同的企业所得税税率及优惠政策;股东借款的利息可以抵扣项目公司营业净收入,达到节税效果
	其他税种:印花税、城镇土地使用税、房产税、城镇土地使用税、城市维护建设税、教育费附加、地方教育附加,依据基础物业具体情况纳税		

续表

纳税主体	税种	适用文件	内容解读
专项计划	企业所得税	财税〔2006〕5号	专项计划并非法人,税法对其是否作为纳税主体未做出明确规定,实务中对股息分红分配部分暂不征税,利息收入不征税
	增值税	财税〔2016〕140号、财税〔2017〕56号	金融产品取得非保本收益,不缴纳增值税;专项计划对于发放的股东借款利息所得,属于运营资管产品中的应税行为暂按3%征收率纳税,适用简易计税办法;管理人在运营资管产品中的应税行为暂按3%征收率纳税,适用简易计税办法
公募基金/SPV(如有)	参照专项计划纳税情况		

表4 分配环节的税收政策梳理

纳税主体	税种	适用文件	内容解读
投资者	企业所得税	财税〔2008〕1号	对投资者从基金分配所得暂不征税,但项目公司所得收益通过专项计划和公募基金穿透至投资者,二者又暂未明确是否为纳税主体,所以投资者是否适用该税收优惠还需进一步明确
	个人所得税	财税〔1998〕55号	项目公司向基金派息时代扣代缴20%个税,个人取得红利时不再扣缴
	增值税	财税〔2016〕140号	金融产品取得非保本收益,不缴纳增值税

3. 公募退出阶段

公募REITs到期退出期限为成立起20～99年,若底层资产为特许经营权类,则原始权益人可能将所有权转让至政府;若底层资产为产权类,则原始权益人可能进行回购,涉及增值税、企业所得税、印花税及契税等。由于目前我国公募REITs刚刚起步,距退出阶段还较遥远,相关税收征管有较大的不确定性。

二、现行税收政策存在的问题分析

(一)征税实体规定不够明确

目前,多数产品为规避缴纳企业所得税使用了常见的"股＋债"模式,主要有"构建SPV＋反向吸收合并"及"调整会计政策"两种构建方式。在税收的征收管理中,存在主体地位模糊及立法缺失等问题。[①] 税法中规定的课税主体,是指负有纳税义务、直接向政府缴纳税款的自然人和法人,而专项计划、公募基金均不属于自然人或者具有法人地位;专项计划、公募基金和SPV是否可以作为穿透实体缴纳所得税也尚未出台明确规定。比如,项目公司如果将投资收益直接分配给居民投资者,可适用居民企业之间权益性投资收益免征企业所得税的相关规定,但由于REITs交易架构中项目公司和投资者之间还设有多层SPV和专项计划,是否可以界定为纳税主体尚不明确,项目公司所得穿透至投资者时能否还适用原有税收优惠也需进一步明确。项目公司及投资者就底层物业收入双重征税则会降低REITs投资收益率,减少投资者投资REITs的积极性。[②]

征税实体规定不明确也会产生纳税人身份缺失与开票主体不能统一协调的问题。如根据资管新规,基金管理人对基金收取管理费时、计划管理人对专项计划收取管理费时以及托管银行向基金及专项计划收取托管费时,提供管理托管服务的一方应向接受服务的一方开具3%的增值税专用发票,但费用实际由项目公司承担,基金和专项计划层面拿到发票无法得到进项税额抵扣。如果服务提供方直接向项目公司开具增值税发票,税务局也可能会对其提出异议。

(二)总体税负水平较高

REITs是具有通道性质的金融工具,可以让更多中小投资者参与分享不动产投资红利,实现普惠金融的目的。我国REITs的税收成本相对偏高,过高的成立税收成本会使准入门槛较高,不利于提高原始权益人和市场投资者参与的积极性。

REITs设立阶段,漆尧孟认为,目前的税收征管过于注重形式而导致较重税负。[③] 如为了符合监管要求,降低产品风险,REITs在设立阶段需要进行破产隔离、资产重组,原始权益人需要通过专项计划间接持有项目公司股权,再通过项目公司直接持有底层基础资产,使原始权益人间接持有底层资产,其中资产重组会被视为划转不动产而征收土地增值税、企业所得税等高额税负,项目公司与专项计划之间出于信托设立目的进行的信托财产转移,因满足转让交易实质,也需缴纳土地增值税和印花税等。陈彬等指出,土地增值税的征收也会存在税收优惠不适配的问题。[④] 土地增值税的改制重组优惠政策中,

---

① 参见张盼、李冬:《房地产投资信托基金制度构建的法律问题研究》,载《金融理论与实践》2019年第7期。

② 参见李心如:《不动产投资信托基金的税收激励制度构建——以租赁住房权益类REITs为视角》,载《山西财政税务专科学校学报》2020年第6期。

③ 参见漆尧孟:《不动产投资信托基金的税收法律问题研究》,载《吉林工商学院学报》2021年第1期。

④ 参见陈彬、夏旭:《公募基础设施REITs发展税收相关问题研究》,载《地方财政研究》2021年第1期。

房地产企业没有资格享受土地增值税的税收优惠，虽与目前底层资产为基础设施的 REITs 产品不冲突，但在破产隔离采用划转资产进行重组的环节中依然需缴纳土地增值税，增加企业税负，这就大大打击了房地产开发企业参与的积极性。此外，在具体税收征管中，税务局往往要求原始权益人提供改制重组证明文件并作出相关承诺，否则很可能需要纳税。重组过程中涉及的旧房转让在土地增值税缴纳时需要重置成本评估价和销售评估价，两个价格的评估确定和与税务局的沟通也较复杂。增值税方面，如果原始权益人在重组中将实物资产及相关债权债务和劳动力一并转让，其中涉及的不动产和土地使用权不征税，但各地税务局对该税收优惠适用口径尚未统一。若不适用上述优惠，则应属于视同销售行为上缴增值税。在实务中，底层资产注入项目公司时往往需要将标的资产与负债劳务等剥离，导致无法适用该税收优惠。专项计划收到项目公司股东借款利息时也需缴纳增值税，但专项计划并无进项增值税可抵扣，也在一定程度上加剧税负。此外，如果公募基金、投资者和下级利润分配机构为了达到增信目的和外部机构约定保本收益协议，则该保本收益也需每层级按贷款服务缴纳增值税。印花税方面，虽然印花税税率较低，但若 REIT 构建了 SPV 架构，则底层资产需要由原始权益人、项目公司和 SPV 共缴纳印花税 4 次，其中原始权益人需要在项目重组环节和换股收购环节分别缴纳一次。为了实现产品构建目的，资产转让频繁而带来较重的印花税税负不尽合理。

REITs 运营阶段，税负水平较高的税种主要为房产税和增值税。其中，房产税税率为从租计征 12% 或从价计征 1.2%，增值税税率为 5% 或 6%。相对传统底层资产，新型基础建设设施的产品主要是虚拟形态，但仍需实体平台作为主要载体。基础建设运行以服务民生为最终目的，商业性质较弱，较高水平的房产税和增值税不利于新基建公募 REITs 的运行和分红。

（三）税收征管执行口径有待统一

财税 2022 年第 3 号文的出台主要解决了产品设立时的企业所得税问题，但由于 REITs 产品本身涉及底层资产的运营管理、资产证券化和公募基金及 REITs 产品 3 个层面，结构复杂，税务部门需要对同一税种、不同纳税人在不同环节缴纳的税款进行识别。加之 REITs 本身横跨金融和不动产两大领域的特性，也导致其适用的税收政策更复杂，征税层次多、环节复杂更是增加了税收征管的难度。税收征管过程中各地方征收办法难免出现不统一或判断困难的问题。尤其是，聚焦数字科技和新兴领域是新基建的重要特征，如果新基建作为底层资产，则对税收征管的数字化与创新性提出了更高的要求。

产品成立阶段，原始权益人是否可享受改制重组暂不交土地增值税的税收优惠、房地产企业为改制重组免税而暂时取消房地产认证资质的行为税务机关是否认可、将标的资产和相关联负债劳动力剥离再转移是否适用不交增值税的税收优惠、以土地房屋划转免征契税条款到期后是否继续执行、基金所募资金投资于底层资产以外所得收益部分是否需要向基金支付代扣代缴投资人 20% 的个人所得税，项目公司是否能代替基金和专项计划作为接受服务的开票主体从而抵扣增值税等问题。

三、一些国家 REITs 市场税收政策的实践分析

（一）一些国家 REITs 市场的税收政策

1. 美国

美国 1960 年颁布了《不动产投资信托法案》（Real Estate Investment Trust Act of 1960），并于 1961 年正式生效，法案将 REITs 和联邦公司组织区分开，标志着现代 REITs 的形成。同时，美国对《国内税收法》（Internal Revenue Code）进行了修订，给予 REITs 较多税收优惠政策。随着《税制改革法案》（The Tax Reform Act of 1976）等政策不断完善出台，20 世纪 90 年代美国的 REITs 进入高速发展阶段。美国税法对于各个层次及主体都有清晰明确的规定要求，完善的税收优惠制度避免了双重征税，美国 REITs 具有典型的税收驱动特征，税收优惠及条件严格限制相互平衡。① REITs 通过预提所得税、转让税和惩罚性税收等税收政策鼓励 REITs 层面和投资者层面长期持有并得到高额分红。截至 2022 年 3 月 31 日，纽约证券交易所上市交易 176 支 REITs，市值达到 1.553 万亿美元，市场份额位列全球第一。②

2. 新加坡

新加坡证券交易所审核委员会于 1998 年 7 月提出设立 REITs。多种因素推动了新加坡不动产投资信托基金（Singapore-REITs，S-REITs）市场的增长，其中税收制度为 S-REITs 提供了具有吸引力的税收优惠，包括对特定类别收入的流转处理、特定国外收入的豁免，财产转让印花税减免等。S-REITs 明确了信托基金的"导管"性质，受托人无须就 S-REITs 的收入纳税，仅在份额持有人层面纳税，指定所得中未分配部分最终由受托人层面纳税，且 REITs 层面的货物和服务税均有优惠政策。截至 2020 年 12 月底，新交所共有 43 只房地产和财产信托上市，总市值占到了新加坡市场总市值的 12%，高达 1070 亿新元，占亚洲地区各大交易所 REITs 份额的 28.5%，平均股息收益率约为 6.4%，拥有较高的收益率水平，是亚洲第二大 REITs 交易市场。③

3. 印度

印度选择以基础设施投资信托基金 invITs（infrastructure investment Trusts）的形式开始试点 REITs，是全球首个对 InvITs 立法的国家。InvITs 的 REITs 层面债务重组可递延纳税，运营阶段的利息及资本利得收入也有税收优惠，投资者通过利息和租金的分红所得享受免税优惠。首个 IN-REIT 产品于 2019 年 4 月 1 日发行，截至 2019 年年末，印度共发行 2 只 InvITs 产品和 1 只 REITs 产品，总市值达 58.06 亿美元。④

---

① 参见赵静文：《发展 REITs 市场的他山之鉴》，载《未来与发展》2019 年第 11 期。

② 资料来源：Nareit，https://www.reit.com/data-research/reit-market-data/reit-industry-financial-snapshot。

③ 数据来源：RCREIT，新交所分析报告：《S-REITs 板块 12 月总回报率延续增长态势》，上海 2021 年 1 月。

④ 参见陈飞、韩志峰、张峥主编：《全球主要 REITs 市场法规汇编》，机械工业出版社 2020 年版，第 18 页。

上述主要REITs市场税制安排详见表5：

表5　典型REITs市场税制梳理

阶段	美国	新加坡	印度
成立购置阶段	1. 预提所得税：买方15%代扣代缴；2. 转让税：0.5%～1%；3. 企业所得税：减税后21%；五年递延纳税	货物和服务税：7%，股息收入和分配可就营业费用申请进项税扣除，SPV也适用	企业所得税：股权互换18.5%递延纳税，交换资产超24个月20%，否则30%
持有运营阶段	1. 企业所得税：分红免税；2. 惩罚性税收：未分配占比高于10%部分100%惩罚性税收	1. 货物和服务税：同上成立购置阶段；2. 印花税：无须缴纳；3. 房产税：10%；4. 企业所得税：分红免税	1. 企业所得税：免税；2. 资本利得税：持有非上市股份超24个月20%，否则30%；持有上市股份超12个月免税，否则15%
居民投资者/国内投资者	1. 企业所得税：39.6%和3.8%医疗保险税，资本利得部分不能扣除；2. 个人所得税：20%	1. 个人所得税：分红和资本利得免税，分配应税所得纳税；2. 企业所得税：分配应税所得17%，其他免税	1. 所得税：利息租金收入分配免税；2. 资本利得税：持有36个月以上的上市份额免税，持有不到36个月的上市份额15%
非居民投资者/国外投资者	1. 企业所得税：分红收入30%，出售利得35%；2. 个人所得税：股息所得20%	1. 个人所得税：分配免税；2. 企业所得税：按10%预提	1. 所得税：利息5%，租金免税；2. 资本利得税：持有36个月以上的上市份额免税
均适用	持有公开交易10%以下超五年的免税	—	—

（二）实践分析

设立REITs的根本目的是让更多中小投资者参与分享不动产投资红利，只有降低产品税收成本，降低准入门槛，市场参与的积极性才会更强。不同国家对REITs的投资结构和税收法律规定有所不同，但大多遵循了一个原则，即鼓励REITs保持高额分红从而激励投资者的投资热情，具体表现为保证底层资产多样化以保护全市场投资者投资权益、规定标的资产的大部分由不动产构成、收入主要来自不动产经营流入及基金收益的至少90%用于分红等,而税收制度则围绕上述原则进行展开和规范。[①] REITs层面在成立购置阶段减免递延纳税,持有运营分红阶段免税,降低了产品总体税负,突出REITs的税收穿透性质。印度在REITs层面税收优惠力度更大,如REITs和SPV之间股权互换、利息分红,股权转让等都有免税政策,符合市场发展初期激励发展的特征。可以看到,美、日、新、印对只要满足分配比例达到可分配利润90%以上条件的分红皆免征所得税,这样做既可以避免同一笔分红在公司层面和股东层面重复征税,又能鼓励REITs保持高额分红,让广大中小投资者持续性分享产品的增值红利。同时,对出售环节的税率则设置得较高,减免优惠较少,体现了鼓励长期持有的政策导向。此外,美国还设置了惩罚性税收,对REITs的合规运营起到了督促作用。

四、完善我国公募REITs税收政策的建议

我国REITs的发展是迭代演变和创新的结合,以解决我国经济问题为根本出发点,其中既结合了REITs产品自身多重特点,更与我国金融市场发展相匹配。REITs的税收体系同样要在我国已有的税收政策体系上进行创新,遵从保证税收公平、不额外增加税收负担,促进基础设施领域REITs试点顺利推进等原则。

(一)明确征税实体,避免重复征税

REITs架构具有导管性和穿透性的特征,遵循简化REITs架构,实质课税的原则,应明确各环节征税实体的身份,简化征税层次,避免重复征税,尽量将所得税纳税范围控制在投资者层面。可以在文件中明确SPV、专项计划及公募基金不具有纳税实体身份,收益和分红直接由项目公司穿透至投资人层面,一是保证投资者权益,分红所得避免在项目公司、SPV、专项计划和基金层面被多次重复征税;二是遵从实质课税原则,避免在基于非营利目的所构建的导管性框架中重复征税,建议在产品设立阶段可对原始权益人的股权换购环节不予征税。

明确REITs层面拥有增值税开票资格的主体仅有项目公司,基金管理人向基金、计划管理人向专项计划、托管银行向上述两者收取的管理费用的增值税专用发票可以直接向项目公司开具,也能一定程度上降低项目公司的增值税税负。

(二)制定税收优惠政策,降低税收成本

REITs本身将不动产和金融工具相结合,可以有效避免传统房地产的投机“炒房”现象,并拉动盘活底层大类资产。加之,我国目前处于公募REITs试点阶段,鼓励资金流入、释放政策红利是目前的首要目的。虽然设立阶段的企业所得税税负问题已依据新出台规定基本解决,但对于土地增值税、增值税、印花税和计税等税负较高问题仍存在,应制定税收优惠政策以降低产品成立和运营的税收成本。

产品成立阶段,建议对转让基础资产涉及的相关税种给予优惠政策。许亥隆认为“股+债”模式下,项目公司持有期间的利息支出主要为满足金融监管要求,所以参照金

① 参见马伟、余菁:《各国(地区)房地产投资信托税收待遇比较及借鉴》,载《国际税收》2016年第4期。

融机构资本弱化要求，债券性投资与权益性投资的比例应采用 5∶1 的扣除限额。[①] 土地增值税方面，明确适用改制重组免税的条件，并将该优惠适用范围扩大至房地产企业，避免房地产企业为避免交税而采取取消资质认证行为产生争议；增值税方面，明确重组中转让不动产和土地使用权免税，去除将资产和相关债权债务及劳动力一并转让的前提条件；印花税方面，由于基础设施的规模较大，建议由原始权益人单方面缴纳印花税；契税方面，明确以土地房屋划转免征契税的条款对 REITs 长期适用。

持有运营阶段，企业所得税方面，明确专项计划层面对分红不交税，项目公司层面免税，以避免项目公司为避税而将产品结构复杂化；增值税方面，因专项计划无进项税额可抵扣，建议对专项计划的股东借款利息所得免税，且新基建底层资产目前包含 5G 基站、大数据中心、新能源汽车充电桩等七大类项目，增值税可就其物业类型分别制定相应优惠。

投资者方面，建议明确机构投资者购买新基建公募 REITs 收入免征所得税，[②]个人投资者则可参考税延养老金的优惠政策，持有新基建公募 REITs 份额当期可在个人所得税税前扣除，转让所持份额再就取得分红纳税，激发投资者的投资热情。

（三）完善税收政策，加强税收监管

从国际实践来看，成熟国家和地区的 REITs 发展都离不开专项法律和配套税收优惠制度。我国公募 REITs 试点推行处于初始阶段，直接出台针对性专项制度法规较困难，《指引》已对我国公募 REITs 的发行机制、组织形式、交易架构、资产要求和分配原则等作出初步规定，建议对上述 REITs 基本要素规定继续修改完善，并在现有税法的基础上依据实务经验在各税种征收办法中补充修改适用 REITs 的条款，待试点较成熟时，出台 REITs 配套税收规则体系，在税收中性的前提下保证投资者稳定的收益。有了充分的法律工具和完备的税收规则体系，纳税人才能加以利用并降低交易成本，也更利于税收公平。

税收征管方面，税务部门需主动加强各环节的监管力度，提高底层资产数字征管能力。可以借助惩罚性税收的设立促使 REITs 进行自我主动监督，如为达到一定分红要求加征所得税等。确保我国公募 REITs 在税收公平、市场行为规范的前提下推进发展。

---

① 参见许亥隆：《中国公募 REITs 涉税问题及解决对策》，载《税务研究》2021 年第 8 期。

② 参见蔡瑞林、田林、董晓伟：《新型基础设施建设不动产投资信托基金的运作探索》，载《金融理论与实践》2021 年第 4 期。

海南自由贸易港销售税制度选择与建构的功能主义分析*

潘　越**

2020年中共中央、国务院印发《海南自由贸易港建设总体方案》(以下简称《总体方案》)与2021年《海南自由贸易港法》(以下简称《自贸港法》)明确指出未来海南自由贸易港(以下简称海南自贸港)货劳税改革的方向是简并税制、开征销售税。但是,对于海南自贸港销售税改革路径选择的必要性以及销售税制度建构的细节尚无官方文件加以明确。与之对应,当前学界对于海南自贸港销售税制度建构的意见极具多样性,甚至相互之间还存在冲突。① 这些冲突并非由于论据错误或论证错误导致的,而是学界对于海南自贸港销售路径选择与制度建构的出发点、立足点的分歧的具体表现。因此,在中央已经明确销售税改革目标的前提下,仍有必要反思海南自贸港开征销售税的正当性,并以之为立足点和出发点,凝聚实务界和学界的共识,对销售税的具体税制要素进行完善。

一、海南自贸港销售税改革的路径反思

国际货劳税的主流选择是增值税,国内货劳税改革近期内最重大的事件是从2012年开始的"营改增",而海南自贸港选择简并增值税、消费税、车辆购置税、城市维护建设税及教育费附加等五项税费简并为销售税的路径,是否与国际货劳税的主流选择相兼

* 国家社科基金专项课题项目"'一带一路'国际合作框架机制设计"(项目编号:18VSJ050)的阶段性研究成果。

** 中国政法大学民商经济法学院博士研究生。

① 例如,在征税范围方面,有的学者主张通过全品类的消费税改革征收销售税,以实现地方政府财政收支平衡(参见张富强:《论消费税立法改革与地方财政自给能力的提升》,载《法学杂志》2021年第7期),有的学者主张采用"窄税基、高税率"的策略,对奢侈品消费应对免税,而销售税征收范围将限定在"烟、酒、成品油、汽车、房地产等商品范围内"(参见曹胜新、梁军:《海南自由贸易港销售税制度研究》,载《税务与经济》2022年第1期);再如,在税收优惠方面,有的学者主张以公平竞争政策作为包括税收政策在内的政策制定的立足点(参见徐则林:《"双循环"下海南自由贸易港的特殊定位与实现路径》,载《中国流通经济》2021年第11期),有的学者主张海南自贸港实施"针对性、力度更大的税收优惠政策",作为对海南省历史上工业基础薄弱的补偿[参见刘荣:《自贸区(港)税收优惠政策的立场分歧与路径融合》,载《海南大学学报(人文社会科学版)》2020年第1期]。

容,是否与国内税制改革趋势一脉相承?事实上,选择何种货劳税模式与一国特定时空背景下的功能需要紧密相关,销售税和增值税模式各有优势,脱离功能需要的对比并无意义。

(一)海南自贸港销售税与国际货劳税主流选择的相容性反思

货劳税是对货物与服务的流转、消费所征收的税的统称,传统的货劳税对每一次货物与服务的流转和消费都以其总价为税基进行征税,极易产生级联效应,引起通货膨胀,干扰经济运行的价格要素,因此现代货劳税制度均对之进行了改进。一种改进思路是欧洲发票抵扣式增值税(Value-added Tax, VAT),企业通过交易环节中进项税与销项税的抵扣转移税负,直至转移给最终消费者;另一种改进思路是美国零售型销售税(Retail Sales Tax),仅在单一的零售环节征税。理论上,两种思路都能维持一定的税收中性,避免级联效应,但现实中两种模式的分布极不均衡。

首先,采用增值税模式的经济体数量远大于销售税模式的经济体数量。截至2020年,已有170个国家和地区采用增值税模式,澳大利亚、新西兰等国家所谓的"货物与劳务税"(Goods and Services Tax,GST)也基本等同(equivalent)增值税。① 而在经济合作与发展组织中,现今采用销售税模式的主要经济体只有美国,其他国家虽然也有以"销售税"命名的税种,但并非《自贸港法》中的"零售型销售税",例如,印度、巴基斯坦等国家的销售税实质相当于中国的营业税和增值税;还有的国家允许地方在国家增值税的基础上并行设置市政销售税,但从整体而言仍是以增值税为主导,如爱沙尼亚。②

其次,许多经济体在新近的货劳税模式改革中选择了增值税模式,包括一些曾采用零售型销售税的地区。印度从20世纪90年代开始启动销售税(营业税)向增值税的改革,其官方声明的两点改革理由为减少道道征收的销售税的级联效应和改善邦政府不良税收竞争行为。③ 加拿大的纽芬兰和拉布拉多、新斯科舍和新不伦瑞克曾实施零售型销售税,但它们于1997年在与联邦货物与服务税(GST)相同的基础上引入了统一销售税(Harmonized Sales Tax,HST),完成了向增值税模式的转化。④ 我国于2012年启动的"营改增"税制改革也属此类。

---

① See OECD, *Consumption Tax Trends* 2020: *VAT/GST and Excise Rates*, Trends and Policy Issues(2020-11-03)[2022-01-29], https://www.oecd-ilibrary.org/sites/152def2d-en/1/3/1/index.html?itemId=/content/publication/152def2d-en&_csp_=c74456d46ecc7b2f6fd3352bb00363ec&itemIGO=oecd&itemContentType=book#figure-d1e721.

② 在2018年的一个判决中,欧洲法院指出,市政征收的零售型销售税无法构成对增值税的替代,因而可以与国家层面的增值税所兼容,不违反欧盟《增值税指令》。See Benjamí Anglès Juanpere, *Is a Municipal Sales Tax Compatible with VAT?*, 6(3) European Journal of Business and Management Research 26(2021).

③ See Abhay Aneja, Nirupama Kulkarni & S. K. Ritadhi, *Consumption Tax Reform and the Real Economy: Evidence from India's Adoption of a Value-Added Tax*, 18(3) Journal of Empirical Legal Study 569(2021).

④ See Michael Smart & Richard M. Bird, *The Impact on Investment of Replacing a Retail Sales Tax by a Value-Added Tax: Evidence from Canadian Experience*, 62(4) National Tax Journal 591(2009).

可以认为,国际社会货劳税模式中,现代增值税模式取得了压倒性的优势。而我国建设海南自贸港时没有选择与全世界大多数经济体保持一致,而是采用了在数量和趋势上不占优势的销售税模式,需要更充分的必要性论证。

(二)海南自贸港销售税与国内税制改革趋势的承继性反思

我国自2012年启动的"营改增"税制改革取得了丰硕成果。在"营改增"之前,我国同时适用营业税和增值税,前者主要适用于服务业,后者主要适用于商品制造业。这导致生产性服务业与制造业企业间存在抵扣机制不完善导致的重复征税问题,增加了产业间产品流通的交易成本,企业为降低此种成本只能"牺牲效率、横向发展",但却削弱了企业的专业性和降低了市场的整体效率。① "营改增"使增值税的征收范围涵盖所有货物和服务,促进制造业企业服务外包、主辅业分离,优化资本在整个制造业链条上的配置结构。② 这一转变成功消除了两种税制并存的导致竞争扭曲以及通货膨胀效果的级联效应,尤其对金融服务征收增值税的创新走到了世界前列。③

除对产业布局的影响外,还有大量实证研究指出"营改增"增强了我国企业外贸竞争力,显著提高了企业价值,④提高了企业的税收遵从度,⑤并在多个行业中实际降低了企业税负。

然而,海南自贸港货劳税改革未选择继续完善和优化增值税模式,而是选择"重新开始"新的销售税模式。从世界范围看,营业税本身就属于广义的销售税的一种,海南自贸港的销售税改革到底是对国内税制改革趋势的承继还是背反,需要进一步地阐释。

(三)海南自贸港销售税路径选择与制度建构的应然模式

由上可知,海南自贸港销售税改革路径的确定既不是单纯的域外法律制度的学习,也不是表面上对国内税制改革趋势的承继,而应具备更深层次的理由,否则海南自贸港的货劳税制度更应当进一步深化增值税模式的改革,而不是开征销售税。但是开征销售税的必要性研究较少。张云华、何莹美从消除双重征税、降低征纳成本、促进产业发展、转变发展模式、调节居民税负、稳定财政收入等方面论证了销售税开征的必要性,⑥但其研究仅限于销售税与增值税的理论比较,未考虑实践中存在的困难,其中一些观点未获

① 参见袁始烨、周晓珺:《税制改革、产业集群与企业技术创新——基于"营改增"的政策效应分析》,载《现代经济探讨》2021年第4期。

② 参见孙正:《服务业的"营改增"提升了制造业绩效吗?》,载《中国软科学》2020年第9期。

③ 参见[加]让·克劳德·卜夏尔:《中国的增值税改革:欧洲同行怎么看》,陈延忠译,载《国际税收》2016年第10期。

④ 参见曹玉珊、张越:《"营改增"、市场化进程与经济效应——来自中国外贸上市企业的经验证据》,载《财贸研究》2021年第3期;谢申祥、范鹏飞、王晖:《服务业"营改增"与出口贸易高质量发展》,载《当代经济科学》2022年第2期。

⑤ 参见王怡璞、张玄、鞠铭:《增值税改革与企业税收遵从》,载《中央财经大学学报》2021年第7期。

⑥ 参见张云华、何莹美:《海南自由贸易港销售税的制度设计》,载《税务研究》2020年第9期。

其他学者认同。此外，曹胜新、梁军从降低宏观税负水平、间接税比例以及税收成本三个方面，[①]刘磊从当前我国增值税制度存在的问题出发，论证开征销售税的必要性。[②] 上述研究虽然较深入，但均属于对特定问题研究时的过度研究，对海南自贸港销售税模式的选择因素缺少全局把握。

当前销售税制度建构在各个税制要素在不同立场、视角下的分歧甚至对立，也可以视为对深层次理由的发掘不足或发掘片面的延续。因此，对海南自贸港开征销售税必要性的回顾研究，有利于弥合上述分歧，凝聚学界和实务界的共识，形成合力，更好地促进海南自贸港制度集成创新。功能主义作为一种问题分析范式，在法社会学和比较法学等领域被广泛运用，具有制度比较的天然优势。在功能主义的视角下，海南自贸港销售税路径选择与制度建构的过程可以看作满足功能需要、调和功能冲突的过程，而功能主义分析过程中对结构的关注可以赋予研究一定的全局性，减少视角与立场的偏差。因此，可以功能主义分析作为海南自贸港销售税路径选择与制度建构的应然模式。

二、海南自贸港销售税路径选择的功能分析

海南自贸港销售税路径选择的功能分析应从海南自贸港的功能定位出发。《总体方案》指出，海南具有“全面深化改革开放试验区、国家生态文明试验区、国际旅游消费中心和国家重大战略服务保障区的战略定位”，这反映出海南自贸港功能需要的双重维度，一方面，其需要立足自身发展和国家战略定位的需要，建设高水平自贸港；另一方面，其也是改革开放的试验区，需要对国家体制改革中的共性问题作出回应。共性与个性的功能需要可能存在冲突，需要进行协调。

（一）海南自贸港销售税建设高水平自贸港的功能需要

通常而言，税收最基本的功能就是组织政府财政收入，“更有效率地组织财政收入”也是当前世界各经济体采用增值税模式的重要理由。但是，在海南自贸港建设初期，这一功能需要相对不具有优势，《总体方案》以及《自贸港法》第 25 条明确了自贸港建设初期，中央财政可以根据实际予以补贴。因此，销售税在第一阶段的重心在于减税降费、降低企业负担、优化营商环境，服务于自贸港投资、贸易“自由便利”的需要。[③] 此外，自贸港其他具有个性化特征的产业促进需求也属于建设高水平自贸港的功能需要。

1. 精准降低纳税人负担，减少纳税成本

首先，销售税模式下企业和消费者能够更公平地享有降税红利。通常认为，增值税的优势在于其更能体现“税收中立”，现代增值税模式下（全行业、全主体征收 + 统一增值税税率），企业能够不承担任何流转税的税负，不会因为税收扭曲生产要素的价格，从

---

① 参见曹胜新、梁军：《海南自由贸易港销售税制度研究》，载《税务与经济》2022 年第 1 期。

② 参见刘磊：《海南自由贸易港货物和劳务税制度集成创新研究》，载《国际税收》2021 年第 10 期。

③ 参见潘越：《美国销售税制分析及对海南自贸港税制建设的启示》，载《税收经济研究》2021 年第 6 期。

而更有利于市场自发地配置资源。[①] 但是，所谓的"税收中立"仅仅在理论上成立，企业的税负在经济学意义上不可能完全转嫁，税负转移的多少取决于企业或消费者在商业谈判中的地位。[②] 并且，每经过一次流转，降低税负的"红利"都要在上下游企业之间分配。当商品最终到达拟降负的企业或消费者手中时，降税"红利"常常所剩无几。[③] 而销售税只在一个环节征收，免除了生产链上各企业进行博弈和利益分配的环节，国家的税收减免政策将使税负的实际承担人获益。无论是出于扶贫目的，还是促进特定产业发展的目的，销售税的减免可以精准地适用到每一个需要税收优惠的个体。例如，美国有的州对于低收入人群的生活补贴，就是通过对符合条件的人发放特定的资格证，准予其在购买特定类别（一般是生活必需品）时免缴销售税的特权来实现的。[④] 这种定向补贴不会因为经营者和消费者经济地位的不对等而有减损，具有高度的"可控性"。

其次，增值税在程序上还有其他税负成本。一是税务合规成本，为了实现抵扣，企业必须建立完善的发票管理体系，并且企业具有督促上游的交易对手开具符合要求的增值税专用发票的动力，即使企业完全做到了税务合规要求，也可能因为第三人增值税发票造假的行为、各地税收优惠不统一的情况而导致抵扣链条中断。二是资金占用成本，在一些情况下，企业需要预缴增值税；此外，在我国增值税适用多档税率的前提下，有时会发生销项税额小于进项税额的情况，2019 年以前超出的额度只能留抵未来税收，不能申请退税。[⑤] 2019 年后虽然试行了留抵额退税制度，但仍存在其他问题。上述成本是难以转嫁的企业的运营成本。销售税仅在"零售环节"征税，理论上，完善的销售税可以使生产性企业免于销售税的征缴。但是，从美国的实践看，对于生产性消费和"两用商品""两用服务"的销售税还不能做到对企业的完全豁免，但许多州已经允许了企业对以上缴纳的销售税进行抵扣，在经过调整后的"销售额"的基础上计算其生产商品的销售税。[⑥] 虽然如此，与增值税相比，除零售企业外的企业无须再进行严格的税务管理，也节省了大量的资金占用成本，从而降低了企业的运营负担。

2. 发展海南自贸港特色产业

《总体方案》指出，海南自贸港应重点发展的产业包括"旅游业、现代服务业和高新

---

① 参见胡天龙：《增值税历史沿革与改革动向——基于国际实践和国内发展的研究》，载《国际税收》2021 年第 3 期。

② 参见童锦治、苏国灿、魏志华：《"营改增"、企业议价能力与企业实际流转税税负——基于中国上市公司的实证研究》，载《财贸经济》2015 年第 11 期。

③ 事实上，在海南自贸港先期推行的保税油政策中，已经出现了"税费降低、价格上涨，减税红利被优势企业独享"的情况，我国当前的税收规则不能避免此种情形的发生。

④ See *SDCL* 10 – 45A.

⑤ 参见翁武耀：《欧洲部分国家增值税法立法架构特点与启示》，载《国际税收》2017 年第 1 期。

⑥ See Stark, K. J., *The Uneasy Case for Extending the Sales Tax to Services*, 30(3) Florida State University Law Review 435, note 38 (2003).

技术产业"。此外,海南还准备"培育发展数字经济",建立"知识产权交易中心"等。以上产业的共同特征在于,产业附加值较高,以轻资产运营为主。在中国现行税收法制背景下,产业优惠除销售税外还能采取增值税与所得税优惠两种模式。

增值税主要是为传统的工业制造业企业设计使用的,对于新兴产业(尤其是高科技产业)应对明显不足。这是因为,以高科技企业为代表的轻资产运营型企业,对资产依赖度低导致其进项税少,可用于抵扣的税额相应地减少,高附加值意味着其实际承担的税负更高。一个欧盟的互联网企业可能需要承担其所提供的货物或服务的全部价款(高附加值的情况下,假设其余部分可以忽略不计)高达17% ~25%的增值税,而同期美国的互联网企业仅需要承担4% ~9%的销售税,甚至免税。[①] 我国虽然也采用增值税模式,但给予了高科技企业更低的增值税税率。因此,世界互联网"巨头"企业主要在美国和中国,而欧洲鲜有之,或许税制也有一定的影响。但是,增值税自身的"中立性"对全国法治统一的要求更高。增值税的税率档次越少,适用行业范围越广,其效率就越高,而增值税上设置的各种税收优惠,在局部增加特定行业或企业的福利的同时可能损害全国的增值税运行的效率。销售税作为新税种开征以及海南自贸港与内地之间"二线"货物进出规则中的"准边境税调整"可以切断这种影响,较自由地设置税收优惠。

此外,即使与企业所得税和个人所得税优惠相比,销售税也更加有利于海南自贸港的特色产业发展。所得税优惠由于针对的是综合所得(含海南以外的所得)进行的税收优惠,则难免成为"税收洼地",并且不能反映企业对海南自贸港所作的贡献与其享受优惠之间的关联性。而销售税的特性在理论上可以解决这个问题,第一,销售税在零售环节征收,只有发生在海南的消费才会产生销售税,继而享受销售税优惠;第二,销售税优惠与消费环节绑定,也意味着在海南的活动越多,对海南自贸港的建设的贡献越大,享受的优惠也就越多。但是,实践中也存在理论所难以预测的企业套利的风险,但这种风险较所得税优惠来说要小得多。例如,美国加利福尼亚州对电影行业有销售税优惠的政策而无所得税优惠政策,但出于实践中的风险防范,企业享受销售税优惠除须满足特定条件外,也有享受优惠的上限。[②]

(二)海南自贸港销售税国内税制改革试点的功能需要

当前国际环境严峻,需要逐步形成"以国内大循环为主体、国内国际双循环相互促进的新发展格局",中国(上海)自由贸易区等11个自贸区,海南自贸港的一个重要功能就是先行先试,为我国高水平的改革开放开辟新路。因此,海南自贸港销售税改革也必须

---

① 该免税是因为美国销售税主要对实体物征税而产生的征管漏洞,并非合法的税收优惠,美国当前的销售税改革正在尝试填补这一漏洞。

② 美国加利福尼亚州对电影业设有优惠税率,除其他条件外,电影制作公司至少75%的生产天数完全发生在加利福尼亚州,或者生产预算的75%用于支付在该州内提供的服务以及购买或租赁在该州内使用的财产,才能申请享受加利福尼亚州对电影业的优惠,并且税收优惠存在一个可由立法修改的上限。See *CRTC* § 6902.5.

兼顾国内税制改革试点的功能需要。

当前国内货劳税制度改革已取得较大成果,实体上初步完成了“营改增”,正在推动增值税法立法,并已经开始试行增值税留抵额退税等新制度;程序上简化申报程序,对增值税、城市建设附加费和教育附加费实行并表申报等。但是,随着数字经济的发展、国家整体产业结构的调整,地方政府财政收支不平衡,政府间财政分配不均衡等问题更加突出,迫切需要对增值税、消费税等税制进一步改革。

1. 纵向财政分配均衡

中央政府与地方政府的纵向财政分配关系与选择销售税模式还是增值税模式的货劳税制度并无直接关系,而是整个财税体系综合运作的结果。但随着我国2016年全面实施“营改增”,地方失去了主体税种,加之“棘轮效应”下地方财政支出居高不下,“房住不炒”限制土地财政,我国纵向财政分配呈现失衡状态,尤其是一些传统资源型城市所在地政府,已有债务重整之危机。

但是,增值税以流转中的商品和服务作为税基,通常认为,如果将税基流动性较强的税种分配给地方,出于对税收最大化的追求,地方政府将会采取各种形式的税收竞争手段促使税基向本地流动,这些手段可能是不健康的,从而造成社会福利的损失。① 但只要具备相应的约束条件,流转税与所得税也可以划给地方政府。美国州与地方销售税即是将本国货劳税的收入全部划分给了地方政府,德国、日本、加拿大则是按照地区人口、公共服务的需要等条件将增值税收入在中央与地方间划分,减少地区间税收竞争的动力。② 因此,解决纵向财政分配不均的可借鉴思路至少包括完善转移支付制度和完善税收分配制度两种。然而,转移支付制度的完善需要持续性的成本投入,以进行人口、公共服务、经济贡献的统计和审计,并且转移支付的过程也会具有成本。③ 直接在税收征管阶段明确收入归属,能够提高财政分配的效率。

我国《实施更大规模减税降费后调整中央与地方收入划分改革推进方案》提出,将消费税征收环节后移并稳步下划地方,但当前消费税只对选择商品征税,不能满足地方财政的需要。因此,有学者将消费税扩展为对全品类的商品和服务征收,归属于最终消费环节所在地的地方政府。④ 扩展后的消费税在纳税环节、纳税人、计税依据等税收要素上已经基本等同于零售型销售税。

---

① 参见石子印:《政府间税收划分的规律性:基于OECD国家的例证》,载《财经理论与实践》2021年第3期。

② 参见石子印:《政府间税收划分的规律性:基于OECD国家的例证》,载《财经理论与实践》2021年第3期。

③ 例如,我国在废除农业税时,引发了烟草——农业特产的征税问题。当时有两个解决方案:一是提高有关品类的增值税税率,然后通过财政转移支付将增值税多收的部分交给地方政府;二是制定单独的烟草税。最后选择了方案二,因为财政转移支付将产生大量额外的成本,降低效率。

④ 参见张富强:《论消费税立法改革与地方财政自给能力的提升》,载《法学杂志》2021年第7期。

2. 横向财政分配均衡

我国当前增值税采用生产地征收原则，本身就存在横向财政失衡现象。虽然增值税的税负可以随着交易环节向后转移直至转移到终端消费者，但增值税的税收收入将进入生产地企业所在省的国库。这一原则并非绝对的，例如，我国对于跨省的建筑施工活动要求建筑企业在项目发生地预缴 2% 的增值税，但在实践中建筑企业可以通过分包来规避这一规定。① 这种基于生产地的税收会存在税负输出问题，造成本应由一些辖区承担的税负转嫁给了另一些辖区，税收收入的流出地的财力会受到损害。② 因而消费地的居民虽然承担了主要的税负，但由于横向财政失衡，因而并不能享受到与之对应的公共服务。

电子商务的出现加剧了横向财政失衡的状况。数据显示，我国的电子商务交易金额于 2018 年登顶世界首位，且“零售交易中超过 80% 是跨省交易”。③ 不仅如此，电子商务的经营者的地理分布高度集中在沿海经济发达的几个省份，而数字经济往往具有“赢者通吃”的特点，平台性的经营者经过竞争后往往由一家或数家企业垄断全国市场，而全国市场的税收都将汇入该企业所在地。④ “该形势进一步发展可能导致中央财力严重依赖某几个省份，形成地方财政寡头，其他省份严重依赖中央转移支付的困境”。⑤

因此，要改变增值税增收的生产地原则，逐步向消费地原则或综合考虑消费、人口和财力的方向过渡。⑥ 如果增值税完全采用消费地原则，并且实现理论上完善的留抵额退税，则意味着处于中间流通环节的企业不再具有任何纳税负担，仅在最终消费环节发生实质的纳税义务，那么此时的增值税同样与零售型销售税十分接近。

综上所述，在解决政府间纵向和横向财政分配不均问题时的税制改革思路，无论是扩展消费税的征税范围还是对增值税根据消费地原则的改革，在理论上推演到极致后均与零售型销售税十分接近。而海南自贸港选择开征零售型销售税，即是对上述改革思路的一种验证，充分体现了海南自贸港“先行先试”的政策功能。

（三）海南自贸港销售税路径选择的功能冲突与协调

虽然，《自贸港法》中将“税种结构简单科学、税制要素充分优化、税负水平明显降低、收入归属清晰、财政收支基本均衡”5 个原则一体规定，但上述原则同时满足与自贸港自身建设和为国内税制改革“先行先试”两个维度的功能需要，在个性与共性之间可能

---

① 参见蔡瑛：《“营改增”对建筑业税负的影响研究》，载《建筑经济》2021 年第 S1 期。

② 参见张克中、张文涛、万欣：《税收分享与财政失衡：中国增值税分享制度的重构》，载《财贸经济》2021 年第 3 期。

③ 邱峰：《数字税的国际实践及启示》，载《西南金融》2020 年第 3 期。

④ 参见陈筠、傅彤、许昕羽：《源泉扣缴税收征管模式在电子商务中的应用初探》，载《税务研究》2019 年第 2 期。

⑤ 王卫军、朱长胜：《应对数字经济的挑战：从生产增值税到消费生产税》，载《税务研究》2020 年第 12 期。

⑥ 王卫军、朱长胜：《应对数字经济的挑战：从生产增值税到消费生产税》，载《税务研究》2020 年第 12 期。

存在冲突。

从建设高水平自贸港和为国内税制改革先行先试两个维度的功能需要的关系出发，具有"区分"和"抓重点"两种协调方案。一些依据自贸港定位所提出的个性需求具备高度的时间、空间属性，明显不具备推广适用的条件，并且能够与其他共性功能需求相对分离的，可以在时空维度中加以区分，化解冲突。《总体方案》明确了自贸港建设"分阶段"的原则，在自贸港建设的不同阶段其功能侧重亦应有所不同，初期的首要任务是建成"自由便利"的自贸港，着重优化营商环境，个性维度的功能需要优于共性需要；在自贸港初步建成后，方有试验各项政策措施的"流量"，此时共性维度的功能需要取得优势。对于无法相对分离的冲突，可以根据不同阶段的功能需要的重点加以取舍。

例如，"税负水平明显降低"和"财政收支基本均衡"应分属不同阶段的重点，"降低"反映的是一种动态变化，"均衡"是一种持续状态，因此前者只能发生在自贸港建设的初期，后者则应从自贸港建成后不断维持。同时，如果后期自贸港仍不能以税负水平之外的理由留住投资者和消费者，则财政收支可能因缺少流量而失衡。因此，在一定时期内"维持较低的税负水平"将成为后者的应有之义，从而形成后一功能对前一功能的吸收。但当海南自贸港能够通过完善的产业链条、市场规模、特色产业、公共服务等因素持续发展，不再过度依赖税负水平的优势时，两种功能又可以相对分离。同时，降低税负水平如果是通过实体上减税实现的，则可推广价值较低；而程序上减负的推广价值较高，具备在自贸港建设的中后期深入推进的资质。

三、功能视角下的海南自贸港销售税要素优化

即使零售型销售税总体上相较增值税模式更加具备满足自贸港建设和国内税制试验的优势，但不同的零售型销售税的制度建构下，满足功能需要的程度也是不同的。"美国销售税"也只是一种地域上的泛指，事实上美国州与地方销售税极具多样性，在美国销售税简化运动前，最多同时存在过 7600 套州和地方的销售税制度。[①] 这反映出销售税税制要素高度的灵活性和可塑性，应当并且能够，根据海南自贸港不同的功能需要加以本土化的优化。

（一）纳税人与征税环节的优化

销售纳税人的确定可以分为两个维度：一是一般意义的纳税人资格问题；二是具体意义的产生纳税义务的行为问题，后者与征税环节紧密关联，不可分离。

1. 一般意义的纳税人确定

美国销售税的纳税主体具有模糊性。就其一般表述而言，销售税的纳税申报人是经

① See Ess, E. A., *Internet without Physical Representation: States Seek Solution to Stop E-Commerce Sales Tax Shortfall*, 50(3) Saint Louis University Law Journal 893, 895 (2006).

营者(零售商),而使用税的纳税申报人是消费者。① 但在具体的权利义务安排上,尤其是销售税的纳税人是不明朗的,经营者更像是纳税人和代扣代缴义务人的混合体。经营者的纳税义务被表述为“收集和移交”(collect and remit),并且新兴的电子商务领域,要求电商代征使用税时运用了同样的“收集和移交”的表述,仅仅是将“销售税”替换为了“使用税”。南达科他州还对律师服务的税款征缴作出过判决——律师可能会在收取的费用中添加销售税,而无论税款是否是从客户那里收取的,律师最终都有责任支付税款。加利福尼亚州税法更是允许所有的零售商与消费者就税负承担进行约定,零售商可以在嗣后退还全部或部分销售税给消费者,自行承担纳税义务。② 因此,虽然零售商在条文的表述中更像是扣缴义务人,但从实际的权利义务关系看,其更接近纳税人。

对该问题的进一步思考的实际意义在于,中国制定有专门的《税收征收管理法》,对于纳税人和代扣代缴义务人有着严格的区分,如果仅将经营者视为代扣代缴义务人,则其不能享有大部分的纳税人权利,将出现权利与义务的错位。因此,在兼顾既有税收征管体系的稳定性的前提下,存在两种优化思路:一是将消费者界定为纳税人,但是经营者申报销售税的也视为纳税人,二者均享有《税收征收管理法》中广泛的纳税人权利;二是在将来的销售税法中单独规定纳税申报人的权利,如同美国销售税一样可对纳税人和代扣代缴义务人模糊处理。

2. 具体纳税义务的发生

应税行为是纳税义务发生的原因,在销售税中是指“零售环节”中的销售行为。但此处存在两个疑义:一是海南自贸港销售税是否包括使用税?二是仅在“零售环节”征税是否具备可操作性?

美国销售税的全称是销售与使用税,使用税是对严格定义的销售税在跨州贸易时产生的双重不征税现象的一种补救,消费者对于在州外购买后在州内使用、存储、消费的商品和服务应当依法申报缴纳使用税。但是,面向数量众多的消费者的税务稽查成本极高,少数成功的例子集中在飞行器、车、船等需要政府机构发放许可证和登记的大宗商品上,此时向消费者征收使用税的成本是可控的。③ 如果存在此种征管漏洞,则可能导致岛内消费流出,与自贸港国际旅游消费中心的战略定位不符,未来销售税也难以在全国推

---

① 例如,南达科他州规定:“在南达科他州从事零售商业务需要缴纳税款。零售商按所有销售有形个人财产(包括商品、物品或展品)的总收入的4.5% 纳税。”See *SDCL* 10-45-2,4;“购买用于南达科他州的有形个人财产的使用、储存和消费应当被征税”。See *SDCL* 10-46-2. 加利福尼亚州规定“加利福尼亚州销售税是对零售商在加利福尼亚州零售有形个人财产的总收入征收的一种特许税”。See *CRTC* § 6051,“从零售商处购买的有形个人财产在加利福尼亚州存储、使用或其他消费,其在加利福尼亚州存储、使用或消费将征收该税”。See *CRTC* § 6201.

② See *CCC* § 1656.1.

③ See Greener, E., *The Use Tax: Its Relationship to the Sales Tax*, 9(2) Vanderbilt Law Review 349, 358-359 (1956).

广，因此为兼顾财政收入和征管效率，原则上应当消费者申报缴纳使用税的义务，但在自贸港建设初期可以宣布缓征或免征除大宗商品外的使用税。因为，当前仅有海南自贸港实施销售税制度，内地其他省份仍实施增值税制度，不存在适用使用税的"双重不征税"情形。在自贸港建设中后期，可以紧随世界数字经济背景下的货劳税改革趋势，采用经济联系规则，[①]要求符合一定条件的省外互联网企业代征使用税，对具备征管效率的大宗商品径行征收使用税，对不具征管效率的小额商品实行免税。

关于征税环节的可操作性问题。海南自贸港从增值税模式转向销售税模式，主要的纳税人从有会计管理体系的生产商、批发商转变为可能不具有会计管理体系的零售商，征管成本可能过高。因此，有学者提出"一般纳税人将货物、服务销售给会计核算不健全、信用有待提升的小规模纳税人认定为进入消费环节"的分类管理方案。[②] 事实上，该方案就是要求更具实力的市场主体承担更多的征纳成本。但是，该方案具有更多的正当性挑战。因为"市场协调人法"中消费者确实通过互联网购买了商品，纳税义务已经产生，只是在汇缴的环节进行了市场主体间的成本分配。而将小规模纳税人视为消费者，但商品事实上没有被终端消费者购买和使用，其实是一种预征，由此首先产生了批发商、生产商进行税务管理的程序成本，以及零售商（小规模纳税人）的资金占用成本，与自贸港建设初期所要追求的自由便利、优化营商环境、显著降低税负的功能需要相冲突，并不适于作为过渡措施。

综上所述，销售税的征税环节应坚持以"零售环节"作为基本标准，额外增加使用税的纳税条件，但在短期内缓征、免征使用税。为保证从增值税向销售税的平稳过渡，可以加强纳税指导，与市场管理工作结合，辅助小规模纳税人尽快建立完善账簿管理体系，并开发新的适于销售税的技术手段加以支持。

（二）课税客体与税率的优化

在不考虑逃税率的前提下，课税客体与税率共同决定了该税种的财政收入。因此，上述两个税制要素与政府间财政分配均衡的关系极为密切。

1. 财政收支均衡目标下的税率税目

如果销售税的税率过低，无法实现财政收支均衡，而税率过高则难以体现税负水平明显降低。对此，学界提出了两种协调思路：第一种是以略低于增值税的税率设置消费税率，吸引外地消费者来岛消费，"实际上是岛外或境外税源的一种转移，对海南财政有利而不违背国际惯例"。[③] 第二种是"窄税基，高税率"的思路，对海南自贸港鼓励消费的

---

① "经济联系规则"具体包括两种情况："1. 卖方销售有形个人财产、任何以电子方式传输的产品或交付到南达科他州的服务的总收入超过 100,000 美元；或者 2. 卖方在 200 次或更多的单独交易中出售有形个人财产、任何以电子方式传输的产品或交付到南达科他州的服务。" See *SDCL* § § 10－64－1, 10－64－9.

② 参见兰双萱：《海南自由贸易港销售税若干问题初探》，载《税务研究》2020 年第 9 期。

③ 张云华、何莹美：《海南自由贸易港销售税的制度设计》，载《税务研究》2020 年第 9 期。

商品和服务实行低税率或免税,对不符合海南自贸港定位的商品和服务课以重税。[①] 两种思路都是主要立足海南自贸港个性需求进行的政策建议,未充分考虑未来在全国范围内制度推广的可能性。思路一在推广过程中存在引发地方政府不良税收竞争的风险;思路二缺乏对于实现财政收支基本均衡的论证,并且形成了新的财政目标和政策目标的矛盾——如果实现财政均衡,则意味着抑制污染产业等政策目标未实现;如果产业抑制目标实现,则意味着财政收入进一步减少。相较而言,思路一更具备加以改进的可能性,并且能够形成地方政府促进消费,消费拉动增长的良性激励。在自贸港试行和将来推广阶段,则需要加强公平竞争审查,积极防止地方税收政策向下竞争。海南自贸港销售税作为在21世纪数字经济背景下开征的新税种,具备更加充分的技术支持和稽查手段,不应再自缚手脚。

2. 海南自贸港地方政府间财政分配

中国目前尚未有关于销售税在地方政府间进行收入分配的学术研究,目前可以考察域外实践进行制度设计。第一,增值税在商品流转环节征收,销售税在零售环节征收,通常销售税的征收不会干扰到统一的增值税系统的运行;第二,只有在市场中的经营者并非都必须缴纳销售税的情况下,税收中立才受到损害。[②]

我国目前尚未有关于销售税在地方政府间进行收入分配的研究,但实现地方政府间的财政分配均衡同时构成了海南自贸港自身建设和国内税制改革双重维度的功能需要,应当受到重视。但是,海南自贸港作为区域贸易中心对于税收规则的透明度和简易性要求更高,在自贸港建设初期不宜构建复杂的市政销售税体系,不宜将市政销售税的税率设定权限下放至市、县。而在自贸港初步建成后,则可适当考虑消费税的因素,由自贸港省级政府筛选出部分仍有征收意义的原征收销售税的商品和服务,授权地方政府在一定税率范围内开征市政销售税。这与现行的消费税的征收模式具有承继性。

(三)税收优惠的优化

与需要以统一性维持抵扣链条的增值税不同,仅在最后零售环节征收的销售税具备更多设置税收优惠的灵活性,并且相较增值税而言更具优惠的针对性,相较所得税而言更具优惠的属地性。并且国际条约、协定中对税收优惠的限制主要针对的是直接税,作为货劳税一类的销售税的税收优惠不易引致国际纠纷。下一步,销售税的税收优惠可以由居民优惠和产业优惠两部分构成。

1. 居民优惠的优化

对居民消费的优惠源自对流转税固有的“累退性”的调和,立足海南自贸港的战略定位和国家大政方针,销售税的民生优惠与国家“共同富裕”的政策相合。美国销售税实践

---

① 参见曹胜新、梁军:《海南自由贸易港销售税制度研究》,载《税务与经济》2022年第1期。

② See Benjamí Anglès Juanpere, *Is a Municipal Sales Tax Compatible with VAT?*, 6(3) European Journal of Business and Management Research 26 (2021).

提供了两种具体方案：一是向符合条件的消费者，例如，老年人、残疾人和政府认定的贫困人口发放免税凭证，在购买特定品类的商品时向经营者出示凭证从而可以免税价格购买商品；二是准允符合条件的消费者凭借购物凭证，在一个销售税纳税周期结束后向税收征管机关申报退税。两种方案都存在身份盗用、滥用的骗税风险，区别在于，方案一将防止骗税风险的核查义务主要分配给了经营者，而方案二则将这一义务交给了税收征管机关。从海南自贸港降低税负、优化营商环境的功能出发，以及考虑到初步开征销售税时零售商普遍缺乏税务合规经验，方案二更适于海南自贸港的居民优惠。但方案二的劣势在于，帮扶对象在纳税周期内承担了免税额的资金占用成本和退税的程序成本。在骗税风险能够更多地以技术手段化解而非依靠法律责任预防时，可以考虑向方案一进行转化。

2. 产业优惠的优化

对特殊产业的优惠则与该州当下的产业政策紧密相关。海南自贸港可以考虑对与其战略定位相匹配的旅游业、现代服务业、高新技术产业、大数据和知识产权交易行业实施包括优惠税率在内的产业优惠政策，对为符合国家战略要求而进行的企业并购、重组，免征或减征资产交易的销售税。但是，上述优惠政策应当进行严格的公平竞争审查，做到公平无歧视地对待市场主体。

（四）税收管辖权的优化

如果仅考虑海南自贸港的个性需求，则收入归属清晰至少在纵向政府间财政分配上已经实现，《总体方案》已经明确规定，除个人所得税和企业所得税作为中央与地方的共享收入外，销售税及其他国内税种收入作为地方财政收入。但从“先行先试”的共性维度出发，尤其是数字经济背景下各省份间的横向财政分配如何实现均衡还未解决。

首先，“公平的”横向财政分配标准难以确定。中国当前以生产地原则确立的增值税分析模式理论上足够明确，但不够公平。如果综合考虑区域的人口、地方政府的财力和对产生税收的经济行为的贡献，理论上公平但会导致标准的模糊性，并且考虑要素越多，模糊性越强。由于消费在经济活动中的重要地位以及消费者与地方政府公共服务的人口的耦合性，单一的消费地原则较能兼顾公平性和收入归属清晰。但数字经济背景下，互联网“用户”虽然不是商品和服务的直接消费者，但也为平台营利创造了价值，因此，欧盟、印度等一些经济体支持对互联网平台征收数字税，[①]而美国等经济体则认为，数字税增加了企业的实际税负，违反了公平原则。[②] 国内学者还指出，当前 OECD 双支柱方案存在过高估计用户贡献的问题。[③] 虽然海南自贸港销售税暂且不涉及数字税问题，但关于数字税的争议反映了主流的消费地原则也在面临的挑战。

---

① 参见岳云嵩、齐彬露：《欧盟数字税推进现状及对我国的启示》，载《税务与经济》2019 年第 4 期。

② 参见龚辉文：《数字服务税的实践进展及其引发的争议与反思》，载《税务研究》2021 年第 1 期。

③ 参见陈镜先、周全林：《数字服务税：内容、挑战与中国应对》，载《当代财经》2021 年第 4 期。

其次，为收入归属清晰而进行的税收征管措施的成本分配难以平衡。美国销售税对于跨州贸易存在征管漏洞，致使跨州经营者长期处于“双重不征税”状态。在 2018 年南达科他州诉韦费尔公司（以下简称“韦费尔案”）前，美国联邦最高法院将征管成本全部分配给州政府，认为由于各州销售税制的复杂性，对跨州贸易征税将导致企业税务合规成本急剧上升，实质性地阻碍州际贸易，因而是违宪的。但在数字经济背景下，州的财政收入下降严重，美国联邦最高法院不得不在“韦费尔案”中宣布一定条件下对跨州贸易征税销售税的行为合宪，引起了美国各州销售税改革的高潮。但随后发现，新的销售税法对企业施加了过重的合规负担，许多州又以“市场协调人法”加以补救，此修正的本质是根据企业规模差异分配不同的税务合规义务。虽然如此，美国销售税对税务合规成本的分配远未达到让各方满意的程度，“市场协调人”的认定和责任程度也存在争议。

综上所述，实现收入归属清晰本身存在标准方面的困难，而在具体税制实施过程中，也很难不增加纳税人的合规负担。只能通过实践中不断地调试，平衡和协调各方利益。

四、结论

海南自贸港销售税制度建构的分歧和矛盾可能是由开征销售税的必要性论证的缺失所导致的，因此重新以功能主义的视角对海南自贸港销售税路径选择进行分析是有必要的。海南自贸港销售税路径选择的功能需要具有二维多元结构，包括建设高水平自贸港和为国内税制改革试点两个维度的功能需要，两个维度的功能需要基本保持一致，但在一些具体问题上存在冲突，需要通过时空区分或“抓重点”的方式加以调和。

在功能视角下，自贸港销售税税制要素优化可以分为自贸港建设初期和初步建成后两个大阶段，对部分要素的优化进行拆分处理。销售税的纳税人宜确定为消费者，但待征销售税的经营者视为享有纳税人权利；征收环节宜设置为零售环节和外地购物物品的入岛使用环节，通过税收指导和技术支持增加销售税征管的可操作性；课税客体在满足征管可能性的前提下应尽可能广泛，而销售税的基准税率应使宏观税负水平大体维持和增值税模式一致，以保障自贸港财政收入，在自贸港建成后可适时授权地方征收市政销售税补充地方财政；税收优惠可以进行灵活的针对性设计，居民优惠以特定人群申报退税为主，产业优惠应符合公平竞争原则的要求。为推动未来销售税模式的适用，税收管辖权背后的财政收入分配标准问题和征收成本的分配问题也应当受到重视。

税收核定与反避税的界分与归位

——以《税收征收管理法》第35条第1款第6项为研究中心*

曹　阳**

2017年4月，最高人民法院就“广州德发公司与广州地税稽查一局税务行政纠纷案”（以下简称“广州德发案”）对外正式作出再审行政判决，①在学界与业界眼中，该案极富理论研究价值和实践指导意义，创造了我国涉税诉讼乃至行政诉讼史上的3项“第一”，②由此该案广受各界关注，现行《税收征收管理法》第35条第1款第6项也成为学界和业界热议的焦点。其实近年来在审判中关涉该条款的国内典型案例不限于此，如“新疆瑞成公司与新疆地税稽查局税务行政纠纷案”（以下简称“新疆瑞成案”）③、“浙江王某案”④、“苏州周某青案”⑤、“韶关盈锦案”⑥与“合浦雄鹰案”⑦等，这使该条款多次被司法机关适用，从而一再受到各界瞩目。就此笔者拟从现行《税收征收管理法》第35条第1款第6项规定特别是相关案例中问题的提出入手，进而对这些问题展开理论分析，通过着重分析其存在的若干问题，提出对相关问题进一步完善的对策建议，以供立法者与税务行政机关参考。

---

* 中国人民大学2019年度拔尖创新人才培育资助计划、国家社科基金重大项目“‘互联网+’背景下的税收征管模式研究”（项目编号：17ZDA052）的阶段性成果。

** 中国人民大学法学院经济法学专业博士研究生，研究方向：财税法。

① 参见最高人民法院(2015)行提字第13号行政判决书。

② 即新中国成立以来最高人民法院提审的第一起税务案件；2015年新《行政诉讼法》实施后，最高人民法院公开审理的第一起行政案件；2015年新《行政诉讼法》实施后，最高人民法院审理的第一起行政机关负责人出庭应诉的案件。参见王真真：《税法解释的利益平衡论——德发税案启示录》，载熊伟主编：《税法解释与判例评注》第10卷，法律出版社2018年版。

③ 参见新疆维吾尔自治区乌鲁木齐市中级人民法院(2014)乌中行终字第95号行政判决书。

④ 参见浙江省杭州市中级人民法院(2016)浙01行终133号行政判决书。

⑤ 参见江苏省苏州市姑苏区人民法院(2015)姑苏行初字第00122号行政判决书。

⑥ 参见广东省韶关市中级人民法院(2014)韶中法行终字第75号行政判决书。

⑦ 参见广西壮族自治区北海市中级人民法院(2015)北行终字第6号行政判决书。

一、"新疆瑞成案""广州德发案"的案情梗概及问题的提出

《税收征收管理法》第 35 条第 1 款第 6 项近年来因在税收行政案件中频频适用而备受关注和热议，它在实际担当一般反避税条款，而非纯粹的税收核定条款，给税务机关反避税带来极大便利之同时，也引发了学界对规避反避税严格程序、不恰当扩张税务机关自由裁量权的担忧。因此该条款适用中存在的问题确有深入探究之必要，加之近年来国内一些典型案件，如"新疆瑞成案"和"广州德发案"的裁判与之高度关联，并引发了不小的争议，因此笔者试图以上述两案例为切入点，就此提出一些该规定适用中需要进一步思考和探讨的问题，为后文的深入分析铺陈蓄势。

（一）"新疆瑞成案"①及问题的提出

"新疆瑞成案"的案情相对较简单：新疆瑞成公司为解决与其相关联的姐妹公司某投资公司离退休职工收入低、住房条件差等问题，根据它们共同的母公司的指示，于 2010 年将其开发的住宅以低于当时市价 20% 的价格销售给该投资公司的离退休职工。2011 年 7 月至 2012 年 6 月，新疆地税稽查局先后向瑞成公司发出了《税务检查通知书》《税务行政处理决定书》《税务行政处罚决定书》，要求瑞成公司补缴其因低价售房少缴的营业税等相关税费，并对其处以少缴税款一倍的罚款。瑞成公司虽按要求补缴了相关税费与罚款，但对这些决定不服，遂向法院提起行政诉讼。一审法院判决新疆地税稽查局败诉，并撤销该行政处罚。新疆地税稽查局对一审判决不服，向乌鲁木齐市中级人民法院上诉。在二审期间，国家税务总局复函支持新疆地税稽查局核定税款及其处罚决定。但二审法院排除干扰、对总局复函不予适用，并驳回新疆地税稽查局的上诉。

该案涉及的税法问题很多，仅与《税收征收管理法》第 35 条第 1 款第 6 项规定相关的就有不少。详言之，主要包括如下几方面的问题：首先是该案中"计税依据明显偏低"的具体判断标准和方法分别是什么？法院应如何认定？其次是何为"正当理由"？该案中瑞成公司是否存在"正当理由"？二审法院在判决书中提到的"为解决老国企退休职工住房困难，防止群体事件发生，化解社会矛盾"能否构成瑞成公司的正当理由？最后是该案中"计税依据明显偏低"与"无正当理由"的举证责任应由谁承担？这足以引发笔者对《税收征收管理法》第 35 条第 1 款第 6 项规定的思考。

（二）"广州德发案"②及问题的提出

"广州德发案"的案情则相对复杂得多：2004 年广州德发公司委托广州某拍卖行拍卖其总面积为 6.3 万平方米的自有房产，但只有一家公司（盛丰公司）参与拍卖，并通过拍卖以底价 1.3 亿港元（当时折合人民币 1.38 亿元）拍得上述部分房产，德发公司依此成交额向税务部门缴纳了营业税和堤围防护费。但 2006 年广州地税稽查一局在检查时认为上述房产的成交额仅为当时市场价的 40% 左右，遂对其展开调查与重新核定。2009

① 参见新疆维吾尔自治区乌鲁木齐市中级人民法院（2014）乌中行终字第 95 号行政判决书。

② 参见最高人民法院（2015）行提字第 13 号行政判决书。

年9月,稽查一局最终核定该拍卖房产的交易价格应为3.11亿元人民币,要求德发公司应补缴其未缴的营业税和堤围防护费及其滞纳金,并向德发公司出具了《税务处理决定书》。德发公司不服,向广州地税局申请行政复议,复议仍维持原处理决定。德发公司不服,先后向广州市天河区人民法院和广州市中级人民法院提起行政诉讼和上诉,但均以败诉告终。德发公司又向广州市检察院与广东省检察院提出抗诉,向广东省高级人民法院提出再审申请,但均被驳回。后依德发公司的再审申请,最高人民法院于2014年年底决定提审此案,并于2015年6月公开开庭审理了此案。2017年4月最高人民法院对外公布了再审判决书,撤销原一审、二审行政判决及广州地税稽查一局有关滞纳金的处理决定,但仍维持广州地税稽查一局的其他处理决定。嗣后该案例被列入最高人民法院第一批行政审判十大典型案例。

该案例也涉及税法的多个维度,仅与《税收征收管理法》第35条第1款第6项规定相关的就包括但不限于如下几方面:首先是如何把握该案中拍卖价格与市场价格或计税依据的关系?在该案中拍卖价格是否充分体现了该拍卖房产的市场价格?是否可作为该交易的计税依据?该案中计税依据是否明显偏低?申言之,如何平衡协调好《税收征收管理法》第35条第1款第6项及相关条款与民商事法律规范,特别是拍卖法等特别规范的关系?其次是该案中德发公司是否存在"正当理由"?德发公司主张的拍卖程序合法、拍卖价格合理与为挽救债务危机等,能否构成正当理由?该申辩事由是否达到了理想的申辩效果?最后是该案中有关"计税依据明显偏低"与"无正当理由"的举证责任应由谁承担?是否如一些业界人士所称,应将两者的举证责任都分配给税务机关?由此引发笔者对《税收征收管理法》第35条第1款第6项规定的进一步思考。

(三)进一步思考的问题

除这两个案件引发的问题及思考外,《税收征收管理法》第35条第1款第6项规定,适用中存在的问题还主要包括:一是该条文的适用前提是税收国库主义还是纳税人权利保护主义?其理论上的功能定位即税收核定与实践中的功能定位即反避税间是否存在一定的张力?是否如一些学者所言,有必要依据纳税人是否违反协力义务,将转让定价调整、反避税与税收核定等条款加以明确界分、使之各归其位?[①] 二是是否有必要引入"公允价值"及"合理商业目的"等《税收征收管理法》体系外的范畴、使该条款进一步精确化?是否有必要使计税依据明显偏低的度量尺度予以量化和固定,或如部分学者所言,对其不予固定,并与正当理由挂钩综合判断?[②] 三是如何适度约束税务机关在适用该条款时的自由裁量权,并适时建构和深化相应的纳税人异议权?四是若肯定税收核定与

① 参见汤洁茵:《不可承受之重:税收核定的反避税功能之反思以〈税收征管法〉第35条第(6)项为起点的探讨》,载《中外法学》2017年第6期;王宗涛:《"计税依据明显偏低无正当理由"条款的法律逻辑》,载熊伟主编:《税法解释与判例评注》第7卷,法律出版社2016年版。

② 参见朱长胜:《"计税依据明显偏低,又无正当理由"在实践中的应用》,载《税务研究》2017年第9期。

反避税间的差异,尤其是《税收征收管理法》第35条第1款第6项与同款前5项(针对违反协力义务情形)间在结构上的实质区别,《税收征收管理法》相关条文应作何调整?如何才能在国内税法规范体系中分别建构起税收核定和反避税领域各自较周全的法律规范体系(特别是制定出统一、完备的税收核定办法),以免实务中二者被交叉混用或误用?等等,不一而足。由此可知,该条款适用时的确存在不少疑问,有必要对其加以深入探究。

二、《税收征收管理法》第35条第1款第6项规定现存问题分析

(一)《税收征收管理法》第35条第1款第6项规定的适用前提与功能定位

作为税务机关行使自由裁量权的一种重要形式,税收核定或推定课税具有较坚实的法理基础,即税收稽征的经济原则(税收效率原则之一)。《税收征收管理法》第35条第1款第6项作为税收核定的法定情形之一,自然也应依循此原则。[①] 但作为税法的一项基本原则,税收效率原则与其他税法基本原则(如税收法定、量能课税等原则)间存在天然的紧张关系,而且在具体适用时,若税收效率原则与税收法定等其他原则相抵牾,税收法定等原则往往具有优先于税收效率原则适用的位阶。而仅在已穷尽一切手段却仍无法查清计税依据等情形下,税务机关方能有限度地背离税收法定原则,转而适用税收稽征的经济原则及其相关规则,通过推定方法对纳税人进行税收核定,即所谓税收法定等原则向税收稽征的经济原则有限度地"让步"。但即便在此类情形下,这种"让步"也并非绝对的,而有其必要的限度。譬如,税收核定的适用条件与程序等,仍应严格依照法律规定,且应充分考虑纳税人的主观心态,以防止自由裁量权被滥用。而《税收征收管理法》第35条第1款第6项对计税依据核定条件的规定仍略显粗糙,尚存很大的细化空间。故《税收征收管理法》第35条第1款第6项适用前提之一,是在遵循税收稽征的经济原则的同时,尽可能不违反税收法定原则。

《税收征收管理法》第35条第1款第6项立法的根本目的旨在平衡国家财政权与民众财产权间的矛盾冲突,其直接目的则在于解决涉税信息缺失或失真而导致的应纳税额存疑等问题。[②] 学界对此平衡是否有所倾斜(存疑时可否继续课税)存在两种截然对立的态度,即税收国库主义与纳税人权利保护主义。尽管部分学者对存疑时应作有利于纳税人推定的理由进行了充分论证,[③]但《税收征收管理法》第35条第1款第6项所指向的税收核定实际上以竭力接近实际课税事实为其指导原则,以国库利益与税负公平等为其

---

① 但有学者认为,作为税法中的一般反避税条款,《税收征收管理法》第35条第1款第6项存在的理由及意义,首先在于它是量能课税与税收公平等原则的体现,其次才是行政效率需要与征管成本考量等其他因素,即税收效率原则在该条款存在的缘由中尚不及量能课税与税收公平等原则重要。参见袁森庚:《最高人民法院提审的德发公司案分析》,载《税务研究》2017年第6期。

② 参见王磊:《〈税收征管法〉第35条第6项释义与适用》,中国法学会经济法学研究会2017年年会论文集,第882页。

③ 参见刘继虎:《论推定课税的法律规制》,载《中国法学》2008年第1期。

始终坚持的立论支点及理论根基,且充分体现了税收核定制度的功能与目的,故该规定与税收国库主义的观点更相契合,宜在兼顾纳税人合法权益的同时作有利于国库的推定,这也得到了我国税法在实定法上的有力支持。但税务机关对应纳税额的核定权通常被视为一把"双刃剑",其很有可能成为"侵犯纳税人经济自由权的利器",故有学者认为,在此方面应采取中庸态度,以充分实现"国库利益与纳税人经济自由权间的平衡"。故依据税收法定等原则,在二者发生冲突时,相关税法规范"应倾斜保护纳税人经济自由权"。[①] 平心而论,税收国库主义与纳税人权利保护主义各有其立论支撑,但也都各自存在一定程度的瑕疵,并非完美无缺:如税收国库主义存在"侵害纳税人的私人财产权""伤及纳税人的信赖利益"等积弊;[②]而纳税人权利保护主义虽与世界范围内方兴未艾的纳税人权利保护运动高度契合,但也存在"国家税收利益易受损""助长纳税人逃、避税的心理"等"软肋"。[③] 因此亟须将二者有机结合起来,扬其长而避其短,以实现各方权益间的平衡与协调一致,这与一些学者所秉持的"利益平衡主义"的税收中立观[④]存在颇多契合之处。但在现实中,要真正做到绝对的不偏不倚确实很难,且在存疑或情况瞬息万变等情形下应有适当侧重,以形成对税务机关自由裁量权的适度约束,并保障法律规范的安定及可预期性。[⑤] 因此,在各方权益平衡协调的基础上,必要时在国库利益或纳税人经济自由权间应作一明确抉择。至于应如何抉择,经细致考察与反复权衡,根据我国更重视国库利益的现时国情,以及现行实定法规定仍存在明显的倾向性等现状,要求相关税法规范对纳税人经济自由权予以相当程度倾斜的观点恐怕并不现实;而且不应忘记,该条款之所以如此规定,首要的正当性基础在于其作为税收征管实践中不可或缺的理论"黏合剂",借由必要时作有利于国库的推定,以更好地维护税收公平与效率等价值,从而对信息不对称情势下行将"断链"的税收构成要件理论加以必要的修葺和补强,使其理论脉络顺畅如初;因而应在平衡国家财政权与民众财产权间的矛盾冲突,并使之趋于协调一致的同时,必要时(如《税收征收管理法》第35条第1款第6项规定相对模糊,需要就相关案情作必要裁量)对国库利益予以适度倾斜,并根据具体情况兼顾对纳税人合法权

---

① 参见翟继光:《论"计税依据明显偏低又无正当理由"的判断标准》,载《税务研究》2016年第8期。

② 参见王真真:《税法解释的利益平衡论——德发税案启示录》,载熊伟主编:《税法解释与判例评注》第10卷,法律出版社2018年版。

③ 参见王真真:《税法解释的利益平衡论——德发税案启示录》,载熊伟主编:《税法解释与判例评注》第10卷,法律出版社2018年版。

④ 参见王真真:《税法解释的利益平衡论——德发税案启示录》,载熊伟主编:《税法解释与判例评注》第10卷,法律出版社2018年版。

⑤ 这其实与北野弘久等学者所称的"(有利于纳税人还是不利于纳税人的解释问题)这两种结果间不存在中庸即'中立的问题',所谓'中立论'和'公正论'的东西是不可能成其为解决问题之尺度的"等论断是相吻合的,即在倾向国库利益与倾向纳税人经济自由权间并不存在绝对的中立、均衡和公平,而只能在尽量维持二者间平衡协调的基础上作适当抉择。参见王磊:《〈税收征管法〉第35条第6项释义与适用》,中国法学会经济法学研究会2017年年会论文集,第893页。

益的保护；但对国库利益的强调并非绝对化或片面的，切不可过度偏向国库利益而罔顾纳税人的经济自由权，否则将与现代税法的基本理念背道而驰。这同时也是笔者所认为的《税收征收管理法》第 35 条第 1 款第 6 项的第二个适用前提。进而，即便日后修订《税收征收管理法》时删去第 35 条第 1 款第 6 项并引入真正的一般反避税条款时，也应充分落实这两项适用前提，以形成更周密、更有效的反避税规范体系。

对《税收征收管理法》第 35 条第 1 款第 6 项规定的功能定位，学界亦有分歧。[①] 尽管有部分学者试图通过对反避税与税收核定在目标追求与实操路径等方面差异的反复论证，将该条款定性为特殊情形下的税收核定规定，而非反避税或反逃漏税的兜底性条款。但国内多数学人尤其是实务界人士，仍将该条款定位为一般反避税的兜底性条款，并在此基础上，结合单行税法中的相关具体规定，构建了一套层次分明的反避税法律规范体系。其实，反避税条款与税收核定条款间存在实体与程序上的诸多质的差别，《税收征收管理法》第 35 条第 1 款第 6 项实际上是将反避税条款硬生生地纳入税收核定制度内，以规避反避税所要求的严格而繁复的程序，这造成了两种制度的杂糅和税法体系的紊乱，故从应然层面，应将其从税收核定制度中剥离出去，即尽管从国内实践来看，该条款确实发挥一般反避税条款的实际功效，但它其实是实务界对该立法本旨的不恰当泛化，是“避税安排与税收核定的简单拼凑”，且因该项与同款前 5 项违反协力义务情形显得格格不入、衔接性很差，鉴于二制度存在诸多区别，应使第 35 条成为一项具有独立意义的税收核定条款，而不再含有实务界为减少程序和证明路径等方面的负担而常常遁入的反避税条款。[②] 亦有学者通过先列举后排除的方法，对“计税依据明显偏低”通常存在的 4 种情形（涉税信息缺失或失真、逃漏税、避税筹划、因契约自由或自主定价而自发形成）逐一加以分析，先后排除了《税收征收管理法》第 35 条第 1 款第 6 项具有规制市场自主定价、反逃漏税、一般反避税等功能的可能性，从而将该条款最终定位为反违背协力义务进而反涉税信息缺失、失真的兜底性条款，并认为该条款被各界普遍视为一般反避税、反逃漏税的兜底性条款，乃是它在我国实务中的“异化”，其实这与前述论证思路有殊途同归之效。[③] 尽管笔者对实务界的上述反避税说及其实践中的作用表示尊重和理解，但更赞同上述将税收核定与反避税予以清晰界分的观点，因为立法者的本意即是将第 35 条形塑为税收核定条款，但在实务中它被异化为反避税条款，由于两制度的迥然之别，易造成理论和实务的混乱、现实中严格的反避税程序屡屡被规避的风险，甚至会造成架空《企业所

① 如一些学者所言，该条款“性质与价值功能定位极为复杂，现行各税法对此均缺乏清晰认识与准确定位”。参见王宗涛：《“计税依据明显偏低无正当理由”条款的法律逻辑》，载熊伟主编：《税法解释与判例评注》第 7 卷，法律出版社 2016 年版。

② 参见汤洁茵：《不可承受之重：税收核定的反避税功能之反思以〈税收征管法〉第 35 条第（6）项为起点的探讨》，载《中外法学》2017 年第 6 期。

③ 参见王宗涛：《“计税依据明显偏低无正当理由”条款的法律逻辑》，载熊伟主编：《税法解释与判例评注》第 7 卷，法律出版社 2016 年版。

得税法》第 47 条等真正的一般反避税条款、轻易遁入《税收征收管理法》第 35 条第 1 款第 6 项的怪象。因此,就应然而言,日后《税收征收管理法》修法时,应通过添加真正的一般反避税条款、进一步修订税收核定条款等多种途径,将反避税条款与税收核定条款予以明确界分。

(二)"计税依据明显偏低"与"无正当理由"间的关系及举证责任分配

作为税务机关行使核定权的两大法定构成要件,在《税收征收管理法》第 35 条第 1 款第 6 项中,"计税依据明显偏低"与"无正当理由"间以"又"字相连接,两者在逻辑上呈现明显的二阶递进关系,即若前一个条件不相符,就不存在后一个条件认定的问题,即是否要对后者加以认定需以前者的存在为前提。并且唯有此二者齐备时,税务机关方能启动相关核定程序。据此,"计税依据明显偏低"是税务机关行使核定权的起因,即本项规范构造中的"逻辑起点";而带有浓厚主观色彩的"正当理由"则是税务机关与纳税人力量博弈的主要场域。① 笔者进而认为,此二者间绝非简单的递进关系,而是主客观要素间的有机统一。

"计税依据明显偏低"与"无正当理由"间层层递进的关系直接影响对它们举证责任分配的认识。首先在对"计税依据明显偏低"的认定上,学界与实务界已基本达成共识,即对此应由税务机关承担举证责任,这已殆无异议。但在"无正当理由"的举证责任分配上,随着《行政诉讼法》的修订,理论与实务界中却出现了不同声音。

本来依据《税收征收管理法实施细则》第 47 条第 3 款规定,应由纳税人对其计税依据虽明显偏低但有正当理由承担举证责任,这原本是确定无疑的。但自修订后的《行政诉讼法》颁行后,却有部分学者根据新《行政诉讼法》第 34 条第 1 款规定提出新的质疑。如有业界人士结合"广州德发案",认为在税务行政诉讼中,应由税务机关对交易价格/计税依据明显偏低"无正当理由"承担相应的证明责任,并承担败诉等证明不力后果,否则将会诱发"权利与权力间的失衡",并援引广州地税局的相关规定对此进行证成。这甚至被一些税务工作者认为是诉讼过程中"税务机关面临的一大难点"。② 有学者更据此认定"无正当理由"的举证责任分配是不明确的,即根据现行《税收征收管理法》及其相关规定,似乎应由纳税人对其具有正当理由承担举证责任;但根据新《行政诉讼法》,又似乎应由税务机关承担举证责任,这会造成适用上的冲突与混乱:"此种举证责任的不明确,恐会导致税务机关和纳税人均要承担举证责任风险,对双方均不利。"③这在对"无正当理由"举证责任分配的认识上无疑产生了混淆的后果,甚至有学者在此基础上,提出了在

① 参见王磊:《〈税收征管法〉第 35 条第 6 项释义与适用》,中国法学会经济法学研究会 2017 年年会论文集,第 884～886 页。

② 参见马艳娟:《最高法院提审"德发案"显示税务行政诉讼变化》,载《中国税务报》2016 年 2 月 23 日,B03 版。

③ 参见何其昭、何学飞:《计税依据明显偏低时核定税款的实施条件——以新疆瑞成房地产公司诉地税稽查局案为例》,载《财会月刊》2015 年第 34 期。

行政执法与行政诉讼中对“无正当理由”的举证责任进行有区别分配的二分法观点，这显然走进了认识的误区。

笔者认为，目前应坚持由纳税人对其计税依据明显偏低具有正当理由承担举证责任的立场，并应对上述错误观点作出有力回应。这种澄清可从以下几个维度展开：首先，可从对“正当”一词的文义解释出发，认定正当理由主要源自“纳税人自身的主观因素”，故应由且只能由纳税人“证明该主观因素的客观存在”。① 其次，可针对前述学者在此问题认识上的谬误从法理上加以批驳，即前述主张应由税务部门就纳税人无正当理由进行举证的观点违背了基本的证据分配原则：尽管根据新《行政诉讼法》第34条第1款，在行政诉讼中行政机关对其作出的具体行政行为负有举证责任，并应提供作出该具体行政行为的证据和所依据的规范性文件，但法律并未要求也不可能要求行政机关就一个不存在的现象承担举证责任，以证明该现象不存在。换言之，在纳税人无正当理由的情形下，压根无法由税务机关举证证明纳税人没有正当理由。再次，可依据《税收征收管理法》规定本身的立法目的，认定正当理由的举证责任应分配给纳税人，因为自税务机关合理证明价格明显偏低的事实存在后，即应认为其完成了对定价可能存在非市场化因素的举证，这也符合第35条设定时平衡征纳双方信息不对称的目的（特别是在“广州德发案”中德发公司对拍卖程序合法性的说明）。最后，对何为正当理由的举证责任应倒置给纳税人，这不仅符合行政执法成本的考量（因为税务机关对纳税人交易主观心态的掌握肯定不及纳税人本人清楚），也更符合税收国库主义的原则。基于上述分析，对“无正当理由”举证责任分配的认识问题应不存在什么疑义了。

笔者进而认为，这归根结底是由《税收征收管理法》及其相关规定欠明确所致，由此表明，在今后的税收法治建设过程中，应全面落实税收法定原则，实现各项课税要素的法定化、明确化，避免因法律规定模糊而引发争议。因此，日后税收征收管理相关法律规范修法时，应着力解决纳税人是否具有正当理由的举证责任分配不明确等前述问题。

（三）“计税依据明显偏低”的判断标准

对“计税依据明显偏低”参照标准的探讨可从两种不同的进路入手。第一条进路是依据《税收征收管理法实施细则》第47条第1款并参照《企业所得税核定征收办法（试行）》第5条第1款、《股权转让所得个人所得税管理办法（试行）》第12条与第14条等相关规定，由税务工作者根据实务经验，总结出一条参照标准的适用顺序，序号在前者优先适用，并将一个兜底性条款置于最后，以弥补列举之不足。譬如经实务经验归纳，“计税依据明显偏低”参照标准的适用顺序可依次确定为：以本企业同期正常经营价格为标准→以其他相近企业同期价格、税负水平等为标准→以成本并考虑合理利润计算标准→以主要原材料、燃料、动力耗用等推算标准→按其他合理方法确定标准。此种进路具有规定清晰明确、可操作性强等诸多优点，体现了税收国库主义等基本原则，但其缺陷也是

① 参见翟继光：《论“计税依据明显偏低又无正当理由”的判断标准》，载《税务研究》2016年第8期。

显而易见的：即对它们依次适用太过机械死板，且持这种观点的学者也承认这些参照标准本身也存在较大的主观或不确定性，加之相关法律规范中明显偏低幅度规定的缺失，易导致税务执法人员依自己的主观臆断轻率地得出结论，甚至会造成选择性执法等乱象。①

另一条进路则是依循计税依据的计量对象→计税依据明显偏低的范畴→明显偏低的比对标准→可比市场价格的标准等逐步深入的。首先是各税种中计税依据的计量对象。② 根据相关学者对我国实定法的实证考察，学界普遍认为我国各税种立法中对计税依据计量对象的指称虽有不同，如流转税法与车辆购置税法规规定的"（计税）价格"，资源税法指向的"销售额"，股权转让所得税单行规章界定的"转让收入"等，但实质上与《税收征收管理法》使用的"计税依据"这一概念高度吻合，由此消除了不同规定出现歧义的可能性。③ 其次是各税种中计税依据明显偏低的范畴。仅从相关法律规范的文义来看，流转税法所指称的"价格明显偏低"，仅系销售价格过低导致的价格明显偏低，而不含购进价格过高导致的价格明显偏低；资源税法规与股权转让所得税单行规章所对应的销售额/转让收入"明显偏低"，则指代的是销项价格过低或计价数量过少所致的计税依据明显偏低；而《税收征收管理法》所称"计税依据明显偏低"范畴则相对较广，既可能指销项价格过低或计价数量过少导致的计税依据明显偏低，也可能包括购进成本过高或计价数量过多导致的计税依据明显偏低。再次是各税种中明显偏低的比对标准。增值税法规和消费税法规等税法规范对此语焉不详；契税法规规定"明显偏低"是以"市场价格"为参照对象的；土地增值税法规、车辆购置税法规则以"评估价格"或"最低计税价格"等作为"明显偏低"的衡量标准，究其本质仍旧以市场价格为参照对象。故从我国现有规定来看，宜以市场价格作为"明显偏低"统一的比对标准。④ 最后是可比市场价格的标准。该标准更显多元且变动不居，如有学者认为，影响可比市场价格的因素包括但不限于商品质量、交易条件、时空环境等（其下又可作进一步细分），⑤另有学者认为，还应包括市

① 参见何其昭、何学飞：《计税依据明显偏低时核定税款的实施条件——以新疆瑞成房地产公司诉地税稽查局案为例》，载《财会月刊》2015 年第 34 期。

② 有学者认为，"计税依据明显偏低，又无正当理由"或类似规定在我国几乎每个从价计征的税种中基本都有，但以增值税与消费税二者的规定最典型，笔者对此颇为赞同。参见翟继光：《论"计税依据明显偏低又无正当理由"的判断标准》，载《税务研究》2016 年第 8 期。

③ 参见王宗涛：《"计税依据明显偏低无正当理由"条款的法律逻辑》，载熊伟主编：《税法解释与判例评注》第 7 卷，法律出版社 2016 年版。

④ 甚至有学者认为，在某个具体的交易行为中，市场价格与计税依据往往呈现"一体两面"的特征，由此进一步佐证了这两个范畴在计税依据明显偏低比对标准界定中的高度关联性。参见李登喜、李大庆：《论税收核定权的裁量属性及法律控制——基于"德发案"和〈税收征管法〉第三十五条的研究》，载《税收经济研究》2018 年第 6 期。

⑤ 有学者进而对市场价格的可比性作了深入探讨，颇具借鉴价值。参见翟继光：《论"计税依据明显偏低又无正当理由"的判断标准》，载《税务研究》2016 年第 8 期。

场竞争、社会选择等因素,但因篇幅所限,对此不赘述。笔者认为,这条进路在一定程度上降低了税务机关执法过程中的主观性,因而是更可取的。近期以来,部分学者认为,当前所采用的历史成本法存在较大缺陷,因此其强调(特别是在无同类可比市场价格时)宜用公允价值作为(课税对象的交易价格等)计税依据明显偏低的比对标准,而且"公允价值是一个合理的价格范围,而非精确的数值",这样可保持对"明显偏低"认定的灵活性与时效性,[①]但笔者认为,此观点并不可取,因为国内多数学者认为公允价值具有主观(因人而异)性和不确定性,不但易与税法理念相冲突,而且存在较大的避税空间。[②] 因此,在当前未引入独立可靠的第三方专业评估渠道的现状下,用公允价值来度量计税依据及其偏低程度是不现实的,甚至是危险的。

具体到前述"广州德发案"中,鉴于拍卖行为不同于一般民商事合同的特殊性,为稳妥起见,最高人民法院的法官运用了多个彼此可对照的参照系(委托拍卖评估价、审计成本价与周边类似房产最低价等)与该拍卖房产的交易价格逐一比对,尽管有些学者对此仍存在异议,但这些比对标准足以证明该拍卖房产的计税依据的确明显偏低。

作为税务机关行使核定权的逻辑起点,因目前整个税法规范体系对其均未加以明确规定,明显偏低(临界值)的标准在学界与实务界也引起了不小争议。有学者根据《白酒消费税最低计税价格核定管理办法(试行)》第2条的规定,并结合同等对待等税收法治的重要原则,推断出计税依据明显偏低(临界值)的最佳标准原则上应为可比市场价格的70%。[③] 另有部分学者则借鉴了最高人民法院《关于适用〈中华人民共和国合同法〉若干问题的解释(二)》(已失效)第19条规定,并从维护整个立法体系的统一与部门法间的协调一致这条进路出发,同样得出明显偏低(临界值)的最佳标准应为市场价格的70%。[④] 但也有学者从部分省级地税局相关法律规范中对明显偏低(临界值)的规定入手,认为其最佳标准应定位为同期同类商品平均销售价格的90%。[⑤] 更有一些学者考察法国《税收程序法》中的相关规定,也认定明显偏低(临界值)的最佳标准应为实际市场价格的90%。[⑥] 还有学者认为,以70%判断计税依据偏低程度是否明显的"一刀切"武断做法,流于表象、迷失本质;"明显"实际并无统一量化标准,计税依据偏低程度是否明显

---

① 参见朱长胜:《"计税依据明显偏低,又无正当理由"在实践中的应用》,载《税务研究》2017年第9期。

② 参见张馨予:《公允价值计量与税收核定权之博弈——以广州德发案为例》,载洪艳蓉主编:《金融法苑》2018总第98辑,中国金融出版社2018年版。

③ 参见翟继光:《论"计税依据明显偏低又无正当理由"的判断标准》,载《税务研究》2016年第8期。

④ 参见王磊:《〈税收征管法〉第35条第6项释义与适用》,中国法学会经济法学研究会2017年年会论文集,第884~885页。

⑤ 参见汪旭:《新疆瑞成房产公司税务行政处罚案评析——兼论核定课税中的若干法律问题》,载熊伟主编:《税法解释与判例评注》第7卷,法律出版社2016年版。

⑥ 参见何其昭、何学飞:《计税依据明显偏低时核定税款的实施条件——以新疆瑞成房地产公司诉地税稽查局案为例》,载《财会月刊》2015年第34期。

应结合“正当理由”作综合判断;因而这种简单量化的度量方法是不可取的。① 综合以上多方观点,笔者更赞同前一观点,即认为为避免相关法律规范间的矛盾冲突,保障法律在适用上统一协调,把70%作为明显偏低(临界值)的最佳标准不仅十分必要,而且也较可行。更重要的是,它不但能将目前全国各地实践中参差不齐、学界众说纷纭的度量标准予以适用上的统一,而且避免像上述部分学者那种主观化极强的判定方法易导致的自由裁量权过度扩张的倾向,以保证税收执法的协调一致与法际间稳妥有效的衔接。日后立法者仍可依据执法实践的具体情况加以科学评估,在此基础上再作相应调整,但最终宜体现为一个较稳定且可被量化的指标。总之,最终的具体标准尚待日后相关税法规范修订时进一步确定。

(四)“无正当理由”的判断标准

作为国库利益对纳税人财产权的适度尊让,“(无)正当理由”在国内立法上的粗疏与含糊等先天不足决定了对其予以准确诠释的必要,以在该条款的开放性、适度弹性与安定性、可预期性间取得必要的均衡。因“(无)正当理由”天然具有极强的主观性而更难判断,故其判断标准更难以拿捏。但经多年税务实践摸索,学界与实务界就(无)正当理由的判断标准已达成一些初步共识。首先,诚如部分税务工作者所坦言,作为税务机关行使自由裁量权的主要领域,(无)正当理由融入了价值判断因素,呈现浓厚的主观色彩,故“通常没有客观标准、需要主观判断”,这使税务机关与法院在认定它时往往持有较为保守的态度。② 进而可根据严密的逆否命题逻辑推理,得出“影响价格的客观因素并非正当理由”,同时将“影响价格的客观因素以外的因素(主要是纳税人自身主观因素)”视为考虑是否具有正当理由的出发点,③这无疑进一步佐证了上述经验性判断。其次,也可根据对正当的文义解释,认定“正当理由应指交易既合法又合理”,进而得出“不违法、不违反道德底线的理由都是正当理由”,但因纯主观的正当理由易被纳税人编造,因此应在其外部添置“纳税人应能证明该主观因素客观存在”这重屏障,以确保主客观相统一。④ 最后,亦可根据对避税的文义解释与置于整个税法规范体系中的体系解释,认定“凡以避税为主要目的均可认定为无正当理由”。⑤ 也可将“无正当理由”界定为“以减少、免除或推迟缴纳税款为主要目的”,从而与《企业所得税法实施条例》第120条所界定的“不具有合理商业目的”的概念相衔接,进而与《企业所得税法》第47条(一般反避税

---

① 参见朱长胜:《“计税依据明显偏低,又无正当理由”在实践中的应用》,载《税务研究》2017年第9期。

② 参见马泽方:《以“无正当理由”定案要慎用》,载《中国税务报》2016年8月26日,B02版。

③ 参见翟继光:《论“计税依据明显偏低又无正当理由”的判断标准》,载《税务研究》2016年第8期。

④ 参见廖仕梅:《从民法视角探析推定课税——基于“最高人民法院提审广州德发公司案例”分析》,载《地方财政研究》2015年第10期;翟继光:《论“计税依据明显偏低又无正当理由”的判断标准》,载《税务研究》2016年第8期。

⑤ 参见翟继光:《论“计税依据明显偏低又无正当理由”的判断标准》,载《税务研究》2016年第8期。

条款)相对应。[①] 尽管笔者认为,这亦可从《税收征收管理法》第35条第1款第6项在整个税法规范体系中实际充当一般反避税条款的作用推导出来,但鉴于笔者坚持应将税收核定条款与反避税条款二分的观点,第35条第1款第6项所列示的诸要件在《税收征收管理法》条文中的位置可作适当调整。此外,还有很多学者从其他不同视角对正当理由的内涵和外延加以论证,如有学者结合《股权转让所得个人所得税管理办法(试行)》第13条与1993年《反不正当竞争法》第11条对正当理由的外延加以论证;[②]另有学者亦认为,现行《税收征收管理法》第35条第1款第6项与1993年《反不正当竞争法》第11条就正当理由认定的逻辑而言是一致的(均需遵守市场化原则);[③]还有部分学者从经验性的视角列举了一些正当理由的可能情形;[④]也有学者根据国内实定法规定,将正当理由概括为定价影响因素与价格形成/确认程序这两种模式,以求涵盖所有可能的正当理由情形,凡此种种,不一而足,但这些观点皆因或多或少存在争议而未成为共识。

根据上述认识,笔者可推导出(计税依据明显偏低的)正当理由的初步定义,即其是指不以避税为主要目的且不违法、不违反道德底线的主观理由。反之则是无正当理由的基本内涵,但基于上述二分观点,应将本项相关内容在《税收征收管理法》条文中的位置作适当调整(如可移至日后《税收征收管理法》修法时新添、真正的一般反避税条款中)。

具体到"新疆瑞成案"中,二审法院通过列举出"为解决老国企退休职工住房困难,防止群体事件发生,化解社会矛盾"等正当理由而使瑞成公司"计税依据明显偏低"得到合理解释,并使之最终得以胜诉。尽管有学者认为该法院有伺机遁入"公共利益或社会稳定等法外秩序"之嫌,[⑤]但上述理据足以丰富正当理由在国内的适用范围。而在"广州德发案"中,德发公司提出了拍卖程序合法、拍卖价格合理与为挽救债务危机等作为其计税依据明显偏低的正当理由,但广州地税稽查一局及广州地税局(复议机关)则通过举出"涉案拍卖行为保证金设置过高、只有一人竞拍导致拍卖活动缺乏竞争,以较低保留底价成交,综合判定该次拍卖成交价格不能反映正常的市场价格,且德发公司未能合理说明上述情形并未对拍卖活动的竞价产生影响"等证据对此逐一反驳,最高人民法院根据相关证据法规则最终采信了被告对"无正当理由"的论证。这再次凸显了有无正当理由对

---

① 参见朱长胜:《"计税依据明显偏低,又无正当理由"在实践中的应用》,载《税务研究》2017年第9期。

② 参见陈晓黎:《从某案例引出对判定"价格明显偏低"的思考》,载《湖南税务高等专科学校学报》2015年第S1期。

③ 参见李登喜、李大庆:《论税收核定权的裁量属性及法律控制——基于"德发案"和〈税收征管法〉第三十五条的研究》,载《税收经济研究》2018年第6期。

④ 如因销售数量不同产生价格差异、因市场波动引起进销价格倒挂、因资金回笼需要或经营窘境而折价销售商品、因商品质量而产生价格差异、因质量缺陷造成低价销售等。参见何其昭、何学飞:《计税依据明显偏低时核定税款的实施条件——以新疆瑞成房地产公司诉地税稽查局案为例》,载《财会月刊》2015年第34期;王磊:《〈税收征管法〉第35条第6项释义与适用》,中国法学会经济法学研究会2017年年会论文,第886页。

⑤ 参见汪旭:《新疆瑞成房产公司税务行政处罚案评析——兼论核定课税中的若干法律问题》,载熊伟主编:《税法解释与判例评注》第7卷,法律出版社2016年版。

相关条款适用的重要性。另有不少学者通过对国内现行实定法与适用该条款案例的实证分析，提炼出了一些纳税人在税务行政诉讼中较常用的“正当理由”，这从另一个侧面佐证了笔者对“(无)正当理由”的上述初步界定。

三、《税收征收管理法》第35条第1款第6项规定现存问题的完善对策

针对《税收征收管理法》第35条第1款第6项存在的上述问题与理论争议，许多学者都根据各自的理解为其开出了不同的药方。如有学者认为，为解决上述问题，在实体立法方面，应在各单行税法(而非《税收征收管理法》)中逐一明确“计税依据明显偏低，又无正当理由”的判断标准，以迎合各单行税法在立法目的与征收方法等方面存在的不同个性，且避免了在《税收征收管理法》中作统一规定可能产生的“失之粗疏、流于空泛”等弊端。① 另有学者认为，通过对现行《税收征收管理法》中第35条及其实施细则中相关条款加以修补完善，在保留第1款第6项的同时对其加以健全和细化，以保持体系完整，使该条款的一般反避税与税收核定功能相得益彰。② 同样针对上述棘手问题，笔者既不认同后一观点所采取的将第35条第1款第6项及相关内容作为一般反避税条款继续予以保留和细化的保守立场，也不赞成前一观点希望对单行税法中相关条款逐一完善而置《税收征收管理法》于不顾等过于繁复琐屑的修订方法，而是力主结合实践经验，采取一种较彻底而灵活的完善路径，使反避税条款和税收核定条款得以明确界分、各归其位。详言之，应从如下几方面着手，对《税收征收管理法》第35条第1款第6项及其他相关规定加以进一步完善：

(一)修订现行税收征管法律规范，以使税收核定条款与反避税条款各归其位

如前所述，大多数学者都认为，现行税收征收管理相关法律规范确有修订完善的必要，因此，该完善工作不仅是大势所趋，同时也刻不容缓。但不同于前述那种修修补补的保守立场，在修订中《税收征收管理法》第35条第1款第6项并无保留于第35条之必要，以保证《税收征收管理法》第35条成为名实相符的税收核定条款，同时确保税收核定与反避税间得以明确界分。详言之，首先，立法者一方面可将第6项从第35条第1款中删去，进而在第35条第1款中增添其他列举条款，并重拟一个更恰切的兜底条款，以准确概括其他违反协力义务、应予税收核定的情形；另一方面应借鉴一些学者的建议，“在《税收征收管理法》中引入真正的一般反避税条款”，将近年来通过适用上述第6项所积累的反避税经验教训融入该一般反避税条款中，并辅之以较严格的反避税程序、以免该条款被边缘化，将对市场的干预限定于“以减少、免除或推迟较难税款为主要目的”等避税情形，同时鉴于《税收征收管理法》第36条所规定的转让定价调整情形略显单薄，应通

---

① 参见王磊：《〈税收征管法〉第35条第6项释义与适用》，中国法学会经济法学研究会2017年年会论文集，第893~895页。

② 参见朱长胜：《“计税依据明显偏低，又无正当理由”在实践中的应用》，载《税务研究》2017年第9期；翟继光：《论“计税依据明显偏低又无正当理由”的判断标准》，载《税务研究》2016年第8期。

过类型化在《税收征收管理法》中"增补特别反避税条款"，从而使税收核定条款与反避税条款各得其所。[①] 其次，亦可借鉴部分学者的观点，依据计税依据明显偏低在实践中的具体样态及判定标准，分别修订完善相应单行税法中的反避税具体规则，但要保证与《税收征收管理法》中新确立的一般反避税条款协调一致。[②] 而引领相关修订工作的指导思想无疑应是上文中笔者所提到的两项前提，即更充分有效地实现税收效率（在此体现为税收稽征的经济原则）与税收法定、税收公平等税法基本原则的和谐统一，以及在尽力保证国库利益与纳税人合法权益等多重利益间平衡与协调一致的基础上，必要时仍应秉持以国库利益为立足点、同时高度重视纳税人权利保护的价值导向，以达到"国库利益与纳税人经济自由权间的平衡"为其终极目标。

（二）立足于客观化理念，规范相关判断标准与举证责任

由于《税收征收管理法》第 35 条第 1 款第 6 项对"计税依据""明显偏低""正当理由"等的判断标准并未加以明确界定，因此，在税务实践中易出现适用偏差乃至自由裁量权滥用之虞。笔者认为，不妨根据前述学界就此所达成的初步共识，在《税收征收管理法》的下位法（如《税收征收管理法实施细则》）中对日后《税收征收管理法》修订时新添的一般反避税条款中相关类似内容加以细化规定，以明确"计税依据""明显偏低""正当理由"等的判断标准。同时，鉴于《税收征收管理法》及其相关规定对"无正当理由"等具体内容的举证责任分配规定不甚明确而引发部分学者争议，笔者建议日后应通过修法或在下位法中细化规定等途径，着力解决纳税人是否具有正当理由的举证责任分配不明确等问题，进一步落实税收法定原则，并实现各项课税要素的法定化、明晰化，以消弭该争议。另外，基于国家发改委对价格认定的现行规定及各方进一步明晰"计税依据明显偏低"的迫切需求，一方面，应引入并充分发展独立、客观、公正的第三方专业渠道，构建起成熟可靠的资产评估市场，相应地以第三方评估报告作为反避税程序的基石，这不仅有助于协调税务与会计间的冲突，也能在实务中起到阻遏或防范避税风险的功效；另一方面，也应将《企业所得税法》中的"不具有合理商业目的"条文引入《税收征收管理法》并取代"无正当理由"这一主观色彩颇为浓厚的语词，并作出更明确且体系化的解释（如在下位法中对其加以充分细化，且可根据实务中的案例作类型化提炼），以确保反避税法律规范体系内在的协调统一。同时，在完善国内反避税规范体系时，还应建构并不断健全该体系中的纳税人异议权机制（如通过完善告知、回避、听证等相关程序来健全），且应明确异议成立时税务机关所担负的义务及其相应的法律责任，以确保在各方博弈中居于优势地位的税务机关面前，纳税人申辩权、知情与参与权等相关权利得到充分保障，并形成

---

① 参见王宗涛：《"计税依据明显偏低无正当理由"条款的法律逻辑》，载熊伟主编：《税法解释与判例评注》第 7 卷，法律出版社 2016 年版。

② 参见王磊：《〈税收征管法〉第 35 条第 6 项释义与适用》，中国法学会经济法学研究会 2017 年年会论文集，第 895 页。

对税务机关自由裁量权的有效制衡,这其实与上述两项前提也是一脉相承的。

(三)顺应定分止争的迫切需求,制定相关核定办法

如前所述,税收核定制度系针对税务机关无法根据纳税人会计资料等进行征税等实践中存在的窘境,面对纳税人违反协力义务诸相关情形,赋予税务机关以实质性审核、推定甚至决定征税的权利,这与通过《一般反避税管理办法(试行)》细化的反避税制度存在显著差别。《税收征收管理法》第35条第1款中规定的适用事实(特别是日后重拟的兜底条款)具有相当程度的抽象性与空泛性,在税法适用中往往导致争讼难断、纠纷不止。坚持客观化与可度量的相关事实核定标准,实现对税务机关滥用权力与纳税人违反协力义务的有效控制与平衡,应是我国相关税收立法中的基本考量。因此,首先,我国亟须制定一部针对所有税种、较完备的税收核定管理办法,以明确税收核定的整体目标、基本原则、核定主体、核定对象、核定时效、违反相关规定的法律责任、法律监督与救济等诸要素;其次,根据各行业具体特点,参照相关实践中的经验教训,制定各行业具体的税收核定管理办法,形成一整套较周详的税收核定规范体系,从而保证税收核定争议的法律适用及其妥善解决于法有据,以尽可能减少争议。此外,亦可适度加强法院对此的实质性司法审查功能(应严格依循文义解释等解释方法,但要适度灵活地把握计税依据明显偏低的下限及正当理由的认定等要件,以免对市场正常交易机制的不当干预),而不拘泥于当前法院对税务机关相关裁量结果近乎完全尊让的保守立场,以实现对税务机关有效的外部监督,规范后者的自由裁量行为,必要时可由最高人民法院通过发布指导性案例指引相关审判实践等途径来具体落实。

论税务行政裁量司法审查强度的类型化

——以97个税务诉讼案例为样本的分析*

张　怡**　杨凌珊***

税务行政裁量系税务机关在执法中所作的自主判断和斟酌,对税务行政裁量的司法审查历来是税务诉讼的难点:一方面,法院需进行有效审查,以矫正失当裁量;另一方面,又不宜过度干预,而致妨碍税务机关专业优势的发挥。该难点折射出的本质问题即为司法权对税务执法权的介入程度,即法院审查强度的把握。反观实践,税务专业壁垒的客观存在和司法经验的欠缺导致法院在税务行政裁量的审查上存在不足,审查强度失当问题客观存在,影响了裁判的正确性与可预见性。学界虽有不少有关行政裁量司法审查强度的理论成果,①但均未就如何融入税法领域并实现具体运用进行探讨。对此迫切需要通过领域法视角对司法权如何在不造成对税务行政裁量权过分僭越的基础上发挥对税务行政裁量的约束与监督作用作出回应。

为正确把握税务行政裁量司法审查的强度,须建立起链接纷繁多样的个案事实与审查强度间的桥梁。但由于税务行政裁量司法审查强度具有极强的个案依赖性,难以用抽象概念或单一规范描述,需要通过更精细的认知模型来实现对审查强度和个案事实的具象认知,故本文考虑引入类型化理论,通过该理论来实现对复杂的审查强度和个案事实的细分与涵摄,以期为困扰实践的上述难题探索出裁判指引规则,有效解决税务行政裁

---

* 国家社会科学基金“国家治理现代化视野下的纳税人预算参与权构建研究”(项目编号:17BFX172)、央地共建西南政法大学中国财税法治研究院项目成果。

** 西南政法大学经济法学院教授、博士研究生导师,西南政法大学中国财税法治研究院执行院长。

*** 西南政法大学经济法学院博士研究生,福建省泉州市中级人民法院法官助理,中国财税法治研究院助理研究员。

① 参见王贵松:《论行政裁量的司法审查强度》,载《法商研究》2012年第4期;郭兵:《论行政程序裁量的司法审查标准》,载《政治与法律》2015年第4期;王天华:《行政裁量与判断过程审查方式》,载《清华法学》2009年第3期;杨伟东:《行政行为司法审查强度研究——行政审判权纵向范围分析》,中国人民大学出版社2003年版,第160~186页;等等。

量司法审查强度失当问题、促进裁判统一,同时助推税收司法和行政裁量司法审查强度理论的深化。

一、税务行政裁量司法审查强度的缘起

司法审查强度系“法院对进入司法领域的行政行为介入和干预的纵向范围”,①其本质上是由司法权与行政权的功能划分所决定的。但“因立法权、行政权和司法权并非在所有事务领域都予以相同配置,具体的权力配置取决于规范调整对象的性质和特点”。②因此,司法应如何介入税务行政裁量,很大程度受到税务行政裁量特点的影响。

税务行政裁量,顾名思义,即税务机关行使裁量权的行为。裁量是行政法上的通用概念,但在不同法域和时代语境下对其含义的理解有所不同。本文所讨论的“裁量”系广义上的裁量概念,即“只要对公共权力的有效限制不足以排除权力行使者进行判断和自由作出选择的可能性,就存在自由裁量权”。③ 放之税收征管领域,即指税务机关及其工作人员在法定授权的范围内,依一定的法律程序,自由选择其实施具体税收行政行为的方式、程序、种类以及期限等事项。④

因税收问题所涉事项十分庞杂,法律语言的抽象性及立法的局限性导致其无法完全涵盖复杂多样的可被课税的交易类型与结构,亦无法对各类问题作事无巨细的规定,因此,“基于对税收法定主义根本价值的坚持,立法权被谨慎削弱”,⑤导致税务机关在征管实践中具有极其广泛的裁量权。从税收规范动态适用角度看,税务行政裁量可发生于事实认定、法律解释、涵摄和作出决定的任意一个环节。从《税收征收管理法》对静态税法规范的分类看,税务行政裁量可普遍存在于税款征收、行政处罚、税务检查、税务强制和其他税务管理等各类行为中(见表1)。

表1　各类税收征管行为中的裁量

税务行政行为类型	相关法条
税款征收行为	《税收征收管理法》第35条规定:“……纳税人申报的计税依据明显偏低,又无正当理由的。” 《耕地占用税暂行条例》(已失效)第6条规定:“……适用税额可以适当提高……”

① 参见王名扬:《美国行政法》,中国法制出版社2005年版,第669页。

② 伏创宇:《行政判断余地的构造及其变革——基于核能规制司法审查的考察》,载《华东政法大学学报》2014年第5期。

③ 参见王锡锌:《自由裁量与行政正义——阅读戴维斯〈自由裁量的正义〉》,载《中外法学》2002年第1期。

④ 参见王霞、刘珊、董韬:《税收司法:原理与案例》,法律出版社2018年版,第104页。

⑤ 参见董学智:《论税法上的不确定法律概念》,载《交大法学》2018年第2期。

续表

税务行政行为类型	相关法条
税务行政处罚	《税收征收管理法》第64条规定:"纳税人不进行纳税申报……并处不缴或者少缴的税款百分之五十以上五倍以下的罚款。" 《税收征收管理法》第60条:"……情节严重的,处二千元以上一万元以下的罚款……"
税收检查行为	《税收征收管理法》第54条规定:"税务机关有权进行下列税务检查:"(一)检查纳税人的帐簿、记帐凭证、报表和有关资料,检查扣缴义务人代扣代缴、代收代缴税款帐簿、记帐凭证和有关资料……"
税收强制行为	《税收征收管理法》第55条规定:"税务机关对从事生产、经营的纳税人以前纳税期的纳税情况依法进行税务检查时,发现纳税人有逃避纳税义务行为,并有明显的转移、隐匿其应纳税的商品、货物以及其他财产或者应纳税的收入的迹象的,可以按照本法规定的批准权限采取税收保全措施或者强制执行措施。"
其他税务行政管理行为	《税收征收管理法》第25条规定:"纳税人必须依照法律、行政法规规定或者税务机关依照法律、行政法规的规定确定的申报期限、申报内容如实办理纳税申报,报送纳税申报表、财务会计报表以及税务机关根据实际需要要求纳税人报送的其他纳税资料。"

税务行政裁量的普遍存在说明了税法领域内立法、行政、司法三造中立法的先天不足,凸显了司法审查的必要性。税务行政裁量的存在虽是立法技术向复杂多变的课税对象的必要妥协,但也给滥用征税权力或权力寻租开启了方便之门。尤其当税务行政裁量普遍存在于税收执法领域时,税务机关一旦受到国库保护主义的驱使,其征税权力在实践中将有扩张倾向,可能对纳税人的合法权益造成极大威胁,故对税务行政裁量进行司法审查更显必要。

与此同时,税务行政裁量又具有极强的专业性。税法虽基于民商法所调整的经济行为,却是用自己独立的概念、逻辑和法理对各类经济行为进行再评价,与其他法学学科在规范适用和研究范式等方面均存在分野。特别是税务行政裁量的发生往往是在立法面对税收征管实践中新型或复杂的交易结构而无法作出全面、细致的规定时,税务行政裁量的作出已不是单纯法律解释技术所能解决,还需要在个案中根据税法的原则及理念进行判断,尤其是在技术性、细节性事项的确定上,还需从平衡国家利益与纳税人权利、考量征税成本与效率、避免经济活动安排发生扭曲等角度综合考虑进行判断。因此,鉴于法院在税收相关知识的获取、经验的积累以及专业性上与税务机关相比处于劣势地位，司法对税务行政裁量的审查必须保持在必要限度内，否则可能变成以司法裁量权代替税务行政裁量权的情况。

在税务诉讼中，司法审查强度将成为影响法院在个案中对税务行政裁量进行审查时选择审查模式、审查标准或审查方法等的内在因素；反之，法院在个案中所采用的审查模式、审查标准或审查方法等，都是司法审查强度的"注脚"。例如，就形式审查和实质审查标准而言，当法院决定对税务行政裁量施以更高审查强度时，则其会选择实质审查标准。当法院采用实质审查标准时，则亦可从中得出司法审查强度较高的判断。此外，法院适用同一种标准时，在个案中如何根据裁量的类型和特点进行解释，也蕴含了不同的审查强度。例如，同样采实质审查标准，由于该标准适用更多体现为代表实质合法性的比例原则、平等对待原则等，故在适用上相对灵活，有较大强度调整空间，在具体适用时可能也会出现审查强度的差异。①

二、税务行政裁量多元司法审查强度并存的实践困境

对于目前公开的税务诉讼裁判文书，虽限于种种原因不一定能洞视法官审查思路的全貌，但法官对于审查强度的把握仍可从裁判理由中略窥一二。笔者对3年以税务行政裁量为主要争议的案件作为样本进行分析发现，②法院虽已发展出多元审查强度，但如何正确把握以避免强度错配或失当，仍是困扰实践的难题。从样本看，对税务行政裁量的争议多集中于：税额核定（包括核定条件的认定和核定方法的选择）、处罚数额的确定（奖励数额亦同）、程序性事项的确定（如是否必须听证等）、期限的确定（如复议期限、检查期限的确定等）、强制执行措施的选择、退税条件的认定、滞纳金的认定以及其他（如"情节严重""正当理由"等抽象概念的解释、裁量性事实的认定等）（分布及数量见图1）。③

---

① 参见金自宁：《科技专业性行政行为的司法审查——基于环境影响评价审批诉讼的考察》，载《法商研究》2020年第3期。

② 笔者通过在中国裁判文书网上检索裁判日期为"2017年1月1日至2019年12月31日"、案由为"税务行政管理"的裁判文书，筛选出2694条记录。剔除其中不属于本文研究范畴的非诉执行审查裁定书、驳回再审通知书等文书，以及税收违法举报、政府信息公开、社保费征缴案件和非以税务行政裁量为主要争议的案件，整理出本文研究样本共计97件。虽然检索日后仍将有少量结案时间在上述期间的裁判文书陆续上传至中国裁判文书网，检索日后同口径文书数量可能有增加情况，但对本文所作实证研究并不造成实质影响。

③ 因部分案件可能同时存在两种或两种以上税务行政裁量行为，故此处统计的数据总数大于样本数量。

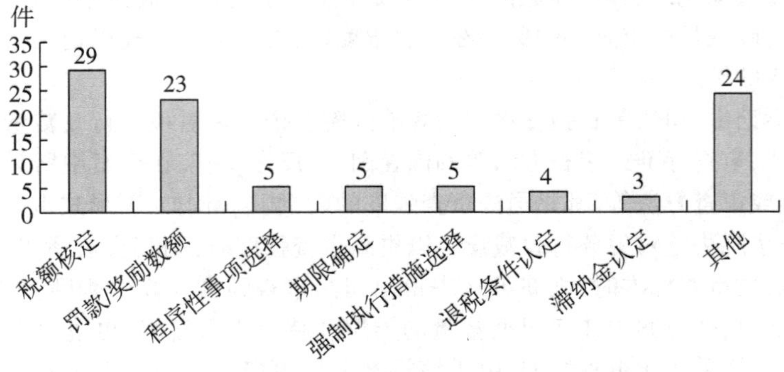

图1　各类型税务行政裁量争议案件分布情况

(一)个案分析:审查强度的"过"与"不及"

法院对税务行政裁量的审查强度既不宜过大,也不宜过小,一方面既应保证失当的税务行政裁量能够得到矫正,另一方面又要避免司法对税务机关行政自主权的过度干预。但从本文样本个案看,法院审查强度"过"与"不及"问题仍然存在。

1. 审查强度过高

法院审查强度过高通常表现为在事实认定上给税务机关分配不当举证责任或过高证明标准,在要件认定和决定作出上给税务机关施加不适当的负担,或以自己的判断结论取代税务机关的决定等。

例如,"江苏三汇建设工程有限公司(以下简称三汇公司)诉镇江市国家税务局稽查局案"中,对三汇公司是否具备偷税事实的认定上,法院将本应由三汇公司承担的成本支出的举证责任不当分配给了税务机关。① 又如,在"刘某梅、夏某野瑞诉国家税务总局水城县税务局第四税务分局、国家税务总局水城县税务局案"中,在税务机关已提供充分证据的情况下,法院还要求其对公司进行查账或财务审计,其结果直接影响了裁判的正确性。② 最终两个案件均于二审被改判。③

2. 审查强度过低

法院审查强度过低主要表现为对税务行政裁量应予审查但未予审查的情形,以及采用过于宽松的审查标准和审查方法等,或审查中对税收执法权的过分谦抑等情形。

目前,行政法学界对行政裁量应进行司法审查已基本达成共识,但实践中仍有法院认为,对税务行政裁量应予完全尊重而不予审查。例如,在"韶关市盈锦置业有限公司与

① 江苏省镇江市润州区人民法院(2017)苏1111行初25号行政判决书。

② 贵州省六盘水市中级人民法院(2018)黔02行终118号行政判决书。

③ 二审判决参见江苏省镇江市中级人民法院(2017)苏11行终219号行政判决书;贵州省六盘水市中级人民法院(2018)黔02行终118号行政判决书。

广东省仁化县地方税务局税务行政征收和行政赔偿案”中，对《税务稽查工作规程》第41条的规定，法院认为，该条款中的“可以向被查对象发出《税务事项通知书》”的“可以”，是一种选择性的规定，只要税务机关向纳税人告知了相关事项，是否还有“必要”发出专项通知，可由税务机关根据案情行使自由裁量权。[①] 这种不区分个案情况将裁量排除出司法审查范围的做法可能使部分失当税务行政裁量行为成为“漏网之鱼”，无法充分发挥司法对税务行政裁量的约束与监督作用。又如，《行政诉讼法》第70条的“滥用职权或明显不当”，通说被认为运用于狭义裁量（效果裁量）的审查标准，但在实践中却存在将不确定概念的认定也理解为狭义裁量并运用该标准的问题。例如，在“张家港广聚源置业有限公司诉国家税务总局苏州市税务局稽查局、国家税务总局苏州市税务局案”（以下简称“广聚源公司案”）中，法院将该标准适用于审查“计税依据明显偏低”和“正当理由”的解释上，若非同时还采用了其他审查方法，仅凭“对‘计税依据明显偏低’和‘正当理由’的认定及进行税收核定方法的选择，属于税务机关自由裁量权的范畴，而对于税务机关的这种专业判断，应当予以尊重，除非纳税人有证据证明税务机关的这种认定明显不合理或者滥用职权”的思路，显然无法对税务行政裁量进行有效审查。[②]

（二）类案比较：审查强度的把握尺度不一

运用类案研究分析样本案例可以发现，法院有时对相同裁量的审查强度并不一致，导致审查结论也不相同，同案异判现象客观存在，难以为税务执法与纳税人维权提供稳定预期。

1. 审查范围不一

对税务行政裁量应否审查及如何审查，体现了法院对税务行政裁量的审查强度。从样本案例中可见，在同为对罚款数额裁量进行审查的案件中，是否将该裁量纳入法院审查范围，存在截然不同的两种做法。在“北海中南房地产开发有限公司诉北海市国家税务局、北海市国家税务局稽查局案”中，法院对纳税人提出的罚款数额过高的主张未予任何回应，体现了其不予审查的立场。[③] 而在“武汉汉口北信和农贸市场有限公司诉武汉市国家税务局第一稽查局、湖北省武汉市国家税务局案”中，法院则分别从法定范围和处罚原则对罚款数额是否适当进行了审查。[④] 后案中，法院的审查强度明显比前案高。

2. 审查要求不一

法院对税务机关认定事实的裁量进行审查时，所进行的举证责任分配及证明标准适用也体现了法院的审查强度。从样本案例看，在同样对《税收征收管理法》第35条第6款中“正当理由”认定的审查中，不同法院对举证责任的分配不尽一致。在“阮某诉成都

---

① 广东省韶关市中级人民法院（2014）韶中法行终字第75号行政判决书。

② 江苏省苏州市中级人民法院（2018）苏05行终384号行政判决书。

③ 广西壮族自治区北海市中级人民法院（2017）桂05行终80号行政判决书。

④ 湖北省武汉市中级人民法院（2017）鄂01行终640号行政判决书。

市国家税务局车辆购置税征收管理分局四川省成都市国家税务局案”(以下简称“阮某案”)中,法院认为应由纳税人承担其具有“正当理由”的举证责任,对此法院指出,“车购税分局无权擅自认定阮某提出其所购车辆存在的情形是否属于正当理由”或者“国家税务总局规定的其他车辆”的情形。但由此并不能免除车购税分局对于认定阮某提出其所购车辆存在的情形不属于“正当理由”应当承担的举证责任。① 而在“上诉人胡某归与被上诉人上海市国家税务局车辆购置税曹杨征收所、上海市国家税务局案”中,法院则认为税务机关应当证明纳税人不具有“正当理由”,对此法院指出:“(上诉人)未就其主张应当以低于最低计税价格提出法定正当理由,亦未提供相关证据予以证明,本院难以采信。”②前案的审查强度明显高于后案,导致两个案件的审查结论也完全不同。

3. 审查标准不一

审查标准的宽严程度不同,法院的审查强度亦不同。在样本案例中,关乎课税基础不复存在时纳税人申请退税是否受《税收征收管理法》第51条3年退税期限约束的问题,不同案件中法院采取宽严程度不同的审查标准。在“营口生源房地产开发有限公司诉国家税务总局营口经济技术开发区税务局、国家税务总局营口市税务局案”中,法院采形式审查,仅对《税收征收管理法》第51条进行文义解释,认为:“如果原告认为多缴纳税款,应从2013年6月24日起三年内向国家税务总局营口经济技术开发区税务局提出退还税款申请。但原告于2016年11月10日书面向国家税务总局营口经济技术开发区税务局提出退税申请,不符合申请退还税款的法定条件。”③而在“刘某秀诉国家税务总局北京市西城区税务局、国家税务总局北京市税务局案”(以下简称“刘某秀退税案”)中,法院则施以较高审查强度,结合税法目的、宗旨、原则对税务机关的行为进行实质审查,对此法院指出,北京市西城区税务局未从税收的性质、课税要素以及税法宗旨等方面并结合涉案事实予以综合考量,将刘某秀不应缴纳的营业税、城市维护建设税、教育费附加,适用《税收征收管理法》第51条加以退税期限3年的时限约束,有违合理行政原则。④

三、税务行政裁量司法审查强度失当之原因剖析

对税务行政裁量审查强度的把握既要受到立法规范的约束,又会受到制度传统的影响,同时还需要法院充分掌握税法理论、恰当运用裁判方法,正确适用相关法律。故欲对上文所述税务行政裁量司法审查强度存在的失当问题进行全面分析,需对以上诸环节进行检视。

(一)规范适用之维

首先,目前《行政诉讼法》及相关司法解释均未明确如何对行政裁量进行审查,个别

① 四川省高级人民法院(2017)川行再25号行政判决书。

② 上海市第三中级人民法院(2017)沪03行终148号行政判决书。

③ 辽宁省营口市中级人民法院(2018)辽08行终265号行政判决书。

④ 北京市西城区人民法院(2017)京0102行初813号行政判决书。

司法解释条文虽涉及行政裁量审查,但或仅对审查后果进行规定,或仅就个别类型案件的审查标准和方法提供指引(见表2),远无法满足司法实践的需求。在实践中虽然常以《行政诉讼法》第70条的规定作为税务行政裁量的审查依据,但该条款“主要证据不足”指向的举证责任分配,证明标准运用等并无相关规范予以明确,对“滥用职权”“明显不合理”的理解实践中亦呈现分歧,法官对裁量的审查很大程度上仍依赖学理探讨或个人观点,呈现较强主观性与不确定性,存在“同案异判”的现象。

表2　涉行政裁量规范梳理

规范名称	具体内容
《行政诉讼法》	第60条第1款规定,人民法院审理行政案件,不适用调解。但是,行政赔偿、补偿以及行政机关行使法律、法规规定的自由裁量权的案件可以调解
最高人民法院《关于适用〈中华人民共和国行政诉讼法〉的解释》	第91条规定,原告请求被告履行法定职责的理由成立,被告违法拒绝履行或者无正当理由逾期不予答复的,人民法院可以根据《行政诉讼法》第70条的规定,判决被告在一定期限内依法履行原告请求的法定职责;尚需被告调查或者裁量的,应当判决被告针对原告的请求重新作出处理
最高人民法院《关于审理政府信息公开行政案件若干问题的规定》	第9条规定,被告对依法应当公开的政府信息拒绝或者部分拒绝公开的,人民法院应当撤销或者部分撤销被诉不予公开决定,并判决被告在一定期限内公开。尚需被告调查、裁量的,判决其在一定期限内重新答复。 …… 被告依法应当更正而不更正与原告相关的政府信息记录的,人民法院应当判决被告在一定期限内更正。尚需被告调查、裁量的,判决其在一定期限内重新答复。被告无权更正的,判决其转送有权更正的行政机关处理
最高人民法院《关于审理行政许可案件若干问题的规定》	第11条规定,人民法院审理不予行政许可决定案件,认为原告请求准予许可的理由成立,且被告没有裁量余地的,可以在判决理由写明,并判决撤销不予许可决定,责令被告重新作出决定
《行政审判办案指南(一)》	25.行政裁量过程中考虑因素的确定问题 行政机关在作出无偿收回闲置土地决定时未考虑相对人是否存在免责事由、在作出房屋征收或者拆迁补偿决定时未考虑老年人等特定被拆迁人群体的合理需求的,属于遗漏应当考虑的因素,人民法院可以据此认定被诉行政行为违法

其次,对裁量类型特点关照不足。由于裁量审查规范不明,实践中税务行政裁量的司法审查常见两种做法:一是法院未区分裁量行为与羁束行为,一律以相同的方法或标准进行审查;二是法院虽然意识到裁量行为的特殊性,但缺乏对税务行政裁量性质、类型及其对审查强度影响的关照,例如,上文所举"广聚源公司案"即属此种情形。上述两种情况都使法官对审查方法或标准的选择常常是不适当的,导致审查强度过高或过低的现象发生。

(二)制度传统之维

首先,税收行政立法的先天强势。由于立法固有的局限性和税收领域具有的高度流变性的特点,目前,我国税务机关享有强大的"造法权",由税务机关制定裁量基准文件和法律解释规范的情况比比皆是。故实践中,法院对税务行政裁量的审查亦在很大程度上依赖税务机关制定的上述规范性文件,无法真正发挥司法的制衡与约束作用。

其次,功能优势理论的影响异化。"行政机关具有功能优势的事项……就由行政机关来决定,法院无此'功能适当性',就应该保持谦抑、回避审查。"①

(三)裁判方法之维

首先,遵循先例方法客观不能。审查强度的把握对法院来说本身就是个难题,在尚未形成明确规则或指引时,先例的指导作用十分重要。我国虽不是判例法系国家,但通过统一公布定性准确的案件,能够"详细阐述司法规则在具体个案中的裁判逻辑,从方法论的角度推动法制统一"。② 虽然近年来最高人民法院亦公布了"广州德发案"等典型税务诉讼案例,但数量极少,导致法院难以从先例中寻求有效指导,出现个案审查强度失当的情况。

其次,妥善处理个案思维存在局限。虽然法院在税务行政裁量审查上已探索出多元审查强度,但从审查思路看,仍属于以如何快捷、妥善处理手头案件为逻辑起点的个案思维,而缺乏一种先验性的类型化思维,这将导致法院难以将不可复制的案情转化为一般化的抽象法律事实,不利于在司法裁判体系内逐渐形成明确统一的规则,在审查强度的确定上也容易出现不适当的情况。

(四)司法能力之维

首先,税务专业知识掌握不足。税务行政裁量具有极强的专业性,特别在面对税收征收管理实践中出现的新型或复杂的交易结构时,对税务专业知识的运用与掌握要求更高。而对于习惯和熟练于审理一般民商事案件的法官来说,其更擅长于法律解释等法律技术层面和法理层面的探讨,对于税务专业知识则相对陌生,这就导致其对税务行政裁量进行审查时,可能因为税务专业知识的不足而致审查强度失当的问题。

---

① 张翔:《我国国家权力配置原则的功能主义解释》,载《中外法学》2018年第2期。

② 参见汪哲、魏凌雪:《论法院如何参与中央及地方治理》,载《法律适用》2016年第7期。

其次,涉税相关经验有所欠缺。我国税务诉讼存在“复议”和“清税”双重前置,①进入司法诉讼程序的税务案件数量十分有限。根据学界的实证研究,近年来,税务诉讼案件保持在每年400件左右,②与庞大的行政案件数量相比差距甚大。在法院能接触到的税务诉讼案件本身数量极少的情况下,法院本身又非税务行政执法主体。因此,法院在涉税事务处理方面的经验积累并不多,这就使法院在对税务行政裁量进行审查时可能因能力不足而导致审查强度失当的现象。

四、税务行政裁量司法审查强度的类型化界分

司法审查强度是一个抽象的概念,其大小难以用概括性或抽象性的语言直接描述。“当抽象的一般概念及其逻辑体系不足以应对某一生活现象或意义脉络的多样表现形态时,首先会考虑到的补助思考形式是‘类型’。”③因此,欲为税务行政裁量选择适当审查强度,可首先借助类型化归纳实现对审查强度的准确认知。

(一)类型化的依据

我国未设置独立的税务诉讼程序,对税务行政裁量的司法审查系在《行政诉讼法》的框架下展开。根据《行政诉讼法》第70条规定的审查条件所包含的“要素”与“标准”两个面向,④加之因法院对“滥用职权”和“明显不当”应否作为裁量专门审查标准的分歧而致审查模式的不同,在实践中对税务行政裁量形成了“要素→模式→标准”的审查进路。在这一审查进路下,法院对审查模式的选择、审查要素的侧重及审查标准的运用,均将造成审查强度的差异,这即构成了本文所欲尝试的对审查强度进行类型化的依据。

(二)类型化的展开

审查强度的类型化需要基于上述审查进路对审查经验进行总结,但要说明的是,下文所谓“较强”或“较弱”的强度,仅仅是在类型化基础上的相对界分,事实上,审查模式和标准之下还可能存在方法的进一步细分,模式、要素和标准的组合个案也有不同,这些共同调控着司法权与税收执法权的强弱差异。

1. 审查要素的侧重

程序和实体是法院审查行政行为的两个重要因素。程序审查,是指法院仅对行政行为的步骤和过程是否遵守法定程序或是否正当进行审查,而实体审查则由法院针对行政行为的实体内容是否符合法律规定或是否存在明显不合理等进行判断。随着程序正义独立价值的不断凸显,加之税务行政裁量的专业性导致对其进行实体判断难度极大,程序审查独有的优势正在凸显。

---

① 《税收征收管理法》第88条第1款规定:“纳税人、扣缴义务人、纳税担保人同税务机关在纳税上发生争议时,必须先依照税务机关的纳税决定缴纳或者解缴税款及滞纳金或者提供相应的担保,然后可以依法申请行政复议;对行政复议决定不服的,可以依法向人民法院起诉。”

② 参见崔威:《中国税务行政诉讼实证研究》,载《清华法学》2015年第3期。

③ 参见[德]卡尔·拉伦茨:《法学方法论》,陈爱娥译,商务印书馆2003年版,第337页。

④ 参见何海波:《论行政行为“明显不当”》,载《法学研究》2016年第3期。

从审查强度的角度看,对案件实体处理进行审查的强度比对程序进行审查的强度要高。但在实践中,单独适用程序审查或实体审查的案件较少,大部分案件中法院仍是进行双重审查。值得一提的是,实践中还有一种审查方法,在行政法学界被称为"判断过程的审查",这是一种程序性的实体审查,即"由法院根据行政机关的陈述,对行政机关以何种方式考虑何种事项作出行政行为进行重构,并在此基础上对裁量过程的妥当性进行评价"。[①] 该审查方法审查强度亦较高。

2. 审查模式的选择

根据法院在审查过程中是否将裁量行为从一般具体行政行为分离出来,可将审查模式区分为专门审查与一般审查。前者是指法院将《行政诉讼法》第70条规定的"滥用职权"和"明显不当"作为审查的专门标准,如上文所述"广聚源公司案"。后者是指法院未区分裁量行为与羁束行为,从事实、法律、程序几个层面进行全面式审查,如上文所述"阮某案"中法院的判词:"车购税分局按国家税务总局核定的最低计税价格决定向阮某征收税款101,500元,认定事实清楚,符合《车辆购置税暂行条例》第7条、《车辆购置税征收管理办法》第9条第3项、第6项及第12条的规定,且车购税分局收到阮某的申报申请后及时作出了征税决定,程序合法。"[②]

因"滥用职权"和"明显不当"的适用尚未形成明确的立法解释,学理上虽有广泛深入的探讨但仍未达成共识,[③]故法院适用该标准时,常采"逆向反推"的司法技术,即只要没有充分证据证明税务机关在行使裁量权时存在滥用职权或明显不当的情形,即认可其合法性。这种"逆向反推"方式使那些越难证明的问题,法院干预的可能性越小,故专门审查的强度普遍低于一般审查。

3. 审查标准的运用

(1)事实认定层面

在案件证据真实性已经确定的情况下,法院对税务机关认定的法律事实能否成立的心证,主要取决于其所采用的证明标准。《行政诉讼法》虽然未对证明标准作明确规定,但最高人民法院对行政诉讼证明标准的解读采多元论,[④]在实践中亦形成了视案件情况综合、灵活运用证明标准的做法。法院所采证明标准越高,其对税务机关认定事实的审查越严格,反之则越宽松。

在"厦门市全新彩钢结构有限公司诉国家税务总局厦门市税务局稽查局案"和"绍兴市越城区牌口士明砂石厂诉国家税务总局绍兴市税务局稽查局案"中,法院即根据不

① 王天华:《行政裁量与判断过程审查方式》,载《清华法学》2009年第3期。

② 四川省高级人民法院(2017)川行再25号行政判决书。

③ 参见李哲范:《论行政裁量权的司法控制——〈行政诉讼法〉第5条、第54条之解读》,载《法制与社会发展》2012年第6期。

④ 参见徐庭祥:《论建构我国行政诉讼的一般证明标准》,载《政治与法律》2019年第12期。

同裁量行为对当事人权益的影响程度,适用了不同的证明标准。前一案件法院指出:“行政机关在税务行政处罚中,基于审慎考虑,适用较高的证明标准……未有不合理或者滥用职权的情况存在。”[①]后一案件法院指出:“本案处罚决定属较大数额罚款,对相对人财产权益影响较大,更应采用较为严格的证明标准。”[②]

(2)法律解释层面

随着现代行政理念从形式法治向实质法治的嬗变,对行政行为“合法性”的理解也从“形式合法”发展为“实质合法”,将二者作为审查标准,则对应为形式审查和实质审查。前者是指法院仅“在法律条文的射程内进行推演”,[③]审查税务机关解释法律、作出决定是否在法律规定的裁量范围内;后者则是指法院审查时不停留在法条的表面文义,而追求与立法目的和精神、法律原则、行政先例等相一致。“形式合法的概念把法律、法规等制定法看成一个构筑行为规范的法律框框,框框之内,行政机关可自由裁量而不受限制,而实质合法的概念则强调框框之内还有细格,行政机关越出这些细格也属违法”,[④]故在审查强度上,实质审查明显高于形式审查。

形式审查在实践中十分普遍,不再赘述。实质审查,则有适当性、合理性审查的意味,常用于“实现对法律的纠偏或填补法律的漏洞的功能”。[⑤] 在实践中,法院常运用立法目的、法律原则和利益平衡等进行实质审查。例如,上文所述的“刘某秀退税案”中,法院即从税收的概念、税法的目的和宗旨论述税务机关应合理行使裁量权。[⑥] 又如,在“陈某伟案”中,法院在论及对民间借贷行为应否征税时即援引了税收公平原则和税收效率原则。[⑦] 再如,在“广州德发房产建设有限公司诉广东省广州市地方税务局第一稽查案”中,法院即以“国家税收利益”作为其审查的依据之一:“税务机关基于国家税收利益的考虑,也可以不以拍卖价格作为计税依据,另行核定应纳税额。”[⑧]

(3)程序适用层面

对税务行政裁量的程序进行审查,“一方面是行政程序理念深入发展的结果,另一方面也是行政高度专门化、行政过程日益复杂化而司法审查能力有限的要求”。[⑨] 目前,对税务行政裁量程序的司法审查除以“法定程序”为标准外,还发展出了“正当程序”审查

① 福建省厦门市中级人民法院(2019)闽02行终121号行政判决书。

② 浙江省绍兴市中级人民法院(2018)浙06行终411号行政判决书。

③ 姜鹏:《不履行法定职责行政案件司法审查强度之检讨》,载《华东政法大学学报》2017年第4期。

④ 何海波:《论行政行为“明显不当”》,载《法学研究》2016年第3期。

⑤ 参见江必新:《论实质法治主义背景下的司法审查》,载《法律科学(西北政法大学学报)》2011年第6期。

⑥ 北京市西城区人民法院(2017)京0102行初813号行政判决书。

⑦ 最高人民法院(2018)最高法行申209号行政裁定书。

⑧ 山东省淄博市中级人民法院(2018)鲁03行终159号行政判决书。

⑨ 王贵松:《论行政裁量的司法审查强度》,载《法商研究》2012年第4期。

标准。

以法定程序为审查标准时,法院仅需审查税务机关作出裁量行为时是否符合法律明文规定的程序性规范;而正当程序审查实际上是通过法律解释的方法进一步扩宽"法定程序"的审查范围,相当于在"法定程序"之外提出正当程序的要求,①其强度比仅适用"法定程序"案件的强度高。前者如"陈某仁诉国家税务总局中山市税务局神湾税务分局案"中,法院指出:"根据《中华人民共和国税收征收管理法实施细则》第四十七条的规定……神湾税务分局未履行核定通知程序而直接征收税款,违反上述规定,程序违法。"②后者如"湖北环球置业有限公司诉国家税务总局孝感市税务局稽查局案",法院指出:"地税稽查局未充分听取原告环球置业的意见,剥夺了原告环球置业的知情权、陈述申辩权,违反了程序正当性原则。"③

五、税务行政裁量立体式司法审查规则的构建

在审查强度类型化的基础上,构建一套根据个案事实选择适当强度的审查规则,有利于给法院以程序化和方法论意义上的指引,节约司法成本,并最终实现对税收正义这一实体价值的追求。为此,必须首先厘清个案中可能影响法院审查强度的因素。

(一)司法审查强度影响因素的类型化尝试

"在司法过程中,利用类型而非概念来描绘案件事实的特征,能够为司法裁判寻找到适宜的评价标准。"④考虑到现实中,影响法院审查强度的因素多种多样且关联松散,难以抽象出单一概念或特定内涵,故亦可借助类型化思维对其进行分析。

1. 裁量发生缘由的影响

裁量发生缘由既有因不确定概念而赋予税务机关的弹性解释空间,也有因立法漏洞而导致的税务机关的"造法权",还包括立法明确授权税务机关自行选择与判断的情况。这3类不同缘由的裁量特性差异较大,对其审查强度也应有所区别。对于不确定概念的解释和法律漏洞的填补,"作为法律专家的法院应具有完全审查决定行政机关对法律的解释正确与否的最终权力",⑤对其审查强度可较高;而立法授权的情况则是立法机关考虑行政机关的功能性特点而有意留给行政机关的灵活性,审查强度不宜过大。

2. 裁量对象特点的影响

在实践中,税务机关裁量事项多样且广泛,其特点亦会对审查强度产生影响,其中最重要的一点是应考虑该事项在多大程度上依赖税务机关的专业判断,以及在多大程度上

① 参见周佑勇:《司法判决对正当程序原则的发展》,载《中国法学》2019年第3期。

② 广东省中山市第一人民法院(2018)粤2071行初823号行政判决书。

③ 湖北省云梦县人民法院(2018)鄂0923行初21号行政判决书。

④ 张斌峰、孙西茜:《试论类型化思维及其法律适用价值》,载《政法论丛》2017年第3期。

⑤ 周佑勇、邓小兵:《行政裁量概念的比较观察》,载《环球法律评论》2006年第4期。

可以在事后由法院重新理解。[①] 对于政策性和技术性事项等税务机关更擅长判断的裁量,法院审查强度不宜过高,而对于诸如法律解释、价值判断等事项,法院则可采较高审查强度。我国台湾地区学者陈清秀甚至主张,就课税事实认定和课税法律规范适用而言,"在纳税义务人有不服而进入税务诉讼时,'法院'应取代税捐稽征机关,就课税事实及法律解释适用进行'全面性审查'"。[②]

3. 裁量侵益及其程度的影响

对于一般行政裁量,"如果法院能根据私人法益受影响的程度和法益本身的重要性程度来对行政裁量决定进行不同程度的审查,就能为充分保障私人法益提供有效的司法支持"。[③] 税收具有无偿性和强制性,税务裁量主要对纳税人的财产权产生影响,但在个别情况下(如作出拘留的行政处罚决定等)也可能影响纳税人的人身自由权利,对后者的审查强度要高于前者;此外,不同税务裁量对纳税人财产权的影响程度也是不同的,例如,具有惩罚性质的税务行政处罚对权利的侵害程度就比税款征收行为大,对其审查强度也应较高。

4. 裁量程序的影响

"由于税收实体正义标准具有一定的不确定性,纳税人只有祈求程序正义,希望通过'看得见的方式'作出实体征税决定。"[④]立法对裁量程序的设计越精细,税务机关作出裁量时对程序的遵循越严谨,相对人的合法权利就越能得到保障,税务机关滥用权利的可能性就越低,其最终作出的裁量结果符合实体正义的可能性就越大,与此相应的审查强度就可相应较低。

(二)类型化基础上"因素"与"强度"的勾连

在明确个案中可能对审查强度产生影响的因素后,法院即可通过将其与审查要素、模式和标准的"勾连",即选择恰当的审查要素、模式与标准,为个案寻得恰当审查强度。这一审查规则以强度影响因素为准据,以审查强度为中心,以审查要素、模式、标准为落脚点,共同构建起一个立体式的标轴。需要说明的是,确定审查强度并非类似简单套用数学公式,"因为充当判断依据的各种因素无法轻易量化"。[⑤] 且同一个案件中不同要素对审查强度的影响可能是反向的,故法院对审查强度的选择,"是进行综合判断、选择和论证的过程"。[⑥]

---

① 参见盛子龙:《行政法上不确定法律概念具体化之司法审查密度》,台湾大学法律研究所1998年博士学位论文。

② 陈清秀:《纳税者权利保护法对税务诉讼审理之影响》,载《植根杂志》2017年第11期。

③ 王贵松:《论行政裁量的司法审查强度》,载《法商研究》2012年第4期。

④ 施正文:《论程序法治与税收正义》,载《法学家》2004年第5期。

⑤ 许宗力:《订定命令的裁量与司法审查》,载于氏:《宪法与法治国行政》,台北,元照出版有限公司1999年版。

⑥ 蒋红珍:《论适当性原则——引入立法事实的类型化审查强度理论》,载《中国法学》2010年第3期。

1. 与审查要素的勾连

程序审查相较实体审查强度较低,因此,其单独适用的情形一般为法院认为可施予较低程度审查的情形,例如,税务机关进行效果裁量的情形,或技术性、政策性较强的裁量。这是因为,这类裁量常常有赖税务机关专业优势的发挥,由法院进行实体内容的判断往往有较大难度,故考虑法院对程序问题本身有更深刻的认识,由法院转而审查税务行政裁量程序的合法性与适当性,更有助于实现司法审查的目的。此外,对于立法程序较精细的事项,法院也可侧重进行程序审查。如我国反避税立法设置了严格的程序性要求,而对税收核定则未作特别程序性规定,此时法院对有关税收核定和反避税的裁量行为,可在实体和程序审查上各有侧重。但是,对于一些需要施以较高强度审查的裁量,如有关税款征收、滞纳金征收的裁量决定等,宜进行实体审查,或将实体审查与程序审查相结合。

2. 与审查模式的勾连

一般审查具有明确的审查要素,且法院可通过适用不同审查标准,对审查强度进行控制(如形式审查与实质审查的强度差异,法定程序与正当程序的强度差异);而专门审查的审查要素并不明确,且审查强度较低。基于以上特点,一般审查宜适用于要件裁量,原因在于要件裁量大多涉及对相关事实的认定和税法不确定法律概念的解释、税法漏洞的填补,与一般审查的审查要素相一致,且适用一般审查使法院得以根据案件不同情况施以不同审查强度;而专门审查则更适宜于效果裁量,因为效果裁量往往是税务机关行使立法赋予其在给定范围或幅度内进行选择的权力,系源于客观现实的需要或立法的授权,更多需要税务机关进行能动选择,且不属于一般审查的任一审查要素,难以适用该方法。例如,对于税款征收,其直接对纳税人财产权益造成影响,且涉及事实认定、法律适用、程序选择等各环节,可进行一般审查。而对诸如核定方法的选择、税务行政处罚具体金额的裁量等问题,可采用专门审查。

3. 与审查标准的勾连

审查标准的选择主要发生于法律适用上,其体现了法院对税务行政裁量审查要求的宽严。一般而言,形式审查多用于审查强度较低,法律有明确规定的情况;而实质审查则多用于审查强度较高且包含不确定法律概念或存在立法漏洞的情况。例如,对《税收征收管理法》第35条第6款"明显偏低"和"正当理由"的认定需要税务机关结合立法目的、法的原则等对"明显偏低"和"正当理由"进行解释,可采实质审查;而对基于以上认定进行的核定方法的选择,税务机关往往享有一定的自由度,法院可采形式审查。此外,基于形式审查与实质审查之间审查强度的差异,在涉及对纳税人权利影响程度更大的情况下,或者该税务行政裁量作出的法定程序要求较粗放时,可考虑进行实质审查而非形式审查,以更好地保障纳税人的合法权益。

六、结语

税务行政裁量司法审查强度的把握对于个案裁判结论的正确性甚而税收正义实现

的影响不言而喻。笔者尝试对审查强度及个案中影响审查强度的要素进行类型化,进而探索出较完整、客观的可供遵循的裁判指引,虽然其尚不足以成为一套逻辑周延的学理架构,但能够较清晰地展现不同个案事实匹配不同审查强度的坐标轴,使法院对审查强度的把握得以从"个案性"的处理转向"类型化"的思考,有利于保证裁判的高效、正确、统一和保护纳税人的合法权益,并进而促使法院与税务机关形成良好的互动关系,对迈向税收法治具有重要的意义。

涉税行政公益诉讼研究：制度反思与纳税人主义导入

毛　彦*

一、问题之提出

2014 年党的十八届四中全会通过的《中共中央关于全面推进依法治国若干重大问题的决定》明确提出"探索建立检察机关提起公益诉讼制度"，2015 年 5 月习近平总书记主持全面深化改革领导小组第十二次会议并审议通过《检察机关提起公益诉讼试点方案》，2017 年《行政诉讼法》完成修订。自此，一条具有"新时代中国特色社会主义"色彩的行政公益诉讼制度框架基本形成。2017 年 1 月，在行政公益诉讼制度纳入《行政诉讼法》之前，安徽省合肥市蜀山区检察院以合肥市国家税务局怠于履行职权，向蜀山区人民法院提起涉税行政公益诉讼。2018 年，甘肃省兰州市城关区人民检察院诉国家税务总局兰州市税务局不履行法定职责一案入选中国首届"年度影响力税务司法审判案例"，使涉税行政公益诉讼案件首次在公众面前展现全貌。现就该典型案例始，对涉税行政公益诉讼制度进行考察。

"兰州市城关区人民检察院诉国家税务总局兰州市税务局不履行法定职责案"中，兰州市城关区人民检察院诉称恒基公司截至 2007 年应当缴纳税款 212 余万元，而其实际仅缴纳 40 余万元，尚有 170 余万元仍未缴纳。① 2017 年 4 月兰州市城关区人民检察院向税务机关发出检察建议，要求其履行法定职责，完成恒基公司所欠税款的追缴。同年 5 月，税务机关回复称恒基公司已注销且无财产供采取税收保全或强制执行措施，即无法完成所欠税款的征缴工作。基于此，检察院认定税务机关作为主管机关，在检察机关发出检察建议后，仍未履行其法定职责，在期限内追缴恒基公司所欠税款，致使国有资产仍处流失状态。检察机关依据《行政诉讼法》第 25 条第 4 款的规定向法院提起行政公益诉讼，请求依法确认被告行政不作为行为违法并判令其完成对恒基公司所欠税款的追缴。

---

* 武汉大学法学院经济法学专业 2020 级博士研究生。

① 参见兰州铁路运输法院（2018）行初第 125 号行政判决书。案件中主管税务机关原为甘肃省兰州市地方税务局房地产建筑安装业税收征收管理分局，但因国税地税征管体制改革，现更名为甘肃省兰州市地方税务局专业化管理分局，后文均以"税务机关"的表述代之。

被告税务机关辩称其对恒基公司一直依法履行税收征管职责,2006 年 10 月对恒基公司未按期纳税申报的行为作出行政处罚,2007 年 3 次发出税务事项通知书要求其申报缴纳应纳税款,2009 年 7 月后税务局依法将其认定为非正常户进行跟踪管理。税务机关在接收到检察建议后,查询到恒基公司于 2012 年 2 月吊销营业执照且并未查询到公司的任何财产信息,无法在期限内完成所欠税款的征缴工作,但经税务机关核定与协调,恒基公司承诺于 2018 年 8 月 30 日前缴清税款。同时,税务机关认为涉案房产违规办理产权证是造成税款无法征管的直接原因,自身始终依法履行法定的税收征管职责,税款无法完成及时征缴并非税务机关的行政不作为所致,因而税务机关请求法院驳回起诉。同时,案件第三人恒基公司认为,检察机关作出的 4400 万元销售额认定有误且税费依据协议应当系他人垫付,同时公司业已注销并无财产。

法院基于诉讼双方与第三人恒基公司所提交的证据,认定税务机关除对未按期申报的行为处以罚款、通知申报缴纳税款外,并未及时采取有效措施以确保所欠税款征收到位,其行为构成履行职责不完全。因此,判决被告履行法定职责,在判决生效之日起 90 日内将第三人恒基公司所欠 144 余万元营业税款追缴到位。

基于案件事实的分析,可获取如下检察机关启动涉税行政公益诉讼的逻辑理路。检察机关认定恒基公司存在税款欠缴之事实,税务机关为其法定税款稽征机关,所以检察机关发出检察建议要求其履行法定职责。税务机关在检察建议规定期限内回复但并未完成税款追缴工作,因而属于《行政诉讼法》第 25 条第 4 款规定的不依法履行职责且国家利益受到侵害的情形。检察机关据此将行政公益诉讼推入司法诉讼程序。随后的裁判结果亦表明法院支持检察机关所持观点,即存在税款应缴未缴问题且未在检察建议规定期限内完成追缴的情形,旋即进入不依法履行职责且国家或社会公共利益受到侵害的框架内。

虽然案件依据《行政诉讼法》第 25 条第 4 款所框定的思路进行裁判看似并无不妥,但程序中作为被告的税务机关与作为第三人的恒基公司始终处于相对的消极状态。第三人所列举的全部证据均被法庭以合法性与关联性不符合的理由排除,而税务机关提供对自身与纳税人有利的全部证据,除被法院认定的 144 万元核定欠缴数额外,被全部排除。因而,在涉税行政诉讼中,检察机关对公共利益的追求是否致使税务机关与纳税人地位出现弱化,这一问题值得探讨。

此外,在税收类国有资产领域的行政公益诉讼中,检察机关借由行政公益诉讼机制间接取得对纳税人课税与否的认定权能。具体而言,检察机关认为纳税人存在应缴未缴的情形,就可以推定涉案税务机关因未履行法定稽征职责而造成国家利益或社会公共利益损失,遂要求税务机关对纳税人应缴未缴的税款进行征缴,并通常限定期限。此种看似运用行政公益诉讼对国家利益或社会公共利益的维护或对税务机关征管权力行使的监督,实质上可能间接控制税务机关的稽征权力。

最后,涉税行政公益诉讼面向"应缴未缴"领域,对于税务机关未认定课征与否的税款再度审视其纳税义务,促使国库主义目的二次扩张。回望行政公益诉讼100%的成功概率,即被检察机关指向的纳税主体必然负担检察机关确认的,督促税务机关限期履行完成的税款补缴义务。基于公共利益的行政公益诉讼进入税收领域,这种基于法律监督权而启动的税务稽征行为,再次触碰到纳税人的财产权利,其涉及各方权利(力)行使与义务担负,势必需要审慎观察。

二、行政公益诉讼中"违法"相对人的权利保障

行政公益诉讼一旦启动,目标就明确指向行政机关未履行法定职责与公共利益受到侵蚀的现实。为纠正行政权的失能状态、填补公共利益的损害,检察机关通过提起行政公益诉讼,让公共利益恢复完满状态。但行政公益诉讼衍生的二次行政行为,其行政相对人,尤其是检察机关所认定的"违法"相对人权利与救济保障,似乎从未进入以保护公共利益为目的的行政公益诉讼的视野之中。但行政诉讼法对私权保护的尊重,在行政公益诉讼领域不应当被遗忘。①

(一)行政公益诉讼中"违法"相对人的认定逻辑

行政公益诉讼下检察机关所发挥的法律监督权能并非针对审判权,而是指向行政权的运行,具象而言其是指向未履行法定职责的行政权能的行使。检察机关作为法律监督机关,依法定程序和法定权限对法律实施的合法性进行监督。② 因而公益诉讼机制进入行政诉讼领域,即代表检察机关虽因丧失职务犯罪侦查权而无法针对国家机关工作人员进行"个体法律监督",却因行政公益诉讼制度指向行政权的运行,转向对行政机关履行法定职责进行"机关法律监督"。③ 而触发检察机关与行政机关联结关系的行政公益诉讼制度,便是针对"履行法定职责"与"公共利益"要素的考量。较之一般行政诉讼,检察院所启动的行政公益诉讼秉持着对国家利益与社会公共利益的维护,此种对公共利益的保护与行政法律监督的目的间存有高度一致,此种一致性亦决定行政公益诉讼由人民检察院启动并指向行政机关履行法定职责的监督。④ "个案监督"模式下的行政公益诉讼机制,是借由公共利益遭受减损之事实指引去回溯与履行法定职责之因果,其最终落脚

---

① 《行政诉讼法》第1条规定:"为保证人民法院公正、及时审理行政案件,解决行政争议,保护公民、法人和其他组织的合法权益,监督行政机关依法行使职权,根据宪法,制定本法。"因而,行政诉讼应当兼具私权保护、监督行政以及解决争议三大目的,依据条文之顺序私权保护甚至先于行政监督。转引自付荣、江必新:《论私权保护与行政诉讼体系的重构》,载《行政法学研究》2018年第3期。

② 参见姜涛:《检察机关提起行政公益诉讼制度:一个中国问题的思考》,载《政法论坛》2015年第6期。

③ 参见张晋邦:《论检察建议的监督属性——以行政公益诉讼中行政机关执行检察建议为视角》,载《四川师范大学学报(社会科学版)》2018年第6期。

④ 参见姜涛:《检察机关提起行政公益诉讼制度:一个中国问题的思考》,载《政法论坛》2015年第6期。

点系为保全公共利益无减损之虞。[①] 但是，此种保全公共利益不遭减损势必需要通过对行政机关依法履行职责行为的监督达至此目的。因为无论行政公益诉讼行至何处，终是需要行政机关而非检察机关履行其法定行政职权而使公共利益得以保全。检察机关在其中当扮演“公益减损事实的发现者”抑或是“法定职责履行的督促者”的角色，而绝非实质履行“公益减损填补”的行动方。

既然检察机关扮演着“公益减损事实的发现者”抑或是“法定职责履行的督促者”的角色，但本应由行政机关认定的所谓“违法”相对人，因行政机关怠于履行其法定职责，检察机关能否自动获取对相对人的违法认定权？行政公益诉讼制度中，检察机关对“违法”相对人的违法认定结果，虽然不直接且立即影响相对人的利益，而是通过行政公益诉讼程序对行政机关法定职责履行的督促抑或是法院裁判要求行政机关履行职责，而使行政机关基于检察机关或法院的要求对“违法”相对人作出相应的行政行为，此时相对人行为的违法在行政法领域才得以确证。

由此观之，通过检察机关与行政机关对相对人行为的两次审查，似乎“违法”的确证程度得以提高，相对人权利得以保障。但是基于行政公益诉讼机制中检察机关的强势地位，行政机关无论是否进入诉讼领域均需依据检察机关发出的检察建议书“完全”履行其法定职责。即使行政机关出现履行“未完全”的情形，检察机关即以发出检察建议后未履行法定职责为由进入行政公益诉讼的司法裁判程序。但检察机关在司法阶段的胜诉率居高不下，使检察机关的诉求最终大概率被认可。具体到相对人的行为违法认定，若检察机关认定违法，最终经过行政公益诉讼程序行政机关一定会作出违法的认定并使相对人遭受负担。

(二)“违法”相对人的角色探索：基于行政公益诉讼的规范文本

行政公益诉讼通过对行政机关履行法定职责的行为控制，势必波及行政相对人的私权。作为行政行为相对方的行政相对人，在行政公益诉讼程序的规范文本中却鲜有出现。行政相对人在行政公益诉讼中应当扮演的角色与功能，并无明确的法律规范与之匹配。

依据《行政诉讼法》第25条第4款的规定，当行政机关对其负有监督管理职责的领域出现违法行使职权或不作为的情形时，国家利益或社会公共利益遭受侵蚀，行政公益诉讼的启动条件具备。检察机关向涉案行政机关发出的检察建议连接诉前程序与诉讼程序，若行政机关依据检察建议依法履行法定职责，有效填补国家利益或社会公共利益

① 这种指向行政机关履行法定职责的监督，是落于“机制化的常态监督”还是“个案监督”，即行政公益诉讼机制系借由履行法定职责的行为控制间接实现公共利益的完满，还是借由公共利益遭受减损之事实指引去回溯与履行法定职责之因果，何者更妥适？基于前述分析，行政公益诉讼制度指向“机制化的常态监督”恐有碍行政权的日常行使，处于行政诉讼法律体系中的行政公益诉讼选择“个案监督”模式当更契合行政诉讼法律体系之要求。

的损害状态，则行政公益诉讼的目的便已经达到并止于诉前程序。但检察建议发出后，行政机关仍存在未依法履行职责的情形，检察机关便向有管辖权的法院提起行政公益诉讼，进入司法诉讼阶段。《行政诉讼法》第 25 条指向判定行政机关的违法或不作为与公共利益损害，并未涉及行政相对人。

与行政公益诉讼有关的其他规范性文件中，如最高人民法院、最高人民检察院《关于检察公益诉讼案件适用法律若干问题的解释》中未提及行政相对人，而《人民检察院提起公益诉讼试点工作实施办法》(已失效)第 33 条提到检察机关可以询问行政相对人、利害关系人调查核实有关行政机关违法行使职权或者不作为的相关证据。此处使用的表述是“可以”，也即非必须向行政相对人或利害关系人调查核实，且调查核实的内容指向的是证明行政机关未履行法定职责，调查核实的内容甚至可能是对行政相对人不利的证据。

在《检察机关行政公益诉讼案件办案指南(试行)》中涉及行政相对人的表述增多，与《人民检察院提起公益诉讼试点工作实施办法》(已失效)中的表述类似，即检察机关可以在诉前程序的调查中询问行政相对人或利害关系人。具体到行政公益诉讼各案件类型领域，涉及的亦均是对行政相对人或利害关系人的证据采集。如食品药品安全领域调查行政机关违法行使职权或者不作为的事实时，通过调取行政相对人的证言等审查是否存在违法情形；涉及国有财产保护领域，其中费用类国有财产案件(人防易地建设费为主)中应当调查收集的材料中包括行政相对人缴费凭证。但此处关于生态环境领域，使用“违法相对人”代替了“行政相对人”，即生态环境领域的行政公益诉讼调查材料中需要包括违法相对人身份证明材料与行政机关或司法机关对违法相对人及其他证人关于违法行为具体方式、过程及造成的损害后果的询问笔录。在此处直接将行政相对人定性为违法相对人并收集其违法行为的相关证据材料。

基于前述文本分析可知，行政公益诉讼文本中涉及行政相对人的表述均是出现于调查阶段，且检察机关询问相对人的目的系为判定行政机关的违法行使职权或不作为对公共利益的损害。因而行政相对人和利害关系人在行政公益诉讼相关规范性文本表述中，似乎担负行政机关未履行法定职责的“证据提供者”角色。在部分行政机关不作为的行政公益诉讼领域，行政相对人所承担的“证据提供者”角色，却用于举证证明行政机关对相对人“违法”行为的怠于履行。此种证据的提供行为使自身背负负面评价或承担义务，难免使“违法”相对人沦为单纯的协力义务主体，而非拥有实质权利的利益相关主体。

(三)“违法”相对人的权利保护：必要性证成与嵌入空间找寻

行政公益诉讼制度的意旨是追求国家利益或社会公共利益的维护，但在这种对公共利益的追求中，却忽视了对行政相对人的私益保护。行政机关未对行政相对人的“违法”积极作为，检察机关便锁定此一未履行法定职责的情况并启动行政公益诉讼程序，这意味着在行政机关可能未对行政相对人的行为定性时，相对人行为已经被检察机关认定存在违法且造成公益损失，依据行政公益诉讼 100% 的支持率使“违法”相对人遭受负担。

"违法"相对人多为私益主体,公权依据法律所匹配的法定职责对其行为性质进行判定具有正当性基础。问题在于,通常由专业领域的行政机关进行的行为性质判定由检察机关代之,且这种违法判定似乎在实践中无法逆转。双重公权席卷而来的洪流下,"违法"相对人是否享有适当的救济途径成为改善行政公益诉讼程序中私权自我维系的核心要素。

在缺乏制度化、精细化的权利保障机制下,面对检察机关和行政机关两个国家公权力机关,"违法"相对人的权益维系在行政公益诉讼程序中更显薄弱。而行政公益诉讼的"程序二分",即诉前阶段和诉讼阶段分离,亦加剧相对人权利保障机制构建的难度。尤其依据 2018 年 12 月最高人民检察院发布检察公益诉讼十大典型案例,其中涉及行政公益诉讼案件 8 起,经诉前程序后终结有 7 起,进入行政公益诉讼程序仅 1 起。十大典型案例与行政公益诉讼实践均反映出案件多终结于诉前程序,即检察机关发出检察建议后行政机关多完成法定职责的履行并填补国家利益或社会公共利益损害状态,鲜有进入司法诉讼程序。未进入司法程序的诉前阶段,受到来自检察机关的压力与公权力系统内的"相对隐秘"的协商,迫使行政机关决定对"违法"行为人进行处理,此时相对人权利保障似乎更显困难。

当在这些程序方面出现偏离时,法治要求某种形式的恰当程序,即一种合理设计的、以便与法律体系的其他目的相容的方式来弄清一个违法行为是否发生并在什么环境下发生的真相的程序。① 此时,申辩与陈述便组成发现真相的重要程序性权利。行政相对人的申辩权实质上就是行政相对人对抗行政行为的一种权利,因为在整个申辩过程中行政行为是申辩的对象或者申辩行为的标的。② 而行政公益诉讼程序无论进入审判环节与否,均应当赋予作为利害主体的违法相对人以陈述申辩权利,以维护其私益。除却最为基础的陈述申辩权行使,依据《行政诉讼法》第 25 条的规定,违法相对人就后行政公益诉讼阶段行政机关履行职权所作出的行政行为,亦享有提起行政诉讼的权利。③

违法相对人会以何种身份进入行政公益诉讼中?行政公益诉讼通过督促行政机关履行法定职责间接调整行政相对人权利,而使相对人对行政公益诉讼的处理结果具有利益上的关联关系。依据《行政诉讼法》第 29 条之规定,利害关系成为认定第三人资格进入的标准,"违法"相对人与诉讼标的肯定有着间接的利害关系联结。④ 但此种利害关系

---

① 参见[美]罗尔斯:《正义论》,何怀宏译,中国社会科学出版社 1988 年版,第 225 ~ 229 页。

② 参见关保英:《行政相对人申辩权研究》,载《东方法学》2015 年第 1 期。

③ 《行政诉讼法》第 25 条第 1 款规定:"行政行为的相对人以及其他与行政行为有利害关系的公民、法人或者其他组织,有权提起诉讼。"

④ 《行政诉讼法》第 29 条规定:"公民、法人或者其他组织同被诉行政行为有利害关系但没有提起诉讼,或者同案件处理结果有利害关系的,可以作为第三人申请参加诉讼,或者由人民法院通知参加诉讼。人民法院判决第三人承担义务或者减损第三人权益的,第三人有权依法提起上诉。"

的认定似乎并不符合最高人民法院《关于适用〈中华人民共和国行政诉讼法〉的解释》(以下简称《行政诉讼法司法解释》)中对“与行政行为有利害关系”的列举。[①]《行政诉讼法司法解释》中的第三人认定还是立足于自由防御型行政法构造,解决的是行政相对人不服行政机关行使行政权引起的诉讼,但进入利害调整型行政法中,面临相邻人诉讼、集团诉讼乃至公益诉讼等新型诉讼形态,第三人的认定标准跟进相对迟缓。[②] 但最高人民法院《关于适用〈中华人民共和国行政诉讼法〉的解释》所留下的空隙,即“其他与行政行为有利害关系的情形”可以为“违法”相对人以第三人身份进入行政公益诉讼提供空间。

三、涉税行政公益诉讼中的纳税人主义融入

一旦进入涉税行政公益诉讼程序,税务机关最终不可避免地依据检察机关的要求对纳税人进行税款征缴。纳税主体处于涉税行政公益诉讼所裹挟的公权双重压力下,权利保护显得更单薄,而国库主义因检察机关的介入恐得以再次扩张。

(一)触及私人财产权的涉税行政公益诉讼:现状与反思

《检察机关行政公益诉讼案件办案指南(试行)》中所涉及税收类国有财产行政公益诉讼案件范围囊括违反法律、行政法规、规章的规定开征、停征、多征、少征、免征税款,或者擅自决定税收优惠,截留、挪用、私分应当入库的税款、罚款和滞纳金等3种类型。现阶段,涉税行政公益诉讼聚焦于税务机关对纳税主体应缴未缴或应缴少缴之税款的行政不作为,检察机关认为税务机关存在怠于履行法定稽征职责之情形。基于税务机关法定稽征职责的未履行或未完全履行,造成“税收类国有财产”遭受损失,因而进入行政公益诉讼受案范围。既然现行涉税行政公益诉讼指向纳税主体应缴未缴或应缴少缴之情形,则指向纳税主体的欠缴甚至偷逃漏税行为造成的国库损失,所以纳税主体在涉税行政公益诉讼中均属于“违法”相对人的角色。

基于前文分析,行政公益诉讼会使税务机关无论是否进入诉讼领域似乎都得按照检察机关的检察建议书“完全”履行其法定职责,即使履行“未完全”都会进入行政公益诉讼的司法裁判程序,进入后百分之百支持检察机关的裁判结果也使检察机关的诉求被法院认可。检察机关认为存在应缴未缴之税款,税务机关必须积极履行稽征职责,保证及时入库。换言之,纳税人一旦落入行政公益诉讼程序中,检察机关似乎不可避免地都要求税务机关对其征税。基于前文所述涉税行政公益诉讼案例,检察机关甚至不考虑纳税主体是否已经破产,抑或是否存在追征期限届满的情形。纳税主体处于涉税行政公益诉

① 《行政诉讼法司法解释》第12条规定:“有下列情形之一的,属于行政诉讼法第二十五条第一款规定的‘与行政行为有利害关系’:(一)被诉的行政行为涉及其相邻权或者公平竞争权的;(二)在行政复议等行政程序中被追加为第三人的;(三)要求行政机关依法追究加害人法律责任的;(四)撤销或者变更行政行为涉及其合法权益的;(五)为维护自身合法权益向行政机关投诉,具有处理投诉职责的行政机关作出或者未作出处理的;(六)其他与行政行为有利害关系的情形。”

② 参见王贵松:《作为利害调整法的行政法》,载《中国法学》2019年第2期。

讼的公权压力下,权利保护显得更单薄。

(二)检察机关介入税务稽征:正当性考察

《税收征收管理法》第5条第1款明确税务机关的税收征收管理权利。① 涉税行政公益诉讼中,检察机关虽然未直接向纳税主体稽征税款,但其已经对纳税主体应缴税款进行核定,认定其存在应缴未缴之情形而使国库遭受侵蚀,已经达致国家利益或公共利益损失的程度而进入行政公益诉讼程序。因税务机关未完全履行税款稽征的法定职责,检察机关向其发出检察建议要求其履行对"违法"纳税人应缴税款的稽征。涉税行政公益诉讼中看似检察机关未有认定之行政行为,且宣示之目的系督促税务机关履行。因而最终作出行政行为的是税务机关而非检察机关。此种看似对税务机关权力行使的监督,实质上可能存在对税务机关行使稽征权的间接控制。在涉税行政公益诉讼实践中,税务机关均依据检察机关的诉求对"违法"纳税人进行课征,形成虽然形式层面系为税务机关做出的税款追缴行为,但实际的认定主体已经确实移转至检察机关的局面。但此种税收不法行为由检察机关脱离税务机关的判断径行认定,抑或是检察机关间接控制税务机关作出认定是否存有正当性基础?

税务机关作为法定的税收征管机关,是税款征收的唯一行政主体。涉税行政公益诉讼即使遵循公共利益指引,却不可以践踏税务机关的法定职责,包括税收核定权等多项权利。甚至在涉税行政公益诉讼实务中,存在纳税人直接向检察机关进行补缴的情形,此种情况自然违反《税收征收管理法》第29条"除税务机关、税务人员以及经税务机关依照法律、行政法规委托的单位和人员外,任何单位和个人不得进行税款征收活动"的规定。但是依据《税收征收管理法》第28条的规定,税务机关不得违反法律、行政法规的规定开征、停征、多征、少征、提前征收、延缓征收或者摊派税款。若出现未履行法定职责的情形,是否可以依据《税收征收管理法》第13条第1款的规定,即任何单位和个人都有权检举违反税收法律、行政法规的行为,为涉税行政公益诉讼的检察机关对税务机关的督促行使提供正当性?

基于前文分析,检察机关在行政公益诉讼中扮演着"公益减损事实的发现者"抑或是"法定职责履行的督促者"的角色。依据《税收征收管理法》第13条的文义,任何单位即包括检察机关,发现税务机关存在违反税收法律、行政法规的行为,均享有检举的权利。论及该条文目的,其是为保证税务机关行使税收征收管理权力时能够获取有效的外部监督,以保障稽征权运行的正当与有效。检察机关提起涉税公益诉讼便是对税收征收管理

① 《税收征收管理法》第5条规定:"国务院税务主管部门主管全国税收征收管理工作。各地国家税务局和地方税务局应当按照国务院规定的税收征收管理范围分别进行征收管理。地方各级人民政府应当依法加强对本行政区域内税收征收管理工作的领导或者协调,支持税务机关依法执行职务,依照法定税率计算税额,依法征收税款。各有关部门和单位应当支持、协助税务机关依法执行职务。税务机关依法执行职务,任何单位和个人不得阻挠。"

权力运行的外部监督，与第13条的目的相适配。因而检察机关发现税务机关怠于履行法定职责，向其提出积极履行的要求并无不妥，甚至是利于税务机关维持合法、高效的稽征权运作。但一种"命令式"抑或是"带有必然纠正性质"的"唯检察建议"思路，使涉税行政公益诉讼中的监督权事实融入稽征认定权，忽视税务机关内部认定与裁量。事实上的稽征权力让渡抑或借用并不符合税收征收管理法之义，亦会使税法此一专业且本身已具有相对严格的稽征系统出现外部异常因素。因而，检察监督权在涉税行政公益诉讼中的行使，应当尊重并审慎介入税务机关的认定与裁量。

(三)纳税人权利维系：纳税人主义视角与救济通道开启

检察机关并非专业税务稽征与争议处理机关，但有权发出检察建议。税务机关在涉税行政公益诉讼中除核定税款数额上有回旋与商讨余地，其他均遵循检察建议的要求或诉讼请求履行。进入涉税行政公益诉讼，税务机关履行法定职责天然触及纳税人的权利。作为纳税义务的承担主体，原针对税务稽征环节的纳税人主义，亦应当扩展至涉税行政公益诉讼程序中。

税法实践，尤其立足中国语境下税务机关的稽征权行使，此种情势下更加不利于纳税人权利保护。加之，涉税行政公益诉讼覆盖情形之广，囊括税务机关违反法律、行政法规、规章的规定开征、停征、多征、少征、免征税款，或者擅自决定税收优惠，截留、挪用、私分应当入库的税款、罚款和滞纳金等众多情形，其中，少征、免征、税收优惠等众多均指向纳税人。基于现行检察机关的提起"应缴未缴、少缴"类型，均指向国库维护的目的导向，使涉税行政公益诉讼难以脱离国库主义思路。

公权对纳税行为的多次审视，防杜纳税人违反税法之规定而未缴或少缴税款，立足国库主义视角具备正当性基础，纳税人主义纯粹为应缴未缴或少缴税款的行为辩护似乎有失公允。但是，即便系触及应缴未缴或少缴税款的"违法"纳税人，其身处涉税行政公益诉讼中，模糊不明的救济路径方才是对纳税人最大的潜在威胁。纳税人主义在此处的诉求，便系要求涉税行政公益诉讼程序中，开启一条契合行政法律与税收法律领域的纳税人救济通道。税务行政诉讼中，纳税人享有要求程序主持者中立、知情、陈述申辩、平等对待和救济权等众多程序性权利。① 但其中，最重要的便是，陈述申辩与救济权的保证，但其是否可以妥当地移植到涉税行政公益诉讼中尚需分析。

首先，纳税主体应当于税务稽征程序中处于主体地位，而非受稽征机关支配的程序客体。② 纳税主体在其具有管领支配的范围内对于课征事实调查享有协力义务，而使其在税务稽征程序具有参与的必要性，又因稽征行为指向其合法财产而使其享有利害关联，参与税务稽征程序具有正当价值。同时，此种参与权亦是对税务机关稽征行为的约束，以保障其私人合法财产权。参与权在纳税人在稽征程序上系享有法律上的听审请求

① 参见黎江虹：《中国纳税人权利研究》，中国检察出版社2014年版，第189～197页。

② 参见陈清秀：《税法总论》，台北，元照出版有限公司2012年版，第443页。

权的延伸，即稽征机关在拟对纳税主体作出不利的行政处分时，原则上应当事先给予其对于事实证据表示意见和答辩的机会，以避免其突然面临税务机关的稽征抑或处罚决定。而纳税人享有法律上的听审请求权贯穿整个税收稽征程序，从复议至诉讼均对此进行规定，并在《税收征收管理法》第8条第4款作出明确规定，纳税主体对税务机关所作出的决定，享有陈述权、申辩权；依法享有申请行政复议、提起行政诉讼、请求国家赔偿等权利。涉税行政公益诉讼领域应当充分保障纳税人所享有的法律上的听审请求权，充分提供纳税人陈述申辩、申请行政复议与提起行政诉讼的空间。

其次，涉税行政公益诉讼因系检察机关发现税务机关未曾课征之应税行为，因而在多数情形下，相较纳税义务的产生时点已经过较长的时间，必须考虑追征期限对涉税行政公益诉讼的限制。基于对纳税人信赖利益的维护，当稽征权力长期不行使可能存在失效状态。我国《税收征收管理法》第52条亦规定税款追征时效限制。因税务机关责任致使应缴未缴或少缴之情形，追征期限为3年；而因纳税人的失误致使应缴未缴或少缴之情形，追征期限为5年；不受追征期限的情形被限于"偷税、抗税和骗税"之情形。[①] 如若涉税行政公益诉讼不希望受追征时效的限制，必须对纳税主体行为明确界定为"偷税、抗税或骗税"。非出于确实的偷抗骗税的类型划归，不得排斥追征时效的约束。

四、涉税行政公益诉讼走向：检察克制与纳税人救济

涉税行政公益诉讼案件关涉税务机关的稽征权力运行与纳税人主义对纳税人的权利保护诉求，其走向必须融入纳税人主义的基础价值并保持检察克制，以维系税务稽征的现有生态。

（一）检察克制：涉税行政公益诉讼的思路扭转

涉及税收类国有财产的行政公益诉讼案件，检察机关不宜轻率启动行政公益诉讼程序，应当进行审慎评估。检察权的行使应当在此时保持克制，克制的检察权运用既能达到对国家利益或社会公共利益保护的初衷，也能恪守检察权对行政权监督不越界，保护行政机关行政行为的有效实施。[②]

首先，涉税行政公益诉讼的提起应当恪守辅助性原则，赋予下位行政组织事务优先处理权。在行政法学上，辅助性原则揭示了个人相对于社会和国家，较小的下位组织相对较大的上位组织所具有的事务处理优先权。[③] 具体来说，当公民个人或较小的下位组织能够胜任某项事务的处理时，社会、国家或较大的上位组织就不应介入，此即所谓的

---

① 《税收征收管理法》第52条规定："因税务机关的责任，致使纳税人、扣缴义务人未缴或者少缴税款的，税务机关在三年内可以要求纳税人、扣缴义务人补缴税款，但是不得加收滞纳金。因纳税人、扣缴义务人计算错误等失误，未缴或者少缴税款的，税务机关在三年内可以追征税款、滞纳金；有特殊情况的，追征期可以延长到五年。对偷税、抗税、骗税的，税务机关追征其未缴或者少缴的税款、滞纳金或者所骗取的税款，不受前款规定期限的限制。"

② 参见邢昕：《行政公益诉讼启动标准：基于74份裁判文书的省思》，载《行政法学研究》2018年第6期。

③ 参见章志远：《迈向公私合作型行政法》，载《法学研究》2019年第2期。

"消极面向的辅助性原则"。反之，当个人或较小的下位组织无法胜任某项事务的处理时，社会、国家或较大的上位组织才能够积极支援协助，必要时亲自接手完成相关任务，此即所谓的"积极面向的辅助性原则"。① 因而"税款稽征事务胜任"的性质界定显得尤为重要，其能否和税务机关履行法定职责的概念进行对应。行政公益诉讼聚焦于履行法定职责的判定，而履行与否、履行适当以及履行可能的判断天然存在模糊空间。应在保持检察权必要、克制的基础上判断行政机关是否"完全"履职。行为人按照行政机关的要求履行义务、行政机关对行为人行为进行有效监督都需要一定的时间。如果行政机关已经提出通知书、处罚书，危害停止并得到抑制的，不建议对之进行诉讼；如果行政机关的行为未起到一定效果，导致相关危害持续或者扩大的则应当由检察机关以诉讼的方式继续救济。过分地、激进地要求税务机关履行，并附加不是很合理的期限，恐会导致纳税人的权利遭受侵蚀。

其次，涉税行政公益诉讼的提起应当充分尊重税务机关的专业判断。税收专业知识复杂繁多，转型期税收政策多变，相关各方对一些法律法规的理解和适用存在争议，在我国税收执法外部监督体系已比较健全、税法规定了较完善的纳税人权利保障措施的情况下，应谨慎提起涉税行政公益诉讼。只有在收集到充分证据，且经过诉前程序税务机关仍不纠正违法行为或不履行法定职责，使国家利益或公共利益仍处于受侵害状态的情况下，才应提起公益诉讼。如果税务机关已经依法充分履行监管职责，对其提起公益诉讼可能会对征管秩序造成负面影响。

最后，涉税行政公益诉讼的提起前设当是救济穷尽，将其作为救济国家利益或社会公共利益的最后底线。行政机关内部借由强化督察或约谈等手段，动态化地调整行政职能的指向重心，确保考核等机制的有效性以确保职权运行顺畅。② 救济穷尽作为行政公益诉讼程序启动的要件之一，在行政手段和私益诉讼辐射公益均无法维护国家或社会公共利益时，才适宜启动行政公益诉讼。③ 而触及涉税行政公益诉讼，税务机关内部制约与监督机制是否失效成为先置要素。依据《税收征收管理法》第 10 条之规定，税务机关内部应存有完善的内部制约与监督机制，尤其系上级税务机关对下级执法活动的监督。④ 除非监督明确失能，否则检察机关不应当轻启涉税行政公益诉讼。

（二）救济通道：涉税行政公益诉讼中的纳税人主义实现

纳税人在涉税行政公益诉讼中，面临私益减损的可能。作为纳税义务的承担主体，针对税务稽征环节的纳税人主义，亦应当扩展至涉税行政公益诉讼程序中。但涉税行政公益

---

① 参见詹镇荣：《民营化法与管制革新》，台北，元照出版有限公司 2005 年版，第 285 页。

② 参见卢超：《从司法过程到组织激励：行政公益诉讼的中国试验》，载《法商研究》2018 年第 5 期。

③ 参见邢昕：《行政公益诉讼启动标准：基于 74 份裁判文书的省思》，载《行政法学研究》2018 年第 6 期。

④ 《税收征收管理法》第 10 条规定："各级税务机关应当建立、健全内部制约和监督管理制度。上级税务机关应当对下级税务机关的执法活动依法进行监督。各级税务机关应当对其工作人员执行法律、行政法规和廉洁自律准则的情况进行监督检查。"

诉讼程序中,如何有机融入纳税人主义以开启纳税人的适法救济通道并保证其畅通且有效?

首先,检察机关应当综合考量纳税主体的负担能力与负担可能。因存在较长的时间间隔,可能存在纳税主体资格业已消灭抑或是超越税收征收管理法规定的追征期限。一是若纳税主体资格消灭,如具有独立人格的公司法人已注销,此时检察机关应当慎重穿透公司而向其股东进行追缴;①二是除非明确认定"偷税、抗税或骗税"之情形方能脱离追征期限的约束,仅使用"欠税"此一表述并不完全契合税收征收管理法之规定,合法性存有疑问。

其次,当涉税行政公益诉讼终结于诉前阶段,应当保障纳税人陈述申辩权的行使,并确保对检察机关要求的税务稽征行为提起复议与行政诉讼的权利。在纳税人诉讼基本权之行使上,应当避免设置过苛的程序障碍而使纳税人对提起诉讼心生抵触,此为诉讼基本权的实效权利保护要求。②

最后,当涉税行政公益诉讼进入诉讼阶段,以第三人身份进入诉讼程序的纳税人应当被赋予行政诉讼法中第三人的上诉权。依据《行政诉讼法》第 29 条的规定,人民法院判决第三人承担义务或者减损第三人权益的,第三人有权依法提起上诉。但是涉及"违法"纳税人的涉税行政公益诉讼,其裁判对象多是要求税务机关履行法定职责,即履行判决。虽然未直接裁判第三人承担义务,但是否可以"减损第三人权益"?依据条文之目的,系为行政诉讼裁判中遭受利益减损的第三人提供司法救济路径。因而,应当赋予被涉税行政公益诉讼间接添附纳税义务的纳税主体以上诉权,以保障其救济途径。同时,确保其对检察机关要求的税务稽征行为提起复议与行政诉讼的权利。

(三)"后裁判阶段"的稽征行为可诉性:重复起诉与既判力考量

仅依据《税收征收管理法》第 8 条与《行政诉讼法》第 25 条之规定观察,税务机关依据检察建议抑或是生效裁判结果作出之稽征行为,纳税人均系税款稽征的行政行为相对人,而税务机关的稽征行为自然落入可诉行政行为之范畴。但不可忽视的是,若税务机关依据生效行政公益诉讼裁判作出的履行其法定职责稽征行为,纳税人就此提起诉讼是否会触及重复起诉或既判力的扩张。

---

① 《税务登记管理办法》(国家税务总局令第 36 号)明确企业注销登记的相关具体事宜。若出现未清税注销之情形,除企业虚假隐瞒情况外,多是工商与税务机关间的程序衔接出现错误。首先,第 1 款规定,纳税人发生解散、破产、撤销以及其他情形,依法终止纳税义务的,应当在向工商行政管理机关或者其他机关办理注销登记前,持有关证件和资料向原税务登记机关申报办理注销税务登记;按规定不需要在工商行政管理机关或者其他机关办理注册登记的,应当自有关机关批准或者宣告终止之日起 15 日内,持有关证件和资料向原税务登记机关申报办理注销税务登记。其次,第 5 款规定,纳税人办理注销税务登记前,应当向税务机关提交相关证明文件和资料,结清应纳税款、多退(免)税款、滞纳金和罚款,缴销发票、税务登记证件和其他税务证件,经税务机关核准后,办理注销税务登记手续。

② 具有实效权利保护特别强调权利之实时保障,除事后权利保护外还包括对行政行为之"预防性权利保护及暂时性权利保护"。转引自葛克昌:《税捐行政法——纳税人基本权视野下之税捐稽征法》,厦门大学出版社 2016 年版,第 358 页。

首先，纳税人就税务机关依据生效裁判履行的稽征行为提起诉讼，是否触及重复起诉之问题，应当首先考量重复起诉之构成要件。为达致裁判间矛盾的排除、保证诉讼效率并减少当事人讼累，因而重复诉讼为诉讼法所不允。① 民事诉讼法中明确的重复起诉之构成要件，系为当事人同一、诉讼标的统一以及诉讼请求同一的"三要件"观点。② 但有学者认为，重复起诉行为的识别，可因地制宜地选取"二要件说"识别标准，诉讼标的这一要素仍应回归"旧实体法说"。③ 而无论运用"三要件"抑或是"二要件"之观点审视行政诉讼领域的纳税人起诉行为，与生效裁判所载明的当事人与诉讼标的（乃至诉讼请求）均不相同，不触及重复起诉之边界。因而，纳税人就税务机关依据生效裁判履行的稽征行为提起诉讼，并非重复起诉。

其次，关于法院裁判的既判力存在与否较之重复起诉更存争议。行政公益诉讼的生效裁判的既判力是就裁判主文拘束法院和当事人，而生效裁判文书所产生的拘束力即指向因裁判理由约束着涉案行政机关。即涉税行政公益诉讼中，税务机关受到生效裁判的拘束力而履行法定职责。④ 按照大陆法系通说，既判力客观范围原则上只限于判决主文中的判断，而判决理由中的判断一般是没有既判力的。⑤ 行政诉讼判决的既判力，原则上也只针对当事人请求解决纷争的事项所作出的判断而发生，或者说只针对判决主文中的法院判断而发生。⑥ 在涉税行政公益诉讼的生效裁判主文中，也已经就纳税主体的课税义务成立与否以及课税数额进行认定。⑦ 基于此生效裁判对课税义务成立及课税数额进

---

① 参见张卫平：《重复诉讼规制研究：兼论"一事不再理"》，载《中国法学》2015年第2期。

② 最高人民法院《关于适用〈中华人民共和国民事诉讼法〉的解释》第247条规定，关于重复起诉的构成要件，即"当事人就已经提起诉讼的事项在诉讼过程中或者裁判生效后再次起诉，同时符合下列条件的，构成重复起诉：（一）后诉与前诉的当事人相同；（二）后诉与前诉的诉讼标的相同；（三）后诉与前诉的诉讼请求相同，或者后诉的诉讼请求实质上否定前诉裁判结果"……

③ 因"诉讼请求"与法理上"诉讼标的"之内涵很难清晰区分，并且此种模糊界限同样表现在我国的立法中。例如，《民事诉讼法》（2017年修正）第119条关于起诉的条件中规定，起诉应"有具体的诉讼请求和事实、理由"，这里的"诉讼请求"即等同"诉讼标的"。以当事人和诉讼标的为基准的"二要件说"更具理论优势和实践可行性，其逻辑上的周延性来自对诉讼标的理论的深入把握，而其简单易操作的特点决定其司法实践的可接受性。转引自郑涛：《禁止重复起诉之本土路径》，载《北方法学》2019年第3期。

④ 此处"拘束力"是一种植根于保护私人的消除结果请求权、维护法秩序统一性和依法行政要求的特殊效力，是使判决形成力取得实效性的辅助效力。转引自王贵松：《行政诉讼判决对行政机关的拘束力——以撤销判决为中心》，载《清华法学》2017年第4期。

⑤ 参见林剑锋：《民事判决既判力客观范围研究》，厦门大学出版社2006年版，第58页。转引自陈思融：《论行政诉讼补救判决的适用——基于104份行政裁判文书的统计分析》，载《中国法学》2015年第2期。

⑥ 参见杨建顺：《论行政诉讼判决的既判力》，载《中国人民大学学报》2005年第5期。

⑦ 例如，"国家税务总局兰州市税务局不履行法定职责案"［兰州铁路运输法院（2018）行初第125号行政判决书］中裁判主文即为："责令被告国家税务总局兰州市税务局履行法定职责，在本判决生效之日起90日内将第三人甘肃恒基房地产开发有限责任公司欠缴的1,440,651.69元营业税款追缴到位。"包括对纳税人甘肃恒基房地产开发有限责任公司纳税义务的确认（认定为欠缴）并明确数额为1,440,651.69元。

行认定，既判力业已产生。而正是因为既判力的存在，若涉税行政公益诉讼进入司法诉讼程序并作出生效裁判，在中国司法语境下纳税人因既判力之拘束，将难以单纯利用诉讼的方式改变稽征行为。因此，法院审理涉税行政公益案件时更应当保持谨慎态度，而检察机关在诉前阶段与诉讼期间均需审慎考量纳税主体的义务负担，以保全公共利益目的下“微薄”的私益维系。

五、结语

伴随行政公益诉讼的全面开启并逐步探索进入更加多元的行政领域，无一不考验检察机关对具体行政领域的专业把握。基于行政权行使的精细化，检察机关提起行政公益诉讼时亦需类型化的专业指引。环境行政公益诉讼基于其专业性质出台专门的办案指引，而税务领域同样存在专业与复杂并存的局面，也需针对涉税公益诉讼提供专业指引。本文讨论的涉税行政公益诉讼，需引入纳税人主义，以导正纳税人权利保障的救济通道。在行政公益诉讼的其他专门类型中，同样需要审慎对待相对人私权的保障，以期达到行政诉讼法“保护公民、法人和其他组织的合法权益”之目的。

竞争中立视域下政府补贴的公平竞争审查路径*

汪永福**　毕金平***

在市场经济高度发展的当下,政府补贴作为政府干预市场的政策仍然在各行业和各区域广泛实施。2016年国务院颁布《关于在市场体系建设中建立公平竞争审查制度的意见》,2021年市场监管总局、发展改革委、财政部、商务部、司法部关于印发《公平竞争审查制度实施细则》,对影响特定企业生产经营成本的国家优惠措施予以清理和规范,用来维护市场统一和公平竞争,从而形成了我国公平竞争审查制度体系。2019年政府工作报告提出,"公平竞争是市场经济的核心,公正监管是公平竞争的保障。改革完善公平竞争审查和公正监管制度,加快清理妨碍统一市场和公平竞争的各种规定和做法"。传统观点认为,政府补贴与公平竞争分属于产业政策与竞争政策,二者一般被认为是不可协调的矛盾双方,并未将政府补贴放在统一的公平竞争市场体系中进行规制。笔者认为,政府补贴作为政府对市场最少受惠者的基本利益保障手段,其应内嵌于市场体系中,并与公平竞争保持协同。因此,将公平竞争审查融入具有产业政策属性的政府补贴之中,有助于实现政府补贴政策的衡平价值和维护公平竞争秩序。

一、我国政府补贴的公平竞争实践及存在问题

综观当期我国政府补贴领域①的实践运行和规制现状,尚存在竞争扭曲、过度竞争危机、逆向选择以及地方保护等现实问题。

* 原载《安徽大学学报(哲学社会科学版)》2020年第2期。安徽省哲学社会科学规划项目"区域均衡的横向府际财政关系法治化研究"(项目编号:AHSKF2018D12)、中央高校基本科研业务费专项资金"区域高质量一体化发展的府际合作法治化研究"(项目编号:JZ2021HGTA0132)的研究成果之一。

** 合肥工业大学文法学院副教授,中国政法大学博士后流动站研究人员。

*** 安徽大学法学院副院长,教授。

① 我国现有的政府补贴主要包括财政拨款、财政贴息、税收优惠等,并且存在面向农业、新兴产业等不同领域和上市企业、中小企业、高新技术企业等不同主体的补贴类型。

(一)政府补贴的竞争与过度竞争性

目前,我国在实践中存在的政府补贴主要包括生产补贴、投产补贴和购置补贴[①]等模式。[②] 基于补贴模式来考察我国政府补贴规范的目的,政府补贴可以分为3类:一是通过补贴扶持本地特色企业和产业。例如,包头市对铁精粉生产企业以及铁精粉来料加工企业给予补贴。[③] 二是通过补贴扶持促进金融、科技等企业的发展。例如,中关村对于入驻功能区的企业,支持不超过1000平方米的面积,并补贴实际租金的50%,但单家企业的补贴期限不超过3年。[④] 三是通过政府补贴鼓励本地企业做大做强,或者以政策性补贴作为地方政府招商引资的工具。例如,巢湖市对列入《巢湖市工业固定资产投资项目库》的项目,如果一个项目固定投资超过3000万元,就按照固定资产投资额的5%给予最高1000万元补助。[⑤]

由此可见,我国政府补贴,尤其是地方政府补贴的主要目的是行政干预性地促进企业、行业以及区域的经济发展,具体是为了促进某一产业、特定主体或特定区域的发展。但是,在实践中的地方政府补贴却导致了市场自由公平竞争的扭曲。具体来说,一方面,政府补贴一般表现为政府通过行政权力优待、扶持和保护特定市场经营主体,给予特定企业竞争优势,受优待、扶持或者保护的市场经营主体因此能够获得更多的市场交易机会和市场竞争优势,从而使竞争者之间的竞争变为一种不公平竞争。政府补贴设定差异性的条件标准,促使了受补贴主体实施排他性策略,强化了其市场力量,并使其他市场主体处于不利地位,进而可能退出市场竞争,甚至导致潜在竞争者放弃进入该市场领域的意愿,从而导致该领域的市场竞争减少,最终产生阻碍、限制竞争的后果。[⑥] 另一方面,在政府补贴后期,政府补贴与行业或企业发展质量会呈现负相关关系,进而导致政府补贴与补贴对象的内卷性。具体而言,过度的政府补贴会导致市场主体不再致力于通过改善产品、提高服务质量、改进技术、提升生产经营效率来获得成本或者利润上的竞争优势,转而想方设法获得政策支持和政府补贴。[⑦] 尤其是长期的政府补贴,只要补贴强度高大足以激励起新企业进入,行业就会出现产能过剩,且补贴强度越大,行业产能过剩越严

---

① 生产补贴,是指政府对企业在生产阶段出售的产品进行补贴;投产补贴,是指政府对企业在投产阶段建设的产能进行补贴;购置补贴,是指政府对需求者购进的产品进行补贴,如汽车购置补贴、农机购置补贴和家电购置补贴等。

② 参见徐齐利、聂新伟、范合君:《政府补贴与产能过剩》,载《中央财经大学学报》2019年第2期。

③ 参见《包头市铁精粉生产企业政策扶持实施方案》(包府办发〔2014〕130号)、《自贡市促进经济稳定增长推进供给侧结构性改革政策措施的通知》(自府发〔2017〕10号)。

④ 参见《中关村国家自主创新示范区促进科技金融深度融合创新发展支持资金管理办法》(中科园发〔2017〕38号)。

⑤ 参见《巢湖市培育新动能促进产业转型升级推动经济高质量发展若干政策》(巢政〔2018〕44号)。

⑥ 参见张占江:《政府行为竞争中立制度的构造——以反垄断法框架为基础》,载《法学》2018年第6期。

⑦ 参见覃甫政:《竞争与规制的法律协调——理解公平竞争审查的经济法路径》,载《经济法研究》2018年第2期。

重,因此会导致政府补贴效率的降低和市场竞争的扭曲。①

(二)政府补贴的逆向选择与倾向性

从我国政府补贴的实践来看,政府补贴的对象主要包括两类:一是政府通过补贴具有比较优势的上市企业以及国有大中型企业,促进此类行业和企业的发展,进而带动市场经济的全面发展;二是政府补贴主要针对中小企业以及农业等具有比较弱势的市场主体和行业,提高此类主体和行业在市场竞争中的相对地位,从而实现其在市场中与其他主体的公平竞争。因此,我国政府补贴具有经济政策性和社会政策性两种功能。

根据 WIND 统计数据显示,近年来我国上市公司获政府补助金额连连攀升,2013 年、2014 年和 2015 年的 A 股上市公司共计获得政府补助分别为 792.8 亿元、924.04 亿元、1194.47 亿元,保持年均 20% 的增长速度,其中 2015 年获得政府补助在亿元以上的上市公司共计 195 家,这些企业获得的政府补助是 802.11 亿元,占比高达 67%。② 此外,2012 年上半年,国企上市公司合计获政府补助 121.87 亿元,此后保持增长态势,2018 年上半年补助金额再创近年新高,逼近 300 亿元。与此同时,虽然民营上市公司获补助金额也在逐年增加,2012 年上半年获补助金额 77.34 亿元,2015 年突破 100 亿元后,2018 年上半年这一金额首次突破 200 亿元,但是与国有企业相比,补助规模仍然较小。③ 由此可见,我国在实施财政补贴时,主要偏向并优先补贴国有企业、大中型企业以及上市公司。

进言之,我国政府补贴主要是以支持和促进具有比较优势的产业部门和市场主体的发展为目标,这种经济政策性的目的会进一步促进比较优势产业和主体的市场优势地位,虽然可能会提高社会整体福利,但是会形成优势产业和主体的垄断地位,从而加剧其他产业和市场主体的市场劣势地位,使其陷入不公平竞争的状态。因此,当前我国的经济政策性政府补贴是一种倾向促进具有比较优势产业和市场主体的逆向选择,会导致市场主体之间的不公平竞争。

(三)政府补贴的区域反竞争与工具化

改革开放以来,我国经济取得了持续快速的发展。一般认为,地方政府竞争是中国经济发展的主要推动力量,而且地方政府主要通过公共政策推动区域经济发展(竞争),其中,政府补贴是地方政府获得竞争优势的重要方式,由此也形成了地方政府在制度框架下由利益驱动造成的竞争格局。④ 换言之,政府补贴容易成为地方扶持和保护本地特定产业部门以及市场主体的工具,进而形成了不同区域的地方竞争性补贴。

---

① 参见徐齐利、聂新伟、范合君:《政府补贴与产能过剩》,载《中央财经大学学报》2019 年第 2 期。

② 参见吴黎华:《A 股上市公司去年获政府补助 1194 亿》,载《经济参考报》2016 年 5 月 10 日,第 3 版。

③ 《上半年政府补贴上市公司规模再创新高,78 家公司因补贴避免亏损》,载《证券时报》2018 年 9 月 6 日,第 2 版。

④ 参见周飞舟:《政府行为与中国社会发展——社会学的研究发现及范式演变》,载《中国社会科学》2019 年第 3 期。

我国政府补贴的区域反竞争主要表现在两方面：一是政府补贴作为地方竞争的工具。[①] 例如，地方政府在招商引资过程中实施的定向补贴。[②] 二是地方政府基于特定的利益偏好和经济诉求不公正地对待补贴受体，有差别地实施补贴政策。[③] 以新能源汽车为例，地方政府实施新能源汽车补贴过程中，存在针对不同厂家的新能源汽车实施有差异的地方补贴政策。[④] 因此，地方政府为了保护本地市场主体发展形成的区域竞争性补贴，不仅导致了地方市场的产能过剩，而且导致不同区域产业部门和市场主体的不公平竞争。

(四)政府补贴的实质反竞争与隐蔽性

政府补贴作为政府干预市场的给付行政，并且主要通过抽象性的规范性文件加以实施，不仅表现为抽象行政行为，而且具有高度的隐蔽性。在形式上，政府基于对特定产业部门和市场主体进行扶持和促进，进而对其进行补贴，具有目的正当性。与此同时，政府补贴并未被法律规范所禁止，甚至获得法律规范的合法性授权。但是，具有目的正当性和形式合法性的政府补贴却存在阻碍、限制市场竞争或者存在阻碍、限制市场竞争威胁的实质可能。

政府补贴反竞争的隐蔽性，主要是指政府实施的不正当排除、限制市场主体竞争但法律尚未禁止的补贴行为。政府补贴排除、限制竞争的不正当性决定了该行为的实质违法性和社会危害性，违反了市场经济法和行政法所追求的基本精神和价值取向。但由于妨碍市场公平竞争的政府补贴尚未被法律明确禁止或规制，形式上不具有违法性，且一般不直接损害特定市场主体的权利，补贴行为和损害结果之间的因果关系不明显，因此其危害性难以被充分认识和觉察。

二、我国政府补贴反公平竞争的制度问题

目前，我国政府补贴存在的反公平竞争现象，其原因除政府补贴本身与市场公平竞争相左的产业政策外，还包括政府补贴功能错位以及政府补贴与公平竞争政策割裂的制度原因。

(一)政府补贴的功能错位和对象错位

前已述及，政府补贴作为公平竞争的例外，一般包括经济政策性和社会政策性扶持两类功能，而不同的功能定位意味着其对象范围的不同，前者主要扶持比较优势的市场主体，进而提高市场经济效率和社会总体福利水平，后者主要扶持和促进弱势市场主体或行业的发展，进而实现实质公平。

---

① 参见丁茂中：《论我国行政性垄断行为规范的立法完善》，载《政治与法律》2018 年第 7 期。

② 根据现行的地方政府组织法律体系及其治理规则，不同层级的地方政府都有权依照既有的决策机制在招商引资过程中对符合条件的特定企业通过财政转移支付的方式给予数额不等的经济补贴。

③ 参见鲁篱、刘弘阳：《论我国地方政府竞争失范之规制》，载《理论探讨》2018 年第 3 期。

④ 针对不同品牌、不同企业实施差异性政府补贴不仅扭曲了中央政府新能源汽车补贴政策，而且这种差异性的政府补贴政策人为地干扰了价格信号和竞争机制。

我国实践中的政府补贴主要是为了促进具有比较优势的产业部门和市场主体的发展，进而使其在市场竞争中获得更大的优势地位，提高社会整体福利水平。虽然政府补贴具有促进特定市场主体和行业发展的经济政策性功能，但是随着我国市场经济的发展，通过对优势企业进行政府补贴使其获得竞争优势缺乏正当性。一方面，在经济发展的不同阶段，竞争政策和产业政策发挥着不同的功能。在经济发展初期，由于市场经济机制尚不健全，适度实施产业政策有利于保护国内相关产业和促进经济快速发展。与此同时，对优势市场主体进行政府补贴的基础是由于其在国际竞争或者市场竞争处于不利的状态，因此通过政府补贴改变这种不利状态，但随着经济的不断发展，以往经济发展的特殊情势已经发生改变，甚至逐渐消失，如果继续实施经济政策性的补贴，缺乏正当性的现实基础。另一方面，因为我国的社会主要矛盾已经转变为人民日益增长的美好生活需要和不平衡不充分的发展之间的矛盾，并且发展不平衡是社会主要矛盾的主要方面，所以对优势市场经营主体进行政府补贴无疑加剧市场主体的发展不平衡。

因此，我国政府补贴应从经济政策性目的转向社会政策性目的，并以市场竞争中具有比较弱势的市场主体和产业部门为财政补贴对象。

（二）政府补贴行为与公平竞争政策的对立和割裂

目前，我国政府补贴与公平竞争政策各行其是，不仅在外在形式上互相对立，而且在内在合法性标准上存在割裂现象。

作为对立的产业政策和竞争政策，政府补贴和公平竞争处于对立的矛盾状态，即要么彻底限制政府补贴的使用，要么在某些领域使政府补贴获得公平竞争的豁免，进而无限制使用，而且后者是政府补贴存在的主要状态。政策间的对立抑制了市场公平竞争机制作用的发挥，即使国家和反垄断执法机构反复强调所有市场主体均应遵守公平竞争制度，但是对国有企业的执法仍面临诸多与之冲突的制度障碍。[①] 与此同时，公平竞争审查制度的审查对象是行政机关和法律法规授权的具有管理公共事务职能的组织制定的涉及市场主体经济活动的规章、规范性文件和其他政策措施，以及行政法规和国务院制定的其他政策措施、地方性法规，其审查范围看似包括了各层级各领域，但那些在长期政府补贴政策扶持下形成的诸如电信、电力、石油化工等非竞争性行业，仍处于行业专门的法律保护之下。如果不将公平竞争审查制度的审查对象范围扩大到这些产业领域，那么公平竞争审查制度在实施过程中必然落空。[②]

此外，虽然地方政府实施的部分政府补贴在客观上妨碍了公平竞争的市场秩序，但是我国《反垄断法》对此却难以规制。具体而言，政府补贴的“合法性标准”与反垄断法上的“效果标准”在政府补贴的违法性判断方面存在冲突。根据行政法上的合法性标准，

① 参见张占江：《政府行为竞争中立制度的构造——以反垄断法框架为基础》，载《法学》2018年第6期。

② 参见虎剑刚：《论我国公平竞争审查制度的完善——基于间断平衡理论》，载《价格理论与实践》2018年第9期。

只要政府补贴行为具有合法性依据，即使产生了限制竞争的效果，它也具有合法性。但是，如果它是基于反垄断法的效果标准之上，只要它具有限制竞争的效果，就应该被认为是不合法的。[①] 政府补贴一般被视为行政行为，而行政行为审查标准的核心是合法性审查。概言之，政府补贴是否违法的标准主要是行政法上的“合法性标准”，并未涉及反垄断法上的“效果标准”。

三、政府补贴的一般性原则——竞争中立及其实现

本部分在一般经济法和特别经济法、经济自由权与宏观调控权等不同维度下，分析政府补贴与公平竞争的位序，即政府补贴与公平竞争应该何者优先；在此基础上，论证竞争中立是政府补贴的一般性原则，并且可以通过公平竞争审查实现政府补贴的竞争中立。

（一）政府补贴的竞争中立原则

市场主体的公平竞争权和获得政府补贴权分属于市场经济中的一般权利和特别权利，分别由一般经济法和特别经济法进行规制，即市场公平竞争属于一般经济法保护的一般性权利，而作为产业政策扶持的政府补贴属于特别经济法保护的特别性权利。所以，政府补贴和公平竞争政策的顺位源于对一般经济权利和特别经济权利的选择。

从法教义学角度来看，宪法规范作为部门法规范的正当性基准，整个法秩序均应接受合宪性的调适。就我国宪法而言，其经济性权利主要包括经济自由、经济平等和经济民主。具体来说，《宪法》第15条可以作为“公平竞争”理念的“可推导”和“可解释”的隐含规定，其第1款明确我国“实行社会主义市场经济”和第2款规定“国家加强经济立法，完善宏观调控”，第2款的规定要与该条第1款内涵的公平竞争理念相结合，从经济法角度来看，有必要将公平竞争的价值和目标纳入各类宏观调控和市场调节的制度体系中。[②] 基于此，竞争政策作为市场经济的一般原则已是宪法的内在要求，而属于宏观调控政策的政府补贴也应体现公平竞争理念。此外，我国《反垄断法》第5章通过“滥用行政权力排除、限制竞争”的规定禁止行政性垄断，由此可见，公平竞争制度内生于具有经济宪法之称的反垄断法。因此，不仅是作为根本大法的《宪法》，还是作为具体部门法的《反垄断法》，均以市场公平竞争作为一般性原则，无论作为具体行政行为的政府补贴，还是宏观调控政策的政府补贴，均应接受市场竞争原则的调适。

在竞争政策被确立为基础性经济政策的时代背景下，[③]国家事实上已经开始强调市

---

① 参见应品广：《论经济法理念对行政诉讼体制的冲击和渗透——以反垄断行政诉讼为视角》，载《学术探索》2011年第1期。

② 参见张守文：《现代经济体制的构建及其法治保障》，载《政法论丛》2019年第1期。

③ 参见翟巍：《行政限定型经济垄断行为的反垄断规制》，载《价格理论与实践》2019年第7期。

场在资源配置中起决定性作用,竞争政策基础性地位也逐步确立。[①] 党的十九届四中全会通过的《中共中央关于坚持和完善中国特色社会主义制度、推进国家治理体系和治理能力现代化若干重大问题的决定》明确强调,要"强化竞争政策基础地位,落实公平竞争审查制度",国务院《关于在市场体系建设中建立公平竞争审查制度的意见》和《公平竞争审查制度实施细则》确立了我国公平竞争审查制度体系的框架,明确了竞争政策优先于产业政策的基本结论。[②] 因此,竞争政策的基础性地位已经确立,并且开始付诸具体实施。鉴于此,市场竞争应是公平自由的,禁止差别对待,即市场主体不得获得"非市场化"的竞争优势。现代化的公平自由竞争是保护一般消费者权益、促进国民经济健康发展的竞争政策体系。[③] 作为基本权利的经济自由权应强调打造"有限政府",政府不应越层跨界,不当地干预市场系统,以保障市场系统的独立性和完整性,保护宪法赋予市场主体的经济自由权。经济自由权是宪法赋予市场主体的一项基本权利,它是经济宪法的重要范畴。此外,经济自由权还要体现在各个部门法中,如经济法领域的经济自由权,就是市场主体的经济博弈权或称市场对策权,体现为企业的经营自由权、公平竞争权、正当竞争权等。[④]

因此,竞争政策是保护和促进市场竞争而实施的基本经济政策,其核心是市场开放和公平竞争,所以要确立竞争政策的基础性地位,以此为统领来调整其他相关政策,即政府补贴也应遵循公平竞争的一般性原则,并最大限度地避免限制或扭曲竞争的行为。

(二)政府补贴竞争中立的公平竞争审查实现

公平竞争审查制度是以竞争价值作为衡量、评价其他政策的"尺子",要求其他政策应当在符合公平竞争的前提下制定和实施,是构建我国竞争政策体系的关键之举。[⑤] 一般而言,公平竞争的审查模式主要包括司法审查、立法审查等,并且形成了政策制定机关自我审查、反垄断执法机构专门审查等模式。从我国实践来说,国务院《关于在市场体系建设中建立公平竞争审查制度的意见》明确竞争审查的对象是"行政机关、法律法规授权组织制定的规章、规范性文件以及其他政策措施",由此确立了政策制定机关的自我审查模式。作为宏观调控的政府补贴,具有不可诉的抽象行政行为属性,对此应该选择立法审查,而我国公平竞争审查制度主要是对具有抽象性行政行为进行立法审查,所以二者具有一定的契合性。

---

① 2013年党的十八届三中全会通过的《中共中央关于全面深化改革若干重大问题的决定》指出:"经济体制改革是全面深化改革的重点,核心问题是处理好政府和市场的关系,使市场在资源配置中起决定性作用和更好发挥政府作用。"

② 参见房立波、赵全新、杜连敬:《我国公平竞争审查的成效、问题与对策研究》,载《价格理论与实践》2018年第9期。

③ 参见[日]丹宗昭信、伊从宽:《经济法总论》,吉田庆子译,中国法制出版社2010年版,第131页。

④ 参见张守文:《政府与市场关系的法律调整》,载《中国法学》2014年第5期。

⑤ 参见焦海涛:《公平竞争审查制度的实施激励》,载《河北法学》2019年第10期。

一方面,政府补贴是一种行政行为。由于政府补贴作为行政机关相机决策的行政措施,具有高度的灵活性和实效性。在市场经济中,政府通过不正当地行使行政权力,对企业经营加以特殊保护或者进行强制干预,不仅与公平竞争的理念相悖,而且从本质上抹杀了市场的竞争精神。然而公平竞争审查制度的设立,旨在防范政府出台限制经营者自由交易的政策措施,并逐步剔除现行妨碍竞争和遏制创新的制度约束,保证市场经营者自由交易和公平竞争的权利。① 政府补贴和公平竞争均属于公共物品的供给,前者属于政府的扶持,后者是市场秩序的保障,所以政府补贴与公平竞争并非决然的对立。

另一方面,政府补贴主要表现为抽象性行政行为,即以规范性文件的形式加以实施,不仅具有隐蔽性,而且具有形式合法性,却在实质上具有垄断性。鉴于此,政府补贴的公平竞争需要对政府补贴的实质性内容进行审查,恰好公平竞争审查制度不仅作为公平竞争政策的关键制度,而且是对具体实质性内容进行审查。因此,政府补贴主要是表现为抽象的行政行为,即需要通过行政立法审查。公平竞争审查融合了竞争审查、竞争评估、竞争倡导以及竞争咨询等内容,是政府补贴竞争中立的优选模式,政府补贴公平竞争审查可以对政府补贴政策进行审查、评估,进而实现其正当性。概言之,政府补贴竞争中立与公平竞争审查具有内在的一致性和耦合性。

四、政府补贴竞争中立的例外——社会政策性扶持及其限度

(一)政府补贴作为政府"扶持之手"的差别化对待功能

根据产业发展的规律,产业政策是政府促进本国经济发展的主要方式,我国的产业政策一般包括运用经济手段、法律手段以及必要的行政手段调整产业关系,促进产业的发展。改革开放后,产业政策在一定时期内对我国社会经济发展起到了极其重要且不可替代的作用。虽然国家在不同时期因扶持的产业不同而采取了不同类型的产业政策,但各地产业政策追求经济高增长的制度目标和人民群众追求经济收入提高的内在需求没有发生根本改变,因而以产业政策作为主要方式促进经济发展的方针以及由此形成的产业政策手段在国家经济发展中的垄断地位也就不会改变。② 随着我国经济发展由高速增长期步入高质量发展时期,社会的主要矛盾由人民日益增长的物质文化需要同落后的社会生产之间的矛盾转变为人民日益增长的美好生活需要和不平衡不充分的发展之间的矛盾,产业政策的副作用及其对社会主义市场经济的不当干预影响逐渐凸显。概言之,产业政策无论是促进优势市场主体或行业的发展,还是扶持弱小市场主体和产业的发展,均表现为对市场主体或产业部门的差别化对待。与此同时,差别化对待的产业政策有一定的必要性,尤其是与国计民生和国家安全息息相关的行业,其在提供公共服务、促

---

① 参见张玉洁、李毅:《公平竞争审查制度构建的价值维度与实践进路》,载《学习与实践》2018 年第6 期。

② 参见虎剑刚:《论我国公平竞争审查制度的完善——基于间断平衡理论》,载《价格理论与实践》2018 年第9 期。

进技术进步、维护国家和人民利益等方面发挥了重要的促进作用。[①]

政府补贴作为产业政策的重要组成部分,是市场一般公平竞争原则的例外,表现为对市场主体的差别化对待,即对特定市场主体和产业进行扶持。因此,我国市场决定资源配置的经济体制确立了应遵循一般公平竞争的核心地位和政府补贴的辅助性地位。除特殊的政策性目的外,才可以实施具有差别化对待功能的政府补贴,否则就应该服从于统一的市场公平竞争秩序。

(二)政府补贴的社会政策性目的与基本利益限度

在经济政策性目的和社会政策性目的的二元政府补贴功能中,现代市场经济存在的政府补贴应仅限于社会政策性目的,而非经济政策性目的,即对市场经济中的最少受惠主体进行补贴。政府补贴应以市场竞争中的最少受惠市场主体和产业部门为对象,如此才符合我国现阶段的经济发展正义,才能逐步化解当前社会主要矛盾。我国市场竞争中的最少受惠市场主体主要包括中小企业、民营企业等。换言之,应禁止政府给予特定企业"非市场化的竞争优势",减少由此导致的市场主体之间的不公平竞争的产生。[②]

进言之,不仅政府补贴的范围面向基于社会政策性目的的最少受惠市场主体和产业部门,而且政府补贴的规模应限于最少受惠市场主体和产业部门的基本利益保障,这也是政府补贴的合理限度。具体来说,一方面,政府补贴作为财政给付行为,可以通过财政支出基准法明确规定最少受惠市场主体和产业部门的范围;另一方面,政府预算是立法机关批准的以收入与支出为中心的计划,所以可以通过预算总额的法律效力约束政府补贴的限度为基本利益。

因此,政府补贴应面向社会政策性目的的差别性对待,即主要对非市场原因的最少受惠市场主体和产业部门进行补贴,而且政府补贴的规模应限于最少受惠市场主体和产业部门的基本利益。

五、我国政府补贴竞争中立的公平竞争审查进路

政府补贴的竞争中立与公平竞争审查具有内在的一致性,具体可以通过政府补贴公平竞争审查范围的全覆盖、公平竞争审查的多元主体合作、公平竞争审查标准的具体化和实质化实现政府补贴的竞争中立,并使之与公平竞争协同。

(一)政府补贴的原则禁止与正面清单模式

我国政府补贴应该服从统一的公平竞争秩序,只有满足特殊的社会政策性目的条件,方可实施政府补贴。换言之,在政府补贴原则禁止下,应当实行社会政策性目的补贴的正面清单模式,具体以补贴基本范围的法定,限制法定补贴的设立,[③]而在法定范围之外政府不可实施补贴。

---

① 参见张治栋:《规制行业行政垄断完善反垄断法律体系》,载《理论视野》2012年第7期。

② 参见张占江:《政府行为竞争中立制度的构造——以反垄断法框架为基础》,载《法学》2018年第6期。

③ 参见吕清正、郭志远:《我国政府补贴的法律治理》,载《江淮论坛》2017年第3期。

在现有市场经济条件和状态下,竞争中立政策原则上要求市场主体不得获得来自国家政策措施的任何"净竞争优势",所以政府补贴的合法性和正当性目的仅限于社会政策性目的。例如,《欧盟运行条约》第 107 条第 2 款以列举形式予以阐明欧盟的"国家补贴",它主要包括社会救助、自然灾害或者意外事件所致损失的补偿、给予受德国分裂影响地区的援助,并且对于具有社会性的救助,欧盟委员会出台了诸多文件予以细化,要求援助应当具有明确的社会目的。[①] 由此观之,欧盟实施了国家援助"原则禁止与例外允许"的模式,并且例外允许的范围仅限于社会性目的。

我国《公平竞争审查制度实施细则》第 18 条规定,政策制定机关对政策措施进行公平竞争审查时的例外情形包括维护国家经济安全、文化安全、涉及国防建设,为实现扶贫开发、救灾救助等社会保障目的,为实现节约能源资源、保护生态环境等社会公共利益以及法律、行政法规规定的例外情形。[②] 由此可见,我国公平竞争审查例外豁免的情形具体包括国家安全、社会保障以及公共利益等目的。但是,《公平竞争审查制度实施细则》第 18 条的兜底条款不仅规定了法律和行政法规的规定可以构成公平竞争审查的豁免,大大拓宽了例外豁免的范围,而且该条款是一般性规则,尚未明确豁免的具体性目的。

因此,政府补贴的正面清单应以社会政策性目的为主,并主要指向中小企业、民营企业等弱势市场主体以及农业、公共交通等弱势产业部门。同时,基于社会政策性目的的政府补贴应具有普惠性、法定性、公平性和明确性,即应当适用所有符合条件的市场主体。

(二)政府补贴公平竞争审查主体的行政合作模式

无论是传统反垄断法的规制,还是现有的公平竞争审查制度,对抽象性行政性垄断行为的规制主体主要是政策制定机关,虽然 2019 年 9 月 1 日开始施行的《制止滥用行政权力排除、限制竞争行为暂行规定》,将"规定、办法、决定、公告、通知、意见、会议纪要"等形式的抽象规范纳入限制行政性垄断的范围,但反垄断执法机构却难以事前介入抽象性规范的审查。

目前,我国公平竞争审查制度赋予了政策制定主体的自我审查权,并将政策制定主体作为公平竞争审查的首要责任主体,其原因主要包括两方面:一是我国经济性政策具有广泛性,政策制定主体自我审查具有可行性;二是政策本身具有专业性,政策制定主体自我审查具有必要性。但是政策制定机关的自我审查模式不仅在客观上缺乏对政府补贴政策是否符合公平竞争的专业辨识与判断,而且主观上地方政府基于区域竞争和区域

① See Conor Quigley, *European State Aid Law and Policy*, 2nd ed., Oxford: Hart, 2009, p. 127 – 129.

② 《公平竞争审查制度实施细则》第 18 条规定:"政策制定机关对政策措施进行公平竞争审查时,认为虽然具有一定限制竞争的效果,但属于《意见》规定的为维护国家经济安全、文化安全、涉及国防建设,为实现扶贫开发、救灾救助等社会保障目的,为实现节约能源资源、保护生态环境等社会公共利益以及法律、行政法规规定的例外情形,在同时符合以下条件的情况下可以实施:(一)对实现政策目的不可或缺,即为实现相关目标必须实施此项政策措施;(二)不会严重排除和限制市场竞争;(三)明确实施期限。"

经济发展的考量，缺乏独立性。与此同时，滥用行政权力限制竞争行为实际上是歧视行为，其背后均存在保护地方企业或者保护个别企业的经济动机，由此导致上级机关处理其下级机关的行政垄断行为时很难保持中立。

就政府补贴公平竞争审查的主体而言，主要存在以下现实：一是从实践来看，政府补贴政策主要是由县级或者设区的市级政府制定并实施。二是在当前规范性文件制度化清理的背景下，政府补贴数量逐渐降低，并不庞大。三是政府补贴的公平竞争审查具有高度专业性，作为政府补贴政策制定主体的基层政府，对公平竞争审查的能力略显不足。四是上级行政机关对下级行政机关的领导地位与上级行政机关对下级行政机关的特别纠错职责决定了上级行政机关是政府补贴公平竞争审查的核心主体。与此同时，《制止滥用行政权力排除、限制竞争行为暂行规定》明确规定，市场监管总局概括授权的省级市场监管部门（省局）负责对行政性垄断行为进行调查、提出依法处理建议（查处）。鉴于此，政府补贴竞争中立的公平竞争审查应当采取省级反垄断执法机构与省级政府共同审查的合作模式。具体来说，在我国现有《反垄断法》规制行政性垄断的框架下，[①]需要强化反垄断执法机构的建议权，实现其建议权的法律效力和权威性。政府补贴公平竞争审查应赋予省级以上反垄断执法机构对政府补贴立法或政策草案予以事先审查，分析其是否具有限制竞争的可能性，并将审查意见反馈给省级以上政府，由其责令政府补贴立法或政策制定主体进行修改。省级以上机关可以通过政务报批机制来积极对下级行政机关所实施的内容进行公平竞争审查。

（三）政府补贴公平竞争审查的法定程序和阶段性

基于政府补贴的原则禁止，政府补贴行为应当经过严格的法定公平竞争审查程序才可以实施。与此同时，基于企业和产业发展的不同阶段，政府补贴的必要性程度也不同，所以政府补贴公平竞争审查应具有连续性和阶段性，即已经实施的政府补贴在不同阶段需要定期接受公平竞争审查。

政府补贴竞争中立的公平竞争审查需要通过法定程序予以约束，即经过反垄断执法机构和政策制定主体上级政府的双重审查，具体包括省级以上反垄断执法机构的初步审查和政府补贴的省级主管部门或中央主管部门的最终审查，并且公平竞争审查必须形成书面结论。如果没有形成书面结论，则视为未经审查。例如，除《制止滥用行政权力排除、限制竞争行为暂行规定》所规定的“反垄断执法机构向有关上级机关提出依法处理建议的，应当制作行政建议书”外，上级机关同样也需要制作审查意见的书面形式，并向反垄断执法机构反馈。此外，反垄断执法机构不仅作为初步审查主体，而且也是政府补贴行为的竞争评估机构。

---

① 《反垄断法》第 51 条规定：“行政机关和法律、法规授权的具有管理公共事务职能的组织滥用行政权力，实施排除、限制竞争行为的，由上级机关责令改正……反垄断执法机构可以向有关上级机关提出依法处理的建议。”

政府补贴公平竞争审查需要进行阶段性的连续审查,以期解决政府补贴的内卷性问题,进而实现政府补贴的逐渐退出。具体来说,政府补贴的社会政策性目的是改变特殊市场主体的弱势地位,而随着政府补贴的推进,市场主体的弱势地位和权利的失衡状态会得到改变,进而政府补贴的现实基础消失,那么政府补贴也应该即刻退出。如果再继续实施政府补贴,那么可能会造成政府补贴的反竞争,所以已经实施的政府补贴仍需进行公平竞争审查。一般而言,政府补贴设立之时应当明确补贴的期限,在期限内定期进行公平竞争审查。

(四)政府补贴公平竞争审查标准的实质化和具体化

虽然现代行政法对行政行为的审查涉及实质合法性,但主要还是审查行政行为合宪性和合法性的形式要件。[①] 同时,行政行为的合理性审查主要表现为事后改变和撤销制度。[②] 政府补贴竞争中立的公平竞争审查主要考量合法性和合理性两方面,即是否符合社会政策性目的是其主要评判准则,公平和自由等市场经济的基本价值宗旨是具体权衡补贴行为利弊的标准和依据,比如,通过对政府补贴排除、限制竞争的比例原则考察可以分析该补贴行为是否必要或合理。这就需要建立针对具有隐蔽性和形式合法性的政府补贴公平竞争的评价体系,即确立政府补贴是否正当的区分准则、标准和方法。

在我国《公平竞争审查制度实施细则》第 14 条至第 17 条所设计的四大类合计 18 项审查标准中,仅第 14 条"市场准入和退出标准"中的第 1 项"不得设置不合理和歧视性的准入和退出条件"及其规定"不得没有法律法规依据或者国务院规定,对不同所有制、地区、组织形式的经营者实施差别化待遇",反映了相关竞争中立政策。竞争中立意味着针对市场经营主体,所有政府行为均应中立,不施加任何差别性待遇。但是,除市场准入和退出标准外,有关商品和要素自由流动标准、影响生产经营成本标准或者影响生产经营行为标准方面的政策法规,均有可能施加差别性待遇。[③] 因此,作为行政行为的政府补贴公平竞争审查标准不仅是实质合法性的审查,即政府补贴行为是否"不合理地损害了竞争",还包括审查政府补贴对市场竞争效果的影响。例如,2015 年 OECD 推出《竞争评估工具书:原则》,明确规定"竞争核对清单"包括是否限制供应商的数量或经营范围,是否限制供应商的竞争能力等。[④] 该清单已成为 OECD 各成员进行竞争审查和评估的参照

---

① 《立法法》第 7 条规定:"立法应当从实际出发,适应经济社会发展和全面深化改革的要求,科学合理地规定公民、法人和其他组织的权利与义务、国家机关的权力与责任。法律规范应当明确、具体,具有针对性和可执行性。"

② 参见王锴:《合宪性、合法性、适当性审查的区别与联系》,载《中国法学》2019 年第 1 期。

③ 参见刘大洪、邱隽思:《推动民营经济发展背景下的公平竞争审查制度改进研究》,载《法学论坛》2019 年第 2 期。

④ See OECD (2015), Competition Assessment Toolkit: Volume 1. Principles, https://www.oecd.org/competition/toolkit.

标准。[①] 就政府补贴公平竞争审查的标准而言，应有其特殊的具体内容，一般包括：第一，政府补贴是否限制了市场竞争主体的数量，即通过政府补贴条件的设置等形式筛选市场竞争主体；第二，政府补贴是否限制了市场主体的竞争能力，如通过差异化政府补贴限制市场主体竞争；第三，政府补贴是否限制了市场主体参与竞争的积极性，如设置不合理的政府补贴门槛等。概言之，通过政府补贴公平竞争审查标准的具体化实现竞争中立的实质化。[②]

判断政府补贴行为对竞争效果的影响可以借助比例原则这一工具。政府补贴本质上属于履职的行政行为，现代行政实质上是一个利益衡量的过程，行政行为实施过程中的各种利益关系本质上都是公共利益和私人利益的关系。[③] 政府补贴的竞争效果审查具体包括以下程序：第一，分析政府补贴行为的目的是否具有正当性，即判断政府补贴行为真实目的是否为社会政策性目的，是否以促进弱势市场主体和产业部门的发展为主要目的。第二，分析政府补贴的方式是否可以实现政府干预目的，即政府补贴行为与正当性目标的实现是否存在逻辑上的因果关系。第三，分析政府补贴是否对市场竞争"损害最小"，即进行竞争效果评估并分析为实现政府补贴是否存在多种措施可供选择，是否可以将对市场竞争的损害降至最低，或者是否存在对市场竞争损害较低的替代性方案。第四，分析政府补贴最终实现的目的与竞争损害之间是否能够达到利益"均衡"。

六、结论

政府补贴作为政府干预经济和促进产业发展的重要方式，在市场经济发展初期，尚具有促进市场经济发展和市场主体竞争力的目的正当性。但是，随着市场经济的快速发展，全国统一市场的建立和公平竞争秩序的需要，继续实施针对优势市场主体的经济政策性补贴，无疑与市场公平竞争秩序相悖，并且政府补贴和公平竞争的对立和割裂进一步导致政府补贴的反竞争。因此，对政府补贴和公平竞争的政策协同是政府补贴竞争中立的核心所在，在竞争中立状态下的政府补贴应限于社会政策性补贴的目的，同时已经在实践中运行的公平竞争审查可以成为政府补贴竞争中立的模式选择。政府补贴竞争中立的公平竞争审查主要包括以下路径：一是通过明确政府补贴的原则禁止，仅例外存在的政府补贴应以社会政策性目的为主，面向具有弱势地位的市场主体和产业部门，并且政府补贴的规模也应限于弱势市场主体的基本利益保障；二是政府补贴竞争中立的公平竞争审查应当采取省级反垄断执法机构与省级政府共同审查的协作模式；三是政府补

---

① 例如，新加坡竞争委员会根据经济合作与发展组织《竞争评估工具书：原则》的竞争核对清单制定了"政府机构评估工具书"和"CIA 清单"，日本也参考经济合作与发展组织经验制定竞争审查清单，并且制定"政策事前评价实施指南"，确立了政策的竞争影响评估标准。

② 参见汪永福：《论地方公共资源交易的反竞争与公平竞争——基于 X 省公共资源交易规范性文件的实证考察》，载《社会科学》2018 年第 11 期。

③ 参见孟雁北：《中国竞争倡导制度对国际经验的借鉴与创新——以公平竞争审查制度为例》，载《中国市场监管研究》2018 年第 9 期。

贴行为公平竞争审查需要经过省级以上反垄断执法机构的初步审查和实施政府补贴行为的省级主管部门或者中央主管部门的最终审查等法定程序,并且进行阶段性的连续审查,以期解决政府补贴的内卷性问题,进而实现政府补贴的逐渐退出;四是以是否限制了市场竞争主体的数量、是否限制了市场主体的竞争能力、是否限制了市场主体参与竞争的积极性作为政府补贴公平竞争审查的具体标准。进言之,基于不同的政府行为在审查主体、审查程序以及审查标准等方面均可能存在不同的内容,政府补贴竞争中立的公平竞争审查立法很难借助属于一般法的反垄断法和公平竞争审查制度进行规制,所以其具体的规则应当在政府补贴立法中予以规定。

第三篇　国际税法与比较税法创新研究

我国与“一带一路”沿线国家(地区)双边税收协定分析

洪学芝*

一、我国与“一带一路”沿线国家(地区)双边税收协定现状

(一)双边税收协定总体情况

目前,我国与“一带一路”沿线国家(地区)①的双边税收协定签订数量为52个,占比为80%,笔者选取的10个国家均已与我国签订双边税收协定。

在争议解决机制方面,协定中的相互协商程序条款发挥了较大作用,但仍存在耗时长等问题。在税收征管方面,协定中的税收情报交换条款涉及的交换范围各不相同,部分只限于协定包含的税种(如阿联酋、巴基斯坦),部分只限于协定包含的“人”的范围(如泰国、新加坡),部分不限于协定包含的税种及“人”的范围(如柬埔寨、俄罗斯,这也是OECD范本及UN范本中的做法)。

值得一提的是,2019年4月,“一带一路”税收征管合作机制(以下简称合作机制)正式建立,为沿线国家(地区)加快税务争议解决、加强税收征管能力建设、实施税收征管数字化等方面提供了多边平台。目前,合作机制已经具备大规模、跨区域的特点,并且这一合作网络还在继续扩大。

(二)常设机构条款比较

常设机构往往可分为普通类型(场所型)与特殊类型。在我国与“一带一路”沿线国家(地区)签订的税收协定中关于场所型常设机构的条款较类似,因此本部分主要就特殊类型常设机构进行比较。我国签订的对外协定中特殊类型常设机构分类通常包括工程型、代理型、劳务型等,但在具体的时间标准及表述上存在较大差异。以投资存量前10的“一带一路”沿线国家为例,如表1所示,10个国家均参照两个协定范本设置了工程型

* 中央财经大学财政税务学院硕士研究生。

① 由于签署“一带一路”合作文件并不等同“一带一路”沿线国家(地区),且官方并未给出“一带一路”沿线国家(地区)的定义,因此本文选用商务部发布的中国对外直接投资统计公报中的“一带一路”沿线国家(地区)数量,也即65个。

常设机构,60%的国家对此的时长标准为6个月,剩余国家分别为9个月、12个月、18个月、24个月。时间标准越短,越有利于来源国的税款征收。代理型常设机构方面,10个国家均有设置且差异不大,由于并未涉及时间标准故在此未列入表1。在劳务型常设机构方面,10个国家中有7个国家规定了劳务型常设机构及其判定标准。在具体时长上,多为6个月或183天标准;在表述上,采用"任何12个月连续或累计""连续或累计"等方式,内涵并不完全一致。值得一提的是,柬埔寨自然资源较丰富,我国与其的税收协定还单独设置了资源开采型常设机构,这在两个范本中均未规定的。

表1 投资存量前10的"一带一路"沿线国家或地区特殊性常设机构判定的时间标准

常设机构类型	时间标准	国家/组织
工程型常设机构	连续6个月以上	巴基斯坦、马来西亚、泰国、新加坡、印度尼西亚、越南、UN范本
	连续9个月以上	柬埔寨
	连续12个月以上	老挝、OECD范本
	连续18个月以上	俄罗斯
	连续24个月以上	阿联酋
劳务型常设机构	连续或累计超过6个月	印度尼西亚
	任何12个月中连续或累计超过6个月	马来西亚、新加坡、越南
	12个月中连续或累计超过183天	俄罗斯、泰国、UN范本
	连续或累计超过24个月	阿联酋
资源开采型常设机构	任何12个月中连续或累计超过90天	柬埔寨

资料来源:根据国家税务总局网站自行整理。

(三)股息、利息、特许权使用费条款比较

我国与沿线国家(地区)签订的协定中关于消极所得条款的差异主要体现在预提所得税率上,如表2所示。大多国家的预提所得税率在10%及以下,然而巴基斯坦、马来西亚、泰国对特许权使用费征收15%及以上的预提所得税,泰国对股息的预提所得税税率超过10%。在税率档次方面,多数国家实行单一税率或是"普通税率+优惠税率"的形式,少数国家如老挝、泰国、新加坡对利息所得实行较特殊的三档税率。值得一提的是,我国与阿联酋、柬埔寨等国家的税收协定中创新性地引入了两个范本均未规定的国有机构利息免税条款，更加符合工程投资资金需求量大的客观现实。

表2　投资存量前10的“一带一路”沿线国家消极所得预提所得税税率比较

国家	股息预提所得税税率	利息预提所得税税率	特许权使用费预提所得税税率
阿联酋	0%（受益所有人为政府或是由政府控股20%以上的公司）、7%	0%（受益所有人为政府或是由政府控股20%以上的公司）、7%	10%
巴基斯坦	10%	0%（支付给政府/国家银行/部分金融机构）、10%	20%
俄罗斯	5%（持股25%以上且金额至少8万欧元）、10%	居住国独享（相当于0%）	6%
老挝	5%	0%（支付给政府）、5%（受益所有人在老挝）、10%（受益所有人在中国）	5%（受益所有人在老挝）、10%（受益所有人在中国）
马来西亚	10%	0%（支付给政府）、10%	10%（专利、科学设备等）、15%（文学、文艺著作）
泰国	15%（持股25%以上）、20%	0%（支付给政府）、10%（金融机构取得）、按国内税率（其他情况）	15%
新加坡	5%（持股25%以上）、10%	0%（受益所有人为政府性质）、7%（银行或金融机构取得）、10%（其他情况）	10%
印度尼西亚	10%	10%	10%
越南	10%	0%（支付给政府）、10%	10%
柬埔寨	10%	0%（支付给政府主要拥有的金融机构或法定主体）、10%	10%

资料来源：根据国家税务总局网站自行整理。

（四）税收绕让条款比较

税收绕让本质上并非消除重复征税的方式，而是一种税收优惠。以我国对“一带一路”沿线国家（地区）投资存量前10的国家为例，如表3所示，涉及3种税收绕让条款签订情况，即没有签订税收绕让条款、相互给予税收绕让、对方国家单方面给予我国税收绕让。其中，我国与柬埔寨的税收绕让条款规定期限为 10 年，即至 2028 年 1 月 26 日到期，到期前双方可协商是否延长该期限。

表 3　投资存量前 10 的"一带一路"沿线国家税收绕让条款情况

国家	税收绕让条款情况
俄罗斯、老挝、印度尼西亚	无税收绕让条款
巴基斯坦、马来西亚、泰国、越南、柬埔寨	双方相互绕让
阿联酋、新加坡	对方国家单方面给予我国税收绕让

资料来源：根据国家税务总局网站自行整理。

二、我国与"一带一路"沿线国家（地区）双边税收协定的现存问题

（一）协定网络与合作机制存在不足

在双边税收协定签订方面，仍存在部分国家由于自身政治、安全等因素尚未与我国签订税收协定，其中包括与我国经济往来较频繁的国家如伊拉克、缅甸等。双边税收协定的缺失将导致重复征税等问题，容易打击纳税人跨国投资、贸易的积极性，甚至影响国家的经济发展。

在争议解决机制方面，尽管 BEPS 行动计划实施以来，相互协商程序的作用逐渐凸显，但由于条款中并未明确规定解决的期限，①这导致尤其对于一些数额大、较复杂的争议，税务当局都从维护自身利益出发、难以达成共识。对于纳税人来说，其合理的税收利益难以受到保护，会产生较大的不利影响。此外，对比 BEPS 包容性框架成员在 2016 ~ 2018 年利用相互协商程序的平均争议解决时间（22.7 个月），②我国争议解决时间偏长，为 31.11 个月，③存在较大提升空间。

多边合作方面，随着数字化经济的发展，纳税人的逃避税行为越发隐蔽，实践证明仅靠双边协定中的税收情报交换条款难以有效应对数字经济的挑战。而且，合作机制的相关文件仅仅体现了"一带一路"沿线国家（地区）税务主管当局在合作方面的共同利益和意愿，并不具有法律约束力。这导致合作机制目前更像是一个"俱乐部"，"一带一路"沿线国家（地区）可以根据自己的利益和意愿选择加入或退出、选择采取或不采取行动。如

---

① 国家税务总局无锡市税务局课题组：《"一带一路"视角下跨境税收争端问题浅析——基于税收协定的订立和适用》，载《国际税收》2018 年第 7 期。

② See OECD，*Mutual Agreement Procedure Statistics for* 2017，Accessed Dec. 12，2022，https://www.oecd.org/tax/dispute/mutual-agreement-procedure-statistics-2017.htm.

③ See OECD，*Making Dispute Resolution More Effective-MAP Peer Review Report*，*China*（*Stage* 1），Accessed Dec. 12，2022，https://www.oecd.org/tax/beps/making-dispute-resolution-more-effective-map-peer-review-report-china-stage-1-85e69082-en.htm.

果继续以这种灵活的方式运作,合作机制的运行情况和稳定性都可能面临风险。

(二)常设机构条款有待更新

一方面,我国与这10个国家的税收协定大多在20世纪末签订,时间较早,只对2个国家(新加坡和俄罗斯)的税收协定进行了修订。随着经济的发展,我国在资本净流动方面已实现从输入到输出的转变,越来越多的企业"走出去",①且对外投资工程项目往往耗时长,依据现有的协定条款易在境外构成特殊型常设机构,"走出去"企业的税收负担较重。加之,协定条款中"任何12个月连续或累计""连续或累计"等表述易在实践中对停留时间的计算方式产生误解,可能会加大"走出去"企业的涉税风险。

另一方面,随着数字化经济的发展,国家间贸易往来的方式也发生了转变,对原有的场所型常设机构条款产生了较大冲击。由于数字化经济下的经营活动并不必然需要物理性实体机构的设立,且纳税人可以运用数字技术将一项经营活动拆分为几个辅助类或准备类活动从而规避常设机构的认定,将在一定程度上损害跨境数字经济相关国家的税收利益,对"一带一路"倡议下的投资与贸易合作造成阻碍。

(三)股息、利息、特许权使用费条款存在不足

就税率角度而言,中泰协定中的预提所得税税率最高,其他高于10%的预提所得税税率也缺乏竞争力,不利于双方展开更为密切的投资与贸易。就优惠待遇而言,目前,国有机构利息免税条款覆盖并不全面,且部分协定中涉及的能享受优惠待遇的债券主体未采用列举等方式,在表述上不够完善,导致纳税人无法准确识别是否可以适用,给纳税人造成了税收上的不确定。另外,就所得分类而言,实践中存在部分由于缔约双方对所得定性不一致问题,比如一方认为是股息所得,而另一方认为是经营所得,从而可能导致无法适用消除重复征税的条款,加重纳税人的税收负担。

(四)税收绕让范围有待扩大

可以看到,在投资前存量前10的"一带一路"国家中只有7个国家与我国签订了税收绕让条款,其中,2个国家只是单方面绕让,税收绕让范围有待扩大。同时,绝大部分税收绕让条款没有执行期限的限制,更易被纳税人滥用,且不便于国家根据自身经济发展情况调整税收绕让条款。此外,我国企业"走出去"的步伐越来越快,若只有单方面税收绕让条款,我国企业在阿联酋、新加坡的投资与经营就无法享受税收绕让的优惠,易打击企业的积极性。

三、我国与"一带一路"沿线国家(地区)双边税收协定的完善建议

(一)加快推进税收合作发展

在双边税收协定签订方面,基于目前与部分国家在航空、海运等方面已达成的税收条款,逐步推进,加快整体税收协定的谈签进度。尤其是与我国之间投资及贸易量较大

---

① 参见汤凤林、陈涵:《"一带一路"背景下我国双边税收协定的现状、问题与完善建议》,载《国际税收》2020年第5期。

的国家,有利于降低企业被重复征税的风险、提高税收确定性,以便促进我国企业更好、更稳地“走出去”。

在争议解决机制方面,结合不同情况适当限制争议解决时长,并促进国家对争议解决进度以及解决结果进行公开,提高解决效率及透明度。同时,可以考虑共同建立一个专门负责解决“一带一路”沿线国家(地区)间涉税争议的处理中心,独立、充分地考量各个争议的复杂性与特殊性,以达到公平、公正、及时解决争议的目的。

在多边合作方面,除上文提到的涉税争议处理中心外,还可考虑在合作机制的基础上,制定和缔结多边公约。当然,多边公约的缔结绝非易事,涉及各国的税收主权及税制差异等问题,但合作机制近两年的表现已为其可行性和技术问题奠定了些许基础。通过多边公约可将“一带一路”国家(地区)的政治利益和承诺转化为条约权利和义务,进而提高国家之间的信任程度,促进“一带一路”国家(地区)间开展更多的共建、共享,保护各国税收利益。

(二)更新常设机构条款

一方面,可考虑将特殊类型常设机构的时间标准适当延长,同时尽量统一常设机构条款关于时长计算方式的表述,以避免不必要的误解。将工程型常设机构的判定时间由6个月延长至12个月,既符合工程建设耗时长的客观现状,也有利于减轻我国企业“走出去”与沿线国家(地区)的企业在我国的税收负担,从而发展更紧密的“一带一路”伙伴关系,实现互利共赢。

另一方面,借鉴BEPS行动计划中关于应对数字经济挑战以及防止人为规避常设机构的做法,相应修订我国与“一带一路”沿线国家(地区)的常设机构条款,加快研究构建“虚拟常设机构”,进而平衡好我国与“一带一路”沿线国家(地区)关于跨境数字经营活动的税收利益、适应“数字丝路”的发展趋势。

(三)修订完善股息、利息、特许权使用费条款

在税率方面,由于我国与多数沿线国家(地区)的税收协定签订时间较早,基于当时将资本引进来的主要目的,谈签的预提所得税税率较高以保护我国税收利益。基于目前我国企业“走出去”的需求及我国转变为资本输出国的事实,10%以上的预提所得税税率已不太符合客观状况,应当在修订时降低对消极所得的预提所得税税率并尽量统一,[①]避免造成国家间的税收竞争。同时,扩大国有机构利息免税条款的覆盖范围并纳入金融机构免税更新机制(如中新协定在条款中指出双方可随时同意的金融机构也可免税),[②]以便为纳税人及时地提供优惠待遇,促进工程跨境融资与境内融资的公平。此外,在所得定性上,完善相关判定所得性质的表述,加强税务当局之间的协商与解释,以防止因所得定性不同而导致的双重征税。

① 参见赵书博:《我国与“一带一路”沿线国家税收协定问题研究》,载《税务研究》2018年第2期。

② 参见赵洲、张丽:《论“一带一路”跨境利息所得的税收协调》,载《国际税收》2018年第1期。

（四）适当扩大税收绕让条款范围

高雅（2020 年）通过实证研究证明税收绕让条款对于我国企业对外直接投资具有较强的促进作用。[①] 尤其对于列入我国对外投资存量前 10 的国家，需要扩大税收绕让条款的覆盖范围，我国可以在与老挝等国的双边税收协定修订时加入税收绕让条款，与新加坡等国的双边税收协定修订时将单边绕让改为相互绕让。当然，由于对外税收绕让相当于给予纳税人税收优惠，减少我国的税收收入，因此应当有选择性地、谨慎地应用税收绕让条款，避免因条款的滥用而导致税收流失问题。[②] 此外，考虑消极所得更易滥用税收绕让条款，因此可以类比股息预提所得税的两档税率设置，对于经营所得适用普通税收绕让，对于消极所得适用有上限的税收绕让，同时加入绕让期限的限制，从而更好地发挥税收绕让条款对于投资与贸易活动的积极促进作用，促进我国与“一带一路”沿线国家（地区）间的共同发展。

① 参见高雅：《双边税收协定促进了中国对“一带一路”国家 OFDI 吗？——基于异质性视角的研究》，载《时代金融》2020 年第 10 期。

② 参见尹淑平、尹超：《“一带一路”背景下对我国税收饶让制度的审视》，载《税务研究》2018 年第 11 期。

一般反避税条款的适用：构成要件与证明规则

沈　斌*

财产权应当负有社会义务，国家课税权在此基础上得以证立。国家课税选取税收负担的法定要件要素时，须在不特定多数案件中挑选常规典型案件予以抽象化，赋予其税收债务关系之法律效果，但其立法本意并不排除非常规案件。故税法法定要件中，其负担事由非仅在于形式意义，而在将实质负担缘由明白表达。非常规交易如滥用私法权利，不影响原来应有之纳税义务。[①] 即税法规范具有不容规避性。然而，避税作为一种古老的现象，却具有与征税本身一样悠久的历史。如何认定纳税人的交易安排构成避税是困扰各国的共通难题。又囿于一般反避税条款天然持有“有利于国库”而不是“有利于纳税人”的价值取向，[②]如若不能对避税行为进行科学严谨的界定，一般反避税措施的实施则容易矫枉过正而侵犯到纳税人的合法权益。

囿于法律传统与国情的不同，各国在避税与反避税中形成了两种不同的避税认定思路，即主观主义的目的思路与客观主义的行为思路。具体而言，主观主义的目的思路以纳税人从事交易的主观意图作为避税认定的逻辑起点，将探查产生税收利益的交易行为是否具有“合理商业目的”“合理目的”等主观意图作为避税认定的基础标准。客观主义的行为思路则以客观行为作为避税认定的逻辑起点，将评价交易安排或行为是否构成“权利滥用”作为避税认定的基础标准。就我国而言，一般反避税立法发轫于企业所得税。为应对日趋多样化和复杂化的企业避税活动，2008 年开始实施的《企业所得税法》第 47 条引入了一般反避税条款，规定“企业实施其他不具有合理商业目的的安排而减少其应纳税收入或者所得额的，税务机关有权按照合理方法调整”。近年来，随着个人所得税在国家税收收入中地位的提升，以及高收入群体避税现象的愈演愈烈，因个人所得税避税行为而引起的国家税收流失和公民税负不公平现象较严重。为此，我国在新《个人所得税法》第 8 条第 1 款第 3 项仿行《企业所得税法》的规定引入了一般反避税条款，将

* 华中师范大学法学院讲师，法学博士。

① 参见葛克昌：《所得税与宪法》，北京大学出版社 2004 年版，第 7 页。

② 参见叶姗：《一般反避税条款适用之关键问题分析》，载《法学》2013 年第 9 期。

“个人实施其他不具有合理商业目的的安排而获取不当税收利益”的行为认定为避税。至此,我国一般反避税建制之轮廓日渐显现,基本上仿行了英美法系国家的主观主义的目的思路,对纳税人主观意图的判定成为避税认定的逻辑起点,相关交易安排是否具有合理商业目的成为避税认定的基本标准。

我国《企业所得税法》《特别纳税调整实施办法》《一般反避税管理办法(试行)》等一般反避税立法规定的“合理商业目的”“实质大于形式”“经济实质”等避税认定规则存在矛盾,而且学界也未能对其适用关系达成共识,[①]并在证明责任分配方面存在争议。[②]究其原因在于,虽然我国引入了一般反避税条款,但却未能准确把握避税行为之事物本质,尤其是未能正确认识一般反避税条款中“合理商业目的”的功能意蕴。受长期以来国家利益至上的影响,反避税在我国存在坚实的意识形态基础。[③] 在一般反避税条款拓展适用至个人所得税之际,为确保一般反避税措施适用的合理性与准确性,避免避税认定范围扩大化侵及纳税人的合法权益,必须重新认识避税之事物本质,明晰税务机关到底应该基于什么标准要件和遵循何种证明规则来判断纳税人的行为安排是否构成避税。基于上述问题,笔者首先运用比较分析方法,以主要国家一般反避税立法为分析范本解构避税行为的构成要件,回答避税是什么的基本问题。另外,基于税法法理阐明避税各要件的证明责任和标准,并在此基础上引入表见证明规则,回答避税认定程序中的证明方式问题。此外,在阐明“合理商业目的”在避税认定程序中功能的前提下,基于纳税人反证权对避税的外延范围进行矫正性限缩。

一、比较法视野下避税构成要件的解构

虽然各国因法制传统和法学理论的不同而在避税认定思路方面存在差异。但是,作为反避税的规制对象,避税在事物之本质,即蕴含在避税内部的秩序方面具有同一性。盖因如此,无论是采行主观目的思路的国家,还是采行客观行为思路的国家,一般反避税立法在避税构成要件方面呈现一致性,行为要件、结果要件与目的要件是构成避税的共同性要件。具体而言:

首先,关于避税构成的目的要件。目的要件是避税在主观层面的构成要件,也是在

---

① 有学者认为,商业目的与经济实质是避税构成的两个要件,而且是择一要件,两者满足其一即构成避税;而有学者则认为,商业目的与经济实质其实是一个要件,后者包含并已经取代前者。具体参见汤洁茵:《〈企业所得税法〉一般反避税条款适用要件的审思与确立——基于国外的经验与借鉴》,载《现代法学》2012 年第 5 期;欧阳天健:《比较法视阈下的一般反避税规则再造》,载《法律科学(西北政法大学学报)》2018 年第 1 期等。

② 有学者认为,在一般反避税管理中,主观举证责任与客观举证责任的分配规则是不同的,主观举证责任则由税务机关承担,客观举证责任则遵循“谁主张,谁举证”原则,即纳税人在提出积极抗辩时也会承担相应的客观举证责任。而有学者则认为,在反避税调查中并无举证责任分配的问题,主观举证责任与客观举证责任都应当由税务机关来承担。相关争议,参见任超:《我国一般反避税举证责任规则的构建》,载《兰州学刊》2017 年第 1 期;汤洁茵:《反避税调查程序的举证责任:现行法的厘清与建构》,载《税务与经济》2018 年第 5 期等。

③ 参见刘剑文、熊伟:《税法基础理论》,北京大学出版社 2004 年版,第 153 页。

两种避税认定思路中地位差异最大的构成要件。在主观主义的目的避税认定思路，目的要件是构成避税的初始要件和中心要件，整个避税认定过程围绕纳税人有无正当主观目的而展开。美国一般反避税条款中的“合理商业目的”，加拿大一般反避税条款中的“以合理目的而不是税收利益为主要目的”，以及澳大利亚一般反避税条款中的“以取得税收利益为目的”等是对避税目的要件的描述。而在客观主义的行为避税认定思路，则长期存在否定目的要件为避税构成要件的理论主张，认为纳税人的主观动机并非税法所评价的对象。① 避税乃是价值中立的行为，税捐债权之发生并不必须斟酌税捐债务人有无满足税捐构成要件之意图，因此在税捐规避之否认之特别情形下，其税捐债权之发生亦然。② 避税行为不需具备主观要件，因为在现代社会中，人们一般都会考虑租税最小化问题。③ 然而，从立法层面来看，采客观主义行为避税认定思路的国家都渐趋或清晰或含蓄地将目的要件写进一般反避税条款。比如，德国《税收通则》一般反避税条款规定，“租税义务人能证明所选择之形式，具有整体关联上为重大租税理由外者，不适用之”。法国《税收程序法典》一般反避税条款规定“此等行为所具备之目的，仅在于规避或延缓相关的税收负担”。深究之，一般反避税立法吸纳主观目的要件具有必然性，这不仅源于避税之事物本质，更导因于主观目的要件对避税认定所具有之重大价值意义。申言之，一方面，主观避税意图的存在能够显示避税行为并无过失行为成立的可能；另一方面，避税行为亦必须通过规避意图的存在来否定纳税人通常在反避税诉讼中所提出的节税应受税收法定主义所衍生之信赖保护原则保障的主张。④

其次，关于避税构成的行为要件。避税首先是一种客观行为，交易、安排、计划、滥用行为等是一般反避税条款中最常用来表述行为的概念术语。作为避税构成要件的行为在数量上既可以表现为单个行为，也可以表现为复数行为、一系列行为。从实践来看，通过一系列的交易行为实现避税的情形更常见。需要注意的是，在客观主义与主观主义两种不同的避税认定思路中，行为要件的地位有所差异。在客观主义的行为避税认定思路中，行为要件是避税构成的初始要件和中心要件，整个避税认定过程围绕着判断纳税人是否存在权力滥用行为而展开。德国一般反避税条款中的“选择不当之法律形式”，法国一般反避税条款中的“剔除或排斥构成法律上权力滥用之行为”等是对行为要件的立法表达。而在主观主义的目的避税认定思路中，行为要件只是避税构成的辅助要件，是目的要件的载体。反避税立法中行为要件的立法表达也较模糊，更倾向对表达行为要件的术语进行解释，比如，美国一般反避税条款规定，“术语‘交易’不仅指一个交易，也包括一系列交易”；加拿大一般反避税条款规定，“交易包括安排或事件”；澳大利亚一般反避

① 参见刘剑文、丁一：《避税之法理新探》（上），载《涉外税务》2003年第8期。

② 参见陈清秀：《税法总论》，台北，元照出版有限公司2012年版，第245页。

③ 参见［日］北野弘久：《税法学原论》，陈刚、杨建广等译，中国检察出版社2001年版，第149页。

④ 柯格钟：《论税捐规避行为之立法与行为的类型化》，载《成大法学》2014年第15期。

税条款规定,“计划是指任何通过法律程序从事的安排、协议、谅解、承诺或保证”(见表1)。

表1　一些国家(地区)的一般反避税条款

主观主义目的思路国家的一般反避税条款		客观主义行为思路国家(地区)的一般反避税条款	
美国《国内税收法典》第7701节第(O)条	……术语“经济实质原则”,是指普通法律原则。依据这一原则,某项交易不具有经济实质或缺少商业目的,该交易的税收利益将不能获得认可	德国《租税通则》第42条第2款	选择不当之法律形式,致纳税人或第三人,相较于相当之法律形成,获有法律未预见之租税利益时,存在滥用。纳税人能证明所选择之形式,具有整体关联上为重大租税理由外者,不适用之
加拿大《所得税法》第245条第3款	避税交易是如下的任何交易:如果没有本条规定,(a)此交易或(b)作为系列交易中的一个交易将会直接或间接产生税收利益,除非该交易被认定以合理目的而不是税收利益为主要目的	法国《税收程序法典》第L64条第1项	为探知交易关系之真实属性,税捐稽征机关得在未有其他对抗事由之情形下,剔除或排斥构成法律上权力滥用之行为……此等行为所具备之目的,仅在于规避或延缓相关的税收负担
澳大利亚《所得税评估法》第177(D)条	本部分适用于某一计划,如果纳税人实施或从事的这一计划或其中一部分最终被认定为(a)使纳税人获得与计划相关的税收利益;或(b)使相关纳税人或其他纳税人获得与计划相关的税收利益	—	—

最后,关于避税构成的结果要件。税捐规避之前提乃是必须经由规避行为在结果上获得税法之利益,①结果要件构成避税的前提要件。避税行为需受税法责难的原因不在于避税行为本身之脱法性质,而在于避税行为所带来的税收结果具有危害性。申言之,纳税人获取不当税收利益不但侵蚀国家财政基础,降低国家财政收入,而且会危及以宪法平等权为基础的量能平等负担原则,造成公开市场中的不公平竞争。② 质言之,结果要件提供了反避税调整的必要性,这在客观主义的行为避税认定思路和主观主义的目的避

① 参见陈清秀:《论税捐规避》,载《根植杂志》1991年第3期。

② 参见王宗涛:《税法一般反避税条款的合宪性审查及改进》,载《中外法学》2018年第3期。

税认定思路中并无不同。在一般反避税立法中通常以“税收利益”的术语表达结果要件，而且只要求纳税人具有获得税收利益的可能性，而不必须要求已然获得了实在的税收利益。相关立法如德国《税收通则》将其表述为“获有法律未预见之租税利益”；加拿大《所得税法》将其表述为“（纳税人）直接或间接产生税收利益”；澳大利亚《所得税评估法》将其表述为“纳税人获得与计划相关的税收利益”等。

总而言之，根据避税之事物本质，避税行为是主观要件与客观要件的统一，无论是主观主义的目的避税认定思路，还是客观主义的行为避税认定思路，都必须在纳税人的交易安排同时满足主观目的要件、客观行为要件和客观结果要件时，方能认定为避税，进而适用一般反避税条款予以规制。一言以蔽之，避税本质上是以获取不当税收利益（避税）为主要目的，采取不符合税法目的或不具有经济实质的行为安排，并获取税收利益的行为。

二、构成要件视域下避税证明规则的阐释

基于职权调查主义，税务机关在税收行政程序中负有职权调查之责任，应采取一切必要的措施，运用一切可能的手段获取必要且可取得的事实材料，主动调查并完整阐明所有与课税要件相关的一切事实。[①] 作为特殊的税收行政程序，反避税调查程序亦应奉行职权调查主义，由税务机关对纳税人的交易安排构成避税承担举证责任，并在交易安排是否构成避税事实不明的情况下承担不构成避税的后果。[②] 就构成要件的角度而言，在避税认定程序中，税务机关应就避税之全部构成要件的成就承担举证责任。进言之，行为要件与结果要件属于客观要件，具有显著可识别的外部特征。由税务机关根据职权调查所掌握的证据资料对行为要件与结果要件进行举证证明，一般不会存在证明困难的情形。而目的要件探究的是纳税人的主观意图，强调纳税人必须以获得不当税收利益为主要动机而实施相关交易行为。然而，主观意图显然是无法直接阅读的，与其他领域的主观性要件的证明一样，避税之主观目的要件难以获取直接证据予以证明。[③]

为此，有学者提出，只要纳税人从事与经济实质不相当之非常规行为，且获得税收利益，税务机关即可推定纳税人存在主观避税主观目的而予以反制。[④] 换言之，只要避税之客观要件成就即可推定主观要件同时成就，从而推定避税成立。就各国（地区）反避税实践来看，从纳税人的行为方式与行为结果等外部特征推定纳税人具有主观避税目的亦是证明主观要件成就的通行路径。在采主观主义目的避税认定思路的国家，基本上实现了主观目的要件的客观化，通过证明经济实质等客观表征来判断主观要件的存在与否。美

① 参见陈清秀：《税法总论》，台北，元照出版有限公司2012年版，第47页。

② 参见汤洁茵：《反避税调查程序的举证责任：现行法的厘清与建构》，载《税务与经济》2018年第5期。

③ 参见汤洁茵、肖明禹：《反避税调查程序中的税收核定：质疑与反思——以企业所得税为核心的探讨》，载《当代法学》2018年第4期。

④ 参见王宗涛：《税法一般反避税条款的合宪性审查及改进》，载《中外法学》2018年第3期。

国一般反避税规则的判断标准由合理商业目的原则向经济实质原则的演进为此提供了有力的解释。具言之,美国一般反避税规则滥觞于判例法。联邦最高法院最先从"Gregory v. Helvering 案"中导出了认定避税的商业目的规则。此后,在"Frank Lyon Co. v. United States 案"中,联邦最高法院又发展出了经济实质原则。最终经济实质原则被吸纳进美国的反避税立法中,并最终落实到美国《国内税收法典》第 7701 节第(O)条的规定。而就商业目的原则与经济实质原则的关系而言,后者是前者客观化的表现形式,经济实质构成纳税人是否具有合理主观目的的判定标准。盖因经济实质本质上是客观的,通过证明税前利润或其他商业利益等客观事实的存在,在证成交易具有经济实质的同时,也自然证明了交易具有合理商业目的。在客观主义行为避税认定思路的国家,则不要求对纳税人的主观目的进行证明,而只需就客观要件的成就负举证责任,实际上也隐含着对纳税人主观避税意图的推定,主观目的的要件仅发挥排除反避税措施适用的豁免效果。

正本清源,从避税客观要件推定主观要件成立本质上是表见证明规则在反避税程序中的运用。追根溯源,表见证明最早是由民事诉讼司法实践中发展出来的一种用于解决过错等主观性要件证明困难的重要证明方式,[①]本质上是一种证据评价规则,既可适用于辩论原则之中,也可适用于职权探知主义程序中。[②] 换言之,表见证明并不限定在特定案件中,在经验法则以充分的盖然性支持裁判者得出"法律上显著意义的事实已经实现"这一结论的任何地方都可举证表见证据。[③] 进言之,表见证明以典型事实经过为基础,建立在一种通常被认为是正确的假设也即抽象的盖然性理由基础之上。[④] 在避税认定程序中,实施能够获得税收利益的异于常规或不具有经济实质的交易安排是纳税人存在主观避税意图的关联事实,且具有高度盖然性,并已成为人们从社会生活经验中得出的典型事实经过。税务机关提出纳税人实施异于常规的或不具有经济实质的交易安排且获得税收利益,本质上是在举证表见证据,也即是在利用表见证明规则将对避税主观要件的证明转化为更容易证明的关联事实的证明。简言之,借由表见证明规则,税务机关仅需证实纳税人实施异于常规的或不具有经济实质的交易安排且获得税收利益等客观要件的成就,就可以推定纳税人具有主观避税目的,完成对交易安排构成避税的证明责任。此处必须明确的是,避税认定程序中表见证明规则适用的正当性源于避税主观要件直接证明困难产生之降低避税认定标准的必要性。易言之,是证明标准的降低导致了表见证明规则的适用,而不是表见证明规则的适用降低了避税认定的标准。

---

① 参见任重:《论中国"现代"证明责任问题——兼评德国理论新进展》,载《当代法学》2017 年第 5 期。

② 参见周翠:《从事实推定走向表见证明》,载《现代法学》2014 年第 6 期。

③ 参见[德]汉斯·约阿希姆·穆泽拉克:《德国民事诉讼法基础教程》,周翠译,中国政法大学出版社 2005 年版,第 272 页。

④ 参见周翠:《从事实推定走向表见证明》,载《现代法学》2014 年第 6 期。

然而，必须承认的是，表见证明所赖以为基础的典型事实经过与经验法则毕竟仅建立在高度盖然性的基础之上，并没有达到毫无例外的确定程度。因此，表见证明规则下从避税之客观要件推定纳税人存在主观避税目的的证明评价只是临时的，纳税人避税之主观要件最终成立与否还取决于纳税人能否举证推翻表见证明。职是之故，在运用表见证明规则推定纳税人存在主观避税目的时必须要保障纳税人提供反证的机会，纳税人无以提供反证的表现也可以构成纳税人存在主观避税目的的有力印证。就理论上而言，表见证明的反驳方式有两种：一是反驳经验法则的高盖然性，通过提出竞争性的经验法则，并证实相关基础事实的存在，以反证被推定之事实在案件中不存在；二是就另一具体事实提供反证，即推定之事实也可能有其他前提事实导致，并就此事实之存在承担具体的证实责任。① 而就避税认定程序中的表见证明而言，由于作为被推定之事实的主观避税目的本身即为待证明对象，反证纳税人主观避税目的由其他前提事实导致并不影响避税行为的成立，所以第二种表见证明之反驳方式无有用武之地。职是之故，对避税认定程序中表见证明的反证，只能通过证明例外盖然性发生的方式进行。详言之，纳税人通过证明实施相关交易行为是基于避税之外的其他合理目的，就可以推翻对避税主观要件的表见证明，但必须对其他目的的存在承担证实责任，因为无证据支持的例外抗辩理由不能推翻表见证明。②

由此可见，囿于避税主观目的要件之本质属性，以及避税认定程序中证明责任的分配和表见证明规则的适用，主观目的要件在避税认定程序中事实上承担推翻避税认定之表见证明的反证功能，演变为纳税人反证权的内容。但需要明确的是，导因于避税认定程序中主观目的要件直接证明困难而适用的表见证明，既未重新分配证明责任，也未降低证明标准，而仅倒置了具体的证明责任，为了对抗表见证明的适用，纳税人仅需提供反证证明其他"非典型事实经过"的存在即可，而无须对自己不具有主观避税目的提供全面的反面证明。换言之，纳税人只要能够提出任一合理非避税目的，并证实其存在，就可以推翻税务机关对其交易安排的避税认定。在此意义上，反证意义上主观目的要件的内涵直接决定了避税行为的外延范围，厘定可以被税法认可的非避税目的的内涵将有助于廓清避税之外延范围，对一般反避税措施的准确适用和纳税人正当权益的保护意义重大。

三、证明规则视角下避税主观要件的外延与适用

前文述及，我国一般反避税立法将"纳税人实施不具有合理商业目的的安排而获取不当税收利益"的行为纳入反避税调整范围。但此处必须明确的是，我国一般反避税条款中的"合理商业目的"仅限于表征避税认定的主观主义的目的思路，而非规定反证意义上主观目的要件的确切内涵。事实上，各国反避税立法的总体状况和趋势是，只对那些

① 参见胡学军：《表见证明理论批判》，载《法律科学（西北政法大学学报）》2014年第4期。

② 参见［德］汉斯·约阿希姆·穆泽拉克：《德国民事诉讼法基础教程》，周翠译，中国政法大学出版社2005年版，第272页。

以避税为主要目的或唯一目的的交易安排进行反避税调整,[①]"合理商业目的"显然不能等同"非避税目的"。虽然《企业所得税法实施条例》等法律文件将"不具有合理商业目的"解释为以减少、免除或者推迟缴纳税款为主要目的,即将"合理商业目的"理解为"非税收利益目的",但其涵摄范围与反证意义上的"非避税目的"相比,仍然失之过窄。在浓重的国库中心主义观念和较匮乏的一般反避税经验的国情背景下,为确保我国一般反避税条款准确且合理地适用,有必要对反证意义上非避税目的的外延予以清晰厘定。就理性而言,作为推翻避税认定结论的非避税目的必须具有合法性与合理性方能为税法所认可,即非避税目的外延范围的确定必须有一个筛选和类型化的过程。以此为标准,可以将反证意义上的非避税目的类型化为合理商业目的、正当伦理目的与合法节税目的。

(一)合理商业目的

追根溯源,作为英美判例法的产物,"合理商业目的"是最早被用来证明纳税人的交易安排不构成避税的法律术语。在1935年"Gregory v. Helvering案"中,美国联邦最高法院以纳税人"不具有合理商业目的"来评价纳税人的交易安排,推定纳税人具有主观避税目的。至今"不具有合理商业目的"仍然被包括我国在内的很多国家作为一般反避税条款中描述避税之主观目的要件的术语。反言之,纳税人从事相关交易具有合理商业目的当然可以证明其不是以避税为主要或者唯一目的。合理商业目的应当构成纳税人推翻避税认定的反证类型之一。

事实上,合理商业目的也是最常见的推翻避税认定之表见证明的反证,在税务机关与纳税人表见证明—反证—再反证……的证明交锋中,合理商业目的的内涵与判定标准在实践中日渐清晰。具言之,一方面,作为理性的经济人,交易主体从事交易通常以实现利润最大化为首要考量,如果纳税人能够证明以追逐利润为目的而从事交易安排,具有真正且诚实的利润目标,且剔除税收利益后交易能够实现税前利润或具有实现税前利润的可能,则应当可以成立合理商业目的。但是仅仅具有追逐利润的目的并不足以推翻纳税人以避税为主要目的的结论,盖因实践中同时具备追逐利润目的与避税目的的交易安排十分常见。为此还必须对税前利润进行量化,达到税前利润与税收利益相比是显著的实际效果。当前,广为接受的量化税前利润的方式是从美国判例法中发展出来的最低税前回报率的方法。比如,美国法院强调只有取得超过6%的税前回报,才能够认定交易具有经济实质,[②]从而可以成立合理商业目的。

另一方面,还必须承认的是,利润动机并非唯一的商业目的,追逐利润动机以外的其他商业利益,同样可以成立合理商业目的。资金筹集、风险管理、股价增值、反敌意收购、满足监管义务、改善公司治理结构、调整公司经营结构等非利润动机都应当可以构成合

① 参见王宗涛:《一般反避税条款研究》,法律出版社2016年版,第240页。

② 参见欧阳天健:《比较法视阈下的一般反避税规则再造》,载《法律科学(西北政法大学学报)》2018年第1期。

理商业目的。原因在于，基于上述目的的安排能够在不同程度上实质性地影响或改变纳税人交易前后的经济状况，给纳税人提供在未来取得直接收益或潜在收益的机会。判断非利润商业目的能否成立，应以一项交易安排能否实质性地改变纳税人交易前后的经济地位作为判断交易是否具有合理商业目的的标准。① 根据这一标准，只有那些能够显著改变纳税人交易前后经济地位的交易安排才能被认定为成立合理商业目的，反之则不能成立合理商业目的。

（二）正当伦理目的

通过判例梳理可以发现，合理商业目的的内涵在反避税实践中是不断扩张的，在美国判例法中，通过"Gold stein v. Commissioner案"，商业目的原则被扩展至非商业性的案件，商业目的的内涵也从"商业性、经营性目的"扩展至任何非税收利益目的。时至今日，英国、澳大利亚、南非、中国香港特别行政区等许多采主观主义目的避税认定思路的国家和地区仍采用"税收利益目的"的术语表达，②将非税收利益目的作为可供纳税人提出的反证。即只要纳税人证明存在税收利益目的以外的正当目的就可以成立对交易安排构成避税的反证。相较商业目的而言，非税收利益目的显然具有外延上的溢出，即非税收利益目的的外延大于商业目的。

本质而论，可以将非税收利益目的外延溢出的部分称为伦理目的。伦理是典型意义上的人们之间的社会交往关系，既是对人们之间实际关系的评价要求，又是存在于相互关系中的规范准则。③ 伦理目的可以成为正当的非税收利益目的源于以下两方面的原因：一方面，伦理秩序是社会生活的合理性基础。④ 在法外空间，伦理发挥调整人际关系的正义功能。即使在受国家法律调整的社会生活领域，伦理也发挥着在先的评价和规范功能。个人参与社会经济活动可能同时受到社会伦理与国家法的先后评价与调整，但个人不能因为根据伦理秩序行事而受到国家法的负面评价。就税法而言，纳税人从事受税法评价的行为，同时可能会受到伦理的评价与规范，基于伦理秩序实施行为而产生税收利益之结果不应当被评价为具有避税目的。另一方面，在法治国家，税捐之给付不应及于隐私及私密部分，而只能及于市场公开者。⑤ 理论上而言，个人基于伦理秩序从事的行为，比如，亲属之间的让与行为，在性质上属于私人生活领域，虽具有市场行为之形式，却不具有市场竞争之属性，不应受税法调整。此外，从反避税立法来看，不乏将个人纳税人实施非市场行为产生税收利益的情形排除于避税范围的立法例。比如，美国《联邦所得

① 参见汤洁茵：《〈企业所得税法〉一般反避税条款适用要件的审思与确立——基于国外的经验与借鉴》，载《现代法学》2012年第5期。

② 参见王宗涛：《一般反避税条款研究》，法律出版社2016年版，第238～239页。

③ 参见韩升：《伦理与道德之辨正》，载《伦理学研究》2006年第1期。

④ 参见王珏：《现代社会伦理秩序的发生路径》，载《伦理学研究》2008年第6期。

⑤ 参见葛克昌：《税捐行政法——纳税人基本权视野下之税捐稽征法》，厦门大学出版社2016年版，第316页。

税法》第7701节第(O)条第(5)款关于"对个人私下交易除外"规定:"就个人而言,第(1)款(经济实质原则)应仅适用于就贸易或经营或从事营利活动所签订的交易。"再如,根据我国《股权转让所得个人所得税管理办法(试行)》(已被修改)第13条的规定,将股权转让给其能提供具有法律效力身份关系证明的配偶、子女、祖父母、外祖父母、孙子女、外孙子女、兄弟姐妹以及对转让人承担直接抚养或者赡养义务的抚养人或者赡养人所导致的计税收入明显偏低,应当视为具有正当理由。

从适用主体来看,伦理秩序发生的基点在于个人,故而只有个人纳税人才能提出正当伦理目的作为推翻避税认定结论的反证。从适用标准上看,伦理目的存在家庭伦理目的与社会伦理目的之分。囿于家庭伦理与社会伦理在适用主体与规范强度方面的差异性,两者在证明方式与证明标准上应该有所不同。家庭伦理目的是个人纳税人以遵循家庭伦理秩序的方式从事相关交易安排,只要能够提供证据证明家庭成员之间身份关系确实存在,就可以构成正当的伦理目的。至于家庭成员的外延范围,则应该由立法作出事先规定。社会伦理目的是在实施可被税法评价的行为时遵循社会伦理秩序而行事。例如,影视明星之间的友情出演行为。根据证明责任分配法则,社会伦理目的作为纳税人不以避税为主要目的的反证,应该由纳税人承担举证与证明责任。然而,由于社会伦理适用主体之间往往不存在可以举证证明的身份关系,证明社会伦理目的的客观存在事实上面临困难。鉴于此,应该降低社会伦理目的的证明标准。申言之,纳税人如果能够对相关社会伦理目的作合理的说明,并证明自身没有从相关交易安排中获得经济利益,就应该可以成立社会伦理目的。原因在于,纳税人实施避税安排无非是为取得税收利益形式的经济利益,如果能够证明实施相关伦理行为获取的税收利益小于潜在的经济损失就应该能够推定纳税人不具有避税目的。

(三)合法节税目的

诚然,纳税人滥用法律形成可能自由而避税,无非是为获取税收利益。[①] 但是纳税人为获取税收利益而实施交易安排并非必然构成避税。就理论上而言,纳税人追逐税收利益除借由避税的手段外,还可以通过逃税和节税的方式予以实现。逃税行为因其违反法律的强制性规定而不具有正当性,虽不需要受到反避税调整,但应受到更严厉的行政或刑事处罚,于此不再赘述。问题在于,纳税人基于节税目的实施相关交易安排而获取税收利益,该当如何评价?

就税法规范目的而言,固然有依财政目的者,从而应依经济上负担能力而为课税的原则作出解释,但税法也有依社会目的而制定之规范,[②]亦有为特定经济目的而制定之规范。以后两者为目的所制定之税法规范常表现为明确支持、鼓励某项活动,而以税收优惠的形式出现。如仅把纳税人提出反证之范围限定于非税收利益目的,则将无可避免地

---

① 参见王宗涛:《一般反避税条款研究》,法律出版社2016年版,第239页。

② 参见柯格钟:《论税捐规避行为之立法与行为的类型化》,载《成大法学》2014年第15期。

导致纳税人实施税法鼓励的节税行为而又受到反避税调整的矛盾结果。事实上,无法在避税认定程序中排除符合税法目的的节税行为是主观主义的目的避税认定思路一直存在的沉疴痼疾。而以权利滥用为理论基础的客观主义行为避税认定思路则不存在上述问题。盖因权利滥用本质上是符合法律规定之形式却违背法律规范之目的的行为,即被评价为权利滥用的行为必然是经过考量后确认违背立法目的行为,合法节税行为因不违背税法规范意旨则被排除在避税范围之外。本质而言,纳税人追逐税收利益的意图只要不违背立法目的,就不应构成避税,合法节税目的也应构成推翻避税认定结论的反证类型之一。

承前所述,避税行为与节税行为的区分标准在于交易安排是否符合税法规范目的,合法节税因其不违背税法目的而具有不受反避税调整的正当性。进言之,节税行为可依其正当性来源之不同分为两类:一类是实施前述税法基于社会或经济目的所明确支持、鼓励的行为。法律规则构成法律理由的直接来源,①税法规范的明确规定为该类节税行为提供了正当性来源。其合法节税目的的成立的证明方式也较为简单,纳税人只要证明相关交易安排与对应税法规范的涵摄关系即可。另一类是在多种被税法所认可的可替代交易方式中选择税收负担最小的交易方式,本质上是利用不同税收规则或税收制度在税负上的差异获取税收利益的行为,②其正当性源于税法未禁止的默认。该类节税行为与避税行为的界限较模糊,合法节税目的成立的证明较困难,对税法规范目的的分析与考量成为必然的证明路径。就根本而言,一般反避税建制的正当性在于保护纳税人税负平等权,获取税收利益的交易安排违背税法财政目的规范所秉持的税负量能平等负担原则,是其应受反避税调整的根本原因。因此,该类交易安排合法节税目的成立,应以证明通过交易安排降低税收负担不侵害量能平等负担原则为标准。以增值税混合销售为例,纳税人若在销售商品时还提供安装服务,则构成混合销售,需要按照销售货物缴纳增值税,一并适用16%的增值税税率。若纳税人将从事安装服务的部门独立出去,单独计税,则可以就该部分收入适用6%的增值税税率,实现税负的最小化。从税法目的分析,由于商品安装服务适用6%的增值税税率本就是其真实负担能力的体现,故而可以确认上述交易安排具有合法节税目的,不构成避税。

四、结语

企业所得税一般反避税条款之适用,问题重重。在此背景下,迫于避税现象日趋严重而引入的个人所得税一般反避税条款之适用前景,亦不容乐观。探明避税行为之事物本质,确保一般反避税条款的准确合理适用,成为当务之急。本文通过解构主要国家的一般反避税条款,提出避税是主观目的要件、客观行为要件与客观结果要件三者的统一。在此基础上,鉴于避税主观目的要件直接证明的困难,应当允许税务机关在承担避税证

---

① 参见张保生:《法律推理中的法律理由和正当理由》,载《法学研究》2006年第6期。

② 参见翁武耀:《避税概念的法律分析》,载《中外法学》2015年第3期。

明责任时适用证明标准适当降低的表见证明规则，通过证明客观要件成就的方式推定主观避税目的的存在，但应同时赋予纳税人以反证权。在此意义上而言，主观目的要件事实上承担反证避税认定之表见证明不成立的功能，具有廓清避税之外延范围的价值意义。而必须明确的是，我国个人所得税一般反避税条款中“合理商业目的”的立法术语仅表明我国避税认定采行主观主义的目的思路，而不是规定反证意义上避税主观目的的要件的内涵。为不使纳税人基于伦理秩序或节税动机而实施的交易安排遭受不当反避税调整之危险，应该在一般反避税条款的解释与适用中明确合理商业目的、正当伦理目的、合法节税目的皆可构成推翻避税认定之表见证明的反证。唯其如此，方能确保一般反避税条款的适用契合避税行为之事物本质，保护纳税人的合法权益不受反避税措施的过度侵袭，实现国家征税权与纳税人财产权的合理平衡。

某境外上市公司派发股息征收个人所得税案件评析

——兼论2018年《个人所得税法》反避税条款适用*

王桦宇** 李 想***

一、案情简介

H家电公司(以下简称H公司)为独资经营企业,H公司前身为一家批发站,后随着改革开放的不断放开,该批发站规模逐渐扩大。H公司在上市前,通过一系列的股权重组,达到了香港联合交易所(以下简称香港联交所)上市的要求,最终于2010年3月在香港联交所正式挂牌,当前该企业的股权结构为:董事主席甲为境内居民纳税人,在BVI注册成立了全资控股公司英属维尔京D投资发展公司,D公司持有开曼C投资控股公司24.59%的股权,C公司其余股东均为境外投资人。C公司在香港联交所上市,持有香港特别行政区B投资控股公司100%股权,B公司持有H公司100%的股权,C公司公告中明确,上市公司所有的经营活动由H公司来执行。H公司2010年业绩为盈利,为保证投资者的信心,于2011年决定每股分红人民币1.7分或2港仙。2011年,H公司对外支付分红2200万元人民币。

根据企业提供的证明材料与税务机关掌握的企业外围信息核对,消除了大部分风险点,唯对人民币2200万元的分红情况,甲始终坚持分红资金已由H公司汇往上市公司C,C公司按股权比例将款项分给了甲在BVI的公司D,一直放在D公司账户上,D公司未再次分红给其个人。当税务机关要求甲提供BVI地D公司的资金往来账等相关账簿时,其表示在BVI的D公司没有任何账册,也没有银行账户,只有一个香港特别行政区股票账户,D公司的分红放在该账户上。税务机关进一步要求其提供该账户的交易记录,甲明确表示无法提供。而如果甲不提供,现行税收政策又没有个人所得税方面的反避税条款,税务机关无法比照《特别纳税调整办法》(Controlled Foreign Corporation,CFC)

* 原载《月旦会计实务研究》2019年第8期(总第20期),稍有改动。

** 上海交通大学凯原法学院副教授,财税法研究中心副主任。

*** 上海交通大学凯原法学院硕士研究生,财税法研究中心研究人员。

通过经济实质来否定避税企业的存在,或者比照《企业所得税法》受控外国企业利润不作分配的处理来要求甲就该部分分红缴纳个人所得税。税务机关只能通过确认该笔分红是否已分配,才能判断是否要课征个人所得税。而判断这些最快的方法是甲能提供D公司账户的交易记录,否则税务机关只能通过国际情报交换的方式了解这方面信息,这无疑会影响税务机关的调查进度,至此,调查再次陷入僵局。

调查小组专门开会讨论下步工作如何开展。经讨论决定,还是从甲政协委员的身份入手,其在本地有较大的知名度,比较注重个人信誉,调查小组以攻心为主,晓之以理,动之以情。此次,调查组选择与其法律顾问进行了沟通:坦承当前确实没有足够证据就该部分分红对甲征税,但会对此进行跟踪管理,比如,申请总局反避税立案调查、开展国际情报交换等,到时会将董事主席甲推上风口浪尖,对于境外上市的大型企业,社会信誉,特别是董事主席的声誉会对企业产生较大影响。在当前情况下,税务机关还有为企业和甲个人提供服务的机会,一旦反避税立案或启动了情报交换,税务机关就无能为力了,故请甲三思而后行。经过多次协调,甲最终主动与税务机关沟通,通过自主申报,就2200万元分红按股权比例分配给他的486.88[2200×(1-10%)×24.59%]万元人民币部分缴纳了97.38万元个人所得税。

二、个人所得税反避税的立法问题与实践问题

在《个人所得税法》修订之前,中国的反避税规定主要见于《企业所得税法》《企业所得税法实施条例》等企业所得税相关法律法规和规范性文件中。2008年,中国实施内外资统一的《企业所得税法》,该法第六章规定了"特别纳税调整"。2009年,国家税务总局印发《特别纳税调整实施办法(试行)》(国税发〔2009〕2号)对特别纳税调整作出细化规定,实质开启了中国的企业所得税反避税工作。但一直以来,中国关于个人所得税的反避税法律法规和规范性文件规定付之阙如,实践中对于自然人税收特别是跨境自然人税收征管的经验相对欠缺,税务机关也因此长期受此种情形所困扰并在执法中无法有效开展反避税工作。

(一)现状与问题:个人所得税避税的常见形式

1. 滥用税收协定或选择避税地

根据中国个人所得税法的相关规定,非居民纳税人比居民纳税人享有更多的税收优惠。中国与其他国家或地区签订的税收双边协定,也往往对诸如利息、股息和特许权使用费等收入的税收给予一定的减免。一些纳税人往往通过税收协议中关于不同国家或地区的双边税收协定来对纳税义务进行移转,特别是充分利用双边税收协议中对低税率国家或地区避免双重征税的相关约定。随着经济全球化的深入发展,一些纳税人还会通过国籍和居民身份的变换,如持有他国国籍或特定身份来获得中国公司的股份,从而规避国内相对较重的税收负担。[①] 与此同时，随着中国对外开放的步伐持续迈进和"一带一路"倡议的稳步推进，大量的企业实体在境外投资经营并开展业务，一些通过设立离岸公司和基金的方式规避税收。在该案中，董事主席甲在BVI注册成立了全资控股公司英属维尔京D投资发展公司，虽然商业行为属于意思自治范畴，但在税法上通常将在没有具体经营性业务的低税率国家或地区设立投资类公司视为一种避税安排。

2. 通过税法漏洞进行避税

中国税法对居民纳税人的认定采取在中国境内有无住所和在中国境内居住时间两个判断标准，在新《个人所得税法》实施之前采用的是1年标准（有双边税收协定的按照183天）。[②] 无论是居民纳税人还是非居民纳税人，对其境内所得均有纳税义务，但是对于无住所且居住时间在1年（有协定则为183天）以内的非居民纳税人来说，对于其境外支付的境内所得予以免税。居民纳税人对境外所得需要纳税，但是对于居住时间1～5年的居民纳税人，对于其境外支付的境外所得予以免税。[③] 另根据财政部、国家税务总局《关于在华无住所的个人如何计算在华居住满五年问题的通知》（财税〔1995〕98号），[④] 仅对凡居住满5年，从第6年起的以后各年均居住时间满1年的才对无论是境内所得还是境外所得征税，否则重新按照居住时间满90天的判断标准判定纳税义务。这给非居民纳税人利用出入境的时间来规避境内境外所得税的缴纳提供了机会。[⑤] 最重要的是，在新《个人所得税法》施行之前的税法并未规定个人所得税的反避税事项，这样让税务机

---

① 参见苏州工业园区地方税务局国际税收课题组：《我国个人所得税反避税立法的研究》，载《国际税收》2018年第3期。

② 2018年《个人所得税法》将居住时间标准统一调整为183天。该法第1条第1款规定："在中国境内有住所，或者无住所而一个纳税年度内在中国境内居住累计满一百八十三天的个人，为居民个人。居民个人从中国境内和境外取得的所得，依照本法规定缴纳个人所得税。"

③ 2018年《个人所得税法》将承担全球纳税义务的期限延长为6年。该法第4条规定："在中国境内无住所的个人，在中国境内居住累计满183天的年度连续不满6年的，经向主管税务机关备案，其来源于中国境外且由境外单位或者个人支付的所得，免予缴纳个人所得税；在中国境内居住累计满183天的任1年度中有1次离境超过30天的，其在中国境内居住累计满183天的年度的连续年限重新起算。"

④ 财政部、国家税务总局《关于在华无住所的个人如何计算在华居住满五年问题的通知》（财税〔1995〕98号）第2条规定："个人在中国境内居住满五年后，从第六年起的以后各年度中，凡在境内居住满一年的，应当就其来源于境内、境外的所得申报纳税；凡在境内居住不满一年的，则仅就该年内来源于境内的所得申报纳税。如该个人在第六年起以后的某一纳税年度内在境内居住不足90天，可以按《中华人民共和国个人所得税法实施条例》第七条的规定确定纳税义务，并从再次居住满一年的年度起重新计算五年期限。"根据财政部、国家税务总局《关于非居民个人和无住所居民个人有关个人所得税政策的公告》（财政部、税务总局公告2019年第35号）的规定，财税〔1995〕98号文自2019年1月1日起废止。

⑤ 2018年《个人所得税法》施行后，根据《个人所得税法实施条例》第4条和财政部、国家税务总局《关于在中国境内无住所的个人居住时间判定标准的公告》（财政部、税务总局公告2019年第34号）的规定，无住所个人在6年内任一年在中国境内居住不满183天或者单次离境超过30天的，该纳税年度来源于中国境外且由境外支付的所得，免予缴纳个人所得税。

关查处带来法律依据上的困难。在该案中,税务机关并未直接依据税法规定进行调查,而是采取了与纳税人沟通的间接方式。

3. 选择不同的税目进行避税

在新《个人所得税法》实施之前,我国税法对个人所得使用不同的税率分别征税。①如果同一笔收入被划分为不同的所得时,其适用的税率将会有所改变,从而为纳税人进行避税提供机会。在新《个人所得税法》施行之前,工资、薪金所得适用3% ~45% 的7 级超额累进税率,劳务报酬所得适用的附加规定有加成征收的20% 比例税率,②利息股息红利所得适用的是20% 的比例税率。在同样所得的前提下,相同数目的工资薪金所得与劳务报酬所得或者利息股息红利所得,因为适用税率有所不同,纳税人实际承担的个人所得税税收负担也存在不同。这样,当工资、薪金所得比劳务报酬所得、利息股息红利所得采用的税率高导致相应个人所得税税负加重时,纳税人就可能将工资、薪金所得转化为劳务报酬所得或者股权激励的方式以达到规避税收负担的目的,反之亦然。③ 但是,在新《个人所得税法》后,工资薪金、劳务报酬、稿酬、特许权使用费 4 项所得纳入综合征收范围,统一按照税法进行扣除后计算应纳税所得额并适用 3% ~45% 的 7 级超额累进税率。

(二)隐忧与迷思:"统一"的所得反避税规则?

继 1991 年《外商投资企业和外国投资企业所得税法》及其实施细则首次引入转让定价制度和独立交易原则之后,2008 年内外资企业"两税合并"后的《企业所得税法》和《企业所得税法实施条例》将一般反避税条款写入税法。④ 2009 年,国家税务总局又出台《特别纳税调整实施办法》(国税发[2009]2 号),对转让定价、预约定价安排、成本分摊协议、CFC、资本弱化以及一般反避税等特别纳税调整事项进行细化。2014 年年底,国家税务总局颁布了《一般反避税管理办法(试行)》(国家税务总局令 2014 年第 32 号),对一般反避税处理的程序事项进行了明确。2015 年,中国加入 OECD 和 G20 税基侵蚀和利润转移(BEPS)行动计划,国家税务总局随即着手全面修订《特别纳税调整实施办法》。

---

① 2018 年《个人所得税法》施行后,根据该法第 2 条的规定,工资薪金、劳务报酬、稿酬和特许权使用费等四项所得,按纳税年度合并计算个人所得税,但总体上,将不同所得区分所得类型并按照不同税率分开计征纳税的总体格局,并未作较大调整。

② 修订前的《个人所得税法》(2011 年修正)第 3 条第 4 项规定,"劳务报酬所得,适用比例税率,税率为百分之二十。对劳务报酬所得一次收入畸高的,可以实行加成征收,具体办法由国务院规定"。2018 年《个人所得税法》施行后,根据该法第 6 条的规定,"劳务报酬所得、稿酬所得、特许权使用费所得以收入减除百分之二十的费用后的余额为收入额。稿酬所得的收入额减按百分之七十计算"。

③ 2018 年《个人所得税法》施行后,工资薪金、劳务报酬、稿酬和特许权使用费按照纳税年度合并计算个人所得税,前述拆分意义不再明显。但就所得区分收入类型而进行税收规避,却成为常见的手段。

④ 《企业所得税法》第 47 条规定:"企业实施其他不具有合理商业目的的安排而减少其应纳税收入或者所得额的,税务机关有权按照合理方法调整。"《企业所得税法实施条例》第 120 条规定:"企业所得税法第四十七条所称不具有合理商业目的,是指以减少、免除或者推迟缴纳税款为主要目的。"

2016～2017 年，国家税务总局先后发布《关于完善关联申报和同期资料管理有关事项的公告》（国家税务总局公告 2016 年第 42 号）、《关于完善预约定价安排管理有关事项的公告》（国家税务总局公告 2016 年第 64 号）和《特别纳税调查调整及相互协商程序管理办法》（国家税务总局公告 2017 年第 6 号），对特别纳税调整相关实体性和程序性规定进行了明确。

然而，前述涉及一般反避税的制度设计几乎都是针对企业的避税行为和商业安排，包括个人独资企业和合伙企业投资者的自然人都不在其调整范围内。2014 年年底，国家税务总局颁布的《股权转让所得个人所得税管理办法（试行）》（国家税务总局公告 2014 年第 67 号）就自然人股权转让事项出台了特别反避税规则，但该规范性文件仅涉及自然人股东投资于在中国境内成立的企业或组织（不包括个人独资企业和合伙企业）的股权或股份，其调整面和调整方法均有限，个人所得税反避税领域仍存在很大空白，并未符合个人所得税反避税的时代预期。新《个人所得税法》第 8 条增补了个人所得税的一般反避税条款，首次提出税务机关有权进行个人所得税纳税调整，与《企业所得税法》中的“特别纳税调整”的概念含义基本相同。尽管如此，但与《个人所得税法》第 8 条具体掌握和适用的相关实施细则仍有待继续出台。与此同时，适用于企业所得税和个人所得税的统一的反避税规则仍需进一步解析和归纳，以指导和规范纳税人进行合法税务筹划和税务机关进行稳妥执法安排，并作为具体的、较为复杂的税务案件办理中的税法法理依据。

（三）心有余而力不足：跨境反避税调查程序

个人资本流动的全球性特点决定了个人所得税反避税制度的建立决不能仅仅依赖国内税法的规定，还需在全球范围内建立广泛的国际反避税合作和普适性的国际反避税规则。然而，个人所得税法在各国的发展情况不同，反避税立法更是存在较大差异。各国只有在秉持维护各自税收利益、加强跨境税收征管的共同理念基础上，才能求同存异，开展国际合作，建立跨境反避税沟通合作机制和执法安排。一般认为，个人所得税涉税信息的获取能力是反避税案件调查的核心和关键问题，但由于税收征管手段和信息获取能力的限制，跨境反避税调查中的信息不对称会很大程度上影响和限制税务机关的反避税能力。由于国家与国家之间存在的跨境边界壁垒和信息交换的技术壁垒，即便已经有了国家税务总局于 2015 年 2 月 1 日颁布的《一般反避税管理办法（试行）》。但长期以来，我国税务机关仍旧无法及时获取中国税收居民和税收居民企业的境外财产信息和收入信息，也就无从对其境外收入进行征税。在该案中，税务机关曾处于无法及时获知中国居民纳税人财务信息的现实困境，导致案件办理一度陷入僵局和困境。

然而，共同申报准则（Common Reporting Standard，CRS）项下金融账户信息自动交换规则，从根本上打破了这种涉税信息的跨境壁垒和技术樊篱。CRS 项下的金融账户信息自动交换的过程如下：首先，A 国（地区）金融机构通过尽职调查程序，识别 B 国（地区）税收居民个人和企业在该机构开立的账户，向 A 国（地区）主管部门报送账户持有人名称、纳税人识别号、地址、账号、余额、利息、股息以及出售金融资产的收入等信息；随后，A国(地区)税务主管当局与账户持有人的居民国，即B国(地区)的税务主管当局开展信息交换，最终为各国(地区)进行跨境税源监管提供信息支持。从2018年9月起，非居民纳税人的离岸资产涉税相关信息，已经首次全面提交给中国税务机关，并有效提升税务机关打击境外避税的执法能力。至此，2015年2月1日实施的《一般反避税管理办法(试行)》，在理论上可以发挥其制度规则的实际效果，对包括离岸公司在内的中国税收居民的境外避税行为进行调查和规制。但是，实务中启动国际税收情报交换和反避税调查的数据较繁多，程序较复杂，比对耗时也相对较长，此种情况大大提高了税务机关执法的成本，客观上还导致了避税人有相对充足的时间去应对执法。

三、我国新《个人所得税法》反避税规定之适用

新《个人所得税法》第8条是一个反避税条款，分别从独立交易原则、CFC、一般反避税等三个方面进行了说明，并规定了税务机关据此作出纳税调整并依法加收利息。与修订前的《个人所得税法》相比，该条款的规定至少在形式上填补了此前个人所得税征管中的反避税漏洞，并从较完整的角度上对个人所得税避税的具体情形进行了概念性规定。新《个人所得税法实施条例》第23条规定了纳税调整后利息的计算方法。[①] 但新《个人所得税法》及其实施条例并未对关联方、关联关系、独立交易原则、CFC、实际税负明显偏低、合理商业目的等概念的含义和标准加以细化，后续仍有待税务主管部门进一步予以明确。根据税法的基本学理和体系解释，有关概念的含义和标准可参考目前较为成熟完备的企业所得税特别纳税调整和反避税管理的相关规定。

(一)独立企业交易原则

根据新《个人所得税法》第8条第1款第1项的规定，不符合独立交易原则的业务往来会被视为存在避税嫌疑，税务机关有权进行纳税调整。该不符合独立交易原则的具体表现为：“个人与其关联方之间的业务往来不符合独立交易原则而减少本人或者其关联方应纳税额，且无正当理由。”关于关联方的定义，根据《企业所得税法实施条例》第109条的规定，“是指与企业有下列关联关系之一的企业、其他组织或者个人：(一)在资金、经营、购销等方面存在直接或者间接的控制关系；(二)直接或者间接地同为第三者控制；(三)在利益上具有相关联的其他关系”。《税收征收管理法》第36条对独立交易原则作

① 《个人所得税法实施条例》第23条规定：“个人所得税法第八条第二款规定的利息，应当按照税款所属纳税申报期最后一日中国人民银行公布的与补税期间同期的人民币贷款基准利率计算，自税款纳税申报期满次日起至补缴税款期限届满之日止按日加收。纳税人在补缴税款期限届满前补缴税款的，利息加收至补缴税款之日。”

了相应规定,[①]《税收征收管理法实施细则》第 51 条则对关联企业的概念作了基本类似的规定。[②] 国家税务总局发布的《特别纳税调整实施办法(试行)》(国税发〔2009〕2 号)对关联方作了进一步明确列举,其中第 9 条列举了 8 种构成关联关系的情形,对具体的 4 种关联交易类型进行了分解和论述,并对《企业所得税法实施条例》中规定的上述关联关系的 3 种典型形态作了细化规定,更具有可操作性。

因为在《个人所得税法》修订之前,当时的税法对个人以及关联方彼此之间还没有作出明确规定,导致部分税收居民可利用居住地变换的方式,获得非居民身份,进而利用关联交易的方式对应当缴纳的税收加以转移,达到逃避应向中国税务机关缴纳税款的目的。在新《个人所得税法》框架下,独立交易原则被引入个人所得税的具体征管实务中,税务机关有权结合征管过程中的实际情况,有针对性地调整个人与关联方进行交易过程中的税务事项,使关联交易当中的个人所得税对应的监控链条达到闭合状态,并由纳税人承担其应当合理承担的税收负担。《股权转让所得个人所得税管理办法(试行)》(国家税务总局公告 2014 年第 67 号)规定的股权转让收入明显偏低的认定,可作为参考。[③] 从理论上讲,独立交易原则的适用目的是设立一个可以衡量的标准,以独立交易原则审查关联交易,审查是否会因为关联交易的存在而产生了"应取得而未得到的利润或收入",进而调整关联方之间利益的不正当转移,防止不正当的利益输送所导致的国家税收流失。

(二)受控外国公司原则

通常而言,CFC 原则的设立是为了防止跨国企业利用其控制的境外公司囤积利润从而规避母国纳税义务,旨在支持属人原则的居民税收管辖权。随着我国对外开放水平的扩大,目前已由以往的资本输入国发展成为资本输出国,很多企业为了实现自我长久的

---

① 《税收征收管理法》第 36 条规定:"企业或者外国企业在中国境内设立的从事生产、经营的机构、场所与其关联企业之间的业务往来,应当按照独立企业之间的业务往来收取或者支付价款、费用;不按照独立企业之间的业务往来收取或者支付价款、费用,而减少其应纳税的收入或者所得额的,税务机关有权进行合理调整。"

② 《税收征收管理法实施细则》第 51 条规定:"税收征管法第三十六条所称关联企业,是指有下列关系之一的公司、企业和其他经济组织:(一)在资金、经营、购销等方面,存在直接或者间接的拥有或者控制关系;(二)直接或者间接地同为第三者所拥有或者控制;(三)在利益上具有相关联的其他关系。纳税人有义务就其与关联企业之间的业务往来,向当地税务机关提供有关的价格、费用标准等资料。具体办法由国家税务总局制定。"

③ 《股权转让所得个人所得税管理办法(试行)》(国家税务总局公告 2014 年第 67 号)第 13 条规定:"符合下列条件之一的股权转让收入明显偏低,视为有正当理由:(一)能出具有效文件,证明被投资企业因国家政策调整,生产经营受到重大影响,导致低价转让股权;(二)继承或将股权转让给其能提供具有法律效力身份关系证明的配偶、父母、子女、祖父母、外祖父母、孙子女、外孙子女、兄弟姐妹以及对转让人承担直接抚养或者赡养义务的抚养人或者赡养人;(三)相关法律、政府文件或企业章程规定,并有相关资料充分证明转让价格合理且真实的本企业员工持有的不能对外转让股权的内部转让;(四)股权转让双方能够提供有效证据证明其合理性的其他合理情形。"

可持续发展,越来越重视“走出去”,并将其当作未来重要的发展目标与方向。一些跨国公司在经营发展过程中,为了更大的经营利润,通常会在避税地设立国外分公司,以借助避税地无税或者低税的政策优势,广泛地在避税地公司拓展经营业务,同时利用转让定价等方法,向避税地转移公司的一部分利润。这种公司还会借助所居住国家推迟课税相关规定,长时间地把利润保留在海外公司,既不进行利润分配,又不汇回,从而达到逃避税收征管的不正当目的。由于此前的《个人所得税法》及其实施条例没有明确规定 CFC 原则,也无法适用作为《企业所得税法》配套规则之《特别纳税调整实施办法(试行)》(国税发〔2009〕2 号)第 76 条的相关规定。①

根据新《个人所得税法》第 8 条第 1 款第 2 项的规定,“居民个人控制的,或者居民个人和居民企业共同控制的设立在实际税负明显偏低的国家(地区)的企业,无合理经营需要,对应当归属于居民个人的利润不作分配或者减少分配”,税务机关有权按照合理方法进行纳税调整。在上述案例中,甲始终坚持分红资金已由 H 公司汇往上市 C 公司,C 公司按股权比例将款项分给了甲在 BVI 的 D 公司,一直放在 D 公司账户上,D 公司未再次分红给其个人,这些行为是否真的属于“非合理经营需要”,税务机关并没有一个较细化的规定去参考判断。参考企业所得税中一直就存在的争议,有学者建议:“可从其是否有实际的经营业务和管理机构、是否能够提供经常性地在境外召开董事会等证据来判定其是否仅仅出于避税目的而设立”;②还有学者建议:“可以结合积极所得的判定以及《国家税务总局关于境外注册中资控股企业依据实际管理机构标准认定为居民企业有关问题的通知》(国税发〔2009〕82 号)的相关规定来判定合理经营需要。”③在该案办理过程中,仍适用修改前的《个人所得税法》,税务机关运用多种方式与纳税人积极沟通,甲才同意了税务机关补税的请求。如果未来的税法中明确了“非合理经营需要”的具体判断准则,可以减少类似案件办理的不确定性,不然在现行税法框架下只能通过一般反避税之规定予以补足。

(三)一般反避税之规定

新《个人所得税》实施之前,税务机关针对自然人避税的监管力度不足,其中一个比较重要的原因是纳税主体以减少、免除或者推迟缴纳税款为主要目的实施的一些不合理

① 《特别纳税调整实施办法(试行)》(国税发〔2009〕2 号)(部分失效)第 76 条规定:“受控外国企业是指根据所得税法第四十五条的规定,由居民企业,或者由居民企业和居民个人(以下统称中国居民股东,包括中国居民企业股东和中国居民个人股东)控制的设立在实际税负低于所得税法第四条第一款规定税率水平 50% 的国家(地区),并非出于合理经营需要对利润不作分配或减少分配的外国企业。”第 77 条规定:“本办法第七十六条所称控制,是指在股份、资金、经营、购销等方面构成实质控制。其中,股份控制是指由中国居民股东在纳税年度任何一天单层直接或多层间接单一持有外国企业 10% 以上有表决权股份,且共同持有该外国企业 50% 以上股份。”

② 参见何晓蓉、刘爱明:《新企业所得税法“合理性原则”的判断》,载《会计之友》2010 年第 5 期。

③ 参见杨娴:《我国受控外国企业税收管理研究与完善》,载《涉外税务》2011 年第 1 期。

商业活动。在当时的税法框架下，仅在企业所得税层面借鉴了“不具有合理商业目的的安排”的概念，①使个人在缴纳税收时，常常通过一些商业手段，基于减免或延迟缴纳税款的目的实施避税之行为，而税务机关的监管不足也导致了避税行为的增加，造成个人所得税税收部分流失的后果。对于什么是不具有合理商业目的，《企业所得税法实施条例》第 120 条规定，“企业所得税法第四十七条所称不具有合理商业目的，是指以减少、免除或者推迟缴纳税款为主要目的”。② 从各国立法以及实践来分析，合理商业目的标准已经成为各个国家的避税认定标准，其最初源于美国“Gregory 案”。美国联邦最高法院在“Gregory 案”判决中提道，纳税人以法律允许的方法减轻其本来应承担的税收数目甚至完全避免，这是合法的，也是纳税人的固有权利。但是需要注意的是，必须考察其税收目的是不是还符合税法的目的。③ 从案件的判决来看，合理商业目的在于“审查引致纳税人投入资本的原因是不是仅仅出于税收考虑，或者是不是还含有非税动机、或合法的盈利动机”。④

从本质上看，合理商业目的标准是一个相对主观标准，关于主观标准能否作为避税的标准，一直都存在争议。有观点认为，要认定为避税须有客观行为，且适用税法也是客观的行为；还有观点认为，避税认定要件须具有避税的主观目的。⑤ 在避税的学理认定上，通常有客观经济事实、税法之滥用、税法规避及规避意图 4 项构成要素，⑥并宜采取客观行为为主、主观目的为辅的考察识别标准。从该案来看，甲始终坚持分红资金已由 H 公司汇往上市 C 公司，C 公司按股权比例将款项分给了甲在 BVI 的 D 公司，一直放在 D 公司账户上的安排，但是这种安排没有任何商业价值，也不符合合理的商业目的。因为通过这种安排的实施，甲不可能有任何利润收入，相反甲会产生资金上的损失，因此可以认定甲具有避税的目的。当税务机关要求甲提供在 BVI 的公司 D 资金往来账等相关账簿以及该账户的交易记录时，甲都明确表示无法提供，从甲交易的客观行为角度考量，甲从事与经济实质不相当的非常规交易形式，加上其始终坚持分红资金一直放在 D 公司账户上，D 公司未再次分红给其个人，可以认为兼具了避税的客观行为和主观目的，在新《个人所得税法》一般反避税的合理框架下，此种情形可以认定为避税。

---

① 《企业所得税法》第 47 条规定：“企业实施其他不具有合理商业目的的安排而减少其应纳税收入或者所得额的，税务机关有权按照合理方法调整。”

② 《新企业所得税法精神宣传提纲》（国税函〔2008〕159 号）在“三十九、一般反避税条款”中进一步明确：“不具有合理商业目的的安排通常具有以下特征：一是必须存在一个安排，即人为规划的一个或一系列行动或交易；二是企业必须从该安排中获取‘税收利益’，即减少企业的应纳税收入或者所得额；三是企业获取税收利益是其安排的主要目的。”

③ See Gregory v. Helvering, 293 U. S. 469 (1935).

④ See Donald L. Korb, *The Economic Substance Doctrine in the Current Tax Shelter Environment*, Remark at the 2005 University of Southern California Tax Institute, Los Angeles, 25 California on January, 2005.

⑤ 参见王宗涛、陈涛：《试析我国避税认定标准与方法》，载《国际税收》2014 年第 6 期。

⑥ 参见陈清秀：《税法总论》，台北，元照出版有限公司 2012 年版，第 224 ~ 225 页。

四、结语

检视该宗境外上市公司派发股息征收个人所得税案，不难发现，在反避税征管实践中，税务机关除征管能力和执法技术手段的困扰外，税法制度设计上的不完备也会造成反避税工作开展的难度。新《个人所得税法》开启了我国个人所得税反避税的框架性规定，并为后续的个人所得税反避税工作提供了行动指南。在与新《个人所得税法》配套的一般反避税细则规定尚未制定出台之前，个人所得税相关反避税工作的技术参考和认定标准可能会参照企业所得税法及其较成熟的反避税规则的相关规定。但需要指出的是，即便是新《个人所得税法》施行和 CRS 框架下跨境税务信息自动交换已然开展的前提下，由于数据庞杂、跨境证据、程序冗长等技术性因素仍然存在，除一些事实简单、证据充分的典型案件外，在当前一段时间内，税务机关在办理具体的反避税案件可能还是倾向通过类似该案的“管理和服务的方式”来让纳税人自行补税。而对于作为市场主体的企业和自然人来说，在了解既定反避税规则和征管执法实践的基础上，依据合理的商业目的进行妥适的业务规划和税务安排亦显得非常必要。

法国的《数字服务税法》及简要评析*

邢会强** 周李倩***

随着数字经济时代的到来，一些数字科技企业在短时间内创造了巨大的价值并取得了全球范围内的垄断地位。然而由于传统税法征收范围的局限，这些数字企业往往需要承担的所得税远低于普通企业，它们对于公共服务的贡献远小于所受益的部分。为了应对数字经济所带来的直接税领域困境，世界范围内的理论探讨和方案设计争议不断。作为有影响力的两大组织，欧盟和经济合作与发展组织（OECD）近年来一直不断探寻对现行税收规则进行改革的短期及长期方案，但难以达成普遍共识。全球统一的所得税征税方案在短时间内似乎难以达成。越来越多的国家出台了对数字经济的单边临时课税方案。欧盟委员会及法国的数字服务税方案是在分析了先行国家的数字经济征税方案的基础上，经各方讨论研究得出的其认为最有效的暂时征税方案。作为新出现的一个税种，对于法国数字服务税的认识和定位容易存在错误的解读，值得我们对此进行深入研究。

一、法国数字服务税开征的背景

近年来，数字经济蓬勃发展，给传统的税收制度带来了一系列新的挑战。所有的税种都会受到数字经济的影响，包括增值税和所得税。新交易模式的出现使缺乏灵活性的税收制度不能有效征收交易过程中产生的增值税。数字垄断企业的出现改变了我们的生活方式和消费方式，为全球经济创造了新的增长点和价值。然而在现有的税收制度框架之下国家却不能对数字经济所产生的价值征税，造成了对所得征税的不公平现象。针对数字经济的税收制度改革，增值税的改革难度要低于所得税。① 根据目前开征增值税的国家（地区）普遍接受的用于确定税基的目的地原则，增值税的实体管辖权属于商品或

---

* 本文写作得到了笔者主持的2018年国家社科基金重大项目“大数据法制立法方案研究”（项目批准号：18ZDA136）的支持。

** 中央财经大学法学院教授，法学博士。

*** 北京市房山区人民法院法官助理，法律硕士。

① 参见［奥］迈克·兰、［比］伊内·勒琼主编：《全球数字经济的增值税研究》，国家税务总局税收科学研究所译，经济科学出版社2017年版，第179页。

服务的消费地所在国。因此增值税的改革不会涉及国家之间对增值税征税权的划分问题,更多的是需要解决增值税实际征收过程中的纳税遵从问题。而对所得税的改革不仅需要解决税收执法的困难,还需要从根本上改变国际所得税规则,重新划分征税管辖权。① 因此,早期针对数字经济征税的改革主要集中在对增值税改革的措施上。但是增值税改革并不是解决数字企业所得税问题的替代方案。随着一些大型数字企业如谷歌、苹果等税基转移和侵蚀事实的连续发生,国际社会不得不开始重新审视现行国际所得税规则。国际所得税改革方案分为长期方案和短期方案,本文所研究的数字服务税即属于短期方案中的一种。

从对增值税课税规则的完善到对所得税的改革方案以及一些完全跳出传统税收框架的临时征税方案,欧盟一直走在数字经济税收改革的前端。针对数字企业的所得税丧失问题,欧盟一直致力寻找合适的解决方案。2017 年 9 月 9 日,法国、德国、意大利和西班牙 4 个国家发表的联合声明提出对数字经济征收"均衡税"的建议。2017 年 10 月 26 日,在整合多方意见后,欧盟委员会提出了"两步法"的解决方案,分为短期方案和长期方案。短期方案包括"对数字经济活动的收入课税""对特定类型的数字交易征收预提税""对特定的数字服务的收入课税""数字交易税"4 种方案。② 根据公众咨询意见结果显示,这 4 种短期方案中支持率最高的是"对特定的数字服务的收入课税",即数字服务税方案。2018 年 3 月 21 日,欧盟委员会建议在欧盟范围内针对数字经济产业采取一系列措施以确保建立和维持一个公开和有效的税收体系,当然,这仅仅是一项建议,还需要提交欧盟议会审议。欧盟委员会建议中提到的措施包括短期方案和长期方案。短期方案就是征收 3% 的数字服务税(Digital Services Tax,DST),③长期方案是引入显著数字存在(significant digital presence)④的概念,以对数字企业的利润进行分割。换言之,长期征税方案是对欧盟企业所得税规则的改革以适用于数字活动,针对在成员国内没有实体存在的数字企业设定特殊的常设机构认定标准。长期方案对企业所得税规则的改革是根本的解决方案。但数字经济的复杂性决定了国际规则的制定必定需要经历一个长期的过程。根据全球范围内的数字经济税收立法实践来看,越来越多的国家认为,在短期解决方案上单纯从增值税改革或者所得税改革上入手来解决某些数字经济征税问题比较困

---

① 参见[奥]迈克·兰、[比]伊内·勒琼主编:《全球数字经济的增值税研究》,国家税务总局税收科学研究所译,经济科学出版社 2017 年版,第 188 页。

② 参见刘奇超、罗翔丹:《经济数字化的税收规则研究系列文章(一) 经济数字化的欧盟税收规则:方案设计与政策评析》,载《国际税收》2018 年第 1 期。

③ See European Commission, Proposal for a Council Directive on the Common System of a Digital Services Tax on Revenues Resulting from the Provision of Certain Digital Services. COM (2018) 148 final.

④ See European Commission, Proposal for a Council Directive Laying Down Rules Relating to the Corporate Taxation of a Significant Digital Presence. Brussels. COM (2018) 147 final.

难,转而寻找一个兼顾直接和间接征税的均衡解决方案。[①] 为了防止在数字经济时代税收利益的丧失,就产生了数字服务税——代替长期方案而设计出来的一种短期解决办法。

法国是最早在欧盟提出征收数字服务税的国家,且一直致力推动达成欧盟层面的数字服务税征收方案。2017 年 7 月,法国与德国、英国、意大利、西班牙签署了一份联名信,并成功说服共 19 个国家同意征收数字服务税。在法国发布《数字服务税法草案》时,27 个欧盟国家中已经有 23 个国家选择支持征收数字服务税。由于没有得到全部 27 个欧盟国家的支持,欧盟层面的数字服务税方案难以出台。[②] 在此背景下,一直是数字服务税坚定支持者的法国最终决定在国内率先开征数字服务税。法国经济部在建议征收数字服务税的提案中提到开征数字服务税的必要性在于:第一,当今世界价值存在于数据之中,然而现有的税收体系建立在实体经济之上,不符合当前的经济现实。第二,现有的税收制度造成了公司之间的税收负担不平等。欧盟公司的平均税费为 23.2%,而欧盟数字公司的平均税费仅为 9.5%,比其他欧盟公司少缴接近 14% 的税费。第三,现有的税收制度对于法国公民来说是不公平的。欧盟每天会发生 7.5 亿次的互联网搜索,每天有 1.5 亿条广告被投放在欧盟社交网络上。这些互联网巨头从中获取公民大量的个人数据,利用数据创造价值获得巨大的收益,却没有支付相应的税费用于公共服务。第四,现有税收收入不能有效支撑公共福利。数字服务税的征收能够弥补现有税收收入的不足,从而继续资助法国的公共服务。[③]

法国认为,数字服务税具有税率简单、指向明确和收益迅速的特点,可以在短期内起到有效应对数字经济所得的征税问题。首先,数字服务税只对在法国国内实现的数字交易征收固定的 3% 的税率。数字服务税的税率没有根据服务类别设置不同的税率。只要达到设置的应纳税门槛,即同时符合全球层面和国内层面的应税数字服务收入要求,所有应纳税公司统一适用单一税率 3%。3% 的税率也和法国曾经在欧盟会议上提出的征税方案保持一致。其次,数字服务税只涉及那些巨头数字科技公司。只有拥有强大全球"数字足迹"(全球年度应税数字服务收入超过 7.5 亿欧元)和在国内层面上与法国相关的年度应税数字服务收入超过 2500 万欧元的巨头互联网公司才会被征税。该法的动机

① 参见刘奇超等:《经济数字化的税收规则:理论发展、立法实践与路径前瞻》,载《国际税收》2018 年第 4 期。

② 参见法国数字服务税的新闻发布会发言稿,载 https://minefi. hosting. augure. com/Augure_Minefi/r/ContenuEnLigne/Download? id = 138FF331 - 06FD - 4851 - AD48 - 30258AEC2034&filename = 1067. pdf,最后访问日期:2022 年 12 月 31 日。

③ 参见法国经济部关于征收数字服务税的提案,载 https://minefi. hosting. augure. com/Augure_Minefi/r/ContenuEnLigne/Download? id = 02AC56B0 - 9A99 - 415D - 8BFD - F9D49B535D6A&filename = 1149% 20 - % 20DP% 20 - % 20Projet% 20de% 20loi% 20relatif% 20à% 20la% 20taxation% 20des% 20grandes% 20entreprises% 20du% 20numérique. pdf,最后访问日期:2022 年 12 月 31 日。

陈述中解释只针对巨头数字公司的原因是按照市场竞争结构，这些巨头公司和中小型公司不具有可比性。法国经济部长在新闻发布会上也提到："设置征税门槛的目的就是不希望数字服务税的征收损害到初创企业的创新性以及阻挡法国国内中小型企业的数字化进程。"①再次，征税对象是特定的。数字服务税只针对三种最具价值创造性的数字服务进行征税：网络中介平台的活动、网络定向广告和服务于广告目的的数据销售。网络中介平台的活动，即利用网络平台将不同的网络用户联结起来，无论平台是否允许用户之间直接进行交易。线上交易、约会网站和应用商店都会被界定为网络中介平台的活动而对此进行征税。网络用户在平台上产生的数据可以为平台创造价值。用户数量越多，平台的市场价值就越高。网络定向广告是为广告客户提供服务，根据所掌握的每个消费者的个人数据将客户的广告信息或商业链接定向推送在消费者的浏览网页上。通过针对消费者消费方式的个性化推送，极大提高了广告的效率。服务于广告目的的数据销售，是指掌握大量用户数据的互联网公司将用户的个人信息转售给其他公司，以便于其他公司利用这些数据进行广告销售。最后，数字服务税的推出将迅速实现 5 亿欧元的收益，用于法国的公共服务。② 并且随着数字活动的发展，收益也将快速增加。对于财政收入不足的法国来说，这种高效率的税收是非常重要的。

法国数字服务税对特定数字服务的选择标准是基于用户存在"对价值创造的贡献"这一核心概念。广泛的数字服务包括软件出版、无形产品销售、在线广告和商品或服务的网络中介服务等。被选择的应税数字服务的特点是它们的经营模式主要依赖通过提供免费服务来挖掘用户的活动。用户贡献创造的那部分价值就成为数字服务税的征税依据。由此法国最终确定了两大类应税服务：网络中介服务和定向广告服务。法国认为，数据销售服务的最终目的是提高广告定位服务的效率，因此构成广告定位服务商业模式的重要组成部分。③

相反，其他数字服务都是建立在传统的价值创造模式之上，能够被传统的税收工具所涵盖。因此，这些数字服务都不在法国数字服务税的征收之列。被排除在税收领域之外的服务有一个明显的共同特点就是它们的主要目的都不是连接不同的用户。根据法国经济部提案中对数字服务税相关问题的解答，明确指出不在数字服务税征税对象之列的包括：第一，线上直接销售，包括数字内容（电子商务、视频或音乐点播服务）。第二，邮

---

① 参见法国数字服务税的新闻发布会发言稿，载 https://minefi.hosting.augure.com/Augure_Minefi/r/ContenuEnLigne/Download? id=138FF331-06FD-4851-AD48-30258AEC2034&filename=1067.pdf，最后访问日期：2022 年 12 月 31 日。

② 参见法国经济部关于征收数字服务税的提案，载 https://minefi.hosting.augure.com/Augure_Minefi/r/ContenuEnLigne/Download? id=02AC56B0-9A99-415D-8BFD-F9D49B535D6A&filename=1149%20-%20DP%20-%20Projet%20de%20loi%20relatif%20à%20la%20taxation%20des%20grandes%20entreprises%20du%20numérique.pdf，最后访问日期：2022 年 12 月 31 日。

③ 参见法国数字服务税影响研究文件：《Étude d'impact》。

件或支付服务。第三,部分广告服务,其广告信息仅由网站内容决定,并且对所有互联网用户都是相同的。第四,在互联网之外收集到的数据的销售或者非出于广告目的的数据销售。第五,受管制的金融服务。[①] 这里需要对网络中介平台和直接的线上销售平台进行区分。如果一家公司将自己的产品或服务在线上直接进行销售,这种情况下不会被征收数字服务税。但是如果这家公司是为他人的交易提供便利,方便买卖双方的联系,就属于数字服务税定义的网络中介平台,就会被征收数字服务税。

在此背景下,一直是数字服务税坚定支持者的法国决定在率先开征数字服务税。2019 年 3 月 6 日,法国经济与财政部部长向国民议会提交了一份征收数字服务税的草案。经多次审议,法国参众两院联合委员会于 2019 年 7 月 11 日通过《数字服务税法》,其生效日期追溯至 2019 年 1 月 1 日。

二、法国《数字服务税法》的主要内容

数字服务税是对达到一定门槛的数字公司与法国国内有关的特定数字服务的收入进行征税,也被外界称为"GAFA 税",其命名来自谷歌、苹果、Facebook 和亚马逊四大巨头的名字。按照数字服务税在法国《税法典》中所处的位置,从体系解释来说,法国的数字服务税是一种流转税,是间接税。

(一)整体框架

该法在数字服务税的创设上主要分为四部分内容:第一部分是对法国《税法典》的修改部分;第二部分是对《税收程序法》的修改部分;第三和第四是对数字服务税在 2019 年的支付及集团选择权的适用所做的规定。对法国《税法典》和《税收程序法》的修改部分构建了数字服务税法体系的整个框架。

1. 法国《税法典》的修改部分

第一,在第一部第一部分的第二编中增加第二章(含第 299 条和第 300 条),具体是在第一章增值税后增加第二章数字服务税的内容。修改后的主要内容概括如下:

第二章　数字服务税[②]

Art. 299

Ⅰ. 应税数字服务范围

Ⅱ. 纳税公司范围

Art. 299 bis

① 参见法国经济部关于征收数字服务税的提案,载 https://minefi. hosting. augure. com/Augure_Minefi/r/ContenuEnLigne/Download? id = 02AC56B0 - 9A99 - 415D - 8BFD - F9D49B535D6A&filename = 1149% 20 - % 20DP% 20 - % 20Projet% 20de% 20loi% 20relatif% 20à% 20la% 20taxation% 20des% 20grandes% 20entreprises% 20du% 20numérique. pdf,最后访问日期:2022 年 12 月 22 日。

② CHAPITRE Ⅱ Taxe sur certains services fournis par des grandes entreprises dusecteur numérique, 于《法国税法典》第 289 条后加入此章。

Ⅰ. 数字服务税适用的空间范围

Ⅱ. 网络中介服务发生在法国的判断

Ⅲ. 定向广告服务发生在法国的判断

Ⅳ. 与法国有关的收入比例的确定

Art. 299 ter

纳税义务产生时点

Art. 299 quater

Ⅰ. 纳税基数

Ⅱ. 税率

Art. 299 quinquies

欧元之外的货币转换汇率的确定

Art. 300

Ⅰ. 申报和清算方式

Ⅱ. 税款缴纳

Ⅲ. 信息提供

Ⅳ. 非欧盟成员或无税收互助协定下的委托纳税

第二，在第二部第一章的第二节第二目增加第四项，具体是在税收征收中增加数字服务税的内容。修改后的主要内容概括如下：

Ⅱ quater 数字服务税的特殊征税程序

Art. 1693quater

Ⅰ. 两次预先交税

Ⅱ. 推迟支付或减少支付

Ⅲ. 申报时的税额调整（超出扣除或缺少补足）

Art. 1693quater A 纳税人中止经营

Art. 1693quater B

Ⅰ. 成员一致同意的集团统一交税（自主选择）

Ⅱ. 选择适用于支付及补缴

Ⅲ. 选择在三年内有效

Ⅳ. 集团每一成员的税款统一申报及缴纳

Ⅴ. 滞纳金或罚金的连带责任

Ⅵ. 连带责任的例外

2.《税收程序法》的修改部分

修改后的主要内容概括如下:

Art. L. 16C.

Ⅰ.税务机关要求纳税人提交计税依据材料

Ⅱ.纳税人逾期不提交或材料不充分,税务机关可依法调整征收方式

从以上框架中可以看出,法国的《数字服务税法》除规定最常见的税收要素(纳税人、课税客体、税基、税率等)外,还着重规定了税基的计算方式。这是因为数字服务税税基的计算比较特殊,需要确定与法国国内有关的特定数字服务的收入占跨国数字公司总收入的比例。虽然法国将数字服务税的规定放在流转税名目下,但从其征收方式上看,按年征收的形式却更类似于所得税。

(二)重要规则

1.数字服务税的定义及应税数字服务范围

数字服务税是对在一个日历年内达到一定门槛的数字公司与法国国内有关的特定数字服务的收入进行征税。

该法对应税数字服务①的范围作了界定,包括:第一,通过电子通信提供数字接口,使用户之间能够联系、相互作用,特别是能够使用户之间可以直接进行商品或服务交易。但主要用于向用户提供数字内容、通信服务或支付服务的数字服务不在纳税服务之列。此外,一些受管制的金融服务②也被排除在外。第二,向广告客户或其代理商提供的服务,利用网络用户在咨询过程中产生的相关数据来提供定向广告服务。这些服务包括但不限于广告信息的购买、存储、发布、广告控制、效果评估以及用户数据管理和传输服务。

上述应税数字服务如果发生在同一集团的不同公司之间,则不对其征收数字服务税。

2.纳税人范围

该法规定无论公司成立地点于何地,只要其在前一个年度内应税服务收入同时超过以下两个门槛,就属于应缴纳数字服务税的数字公司范围:第一,在世界范围内的应税服务收入超过7.5亿欧元;第二,在法国范围内的应税服务收入超过2500万欧元。

对于公司,无论其形式如何,若直接或间接与《商法典》第L.233-16条Ⅱ规定的集

① 应税数字服务(les services taxables),该法采取正面列举加负面排除的方式对应税数字服务的范围予以规定。

② 这些金融服务提供者需要服从按照欧盟的一项司法文件中确定的欧洲金融服务统一监管规则或者类似相当的监管框架。

团[①]有关,以上两个门槛的适用按集团层面计算。

3. 税基的确定

税收的计算最主要的就是要确定计税基数。法国数字服务税的计税基数其实就是符合应纳税收入门槛的公司在法国国内提供应税服务的收入额。因此,在税收计算时,首先需要确定的是哪些应税服务收入是与法国有关的。法国《数字服务税法》中主要规定了:

(1)数字服务税适用的空间范围。该法首先对数字服务税适用的空间范围进行了界定。法国国内的范围包括除《宪法》第74条规定的领土之外的土地范围。而用户位于法国本土的判断标准就是其所使用的终端位于上述法国土地范围之内。

(2)网络中介服务发生在法国的判断。网络中介服务发生在法国分为两种情况:第一,如果数字平台允许用户之间进行商品或服务交易,只要用户一方是位于法国;第二,如果数字平台不允许用户之间进行商品或服务交易,只要用户从法国打开过账户且能够使用平台上的全部或部分服务。

(3)定向广告服务发生在法国的判断。定向广告服务发生在法国也分为两种情况:第一,对于数据销售之外的定向广告服务,在数字平台上投放的广告信息被位于法国的用户访问;第二,对于数据销售服务,被销售的数据来自位于法国的用户。

(4)与法国有关的收入比例的确定。在确定部分网络中介服务和定向广告服务发生在法国后,应税服务的收入额由公司的总应税服务收入额和发生在法国的应税服务所占比例决定。这个比例按照如下方法确定:

第一,对于允许用户之间进行商品或服务交易的网络中介服务,为用户一方位于法国的商品或服务交易次数所占比例;

第二,对于不允许用户之间进行商品或服务交易的网络中介服务,为从法国打开过账户且能够使用平台上的全部或部分服务的用户数量所占比例;

第三,对于数据销售之外的定向广告服务,为被位于法国的用户访问的广告信息数量比例;

第四,对于数据销售服务,为全部或部分数据来源位于法国的用户数量比例。

三、对法国《数字服务税法》的简要评析

首先,作为暂时性的征税方案,其实施效果如何还需在生效后进行持续评估。新的国际性规则出台后对于法国国内税收方案的替代问题也需关注。其次,法国的数字服务税制度本身确定性不足。按照此法的制度规定,直接的线上商品或服务的销售不在数字服务税征收之列,因为这种直接的线上销售平台与网络中介平台不同。在实践中,很多数字公司并不只是经营一种商业模式,而是多种商业模式并行。许多网络中介平台同时

---

① 法国《商法典》第L.233-16条Ⅱ规定了集团合并财务报表中包含的公司范围,按照此条规定的母公司完全控制或部分控制的标准确定是否属于某个集团。

有线上直接销售的功能，那么在此种情况下又该如何计算应税数字服务的收入呢？该法并没有进行说明。由于数字经济的复杂性，在实际执行过程中还会遇到很多类似的问题，很多概念、范围在现实生活中难以清晰地进行界定，以及在数字巨头因为双重征税质疑不配合的情况下，其执行上的可操作性还有待观察。

针对数字服务税引发的一系列争议，法国认为，数字服务税只是临时采取的短期征税方案，很多地方都不完美，最终还是希望能够达成国际上的统一解决方案。从现实的国际税收框架来看，法国之所以对某些收入征税而没有对利润征税，也是为了避免违反国际税收协定对所得税的税收利益分配规则而采取的不得已措施。但即使是短期的征税方案，也需要考虑最基本的税收规则的合理性、合法性及与整个税收体系的协调。

（一）“用户贡献”概念尚缺乏国际共识

法国的数字服务税是基于“用户贡献创造价值”这一核心观点而对数字经济进行征税，认为法国作为用户所在地具有征税权。然而，价值创造是一个模糊的概念，价值创造发生在何地的问题更难回答。对于拥有强大客户基础的法国来说，倡导客户存在创造价值更能保障其税收利益。但这未必符合所有国家的利益需求，每个国家都希望以对自身有利的方式定义“价值创造”。[①] 经合组织《数字化带来的税收挑战：2018 年中期报告》中提到数字化商业模式的共同特征包括三项：大规模无实体的跨境经营、依赖无形资产（包括知识产权）、数据和用户参与及其同知识产权的协同。[②] 但对于何种特征是企业实现价值创造的主要驱动因素存在较多争议。价值是如何创造的问题直接决定了利润如何分配给相应价值创造地。因此，在对数字经济征税权的划分上关于如何制定新的联结度规则以及利润归属规则存在较大争议。经合组织 2019 年 2 月发布的《税基侵蚀与利润转移项目公开咨询问题：应对经济数字化的税收挑战》中针对征税权划分提出了 3 种相关提案：“用户参与”提案、“营销型无形资产”提案和“显著经济存在”提案。[③] 目前，上述提案在政策或技术层面上仍存在较大分歧。可以看出，国际层面并未对“用户贡献”概念达成共识，其是否会被最终采纳具有很大的不确定性。

“用户贡献”概念本身也存在较大争议。英国政府将“用户参与”分为“积极参与”和“消极参与”，认为只有“积极参与”的行为才会形成企业的核心价值，而被动被企业收集数据是一种“消极参与”，不会构成企业的主要收入。具体如何界定“积极参与”和“消极参与”仍存在较大困难。[④] 此外，也有观点认为，“用户数据”与“核心价值创造”并不构成

---

① See A. M. Bal, (*Mis*) *Guided by the Value Creation Principle-Can New Concepts Solve Old Problems*?, 72 Bull. Intl. Taxn. 11 (2018), Journals IBFD.

② 参见刘奇超等：《数字化、商业模式与价值创造：OECD 观点的发展》，载《国际税收》2018 年第 8 期。

③ 参见朱炎生：《经合组织数字经济税收规则最新提案国家间利益博弈分析》，载《国际税收》2019 年第 3 期。

④ 参见廖益新、宫廷：《英国数字服务税：规则分析与制度反思》，载《税务研究》2019 年第 5 期。

必然联系。他们认为用户数据是用户和数字企业之间的一种交易行为,数字企业通过提供免费服务以换取用户的数据。[①] 法国将数字服务税作为一种临时解决方案,认为用户贡献在价值创造中发挥核心作用。[②] 法国明确列出了这些被征税的服务类别,但并没有解释为什么这些服务比排除在数字服务税应税服务范围之外的服务对价值创造的贡献更大。

"用户贡献"概念的模糊导致不同国家基于这一概念征收数字服务税时也没有统一的标准。虽然英国已于2020年1月正式脱欧,但英国此前也一直是数字服务税的坚定支持者。英国在2018年11月就发布了《英国数字服务税咨询稿》,规定了英国数字服务税的相关内容,并于2020年4月1日正式开征数字服务税。对比英国和法国的数字服务税,在具体内容上存在诸多不同。第一,征税对象不同。英国数字服务税是在划分数字企业类型的基础上,对特定类型企业的特定活动征税。英国的应纳税企业分为3类:搜索引擎、社交媒体平台和在线市场。上述每类企业的业务活动中的一部分被划分在课税范围内,单独进行收入核算,主要包括在线广告、提供订阅服务或销售数据取得的收入。法国并没有对数字企业进行分类,而是直接规定了3种应税数字活动:网络中介平台的活动、网络定向广告和服务于广告目的的数据销售。第二,用户位置的确定方法不同。英国确定用户位置主要是根据经常居住地及用户参与相关活动时的所在地进行判断。法国是按照终端位置标准来确定用户位置。第三,纳税人门槛和税率不同。英国的数字服务税需满足在全球层面应税数字收入达到5亿英镑和在国内层面达到2500万英镑,而法国相应的标准分别为7.5亿欧元和2500万欧元。英国和法国的数字服务税税率分别为2%和3%。第四,对利润率较低或亏损的数字企业保护不同。英国设置了安全港规则,利润率较低或者亏损的企业有权选择按照简易计算方法缴税。而法国的数字服务税没有对此种情况进行规定。

(二)突破传统框架容易造成税收体系混乱

数字经济征税在传统框架内的改革包括增值税的改革和所得税的改革。增值税的改革是针对数字交易,最终负税人是消费者。所得税的改革是针对数字企业,最终的负税人是企业。增值税的改革并不能完全替代所得税改革来解决所有的数字经济税收问题。增值税的改革从电子商务征税改革开始已经取得了一定的成效。所得税的改革由于涉及现有国际所得税规则的根本性改变,迟迟未能达成统一的协调方案。经济数字化使一些跨国数字企业在没有任何实体存在的情况下,在法国开展经济活动。由于这种虚拟的存在并不能构成现行国际税收协定下的常设机构,导致法国的税基受到侵蚀。然

---

① See A. M. Bal, (*Mis*) *Guided by the Value Creation Principle-Can New Concepts Solve Old Problems*?, 72 Bull. Intl. Taxn. 11 (2018), Journals IBFD.

② See M. Olbert & C. Spengel, *Taxation in the Digital Economy-Recent Policy Developments and the Question of Value Creation*, Intl. Tax Stud. 3 (2019), Journals IBFD.

而,通过协商来更新现有税收协定中常设机构的定义是一项艰巨的任务。对现有规则的改变可能会遭到一些国家的反对,特别是那些数字巨头或者大量无形资产所在国。由于多边方案出台困难,基于税收利益的迫切需要,数字服务税应运而生。数字服务税被介绍是一种间接税,这意味着它的通过并不需要对税收协定进行修订。那么数字服务税究竟在法国税收体系中处于什么样的位置呢?

法国在1946年就提出了“用增值税代替营业税”的设想。法国增值税覆盖范围广,几乎涵盖所有的商品和服务类别,是法国税制中的主体税种,其收入比重高达50%以上。[①] 数字服务税的征税对象虽然也是某些类别的服务,但与增值税存在较大区别:第一,征税目标不同。增值税是针对最终消费征收的一种范围广泛的税种,对企业是保持中立的。将消费额作为税基的优点是相对稳定和可预测,且不会对生产、就业和投资产生不利影响。而数字服务税覆盖的范围相对较小,旨在直接对企业产生影响(尤其是大型数字企业),并无意影响消费者。第二,税基不同。增值税的税基原则上包括纳税人提供的所有货物和服务,而不论所交付的货物或所提供的服务的性质如何。这一广泛的适用范围是为了最大限度增加财政收入,并在不歧视不同经济部门的意义上保持税收中性。数字服务税的应用范围十分有限,只关注那些用户对价值创造起到重要贡献的服务类别。数字服务税因此被视为一种“均衡税”,不是传统意义上的提升进口货物或服务价格以平衡国内水平,而是通过提高某些非居民企业的所得税水平以匹配居民企业的税费。数字服务税的应纳税额按特定服务的收入总额减去增值税和其他税项后的余额计算。第三,纳税人不同。增值税的纳税人范围要广于数字服务税,后者仅针对达到规定门槛的巨头数字公司征税。第四,纳税地点识别的不同。位置判断是数字服务税和电子服务的增值税共同需要解决的问题。用户的IP地址可能被用来确定用户位置。但增值税由于是基于交易而产生的,每次交易只需要识别一个用户位置。而数字服务税由一个合同产生的收入在纳税时必须确定涉及的所有用户(用户不是合同交易的主体)的位置以将收入在不同的国家之间进行分配,将使税收执行变得更加复杂。[②]

欧盟委员会认为,数字服务税应是一种广义上的间接税。按照法国税法典对数字服务税的位置安排,从体系解释来说,法国也认为数字服务税偏向于间接税。但是我们发现数字服务税跟传统意义上的间接税的特征并不完全符合。其最终目的不是针对流转过程征税,所以才设置了较低的税率,想针对的也主要是企业而不是消费者。数字服务税的目标是在短期内弥补数字巨头的低公司税水平,从而解决紧迫的税收公平和正义问题。数字服务税其实本质上是对所得税改革的一种变形,以弥补利润征税地和价值创造地之间的差距。法国将它定义为间接税显然是由于不能在未修改税收协定的情况下对

---

① 参见赵永升:《法国“营改增”对中国的启示》,载《经济》2013年第9期。

② See M. Lamensch, *Digital Services Tax: A Critical Analysis and Comparison with the VAT System*, 59 Eur. Taxn. 6 (2019), Journals IBFD.

企业利润征收新的直接税,而间接税原则上不属于税收协定的范围。但仅仅靠外在将数字服务税划定为间接税是否能够完全将其排除在税收协定的适用范围之外?

从最根本的直接税与间接税的区别来看,直接税通常会造成纳税人收入减少的后果,而在间接税中税收的负担会传递给纳税人以外的人。从这个角度来看,数字服务税似乎更符合直接税的定义。此外,数字服务税的按年征收也更符合直接税的运行模式。问题在于它是针对特定服务的总收入而不是企业利润征税,并且法国修改税法将它放在流转税下,流转税一般又是属于间接税,所以我们也很难说它属于直接税。数字服务税在直接税和间接税之间的模糊定位打破了原有的税收框架,充满不确定性,容易造成整个税收体系的混乱。

四、我国是否应征收数字服务税

(一)我国是否应该开征数字服务税

大数据时代的到来,我国是否应该对"数字巨头"开征数字服务税呢?笔者认为,由于以下几点原因,我国目前还不宜开征数字服务税:

第一,数字服务税是一种临时税,价值目标比较功利,与我国当前的诉求并不吻合。法国开征数字服务税的主要目的是分享国外"数字巨头"的利益,以弥补国内税收收入的不足。质言之,这涉及税收收入在国际间的分配问题,法国开征数字服务税的目的就是要在跨国"数字巨头"的收益中间分一杯羹。因此,这引起了美国的强烈抵制。但在我国,几乎每一个领域都有相应的"数字巨头"与美国"对标",美国的"数字巨头"在我国都有竞争者,我国的"数字巨头"甚至超过其在美国的对标公司。如阿里巴巴利润超过了亚马逊,腾讯公司的市值超过了脸书公司。美国的"数字巨头"在中国的网络中介平台活动、定向广告、数据销售等业务量并不大,而不像欧洲那样,其依赖的"数字巨头"清一色是美国企业。

第二,中法或中欧的数字经济发展态势不同,这一经济基础决定了作为上层建筑的税收法律制度的不同。法国乃至整个欧盟的数字经济产业比起美国和中国来讲,比较滞后。法国开征数字服务税以获取更多的财政收入而不大担心对本国的互联网企业巨头和数字经济产业造成打击。但我国不得不考虑开征数字服务税对我国数字经济产业的影响。

第三,数字服务税的理论根基并不牢靠。数字服务税属于直接税还是间接税?对此各方争议较大。如果说它属于直接税,但其在计算应纳税额时,对成本并不扣减,不符合直接税的基本特征。如果说它属于间接税,但它和增值税是何关系,是否在征收数字服务税的同时,对同一笔收入不再征收增值税?但是从数字服务税的应纳税额的计算方式(按照特定服务的收入总额减去增值税和其他税项后的余额计算)看,数字服务税和增值税是并行的。这就会造成对同一笔收入的重复征税,显示出了对该产业的抑制态度。例如,增值税与消费税的并行,体现了国家对于特定奢侈或环境污染型消费品的抑制态度。在征收增值税的同时,再累加征收3%的数字服务税就类似消费税,难道这是要遏制数字经济的发展吗？或者更准确地说，难道这是要遏制境外“数字巨头”的发展吗？从目前我国的政策取向上看，并非如此。

（二）数字经济的发展对我国税法的挑战之反思

虽然我国不需要开征数字服务税，但我们除需要了解国外的数字服务税的动态外，还需要反思数字经济的发展对税法的挑战以及税法的回应。在数字经济背景下，我们面临的不仅是如何对数字巨头进行征税的问题，还面临着如何对广大的数字经济商个人从业者征税的问题，甚至后者更加棘手。具体而言：

第一，数字经济的发展对各国税收权益的影响。为了确定某一国（东道国）在何种情况下可以向非居民企业征税，必须首先要确定该非居民企业的收入是否与该国有关。从理论上分析，有两种路径可以确定收入来源：一种是供给路径，即将收入来源归结于产生收入的生产要素所在地；另一种是供给—需求路径，即将收入的产生归结于供给与需求的联系。[①] 由于传统的商业模式是以在当地建立实体存在为业务开展的基础，所以，在相当长的一段历史时期内，供给路径成为主流，常设机构（permanent establishment，PE）成为各方共识，东道国可以利用常设机构这一概念分享非居民企业的税收。但是，随着数字经济的发展，常见的商业模式对实体存在的依赖正在减少，一些数字巨头根本不需要在当地设立机构即可通过互联网提供相关服务，市场所在地不再是“东道国”，根本无法利用“常设机构”来征税。在此背景下，供给—需求路径逐渐成为数字经济产品和服务使用国据以征税的法理依据。[②] 基于此，欧盟委员会提出了“显著数字存在”（significant digital presence，SDP）的概念，以使市场所在地国可根据用户对价值创造的贡献分享税收利益。在长期方案落地之前，首选的临时方案就是对紧密依赖于用户贡献的数字活动征收总收入税——数字服务税。因此，数字服务税的本质就是在数字经济背景下，需求所在地（用户所在地）欲分享税收权益的一种动向。这显示了数字经济的发展对各国税收权益的影响。如果市场所在地不征税，其税收就会减少。如果征税，数字经济企业的母国的税收就会减少。数字经济企业的母国与市场所在国之间围绕数字税的利益博弈，将是数字经济时代税收博弈的主旋律。作为数字经济大国，我国也需要关注这场博弈，并评估其对我国的影响，提前作出应对选择。如果我们反对“显著数字存在”以及“市场参与”等概念，那么，理由是什么？如何才能公平地在不同国家之间分享数字经济的税收权益？我们提出的方案是什么？

第二，数字经济的发展对一国税收体系的影响。数字服务税在一国税收体系内的地位之争议提示我们，数字经济的发展对一国税收体系是有一定的影响甚至是冲击的。我

---

① 参见曹亚楠、王沛晗：《数字经济背景下广告服务商常设机构税收规制的新发展》，载《税务研究》2018年第7期。

② 参见曹亚楠、王沛晗：《数字经济背景下广告服务商常设机构税收规制的新发展》，载《税务研究》2018年第7期。

国需要思考,数字经济的发展对我国税收体系的影响有哪些,以及数字经济的发展对国内不同地区的税收的影响有哪些?转移支付的数额确定是否需要考虑数字经济发展的影响?数字经济作为经济基础,决定了包括财税法律制度在内的上层建筑。马斯格雷夫早在 20 世纪 50 年代就将政府的财政活动概括为资源配置、收入分配和稳定经济三大职能。[①] 这一思想至今仍对一国的税收体系的建构产生巨大影响。基于这一思想,我们需要思考,在数字经济背景下,一国的税收体系如何建构才能更好地配置资源、分配收入和稳定经济?对于配置资源来讲,我国是鼓励数字经济的发展,还是抑制数字经济的发展,如何利用税收制度达到国家的产业政策目标?对于分配收入来讲,我国如何调整税收体制以在不同产业、不同地区之间分配收入?对于稳定经济来讲,由于发展是最大的安全,不发展是最大的风险,那么,我国如何调整税收体制才能做到既促进经济结构的变迁,维护经济安全,又能有效地组织财政收入,压缩逃税空间,以维护国家财政安全?从目前来看,数字经济的发展使传统产业与新兴产业之间、互联网发达省份和不发达省份之间的税收利益已经分化,亟待税法予以调整和校正。这是因为,"在数字经济背景下,交易活动原有的冗长化的供应链条被平台化、碎片化、私人化的交易行为所瓦解,生产者和消费者的边界日益模糊,过去围绕企业制造—批发—零售系列经济活动而形成的以间接税为主体的税制结构已经不能适应数字经济发展的大局"。[②] 一方面,个人与企业之间的边界模糊,商个人在数字经济背景下得以勃兴,而我国目前尚未对日益发展的 C2C(个人与个人之间)网上交易产生的收入实行征税,造成了对企业的不公平税收待遇。另一方面,我国以增值税和所得税为主体的税收体系将征税的重点放在了生产、流通环节以及分配环节,而非消费环节。事实上,在消费环节,消费行为所产生的数据的经济价值愈加重要,企业对此进行大数据分析可以调整营销和生产行为,虽然"用户贡献价值创造"尚存争议,但该环节的税收目前基本上被忽视也暴露了用户贡献的价值未得到合理的评估和认定的现实。数字经济企业"定期而系统地监控客户的线上活动,意味着收集网上应用用户的数据并没有支付相应的货币补偿……来自用户这个'免费劳动力'的数据被实时收集、储存、处理和整合到生产链条中,从而模糊了生产和消费的界限。用户被界面质量和网络效应所吸引,其提供的数据使之成为生产附属品,同时它们创造出价值,在不同的商业模式中产生利润"。[③] 因此,如果数字巨头既不向用户支付补偿,也不缴纳相应的税收,则是不公平的,也不利于税法在数字经济时代更好地发挥资源配置、收入分配和稳定经济的基本职能。

---

① See Musgrave, R. A., *The Theory of Public Finance: A Study in Public Economy*, New York: McGraw-Hill, 1959.

② 参见唐玉爽:《数字经济背景下中国税收面临的挑战及应对》,载《经济研究参考》2018 年第 65 期。

③ P. Colin & N. Colin, *Task Force on Taxation of the Digital Economy*, Accessed Dec. 31, 2022, https://www.hldataprotection.com/files/2013/06/Taxation_Digital_Economy.pdf.

第三,数字经济的发展对税收管理方式的影响。随着数字经济的发展,商个人从事电子商务活动越发普遍,这使传统的以企业为管理模式的税收征管显得滞后,税务部门一直面临电子商务中自然人未能有效进行税务登记以及线上虚拟交易的纳税主体难以被有效识别和确定的管理困境。① 如何在商个人广泛从事电子商务的背景下,更精准地掌控商个人的涉税信息,是我们需要探索的一大难题。此外,大数据技术具有预测功能。具体到税收征管领域中,税务机关可以利用海量的数据,以相应的算法替代传统人为判断,对偷税漏税情况进行更精准的预测,对纳税人进行画像,可以避免税务管理、税务决策过程中人为管理造成的失误,以提高征管效率。如何利用大数据技术进行税收征管,这是摆在我们面前的一个现实问题。

第四,数字经济的发展对纳税人权益保护的影响。在大数据条件下,个人被实时监控,个人信息被过度采集,个人信息被泄露甚至非法利用的风险增大。个人涉税信息属于财务信息,进而属于个人敏感信息。个人涉税信息一旦被泄露,其遭遇敲诈、诈骗的风险就很大。在清华大学某教授卖房信息被泄露从而遭到电信诈骗导致了1800万元的损失的案例中,诈骗分子就是借口该教授有偷税现象而进行诈骗的。因此,该房屋交易信息就是一个涉税信息。税务机关如何在利用大数据技术加强征管的同时,切实有效地保护好纳税人自然人的个人信息,是摆在我们面前的一个时代课题。

总之,随着信息技术的发展,大数据日益对生产、流通、分配、消费活动以及经济运行机制、社会生活方式和国家治理能力产生重要影响。我国现阶段虽然不必针对“数字巨头”单独开征一道数字服务税,但有必要认真研究大数据对税收的影响,尤其是如何弥补我国现存的对数字商个人税收征管存在的问题。

---

① 参见胡连强等:《基于数字经济的税收征管探讨》,载《税务研究》2019年第5期。

数字经济下的商业模式演变与国际税收挑战

高凤勤*　包雅雯**

伴随全球互联网科学技术的蓬勃发展,一种以捕捉、收集、储存、分析信息资产为基础的经济形态——"数字经济",应运而生。区别于传统经济形态,数字经济聚焦发挥大数据对引导资源有效配置的作用,实现经济发展方式由劳动、资源能源驱动向创新驱动的转变。1996 年,新经济学家唐·塔普斯科特在其著作中首次提出"数字经济"这一概念,两年后,美国商务部发布《新兴的数字经济》报告,数字经济定义初具雏形。而今,经数十年蓬勃发展,各方研究进入更深层次的领域,数字经济的定义也逐渐纷繁复杂。2016 年,G20《二十国集团数字经济发展与合作倡议》中将数字经济定义为:使用数字化的知识和信息作为关键生产要素、以现代信息网络作为重要载体、以信息通信技术的有效使用作为效率提升和经济结构优化的重要推动力的一系列经济活动。2020 年,《中国数字经济发展白皮书》则进一步着重强调数字技术对数字经济发展的重要意义,认为数字经济是通过数字技术与实体经济深度融合,不断提高数字化、网络化、智能化水平,加速重构经济发展和治理模式的新型经济形态。

网络技术与信息工具的高速发展以"信息化"改变了全球经济的发展模式,优化资源配置、调整产业结构,成为全球经济复苏和社会进步的重要驱动力,加速全球经济发展进程。全球经济迈入基础变革和结构调整的新时期,催生出具有高度信息化特征,以"新零售""新制造"为典型代表的新兴商业模式。伴随数字经济发展,国际税收挑战相伴而生。快速崛起的经济发展方式与传统方式的国际税收体系不断产生碰撞摩擦。为应对全球税收新挑战,全球逐渐展开关于国际税收框架规则的理论创新与实践探索。国际层面,经济合作与发展组织旨在通过国际谈判促进国际税收规则的变革。2020 年 8 月,联合国亦发布《关于发达国家与发展中国家间避免双重课税的协定范本》(以下简称《联合国税收协定范本》)讨论稿,为成员开展数字服务税的相关研究讨论提供依据与参照。国家层面,美国对数字服务税一贯保持强硬的反对态度,以贸易反击作出回应。部分国家

* 山东财经大学财政税务学院教授。

** 山东财经大学财政税务学院硕士研究生。

采取单边策略，研究探讨甚至也已将数字服务税的开征提上日程。发展与错配，协同与先行导致数字服务领域面临愈加复杂的税改前景，故而，在数字经济背景下，以新兴商业模式为出发点，分析现行国际税收体系的现实挑战乃至国际应对策略，对争取国家税收利益、完善国家税收体系具有深刻意义。

一、数字经济下的商业模式演变

由于信息资产以其强大的分析决策功能显著提升经济发展效率，通信技术的进步大幅降低大数据的使用成本，数字化发展模式迅速席卷并占领各行业领域，变革传统商业模式中用户、供应商及其他合作伙伴之间的联结关系，加快传统商业模式中货物、资金、信息的流通速度更新流通模式，催生出具有鲜明数字经济特征的新商业模式。本节将就此新商业模式进行讨论。笔者沿用联合国 2019《数字经济报告》中提及的数字商业模式——数字交易商业和数字创新商业模式进行分类讨论。根据定义，数字交易商业模式是以在线基础设施支持不同多方之间交换的双边、多边市场，是主要数字公司（如亚马逊、阿里巴巴、脸书）以及为数字带动的部门提供支持的公司（如优步、滴滴出行）的核心商业模式。数字创新商业模式以操作系统（如安卓、Linux）或技术标准（如 MPEG 视频）的形式为代码和内容制作者开发应用程序和软件创造环境。

（一）数字交易商业模式

数字技术为商业交易提供了网络通信科技的支撑。以大数据、云计算、区块链技术为基础，达成用户、供应商以及其他合作伙伴跨区域的互联互通，形成了 B2B（Business to Business）、O2O（Online to Offline）、C2C（Consumer to Consumer）等以电子商务为引擎的数字交易商业模式。以 B2C 为例，数字信息技术以互联网为媒介将交易分为两大系统。前端系统面向消费者，提供推荐、促销、会员、客服、退换货等信息及服务，供消费者在线上作出选择，后端系统面向公司运营，公司决定商品价格、库存水平、配货方式。互联网信息技术将两个系统贯通，达成消费者在线选择到供应商形成订单的过渡，最终由第三方完成支付结算、物流配送的任务，完成在线交易。

以当当图书为例。1999 年，当当图书开通运营，以网络售书为主要业务。2001 年，当当网上音像店上线运营，以音像产品丰富了网络书店的产品及服务种类。在线上购销环节，当当图书利用已经较完善的线上网站向用户销售商品。在网站中突出商品广告，显示折扣价格并定期发放折扣券，向用户提供种类齐全的产品信息供消费者参考选择。在仓储环节，当当图书采取自建仓库，委派第三方配送的物流模式。2014 年当当建设“银河一号”仓储中心，全国七大仓库分设于北京、上海、广州、深圳等一、二线城市。并与第三方物流公司如申通、圆通合作，分包配送业务。总体来说，用户在网站获得信息、选中商品并下单，当当运营系统匹配用户信息与仓储信息，将订单信息传送至距离订单地址最近的仓储中心进行商品准备，最终由第三方支付平台和配送平台辅助达成资金交付与物流配送任务（见图 1）。

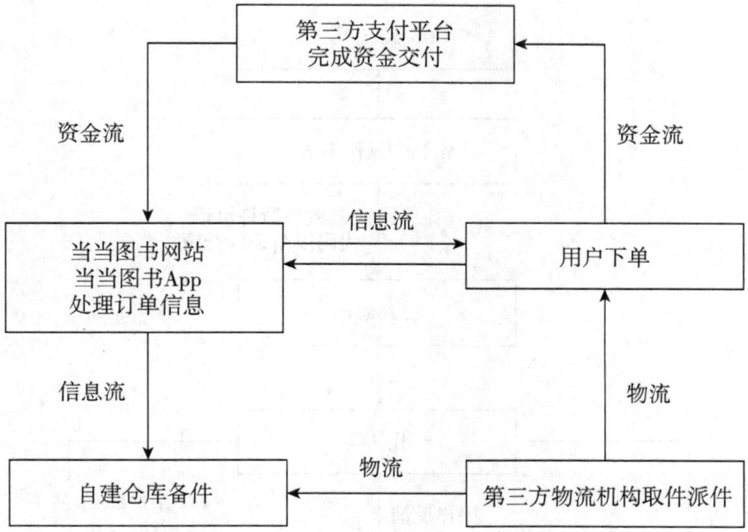

图1　当当图书数字交易商业模式

(二)数字创新商业模式

根据有关定义,云服务是分布式计算、效用计算、负载均衡、并行计算、网络存储、热备份冗杂和虚拟化等计算机技术混合演进并跃升的结果。整体过程是构建集合资源的网络“云”,利用网络、服务器、应用软件、虚拟资源等途径,将计算处理程序划分为多个小程序,任意一个小程序都可独立地为用户提供标准、实时的服务,只要用户通过终端设备连接互联网,并进行必要付费,便可以从网络云中获得不竭资源。最终,通过各个小程序的服务器合并计算完成对大量数据的汇总与处理。

2008 年,Google 推出 Android 操作系统,该系统以 Apache 开源许可,Google 商业帝国因此添砖加瓦。首先,Android 通过智能系统实现海量的用户覆盖,成为 Google 一面全新的移动“广告牌”;其次,作为应用创新平台,Android 通过汇集众多移动应用为 Google 带来了庞大的用户群,提升了 Google 与广告商之间的议价能力,并使 Google 获得源源不断的数据信息;最后,尽管 Android 是一个免费开源的操作系统,但由此可初步建立用户黏性,进而引导用户付费购买 Google 的专属移动应用(见图 2)。

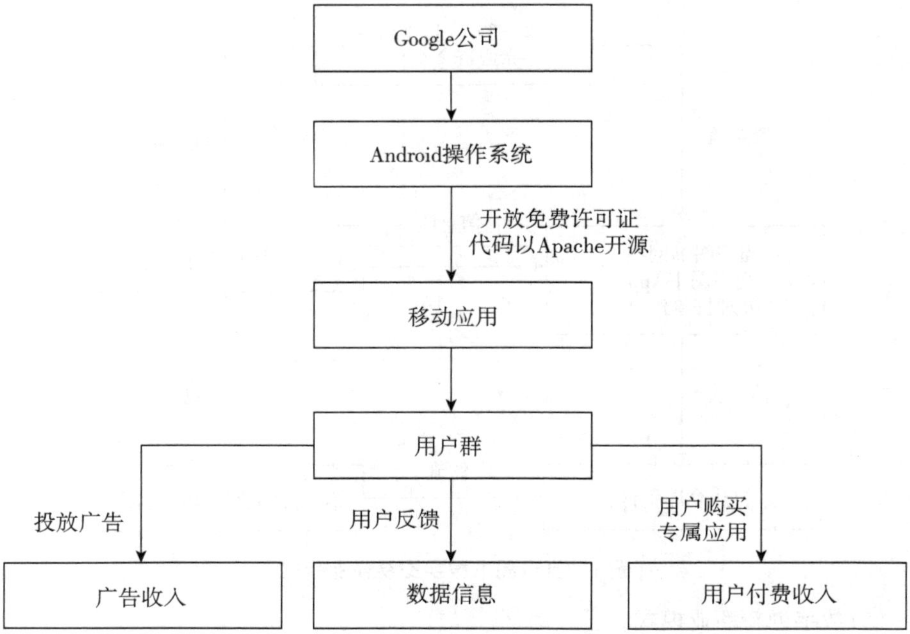

图2　Android数字创新商业模式

反观传统商业模式,主要是指传统经销模式。可细分为代理经销、连锁经销及直销经销三大模式。其中,代理经销依靠实体店为联系点划分城市区域进行承包,赚取货物流通差价,产品通过层层代理到达消费者。连锁经销则建立起生产厂家直接管理的品牌实体店,节省中间差价,打通品牌与消费者的售购渠道。直销模式指由自我经营获得利润。这种模式常存在于相对固定或有地域限制的行业内。相较之下,传统商业模式与数字经济商业模式相比具有流动性、数据的依赖性、无形资产依赖性及价值链管理灵活性四大特征。

1. 流动性

数字经济带来的流动性包括商业模式主体的流动性与商业活动的流动性。商业模式活动的流动性,是指数字经济中交易的商品与服务摆脱了传统商业模式下严格的物理形态,逐步实现从有形资产向无形资产的跨越,专利权、商标权、会员权、域名、网络游戏虚拟道具等无形资产成为企业价值增长的"看不见的动力",而相较有形商品服务、无形资产权属界定及价值衡量困难与权利分配转移便利的矛盾则导致其更具有流动性、隐蔽性、独特性。商业活动主体的流动性,是指数字与通信技术的发展打破原有传统购销链条上销售方、中介方、购买方之间的时间、空间限制,用户可以通过互联网网页或移动软件形成远程连接、通过数据分析交易需求及第三方运输而完成交易活动。无限缩小货物流通的地理阻碍、降低交易成本,提升商品、信息、货币流通效率。

2. 数据依赖性

利用数据价值是数字经济的基本,新商业模式更是将数据本身的价值提升到前所未有的高度。用户使用数字设备、参与数字活动时将产生大量数据,这些数据随时随地追踪记录用户本身选择偏好、效用获得等个人信息,高度信息化及数字技术的发展使大量的数据得以便于捕捉、重复利用并以低成本储存,广泛应用于企业经营活动。在决策系统中,大数据以实时性、整体性等优良特征逐渐取代传统的人工调研,成为企业进行市场定位、经营管理、服务升级等重大决策的决定性依据。在评价系统中,大数据纵向覆盖商业活动的全部时段过程、横向记录商业活动涉及的全部用户信息,因而具有精良的分析价值及预测价值,加之其科学研究价值不随自身损耗而降低,反而历久弥新的优良特性,成为商业活动决策评估升级的坚实基础。大数据时代预言家舍恩伯格认为,数据被列入企业的资产负债表只是一个时间问题。

3. 无形资产依赖性

数字经济下的商业模式更倚重知识信息等无形资产的创新与利用。首先,数字经济发展得依托信息技术与网络环境,大数据、云计算、物联网比传统商业模式本身就更依赖无形资产带来的信息技术化。其一,服务器、IP 等无形资产日益在公司经营中具有重大作用。其二,互联网技术将商业模式逐渐线上化,无形资产可转化为有价值信息,参与企业产品服务的开发、销售、评价的全过程,为价值链的实现、产业链升级赋能,成为公司获得全球性盈利的必要条件。其次,无形资产本身亦逐步以商品身份参与买卖购售。例如,专利权、特许权等无形资产形成数字经济中不容忽视的转让销售标的,而国际特许权使用与转让亦逐步成为跨国交易的主要内容。

4. 价值链管理灵活性

在传统商业模式下,高昂的交易成本与复杂的汇兑规则及国际关税体系导致跨国企业为构建起跨国公司全球价值链,必须在经常性业务发生地建立实体性经营机构作为业务支撑。伴随信息与通信技术带来的便利,全球价值链的架构摆脱实体性经营场所的束缚。跨国公司的材料供应、成品开发、生产运行、市场营销等基本活动与组织建设、人事管理、技术开发和采购管理等辅助活动越发简单迅捷,传统的交易条件及环境的根本性改善,大幅缩减跨国公司实体经营机构规模、缩短实体机构存续时间,甚至到了仅由单一管理机构操控经营业务即可实现全球性盈利的程度。

二、数字经济下的国际税收挑战

数字经济的发展广泛而深刻,信息技术大幅提升经济效率、促进经济结构全方位转型,推动全球经济一体化纵深发展,成为全球经济回暖的驱动要素。与此同时,传统规则同新兴模式间不适配的问题日益暴露。仅在税收领域,商业模式的数字经济特征与传统国际税收体系之间即产生诸多矛盾。现行国际税收管辖权的划分、传统国际税制设定以及国际反避税方面面临严峻考验。

（一）税收管辖权划分挑战

1. 常设机构联结度挑战

由于互联网、大数据等信息技术的欠发达，传统商业经销模式的相关主体及经营活动往往不具备过强的流动性与灵活性，跨国企业日常经营与利润获得依赖常设机构的设立，这种营业场所通常具有持续性、固定性、营业性等特征，在跨国公司全球敛财的过程中承担相应职能，如原材料采购、存货管理、市场销售并充当"连结点"。依据传统国际税收理论，当地的公共产品与服务是跨国公司创造国际价值的重要支撑，其应据此在常设机构所在地承担相应的纳税义务，常设机构这一物理性地标便兼具起纳税义务识别点与税收负担承担点的特殊功能。然而在数字经济中，发达的通信技术使国际市场的信息交互日益便捷，大大降低跨国公司对常设机构的依赖程度，跨国公司可以轻而易举地实现全球市场业务，同时规避设立实体机构。仅以常设机构作为联结度，已然无法准确识别跨国公司应在市场国承担的纳税义务与税收负担。[①] 以"Google 公司在英国的广告收入案"为例，据 Google 在英国的公开案件调查称，99% 的客户仅需通过 Google 网页（Google Ads）即可以实现向谷歌爱尔兰公司（Google Ireland Limited）直接付费，只有 1% 的客户通过爱尔兰经营公司设立在英国的常设机构完成该业务。[②] 此外，在传统经济下，OECD 所主张的常设机构认定标准进一步降低常设机构联结度能力。从正向看，跨国公司利用数字经济，人为调整实体经营机构的设立方式、存续时间、所涉业务，避免实体机构符合固定性、持续性、营业性等特征，逃避常设机构认定与纳税义务。从反向看，OECD 认为，常设机构标准应对准备性与辅助性场所加以豁免，但事实上，随着数字经济的发展，跨国公司价值链的灵活性掩藏了各实体机构在全球价值创造中的重要程度。由此而言，国际税收管辖权划分所面临的联结度失灵问题意味着大量跨国企业开展全球业务获得全球利润，却不必为此在市场国承担任何税负。

2. 利润归属划分挑战

根据现行国际税收利益划分规则，居民纳税人需要就其全球所得向居民国承担纳税义务，而非居民纳税人仅需要就其源于本国的利润向该国承担纳税义务。所以常设机构的利润归属规则是确定跨国公司向所得来源国承担限纳税义务的定量基础，常设机构利润归属方法判定的利润范围有多大，所得来源国就可以在多大范围内行使优先征税权。2010 年，OECD 修订"独立实体法"规则，提出"功能独立实体法"规则，即将常设机构假定为独立企业，遵照独立交易原则进行利润归属划分。然而，面对数字化的经济应用，传统方法的问题逐渐暴露，在产生利润的过程中，数字经济的崛起严重削弱常设机构规则的适用性，由此延伸出了利润归属模糊的问题。在分配利润的过程中，国际关联企业之

① 参见张泽平：《数字经济背景下的国际税收管辖权划分原则》，载《学术月刊》2015 年第 2 期。

② 参见延峰、冯炜、崔煜晨：《数字经济对国际税收的影响及典型案例分析》，载《国际税收》2015 年第 3 期。

间的交易难以寻求独立交易原则确定价格,而国际性转让定价行为又造成利润归属的人为变更。

(二)传统国际税制设定挑战

1. 数据来源与价值确定挑战

在数字经济中,数据由经营活动的衍生物转变为创造价值的生产要素。以线上广告服务为例,数据的捕捉获得、分析使用使广告能够相当精准地触达消费者,吸引目标受众。而用户在搜索引擎、应用程序中留下的历史数据,就成为实现广告精准投放的依据。如细分用户信息数据精准投放广告、分析用户行为数据检测投放效果,根据用户反馈数据完善服务模式。显然,数据本身即具有价值并通过参与交易继续创造价值,因此数据的使用即应成为征税对象、数据来源国理应就本国数据创造的价值享受征税权。然而在实践中,仅解决数据来源地及价值确定这一问题就道阻且长。就数据来源地而言,首先,数据本身自有的广泛性与流动性就让其来源地难辨踪迹,加之互联网信息的非法收集、兜售行为更增添了数据来源地追寻的难度。其次,数据来源地的划分标准五花八门,数据获得地、数据加工地、用户所在地、合同发生地等不同划分标准皆具有裨益亦有缺漏,且涉及国家间税收利益的重新划分,短期内难以达成一致的认识。

就数据价值而言,首先,数据交易之间的差异导致难以利用独立交易原则对数据公允定价。其次,数据常常附着其他标的物进行交易导致难以核定其单独价格。最后,数据不随时间贬值,相反随着不断投入生产获得历史价值,难以对其长期价值进行评估。

2. 利润定性分类标准挑战

数字经济的发展使跨国公司(尤其是互联网科技公司)的经营对无形资产的依赖程度加深。大数据、人工智能、物联网、云计算下的商业产品无一不以无形资产作为创造价值的关键要素,甚至无形资产本身如使用权、著作权等俨然独立地待价而沽,这一转变冲击了现有国际税收中利润定性的分类标准。无形资产所涉及的利润定性分类主要有特许权使用费和经营所得。首先,不同的利润定性标准直接导致所得来源国是否享有征税权。依据现行利润定性分类标准,特许权使用费属于消极所得,尽管《OECD 税收协定范本》强调,受益人所在国享有排他性的特许权使用费征税权,但在现有国际税收利益的分配规则中,绝大多数国家税收协定的签订都采取特许权使用费税收分享原则。相反,经营所得则被认定为积极所得,所得来源国对其享有的征税权通常设机构标准相关联——只有非居民企业在所得来源国设立常设机构,所得来源国才有权利就此利润征税。其次,不同的利润定性标准亦导致所得来源国享有不同强度的征税权。仅就税率而言,特许权使用费与经营所得适用不同税率,针对特许权使用费的预提所得税适用较低税率,在所得来源国承担相对低税负。相反,非居民企业通过常设机构获得的经营所得适用所得来源国企业所得税税率纳税,承担高税负。在数字经济下,无形资产特许权使用费和营业所得的"双重身份"边界不清,导致了所得来源国的征税权及税收利益的模棱两可。

(三)国际反避税策略挑战

数字经济将全球经济通过现代网络和通信技术互联,将国际税收体系置于全新的环境当中,新环境与旧体系之间的矛盾,扩大了跨国公司税基侵蚀与利润转移的真空地带。相较传统经济依附实体,现代化网络及通信技术使数字企业对于场所的实体性、持续性、固定性限制进一步降低。相关经营管理活动跳出物质限制框架,企业更易于通过人为安排相关营业主体设立地,利用国际税收关系的错配与税制漏洞等避税手段安排经营行为,借此逃避纳税义务,大幅缩减全球税负。互联网巨头因国际避税问题长期饱受诟病,数字经济的发展更是助长了其全球避税框架的搭建与变革。根据中国通信院 2020 年《全球经济新图景》,2017 年 Google、Apple、Amazon、Facebook 等互联网数字企业在获取全球高额收入的同时,纳税收入比不足 2%。如何实现数字经济下税收利益的合理分配、国际税制体系的及时修复、各方税收行动的有机配合,以应对数字经济带来的国际反避税挑战,是实践中国际税收体系面临的关键难点。目前,虽然各国都将数字服务税(Digital Services Tax)作为税制改革的热点,但全球一致的最终成果仍然难以达成。

三、数字经济下的国际税收规则更新

事实上,数字经济俨然成为世界经济复苏并保持长足发展的新动能,各国都把发展数字经济上升至国家战略高度,企望全面推进经济社会发展、经济结构优化,提升国际竞争力,在数字经济的国际竞争中占领先机。发达国家中,英国最先出台数字经济政策,2009 年发布国家顶层设计——《数字英国》计划,随后相继发布《英国信息战略 2013》《英国数字经济战略 2015—2018》,旨在将英国建立成为数字经济强国。发展中国家中,印度 2015 年推出《数字印度》(Digital India)计划,并于 2016 ~ 2017 财年,大幅度提高财政对"数字印度"战略有关项目的扶持力度。

党的十八大以来,我国政府高度重视数字经济的发展,根据 2020 年《中国数字经济发展白皮书》,我国数字经济发展战略规划经历了从重点推进信息通信技术的快速发展和迭代演进向经济社会各领域的深度融合发展。为适应数字经济发展带来的全新机遇与挑战,营造公平健康的数字经济发展环境、保障数字经济高速发展下国家税收利益,对传统的国际税收关系、利益分配原则及实践征管方法作出及时调整变革已成为国际税收领域未来改革的重点方向。《经合组织范本》和《联合国税收协定范本》亦提出相应改革建议,指导成员应对全球税收利益的重新分配、全球税基侵蚀与利润转移等挑战,以期成员互相协调进而达成一致意见。

(一)OECD BEPS"双支柱"改革方案

2013 年以来,OECD 为应对数字经济和电子商务带来的税务挑战做出了一系列准备。2015 年 10 月,OECD 发布 BEPS1.0"一揽子"行动方案,第 1 项行动计划即与数字经济相关,但其并未针对数字经济作出税收规则的实质性改革,而是企图通过其他规则的调整,如税收协定的反避税概念(第 6 项行动计划)、常设机构概念(第 7 项行动计划)等规范数字经济下的错配问题。2018 年 3 月,OECD 发布《数字化引发的税收挑战中期报告》分析各方应对数字化挑战的短期措施并提出通过调整国际税收制度以达到长期适应经济数字化的目标。

2019 年 1 月,OECD 发布政策性文档,并于同年 2 月发布咨询文件,公布"两个支柱"、四项提案,保证各国在无偏见无约束的基础上对提案进项研究。同年,又针对"支柱一""支柱二"发布详细的规则咨询文件。"支柱一"方案旨在解决常设机构联结度失灵引发的国际税收管辖权的划分、利润分配原则失效这两大国际税制问题,旨在订立新的联结度规则和利润分配原则。①

针对联结度失灵问题,"支柱一"方案在原有的常设机构条款以外,独立地引入了"市场管辖地"概念。具体而言,如果跨国公司连续数年从市场管辖地通过参与显著经济活动取得相关收入,就将赋予市场管辖地新的征税权,参与跨国公司的利润分配,而不再考虑跨国公司是否在市场管辖地设立实体机构。跨国公司从市场所在地获得的收入规模则作为判定持续性与显著参与的标准。新的关联度是在保留现有常设机构联结度的基础上,对"显著经济存在"的规则的延伸。

针对利润分配问题,"支柱一"方案旨在用三层式利润分配机制的"统一方法"调和"用户价值创造""营销无形资产""显著经济存在"3 项提案,意图在保证征税权的前提下,确定来源国享有征税权的利润额。具体包括,确定分配给市场管辖地的剩余利润的份额(金额 A)、为发生在市场管辖地的营销及经销活动设定固定回报额(金额 B)、对跨国企业在市场管辖地的额外功能征税(金额 C)。

金额 A 主张建立以公式法为基础的利润分配方法,以缓解经济数字化导致的独立交易原则失灵的问题。关于金额 A 的计算步骤,OECD 建议首先针对跨国公司(具体征税范围仍有待规定)的全球销售收入设置最低门槛(咨询文件中为 7.5 亿欧元)。综观各国数字服务税的实践,最低门槛的设定也不尽相同。例如,法国将全球起征点设置为 7.5 亿欧元,②英国则将该门槛定位于 5 亿英镑(约合 5.54 亿欧元)。③ 达到门槛的跨国公司将首先从全球利润(以跨国公司合并财务报表中税前利润额为最佳计量标准)中划分出剩余利润,并以某一固定比例 X 将税前利润划分为常规利润与剩余利润,其中,常规利润由跨国公司居住国独占征税权,剩余利润部分则继续以另一固定比例 Y 进行再分割,转化为常规报酬与金额 A。最终,市场管辖国将综合考量联结度水平、行业领域、业务领域、地理区域等差异划分金额 A,达成对跨国公司征税权下的全球利润额分配。值得注意的是,相对于独立交易原则,该方案意图引入公式,以相对固定的分配流程应对国际税收的利润分配。这种方式显然难以摆脱灵活度缺失的桎梏,且其流程中,涉及两大固定比例(X、Y),如何合

① 参见姚丽:《愿景与现实:OECD 应对经济数字化税收挑战的"统一方法"》,载《税务研究》2020 年第 6 期。

② 参见何明智、黄文鸿、高婴劢:《法国征收"数字税"法案评议》,载《科技中国》2020 年第 4 期。

③ 参见吴佩瑶:《英国数字服务税:立法实践与制度剖析》,载《海南金融》2020 年第 9 期。

理、适度确定该比例，应在充分考虑全球数字化跨国公司发展情况、区域经济发展差异、数字经济业务领域发展特征、不同商业模式数字化程度差异等异同加以裁量（见图3）。

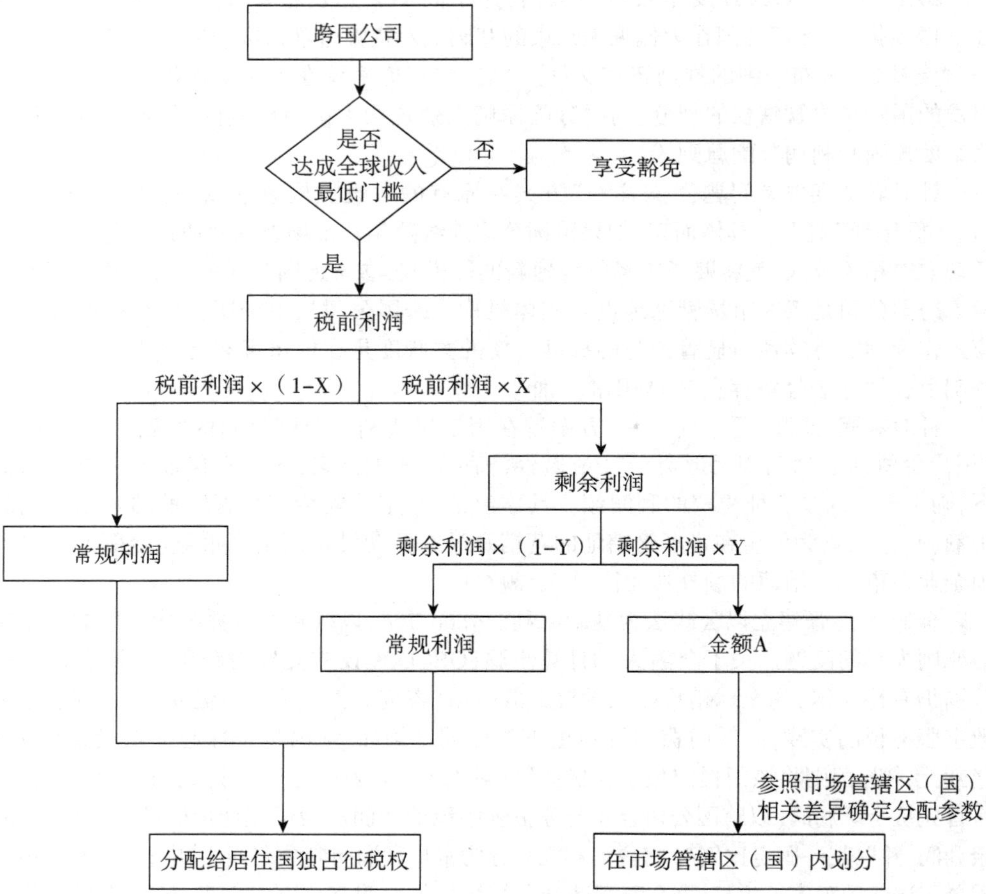

图3　“支柱一”金额A分配机制

金额B重在通过确保营销与分销的基准报酬，减少因转让定价引发的税基侵蚀与利润转移问题。跨国公司设立传统子公司等常设机构负责经营市场管辖地的相关业务的情况下，常设机构继续充当国际税收征税权划分及利润分配的联结度，但传统国际税收规则框架面临国际关联公司利用转让定价的国际避税手段，人为调整利润归属地所带来的税基侵蚀和利润转移问题。为破除该问题，三层利润分配法建议考虑行业、区域等差异，在独立交易原则的基础上，设定固定回报额——金额B，以此保证跨国公司在市场管辖地的经销和分销保有基准报酬额，维护市场管辖地的基准税收权益（见图4）。

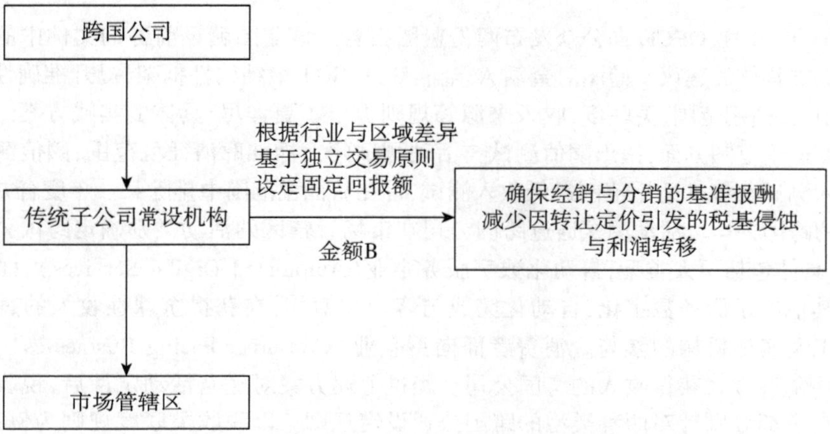

图4　“支柱一”金额B分配机制

金额C意在赋予市场管辖国主张超越金额B基准的额外征税权。根据“统一方法”给出的利润分配建议,当跨国公司在市场管辖国设立分销或经销等常设机构,且通过该常设机构从事其他与分销或经销业务无关的活动,取得高于金额B中所规定的固定回报额时,市场管辖区的税务机关有权利对此提出异议,并就额外利润享受征税权。总体而言,金额C在三层利润分配方案中作为“兜底”条款存在,适用于弥补前两层金额分配可能产生的税务争端与规则漏洞,以提高税收确定性。

“支柱二”(Global Anti-Base Erosion)方案则以缓解遗留的税基侵蚀与利润转移的问题为导向,意图通过构架全球最低税规则解决跨国企业的国际避税问题,“支柱二”涉及四大规则。所得纳入规则(income inclusion rule),是指在跨国公司营业所得承担的实际税率低于全球最低税率时,居住国有权依据某一固定比例要求跨国公司补缴所得税,目的在于解决跨国公司通过主观能动地安排利润实现地与利润留存地实现全球税负的畸形缩减。转换规则(switch-over rule),是指若跨国公司在境外设立常设机构或拥有不动产而获得利润,然而该利润由于享受双边税收协定的免税条款而有效税率不足,则赋予居民国穿透双边税收协定对该利润征税的权力,同时抵免该企业已在境外缴纳的税额,目的在于不因双边税收协定减损全球最低税计划的效力。征税不足支付规则(undertaxed payments rule),是指当关联方收款人取得款项在其居民国未足额缴纳最低税额或其有效税率低于“最低税率”时,来源国可以使用计提预提所得税或不允许付款人就该笔款项进行税前扣除的方式对该笔款项进行源泉征税,目的在于防止利润转移至低税率居民国时,保障所得来源国的税收利益。应予征税规则(subject to tax rule),是指要求来源国针对某种未在居民管辖区内按照最低税率缴纳税款的付款类型,直接征收预提所得税或限制其享受税收优惠,目的在于通过保障所得来源国税收利益实现全球最低税目标。

2020 年 10 月,OECD 向公众发布两份蓝图报告。该蓝图就早前咨询文件中的争议问题提出更加具体的建议。蓝图对金额 A、金额 B 提出 11 个结构性框架,提升准确性与一致性。其中,就适用范围、关联度、收入来源等规则提出了更详尽、具体的实践方案。在数字服务税的适用范围方面,提出阈值测试与活动测试两大标准廓清征税范围,阈值测试包含全球收入测试与境外适用范围最低收入测试,旨在从征税范围中排除某一年度合并收入低于门槛的跨国公司。活动测试通过跨国公司在市场管辖区的活动类别确定跨国公司所属的类型,具体包括两大类型,自动化数字服务企业(Automated Digital Services),即通过互联网或其他电子服务数字化、自动化完成与客户的对接,在获得全球性收入的过程中极少有人工及实体机构的参与。消费者面向型企业(Consumer-Facing Businesses),定义为通过传统销售方式获得收入的跨国公司。经过上述方案对经营活动定性后,税收联结度与收入来源都分别针对两种类型的跨国公司设定规则。以税收关联度规则为例,自动化服务企业只要达到市场收入阈值即触发纳税义务,而消费者面向型企业则仍需要经过实体存在测试,即是否在市场管辖国设立机构,用以衡量持续性与显著性存在(见图 5)。

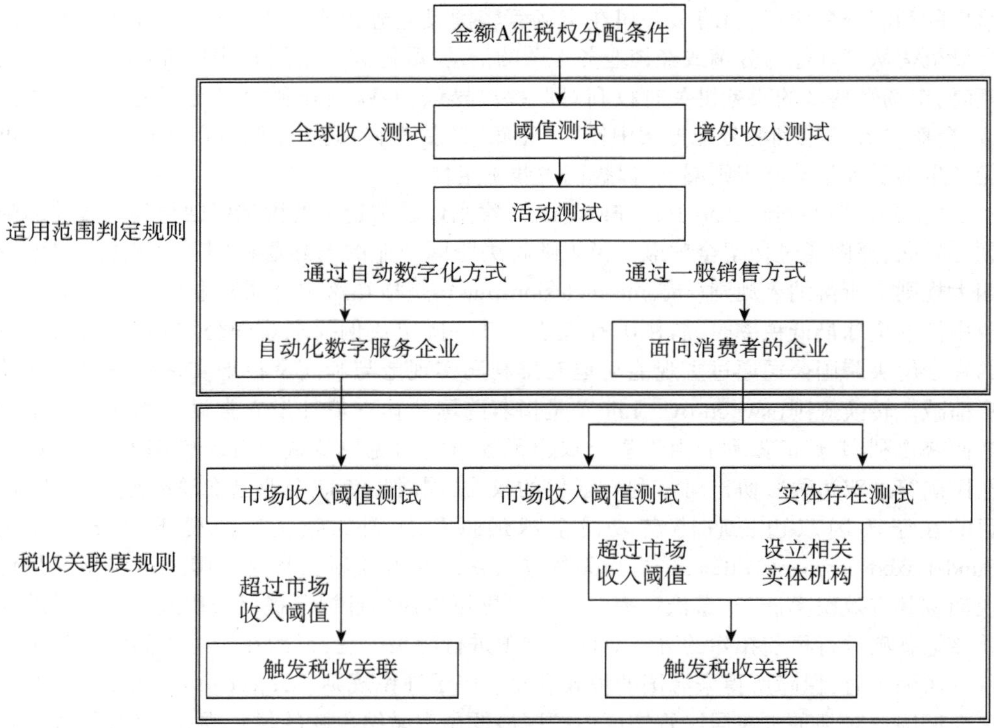

图 5 金额 A 适用范围及税收关联判定规则

值得关注的是,该蓝本就“统一方法”可能酿成的重复征税困境提出了化解建议。首先,设立“营销与分销利润安全港”。整体设想是,若跨国公司在市场管辖区设立常设机构并触发原始联结度,则该跨国公司应根据现行国际税收划分规则的要求计算与该联结度相关的营销与分销回报,将该回报与安全港回报(金额A与金额B之和)相比较,若该回报低于金额B,则不因适用安全港规则而减少金额A的分配,若该回报高于金额B而低于安全港回报,则减少分配给该市场管辖区的金额A,若该回报超过安全港回报,则不再向该市场管辖区分配金额A。从而避免重复征税。其次,为应对旧规则与新方案磨合期可能产生的应激反应,蓝本建议通过确定支付实体以及采用免征或抵免法来降低双重征税的风险。关于“支柱二”,蓝本具化了GLoBE实施的技术路径。包括确认GLoBE的全球适用范围与豁免实体、设定合并收入阈值、明确实际税率计算方式、明确差额税款的结转与划分、简化规则与特殊规则等内容。

最终,OECD预计将于2021年中期就两大支柱所有相关内容达成一致意见,并发布最终报告。并于2020~2023年逐步实施“支柱二”的全球措施。

(二)《联合国税收协定范本》“双边谈判”方案

《联合国税收协定范本》近年来通过多次修订,针对数字经济背景下税收改革问题,逐步完备相关条款,以求遏制愈演愈烈的单方数字税行动,为各方协商提供理论方向与实践路径。

面对数字经济下的国际税收管辖权分配问题,目前《联合国税收协定范本》主要主张通过修订、完善已有的国际税收规则、加强双边协商来加以解决。首先,2017版《联合国税收协定范本》中变更了第5条常设机构标准,修订第4款、第5款、第7款,扩大了独立代理人被认定为常设机构的范围,降低人为利用特定活动豁免规避常设机构认定的可能性,新增12A技术服务费条款,为应对经济数字化带来的商业模式变更,允许所得来源国通过预提所得税的形式征税,由双边谈判协定相关税率。2020年8月《联合国税收协定范本》又新增12B条讨论稿,允许对自动化数字服务所得进行源泉课税。具体内容包括:将征税权赋予自动化数字服务提供的市场国、缔约各方依照协商确定分摊比例享有征税权、所得来源国征收的预提所得税不得超过受益所有人总收入的特定比例等。

目前,《OECD税收协定范本》主张的BEPS“双支柱”改革方案在推进过程中阻碍重重。理论层面,税收利益的分配机制难以协调,实践层面,行业业务、地理区域等方面的发展差异致使技术路径操作困难。“美欧之争”下全球性谈判的搁置与推延导致截至2020年年底,是否能就改革方案达成共识仍面临未知。相比之下,《联合国税收协定范本》提出的12B条讨论稿则更具普适性,但却缺失对国际税收规则的根本性改革,这种“打补丁”式的短期思路恐怕难以应对全球经济发展方式的实质性变革。从全球视角来看,数字信息化背景下,税收利益再分配格局依旧处于规则约束的空白地带。共同行动的搁置愈加激发单方改革,继英国、法国后,土耳其、菲律宾、新西兰等相继以自身税收利益为出发点,单方面推进数字服务税改革,新加坡、印度尼西亚等亦相继对开征数字服务税展开单独研究与讨论，抢占税收利益话语权。短期内，应对国际税收规则失调的单一姿态，进一步加剧利益与规则的错配失衡。“各自为政”无疑是对广泛协商、统一行动的挑战，从中也难免映射出国际税收规则更新，即《OECD税收协定范本》同《联合国税收协定范本》的阶段性理论成果以及全球性数字服务税推行过程中将面临的困境与阻碍。

四、科学应对数字税的研究与建议

在全球性背景下，数字经济以其强劲动能推动经济发展，成为各国未来经济发展战略的重心。在新常态发展阶段下，数字信息化对我国经济在发展方式、发展结构、发展动力转换方面的提振作用不容置疑。数字经济顺应创新、协调、绿色、开放、共享的新发展理念，推动供给侧结构性改革这一重大理论与实践创新、促进双创驱动发展战略，是构建现代化经济体系的重要力量。根据中国通信研究院（China Academy of Information and Communications Technology, GAICT）2020年度发布的中国数字经济发展白皮书，中国在数字经济规模、数字产业化与产业数字化、数字化治理能力、数据价值化等领域的发展成绩斐然。

如何在把准我国数字经济发展的脉搏的基础上，参考OECD BEPS行动计划主张及《联合国税收协定范本》建议，汲取数字服务税单边实践的经验，迎接国际税收体系更新的挑战具有重要意义。为实现构建保障国家税收利益，促进数字产业长足发展的国际税收大环境的双赢目标，发出中国声音、提出中国方案、贡献中国智慧。

（一）短期目标：提升我国数字税浪潮应对能力

尽管我国互联网企业高速发展享受到数字信息化发展及国际税收规则真空的便利，但应充分认识到数字服务税开征的必要性与必然性。首先，庞大的人口基数及市场促使我国已然成为跨国公司的目标市场，在其利润攫取中，中国作为市场不仅为跨国公司创造了不竭收益，并且以充分的公共资源服务、庞大的用户体系与数据资源为其全球价值创造提供条件，理应就此获得征税权。其次，对税收征管体系的创新改革是将数字化经济置于税收规则监管之下的必由之路，数字服务税的研究与讨论能从逆向出发，促使我国税收征管方式方法升级。最后，必须以长远的眼光面对数字经济发展的必然趋势，就国际税收规则更新角度而言，数字服务税的开征促使我国能更加游刃有余地应对国际规则的协商与谈判，保证我国用好话语权的能力。就数字产业化与产业数字化发展而言，尽早将制度缺失带来的发展红利转化为制度保障红利，能从本质上促进我国数字经济、数字产业发展的良性循环。

1. 参与国际数字税方案协商

虽然全球范围内尚未就数字服务税的具体实践方式达成一致意见，但可以预见税收变革是数字经济发展的必然产物。短期中，应正视我国税收征管水平的欠缺，可参照《联合国税收协定范本》协商确定比例的主张、以预提所得税方式确保我国税收利益。

面对全球性利益划分的问题，任何国家都不可脱离合作协商而独善其身，应充分发挥国际协商对于维护国家利益的保障作用。根据中国互联网络信息中心(China Internet Network Information Center,CNNIC)第45次《中国互联网络发展状况统计报告》,截至2020年6月,我国网民总数占全球网民总数1/5。庞大的用户体量成为跨国公司开展数字业务的首选市场。苹果公司App Store 2019年总销售额中,中国地区以47%位列第一,中国在跨国公司价值创造中功不可没。同时,数字经济的税收空白也为我国互联网科技企业的发展创造"规则性机遇",根据2020年《财富》公布的世界500强企业名单,上榜的互联网企业中,中国以京东集团、阿里巴巴集团、腾讯控股、小米集团占有多数席位。互联网科技企业为中国经济的发展注入新鲜血液。在各国经济与税收利益的博弈中,应充分兼顾我国来源国与居民国的双重身份,保证我国税收利益的同时为我国数字经济发展争取国际税收环境。

2. 完善我国数字税规则建设

针对数字经济发展,我国目前税收法律法规重点集中于规范跨境电子商务零售进口、商业模式为B2C的商业模式,财政部、海关总署、国家税务总局《关于跨境电子商务零售进口税收政策的通知》(财关税〔2016〕18号)规定,跨境电子商务零售进口商品征收进口环节增值税、消费税和关税,并以购买跨境电子商务零售商品的个人为纳税义务人、实际交易价格作为完税价格,强调物流企业、电子商务企业及电子交易平台的代收代缴责任。并以限额对相关交易活动采取关税豁免及进口增值税、消费税提供税收优惠,财政部、海关总署、国家税务总局《关于完善跨境电子商务零售进口税收政策的通知》(财关税〔2018〕49号)则进一步提高相关限额,降低跨境电子零售商务的税收负担。

最大限度地发挥统一方法与单方行动的指导意义,根据我国国情内化数字服务税方案,加快构建并完善我国数字经济税收规则的完整体系具有深远意义。在理论层面,我国数字服务征纳应遵循税收三大原则,即税收法定、税收公平、税收效率原则,以税收征纳规则法定提升数字产业化与产业数字化发展的准确性与规范性、以税收征纳规则的公平性保证数字经济领域行业、地域、实际发展水平的差异得到尊重与考量;以税收征纳规则的相对中性保障数字经济产业发展特性、产业内部各行业的相对性不受干扰。另外,数字服务税征税规则应基于全球高度进行考量,充分考虑税收征纳规则的国际兼容性,保证区域性、全球性的协调推进。在实践层面上,首先,征纳规则的制定应充分考量我国税收征管的实际发展水平。应承认我国税收征管虽然在数据、信息、网络化道路上日臻发展,逐步开拓金税三期、电子税务局、电子发票等网络化征管环境与手段,但依旧面临涉税信息获取欠缺、税收征管技术落后、税务机关数字化素养乏力的困局。其次,评估数字服务相关税收规则可能伴随的相关风险,必要时可采取先部分城市、综合试验区试点、后全国范围稳步推进的方式。再次,尽快构建商务、金融、海关、税务、工商等部门信息互通、数据共享的协同联动机制,为保证数字服务税相关规则实践的信息畅通、管理流畅创造必要条件。最后,形成科研机构、财经高校研究紧跟税务机关实践的研学模式,保证政策制定有理论保障、实践推广有研究保障。风险应对有预警保障、效应评估有分析保障。

（二）长期目标：全面参与国际数字税规则更新

1. 参与国际税收规则更新

美国将欧洲数字服务税的开征视为贸易歧视，为保护自身利益，美国先后以惩罚性贸易调查，报复性关税、退出 OECD BEPS 行动计划磋商等反抗举措加以回应。并且针对“支柱一”规则提出设置“安全港”立场。尽管对数字服务征税已成为经济全球化、数字化演变的必然历程，全球就此达成共识亦只是时间问题，但仍应清醒意识到我国经济发展恰逢互联网浪潮之巅，阿里巴巴、字节跳动等跨国公司亦处于拓展海外市场的攻坚期，数字服务税的开征势必加重跨国公司税收负担、涉税成本与风险，加大海外市场的复杂性。短期内避免相关业务落入征税范围算得上可取之策，但长远来看，从根本上构建规则性保护应是必然之举。在保证中国互联网相关产业利益与发展方面，中美确实处于相同的出发点。就此，短期改革中可通过国内完善、试点、推广数字服务税相关规则掌握中国信息、积攒中国经验，长期面对国际税收领域规则更新，应充分考量中国相关行业的国际税收负担、纳税风险、涉税成本等发展诉求，应用中国经验，维护中国利益，为中国数字经济发展争取税收规则红利提出中国方案。

2. 推动新时代税收治理能力现代化建设

税收治理能力始终是制约我国应对数字经济挑战的现实“瓶颈”。数字经济下，电子商务、平台经济等商业模式及其特征导致税收征管面临更复杂的实际环境。①要从根本上将政策约束贯彻落实到实践中去，就必须以高度匹配的税收治理能力加以保障。在国家信息化战略发展中，利用数字化信息化武装税收征管，继续发挥科技驱动能力在提振税收治理能力中的重大作用，关注“互联网+”、大数据、区块链等信息化技术与税收征管的深度融合，将现代化信息技术贯穿税源监控、纳税申报、信用评定、税务稽查的税收征管过程中，形成多方协作、信息沟通的数据互通模式以化解现有“数据鸿沟”与“信息孤岛”局面，形成数据实时捕捉、业务流追溯、全程数据保有的税源监管环境缓解现有商业模式带来的信息不对称的困境，形成智能科技与人工结合的税收征管与纳税服务模式，降低征纳成本，提升征管效率。以达到“数字化税收征管”监管数字经济、以“数字化纳税服务”便利数字经济的目标。

3. 强化科技创新竞争力

数字服务税的开征必然将我国互联网科技公司置于更加严苛的税收监管环境之下，这无疑为我国企业面向两个市场、利用两种资源、实现“走出去”战略增添挑战。相关产业、行业、企业应及时调整全球性战略，合理调整跨国税务安排，全面评估涉税风险以求得最大限度地平稳国际税收规则更新带来的冲击、实现数字税与公司运营接轨的软着陆。应当意识到，单一税收因素往往无法构成新兴商业模式发展或互联网科技型企业成长的最大障碍，跨国公司不应将盲目避税作为立足全球竞争的本质方法。在内化数字税

① 参见蔡昌、马燕妮、刘万敏：《平台经济的税收治理难点与治理方略》，载《财会月刊》2020年第21期。

影响的同时,应重视技术研发与科技创新、人才资源应用与商业模式更新在数字经济中的重大作用,充分释放本土庞大互联网用户基群、信息技术及产品的高速普及与更新、信息社会发展水平相对落后形成的潜在优势,持续提升互联网企业的全球竞争力,以求从本质上迎接数字服务税乃至数字经济挑战。

论国际反避税中实质重于形式原则的必要限制

洪治纲*

“实质重于形式”(substance over form)原则,自20世纪80年代开始被广泛用于反避税以来,①已经成为国内法及国际法中用于国际反避税的重要方法性原则,普遍存在于诸多国家的国内反国际避税立法、司法判例之中,以及存在于国际税收协定、公约等国际税法之中,并对国际反避税工作起到了很大的推动作用。然而,实质重于形式原则也不能被无限扩大化地适用,应该受到必要的限制,以确保国际经济自由得到应有的保障,从而保护国际资本的正常流动和国际经贸投资等经济活动的正常发展。

一、“实质重于形式”原则的内涵

“实质重于形式”原则,在税法中,主要是用于反避税的一项重要方法性原则。它既被用于国际反避税,也被用于国内反避税,只是在国际反避税中受到了更多的关注。

从起源上来看,“实质重于形式”原则主要产生于国际反避税实践。例如,马来西亚1995年开始在税务稽核工作中,以是否具有“密切联系”和“实质性控制”作为标准,②来判定关联企业转移定价中的某个(些)企业是否构成应当予以关联交易价格调整的“关联企业”。由于这种判定标准重在对外在企业关系表现形式之外的、内在的或者隐藏着的实质性联系进行审查,因此,马来西亚的这种做法,事实上就是“实质重于形式”原则的较早体现。

再如,美国早在1997年也在反国际避税实践中开始适用“实质重于形式”原则的相关方法。其税务法院在日本的“太羊·夏威夷公司避税案”中认定,该公司的日本母公司及关联公司对该公司的“预付款”应当按照国际借贷来扣缴利息预提税,③而不应当按照预付款而不交税;因为,该公司的日本母公司及关联公司对该公司的所谓“预付款”,只是假借了“预付款”的形式,实质上应当是国际借贷,并且该公司及其日本母公司和关联公

* 上海对外经贸大学法学院副教授,主要研究领域为税法、金融法。

① 参见萧承龄:《“实质重于形式”——一项反避税斗争的国际惯例》,载《涉外税务》1999年第9期。

② 参见萧承龄:《“实质重于形式”——一项反避税斗争的国际惯例》,载《涉外税务》1999年第9期。

③ 参见萧承龄:《“实质重于形式”——一项反避税斗争的国际惯例》,载《涉外税务》1999年第9期。

司将这些国际借贷假装成“预付款”的目的就是规避利息预提税，虽然从外在形式上看，这些公司之间的相关交易形式确实是“预付款”。

此外，1998年英国也在许多反避税案件的裁决中明显运用了“实质重于形式”原则的相关方法，并且强调在反避税案件的判定与处理中应当注重“目的性”分析，也就是说要注重审查及还原与税收相关的交易的真实目的和实质性目的，①而不能仅仅局限于外在的、直观可视的形式目的。

OECD在其《税收协定范本（Model Tax Convention）》中就避税港受控外国公司等问题的判定上也早就确定了“实质重于形式”原则，并且强调在反避税时应当透过其外在的法律形式安排，发现其交易的实质，防止当事人利用外在的虚假交易结构和法律形式来不当避税。② 另外，1998年4月OECD理事会各成员投票通过的《OECD关于有害税收竞争报告》中，对于避税港和有害优惠税制的判定上，也适用了依据实质而不是依据名义进行判别的方法。例如，该报告中对于避税港的认定标准主要为：第一，该地区不征税收或者只有名义上的税收（在一般或特别的环境下），并且该种税制情况使该管辖区成为非居民逃避本国税收的场所；第二，在法律和行政管理方面，该地区不能与其他方进行有效的涉税信息交换，从而使纳税人在低税区或者无税区获得利益；第三，该地区的税制缺少透明度；第四，该地区对于所设实体没有作出实质经营活动的要求，对业务经营范围也不要求明确。③ 凡是符合这四个实质方面的就是应当予以制裁的有害国际税收竞争的避税港。另外，OECD在BEPS行动计划中也确立了“实质重于形式”原则，并且在2017年修订《税收协定范本》（Model Tax Convention）时，将BEPS行动计划的诸多新的变动内容整合进了其税收协定范本之中。④

从以上的反避税的实践做法及相关法律文件中可以看出，“实质重于形式”原则，在内涵上，是指在是否应当征税以及其他相关涉税要素的判定上，不能仅仅囿于交易关系和法律关系的形式，还应当穿透形式分析认定其所隐藏的实质情况，包括实质的交易关系、事实关系，以及其实质的交易与事实架构的目的，并且应当最终按照其实质的情况来决定如何适用税法以及如何征税。“实质重于形式”原则，在法律技术原理上，与民商法中的“揭开公司面纱”相同；这种法律技术原理，对于防止法律滥用并以此保护更大的价值利益，以及对于相对有效地解决因法律落后于社会经济发展而产生的弊端问题，具有十分重要的作用。

---

① 参见萧承龄：《“实质重于形式”——一项反避税斗争的国际惯例》，载《涉外税务》1999年第9期。

② 载https://www.oecd.org/ctp/model-tax-convention-on-income-and-on-capital-full-version-9a5b369e-en.htm，最后访问日期：2021年5月23日。

③ See OECD, *Harmful Tax Competition: An Emerging Global Issue*, 1998. 转引自樊穗、陈虎：《OECD关于有害国际税收竞争的法律规制概述》，载《税务研究》2017年第1期。

④ 参见张文春：《【特别关注】OECD批准税收协定范本2017年的升级（中英）》，载搜狐网2017年11月28日，https://www.sohu.com/a/207019896_611489。

我国在国内企业所得税立法中于 2008 年明文确立了“实质重于形式”原则。2008 年我国《企业所得税法》正式确立了体现“实质重于形式”原则纳税调整并首次规定了“一般反避税”条款，即《企业所得税法》的第六章“特别纳税调整”。《企业所得税法实施条例》及之后发布的一系列规章包括《特别纳税调整实施办法（试行）》（国家税务总局 2009 年 1 月 8 日发布）、《一般反避税管理办法（试行）》（国家税务总局 2014 年 12 月 2 日发布）等，又对“实质重于形式”原则的具体适用予以了细化。其中，根据这些相关规定，对于一般反避税条款的适用，应当以是否具有合理商业目的和经济实质的类似安排为基准并按照实质重于形式的原则进行特别纳税调整；[①]对于其他特别反避税措施，则分别按照价格的公允性、实际税负性和利润分配情况、利息支出的真实性与合理等为基准，并按照实质重于形式的原则，进行适用。

我国税法上的“实质重于形式”原则的内涵要点，从企业所得税立法上来看，主要包括如下几个方面：第一，凡是企业纳税人实施了不具有合理商业目的的安排并因此减少其应纳税收入或者所得额的，税务机关均有权按照合理方法调整，即一般反避税条款，是为《企业所得税法》第六章的第 47 条；第二，对于关联方的转让定价，凡不符合独立交易原则的，税务机关有权按照合理方法予以调整，此为《企业所得税法》第六章的第 41 条、第 42 条、第 43 条和第 44 条；第三，对于避税港和受控外国公司，凡是实际税负明显低于规定税率水平且是没有合理的经营需要而不分配或者少分配利润的，则应当予以强制分配利润并征税，此为《企业所得税法》第六章的第 45 条；第四，对于资本弱化行为，凡是企业从其关联方接受的债权性投资与权益性投资的比例超过规定标准而发生的利息支出，则超出的部分不允许扣除且应当征税。前述第二点至第四点所述之内容是为我国税法上的特别反避税措施。无论是一般反避税条款，还是特别反避税措施，其均是“实质重于形式”原则的具体体现。此外，我国在个人所得税立法中也确定了与企业所得税法上相同原理的“实质重于形式”原则。

二、“实质重于形式”原则在实际运用中的争议

“实质重于形式”原则，虽然在概念界定上看似内涵清晰，但是在实际操作中却因有关“实质”的要素难以被客观判定而引来争议。例如，我国税务部门在实施“实质重于形式”原则时，就有不少案例引发了广泛的争论与争议。下面举两个较有名的案例。

一个是 2010 年的江苏省扬州市江都区税务部门就境外间接转让股权追征约合人民币 1.73 亿元税款的受控外国公司反避税案例。

美国的 A 投资公司在香港特别行政区设有全资子公司 B 公司，B 公司是江都区一合资公司扬州某钢管公司的股东并占有该钢管公司 49% 的股权；2010 年，美国的 A 投资公司将其所持有的香港特别行政区 B 公司的 100% 的股权转让给了美国的一家 C 公司，也

---

① 参见廖体忠：《积极落实 G20 税改成果努力打造公平和现代化的国际税收体系》，载《国际税收》2017 年第 8 期。

就是将香港特别行政区 B 公司全部转让给了美国 C 公司。对于这项境外的股权交易，江都区税务部门在知悉后启动了国际反避税审查，并认定这项交易实质上是在转让扬州某钢管公司的 49% 的股权，并且形式上被转让的香港特别行政区 B 公司是"无雇员、无其他资产和负债、无其他投资、无其他经营业务"的公司，不具有合理的商业目的，香港特别行政区 B 公司应当被予以否定，故而美国的 A 投资公司应当依据中国税法的规定［国家税务总局《关于加强非居民企业股权转让所得企业所得税管理的通知》（国税函〔2009〕698 号，以下简称 698 号文）］向中国税务部门纳税。根据这样的认定，江都区税务部门最终从美国 A 投资公司追征了 2540 万元美元（当时约合人民币 1.73 亿元）的非居民企业所得税。

698 号文之规定是对我国企业所得税法第六章"特别纳税调整"之相关规定的重要执行性规范性文件，其对于应予反避税的受控境外公司转让股权的不合理避税行为的认定标准是：(1) 非居民企业所实施的间接股权转让交易的整体安排不具有合理商业目的，包括境外企业及直接或间接持有中国应税财产的下属企业所实际履行的功能和承担的风险不能证实该企业架构具有经济实质，以及股权转让方间接投资、间接转让中国应税财产交易与直接投资、直接转让中国应税财产交易之间具有可替代性等；(2) 间接转让中国居民企业股权等财产并且该交易产生与直接转让中国应税财产相同或相近的实质结果；(3) 转让交易减少中国所得税负担，规避企业所得税纳税义务。① 上述标准简要地概括起来就是"无雇员、无其他资产和负债、无其他投资、无其他经营业务"。

然而，对此不少人给出了批评，如有学者就提出："境外控股公司'无雇员、无其他资产和负债、无其他投资、无其他经营业务'是否就意味着设立该公司不具有合理的商业目的？笔者以为，这样的认定标准有失妥当……税务机关应当证明……设立该境外控股公司并由该控股公司持有中国居民企业股份除了减轻税负没有其他目的。"②

另一个是发生在 2018 年的江苏省税务部门追征某女明星税款案例。

2018 年，因群众举报某女明星片酬"阴阳合同"问题，江苏省税务部门立案调查后认定该女明星偷逃税款，并对其追缴税款、滞纳金和罚款，共计人民币 8.83 亿元。其中，江苏省税务部门认定该明星利用工作室账户隐匿个人报酬的真实性质偷逃税款，并因此对其处以 3 倍罚款计 2.39 亿元。③ 对于"利用工作室账户隐匿个人报酬的真实性质"的认

① 国家税务总局《关于加强非居民企业股权转让所得企业所得税管理的通知》（国税函〔2009〕698 号）于 2015 年 2 月 3 日被国家税务总局废止，取而代之的是国家税务总局公告 2015 年第 7 号《关于非居民企业间接转让财产企业所得税若干问题的公告》。但该 2015 年第 7 号在间接转让股权财产的"实质重于形式"原则的处理上同国税函〔2009〕698 号无实质性差异。

② 参见沈伟：《后金融危机时代的全球反避税措施：国别差异路径和全球有限合作》，载《比较法研究》2018 年第 1 期。

③ 《范冰冰逃税案披露，补缴税金罚款额惊人，但依法不予追究刑事责任》，载北晚在线 2018 年 10 月 3 日，https://baijiahao.baidu.com/s? id = 1613268224602766575&wfr = spider&for = pc。

定，就是"实质重于形式"原则的运用，而这引发的广泛的争议与争论。

工作室在性质上是属于个人独资企业，该类企业在所得税征税时依法可以据实税前列支成本、费用、损失和税金，因而在实际税负上会比直接按照劳务报酬等其他项目征收个人所得税要低，因此也被广泛运用于个人所得税的税收筹划。人们争议的焦点主要是在于：(1)利用工作室结算个人所得就是隐匿个人报酬的真实性质吗？(2)为获取片酬而支出的成本、费用与损失，如果按照劳务报酬项目征税的话，将可能是无法被全部扣除的，那么这些成本、费用与损失怎么办？难道就不可以通过设立工作室来依法据实列支扣除吗？(3)税收筹划也就是依据税法的规定合理避税的边界在哪里？这些问题在该女明星税款追征案件中并没有找到令人信服的答案，并进而让人们质疑税务部门在"实质重于形式"原则运用中的自由裁量权是否过大以及是否应当予以必要的限制。

不仅是我国国内，在国外，"实质重于形式"原则在运用上也引发了诸多争议。

原欧洲法院的判例"Carlbury Schweppes 案"中就对英国的受控外国公司(CFC)反避税条款规定予以了否定，因为英国的 CFC 条款构成了对跨境投资自由的不当限制，损害了设立自由。英国 CFC 条款规定，如果一受控外国公司所在国的税率低于英国所规定的税率的 3/4 时，除非满足除外条件，否则应当将受控外国公司的利润纳入位于英国的母公司并向英国缴税。但是，欧洲法院在"Carlbury Schweppes 案"中认为，纳税人有权降低税负，纳税人选择去低税负国家投资的行为本身并不构成对税法的滥用，英国 CFC 条款将位于低税负欧盟成员国的子公司的利润强行纳入位于英国的母公司进行征税，而对英国国内的子公司的利润分配却不征税，这构成了对跨境投资自由的不当限制，损害了在境外设立公司的设立自由。并且，这种跨境投资的限制只有在具备重大公共利益且符合比例原则时才应当被支持。欧盟成员国不能仅仅基于在低税率国设立子公司的行为来作一般性避税推定。①

此外，OECD 的治理有害税收竞争报告及其税收协定范本中关于"实质重于形式"原则的内容也招引了国际上许多国家的反对和争议。此处不再赘述。

从上述争议的情况来看，无论是国际反避税还是国内反避税，对于"实质重于形式"原则的运用需要考虑予以必要的限制，否则将可能会引发更多、更广泛的争议。

三、在国际反避税中予以必要限制的原因

如前文中所述，"实质重于形式"原则在运用中已经受到了许多争议，而事实上，该原则在实践中如果要能够更好地实现其反不合理避税的目的任务，那么确实应当对其进行必要的限制。总结下来，应当对该原则予以必要限制的原因主要如下：

(一)避税行为并非都是非法行为

"联合国税收专家小组对避税的解释是……一般来说，避税可以认为是纳税人采取某种利用法律上的漏洞或者含糊之处来安排自己的义务，以致减少其本应承担的税收数

① 参见贺燕：《欧盟反避税指令：欧盟反避税协调的新纪元?》，载《国际税收》2020 年第 1 期。

额,而这种做法实际不加剧法律约束,虽然避税行为可能被认为不道德,但避税所使用的方法是合法的,而且纳税人的行为不具有欺诈的性质。"①可见,避税行为从形式上看是利用合法的方法降低税负的行为,并非都是非法行为。国内不少学者也认为避税行为具有非违法性。例如,朱作鑫认为:"从避税行为本身的特点来看,它应该属于'非违法'的范畴。"②再如,"潘明星等人认为……国际避税的合法是指这一行为在特定国家的特定时期是不违法的,甚至可以说是纳税人在履行应尽纳税义务的前提下,依据税法上的'非不允许'及未规定的内容进行自己行为选择的一种权利,不但不违法,而且应当受到法律的保护"。③ 事实上,从客观上讲,避税行为是税法条款内容规定上的差异所导致的纳税人主动选择性地遵守税法的条款内容套利行为。这种套利不仅存在于国际经济活动中,也广泛存在于国内经济活动中。因此,从客观中立的本质上看,避税行为是一种税法遵从行为,而不是违反税法的行为,至少也应当是非违法行为。

认识到并承认避税行为的如上客观本质,对于"实质重于形式"原则的合理定位与正确运用非常重要,否则,如果一概认为避税行为均是违法行为,那么"实质重于形式"原则在定位和运用上就将会无所顾忌地被无限拓展以肃清任何避税行为包括合理的避税行为。而这显然同税法立法与实施的应然状态不相符合,因为既然税法必然会规定有不同的条款和差异化的规定内容,既包括一部税法之中的不同条款和差异化内容,也包括不同税法之间以及不同国别之间税法的不同条款与差异化内容,那么就必然会有也应当允许纳税人选择遵守对自己有利的条款与内容规定,并且税法的一个重要的天然功能就是需要通过差异化的条款内容规定来引导纳税人的行为从而实现调节管理社会经济,这也是法律对人们行为的指引性作用的体现。因此,税法是允许纳税人通过遵守不同的税法规定来避税的,并非所有的避税行为都是非法的。

(二)不限制会不当破坏国际法的稳定性和国际经济自由

"实质重于形式"原则的运用,本质上是对特定涉税行为的既有法律遵从形式的否定,并通过这种对形式的否定来找到所谓的行为实质,从而依据该实质来重新选择和适用另外的法律。然而,这在客观上破坏了法律的稳定性,就对国际避税行为的否定而言在客观上破坏了国际法的稳定性,从而会破坏行为人对国际经济活动的预期,造成国际经济活动的不稳定甚至无所适从。而国际法的稳定性对于国际经济活动的开展及国际经济的发展十分重要。

另外,对国际法稳定性的破坏,还会影响国际经济活动的自由。国际经济活动的自由,意味着行为人对国际经济活动的选择自由以及对国际经济活动成果的保有权利。国际经济活动的自由,是国际经贸与投资等国际经济活动不可或缺的依托与重要基础。国

① 熊少平:《国际避税与反避税若干理论综述》,载《湖北财经高等专科学校学报》2007 年第 2 期。
② 熊少平:《国际避税与反避税若干理论综述》,载《湖北财经高等专科学校学报》2007 年第 2 期。
③ 熊少平:《国际避税与反避税若干理论综述》,载《湖北财经高等专科学校学报》2007 年第 2 期。

际经济活动的自由,也是国际市场一体化发展的基本保障,还是国际市场机制作用可以正常发挥的基本原因。因此,国际经济活动的自由是应当予以保护和促进的。然而,不加限制地运用"实质重于形式"的反避税原则,将会对正常的国际经济活动予以否定,不当增加国际经济活动的税法制度成本,打击国际经济活动的积极性与自主性,从而影响国际经济活动的自由,正如欧洲法院在"Cadbury Schweppes 案"[①]中所阐述的那样。在"Cadbury Schweppes 案"中,"欧洲法院认为,纳税人有权利降低税负,选择去低税负国家投资的行为本身不构成对'基本自由'的滥用。英国的 CFC 规则将位于低税率成员的子公司的利润纳入母公司课税,而对国内子公司的利润分配不课税,构成对跨境投资的限制,损害了设立自由。这种限制只有在具备重大公共利益且符合比例原则时才被允许"。[②]

(三)尊重别国(地区)税法的效力性对于本国国际经济活动的发展具有重要意义

一国(地区)的税收优惠政策和税收法律被另一国(地区)所承认,这对于该国(地区)的国际经济活动具有十分重要的意义。如果得不到承认,那么该国(地区)的税收优惠政策法律的实施结果就无法惠及参与国际经济活动的市场主体,而会在事实上被转移惠及至别国(地区)之政府,从而打消或减损市场主体参与国际经济活动的积极性。因此,从国际关系的一般情况来看,一国(地区)的税收优惠政策法律理应被另一国(地区)所承认,因为这涉及一国的税收主权、国家利益(或者一地区的税收独立性和地区公共利益)等诸多重大的问题。

然而,一国(地区)运用"实质重于形式"原则进行国际反避税的做法,在客观上和事实上是侵犯了另一国涉税收优惠的税收主权与国家利益的(或者是侵犯了另一地区的税收独立性和地区公共利益的)。并且,这种侵犯还可能引发对方国家(地区)依据国际法对等原则针对本国(地区)发起报复,并可能引起国家(地区)之间无休止的相互报复行动。

所以,如何合理地限制"实质重于形式"原则的运用,防止对该等税收主权和国家利益(税收独立性和地区公共利益)的不当侵犯,防止国家(地区)之间根据对等原则相互无休止地发起报复,是十分必要的。

(四)跨国经济活动动机目的是多样化的

如前文所述,"实质重于形式"原则在运用中核心是判断一项跨国涉税经济活动是否存在真实的经济利益,包括是否具有合理的商业目的与真实的商业存在等,否则将被认定为实质上是单纯的避税目的行为从而会被否定。然而,虽然跨国经济活动的动机目的常见为经济利益目的,但经济利益目的并非全部的目的。如今,跨国经济活动的动机目

① Case C-196/04. 转引自贺燕:《欧盟反避税指令:欧盟反避税协调的新纪元?》,载《国际税收》2020 年第 1 期。

② 贺燕:《欧盟反避税指令:欧盟反避税协调的新纪元?》,载《国际税收》2020 年第 1 期。

的越来越呈现多样化的发展趋势，如规避非经济类风险之目的、人道主义目的、文化交流目的等，并且这些多样化的目的中有很多目的都是正当、多见并且值得提倡的。也就是说，一项涉税的国际经济活动及所涉及的实施主体，虽然可能确无真实的经济利益存在，但却具备除单纯避税目的之外的其他合理目的。因此，如果单纯以是否具有真实的经济利益存在来作为判定是否是被反避税的对象，那么就可能不当地阻碍国际间这些正常的非经济类动机目的的实现，从而造成非正义的结果。

所以，如何通过合理限制“实质重于形式”原则的运用来维护多样化动机目的的跨国经济活动，或者说至少是要确保跨国经济活动的多样化动机目的的实现不会被反避税税制不正当侵害，这是在国际反避税工作中适用“实质重于形式”原则时不得不认真考虑的另一个重要的问题。

（五）国际税收竞争具有许多的正面效应

从一般意义上讲，跨国避税活动是国际税收竞争的结果。如果没有国家（地区）政府之间的国际税收竞争，那么就不可能存在市场主体的跨国避税行为与活动。

国际税收竞争，也就是国家（地区）在国际上相互之间竞相实施税收优惠政策法律的竞争行为，有诸多的正面效应。例如，通过国际税收竞争可以将国际上平均的税负降低至合理的水平，从而惠及国际经济活动；利用国际税收竞争，可以使一国（地区）通过对外开放和吸引外资、引进先进技术与管理经验，从而得到快速的发展；国际税收竞争还可以改善一国（地区）的国家（地区）治理和社会经济治理水平；等等。因此，国际税收竞争并不是坏的，只有过度的国际税收竞争才可能是有害的。并且，过度国际税收竞争直接危害的是政府的税基和税收收入，但是对于民间的市场主体来说，越是充分的国际税收竞争则越是对市场主体有利。并且即使就对于政府税基和税收收入的侵害而言，当市场主体发展壮大及经济基础成倍增强，其被侵害的税基和税收收入也会在某种程度上得到恢复甚至增长。

所以，“实质重于形式”原则的运用，应当是集中于反对那些过度并且有害的国际税收竞争对象之上，而不应当不加合理限制地不当扩大适用，并且对于“过度并且有害的国际税收竞争”的判定还不能失之过泛。

四、在国际反避税中予以必要限制的路径

（一）对“实质”予以更加合理的界定

当前，关于“实质”的判定主要看是否是以规避税法为目的且不具有经济现实的虚假行为，主要就是否具有真实经济活动、是否具有实质性经营活动或者是否具有合理的商业目的进行判定。这种主要以是否存在真实经济活动作为判定是否应当应用“实质重于形式”原则的做法，不符合跨国经济活动动机目的多样化的现实。应当优化对“实质”范围的界定。

具体优化的路径应当是在当前的判断标准的基础上增加其他的合理目的标准，同时对合理的商业目的的外延进行拓宽。例如，某企业 A 有可能希望通过国际避税来减轻自

身的成本负担从而渡过发展难关，其所设置的国际避税管道就不适合被认定为应当被“反对”国际避税行为。尤其是在我国推进更高水平的对外开放的发展过程中，我国企业这种在国际范围内配置资源和成本的做法将会越来越多，从我国企业有效利用好国内国际两个资源的角度来看，我们也应当优化对“实质”范围的界定。

（二）遵守比例原则

“实质重于形式”原则在运用时应当遵守比例原则，即应当将其所实现的反避税、防止税基侵蚀的价值，同国际经贸投资自由之价值、企业等私人部门利用国际条件配置资源之价值、国际税收竞争的正常利益价值、国际经济发展对国内经济发展的促进之利益价值、尊重及维护国际法及国内法之稳定性所带来的价值等，进行衡量和比较，只有当前者价值高于后者时才可以运用“实质重于形式”原则。即以比例原则来必要限定“实质重于形式”原则的运用。

在适用比例原则对“实质重于形式”原则运用的限制时，还应当特别考虑到税基侵蚀可能会因市场主体发展壮大及经济基础成倍增加而自动恢复税基甚至增长税基的因素，也就是要以发展观念为指导来适用比例原则。

（三）通过国际协定或公约对实质重于形式原则的运用进行限定与协调

国际反避税的立法与实践，最终需要通过国际协定与条约来实现。因此，通过国际协定、公约来对“实质重于形式”原则的运用进行必要的限制，这是必然的路径，而且这样做，既可以快速且有效地达成国家（地区）之间的共识，将国际反避税中“实质重于形式”原则的运用限制在应有的必要范围之内，又有助于减少国家（地区）间的分歧与纠纷，从而促进国际反避税工作的协调一致及有序推进。

过去，相关国际协定和国际公约主要体现为不断地采纳“实质重于形式”原则进行国际反避税和防止税基侵蚀，而不是对该原则的限制。但是，随着这一原则不断普遍化地运用及因此对国际经济活动产生的日益明显的负面影响，如何限定该原则运用于合理的范围之内就成为新的问题。那么，如何通过国际协定和国际条约来对该原则的运用进行必要的限制？笔者具体提出如下几项建议：

第一，无论是什么样的国际协定与条约，其均应当对“实质重于形式”原则中的“实质”作出合理界定，并应当使该原则遵守比例原则，关于这些前文中已有论述，此处不再赘述。

第二，通过专门的双方或多边谈判来形成相关的国际协定与条约。

第三，在现有的国际机制与平台下形成相关的国际协定与条约，如OECD、G20、联合国、RECP、WTO等。

第四，在区域经济一体化的机制下，可以通过区域内的国际立法来实现。例如，欧盟，欧盟为在欧盟层面落实BEPS行动计划出台了反避税指令Ⅰ和Ⅱ，该等指令内容中要求反避税工作应当尊重维护欧盟内部之“基本自由”（欧盟内部的单品流通自由，人员、服务和资本流动自由等）以及要求遵守比例原则的做法，①这事实上是对“实质重于形式”原则运用的一种必要的限制，可资借鉴。

五、结论

综上所述，虽然“实质重于形式”原则在国际反避税中发挥了十分重要的作用，能够在很好的程度上防止国际间税基的侵蚀，但是如果不对该原则的运用施加必要的限制，也会带来诸多后果，包括破坏国际法的稳定性、侵犯基本的国际经济活动自由、侵害国际国内发展利益等方面，故应当对该原则的运用施加必要的限制。这种必要的限制包括对“实质”予以更加合理的界定、要求原则的运用遵守比例原则，以及通过国际协定或公约对“实质重于形式”原则的运用进行限定与协调等。

---

①　参见贺燕：《欧盟反避税指令：欧盟反避税协调的新纪元？》，载《国际税收》2020年第1期。

论全球反税基侵蚀方案的规则设计:一个综述与引申

刘奇超*

自 2018 年 12 月,德国与法国联合发布在 OECD 框架下推动全球最低税提案的声明①以来,一项致力解决遗留 BEPS 挑战、进一步反映如美国税改中全球无形低课税所得(Global Intangible Low-taxed Income,GILTI)政策等最新发展情况的全球反税基侵蚀方案(Global Anti-Base Erosion Proposal,GLoBE)应运而生,并讨论至今。② 但由于 GLoBE

* 就职于天津市滨海新区财政局。

① See *Franco-German joint declaration on the taxation of digital companies and minimum taxation*, Accessed Dec. 31, 2022, https://www.consilium.europa.eu/media/37276/fr-de-joint-declaration-on-the-taxation-of-digital-companies-final.pdf.

② 尽管德国财政部部长奥拉夫 · 朔尔茨声称,GLoBE 概念是德法首次提出的,但事实上,有关全球最低税的理论研究与国别实践均早于德法联合倡议。但是,在 2022 年 10 月 13 日美国召开的 G20 财长和央行行长会议上,各国已就应对经济数字化税收挑战的"双支柱"方案达成了最终共识,发布了联合声明。尽管本文研究的范本聚焦"支柱二"改革的早期提案,但这些具有"起源性"意义的倡议和设想,对于学科发展的史料回顾与规则细节的日臻完善有特殊定位和价值。关于"双支柱"的总体进展以及联合声明,参见刘昆:《"双支柱"方案达成共识将有效应对经济数字化税收挑战》,载新华网,http://m.news.cn/2021-10/14/c_1127958218.htm; G20/OECD, *Statement on a Two-Pillar Solution to Address the Tax Challenges Arising from the Digitalisation of the Economy*, https://www.oecd.org/tax/beps/statement-on-a-two-pillar-solution-to-address-the-tax-challenges-arising-from-the-digitalisation-of-the-economy-october-2021.pdf。关于"支柱二"的最新进展, See G20/OECD, *Tax Challenges Arising from the Digitalisation of the Economy-Global Anti-Base Erosion Model Rules (Pillar Two)*, https://www.oecd.org/tax/beps/tax-challenges-arising-from-the-digitalisation-of-the-economy-global-anti-base-erosion-model-rules-pillar-two.pdf; G20/OECD, *Tax Challenges Arising from the Digitalisation of the Economy-Commentary to the Global Anti-Base Erosion Model Rules (Pillar Two)*, https://www.oecd.org/tax/beps/tax-challenges-arising-from-the-digitalisation-of-the-economy-global-anti-base-erosion-model-rules-pillar-two-commentary.pdf; G20/OECD, *Tax Challenges Arising from the Digitalisation of the Economy-Global Anti-Base Erosion Model Rules (Pillar Two) Examples*, https://www.oecd.org/tax/beps/tax-challenges-arising-from-the-digitalisation-of-the-economy-global-anti-base-erosion-model-rules-pillar-two-examples.pdf; G20/OECD, *Tax challenges arising from digitalisation: Public comments received on the Implementation Framework of the global minimum tax*, https://www.oecd.org/tax/beps/public-comments-received-on-the-implementation-framework-of-the-global-minimum-tax.htm。

内在规则设计繁杂、跨国公司遵从成本高、对全球税收收入影响大,业已成为制约本轮经济数字化国际税改最终能否落地,以及落地后能否平稳运行的关键,亟待研究解决。

一、全球反税基侵蚀方案的政策目标、主体规则及其总体评价

政策目标的设定既关乎税制改革的价值取向,又影响规则设计的路径选择。从官方文件看,GLoBE 在大的逻辑框架上惊人地突破了 BEPS 项目关于"不征税或低税本身并非令人担忧的问题,但当它同人为地将应税收入与产生应税活动分开的做法联系到一起时,就会变得令人担忧"的立场,(至少是 GLoBE 的推动者)意将"不征税或低税"本身认定为遗留 BEPS 问题。在此背景下,OECD BEPS 包容性框架为 GLoBE 设定了 5 项主要政策目标:(1)降低纳税人进行利润转移的动机。(2)减轻全球范围内公司所得税的"逐底竞争"问题。(3)阻止未经协调的反避税措施的扩散。(4)保护发展中国家免于提供低效税收激励政策的压力。(5)改善资本配置水平,从而促进增长。同时,有关《征求意见》[①]强调了 GLoBE 的设计既无意让跨国公司出于经济或经营原因而影响结构和选址决策,又应与设计简化原则相一致,以使遵从成本、征管成本以及双重征税的风险降至最低。而包容性框架在 2020 年 1 月的《声明》[②]亦强调,一些国家认为,确保全部国际化运营企业支付最低税的系统性解决方案将超越第二支柱的政策目标,建议进一步改进第二支柱设计,以确保将改革聚焦遗留 BEPS 问题之上。

作为政策目标的实现方式,GLoBE 的内在规则从设计之初便考虑了 4 项内容,这些规则历经多次讨论,已在一定程度上得以聚焦。(1)所得纳入规则(Income Inclusion Rule,IIR):如果一项境外分支机构或受控实体所得的有效税率(Effective Tax Rate,ETR)低于最低税率(Minimum Tax Rate,MTR),则该部分所得应由母公司或公司股东的居民国征税。(2)转换规则(Switch-Over Rule,SOR):如果可归属于境外分支机构的利润或从境外不动产(非常设机构的组成部分)取得的所得被课征的 ETR 低于 MTR,则允许居民国将税收协定中的免税法转换为抵免法实施。《声明》将 SOR 设计定位于简单性规则,并限定 SOR 仅适用于那些已经承诺在税收协定中使用免税法的国家(地区)。(3)征税不足支付规则(Undertaxed Payments Rule,UTPR):如果一项关联方支付款被课征的税率不高于 MTR,则来源国可以拒绝扣除支付给关联方的支付款或征收来源税(包括预提税)。但《声明》排除了征收预提税的方式明;确通过拒绝扣除或对集团内支付款作出同等调整的方式来实现最低税的政策目标。(4)应予课税规则(Subject to Tax Rule,STTR):如果一项支付被课征的税率低于 MTR,则来源国有权对该笔支付征收预提税

---

① See OECD, *Addressing the Tax Challenges of the Digitalization of the Economy-Public Consultation Document*, Paris, 2019, 第 99 段, 其内容是主要论述 IIR 的; OECD, *Global Anti-Base Erosion Proposal ("GLoBE")-Pillar Two: Public consultation document*, Paris, 2019, 第 8 段。

② See OECD/G20, *Statement by the OECD/G20 Inclusive Framework on BEPS on the Two-Pillar Approach to Address the Tax Challenges Arising from the Digitalisation of the Economy*, Paris, 2020.

(或其他税)并调整某些收入项目享受税收协定优惠的资格。目前,改革考虑从解决最具显著风险的 BEPS 视角入手,设计一项简单的、有针对性的 STTR,并探索对非关联方适用 STTR 的可能性。

尽管规则的概念抽象,但近年来,美国、法国、德国、奥地利、荷兰、墨西哥等国围绕 GLoBE 的不同主体规则确实开展了各具特色的立法实践,但从 2019 年 2 月、11 月 OECD 公布的两次公众咨询文件的反馈意见和有关学术文献看,社会各界对于在全球范围内开征最低税仍持较大分歧。其中,以非洲税收征管论坛(ATAF)、国际财税文献局(IBFD)、德国税务顾问委员会(Bundessteuerberaterkammer)、国际公司税改革独立委员会(ICRICT)、乐施会(OXFAM)、德国明斯特大学 Englisch 教授为代表的意见方对 GLoBE 持积极态度,而包括众多企业界、咨询机构在内的评论者或多或少地批评了 GLoBE 的政策目标,甚至将这些目标解读为 GLoBE 的一部分,要求包容性框架重新讨论 GLoBE 的设计初衷。

总体来讲,这些批评意见大致可归为七个方面:一是商业圆桌会议(Business Roundtable)、英国特许税务师公会(CIOT)、宝洁(P&G)、葛兰素史克(GSK)等众多评论者指出 BEPS 项目仍在实施中,在国际社会尚未根据 BEPS 第 11 项行动开展政策评估且第一支柱亦未落地之前,GLoBE 的推动显得操之过急,应暂时予以搁置。二是美国国际工商理事会(USCIB)、国际财税协会(IFA)中国分会、数字经济小组(DEG)等强调 GLoBE 是对一国税收主权的不当干预,会严重限制一国使用税收激励措施的权力。三是 OECD 工商咨询委员会(BIAC)、沃达丰(Vodafone)等提出 GLoBE 的设计背离了 BEPS 项目所确立的“利润在经济活动发生地与价值创造地征税”的总原则,是对既有国际税收框架的一种“撕裂”。四是世界银行集团(WBG)、BEPS 监督小组(BMG)等表示不涉及任何实质性活动排除设计的 GLoBE,是一种过于生硬地解决遗留 BEPS 挑战的方式,会使政策的打击范围超越 BEPS 范畴。五是英国特许税务师公会(CIOT)、瑞士商业联合会(Economiesuisse)、香港中文大学法学院助理教授 Noam Noked[①] 等对引入 GLoBE 可能会导致各国将税式支出转向直接补贴的做法表示强烈担忧。六是英国工业联合会(CBI)、日本贸易会(JFTC)等表示 GLoBE 将使国际税收规则变得更加复杂,呼吁制定更具针对性的反 BEPS 措施来弥补财政收入。譬如,将 BEPS 项目中共同标准或最佳实践的做法降为最低标准来实施,如反混合错配规则、利息扣除限制规则和受控外国公司(Controlled Foreign Company, CFC)规则。七是欧洲商业税收倡议(EBIT)、荷兰 Loyens&Loeff 律师事务所等认为 GLoBE 可能违反资本输入中立原则,会扭曲市场竞争,甚至会抑制国家间有效的税收竞争。

---

① See Noam Noked, *From Tax Competition to Subsidy Competition*, University of Pennsylvania Journal of International Law, 2020, Forthcoming.

二、所得纳入规则的设计

从规则适用看，IIR 的触发是以境外分支机构或受控外国实体的 ETR 低于商定的 MTR 为前提的，而 ETR 则是通过某一期间的所得税税费（分子）除以同一期间的税基（分母）得出的。因此，IIR 的设计要依次讨论 MTR、分子与分母、混合方式与所得分配、排除方案等问题。

（一）MTR 的设定

尽管选择将共同商定的 MIR 定为多少可能更多体现的是一种政治和经济上的权衡。但从理论上讲，MIR 的设定应仍允许一定程度上吸引实际投资的税收竞争，且这一税率应相对较低，不至于使 GLoBE 影响太多国家（国家税收主权），或使其影响跨国公司的范围不大，以便包容性框架成员更容易就这一目标达成国际共识。同时，各方普遍认为 MTR 设定得高低同 GLoBE 决定采用全球混合法（Worldwide Blending Approach，WBA）还是税收管辖区混合法（Jurisdictional Blending Approach，JBA）密切关联，[①]在确保全球增加相同税收收入（静态测算）的前提下，通常采用 WBA 会比采用 JBA 时设定的 MTR 更高，但考虑到 GILTI 目前适用的税率在 10.5% ~13.125%（2026 年 1 月 1 日起，GILTI 适用的税率在 13.125% ~16.406%），部分评论也指出，MTR 的选择最终取决于规则中其他税制要素的设计（如是否限制高税混合、限制抵免或扣除）。此外，大部分观点认为，统一的 MTR 应通用于 GLoBE 的四项主体规则。

从具体税率上谈，主要研究观点都倾向在假定使用 JBA 时，将 MTR 设定在 10% ~12.5%。例如，OECD 经济测算分析报告假定的 MTR、法国和爱尔兰财政部部长推荐使用的 MTR 均为 12.5%，Englisch 教授在综合评估 OECD 成员与部分税收管辖区的公司所得税（CIT）名义税率，以及适用于知识产权收入优惠税制和其他优惠制度对税率影响等因素后，提出 MTR 设定在 10% ~12.5% 为宜，而英国牛津大学 Devereux 教授、美国得克萨斯大学 Eden 教授等（2020 年）研究测算分析的 MTR 均为 10%。但也有一些观点认为，MTR 应设置得较高，甚至很高。例如，美国财政部税收分析办公室（OTA）的 Grubert、以色列赫兹利亚跨学科研究中心（IDC）的 Azam 副教授等研究认为 MTR 应设为 15%，税收正义网（TJN）提议先将 MTR 设定为 15%，待实施过渡期后再上调至 20%，而美国前总统奥巴马、ICRICT 则分别提议将 MTR 定为 19% 和 25%。

（二）所得税税费的确定

出于在全球范围内提供清晰一致的政策效果，避免对各国（地区）现行实施税收政策的特定技术设计特征逐一分析，妥善解决因各税收管辖区内的税法、会计法对时间性差异处理导致的税费递增等多重因素考虑，美国知名国际税收学者 Barry、德勤（Deloitte）、竞争性税制联盟（ACT）、CBI、欧洲游戏与博彩协会（EGBA）、加拿大特许专业会计师协会（CPA Canada）等众多评论者提出通过明确税种范围（Taxes Covered，TC），将所得税

---

① 《声明》排除了《征求意见》中提及的实体混合法。

税费以一种能适应当前和未来税制设计、能更宽泛地诠释与廓清定义的方式界明，以确保各方能准确地衡量出计算 ETR 时的“分子”。尽管从 OECD《税收协定范本》（以下简称 MC）第 2 条（税种范围）及其注释条款看，国际层面尚未对 CIT 作出定义，但从税法原理和各国实践上讲，TC 既应涵盖政府以强制性、无偿性为前提的、对于某实体的所得或利润征收的任何常规类型的 CIT，也应包含代替常规类型的 CIT 而征收的任何相同或实质相似的所得税（费）。

申言之，TC 大致包括 4 种类型：（1）常规类型的 CIT，包括对公司获得的所得、公司的分配利润以及某些公司权益或资本征收的所得税，但不应包括对总收入征收的没有任何扣除的税，如法国数字服务税、印度均衡税。（2）代替类型的 CIT，包括对利息、特许权使用费和其他毛付款征收的预提所得税、船舶吨税等。（3）特定行业类型的 CIT，包括对适用于特定活动的所得、从事银行业或油气勘探生产等特定活动的纳税人征收的附加税费，如英国银行税、部分能源税。（4）反避税类型的 CIT，包括根据 CFC 规则或类似规则以反向混合结构征收的所得税。值得一提的是，众多评论者对于各税收管辖区未来可能调整某些税种结构以使其融入 TC 范围的可能性做法深表担忧。考虑到税会差异调整、ETR 中分子与分母计算口径的确定等现实问题，财务会计视角下确定的 TC 不应计入所得税税费中。同时，DEG 等（2019 年）部分评论者对澳大利亚和英国的转移利润税、澳大利亚跨国反避税法、新西兰反 PE 规则、英国对离岸无形资产收入的课税规则在内的特殊反避税类型的 CIT 单边措施在“双支柱”改革落地后是否取消，以及（若不取消）是否应计入 TC 范围表示关切。

（三）税基的确定

原则上，税基的确定将参照 CFC 规则来确定，或者在缺乏 CFC 规则的情形下，参照股东税收管辖区的国内公司所得税法来确定。但是，这种方法会带来诸多现实问题。① 因此，为提高遵从度和可管理性，税基的确定要转向使用财务账目来确定收入，并消除税基计算中结构性差异的影响，从而系统性解决改革难题。

首先，大部分观点支持使用财务报表确定的所得税税前利润（Profit before Tax，PBT）或亏损作为确定 GLoBE 税基的起点。但部分评论认为《国际财务报告准则》（IFRS）和美国《公认会计准则》（GAAP）之间既在处理混合财务工具、不确定的税务状况和某些业务合并方面天然存在一些规则差异，又在处理收入确定标准、准备金、融资租赁以及外币计价的资产和负债的过程中可能会产生一定差异，而这些差异将对一些受 GLoBE 约束的跨国公司产生重大影响。亦有以特许公认会计师公会（ACCA）为代表的质疑者表示，当前全球性的会计标准未能全面解决加密资产、污染物定价等方面的问题，也无法反映出不同业务模式的不同利润率。就财务报表的编制标准而言，DEG、Deloitte、

① 参见 OECD，*Global Anti-Base Erosion Proposal（“GLoBE”）-Pillar Two：Public Consultation Document*，Paris，2019，第 13 ~ 14 段。

英国科技协会(techUK)等(2019 年)表示 GLobE 除认可 IFRS 和美国、日本的 GAAP 外,也应考虑其他可接受的类似标准的白名单,譬如加拿大、中国、韩国、印度、英国使用的财务会计标准,而 KPMG、USCIB、缤客(Booking)等评论者还提出 GLoBE 应接受(重要的)证券监管机构经常采用的会计标准,Economiesuisse 则建议跨国公司可自主选择任何被公认的财务会计标准。但在现实中,BlaBlaCar 等(2019 年)对于某些非上市跨国公司,或一些因不符合"重大影响"标准而被排除在要求合并财务报表范围之外的公司,如何选用会计准则及其遵从成本表示担忧。当然,使用集团合并财务报表的方法意味着,当选择 JBA 的计算方式,跨国公司的每个成员都应按照集团母公司编制合并财务报表时使用的财务会计准则编制其财务报表。但部分评论者警告称,即使子公司使用母公司的财务会计准则编制财务报表,子公司也可能无法独立编制符合第三方财务审计师在评估母公司会计准则遵从情况时才会适用的、严苛标准的损益表。此外,亦有一些评论者就财务报表中公司间项目的处理、购买会计、股权激励等问题的处理深表关切,认为这些事项均需在报表编制时予以适当调整。

其次,评论者普遍认为,在确定 GLoBE 税基时,要适度对应税收入与财务收入之间的某些永久性差异的财务账目进行一些调整,并应将调整范围限于包容性框架成员税收管辖区之间认可的税基中重大的、共同的调整项目,以防双重征税。同时,部分评论者强调,应将调整次数保持在最低限度中。作为代表性意见,IBFD 学术委员会主席 Pistone 教授等(2019 年)全面考察了全球范围内的 CIT 制度,归纳出可调整 CIT 税基的三大类事项:一是调增类,包括折旧/摊销、非交易费用、与免税收入有关的费用、不可扣除的利息、适当的转让定价调整、视同收入、实施反避税措施的收入、特定纳入条款(如娱乐费用、贿赂/罚款、不予扣除的赠与、不允许的管理费/技术费)、估价规则等。二是调减类,包括免税收入和资本补贴、视同费用(如平衡费用和名义利息)、适当的转让定价调整、与当前纳税年度无关的应纳税所得额、通过扣除方式给予的税收减免(如出口、研发等)。三是严格意义上的调整(Stricto Sensu Adjustments),包括亏损减免、集团减免、所得费用的适用以及通货膨胀调整。在此基础上,利益相关者提出要妥善处理好股息、股票处置损益、股权激励、从财务会计视角确定的 TC 等调整事项,并强调不允许在 GLoBE 税基中扣除贿赂(和其他非法付款)、罚金和罚款,但对于是否全部或部分从应税收入中扣除招待费用仍存争议。

最后,各方对于超额税款和纳税属性结转、递延(所得)税会计、多年平均法 3 种消除暂时性差异的方法持不同看法,但绝大部分观点支持使用递延法或结转法。具体而言,DEG、Amazon、ACT、EY、ACCA、BusinessEurope 等众多利益相关方青睐递延税会计,认为该方法保留了资产直接费用化、加速折旧和其他税收递延机制的好处,更有利于在 WBA 下使用集团财务报表,实施相对简便、合规成本较低,但递延税会计(只能消除暂时性差异)并非为处理永久性差异而设计,其实施效果既会因跨国公司所使用的会计标准及其管理层的决策判断而异,也会因各国对国际会计标准的实际运用、解释与审慎性看法的不同而异,还会因未来法定税率和变现预期的变化而使 ETR 的计算结果扭曲,很可能在很长一段时间内都不会产生 GLoBE 的纳税义务。而 IBFD、部分公共会计师与商业团体则支持结转法,认为该方法既不区分属于暂时性差异还是永久性差异的税收,也不区分高法定税率,在机制运行上更加稳健,更有利于在 JBA 下适用,但结转法的使用需在集团母公司持续繁重地保留备忘录账户并进行追踪,可能会产生超过经济收入的税收,也可能会因亏损发生在税率低于 MTR 的税收管辖区内,而导致结转结果与 GLoBE 确立的"无经济利润时不应课税"原则①相抵触。此外,Deloitte、一些 CBI 成员等(2019 年)在一定程度上认可多年平均法,认为使用较长平均周期(5 年以上)有利于拥有重大长期基础设施项目和长期保险周期的跨国公司,但该方法计算的 ETR 可能因某个税收管辖区内的所得税税费面临税收检查或退税而作出调整,须重新计算多年平均 ETR,会导致在实践中比结转法的适用更烦琐。为消除使用单一方案的局限性,BIAC、USCIB、ACCA 等(2019 年)还提议考虑多种方法并用的方案,如多年平均法配结转法、递延税会计配多年平均法。

(四)混合方式的选择及其适配的所得分配规则

事实上,混合方式的选择不仅影响 IIR 的运行,更与 UTPR 的设计密切相关。综观各方意见可知,在 GloBE 语境下,除 IBFD 等(2019 年)少数学界代表支持实体混合方式,甚至是更严苛的税制圈篱式(Regime Ring-fencing)混合②之外,包括 BIAC、硅谷税务总监集团(SVTDG)、日本经济团体联合会(Keidanren)、欧洲商业联合会(BusinessEurope)、安永(EY)、普华永道(PWC)、联合利华(Unilever)、亚马逊(Amazon)、声田(Spotify)、techUK、Booking 在内的几乎全部企业界和咨询机构都强烈支持 WBA,而以 ICRICT、Bundessteuerberaterkammer、哈佛大学法学院高级讲师 Shay、OXFAM 为代表的学术界和社会团体则更倾向 JBA。此外,Booking 等(2019 年)提出可以让纳税人自主选择 WBA 还是 JBA,而这意味着并存模式可能要同时改变 IIR 的各项设计要素。譬如,在 WBA 下的 MTR 设置得会更高一些、适用门槛会更低一些;又如,针对这两种混合方法要设计不同的排除方案、不同衡量税款及解决时间性差异的机制,制定不同规则适用顺序等。

当然,从改革聚焦的 WBA 与 JBA 看,两者之间确实各有千秋。例如,WBA 符合现代跨国公司在全球布局、供应链在不同税收管辖区之间高度融合的特性,能最大限度地提高具有多元化业务的、规模型跨国公司的运营效率,而不会产生过多的税收负担和过重的合规成本;能在某种程度上缓解计算 ETR 时的(由税会间暂时性差异引起的)波动,以及不同税收管辖区所认可的税基间差异;能减轻跨国公司在不同管辖区之间分配所得

---

① 参见 OECD, *Programme of Work to Develop a Consensus Solution to the Tax Challenges Arising from the Digitalisation of the Economy*, Paris, 2019,第 13 段。

② "税制圈篱式"混合,是指如果所得是在不同分类税制下产生的,那么禁止在实体层级上对高税所得和低税所得进行混合。

和税收过程中额外申报数据的负担以及在实体间调整的次数。而 JBA 能为全球范围内 CIT 的“逐底竞争”设定底线,进而减少促使跨国公司将利润转移到海外低税管辖区的“不良”激励,保护国内税基;有利于整体嵌入 GLoBE 4 项规则的运行中,并在某种意义上维持 IIR 优先适用于 UTPR 的顺序;有可能降低各国因实施单边措施带来的风险与不确定性,促使各国简化现行单边国际税收规则(例如,CFC、拒绝扣除、反混合错配、利息许可壁垒等一系列保护税基规则)。

但是,从《征求意见》给出的规则适用上讲,无论是选择 WBA 还是 JBA,所得分配的步骤大体相近,都需要跨国公司在母公司和分支机构之间,以及在投资者和财务透明实体(如合伙企业)之间分配收入和税费。只是在 WBA 视角下,需要调整的实体数量可能会更少,且无须区分外国对外国的项目,而对 JBA 来说,因进行必要调整带来的合规成本将取决于跨国公司采用会计制度的复杂程度、各国征管人员对规则的认知水平和协同配合程度,以及包括国别报告(CbCR)[①]在内的多边征管合作机制的适配性改革与整体性落实。因担心不少政府出于“国库主义”思维而特别青睐 JBA,目前已有多家跨国公司呼吁制定额外的调整机制,将使用本地财务账目核算的某些收入和税费能够科学、合理地分配给外国子公司。

(五)排除规则的技术性设置

除混合方式的选择外,GLoBE 的另一项关键设计问题即排除规则[②]。综观各方意见,理论界与实务界在 GLoBE 是否设计排除以及如何设计的问题上,持 5 种不同立场:(1)不支持排除或仅支持非常有限的排除,以确保第二支柱更加专注于遗留 BEPS 风险。(2)主张按照符合 BEPS 有害税收论坛(FHTP)审议通过的优惠税制进行排除,认为各国(地区)在 FHTP 合规税制下的低税率是可以接受的,且能同 BEPS 项目保持一以贯之的设计逻辑。(3)强调基于事实和环境的基础上设计实质性排除,认为此举能使 GLobE 的重点始终聚焦解决遗留 BEPS 问题的政策目标之上。(4)建议从 BEPS 视角审视并排除关联方交易水平低的 CFC。(5)参考美国 GILTI 将“无形所得”定义为可折旧有形资产回报超过 10% 的全部所得的做法,设计根据有形资产回报。因上述观点或有局限性,部分评论者进而提出了至少 4 种基于实质的公式化排除方案:(1)有形资产排除方案,如按可折旧有形资产账面成本或按每年有形资产折旧费用的固定百分比给予排除。(2)研发排除方案,如欧洲理事会曾主张的按集团财务报表中研发支出的百分比或按 BEPS 第 5 项《考虑透明度与实质性因素更有效地打击有害税收实践》提出的关联法比例[③]计算排

---

① 事实上,并非所有观点都支持使用 CbCR 来计算 ETR 并分配所得,譬如,阿斯利康(AstraZeneca)、DEG、法国企业行动联盟(MEDEF)、PWC 等众多利益相关方都强调 CbCR 的设计定位在于对 BPES 遵从情况进行高级风险评估的工具,不能作为其他政策实施的依据。

② 从 GloBE 的整体设计看,排除规则与 IIR 和 UTPR 的适用都密切相关。

③ 可享受税收优惠的收入 =(开发 IP 所发生的符合条件的支出额/开发 IP 所发生的支出总额)* IP 资产产生的净收入总额。

除。(3)工资支出排除方案，这类排除在一定程度上吸收了研发支出的排除因素。[①] (4)联合排除方案，如 Englisch 教授提出的按工资支出同有形资产联合的排除方案。同时，鉴于 GLoBE 的设计框架为非税收补贴提供了优于经济上等同的税收优惠的政策效果，故在排除规则的设计中，有必要研究对等同的税收和非税收激励措施（各国因税收原因驱动的非税收补贴偏好的不同财政政策）给予同等对待。[②] 此外，除不同排除方案的选择外，排除比例的多少、是否考虑按 GDP 规模或不同国家的发展现状给予不同权重的排除、（如选择）联合方案间排除权重的配比等均会对 ETR 的计算结果产生较大影响，有必要统筹考虑设计。

（六）所有权门槛与多层所有权结构下规则实施顺序的设定

作为方案的重要组成部分，需要设计实施在多大程度上的（共同）所有权门槛，从而判断纳税人是否落入政策规制范围。总体而言，主流观点强调所有权门槛应同时考虑投票所有权和基于价值的所有权，认为较低的所有权门槛会增加政策规制范围和遵从负担。因此，BIAC、ACT、Keidanren、英国保险协会（ABI）、国际律师协会（IBA）税务委员会、芬兰商会（FINNCHAM）等众多评论者都支持所有权门槛的设置宜超过 50%，而智利天主教大学 Hernández 教授、BlaBlaCar 等部分观点则主张吸收 BEPS 第 2 项《消除混合错配安排的影响》的改革建议，将所有权门槛定为 25%。同时，为保持政策协同性，《声明》已明确当母公司持有子公司一定比例的股份，子公司就其所得缴纳的税款未达到 MTR 时，可考虑母公司就子公司的所得乘以其持股比例作为税基补缴税款，从而达到最低税标准。

除上述问题外，当拥有多层所有权结构的跨国公司在实施 IIR 时，会出现所有权链中的多层实体均需对相同金额的低税所得缴纳补充税（Top-up Tax）的情形，但因该笔税款无法享受税收抵免或其他减免，会造成超额征税风险，而这就需要商定协调 IIR 的实施顺序。一般而言，有两种协调方式：(1)优先考虑由最接近所有权链顶端的母公司或集团实体实施 IIR（“自上而下”计算法）；(2)优先考虑最接近具有低税利润的中间实体实施 IIR（“自下而上”计算法）。目前，包括 KPMG、ACT、EBIT、美国全国对外贸易委员会（NFTC）、P&G、优步（Uber）在内的众多评论者均倾向在最终母公司优先实施 IIR，强调该方法与集团财务报表的计算相统一，实施过程中的总体计算调整次数较少，且可抵免对较高层级子公司的所得征收的 CFC 税和类似税费。当然，在细节设计上，一些评论者认为直接股东优先于最终母公司适用 IIR 才最合适。而其他意见方则主张将 IIR 的主要征

① 有关论述，参见 Ara Stepanyan, Steven D., Felgran, *People Functions Redux: A New Approach to Profit-Splitting Factors*, Tax Notes International, September 23, 2019; Ara Stepanyan, Steven D, Felgran, *People Functions Redux, Part Ⅱ: Value-Driven Profit Apportionment*, Tax Notes International, February 17, 2020。

② 有关论述，参见 Ara Stepanyan, Steven D, Felgran, *People Functions Redux: A New Approach to Profit-Splitting Factors*, Tax Notes International, September 23, 2019; Ara Stepanyan, Steven D, Felgran, *People Functions Redux, Part Ⅱ: Value-Driven Profit Apportionment*, Tax Notes International, February 17, 2020。

税权赋予所有权链靠近底部的税收管辖区，认为此举同 BEPS 第 3 项《制定有效受控外国公司规则》第七章所讨论的解决所有权链中因多层环节适用 CFC 规则而产生双重征税风险的方式相近（通过一系列的限制规定给予税收抵免），并能确保 IIR 与同一税收管辖区内的 CFC 规则更好地协调实施。此外，亦有不少评论强调，无论是选择“自上而下”还是“自下而上”的计算法，都要最终在所有权链上均衡、恰当地分配 IIR 的税款。

三、转换规则的设计

事实上，税收协定中转换条款的设置目的主要是消除适用免税法时可能产生的互不征税，但该条款也可以在滥用情形下适用，是具备了一定的国别实践经验的。[①] 但在 GLoBE 语境下，将 SOR 设计为包容性框架成员内实施的简单性规则，仍要通盘考虑制度设计的不同可能。

从总体框架看，SOR 可借鉴《实施税收协定相关措施以防止税基侵蚀和利润转移的多边公约》（以下简称 MLI）第 5 条（消除双重征税方法的适用）的备选项 A 或 C，或借鉴 MC 第 23 条 A 款和 B 款的注释第 31.1 段，[②]在一定条件下适用。在适用范围上，不少评论支持将 SOR 适用于 OECD MC 的第 6 条（不动产所得）、第 7 条（营业利润）和第 13 条（财产收益）第 1 款、第 2 和第 4 款。但 ACT 等（2019 年）质疑 SOR 为何要规制不动产所得和财产收益，特别是某些税收管辖区出于政策原因并不对财产收益征税。同时，考虑到 SOR 与 IIR 是在相同情形下适用的，而 IIR 则以集团合并财务报表的方式计算得出，故 SOR 可能不宜适用于个人（股东）。对于判定触发 SOR 的最低税率，主流观点认为 SOR 的触发税率应与 IIR 所适用的 ETR 一样，但若按《声明》对常设机构适用 SOR，则有必要在管辖区层面单独计算该常设机构的 ETR（此举有别于 JBA）。而对于各方关切的是否应加入限制条款，以防居民国超过 MTR 对所得征税的问题，一些观点主张可将 SOR 适用的大前提设定为“如果该笔所得未按所得纳入的百分比或更低的税率征税”，或可框定因使用 SOR 缴纳的税款仅限于补充税，即限制居民国管辖区不得以高于 MTR 的税率对所得征税。但不少评论强调将限制条款与约束条件嵌入 SOR 的设计中，或将 SOR 的适用视 IIR 的实施结果而决定，都是不恰当的。但若主张独立运行 SOR，那么也要考虑该规则是否应受规模门槛（如 7.5 亿欧元）的适用限制。最后，作为一项税收协定条款，规则的设计还要妥善处理好居民国对在其他税收管辖区内缴纳 SOR 税款的抵免问题。一般理解，在 GLoBE 语境下使用 SOR，应该与适用双边税收协定时给予税收抵免的基本原则保持一致。例如，该笔可抵免税额限于缔约管辖区另一方实际征收的税收；又如，该笔抵免所得项目仅限于适用双边税收协定所涵盖的所得税税种范围。

---

① 参见［奥］迈克尔·朗：《避免双重征税协定法导论》（第 2 版），朱炎生译，法律出版社 2017 年版，第 135 页。

② See OECD, *Model Tax Convention on Income and on Capital*(*Condensed Version*), Paris, 2017, p. 387.

四、征税不足支付规则的设计

从理论上讲，UTPR 的政策目标是当利润所在的其他税收管辖区未充分行使其主要征税权的情况下为付款人税收管辖区提供“税款回溯”的权利。而 UTPR 的设计重点在于如何在 ETR 测试（而非名义税率测试）的基础上，使 UTPR 规制范围涵盖广泛的可扣除关联方支付和低税率结构，并能妥善解决好导管结构问题。

由于 UTPR 的设计与运行同最终选择基于实体的方法（以下简称实体法）还是基于交易的方法（以下简称交易法）进行计算密切相关，因而这一话题引发了广泛讨论。其中，KPMG、USCIB、国际商会（ICC）、瑞典企业联合会（CSE）等部分评论者对使用交易法带来的复杂性和管理负担表示担忧，他们认为实体法是一种较简单的方法、可用于涵盖更广泛的可扣除支付，而 Englisch 教授、部分已具立法实践的政府财税部门则强调交易法更有针对性，能限制收款人在不同安排下混合低税和高税所得的能力。在细节安排上，EBIT、加拿大税务公平组织（CTF）、卢森堡雇员协会（CSL）、WBG 等意见方主张使用通用标准来设计 UTPR，即 UTPR 与 IIR 在税基确定的原则和 ETR 的计算规则上保持相同。而对具体方案的设计，各方至少提出了 3 种思路：

一是出台类似美国税基侵蚀与反滥用税（Base Erosion Anti-Abuse Tax，BEAT）①制度的 UTPR。作为一度呼声很高的镜鉴方案，因 BEAT 试图将几乎所有美国纳税人向外国关联方的支付都纳入其规制范围，而备受业界争议。尽管有学者仿照 BEAT 试图通过全球范围内商定税基侵蚀支付（Base Eroding Payments，BEP）测试比例、简化计算 BEP 比例时分子和分母的标准衡量口径、将征税公式中适用的最低税率的设置调整为按来源国与居民国平均分配合并利润等方式，提出了一项适用于发展中国家的全球代替性最低税（Global alternative minimum tax，GAMT）方案，②而 GAMT 背后的政策原理将允许来源国对适格的纳税人的部分合并利润征税。但是，GAMT 在总体思路的创设上，仍未跳脱出美国税法本身繁杂的设计框架与计算过程，且在实施层面对税收征管能力、涉税信息披露等事项提出了较高要求，很难在多边范围内推广适用。与此同时，作为一般性理解，在 2019 年 2 月的《征求意见》里，BEAT 是对应 GLoBE 中“对税基侵蚀付款的课税规则”概念而提出的。换言之，BEAT 的实施本身兼具了 UTPR 与 STTR 两项政策效果，若引入类似改良规则而放弃 STTR 的讨论，可能会招致有意对特定所得类型在双边税收协定中主张优先征税权的来源国的反对。

二是借鉴 BEPS 第 2 项《消除混合错配安排的影响》关于输入型错配规则（Imported

---

① 有关 BEAT 的政策内容，参见刘奇超等：《经济数字化的税收规则：理论发展、立法实践与路径前瞻》，载《国际税收》2018 年第 4 期。

② See Adriana Sánchez Castro, *Administrative Capability Analysis of OECD Proposals from the Perspective of Developing Countries*, 2 Intertax 2020; Bret Wells, *Get With the BEAT*, Tax Notes, February 19,2018.

Mismatch Rule,IMR)[①]的设计思路建构 UTPR 方案。[②] 具体而言,可先对跨国公司确定集团内的低税利润池,后通过相互关联的集团内支付链进行追踪,以确定这些支付款在多大程度上是直接或间接源于付款人税收管辖区内的可扣除支付,而这种追踪机制的运行方式类似 IMR,其政策效果是使触发 UTPR 后的税收负担在直接或间接为低税实体的利润提供资金的集团内相关实体之间按比例分配。从理论上讲,这种追踪方法为跨国公司低税利润的课税提供了一个全面的政策机制,从而阻止了跨国公司利用导管结构避税,同时,该方法还确保了根据 UTPR 进行的总调整不会超过跨国公司的低税利润,这意味着该规则可适用于广泛的支付范围,且不会引起经济性超额征税的风险。但是,IMR 作为最佳实践规则,其设计初衷更多是起到威慑作用,且自 IMR 宣布至今并未在全球范围内得以广泛运用,若要在多边框架下引入,尚需妥善解决好征管信息的获取、具体规则间的协调等现实挑战。

三是分别规制受 UTPR 约束的关联方直接付款与间接付款,并要重点解决好反导管问题。事实上,这种设计承袭了 IMR 的部分思路,新兴于墨西哥 2020 年综合税改法案和俄罗斯拟推出的股息预提税新政之中。该方案从关联方付款人入手,通过甄别支付是否在收款人手中产生低税利润,来测试每一个关联方的支付。为避免对关联方支付的征税超过 MTR 水平,Keidanren、SVTDG、BEPS 保险公司工作小组(ICWG)等建议可将拒绝扣除的金额限制在付款人税收管辖区使总支付款的税负在给予抵免后达到 ETR 所需的金额,但这种调整方案不包括任何追踪关联方支付链的机制,从而导致无法确定任何支付是否间接为另一集团实体的低税利润提供了资金。因此,为解决遗留的导管结构(间接型征税不足支付)问题,各方探讨了全球范围内现行的 3 种可选方案:(1)借鉴 BEPS 第 6 项《防止税收协定优惠的不当授予》建议,设置一般反避税规则、主要目的测试或利益限制条款;(2)吸收税收协定中的受益所有权概念,进行受益所有权测试;(3)引入反导管规则(Anti-conduit Rule,ACR)。[③] 由于历史实践中前两种方案显现出的某些特定局限性及其在多边框架下实施的功能性不足,相对有更多的观点倾向引入 ACR,但该方法也因过于苛刻,会在某些情况下导致一项税收安排缴纳的税款超出其净利润而遭到质疑。为此,ACT 的支持者提出了一系列减轻但不能消除 ACR 造成双重征税风险的办法。例如,可在全球商定实施期限后再同步实施 ACR,可赋予纳税人证明某笔支付被课征的税款已高于 MTR 水平的权利,可明确 ACR 的调整范围限于收款人对外的关联方支付金额。尽

---

① 输入型错配规则是指由付款人税收管辖区适用的一种拒绝扣除能与收款方税收管辖区混合扣除额相抵减的任何输入型错配支付(输入型错配支付指向收款方支付的不适用于混合错配规则的可扣除款项)的规则,即拒绝扣除产生间接一方扣除、一方不计入收结果的支付。

② See Joachim Englisch & Johannes Becker, *International Effective Minimum Taxation-The GLOBE Proposal*, 11 World Tax Journal (2019); Mindy Herzfeld, *Can GILTI + BEAT = GIOBE*?,5 INTERTAX (2019).

③ 在 UTPR 语境下的反导管规则,特指拒绝扣除向居住或设立在尚未充分实施 UTPR 的税收管辖区内的另一集团实体支付的任何款项。

管办法不少，但这些建议的实施将以增加复杂性和合规成本为代价，并在一定程度上削弱了UTPR作为IIR有效后盾的能力，或难满足众多利益相关者的多元化诉求。是故，若国际社会无法接受在一定的容缺机制下运行UTPR，那么这种新兴方案的设计（特别是在反导管规则上）仍需探寻更好的解决思路。

五、应予课税规则的设计

从政策效果看，STTR是在那些已商定的所得类型在收款人或受益所有权人的居民管辖区内未按MTR征税时，以征收预提税、限制或拒绝给予税收协定优惠的方式来实现最低税目标的。在GLoBE语境下，某项所得仍将按照来源管辖区的国内法征税，但可能仅限于达到MTR的征税水平。对此，SVTDG、BIAC等意见方认为，在GLoBE中引入STTR是完全没有必要的并建议删除该规则，但更多评论则强调了STTR作为整体政策组成部分的重要性。

其实，STTR的适用是有一个大前提的，即来源国在已签署的双边税收协定中保留着对某种所得类型的征税权时才能适用。尽管《工作计划》[①]将STTR定位于优先考虑规制利息和特许权使用费，但仍有部分观点倾向将范围扩大到所有税收协定项目，特别是OECD MC第7条（营业利润）、第13条（财产收益）和第21条（其他所得）。譬如，在经济数字化背景下，很多跨国公司可频繁使用技术服务付款的方式来侵蚀作为服务进口国的来源国税基，因此OECD和联合国（UN）的MC都允许来源国一般以不超过10%的税率对技术服务费征税，但这一争议本身触及了国际社会对于OECD MC具体条款所持有的更深层次的国家立场，恐难妥善解决。当然，讨论STTR的适用范围还将涉及定义的界定。例如，STTR语境下的特许权使用费是遵循OECD MC第12条第2款的定义，还是借鉴UN MC第12条第3款的定义以进一步涵盖技术服务费、设备租赁付款等内容。而对于非关联方的适用问题，包括Booking、BIAC在内的众多评论者都不赞成将STTR的范围扩大到非关联方之间；但一些观点指出，在某些激进的国际税收筹划案例中存在特殊交易架构，其内在相关方安排之间的关系是难以确定的，因而建议在特定条件下对非关联方适用STTR。

在触发STTR的税率测试方面，主流观点认为，对支付款项进行名义税率测试会比ETR测试在管理上更容易计算和应用。但名义税率的测试方法也不能“简单主义”至上，应兼顾简单性与平衡性，设置一定的保障措施（如在税基中扣除遵从特殊优惠税制等特定项目的所得）。同时，为防止人为反避税，有评论提出要引入主要目的测试以实现反导管目的。对于STTR的实施，更多评论支持按照税收协定中所载明的税率（一般不超过10%），以拒绝给予税收协定优惠或征收预提税的方式就税率差额部分征税补充税，而该笔税款也可视为TC并计入ETR测试的“分子”中。此外，出于政策设计的完整性与

---

① 参见OECD, *Programme of Work to Develop a Consensus Solution to the Tax Challenges Arising from the Digitalisation of the Economy*, Paris, 2019，第75段。

针对性考量，部分利益相关方主张设置特殊的排除规则，譬如，通过排除与某些因公共政策目的设立的实体（如养老基金、宗教协会、慈善组织、科研院所等）相关的支付款项、排除低额支付款项（如 30 万美元）等，来让 STTR 能更好地解决存在实质风险的规模型交易。

六、规则的协调、简化、适用门槛及其与国际义务的兼容

无论是从设计结构还是从实施难度上讲，GLoBE 无疑是后 BEPS 时代国际税收领域内一项系统化、复杂化的协同治理工程，有必要从更高层次、更多元化的视角来综合审视 GLoBE。

第一，要协调好第一支柱与第二支柱之间，以及 GLoBE 4 项主体规则（特别是 IIR 与 UTPR）之间的适用顺序。主流意见认为，第一支柱下商定并实施的任何规则都将优先适用，而第二支柱仅在其他实质性税收规则（如税收管辖区层面的 CFC 规则）适用后，才对跨国公司 ETR 仍低于 MTR 的情形征税。例如，根据第一支柱商定的利润分配规则分配给有限实体分销商的任何利润都将包括在适用第二支柱规则的税基中，而这样的安排也彰显了第二支柱作为第一支柱后盾的整体定位。但 Spotify 等（2019 年）利益相关者担心，第一支柱以新征税权方式（金额 A）分配部分剩余利润给到的市场国，可能会同在第二支柱下由最终母公司的居民国向 ETR 较低的税收管辖区主张征税权的这些所有权链下游的管辖区重合，会使本由金额 A 分配来的税款再度被征走，导致实施层面的逻辑混乱。同时，美国政府和企业界提出将第一支柱调整为安全港、将执行 GILTI 视为遵从第二支柱的观点，必然会在很大程度上影响和冲击"双支柱"改革的实际效果。另外，包括 USCIB、德国工业联合会（BDI）、华盛顿税务经理研究所（TEI）、芬兰工业联合会（EK）、计算机和通信行业协会（CCIA）、P&G、Uber、TJN、KPMG 在内的众多评论者支持优先适用 IIR 后再用 UTPR，认为这样的安排可能会降低税收管辖区开展"逐底竞争"的动机和跨国公司进行反转交易的风险，且与优先适用 UTPR 相比，需要计算调整的次数更少。但 ATAF、OXFAM、ICRICT 等（2019 年）认为，来源国应优先适用 UTPR，以保护开展实际经济活动的国家，包括作为外国投资净接受国的发展中国家。此外，对于 4 项规则之间的适用顺序，尽管从 BEPS 第 3 项《制定有效受控外国公司规则》第一章的既有研究看，GLoBE 对税收收入的影响并不一定取决于具体规则适用的优先级，①但方案的最终适用顺序仍需兼顾国家实际、企业负担、经贸投资、税收征管能力等影响因素。

第二，要解决好 GLoBE 与 GILTI 为主的部分现行反避税规则之间的适用问题。目前，以 Amazon、Booking、Spotify、ACT、DEG、PWC、IBFD、法国企业行动联盟（MEDEF）为代表的众多评论者呼吁将执行美国 GILTI 视为已遵从 GLoBE，并进一步考虑排除已执行欧盟反避税指令（Anti-Tax Avoidance Directive，ATAD）和已出台系统性 CFC 规则的国家

---

① GLoBE 可能会通过减少或消除跨国公司将所得转移到低税管辖区中子公司的税收激励措施，为来源国增加征税机会。

(地区)。事实上,GILTI 制度由适用于 GILTI 的收入、扣除和外国税收抵免(Foreign Tax Credit,FTC)3 项独立规则组成,尽管 GILTI 与全球混合的 GLoBE(泛指 IIR)看起来很像,但两者之间产生的征税效果是不同的。① 在相同税率和现有研究假设下,GILTI 产生的税负一般将高于全球混合的 GLoBE 税负。倘若承认 GILTI 与 GLoBE 的并存模式,尚需研究两者之间的适用顺序、税款分配以及是否有必要像许多业内人士设想的那样,考虑将 BEAT 同 GILTI 一道视为遵从 GLoBE。

第三,要制定好简化实施方案,以降低跨国公司和征税机关因实施 GLoBE 造成的过度负担。总体来看,DEG、SVTDG、OXFAM、Deloitte、Amazon 等众多评论者提出了至少 5 种简化方案:(1)借鉴各国 CFC 规则的立法经验,由包容性框架结合不同国家(地区)的法定税率和税基范围商定一份全球版的"白名单"和/或"黑名单"。(2)当跨国公司在某基准年度内将其经营业务涉及的全部税收管辖区逐一计算出 ETR 后,若其中某管辖区的 ETR 超过了测试型 MTR,则未来几年内将无须计算该管辖区的 ETR。(3)在集团母公司居民国采用"加强版全球混合"方法②合并计算出测试型 ETR。(4)引入最低门槛排除制度,即跨国公司在某税收管辖区内赚取的利润低于集团整体利润的某个百分比(如集团 PBT 的 5%)或低于固定值(如 100 万美元)时考虑给予排除计算。(5)利用 CbCR 调整后的应计所得税税费除以每个税收管辖区的 PBT 的方式计算出测试型 ETR。③ 此外,亦有观点提出,可联合使用不同简化方案,如"白名单"制度加上 CbCR 测试。

第四,要设计好部门或行业的排除及适用门槛,确保 GLoBE 的政策实施效果更有针对性。一方面,CBI、中国石油天然气集团(CNPC)、挪威船东协会(NSA)、美国全国制造商协会(NAM)、英国大学财务总监小组(BUFDG)、日本新经济协会(JANE)、国际金融中心论坛(IFC Forum)、EY、Mindy 教授、IBFD 等众多评论者提出,对包括投资基金、养老基金、主权财富基金、政府和国际组织(含技术合作机构)、慈善机构和非营利组织(含国际知名大学获得的捐赠基金)、追求宪法和公共目标的商会、国际航运业、国际航空业、受监管的金融机构和保险业、在线赌博业、采掘业(含石油和天然气)、清洁能源、传统电力业、电信业、制药业、建筑业在内的多种部门或行业进行排除。另一方面,除 Bundessteuerberaterkammer、BlaBlaCar 等少数评论者提议将 GLoBE 适用的集团规模门槛设置得较高(如 10 亿欧元或 30 亿美元)外,大部分观点支持采用 CbCR 使用的 7.5 亿欧元(同第一支柱保持一致)或更低的门槛。

---

① 从特朗普于 2020 年 3 月 27 日签署的总额约 2.2 万亿美元的《新冠病毒援助、纾困与经济安全法案》(CARES)的税收条款看,CARES 不会对 GILTI 的计算规则造成影响。

② 所谓"加强版全球混合",是指将集团母公司所在税收管辖区内的所得和税收与该公司所有源于外国的所得和税收全部混合到一起计算 ETR。

③ See Paul Klaassen & Arco Bobeldijk, *Country-by-Country Reporting and the Effective Tax Rate: How Effective Is the Effective Tax Rate in Detecting Tax Avoidance in Country-by-Country Reports?*, 12 INTERTAX (2019).

第五,要化解好 GLoBE 的具体规则与国际义务之间的兼容性风险,设计好配套性征管机制。部分评论提议论证包括 GLoBE 与 OECD MC 第 24 条(非歧视待遇)、IIR 与第 7 条(营业利润)、UTPR 与第 9 条(联属企业)在内的不同规则情形同具体协定条款之间的兼容性问题。例如,某项特殊的拒绝扣除条件不应因作用于非居民支付款项而产生与居民纳税人不同的税收待遇。同时,要遵循《声明》意见,酌情考虑 GLoBE 的设计与欧盟法(包括《欧洲联盟运行条约》、特定判例法和税收指令)之间的适配关系,但也有一些意见主张优先考虑欧盟法与具体规则的兼容性问题,避免政策出台后在欧盟内无法全部转化适用。此外,部分企业界和咨询机构对于 GLoBE 在实际运行中可能引发的大量税收争议深表担忧,他们支持借鉴第一支柱关于增强税收确定性与探索新型争端解决机制的改革思路,呼吁引入改良版的多边棒球仲裁规则,并建议在 GLoBE 的申报机制上同第一支柱设想的"迷你一站式机制"(MOSS)征管框架保持统一。

第六,要研究好经济测算模型,尽可能"真实"地反映出不同政府、跨国企业直面 GLoBE 时的行为选择,从而为细节条款的确定与利益相关方的应对提供重要参考。尽管 OECD 给出的"双支柱"改革测算预计会增加近 4% 的全球 CIT 总收入(约 1000 亿美元),①但其设计模型依赖一些简单假设,使用的数据在覆盖范围、一致性与及时性方面存在局限性,既未能体现 2018 年以降美国 GILTI、BEAT 与欧盟 ATAD 实施后的政策影响,以致其测算结果受到美国税收基金会(Tax Foundation)等(2020 年)评论者质疑。但是,在 JBA 语境下,理论界已就当前低课税利润的 ETR 评估②、向利润转移目的地管辖区平均利润转移半弹性的研究方法③、利润转移与税率差异之间的关系④、利润转移向低税收管辖区和高税收管辖区之间的强度关系⑤、MTR 设定的参考数值⑥等问题提供了前瞻性的研究成果,而在 WBA 语境下,Clausing 等(2020 年)对于 GLITI 的测算分析框架亦

---

① See OECD, *Webcast: Update on Economic Analysis and Impact Assessment*, Accessed Dec. 31, 2022, https://www.oecd.org/tax/beps/presentation-economic-analysis-impact-assessment-webcast-february – 2020.pdf.

② See Thomas R Tørsløv, Ludvig S. Wier & Gabriel Zucman, *The Missing Profits of Nations*, NBER Working Paper, 2018, No. 24701.

③ See Sebastian Beer, Ruud de Mooij & Li Liu, *International Corporate Tax Avoidance: A Review of the Channels, Magnitudes, and Blind Spots*, IMF Working Paper. 2018, WP/18/168.

④ See Tim Dowd, Paul Landefeld & Anne Moore, *Profit Shifting of U. S. Multinationals*, Journal of Public Economics, 2017, Volume 148.

⑤ See Niels Johannesen, Thomas Tørsløv & Ludvig Wier, *Are Less Developed Countries More Exposed to Multinational Tax Avoidance? Method and Evidence from Micro-data*, WIDER Working Paper 2016/10, Revised version May 2017.

⑥ See Tibor Hanappi, *Corporate Effective Tax Rates: Model Description and Results from* 36 *OECD and Non-OECD Countries*, OECD Taxation Working Papers No. 38, 2018. 哈纳皮(Hanappi)的这种测算方法,参见 Michael P, Devereux, Rachel Griffith, *Evaluating Tax Policy for Location Decisions*, 10 International Tax and Public Finance (2003)。

为GLoBE的测算模型建构提供了重要参考。[①] 当然,除要密切关注跨国企业的利润转移问题外,还应重点研究3个问题:(1)在第一支柱优先实施的前提下,重新分配给市场国的应税利润将如何影响第二支柱的收入。(2) GLoBE的实施会对当前ETR低于MTR(以及CIT税率为零甚至是没有CIT)的税收管辖区,在ETR的增长、外商投资流失及其联动的税收收入降低方面造成多大影响。(3)不同国家(地区)政府是否愿意,以及将如何通过调整其某些财税政策和CIT税率,来增加本地的ETR。

综上,尽管近年来各方对于GLoBE的设计提供了充分的思路供给,但最终方案的选择很大程度上是数个特殊利益集团之间角逐与妥协的问题。没有税收,社会就没有共同命运,集团行动也无从谈起,这是常理。当然,采取何种具体的税收形式也因此成为国际社会中政治冲突的症结。最终目标是在此问题上达成一致,即谁必须以何种原则支付多少税款,这绝非易事。[②] 有关理想国际税收体系的观点也相应地各不相同。但历史经验表明,任何国际税收新规则的确立都是需要花费时间的。诚然,以“解决剩余BEPS挑战”为名,发起的多边税收改革进程也许是不可或缺的,但设计越发繁杂的GLoBE规则注定了其天生具有不稳定性,而这可能最终会侵蚀经济数字化的根基。那么,是否是真的有必要如此迫不及待地推动GLoBE落地?时间或许能给出最好的答案!

① See Kimberly A, Clausing, *Profit Shifting Before and After the Tax Cuts and Jobs Act*, SSRN,2020.

② 参见[法]托马斯·皮凯蒂:《21世纪资本论》,巴曙松等译,中信出版社2014年版,第507~508页。

关于加强反避税国际合作与协调的建议

杨志清[*] 戚 豪[**]

近年来,国际避税行为呈现愈演愈烈的趋势,不仅使各个主权国家丧失了巨大的税收利益,而且严重影响了世界经济发展的公平性。根据 OECD 在 2015 年的不完全统计,各国政府因跨国企业的 BEPS 行为每年税收损失高达 2500 亿美元。国际避税现象屡禁不止,其中最重要的原因就是居民国或市场国对跨国纳税人涉税信息缺乏掌握。一方面,跨国纳税人自身采用更加复杂、更加隐蔽的手段来进行财产或利润的转移,尤其是利用国际会计师、国际律师事务所等专业机构的指导对跨境经济行为再安排,构成复杂的交易网络和交易性质,有关国家无法准确和及时地察觉并掌握交易信息和交易去向;另一方面,一些避税地国家的阻挠,它们出于自身利益的考虑,以银行保密条例或国家主权不可侵犯等借口,拒绝配合金融信息情报的交换,因此导致避税行为严重,反避税行动难以推进。

一、当前国际反避税合作与协调的不足

从目前国际反避税合作与协调的情况来看,存在的问题主要有以下三个方面。

首先,许多国家缺乏专业、富有经验的国际反避税部门。如果没有强有力的内部国际反避税部门作支撑,国与国之间的谈判、合作就无从下手。

就我国而言,一是在组织设置方面,国家税务总局在国际税务司专设反避税处,对反避税在国家层面上的合作发挥着巨大作用。而省市一级的税务机关却很少建立专门的反避税单位,在全国范围内只有江苏省、深圳市等少数地区专设反避税专业职能局。即使部分省市税务局设立反避税服务点、反避税工作团队、反避税协调小组等机构,但是此类机构临时性强,缺乏持续打击反避税的能力,多为针对某特定跨国公司发生避税行为之后专设的临时机构,完成一些反避税案件后即失去作用,无法对跨国公司的涉税事项形成持续的震慑和监督;另外一些税务机关虽设立国际税务处等常设部门,但部门行政级别低,权力不足,同时很多反避税工作涉及外商在华投资,一旦展开反避税调查外商就

---

* 中央财经大学财政税务学院教授。

** 就职于上海浦东发展银行股份有限公司。

经常以换地、撤资等相要挟,而撤资又直接涉及地方政府的利益,所以这些低级别反避税部门极易受到地方政府的干扰,从而减弱了反避税的效力。二是在人员配备方面,不仅各地税务局缺乏具有专业知识的反避税人才,在很多地方甚至缺乏专职的反避税人员。很多人员兼有其他工作,而且岗位流动频繁。不稳定的人员设置使反避税人员缺乏足够的经验,无法适应反避税的工作要求。

其次,在反避税立法合作中,世界上大多数国家采取双边税收协定的立法方式开展反避税合作,但双边税收协定的主要内容仍是避免双重征税,大多数协定对反避税的规定不够全面。更重要的是,虽然双边税收协定在订立过程中更加便捷,但相较多边税收协定而言,其在执行以及后续完善过程会产生更加明显的低效率。因为在面对复杂的跨国涉税人交易时,如果涉税人涉及3个及以上国家,主权国家就需要依据不同的协定分别与目标国进行沟通和交涉,同时一旦税收协定需要进行修订以应对更加前沿的避税问题,修正过程更需要耗费大量的政治交涉成本。这就导致双边税收协定在本质上没有从整体上考虑和解决全球税收治理所面临的基础问题和迫切需求。另外,世界各国之间缺乏反避税执法部门的合作。大多数的税务执法合作是临时性的,只有当存在国际避税案件时,双方国家的税务部门才会联合行动。这样的合作具有明显的被动性和事后性,无法对反避税案件采取预防性举措,这样的合作形式给予避税人以可乘之机,不利于税收损失的挽回。

最后,税收信息交换网络的不完整性阻碍反避税合作的进行。一方面,各个国家的信息共享程度不同,尤其是一些避税地和税负较低的国家为了吸引资金而减少信息交换的内容;另一方面,非洲等国家尚不具备信息交换的技术,即使目前跨国避税人较少地通过非洲地区国家进行避税,但如果仍不及时帮助非洲国家解决技术问题,跨国纳税人很可能就会利用这一漏洞重新设计避税行为,对反避税合作形成新的隐患。

二、加强反避税国际合作与协调的建议

针对当前国际反避税合作与协调存在的问题,我们提出以下4点建议。

(一)建立我国的国际反避税协调组织

建立良好的内部反避税队伍是进行国际反避税合作的基础和保障。我们需要充分认识到各地税务部门在反避税工作中发挥的重要作用。建议省级税务部门下设反避税专门局,建立稳定、专业、系统的组织架构,为反避税工作提供能“打持久战”的组织和场所;反避税专门局同时要引进、培养具有专业素养的反避税人才,尤其需要工作人员另外具备会计、国际法、外语等专业知识,同时必须保证专人专用,尽量不将反避税局专业人员兼用或另加安排。反避税工作具有长期性、艰巨性的特点,只有在我国地方设立组织稳定、运行合理的地方反避税部门以及有经验、有能力的专职反避税人员,我国地方税务部门才能更加稳定地与外国当地税务部门展开税务合作。

(二)开展更加广泛的国际反避税立法合作

开展国际反避税立法合作是推行反避税工作的关键环节。与双边税收协定相比,多边税收协定的确更加高效。然而多边税收协定同时是一个更加复杂的多国政治博弈行为,各国很难达成统一意见,即使形成统一意见,多边协定为了使更多的国家加入,均会允许国家设置许多的保留项目。如果保留项目过多,税收协定就失去了制定的初衷。因此,在进行反避税国际立法时,要权衡双边税收协定和多边税收协定的关系。双边税收协定在目前的国际大背景下仍然是国家进行反避税合作的主要形式,我国目前就需要针对跨国公司已存在或潜在的避税行为,按照跨国公司的避税程度以及避税金额,有指向性、有顺序地与对方国家不断完善和修订双边税收协定,以更加细化的方式精准打击国际避税行为。

多边税收协定是未来国际反避税合作的大势所趋。为了更好地推进多边税收协定,以下几个举措应当有所推进。

第一,在推行和签订多边协定时,要充分发挥 OECD 和 G20 两大国际组织的作用。一方面,OECD 作为具有多数发达的资本主义国家和专业税收人才的重要组织,应该担负起继续推行国际反避税的政策责任,在会议中提出更多专业、合理的反避税提案。另一方面,作为更加年轻、更具有效率的 G20 组织,应该充分吸收 OECD 的反避税经验,利用在 OECD 的提案进行深入研究,争取更多的 OECD 反避税提案在 G20 层面达成共识,以推动反避税多边税收协定的建立。

第二,在制定反避税协定时以整体利益为中心。在实际签订双边或多边税收协定的过程中,"税收主权"受到影响,尤其是协定的商议阶段,难免会出现一方甚至多方意向签约国税收利益受损的情形。对于此类现象,各国应当秉持"公平公正"的原则,排除意识形态的干扰,坚持从世界经济和税收的整体利益出发,制定符合世界绝大多数国家利益的反避税协定。同时,如果遇到个别国家尤其是避税地国家为了一己私利而拒绝接受反避税条款,根据博弈论的思想,其他国家应该积极采取措施,中止与这些国家的双边税收协定,并不再与此类国家签订税收协定,以防止有害的税收竞争,维护世界经济运行的公平和正义。

(三)推进不同国家税务部门点对点税务协调

为彻底打击国际避税行为,不仅需要加强国家层面在立法领域的国际合作,在微观层面同样离不开执法领域中各国税务部门的通力合作。在某种程度上,执法合作发挥的作用甚至更加明显。

首先,在预防阶段,税务执法可以对潜在避税行为进行前期调查或对有避税动机的跨国纳税人进行预先警告,这样可以将避税行为扼杀在摇篮中,节约反避税成本;在调查阶段,相关国家税务部门的合作调查取证产生至关重要的作用,只有基层税务部门的密切合作才能更加有效地收集跨国纳税人的避税证据,进而更加及时地对跨国公司进行制裁和处罚。其次,在收尾阶段,执法部门的作用更加重要,基层税务部门的合作可以更加迅速地挽回相关税收损失。因此,各国税务部门要建立和培养优秀的地方反避税专门局,与避税活动较集中的避税地税务机关展开合作,定期交换相关跨国避税人的交易信息。同时,除税务部门外,还需要与当地海关、外汇、工商、统计、银行等部门或单位展开进一步交流,从多方面、多角度掌握跨国纳税人的各类信息。不可否认,如今跨国公司的避税行为呈现出越发专业化的态势,这些特点与某些国际会计师事务所和国际律师事务所的协助密不可分。因此,各地税务部门也应该承担起打击这些反避税集团"帮凶"的责任,在必要情况下联合厘定相关"黑名单",并开出巨额罚金,对此类组织形成足够的震慑,使他们规范自身的业务,不能触及避税这一底线。

(四)专注于全方位的国际税收信息共享

在国际合作的具体内容上,分为税收信息交换或税收信息透明度的健全和公开两方面。

第一,在税收信息交换或税收信息透明度建立健全方面,要继续扩大税收信息交换网络。一方面,就目前未加入信息交换网络的国家来说,对于少部分不配合的国家,要与之积极协商,协商未果可以通过联合国或OECD等国际组织对此类国家给予经济上的制裁或限制,迫使此类国家尽快加入税收信息交换网络,以适应国际税收信息交换的大趋势。另一方面,针对大部分因技术落后而未加入的国家,要积极展开技术援助,或者通过亚洲开发银行等第三方专业金融机构展开协助,包括法律框架援助、业务援助、政策宣传、保密和数据保障等,帮助技术落后国家尤其是非洲地区国家尽快加入信息交换网络。

第二,在信息交换或税收信息透明度公开方面,不仅要注重信息开放,也要注意信息保密,防止某些国家中缺乏职业道德的税务或银行工作人员泄露跨国公司信息以谋求非法经济收入。这就需要税务部门在获取信息与数据保护之间维持平衡,以最高的谨慎标准追求税收公平。为了监督税务部门,国际组织需要在推动信息交换和透明度建设期间妥善建立信息泄露预防机制,具体实现路径有二:一是发挥国际组织中专家的力量,通过开发相关软件或模块,从技术上直接预防税务部门获取信息时窃取的可能性;二是督促缔约方完善有关国际税收信息泄露的处罚法律,提高潜在泄露者和相关利益集团的泄密成本,在保障安全的情况下尽可能地提高信息共享水平。

第四篇　社保与基金法律制度创新研究

国家治理能力现代化视域下的养老保险及其审计探索

张荣刚*　刘岚治昊**

国家治理现代化是一项全面发展的系统工程，养老保险是国家社会保障的必要手段和重要工具，其制度发展、绩效保障有利于国家治理现代化的整体推进。治国必先安民，安民必重社保，党的十九届四中全会提出，加快建立养老保险全国统筹制度。中国社会保障学会理论研究组2017年提出，政府在支持建立和完善一套有效的养老保险体系，客观看待和有效发挥养老保险在社会、经济和政治等方面的综合治理功能责任重大。

拓展审计对于与国家利益、社会公共利益、国家安全相关的资金、资产和资源的审计范围，连同审计业务类型等也有进一步拓展，已成为理论与实务界的共识。养老保险等此类与国家和公众利益密切相关的社会保障基金，其政策落实、制度建设以及基金安全是国家审计密切关注的重点领域。审计法的修订是我国审计制度发展的重要节点，需进一步明确养老保险相关审计业务的法律地位，一方面为审计机关依法开展养老保险各项审计和充分发挥审计监督作用提供保障；另一方面对审计机关和审计人员规范养老保险审计行为提出新的要求，是新时代对审计监督者进行监督关切的重要回应。① 有学者认为，我国治理体系中养老保险因未被赋予应有的地位，而无法在经济治理、社会治理和政治治理等方面充分发挥积极作用，这不仅给制度完善带来消极影响，而且削弱国家治理的综合效果，不利于国家治理现代化的实现。② 在既往研究中，诸多学者已经提出养老保险在国家治理现代化中的重要作用，对其现状进行分析并提出不足，然而对于如何激发养老保险的“三大功能”以提高国家治理能力的研究尚有不足。应站在国家战略的高度，客观把握养老保险制度和审计制度作为国家治理手段或工具的正向功用，以发挥审计机

*　西北政法大学副校长，教授、博士研究生导师，主要研究数字经济与治理、投融资管理风险、国家审计。

**　西北政法大学硕士研究生，主要研究绩效审计与政策评价。

①　本文修改付梓时，2021年《审计法》已修订完成，有较充分的体现。

②　参见郭林：《论国家治理现代化目标下的社会保障制度优化路径》，载《华中师范大学学报（人文社会科学版）》2015年第4期。

构的合理作用保障养老保险“三大功能”顺利实现,共同增强国家综合治理的有效性。

一、国家治理现代化视域的养老保险价值

治理不同于管理,其中隐含了一个众多利益主体发挥作用和取得共识的过程,养老保险作为一种公共利益的体现,需要公共治理乃至政府治理。借助推进国家治理现代化的有利契机,我国养老保险制度获得了长足发展,实现了责权关系调整,制度结构由城乡分立发展到城乡统筹,保障对象面由保障劳动者发展到全民参保,制度模式由国家保障发展到社会保险,责任机制由个人责任缺位发展到多元主体责任分担,已经逐渐显现了养老保险在经济、社会、政治中的功能价值。与此同时,审计的法治化站在国家战略的高度,客观把握养老保险作为国家治理手段或工具的正向功用,是养老保险实践中国家用监督制度来解决社会问题重要举措。

(一)正在成为社会发展基石

养老保险是政府履行社会治理和公共服务职能的重要内容。随着国家治理体系的不断完善,政府、市场、社会的界限逐步清晰,养老保险支出不仅是政府支出的大头,也是政府投入人力物力最多的公共事务,国家治理需要通过养老保险的互助共济制度,化解风险与消减贫困,保障广大国民尤其是贫困者、老年人、残疾人的权益,“十三五”时期我国治理效能显著提升,社会大局长期稳定,基本养老保险参保率从82%增长到91%。2020年年末全国参加基本养老保险人数为99,865万人,比上年末增加3111万人;年末全国参加城镇职工基本养老保险人数为45,621万人,比上年末增加2133万人。其中,年末城镇职工基本养老保险执行企业制度参保人数为39,908万人,比上年年末增加2003万人。随着人口老龄化和各国经济增速普遍放缓,1963年的“婴儿潮”与我国人口结构失衡会加剧社会养老保险基金缺口问题,养老金作为老年人“安全网”的作用越来越重要。宏观上,国家治理需要养老保险发挥促进社会进步的积极作用,养老保险基金的增值和保值就成为养老保险制度演化、政策落实和养老支柱体系健康运行的关键,能够缓解在职一代养老的焦虑,调动群体的积极性,抑制总消费的萎缩,创造健康和谐的社会环境。

(二)逐步发挥经济调控功能

随着经济发展水平提高,许多国家逐步将养老保险的内涵从兜底延伸到改善生活质量、提高人力资本,养老保险支出规模越来越大,成为影响宏观经济运行的政策工具,在整个宏观经济政策体系中处于重要位置。养老保险基金是一种专项资金,它的作用是支持和保障养老保险事业持续健康发展,是应用于维护已达退休年龄且退出工作岗位的老年人正常生活的特定资金。目前,我国的养老保险基金主要是由企业职工养老保险基金、机关事业单位人员养老保险基金以及城乡居民养老保险基金等方面构成。

2020年我国全年城镇职工基本养老保险基金总收入44,376亿元,基金支出51,301亿元;年末城镇职工基本养老保险基金累计结存48,317亿元。2020年,企业职工基本养老保险基金中央调剂比例提高到4.0%,基金调剂规模为7400亿元;全年城乡居民基本

养老保险基金收入 4853 亿元，基金支出 3355 亿元；年末城乡居民基本养老保险基金累计结存 9759 亿元。年末全国有 10.5 万户企业建立企业年金，参加职工 2718 万人；年末企业年金积累基金 22497 亿元；启动职业年金基金市场化投资运营，年末投资规模 1.29 万亿元，全年累计收益额 1010.47 亿元。

养老基金对资本市场有较明显的促进作用，寻求稳定的养老基金的安全属性不会与高风险资本市场发生冲突，两者的结合可以产生双赢的效果。此外，由于养老基金既强调安全性，又强调收益率的基本属性，因此会在市场上以不同的金融投资组合来分散风险，对高风险金融投资工具的相应要求也会更高。这不仅可以促进金融产品的创新和发展，而且有助于风险管理技术的改进，从而提高资本市场的有效性，实现资本市场的现代化。在经济全球化背景下，国家之间的竞争不仅体现在生产能力上，也体现在公民生存生活条件上。典型案例是，20 世纪 70 年代日本开始大力发展老龄产业，并在 2000 年实施长期护理保险制度增强社会资本投资信心、提高老年人的消费能力。可以说，养老保险已经进一步成为国家软实力的集中体现，通过保险制度可以扩大市场需求、增加就业机会，有望缓解经济增长压力，能够保障群体基本生活。

（三）明晰归属国家治理体系

作为化解社会风险的最主要政策机制，养老保险其他社会保障制度均是政权合法性与国家长治久安的基础，单纯的经济发展不能构成政府获得合法性认同的全部，因此国家治理需要通过确保养老保险制度的统一性与强制实施，强化国民的国家认同意识和整个社会的团结。我国于 1951 年建立了城镇企业职工养老保险制度，1992 年颁布《县级农村社会养老保险基本方案（试行）》，建立了以个人账户积累制为特点的农村养老保险制度改革，1995 年开始开展社会统筹与个人账户相结合模式的养老保险制度，2000 年提出机关事业单位养老保险制度改革思路，2010 年《社会保险法》明确养老保险覆盖对象，2011 年参照新农保，为城镇居民建立了养老保险制度。2014 年政府全面推行城镇居民及农村居民养老保险制度统筹至今，中国从具体国情出发建设养老保险制度，在进入老龄化社会之前就进行改革探索，兼顾国家责任与个人责任相结合，选择社会统筹与个人账户相结合的模式，政府为养老保险制度提供充足的财政支持。同时，养老金的调整也兼顾了社会经济发展状况的实际采取了小步渐进的方式，将养老保险顶层设计与探索式的制度推进方式相结合，有力地推动了养老保险制度的发展。

有研究表明，发达国家社会保障调节收入分配差距的作用要大于税收。在被称为"福利国家橱窗"的瑞典，社会保障调节收入分配的作用高达 80% 以上，运行良好具有代表性的养老制度模式是一个国家参与全球社会经济治理的有力工具。德国社会保险制度在 19 世纪末创立之后风靡全球，是当前世界上大部分国家社会保险制度的参照蓝本，在全球社会经济治理中仍然发挥至关重要的作用；[①]1935 年，美国《社会保障法》确立的

---

① 参见陈轩明、黄大新：《德国社会保险审计简介》，载《审计与理财》2007 年第 11 期。

社会保障制度作为提振社会消费进而拉动经济增长的重要引擎,在不断完善中保持着与时代要求的基本同步,成为全球各国社会经济治理的核心工具之一。国家治理需要养老保险作为代际资源配置和代内收入再分配的重要手段,调节社会财富分配格局,促成代际和代内的合作收益合理布局,促进社会公平正义,为化解社会矛盾、维系社会团结、实现共享发展提供保障。

二、养老保险实践与治理能力现代化要求的差距

党的十八届三中全会提出"推进国家治理体系和治理能力现代化"的目标,新《审计法》适应中国特色社会主义新时代发展要求,基于审计涉及党和国家事业全局重要工作的新定位,立足构建高质量的审计监督体系,进一步保障审计机关、审计程序及审计结果的合法地位。在保持审计基本制度不变前提下,为适应审计全覆盖需要,新修改的审计法拓展了审计监督范围,增加了对全国社会保障基金、其他公共资金的审计,这一审计对于范围的法律规定,有力保障了实现审计监督在养老保险领域的全覆盖。

第七次人口普查数据显示,到 2021 年我国人口老龄化率已经达到 14.2%,养老保险发展面临较大压力,截至 2021 年中国的养老保险金缺口已经达到 7000 多亿元。吉登斯(1998 年)提出,关注政府与市场的合作、利益相关人之间的平衡机制,在福利领域要关注政府、企业和个人的合作,养老金制度涉及国民养老保障、长期资产配置和资本市场的国际竞争力等国计民生大事,需要大智慧、大战略和大体系,对标国家治理体系和治理能力现代化的建设思路,养老保险实践仍有进步空间,体现如下。

(一)价值功能受重视不够

国家治理体系和治理能力现代化的目标要求养老保险实践成为有法可依、确保利益相关人共赢的合作计划。伴随人口老龄化程度的加深,基础养老金替代率从高到低、企业年金覆盖率从强到弱、个人养老金从无到有,这 3 个养老金计划支付水平和替代率呈现出此消彼长的互补趋势。依赖政府担保的基础养老金只能维持老年日常开支,令企业年金的拥有者老年生活更加富裕,同时拥有 3 份养老金计划的人才更有购买力,实现终身自立和颐养天年的目标。养老金充足的国家治理能力包括政府对第一支柱养老金的担保能力,对第二支柱养老金和第三支柱养老金的就业激励、市场运营、信息平台建设和综合监控能力。随着基本养老保险全国统筹的逐步推行,作为首个由国家统一管理的大型公共服务,基本养老保险行政效能的目标对国家治理能力提出了新的挑战。

然而,在当前我国治理体系中,养老保险因未被赋予应有的地位,难以在经济治理、社会治理和政治治理等方面充分发挥积极作用,给其制度的进一步理性完善带来消极影响。伴随养老金支出压力加大,强化基本养老保险垂直管理和公共产品绩效成为一个必然趋势。养老保险的管理绩效推动了养老保险基金的审计变革,审计监督的进一步发展又能够提高养老保险体系的建设水平。目前的养老保险基金审计制度,难以实现养老基金多元化投资的目标和分散非系统性风险,削弱了国家治理的综合效果,不利于国家治理现代化的实现。

(二)影响体系化建设成效

中国有可能在2025年左右进入深度老龄社会,经过10多年的改革与建设,中国新的养老保险制度已初步建立,形成了包括基本养老保险、企业补充养老保险和个人储蓄性养老保险为主的多层次、多支柱新型养老保险体系。然而养老保险体系还存在第一支柱基础养老金一家独大、企业年金覆盖不足、个人养老金储备不足的结构性缺陷,且面对制度定型、人员流动、人口老龄化、地区差异的挑战应对能力不足,养老保险制度尚未完全定型,存在统筹层级低、待遇差异大、收支不平衡等问题;企业年金覆盖面严重不足,企业年金和住房公积金的资源没有实现统筹调剂,公平性、流动性均存在问题;个人养老金资产管理计划尚未全面普及,当前年轻人对信托方式的接受度较高然而大龄人群对契约方式的接受度非常低,个人养老资产的相关政策有待进一步完善。亟须推动养老金制度改革和构建国家养老金体系,国家治理体系和治理能力现代化要求养老保险加快建立养老保险全国统筹制度,构建系统完备、科学规范、运行有效的制度体系。

(三)产生监督维度割裂效应

2010年10月,《社会保险法》正式颁布,审计机关对养老保险基金的收支、管理和投资运营情况的监督职能获得进一步明确。同年审计署立即组织开展了"新农保"基金专项审计调查工作,旨在摸底全国养老保险改革试点的基本情况,审计调查工作重点关注了"新农保"制度与原有农保制度的衔接情况。2011年审计署组织开展了养老保险基金专项审计调查工作,2012年养老保险基金审计除重点关注的企业职工、"新农保"和"城居保"外,进一步扩大了审计范围,对银行自行管理的行业统筹职工基本养老保险基金开展审计调查。2013年社会保险基金监督司开展了"新农保"和"城居保"的全国范围的基金检查工作,重点关注了政策在全国推广普及情况和骗取养老补贴的问题。2014年建立全国统一的城乡居保决定后,为保障改革进行,审计署于2015年组织了全国范围的大规模基本养老保险基金审计工作,对基金征缴、增值和保值等问题均进行了详细的审计。随后于2018年审计署再次统一组织了全国范围的基本养老保险基金审计工作,对养老保险的省级统筹和全国统筹情况予以重点关注。

不难发现,养老保险审计工作主要围绕基金管理现状及存在的问题、各项养老保险政策的执行情况,以及现行养老保险制度存在的体制性缺陷3个维度,然而对养老保险价值功能重视不足导致其体系化建设缓慢进而影响审计监督的力度和广度,3种审计几乎从未同时出现在与养老保险相关的审计工作中,养老保险政策落实中的问题需要从养老保险基金角度出发客观考虑其纠正偏差的反馈功能,同时养老保险基金审计也需要充分对照政策要求,形成正反馈功能、发挥建设性作用。当前,养老保险审计维度的割裂会导致养老保险基金投资运营监管体系不完善,相关审计报告使用部门对养老保险政策落实的客观情况认识不全面,缺乏系统有效的监管机制保证基金的安全和政策可持续发展,亟须从审计法规和社保法规协同完善。

三、协同思维串联审计工作促进国家治理能力现代化

从国家审计制度变迁的视角来看，国家审计具有控制审计质量与规范审计行为两大功能。应用于养老保险审计工作中，随着基本养老保险覆盖率的稳步提升，其政策落实情况、基金绩效和制度设计及缺陷是所有利益相关者共同关注的话题，也是其核心目标和可持续发展的关键，需要国家的监管机构对其进行审查和评价。积极开展审计是保障养老保险政策更好落实，基金合理、合规、高效使用，推动养老保险制度优化的必要措施。应从制度缺陷、政策落实和基金绩效 3 个维度出发串联养老保险审计工作（见图 1），激发养老保险的社会、政治、经济价值，促进养老保险制度完善，进一步推动其体系化建设，及时发现新形势下存在的漏洞与不足，从而最大限度地发挥审计工作助力社会公共资源管理有效性的功能。

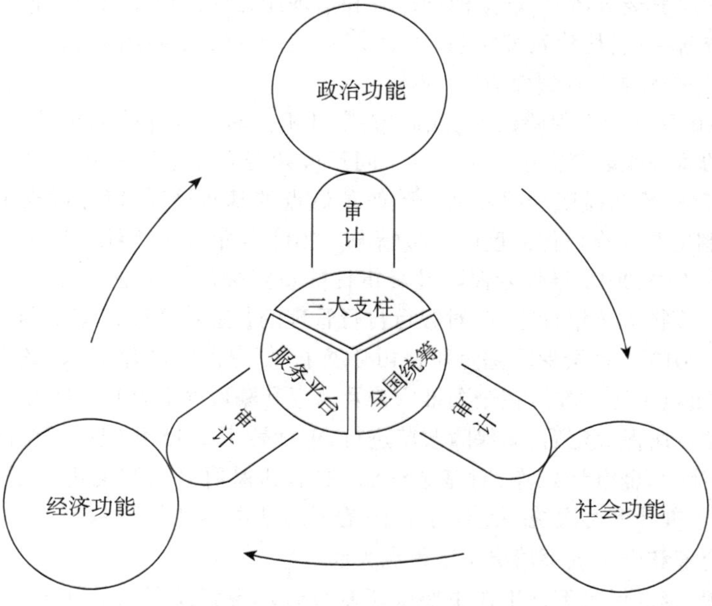

图 1 协同思维串联审计工作思路

（一）以制度审计提升养老保险服务能力

“十四五”时期是我国重要的发展时期。为了持续完善养老保险政策，合理通过预算安排、扩大全国基金规模、促进基金保值增值，推动养老保险持续稳定发展、健全养老保险制度、发现养老保险制度缺陷，养老保险审计需求不断提高。审计信息作为宏观决策部门的参考和国家制定宏观调控方针措施的依据，是一种最高层次的服务，应针对养老保险审计过程中存在的风险，及时准确传递快捷的审计信息，重视延伸审计调查的运用和作用发挥，从多角度去观察审视养老保险政策和基金的管理运营状况，真实可靠地把

握总体状况。审计机关应在揭露基金管理、政策落实情况存在问题的基础上，立足全局，通过多样化地延伸审计调查，了解养老保险制度的健全性和养老保障政策落实的有效性，通过其权威、全面、专业的信息收集、鉴别处理和反馈现行养老保险制度存在的体制性缺陷，“自下而上”地检验养老制度与政策联结的合理性以及制度构建后执行的有效性。[①] 发挥国家审计机关完善体制机制的建设性作用深入分析养老保险制度层面和养老保障政策制定层面存在的机制体制问题，提出具有针对性和建设性的审计建议，促进养老保险制度完善并产生良好效果，真正将以人民为中心的发展思想践行到工作中。

（二）以政策落实审计促进社会良好发展

《人力资源和社会保障事业发展统计公报》提出，要加快建立系统完备、科学规范、运行有效的基本养老保险监督体系。国家治理能力现代化需要健全权威高效的制度执行机制，加强对制度执行的监督。建立全国统一的、垂直管理的养老保险经办机构势在必行，应推进建设中央决策与审计监控、地方执行与审计监督、基层服务与审计反馈的一体化养老金服务政府，以网格体制替代条块体制。[②] 国家治理能力现代化要求养老保险实践规范是政策执行、基金运行监督和体系建造等，然而当前社会的复杂性和快速发展的需求，既定的养老保险政策执行审计指标体系显现出一定的局限性，在某些方面无法做到全面覆盖，这对于更好地对政策执行效果进行评价有一定的不利影响。应针对性地提出以养老保险政策执行为核心，基金为重要考核对象的养老保险审计指标体系（见表1）。

表1　养老保险政策落实审计思路

政策	政策执行	政策效果	政策预测
社会性政策（X）	参与人数 XA1		开始收益的年龄、替代率的调整、待遇的调整、各级统筹管理和隐性债务的存在都可能对政策的社会功能产生影响 XC1
	人员年龄构成 XA2	养老金替代率 XB1	
	收益年龄 XA3	养老金倒挂的代际公平 XB2	
	缴费年限 XA4	隐性债务的存在 XB3	
	基金领取地 XA5	应用系统的统一效果 XB4	
	应用系统 XA5		

① 参见施青林：《养老保险基金管理中存在的问题及审计对策》，载《审计月刊》2005 年第 1 期。

② 参见杨燕绥、秦晨、妥宏武：《养老保险全国统筹的治理体系和治理能力现代化》，载《中国人力资源社会保障》2020 年第 8 期。

续表

政策	政策执行	政策效果	政策预测
效率性政策(Y)	参保覆盖率 YA1		基数偏低、碎片化严重、征缴率较小都可能会对受众的个人利益和基金的可持续造成影响 YC1
	缴费基数 YA2	缴费基数的高低 YB1	
	缴费比例 YA3	缴费比例的碎片化程度 YB2	
	征缴有效率 YA4	征缴率的大小 YB3	
	管理情况 YA5	计息办法碎片化影响 YB4	
	员工培训情况 YA6		
经济性政策(Z)	资金拨付率 ZA1		资金到位的时间和收益率的高低以及运营机构支出所占比例对基金绩效产生影响 ZB1
	投资收益率 ZA2	资金实地到位与计划相比 ZB1	
	管理费用率 ZA3	收益率的大小 ZB2	
	收支情况 ZA4	运营费用的比例 ZB3	
	保值增值率 ZA5		

通过 3 类政策审计发现基本养老保险基金流转的经济问题，首先，应缴必缴和专款专用，养老保险基金不能挪作他用。其次，通过经济性政策保证基本养老保险基金安全，即基金在运营时必须保证资金管理的合法与合规，杜绝违规投资。① 应从 3 个政策要点出发以来不断提高审计效率和效益，从根本上发现基金流转中已经发生的机会主义行为。以审计工作助力完善基本养老保险省级统筹，使审计成为养老保险全国统筹的催促令，发现问题并在审计报告中提出建议，推进养老保险省级统筹，在审计监督力量的有效推动下从根本上解决养老保险基金收不抵支的问题，确保养老金按时足额发放，促进人员合理流动。

（三）以绩效审计激发养老基金经济价值

养老保险基金涉及广大人民群众利益，因此为保障基金的可靠、安全和有效性，其管理权一般都掌握在政府部门的手中或者依据国家的政策规定健全各项制度的社会保险管理机构。养老保险基金涉及国家利益和社会公共利益，需要审计发挥为国而审、为民而计的揭示功能，由国家审计机关依法对养老保险政策执行、业务管理、基金管理、信息系统管理等方面的真实性、合法性、效益性（包括安全性和发展的可持续性）进行审计监督检查的活动。

从新公共管理视角分析，对于提供基本养老保险服务的主体来说，政府部门进一步

① 参见徐向真、段曼曼：《民生与民生审计——基于审计署 2010～2015 年民生审计公告》，载《财会月刊》2018 年第 10 期。

提高行政效能,建设人民满意的服务型政府,落实养老保险的"三级政府"管理是必然趋势。落到养老保险基金上,对资金的投资控制要求更高且基金绩效评价需求更加显著。对于养老保险基金的管理运营的审计,应紧跟投资资金流动的每个环节,搞清楚资金经过这些环节时所蕴含的经济性、效率性和效果性,判断评价这些做法是否符合保值增值的目的。对社会保障基金的投资进行统一监管,使社会保障基金公开、透明地运行,同时对社保基金投资的可行性进行评估,以确保社保基金投资的有效价值。① 设立审计工作小组,负责识别养老保险基金管理工作中存在的风险,找出并分析存在的风险因素。测算风险发生概率,并评定风险级别,采用最先进的审计方法,根据风险级别制定风险防范方案,确保养老保险基金风险审计识别过程,统一安排风险防范工作,在有限的资源和时间下将审计工作做得深入透彻、最大限度提升国家审计工作质量和效率。同时要在资金运用的其他方向检查其内控流程是否符合实际操作状况,内控执行起来是否能保障资金运营的有效性等,处理各项流程工作时,经办人或经办部门是否按规定进行,有无违规违法的情形存在。通过持续审计借助信息技术,将机会主义行为严重的基金流转阶段作为审计项目的重点领域,在重大养老保险基金问题出现之前筛查出机会主义行为,这同时有利于对于正向的基金管理行为的鼓励,在审计系统的应用过程中,不断明确养老保险基金审计的容错边界,进一步完善审计体系。

四、总结

国家治理现代化是中国发展的重要目标,养老保险制度、政策、基金均对实现这一目标具有重要作用。养老保险是社会保障中国家用经济手段来解决社会问题的重要举措,站在国家战略的高度,并通过合理的审计制度增强养老保险作为国家治理手段或工具的正向功用,进一步提升国家综合治理的有效性刻不容缓。为了推进国家治理的现代化,应发挥养老保险制度积极功能,优化养老保险体系,强化养老保险审计监督工作。审计能够积极解决基金结余差距的巨大分化,为养老制度进一步改革完善、推动养老保险基金全国统筹工作打下基础。近年来不断深化的政策跟踪审计项目,其本质就是国家审计机关获取信息、分析评价,为党中央国务院的决策提供参考。加强养老保险基金绩效审计,发现养老保险基金流转问题和风险隐患,保障养老保险基金管理的规范运行是基本养老保险基金审计的重要任务。

从国家治理的视域出发,分析养老保险的实践价值及其与国家治理能力现代化的差距,进而明确养老保险审计的发展方向,不仅能够进一步厘清养老保险制度、审计制度与国家治理之间的多重作用关系,也便于从宏观维度把握养老保险审计的协同方向,协同思维的养老保险制度、政策落实和基金审计能够及时发现新形势下养老保险制度缺陷、政策落实情况、基金绩效,从而最大限度地发挥充分发挥审计"免疫系统"功能,完善社会公共资源管理,推进国家治理能力现代化。

---

① 参见剧杰:《绩效审计中效率性评价体系构建思路》,载《审计与经济研究》2008 年第 5 期。

我国社会保险费征管制度立法研究

胡　海*　王海涛**

2018年3月21日，中共中央印发《深化党和国家机构改革方案》，明确规定由税务部门统一负责各项社会保险费的征收工作。① 之后，中共中央办公厅、国务院办公厅又发布《国税地税征管体制改革方案》进一步明确，税务机关将于2019年1月1日起统一负责各项社会保险费征收工作。② 我国社会保险费由税务部门和社会保险经办机构共同征管的"二元"征管阶段已结束，社会保险费的征管以及社会保险基金的运行迎来了新时代。目前，我国社会保险费征收体制改革稳步推进，但社会保险费由税务部门统一征收尚无法可依，加之人民对规范化程序化法治化的呼声日益强烈，我国社会保险基金的不可持续性向社会保险费征管制度提出了更高的要求，社会保险费征管制度立法迫在眉睫。

一、我国社会保险费征管制度的立法检视

（一）我国社会保险费征管制度的立法状况

20世纪末，面对我国企业不参保、瞒报甚至拒绝缴纳社保费等问题，国务院为规范社会保险费征缴工作，保障公民参与社会保险、享受社保待遇的合法权利，于1999年颁布实施了《社会保险费征缴暂行条例》（以下简称《暂行条例》），较详细地规定了社保费的征收机关、监督检查、权利救济等内容。《暂行条例》不仅为我国社会保险费的征管工作提供了法律依据、保证了社保费的征收，还扩大了社保的覆盖面、保证了社保基金的正常运营，有效地保护了公民的社保权益。2010年10月28日，全国人大颁布了《社会保险法》，标志我国社保费征管制度正式走上了法治的道路。它详细规定了社保费的征缴、经办、监督、救济等征管制度，如在监管方面，《社会保险法》具体规定由各级人大常委会依法行使监督职权、由社会保险

---

* 中共湖南省委党校、湖南行政学院法学教研部主任，三级教授、硕士研究生导师，主要研究方向：财税法学、经济法学。

** 山东人民出版社编辑，中共湖南省委党校、湖南行政学院法律硕士，主要研究方向：财税法学、政府法治。

① 《中共中央印发〈深化党和国家机构改革方案〉》，载中央人民政府网，http://www.gov.cn/zhengce/2018-03/21/content_5276191.htm#1。

② 《中共中央办公厅、国务院办公厅印发〈国税地税征管体制改革方案〉》，载中央人民政府网，http://www.gov.cn/xinwen/2018-07/20/content_5308075.htm。

监督委员会进行社会监督。除上述两部极其重要的法律法规外,我国还颁布了许多同社保费征管有关的规定(见表1),可以说,我国已经基本建立起了社会保险费征管制度的基本框架,①并构建了社会保险基金征缴、监察稽核、先行支付等法律制度。在充分肯定我国社会保险费征管制度立法所取得的成就的同时,还必须承认,随着改革的不断深入与实践的不断变化,现行的制度安排出现了一些与实际不相衔接的地方。

表1　我国部分同社会保险费征管有关的规定

有关规定	文件名称	制定(修改)时间(年份)	制定(修改)主体
法律	《社会保险法》	2010；2018	全国人大常委会
	《劳动法》	1994；2009；2018	
	《企业破产法》	2006	
行政法规	《社会保险费征缴暂行条例》	1999；2019	国务院
	《全国社会保障基金条例》	2016	
	《医疗纠纷预防和处理条例》	2018	
	《工伤保险条例》	2003；2010	
	《失业保险条例》	1999	
	《劳动保障监察条例》	2004	
部门规章	《社会保险费申报缴纳管理规定》(已失效)	2013	人力资源和社会保障部
	《社会保险基金先行支付暂行办法》	2011；2018	
	《人力资源社会保障行政复议办法》	2010	
	《工伤认定办法》	2010	
	《失业保险金申领发放办法》	2000；2018	劳动和社会保障部(已撤销)
	《社会保险稽核办法》	2003	
	《社会保险行政争议处理办法》	2001	
	《社会保险基金监督举报工作管理办法》	2001	
	《社会保险基金行政监督办法》(已失效)	2001	
	《社会保险费征缴监督检查办法》	1999	
	《企业职工生育保险试行办法》	1994	

① 参见岳宗福主编:《中国社会保险制度》,人民日报出版社2018年版。

我国有关社会保险费征管制度的规定散见于不同的法律、行政法规和部门规章中，全面性、系统性不够，无法对这类违法行为进行有效惩处；不同法律法规和部门规章关于社会保险费征管制度的规定不一致，有的规定较笼统、较原则，有的法规较简单、较抽象，有的甚至互相矛盾，影响了社会保险费征缴执法的有效开展。

（二）我国社会保险费征管制度立法存在的问题

1. 相关立法不够完整

在立法上，缺少社会保险费征管的专门高级别立法。为防止征管乱象，保护相对人的合法权益，社会保险费的征管工作必须依法运行。① 但综观我国社会保险相关法律规定，社会保险费征管制度仅存在于《社会保险法》《劳动法》等少数几部法律中。且其条文多是“宣誓性”的规定，对于如何缴费、如何累计计算缴费年限、发生缴费争议时如何寻求法律救济等具体的程序性事项都没有作出明确规定。而作为规范社会保险费征管工作专门规定的《社会保险费征缴暂行条例》，立法级别过低——仅作为行政法规，无法发挥统领社会保险费征管全局的指引和统领作用。与此形成鲜明对比的是，指引和统领税收征管工作的《税收征收管理法》，其早在 1992 年就已制定完毕，实施以来在规范我国的税收征收管理、保障国家的财政收入、保护公民的合法权益等方面发挥了十分重要的作用。②

问题主要体现在以下三个方面：一是现行制度体系不够健全，存有制度空白。如《社会保险法》《社会保险费征缴暂行条例》等法律法规规定了社保费的追缴制度，但缺乏相应的时效制度，引发了追缴时无法可依的问题。又如，相关法律法规已经规定了用人单位不缴纳或者不按时缴纳社保费的法律责任，那么是否还应当规定用人单位按时缴纳或者提前缴纳社保费的激励机制？二是现行制度设计较原则，可执行性不强。③ 如《社会保险法》第 63 条规定了当用人单位逾期不缴纳社会保险费时可对之采取强制措施，但缺乏具体的操作程序：要求用人单位提供担保，却没有规定担保的期限，给担保人增添了额外的负担；请求银行等金融机构查询用人单位存款账户，银行等金融机构就很可能以社保行政部门或者其他行政机关不是司法机关为由，拒绝配合工作。三是制度设计不够科学，实行难度大。制度设计时应从实际出发，绝不能规定人们不能达成或花费太多成本才能达成的事项。但社保费征管制度中仍存有这样的问题，譬如，《暂行条例》第 10 条规定了社保费按月计征的方式，它要求用人单位按月向社保经办机构申报，这样无疑扰乱了正常的工资分配程序，加重了用人单位的遵从成本，用人单位的逃费动机大大增强，制度难以有效实施。

---

① 参见郑功成：《让社会保险运行在法制轨道上》，载《中国社会保障》2015 年第 11 期。

② 参见李渊、李铁宁：《试论税收征管在国家治理中的重要性及其作用机制》，载《税务研究》2017 年第 8 期。

③ 参见郑功成：《关于尽快修订〈社会保险法〉的议案》，载《中国社会保障》2016 年第 7 期。

2. 配套制度不够完善

我国在制定社保费征管相关法律法规时，考虑社保制度发展时日尚短而缺乏充分的实践，以及各地差异性较大难以作出统一规定、对同一问题的认识不一难以决策等问题。[①] 因此，社保费征管制度的有效实施，需要大量科学合理的下位法来配套。但是，目前相关规定也出现了一些不合时宜的地方，如《社会保险法》第12条规定了用人单位应按本单位职工工资总额的比例来缴纳基本养老费，工资总额在《社会保险法》中并没有规定，需要按照《关于规范社会保险缴费基数有关问题的通知》来核算。一方面，该通知的规定不合理。其运用"列举法"规定了计算工资总额的具体项目，包括计时工资、计件工资、奖金、津贴、补贴等8大类，共计177项，[②]在具体实行过程中增加了用人单位的核算成本，也给执法人员执法带来了很大的难度。另一方面，该通知的出台时间是2006年，十多年过去了，当今社会出现了大量新的行业、职业，该通知关于工资总额组成的穷尽列举并不能将所有新的收入形式囊括进去，致使大量费源流失。类似的问题还很多，下位法存在问题，将极大影响社保费征管制度的实施实效。

3. 责任条款约束力较弱

与风俗习惯、道德规范、社团章程等其他社会规范相比，作为治国之重器的法律最突出的特点就在于它的威慑力与强制力。我国社保费征管制度的责任条款主要存在于《社会保险法》与《社会保险费征缴暂行条例》中，但还不够完善，主要体现在以下几个方面：一是征收机关缺乏强制执行力，当用人单位存在欠费、骗费等情况时，征收机关只能求助于银行、法院、县级以上有关行政部门。涉及部门太多，耗时长、成本高，极大影响了征缴的效果与法律的权威性。二是处罚范围有限，目前现行的责任条款主要针对用人单位未依法进行社保登记、不缴费或不按时缴费、骗取费用或社保待遇3种违法行为，但是对于用人单位不申报或者申报不实等违法行为，则没有相关规定。三是处罚力度较弱，无法产生威慑力，譬如，《社会保险法》第86条规定，当企业欠费时，征收机构只能加收滞纳金，处罚力度太弱，执法刚性差。当前社保入税后，征收机关为税务机关，但是《税收征收管理法》并不适用于社保费的征管，税务部门处罚用人单位违法行为时，也只能适用《社会保险法》《社会保险费征缴暂行条例》，无法适用其中有关处罚的规定。一部法律若缺乏执法刚性，尤其像社会保险这样规定公共事务的法律，就如同有刀无刃，很难落地。

---

① 参见芮立新：《浅谈社会保险法的原则性和授权性规定》，载《中国社会保障》2010年第12期。

② 参见郑尚元：《依法治国背景下社会保险法制之建构》，载《武汉大学学报（哲学社会科学版）》2017年第4期。

二、完善我国社会保险费征管制度的建议

(一)我国社会保险费征管制度的立法设计

1. 立法模式

立法模式是立法机关立法时所采用的方法、形式、构造、体系的总称,决定了所立法律的基本结构与基本内容,是制定任何一部法律所不能回避的首要问题。根据立法内容的集中程度,可将社保费征管制度的立法模式分为以下3种:①第一种,集中型立法模式,即制定一部内容全面的社保费征管法,完整、系统地规定社保费征管的各项具体制度,如制定《社会保险费征收管理法》;第二种,分散型立法模式,即将社保费征管制度分散于多部法律中,对各项具体的制度分别予以规定,如《社会保险基金先行支付法》《社会保险稽核法》等;第三种,附属型的立法模式,即在《社会保险法》等法律中附带地规定社保费征管制度方面的内容。目前,我国已制定了《社会保险费征缴暂行条例》,考虑社保费征管制度的重要性以及制定多部法律成本较高等因素,现阶段较理想的方案是采用集中型的立法模式——制定专门的社会保险费征收管理法,以指引和统领社会保险费征管全局。

2. 立法理念

制定专门的社会保险费征收管理法,将《社会保险费征缴暂行条例》上升为法律,并不只是在形式上对法律框架与基本制度进行简单地复制粘贴,而是在沿袭现有制度的同时,结合国际有益立法经验以及我国实践积累的经验对现有的制度进行反思与优化,实现社保费征管制度立法质量的提升。笔者认为,在立法时要注意以下几点:一是立法应当细化相关规定、提高制度的可执行性。如前所述我国现有制度立法粗糙,可执行性不强,我们应进一步细化相关规定,最大限度地减少授权性条款,提升制度实施效果。二是立法时要注意不增加企业的负担。社保费征管制度的立法会提升征收机关的征管水平,进而提高我国社保费的实际费率,为减轻企业负担、贯彻“减税降费”的重大决策,可以在立法时考虑采取按年计征社保费、降低社保费名义费率等举措减轻企业负担。三是立法应充分反映民意。党的十九大报告指出了我国社会主要矛盾的转变,人民群众在民主、法治、公平、正义、安全、环境等方面的需求日益提高,立法时不仅要保证全过程的公开透明以实现程序性正义,还要充分听取人民群众的诉求,如通过召开立法听证会等,让平等精神与保障民生的理念贯穿法律条文中,实现实质性正义。四是立法的最终目的是以“费之良治”实现“国之善治”。② 对公权力进行限制有利于公民权利的实现,全国人大及其常委会对社保费征管制度进行立法,能够有效规范国家的收费权,以实现对缴费人权利的保护,推进社会法治理念的增强与国家治理水平的提高,由“费之良治”实现“国之

---

① 参见徐道稳:《我国社会工作立法基本问题研究》,载《社会建设》2019年第2期。

② 参见刘剑文、郭维真:《准确理解税收法定进程中的“税制平移”》,载《中国社会科学报》2019年5月15日,第5版。

善治”。

3. 具体的立法建议

其一，建议改变现有的体系。就《社会保险费征缴暂行条例》的整个体系来说，已经包括了征缴的全过程，看上去比较完善，但实际上立法还比较粗糙，突出表现为第二章征缴管理将社保费的参保登记、申报缴费、保费核定、保费征收4个程序都囊括其中，而且只有短短的10条，在具体适用时给缴费人与征收机关带来不便，同时影响制度的效力。因此，笔者建议在制定社会保险费征收管理法时改变现有的体系，将第二章征缴管理拆分为管理与征缴两章，设置第一章为总则，第二章为社保管理，第三章为社保征缴，第四章为监督检查，第五章为罚则，第六章为附则，共六章。

其二，建议完善现有的规定。现有规定还存在不合理的地方，具体内容修改建议如下：一是明确征收机关为税务机关。当前社保费已明确由税务机关征收，在法律中明确征收机关可提高税务征收的权威性，提高征管效率，因此要将所有涉及征收机关的模糊规定明确为“征收机关为税务机关”，包括第7条、第8条、第9条、第10条、第13条、第16条等。二是将第10条“按月计征”的规定改为“按年计征”，同时规定缴费方式在一般情况下为申报缴纳，特殊情况（如用人单位逾期不申报缴费、申报的数额太低又无正当理由等）下税务部门有权核定征收，“按年计征”有利于减轻企业与征收机关的负担，而规定核定征收则有助于保证社保费按时足额征缴。三是将第13条当缴费单位未按规定缴纳或代扣代缴社会保险费时，税务机关责令其“限期缴纳”修改为“责令其限期缴纳并提供担保”，这样将会提高收费的强制力度以保证收费的稳定；还要明确第13条已存在的滞纳金的期限，防止滞纳金无限膨胀。四是扩充第23条、第24条缴费单位的违法行为及相应的处罚方式，缴费单位的违法行为早已经不限于不登记、不缴费、不按规定设置账簿，在实践中还出现了暴力抗费等行为。为了稳步推进征管制度改革，使征收机关的行为有法可依，应当根据实践中出现的新问题，增添相应的规定。五是增加第26条中对缴费违法行为的强制措施。赋予税务机关可直接通知金融机构在缴费单位的账户中扣款等权力，为节省立法成本与提高立法效率，可直接规定“本条参照《税收征收管理法》第40条实施”，且同时规定相关部门不配合工作时所应承担的责任，以保障强制措施能够执行到位。六是细化第27条规定的工作人员违法行为的形式及相应的处罚方式。工作人员的违法行为包括但是不限于第27条所规定的致使社保费流失的3种行为，且处罚规定太过粗陋，应具体规定每一类违法行为，并根据行为的违法程度确定具体的惩罚措施，使违法行为与处罚方式一一对应，以提高法律的适用性，更好地保护缴费人权利。

其三，建议增设新的规定。《社会保险费征缴暂行条例》虽已确定了较完善的体系，但制定社会保险费征收管理法时仍有一些环节需要制度予以规范：一是在社保征缴一章中增加对缴费人未结清社保费时的限制。如限制其出境、限制其高额消费等，以敦促其尽快履行缴费义务。二是在社保征缴一章增加对缴费单位合并或分立后缴费责任的分配，合并后由合并后的单位承担缴费责任，分立后由分立后的单位承担连带责任，随着经济发展，企业的分立、合并等现象日益频繁，应对此进行规制以适应社会的变化。三是在社保征缴一章增加对缴费单位按时以及提前缴费的激励机制。如根据提前的天数制定一定比例的缴费优惠，以提高缴费单位的缴费积极性，缓解社保基金收支压力。四是在社保征缴一章增加因缴费人怠于行使到期债权等情形给社保基金带来损害时，征收机关的代位权和撤销权，以保障缴费收入。五是在社保征缴一章增加社保费优先权的相关规定。《企业破产法》已规定了社保费在企业破产清算时的优先权，此外，还应对社保费与罚款并存时及财产设定担保权、抵押权、留置权等情况予以规制，社保费应优先于罚款等费用优先受偿，以保护劳动者的合法权利、维持社保基金的正常运营。

（二）相关制度的完善建议

1. 构建和完善社会保险基金的监管制度

社会保险基金是社会保险制度运行的物质基础，对社会保险基金进行监管是完善社会保险费征管制度以及保护缴费人权利的必然要求。笔者认为，在保持现有的以劳动和社会保障部门行政监管为主，财政监督、税务监督、银行监督等为辅的监管体系不变的情况下，可以从以下三个方面来强化社保基金的监管制度：一是建立动静结合的外部监管体系。静态方面社会保险基金的预算草案要先经过人大的审查，在实行过程中则要接受审计部门的审计，实行完毕后决算还必须经过人大审议，动态方面社保基金的运营情况要纳入财政部正着手制定的财政监察法的监督范围，建立静态“预算—审计—决算”一体化监督与动态受财政监察法实时监督相结合的外部监管体系。二是加快建立“税务征收、财政统筹、社保支出、审计监督、专业运营”的运行管理体系。社保入税后，税务部门负责社会保险费的征收工作、人社部门负责合理支出，在此基础上发挥财政部门的统筹与审计部门的监督作用，社保基金的一部分则仍交给专业的运营机构实现保值增值，使各部门各司其职，既互相合作又互相监督，共同保证社会保险基金运营安全。三是加强对工作人员的培训。除在单位内部对工作人员进行思想教育外，还要加强他们对法律知识的了解，如《公务员法》的相关规定以及《刑法》中关于职务犯罪的规定，并运用《监察法》加强监督，使他们不能贪、不敢贪、不想贪。

2. 完善和跟进配套制度

一部法律对事项的规定越具体明确、给配套的法律法规留有的余地越少，那么这部法律就越科学合理、可操作性就越强。① 制定社会保险费征管法应当对社保费的征管进行全面具体的立法，不再需要相关制度的配套实施。但目前我国社保制度发展时日尚短而缺乏充分的实践，以及各地差异性较大，难以作出统一规定、对同一问题的认识不一难以决策等问题虽然得到了一定程度的解决但仍存在，因此社会保险费征管法仍需要并且长期需要相关制度配套实施。允许其存在并不意味着对其置之不理，我们应采取措施完

① 参见李克杰：《社保法授权性条款太多需大量下位法来配套》，载《检察日报》2009 年 2 月 20 日，第 3 版。

善它们：一是清理不需要的配套制度。主要是随着社会形势的变化而不需要的制度，如当前社保已入税，《社会保险费征缴暂行条例》第6条的配套制度——各省市关于征收机关的规定可以及时进行清理，以维护制度的权威性与严肃性。二是改进相关配套制度。在进行社保费征管制度立法时要对继续保留的配套制度进行评估，改善其中不合理的部分，以增强社会保险费征收管理法的实施效果。三是建立配套制度定期审查制度。笔者认为，可以建立配套制度名录，定期对名录中的配套制度的合理性、适用性进行审查，不需要的及时清理、不合理的及时修改，防止适用不当。

三、结语

推进社会保险费征管制度立法能够有效提升我国社会保险费征管工作的科学性与有效性，能够有效助推中央“减税降费”等政策的落地，对于我国社会保险法律体系的完善乃至法治国家的建设具有极其重要的意义。我国已经基本建立起了社会保险费征管制度的基本框架，但我国社会保险费征管制度立法仍任重而道远，需要学术界与实务界共同为之努力。一方面，法学界还要加强对社会保险费征管制度立法基本问题及具体问题的研究，加强同社会学、经济学、管理学等学界的对话，提升社会保险费征管制度立法研究的整体水平；另一方面，税务部门、社保部门在执法过程中应积极规范征管流程，增强实务技能培养，优化操作方法步骤，强化服务群众意识，提升服务工作水平，为社会保险费征管制度立法奠定实践基础。

税务主导背景下社会保险费征管协助机制构造研究*

张成松**

一、问题意向

"社会保险费(以下简称'社保费')可谓具备'个人生活之社会安全保障对价'的性质……实行社会保险制度时,社保费通常为其最主要之财源。"①2018 年《国税地税征管体制改革方案》明确"各项社保费交由税务部门统一征收",塑造了税务机关全责征收社保费模式,社保费征管从此由"二元"走向"一元"。随着人口老龄化进程的不断加快,若仅以提高费率的形式恐难以保障社保基金的可持续性,社保基金的筹资压力日益增大。事实上多省社保费亏空,社会保险经办机构(以下简称经办机构)征管模式下的经办机构表现乏力,而税务机关因征管能力强而被寄予厚望。与此同时,由于社保费信息的指数化增长及缴费主体的多元化趋向,仅靠税务机关难以掌握完整的社保费来源,使"应费尽费"的工作难度大、成本高,从而揭示了社保费涵摄部门合作征管的必要性。也即,即便税务部门主导了社保费征管,但也不必然完全排除经办机构等部门的介入和合作,经办机构在社保费征管中仍承载协助征管的重要使命。

统观财政立法实践,《税收征收管理法》既专设"税收协助"条款,如第 5 条明示"各有关部门和单位应当支持、协助税务机关的征管";也设有"涉税信息共享"条款,如第 6 条要求建造税务关联部门之信息共享制度。此外,《税收征收管理法实施细则》也专设"税务信息共享"条款,《社保费征缴暂行条例》明示社保费征缴违法案件中的"调查协

---

* 中国博士后科学基金面上资助项目(项目编号:2019M653326)。原载《江西财经大学学报》2021 年第 1 期。

** 西南政法大学经济法学院讲师,中国财税法治研究院研究员,法学博士,博士后研究人员,主要从事财税法研究。

① 参见蔡茂寅:《社会保障的财政法思考》,载《交大法学》2014 年第 1 期。

助”，[①]2015 年《全民参保登记经办规程（试行）》专章规定“信息比对”，这些都直指社保费征管协助议题。但是，当前作为社保费征管之依据的《社会保险法》，并没有规定“征管协助”。整体上，既有规定并未界定和理顺社保费征管的部门权责，也没有征管协助的具体条款，更未形成科学化、体系化的征管协助机制，[②]这无益于税务机关之于社保费的全责征管。皆因于此，本文聚焦社保费征管协助机制之构造，分析逻辑如下：其一，在税务部门主导社保费征管的背景下，揭示并反思社保费征管中的相关问题；其二，以功能适当原则为分析工具，探讨经办机构介入社保费征管的正当性，同时将其定位为协助征管部门；其三，以经办机构权责再造为中心，厘清社保费征管协助中经办机构的权责边界；其四，以协助定位与权责配置为基准，从技术向度构造社保费征管协助机制的保障体系，以此保障缴费义务人的利益。

二、税务机关主导社保费征管的制度问题

社保费征管并非单纯的政策问题，牵涉税务、财政、社保行政部门及其经办机构、企业等方方面面的利益。故此，实证评估过往社保费征管模式的优劣，揭示社保费协助征管中的种种问题，以为征管部门权责配置和协助机制构造提供实践参考。

（一）社保费征管的文本实践

综观社保费征缴机制演进与发展进程，征收主体不断发生变化，或由工会征缴、或由经办机构和税务部门征管。比如，1995 年武汉率先试行“税务代征”养老保险费；再如，1998 年《企业职工基本养老保险基金实行收支两条线管理暂行规定》（财社字〔1998〕6 号）明定基本养老保险基金的社保征管和税务机关代征两种方式。在税务部门全责征管社保费前，对社保费征管影响最大的当属 1999 年《社保费征缴暂行条例》和 2011 年《社会保险法》，前者第 6 条规定“社保险费实行三项社保费集中统一征收”，但并未明示具体的征收部门，而是由地方自主确定；后者虽亦明示社保费的统一征缴方式，但并未直接赋予税务机关统征统管社保费之权力，实际上仍维持着社保费的二元征缴模式。

深究之，社保费征管的核心在于征收方式和征收标准问题。即便《社会保险法》和《社保费征缴暂行条例》塑造了社保费征管二元模式，“社保征收”和“税务征收”两者模式并行，且“税务征收模式”又可细分为“税务代征”和“全责征收”模式，但无论采行何种

---

① 无论是中央层面的《社会保险费征缴暂行条例》，还是地方的社会保险费征缴规定，都专门设置了“征收管理”专章，而且耗用了大量文本资源布局社会保险费的涉费信息共享平台建设，如《上海市社会保险费征缴实施办法》等。

② 统观已有文献，有关社会保险费征管的研究文献较多，但有关社会保险费征管协助的研究较鲜见。总体来说，相关研究成果可归为以下 4 类：（1）注重社会保险费征缴模式的研究。两种征缴模式孰优孰劣，学界争议不断。（2）聚焦社会保险“费”改“税”问题研究。学界对社会保险费是否由税务部门负责看成“费改税”问题。（3）集中研究社会保险费征收管理问题。（4）重视社会保险费征管体制及效应的研究。综上，学者或聚焦于社会保险费征缴模式，或集中于社会保险费征管的社会效应等基本问题，缺乏对社会保险费征管协助机制的系统探讨。

征管模式,在地方实践中差异甚大。在税务代征模式下,并非所有的地方都是税务机关"五费代征",比如,有的地方税务部门仅对养老和失业两项社保费代为征管。而之于税务机关的征管模式,大多为"五费统征",部分地方也还在处于"两费统征""三费统征"模式中。由此论断,不同省份的社保费征缴模式不尽相同,即便是在同一省域,征管主体亦是各异。例如,青海省自 2001 年 1 月虽将城镇职工基本养老保险费、失业保险费交由税务机关征管,[①]但自由职业者、失业人员的续保仍可授权经办机构代为征收。[②] 这实为一种经办机构的社保费代征模式,但通过社保费委托代征关系的建立,经办机构才有权征收养老保险费。[③] 不难看出,社保费征管双轨并行机制问题不少,尤其是企业职工的合法权益受到损害以及养老保险基金缺口问题再次凸显。[④] 此外,在诉讼实践中,社保费征管争议案件不在少数,但因现行立法对各主体权责定位不清,"税务机关做被告的案件居多,且败诉比例偏高"。[⑤] 之中,征缴职责履行争议是其中的一大法律难题,争辩焦点在于税务机关与经办机构的职责权限划分模糊,尤其是追缴欠费权、投诉处理权、强制征缴权、缴费关系确认权等权责范围认定存在争议。

皆因如此,《国税地税征管体制改革方案》规定,自 2019 年起"各项社保费交由税务部门统一征收",从而正式确立了税务部门的一元征收主体地位,使税务机关形成集登记、申报、核定、征收、催缴、检查、处罚等于一体的全部征管权责。而我国之所以确立税务部门主导的社保费征管模式,不仅参考了社保费征管的国际发展趋势,[⑥]而且是根植于中国国情所作出的现实决策。可以说,这一规定不仅是稽征经济的具体诉求,更重要的动因在于,人口老龄化所带来的社保资金缺口问题,意在通过税务部门以强化社保费征管的方式来充实社保基金,保障缴费人的待遇给付和社会保险的可持续发展。但是,社保费征管体制改革后,一方面,出于社保与税务的联动、税务机关征管能力强等因素的考量,税务部门征收社保费可能会增加企业的社保费负担,从而引发就业问题;另一方面,为应对错综复杂的国内外形势,中央及时对社保费征管体制改革进程作出调整。亦如此,2019 年国务院办公厅《关于印发降低社保费率综合方案的通知》要求"稳步推进社保

---

① 参见青海省人民政府《关于印发青海省社会保险费征收暂行办法的通知》(青政〔2000〕114 号)。

② 参见青海省人民政府办公厅《关于进一步明确各有关部门社会保险费征缴工作职责(试行)的通知》(青政办〔2003〕23 号)。

③ 参见青海省地方税务局《关于重申养老保险费和失业保险费征收主体的通知》(青地税发〔2004〕58 号)。

④ 参见王文童:《社会保障筹资模式及其税式管理问题的研究》,载《税务研究》2007 年第 4 期。

⑤ 刘珊:《社保费征管争议的主要形态及其解决——以 72 份行政裁判文书为分析对象》,载《天府新论》2019 年第 2 期。

⑥ 在国外,学界和实务界同样聚焦社保费征缴模式研究,关注税务机关和社会保险机构的分立、协作及整合。比如,2010 年埃夫罗斯妮(Effrosyni)探讨了英国的社保费征管体制改革,揭示了社保费和税收的合并征收经历了一个长期的过程;2017 年 OECD 分析了社保费征收是否应与税务部门统一问题,揭示了各国社保供款的征缴和税款合并征收趋势。

费征收体制改革”。但是,其间中央虽出于减税降费和缓解企业压力的考虑而暂缓企业社保费划转,[1]但自2020年11月1日起,已有北京、湖南、四川、深圳等地的企业职工、灵活就业人员各项社保费都交由税务部门统一征收,[2]税务部门全责征管社保费的目标最终将会实现。

(二)社保费征管的问题提炼

受制于国内外诸多因素的影响,如国际税收竞争、经济下行压力等,减税降费和社保政策调整乃大势所趋。当前,一是人民群众对老有所养、病有所医的社会保障体系抱有很高期望;二是社会保障体系尤其是养老保险不公平、不可持续的问题日益突出,财务可持续性将面临压力。社保费大幅“双降”意义深远,既是贯彻中央关于企业缴费“有实质性下降”要求的重要举措,也是改善社会保障制度公平性的重要方式,更是社保制度改革取向的一次重大变革。而中央之所以及时对社保费征管体制改革进程作出调整,主要原因在于:一是政策调整过程需要足够的时间,既需要磨合合并后的国税地税机构,也要配置好社保与税务两大部门的征管权责,且包含社保费信息传输在内的征管权责划转也需要时间;二是社保费征管改革缺乏整体性、系统性的联动考虑,而没有有效兼顾“规范征收”和“社会保险降负”的二元目的,难以“确保企业缴费负担有实质性下降”;三是社保费征管涉及养老金制度参数设计、对应收尽收潜力的测算等技术问题,以及社保费率测定、缴费基数认定等专业问题,税务部门作为征管机构因缺乏社保费知识理论和专业人员的储备,从而需要仰仗于社保部门,但此时并没有形成体系化的税务机关与社保部门联动与协调机制。[3] 此外,除开社保费管理与运作安全性缺失、少缴、欠缴社保费现象普遍、现行社保费率过高、缴费基数多样化等外,还存在以下两大问题:

其一,社保费征管部门职责交叉。纵使社保费由税务部门主导征管,但经办机构、社保行政部门、财政部门等依然存在于社保费征管当中,且在征管中仍需要这些部门予以支持和配合。既有的地方企业社保费由税务部门征收的公告即为例证,比如,山西省税务部门征收社保费公告中,征管部门即涉及人力资源和社会保障厅、财政厅、税务局和医疗保障局等,[4]亦反映了社保费关联部门合作征管的实践诉求。但是,因税务部门和经办机构的“部门利益”问题等因素,目前的社保费征管部门职责交叉和权责配置不清,《社

① 参见国务院办公厅《关于印发降低社会保险费率综合方案的通知》(国办发〔2019〕13号)。

② 参见湖南省人力资源和社会保障厅、湖南省财政厅、国家税务总局湖南省税务局、湖南省医疗保障局《关于企业社会保险费和机关事业单位职业年金交由税务部门征收的公告》(湘人社规〔2020〕21号),北京市人力资源和社会保障局、北京市财政局、国家税务总局北京市税务局、北京市医疗保障局《关于企业社会保险费交由税务部门征收的公告》(京人社发〔2020〕18号),深圳市人力资源和社会保障局、深圳市财政局、国家税务总局深圳市税务局、深圳市医疗保障局《关于我市社会保险费交由税务部门征收的公告》,等等。

③ 参见郑秉文:《社会保险降费与规范征收:基于公共政策分析的思考》,载《税务研究》2019年第6期。

④ 参见山西省人力资源和社会保障厅、山西省财政厅、国家税务总局山西省税务局、山西省医疗保障局《关于企业社会保险费交由税务部门征收的公告》。

会保险法》《社保费征缴暂行条例》《税收征收管理法》对此均没有予以明晰,从而影响了社保费征管权责移交的进度。纵使 2020 年 11 月 1 日后地方企业、灵活就业人员的社保费均由税务部门统征,但部分地方仍实行"社保、医保核定,税务征收"模式,如江西社保费征管即是如此。① 在此种状态下,税务部门还不具备缴费基数核定之权限,而只能寻求医保、社保等部门核定,而后税务部门根据核定数据来征收社保费。这在一定程度上说明了社保费征管部门征管权限界定仍有优化之处,税务部门理应享有包含核定权在内的社保费征管权能。

其二,征管部门信息共享机制建设滞后。纵使"信息管费"是社保费征管的一种趋向,社保费信息化建设也取得重大进展,但因包含社保费信息在内的统一征管信息系统的缺位,以致不少地方的税务机关和经办机构、税务机关与其他关联部门之间的征管信息尚未实现有效对接,缴费人信息、业务部门既有信息、第三方信息等社保费征管信息未能适时共享与应用,社保费"大数据"环境尚未形成。亦如此,若社保费信息在关联部门之间不能互联互通,必将影响社保费征管的实效性,以及社保费协助征管目标的达成。②

三、经办机构介入社保费征管的正当性与法律定位

不同于传统行政权力的是,"现代行政权力不仅同外部权力相分离,而且内部的功能也逐渐发达,政府各部门职责明确,按照专业分工的原则互相配合,提倡部门之间的协同与协作"。③ 然而,在社保费征管场域,为何在税务机关主导社保费征管的前提下,却又要看重和期待经办机构等可以起到的征管作用? 此为社保费征管部门权责配置、征管协助机制构造的前置问题,理应予以论证和释疑。而借助功能适当原则,正可诠释经办机构介入社保费征管的正当性与合理性。

(一)经办机构介入社保费征管的正当性:以功能适当原则为分析工具

社保费征管权责配置得妥当与否,直接关乎社保费征管的正当性、合理性以及技术性。学理上,社保费征管的立论根据在于民主集中制等宪法性原则,实操依据在于功能适当原则,这都为社保费征管提供了充实的理论与实践基础。④ 根据这一原则,特定的功能当由以特定方式组织起来的机构承担。概括而言,功能适当主义关注机关结构和职权归属之间的关系,⑤可从"功能适当与否"之静态评价、"使功能适当化"之动态调整两个教义向度展开。倘若宪法将某个国家职能配置给了某个机关,则要关注机关结构的功能适当性,塑造功能最适的机关,进而对该机关的组织、结构、程序、人员进行相应调整。⑥

① 参见江西省人力资源和社会保障厅、江西省财政厅、国家税务总局江西省税务局、江西省医疗保障局《关于企业社会保险费交由税务部门征收的公告》。

② 参见张智:《社会保险费征管中存在的问题及对策》,载《税务研究》2019 年第 4 期。

③ 朱晓波、曲荣芬:《税收行政协助相关问题的几点认识》,载《财经问题研究》2003 年第 2 期。

④ 参见朱应平:《追求行政权能配置最优化的三十年》,载《华东政法大学学报》2008 年第 5 期。

⑤ 参见张翔:《我国国家权力配置原则的功能主义解释》,载《中外法学》2018 年第 2 期。

⑥ 参见张翔:《国家权力配置的功能适当原则——以德国法为中心》,载《比较法研究》2018 年第 3 期。

作为国家权力配置的一项基本原则,功能适当原则适用于任何国家,也适用于任何国家机构,更可以扩展至纵向国家权力的配置。据此,将这一原则引入社保费征管领地,既有重要的学理意义,也可指导征管权责配置与机制构造。纵使税务机关全责征收社保费,但其征管还统摄经办机构、财政、税务等部门的权责配置,故其至少要符合下列要求:其一,社保费征管中各机关权力之间关系的处理要按照有利于上述功能实现的要求加以确定;其二,部门权责配置要以最有利于其功能实现的原则来进行安排。简言之,社保费征管部门的设置、权责配置等均要基于实现其功能考虑。①

根据功能适当原则的要旨,需要关注的是不同机关的功能优势,以及适合承担的责任问题。以此为基准,当社保费征管这一行政任务需要分配时,作为专司税务的税务机关,显然是社保费功能最适的征管部门。《税收征收管理法》第5条第1款即明示税务部门的征收权限。据此论断,税务部门之于税收征管于法有据,即便目前《税收征收管理法》没有明确税务机关之于社保费的征管权限,但税务部门主导社保费征管已是既定事实。需要说明的是,既有的实定法也并没有彻底阻却关联部门进入税务征管领地,因为该条第3款同时规定"税收协助条款",这为税务部门统征统管社保费后的权责配置提供了有益参考。具体而言,不同征收主体导致征收结果不同,在执行能力、专业技能等向度经办机构和税务部门不尽相同。就性质而言,税务部门乃执法单位,但经办机构却为一种事业性、行政性管理的职能机构,有不同的身份定位。经办机构同时受到人力资源保障部门和不同隶属部门的双重领导与管理,使其管理权限受到较大的限制和约束,征管的自主性不足。与之不同的是,税务部门实行垂直管理模式,专职负责税务征管,享有强制执行权。在"金税三期"数据库的有力支持下,税务部门可精确地实施费源费基的动态管理,将社保缴费基数与所得税申报基数进行比对,确认社保缴费的真实费基,实现税费同源同管。尤其是未来建成包括纳税人识别号制度、第三方信息共享制度、自然人税收征管平台建设等多方面内容在内的自然人税收征管制度,以及大数据和"互联网+税务"在税收征管中的应用,更可以使社保费与所得税、房地产税征管同步推进,从而精准核实个人和企业缴费基数,预防企业漏报、少报甚至不报之偷逃费款现象。② 可以说,税务部门拥有强大的信息管理系统,信息共享性明显强于经办机构,这直指社保费征管的效率和征管目的的实现。

从公平性维度看,税务机关统征社保费既体现为一种横向公平,要求同等条件的缴费人应当缴纳相同的缴费数额;也是纵向公平的应有之义,要求不同缴费基础的缴费人

---

① 参见朱应平:《以功能最适当原则构建和完善中国上海自由贸易试验区制度》,载《行政法学研究》2015年第1期。

② 参见王堃:《对新形势下基本养老保险费征管改革的思考》,载《税务研究》2016年第4期。

缴纳不同的社保费,[①]呈现一定的累进性。因为税务部门主导社保费征管可有效抑制偷逃现象的发生和发展,防止社保费基数的不实申报,以及基础信息申报不足导致的缴费不平等现象,亦可破解社会保险体制的碎片化难题。但是,纵使社保费征管由税务机关主导,但也不能排除经办机构的介入。经办机构为了征管社保费,长久以来累积了极丰富的技术、经验和能力,足以胜任作为社保费征管基础的信息分享等工作。也就是说,在权力性的行政系统中,不同的行政部门指向不同的职能定位和专业诉求,且功能权力的大小与功能的重要程度之间呈正相关之关系。于此,在税务机关征管社保费既成事实的前提下,由税务机关征收社保费优势明显,其理应享有主导性的社保费征管权力,但也不宜排除经办机构的介入征管,反而需要赋予经办机构与其履行功能相匹配的权力。这不仅是功能适当原则的核心诉求,也是稽征经济理念的必然要求。

(二)社保费征管中经办机构的全新定位:协助征管部门

"公共事务的形成与公共管理的持续,是缘于人类的联合行动。人们之所以选择合作,是因为合作能产生收益。"[②]而之所以注重合作秩序,其根源在于合作能够提高行政效率,也能带来额外的收益。基于征管部门的功能性评价,以及经办机构介入征管的必要性与合理性,经办机构究竟该如何定位?是协助部门、合作部门还是置于征管之外?此等议题亟待明确。

尽人皆知,社会问题日趋"跨域性"和"复杂化",单一的行政部门不足以解决所有的"领域性"公共问题,也就必然依赖部门间的合作。[③] 现代社会出现了无数的公共政策,组织间的互相依赖会不断加深。例如,整体性治理理论以公民的整体需求为核心,以"大部制"为实现目标,强调在机构职能上的"整体化"整合,同时强调跨部门之间的行政协调,在信息、知识和决策方面相互介入和参与,既可以在横向和纵向的各层级政府间协同,也可在公法与私法部门之间进行协同共进。[④] 在全责征收社保费模式下,税务机关拥有完整的征管权能,社保费征管涵盖参保登记、缴费登记、申报、核定、征收、稽核等全过程,而社保部门负责个人账户记录和管理、社保待遇审核和发放等工作。皆因经办机构熟悉各项社会保险政策和业务,承担提供社会保险服务的法定义务,即便社保费征管由税务部门主导,但其在征管中的作用仍不可忽视,2018 年《社会保险经办管理服务条例(征求意见稿)》即为例证。

在税务机关全责征收模式下,社保费从参保登记到征收入库,各个征管环节均由税

---

① 参见朱为群、李菁菁:《税务部门统一征收社会保险费的效率和公平探讨》,载《税务研究》2017 年第 12 期。

② 参见席恒、雷晓康:《合作收益与公共管理:一个分析框架及其应用》,载《中国行政管理》2009 年第 1 期。

③ 参见金国坤:《行政执法机关间协调配合机制研究》,载《行政法学研究》2016 年第 5 期。

④ 参见曾维和:《后新公共管理时代的跨部门协同——评希克斯的整体政府理论》,载《社会科学》2012 年第 5 期。

务机关统一负责,但并不意味着全部排除经办机构的介入。依循税务部门与经办机构的功能适当性,既可以发现税务部门为社保费最适合的征管机关;也揭示了经办机构与税务部门合作征管的必要性,能够对社保费征管权责进行部门间的组合配置,在此基础上还可以借机搭建税务部门与经办机构之间的税务信息共享和协助征管机制。从根本而言,在税务机关主导社保费征管的事实下,宜将经办机构定位为征管协助部门,推进社保费征管协助机制的形成。[①] 若如此,不仅揭示了经办机构介入社保费征管的正当性,并将其定位为协助征管部门,也有助于推动社保费立法与征管体制改革。

四、社保费征管协助机制运行的权责保障:以经办机构权责再造为中心

法律对各行政职能部门权限的具体规定,是为分工负责和职权法定的前提。征管部门从设立之初,就存在部门竞争和合作的核心悖论,各种利益纠葛其中。进言之,社保费征管部门权责配置牵连到许多主体权力和利益的重置,地方利益、部门利益等充斥其间,可谓牵一发而动全身。面对社保费管理,大致有3种征管方案:一是在社保机构征管模式下,由经办机构全责征管;二是在税务机关代征模式下,经办机构授权由税务部门行使部分职权,如申报缴纳、催报催缴、跟踪监控、缴入国库和发放等;三是在税务机关全责征收模式下,只有缴费人的登记办理为社保机构的职责,其余皆为税务机关的职责。在3种征收模式下,各机构的职责有所不同。比如,在税务机关代征模式下,经办机构负责"登记办理→基础信息审核→缴纳金额→申报缴纳期限核准",税务机关行使"申报纳税→催报催缴→跟踪监控→缴入国库和发放"等权能。

由此,在功能适当和权责一致原则的指引下合理配置税务部门与经办机构的权力与义务,实为社保费协助征管的核心议题。反观社保费征管实践,在税务机关非全责征收模式下,鉴于《税收征收管理法》《社会保险法》等法律法规的不完备性,实践中社保费征管存在职权不清的实际问题,如交叉职权缺乏高位阶法律依据,大多直接源于各省级相应职能部门的规范性法律文件。各单行税和非税收入(含社保费)之法律文本中极少明示部门合作,也少有规定关联部门的权责。例如,2016年《政府非税收入管理办法》第7条明确将"各级财政部门"作为"非税收入的主管部门",且规定了财政部和县级以上地方财政部门的职责权限。再如,2019年国务院办公厅《关于印发降低社保费率综合方案的通知》更是要求建立工作协调机制,从而便于统筹社保费征管的相关工作。但是,这虽为社保费征管部门权责配置提供了科学指引,但并未明确经办机构协助征管社保费的权责范围,使社保费征管争议问题难以得到有效解决。[②]

在税务机关全责征收模式下,税务机关全权负责社保费基数、数额的核定,社保投诉的处理、社保强制征缴等,具体包括申报、审核、征收、追欠、查处等征管权力。也即,由于税务机关主导社保费征管,税务机关具有主导性之征管权力。无论是社保机构征收模式

① 参见娄宇:《论我国社会保险经办机构的法律地位》,载《北京行政学院学报》2014年第4期。

② 参见石坚、杜秀玲:《建立税务机关统一征收社会保险费模式的研究》,载《国际税收》2014年第12期。

抑或税务代征模式，税务机关全责征管社保费后，税务机关负有全部的征缴权责，包括社保缴费登记、申报、核定、征收、划解、追欠、检查及处罚等全部征管权能均由税务机关负责。即要将征收权责转移至税务机关，形成"登记办理→基础信息审核→缴纳金额→申报缴纳期限核准→申报纳税→催报催缴→跟踪监控→缴入国库和发放"的税务机关权责征管体系。不可否认的是，随着社保费征管由税务部门主导，税务机关的权力必将加大，经办机构之于社保费的征管权能将不断压缩、征管义务渐趋缩小、征管责任日益模糊。

现阶段的社保费征管权责交接，既涉及税务部门与经办机构之间的职责调整，也包含由此带来的对接、清理、合作等问题，属于非税收入征管职责划转的首要改革领域。① 那么，在税务机关全责征收模式下，作为征管协助部门，经办机构还具有哪些权责？从立法视角看，2011 年《社会保险法》第 74 条既规定了经办机构获取社保费数据的权力，也明确了经办机构准确记录社保缴费、待遇给付等义务。2018 年《社会保险经办管理服务条例（征求意见稿）》不仅明确了经办机构的 10 项职责，如参保登记、个人权益记录、待遇给付等，而且在"监督检查"章中规定了之于参保登记、待遇领取等情况实施稽核。不止于此，在税务部门主导社保费征管之前，在 1999 年《社保费征缴暂行条例》的指导下，已有部分地方的社保费由税务机关征收，之中的部门权责配置，值得探索与借鉴。具体见表 1：

表 1　省级社保费征管中经办机构权责的梳理与统计

省级法规名称	经办机构权责的典型规定
《安徽省社保费征缴暂行规定》（2000 年）	建立缴费记录（第 21 条）
《内蒙古自治区社保费税务征缴暂行办法》（2000 年）[1]	公告社保费征收情况（第 15 条）、社保费征缴之监督检查（第 17 条）、向税务机关传输社会保险征收的基本数据等（第 23 条）
《海南省社保费征缴若干规定》（2000 年）	参保登记、信息传输、分账核算、个人账户的记录与管理、待遇给付（第 5 条）
《黑龙江省社保费征缴办法》（2000 年）	办理社会保险登记（第 7 条）
《青海省社保费征收暂行办法》（2000 年）	社保费征缴违法案件调查之协助（第 13 条）
《辽宁省社保费征缴规定》（2000 年）	征缴登记（第 8 条和第 14 条）

① 参见黄家强：《社保费税式征缴转换中的权责交接与制度接洽》，载《税务与经济》2019 年第 5 期。

续表

省级法规名称	经办机构权责的典型规定
《福建省社保费征缴办法》(2000 年)	社保费征缴违法案件调查之协助(第 19 条)
陕西省人民政府《关于印发税务征缴社保费暂行办法的通知》(2000 年)	将相关基金收入划入保障基金财政专户(第 7 条)
《湖南省实施〈社保费征缴暂行条例〉办法》(2001 年)	审核缴费基数、缴费数额(第 14 条)
《广东省社保费征缴办法》(2001 年)	参保登记、缴费登记、个人账户管理等(第 16 条)
《河北省社保费征缴暂行办法》(2002 年)	向税务机关及时提供参保登记情况(第 15 条)
《湖北省社保费征缴管理办法》(2002 年)	核定缴费基数和应缴数额(第 14 条)、公告社保费征收情况等(第 26 条)
《江苏省社保费征缴条例》(2003 年)	具体承办社会保险事务(第 6 条)
《浙江省社保费征缴办法》(2005 年)	关于税务机关的信息传输(第 9 条)
《甘肃省社保费征收管理暂行规定》(2006 年)	提供社保费计划表,审核调整原计划(第 5 条)
《云南省社保费征缴条例》(2007 年)	编制社会保险基金预算、协助税务机关开展社保费征缴的执法检查和清欠工作(第 7 条)
宁夏回族自治区人民政府《关于加强社保费征管工作的意见(试行)》(2007 年)	定期与地方税务部门等沟通情况,互相反馈信息
重庆市人民政府《关于贯彻社保费征缴暂行条例扩大社会保险覆盖范围提高社保费征缴率的通知》(1999 年)[2]	建立缴费查询和个人账户对账制度
河南省人民政府《关于改革社保费征缴体制　加强社保费征缴管理的通知》(2016 年)	负责参保登记、核定缴费基数、应缴费额、稽核、记录和管理个人账户、待遇支付等

〔1〕参见内蒙古自治区人民政府《关于全区社会保险费由税务部门征缴的通知》(内政发〔2000〕127 号)。

〔2〕参见《重庆市社会保险统一征缴管理工作规范》(渝人社发〔2011〕163 号)。

由上可知,纵使 2019 年以前已有税务机关征管社保费的地方实践,但是,一方面,经办机构的权责界定不一,如河南省将社保费的核定权赋予了经办机构,但并不是所有省份皆是如此;另一方面,虽有部分省份有征管协助规定,如 2000 年《海南省社保费征缴若干规定》第 23 条和 2016 年河南省人民政府《关于改革社保费征缴体制　加强社保费征缴管理的通知》均规定,社保费征缴案件调查之协助条款,但也都未明示经办机构协助税务机关征管社保费的义务,且多出现于"监督检查"章节中。故此,社保费征管权责全部划转税务机关,应当首先厘清税务机关全责社保费之"全责"范围。换言之,对于征管协助中经办机构的权力配置,要根据功能适当原则、公平与效率原则等,①考虑其技术性特质,合理配置社保费征管权责,最大限度地发挥征管协助机制的功效。

从根本上讲,在全责征管模式中,税务机关负责参保登记、缴费申报、基数核定、费用征缴、权益记录、标准确定、待遇计发及基金支付等权责,经办机构不再享有征管权力。但是,经办机构在社保精算、社保福利发放等方面具有绝对优势,应当让经办机构继续发挥其功能优势,协助社保费征管。故此,要根据权责一致原则,厘清征缴法律关系中经办机构的法定权力与义务,明确其在社保费的支出以及社保待遇的发放等方面的职责。也就是说,社保费征收权责移交税务机关后,要以协助征管为基础,将经办机构的职责确立为提供社保费基础信息、变更信息等,力图实现经办机构与税务部门之间的信息互联与资源共享。而与征管职责相对应的社保费登记办理、缴费基数核定、催报催缴等宜由税务机关行使。在此基础上,探索建立以缴费人为中心,以信息管费为手段,形成"税务机关征管→经办机构发放→财政部门管理→审计部门监督检查"的新型社保费征缴模式。

五、社保费征管协助机制运行的技术保障

纵使税务部门统一征收社保费,但因经办机构长期负责征管,有着独到的技术和专业优势,税务机关无法独自应对征管中的各种问题。据此,在统征、全责的社保费征缴模式下,不仅要系统构造社保费征管协助机制,也要对征管协助机制提供技术保障,关注缴费人的权益保障,深度推动社保费及其征管制度变革。

(一)社保费征管协助机制的法律确认

社保费征管必须有法可依,其改革必须坚持立法先行。从目前《税收征收管理法》的规定来看,并没有明示税务机关可以征收社保费,也未授权税务机关根据《税收征收管理法》征管社保费。税务机关统征社保费的依据在于《社保费征缴暂行条例》和《社会保险法》,也就不能直接适用《税收征收管理法》。② 亦如此,有必要明示社保费征管之法律依据,适时修改和调整《社会保险法》《税收征收管理法》中的社保费征管条款。

首先,关于征管主体的表述,既应当修改和完善《社会保险法》和《社保费征缴暂行

① 参见汤德宗:《权力分立新论(卷一):宪法结构与动态平衡》,台北,元照出版有限公司 2005 年版,第 396 页。

② 参见王桦宇、李想:《税务机关征收社会保险费的误区及其澄清》,载《税务研究》2019 年第 6 期。

条例》之相关规定,确认税务机关的"单一征缴"模式,明示税务部门为唯一的社保费征缴主体;也需要调整和优化经办机构的功能定位、征管权责,并在社保费征管中将其定性为征管协助部门。同时,有必要适时修改《社保费征缴暂行条例》,并对税务部门、经办机构等在社保费征管中的职责边界和执法程序等一并作出明确规定。

其次,《税收征收管理法》既要明定税务机关统一征收社保费的征收权限,也应明晰相关规定同样适用于社保费的征管,还需重新整合社会保障部门和税务机关之间的关系,构造并强化"税务机关征管→经办机构发放→财政部门管理→审计部门监督检查"的新型社保费征管体系。鉴于经办机构介入社保费征管的法律缺位,应寻求经办机构在《社会保险法》《社保费征缴暂行条例》《税收征收管理法》之间的立法互动与无缝对接。为明确税务部门和政府各职能部门的权利和义务,需要修改《社会保险法》《税收征收管理法》等相关法律法规,整合配置税务部门、经办机构、社保行政部门等相关主体之权力和义务。为此,宜在《税收征收管理法》等法律法规中明晰经办机构的社保费征管协助义务,构造体系化的社保费征管协助条款。即增加社保费协助征管的内容,明确其法律地位,从而形成经办机构协助社保费征管条款,为征管协助提供法律支持和政策依据。当税务机关履行职能而向经办机构提出给予行政协助的要求时,经办机构就应当按照税务机关的要求履行协助征费的义务。

(二)社保费征管协助机制运行的制度保障

在征管流程中,税务机关与经办机构的职责明晰和职能"无缝衔接"是社保费征管顺利实施的关键。社保费征管协助机制包括主体有效协同、信息聚合共享、制度征管联动、制度规范联动等,具体从以下几个向度展开:

1. 以税务机关为主导的全责征管体系建造

实行税务机关社保费统征统管模式,勾勒"税务征管→社保待遇发放→财政基金监管"的征管模式和分权制衡机制,既是功能适当、权责一致、行政协助等理论的基本要义,也是现阶段我国社保费征管的实践诉求。① 社保费由税务机关主导征管,不仅之于税务部门和缴费义务人意义重大,也有助于建造权责一致、高效统一的信息征管体系,从而深度推动社保费征管改革和保障缴费人的权益。为了能充分发挥这些优势,可从以下两个层面优化征管协助机制:第一,建立税费统管的征收模式,健全税务机关全责征管社保费体系。一方面,基于社保费与所得税的关联性,改变现有税务与社保费各自为政的局面,以企业职工工资为中心,将缴费基数的确认与所得的认定相连接,建立二者之间的勾稽关系,促使企业社保费如实缴纳。另一方面,建构和优化选择"税费一体、四险合征"的征管机制,整体化考虑社保费征管与税务征管,最终促进税务征管的一体化和集约化。第二,选择"精细化、信息化"的征管方式。税务部门全责征管社保费后,形成"参保、缴费

① 参见厦门市地税局课题组:《社保费分权制衡模式:现阶段的可行选择》,载《中国税务报》2014 年 6 月 18 日,B03 版。

关联登记→缴费基数核定→申报缴纳→征收管理→基金管理”的征管流程体系,并具体规范费额确认、违法处置、凭证管理等征管事项,进而使社保费征管业务标准更加统一,也便于执行和实施。为适应征管体制变革,既要增加修正功能,社保费征管系统应具备导入及修正社保基金应征数据的功能;也要完善数据交换功能,强化两个部门之间的交流协作,实现数据实时共享。此外,也有必要增设经办机构的激励制度,释放经办机构协助执法潜能。

2. 以经办机构为核心的征管协助程序优化

在全责征收模式下,理当确认和优化社保费征缴流程,构造协助征管的一般程序,具体包括登记、申报与核定、缴纳与核定、解缴入库等,便于税务机关更好地行使法律赋予的强制执行手段。同时,在进行行政程序立法时,应将协助征管的程序考虑进来。在社保费征管中,主要涉及税务机关与经办机构两大部门之间的合作关系,需要通过明示协助征管的条件、协助的拒绝、责任条款等内容,明确社保费协助征管中税务机关与经办机构的权义规则,全方位设计征管协助程序规则。例如,之于经办机构协助社保费征管的请求,税务机关为协助征管的请求主体,而经办机构乃协助征管的被请求主体。鉴于此,“请求”应当由税务机关向经办机构提出,且通常以书面请求为原则,同时税务机关印制统一格式的协助征管请求书。更重要的是,立法上应当明示协助征管的情形,如协助征管事项、条件等。而就征管协助条件而言,至少符合以下两点:一是征管协助的对象通常为具体行政行为;二是请求方无法自行执行职务,法律原因、事实原因、经济效率等都是可以请求协助的情形。再如,因被请求机关拒绝协助而产生的争议,由税务机关和经办机构所处的本级政府处理,此为最佳选择。① 通过程序机制构造,力保社保费征管协助机制的正向推进,助推社保费征管体制改革的实质落地。

3. 征管协助的信息共享机制构造

社保费征管不仅需要经办机构之协助,也要强化税务信息共享,打造高效便捷的信息共享机制。随着税务信息的迅猛发展,税务机关主导的社保费征管模式转向征管者、缴费者和第三方共同参与的多中心治理架构,即社保费征管将走向“多中心”“网状”的征管模式。② 在“互联网+”背景下,我国税务征管模式从“管事制”走向“管数制”,信息和大数据成为税务征管的关键。亦如此,有必要构建以信息化为依托、财源监控为核心的税务征管共享的信息化征管模式,促进全方位的信息共享、技术共享、服务共享,可谓税务征管模式的变革之道。③ 进言之,社保费征管中理应引入“互联网+”理念,充分利用税务登记、征收、稽查等大数据,开展参保、缴费、税费差异等分析比对,及时发现并堵塞征管漏洞。

---

① 参见张成松、杨复卫:《经办机构协助社保费征管的证立与运行保障》,载《税务与经济》2019年第4期。

② 参见马蔡琛、赵笛:《“互联网+”背景下的税收征管模式变革》,载《财政科学》2018年第9期。

③ 参见陈隆:《互联网时代税收征管模式变革》,载《税收经济研究》2017年第1期。

即便税务部门主导社保费征管,但仅由税务机关征收社保费也不是稽征经济的体现和诉求,反而需要关联部门的配合和支持,尤其是社保部门在之中发挥重要作用。为此,需要畅通税务部门与社保部门的信息传递,搭建运转高效、无缝对接的信息交换平台。但是,即便我国已经建立了相对独立的信息系统,但因缺乏系统完整的税费信息共享机制,以致社保费征管统摄部门间的信息共享效果不甚理想。故此,在"互联网 + 大数据"治费模式下,既要综合掌握社保费信息,深度加工社保费信息,而不是对信息进行简单的归类、汇集和传递,也要重视社保费第三方信息的获取。[①] 与此同时,要加强社保费征管信息网络建设,尤其要建立税务、财政、社保(含经办机构)、国库等关联部门之间信息网络平台和信息共享机制,从而达到及时将参保信息、缴费信息、核定信息、征收数据等传递给对方的目标,最终形成以"税务征缴为核心,经办机构协助为补充"的体系化社保费信息共享系统。亦如此,"税务机关和经办机构要签订信息共享协议,搭建全国统一的涉费信息共享平台,将税务机关的征收系统和经办机构的社保系统对接"。[②] 当然,除非《税收征收管理法》之特别规定,税务机关取得的纳税人/缴费人信息不可直接适用于社保费征管。

六、结论

税务部门统征收社保费既是稽征经济的集中体现,意在提高社保费征管效率,更是社会正义的基本诉求,有助于改善社会保障制度的公平。在社保费征管领域,即使社保费征管由税务机关主导,但并不必然排除经办机构的介入,税务机关与经办机构等部门之间的合作在所难免。借助功能适当原则,宜将经办机构定位为社保费征管的协助部门。但是,统观现行财政立法实践,并没有界定和理顺社保费征管部门的权责,也缺乏征管协助的具体条款,更未形成征管协助机制。在实践中,也因征管部门职责交叉、权限模糊、权责配置的缺位,社保费争议时有发生。据此,以权责一致原则为指针,需要明确税务机关之于社保费征管的主导性权力,明示经办机构之于社保费征管的协助义务,进而厘清经办机构与税务机关之间的权力、义务和责任。基于税务主导社保费征管的事实,以及借助功能适当原则、权责一致原则,社保费征管协助机制需借助相应的制度和措施进行落实和保障。不仅法律上要确认税务机关的一元征管模式,确定经办机构的征管协助地位,也要建立以税务机关为主,辅之以经办机构协助的社保费征管体系、信息共享机制,勾勒出社保费协助征管机制,提高社会保险基金的可持续性,最终保障缴费义务人的利益。当然,社保费征管机制建造还要与社保实体规则衔接,协助征管机制要对接于社保费制度变革,且始终以保护、增进缴费义务人权益为重。

---

① 参见北京市国际税收研究会郝如玉副会长主持课题组:《税务机关全责代征社保费一举多得》,载《国际税收》2017 年第 10 期。

② 陈斌、邓力平:《环境保护税征管机制　新时代税收征管现代化的视角》,载《税务研究》2018 年第 2 期。

社会保险费税式征收问题研究

——基于法理检视与比例原则*

薛皓天**

随着社保基金偿付压力与日增加，①而企业欠费、逃费问题仍存在。中共中央在2018年3月印发的《深化党和国家机构改革方案》中，决定“将基本养老保险费、基本医疗保险费、失业保险费等各项社会保险费交由税务部门统一征收”（以下简称社保入税）。相比社保经办机构征费，税务部门有更成熟的涉税信息资源与管理系统优势。但这项改革在法律层面仍存在诸多问题：

首先，税务部门征费法律依据不充分。税务部门征缴社保费目前主要依据的是《社会保险法》以及国务院于1999年出台的《社会保险费征缴暂行条例》（以下简称《征缴条例》）。② 但其仅授权税务部门“代征”社保费，即“社保经办机构核定，税务部门征收”，不能满足实践中已经出现的从登记到处罚全环节的“全责”征收模式的要求。这使税务部门征费更依赖地方出台的文件，③由此导致其执法依据效力层级太低，且标准不统一，不利于未来社保费的全国统筹。税务部门在实践中，也难以避免“重税轻费、先税后费”

---

* 原载熊伟主编：《税法解释与判例评注》第14卷，法律出版社2022年版。

** 中国政法大学财税法研究中心博士研究生。

① 仅养老金而言，根据中国社科院发布的《中国养老金精算报告2019～2050》，2019年全国城镇企业职工基本养老保险基金到2027年达到峰值6.99万亿元，然后开始迅速下降，到2035年耗尽累计结余。参见郑秉文主编：《中国养老金精算报告2019～2050》，中国劳动社会保障出版社2019年版。

② 人力资源和社会保障部早先出台的适用于社保部门征缴的规章，也因机构体制改革将事实上失去效力。如《社会保险费申报缴纳管理规定》（人力资源和社会保障部令第20号，已失效）、《社会保险费征缴监督检查办法》（原劳动和社会保障部令[第3号]）等文件。

③ 如《广东省社会保险费地税全责征收实施办法（暂行）的通知》（粤劳社函〔2008〕1789号）、《江苏省社会保险费征缴条例》（江苏省人大常委会公告第103号）、《浙江省社会保险费征缴办法》（浙江省政府令第188号）等。

现象。[①]

其次,税务部门征费的公法措施刚性不足。比如,《社会保险法》第 63 条仅规定,税务部门间接的银行账户划拨执行权,而配套的存款冻结强制权缺失,导致欠费单位在调查过程中常常转移资金,致使追缴不能。《征缴条例》亦未赋予税务部门对社保费征缴的强制措施。短期看,由于社保降费难以提高遵从度,所以依靠外在压力非常必要。[②] 从长期看,为使社保费实际费率与名义费率匹配,[③]更须一套更严格规范的程序保证社保费基"做实"。

最后,社保费如何追缴、追缴期限等问题没有法律规定。随着社保入税,税务部门追征 10 年社保费引起广泛关注。[④] 由于征费不合规问题普遍存在,追缴严厉化倾向引发市场担忧。虽国务院以政策文件要求"暂不集中清缴",[⑤]但政策的灵活性却不能满足企业权益保障与交易预期的长期诉求,未来追缴的不确定性"阴云"依然高悬于企业的头顶。同时,追缴规范的不足,也易造成税务部门工作中的执法风险。[⑥]

因而,法律依据配套的滞后,将在很大程度上影响社保入税改革的落地。本文将尝试基于以《税收征收管理法》作为未来社保费征缴的主要法律依据的法理分析,以"税式征收"模式作为征费的法律改革路径,通过比例原则考量税式公法措施在征费中的具体化,以解决前述诸般法律障碍。

一、社保费税式征收的立法问题

在立法上建立统一的社保费征缴规则是以法治路径规范"社保入税"改革的必然选择。就目前可行的立法路径看,第一种是在《社会保险法》中对社保费征缴制定具体条款,第二种是完善国务院的《征缴条例》,第三种是授权税务部门适用现有的《税收征收管理法》进行征收。第三种立法模式相对前两种模式的优势在于,可直接借用更完善的税收征管法律体系,提升执法刚性,便于税务部门进行具体执法操作,同时可以提高社保费征缴法律层级,规范征缴行为,有效回应《国税地税征管体制改革方案》对"统一税收、社会保险费征管服务标准"的要求,减少另行修法、立法的成本。目前,在有的地方已经

---

① 参见元林君:《我国社会保险费征缴体制现状、问题与改革趋势》,载《经济·社会·科学》2018 年第 2 期。

② 参见郑秉文:《社会保险降费与规范征收:基于公共政策分析的思考》,载《税务研究》2019 年第 6 期。

③ 参见郑秉文:《社会保险费"流失"估算与深层原因分析——从税务部门征费谈起》,载《国家行政学院学报》2018 年第 6 期。

④ 参见《一企业被追缴十年社保,全国补缴 2 万亿? 专家:明年可能降社保费率》,载凤凰网 2018 年 9 月 4 日,http://tech.ifeng.com/a/20180904/45151183_0.shtml。

⑤ 《降低社会保险费率综合方案》(国办发〔2019〕13 号)第 6 条。

⑥ 参见王延中主编:《中国社会保障发展报告(2018)》,社会科学文献出版社 2018 年版,第 6 页。

出现参照税收征管法执法的实践。[①] 可见,以《税收征收管理法》作为征费依据是一种实现法律改革目标的理想模式。

环顾域外立法与实践,欧洲社会保障研究所(European Institute of Social Security)对各国"税费合征"改革的报告表明,瑞典、英国、匈牙利、爱沙尼亚 4 国对社保费的征收适用了税收规则,而意大利仍以两套征收框架分别适用于社保费和税收。[②] 在我国,在现实的登记、申报、核定、扣缴、责缴、执行等征收程序上,税收与社保费较趋同,以往学界提倡"费改税"的一大目的即是适用征税程序以更有效地筹资社保。[③] 那么在"社保入税"的改革背景下,若实体法上暂不直接进行"费改税",仅在程序法上授权税务部门适用税收征管程序征缴社保费,似可成为解决以往学界争论的一种新思路。

但这仅是一个法条授权的形式问题吗?又该如何进行立法?

有人提出,可"在《税收征管法》中增加'社保费征管参照或直接适用税收征管法'的规定"。[④] 但实际上,"参照适用"与"直接适用"性质不同。所谓"参照",即既要考虑事物的类似之处是否足以导致准用,又要考虑其不同之处是否足以限制、修正或排除所准用之规范。[⑤] 故在社保费征缴时,是否类推诸多税收征管规则应交由执法或司法部门进行判断,这在效果上远不同于"直接适用"的规定。因而,如何取舍"参照适用"还是"直接适用"并非简单的立法用语选择。"参照适用"会赋予公权机关以规则适用裁量权,损及缴费人对规则适用的预期。而如果采"直接适用",还要进一步考虑是对《税收征收管理法》条文的全部直接转引,还是有选择性地转引?另有学者对该种"直接适用"本身提出了谨慎质疑:社保费是一种非税收入,与税收性质不一致、征收内容不同,不宜适用《税收征收管理法》。[⑥]

故对该问题之明确涉及两者法律行为性质的探讨,而非单纯的立法形式问题。若二者性质上本就出入较大,与其费力在《税收征收管理法》中择取同质部分,还不如另立新法单独应对更适宜。

---

① 如浙江省的《社会保险费征缴办法》(浙江省政府令第 188 号),对于费款推计、追缴期限、行政强制以及检查权等规则,都非常类似《税收征收管理法》。并且,对于企业的缴费,其并未采用"参保人工资总额"作为单位缴费基数,而是采用更固定的"企业全部职工工资总额"作为缴费基数,社保费入库也严格按照税收入库的方式操作。

② See Effrosyni Bakirtzi, *Case Studies in Merging the Administrations of Social Security Contribution and Taxation*, IBM Center for The Business of Government, 2011, p. 35 – 83.

③ 参见贾康、杨良初、王玲:《实行费改税开征社会保险税的研究》,载《财政研究》2001 年第 1 期;邓子基、杨志宏:《中国社会保障费改税的几个基本问题》,载《江西财经大学学报》2011 年第 3 期。

④ 邹新凯:《税务机关社保费征管权证立与运行保障——来自功能适当原则的分析径路》,载《地方财政研究》2019 年第 3 期。

⑤ 参见于飞:《合同法总则替代债法总则立法思路的问题及弥补——从"参照适用"的方法论性质切入》,载《苏州大学学报(法学版)》2018 年第 2 期。

⑥ 参见王桦宇、李想:《税务机关征收社会保险费的误区及其澄清》,载《税务研究》2019 年第 6 期。

二、社保费税式征收的前提与理论问题

(一)前提:征税权配置的基础

对于社会保险费征缴行为的性质定位,一直以来并不清晰。"养老保险费征收行为、缴纳行为定性不清是困扰社会保险经办机构征收养老保险费力度、企业和劳动者缴纳养老保险费积极性的根本所在。"①社保费之征缴行为定性困惑的症结在于其公私性质的不明确——它到底是行政机关行使"权力"还是缴费人获得相应"权利"的问题。② 而能否将《税收征收管理法》适用于社保费,其实就是能否用征税程序上的公法保障措施,包括税收保全、强制执行、税务检查、税收处罚等,用于该种公私性质有待明确的社保费之征缴。

征税主体基于公法的权力关系被称为"征税权",附属于税收实体关系,源于税收之债本身的效力——税收债权,③是"运用国家行政力量,以求实体的税收债务请求权的实现,这源自作为公法之债的税收债务在履行上的要求不同于私法债务的清偿"。④ 而基于各类型债务⑤的公法性质差异,相应配置的程序性征收权力也不同。如德国《行政强制执行法》虽是一般公法金钱给付之债的程序基本法,⑥但对于税法、社会保险法和诉讼缴费法等具有特殊性质的给付,则另作规定。⑦ 可见,对于"行政强制执行的具体贯彻,其展开面相极大地受执行基础内容的影响,即执行机关针对不同的公法义务类型及其产生方式,需满足不同的前提并采取各异的措施方可凭借国家强制力强迫非自愿的相对人履行有关义务"。⑧ 因而,能否将征税权用于社保费,需要以构成征税权基础的税收为参照基点,以考察社保费的"公法义务类型及其产生方式""非自愿性"程度等基础内容。

(二)理论问题:社保费的特殊性质

相比税款征缴,社保费之征缴的特殊性质主要体现在以下两个方面:一是社会保险

① 郑尚元:《公开、规范与定型——养老保险制度从政策到法律——中国社会保险立法的进路分析》,载《法学》2005 年第 9 期。

② 参见郑尚元:《公开、规范与定型——养老保险制度从政策到法律——中国社会保险立法的进路分析》,载《法学》2005 年第 9 期。

③ 参见施正文:《税收债法论》,中国政法大学出版社 2008 年版,第 128 页。

④ 施正文:《论征纳权利——兼论税权问题》,载《中国法学》2002 年第 6 期。

⑤ 社会保险费与税收、规费、特别公课等皆为公法债务,参见葛克昌:《税捐行政法——纳税人基本权视野下之税捐稽征法》,厦门大学出版社 2016 年版,第 8 页。

⑥ 《联邦德国行政强制执行法》第 1 条第 1 款规定:"联邦以及联邦直属公法法人的公法金钱债权,依本法规定通过行政途径予以执行。"

⑦ 《联邦德国行政强制执行法》第 1 条第 3 款规定:"税法、包括失业保险在内的社会保险法以及诉讼缴费法的规定,不受影响。"

⑧ 段沁:《德国公法金钱债权的行政强制执行制度——二元结构与双层理路下的构造》,载姜明安主编:《行政法论丛》第 23 卷,法律出版社 2019 年版。

的权属性质与征费行为的性质不明,如将其定性为私有性,则将征税权适用于社保费必然不当;二是我国社保费缴纳与其待遇享有的对价性问题。因为对价性之有无影响了公民缴费的自愿性,这直接决定征费一方的公法手段强制性适用之深浅程度。而以无偿性为特征的税收即采用典型的税式征收措施。

1. 社会保险的公私性质争议

(1)"社保私有说"——基于德国自治管理体制

我国社保费目前是"社会统筹与个人账户相结合"的模式,即雇主缴费或雇主与雇员的共同缴费进入社保基金统筹账户,雇员缴费归于个人账户。对于社保费统筹账户的权属定性,历来富有争议:有人认为是国家财政资金的,①有人认为是社会共同财产,②还有人认为是特定参保人共同共有的,③具备集体私有属性。

社保费私有性的观点有历史的渊源。社会保险费起源于私法领域,其特点是自愿与互助,发轫于"行业互助"。最初体现为雇员和雇主的"缴费分摊、风险分担",④参保人员较有限,并且待遇与职员收入密切相关。后来国家逐步介入,充当起了"保护人"的角色。这种典型体制见诸德国。俾斯麦在世界上首创了社会保险制度,于1881年在《建立完善的社会保险的皇帝诏书》引入了"社会保险"概念。

德国法学家汉斯·察赫对这种理想中的社会保险制度的描述是,"如果社会保险的特征被完全发挥出来,它会是一种特殊的管理机构执行,管理机构的财政来源是被保险人的缴费,被保险人(以及其他缴费者,尤其是雇主)自治管理"。⑤ 以德国联邦养老保险机构为例,其就是一种以德国《社会法典》第6卷为依据设立的介于政府组织与市场主体之间的专业公共机构:雇主和雇员组成代表大会,通过自治的模式共同负责社会保险费的征缴与给付。因自治权的行使所形成的"中间载体"(社保机构)"有权对具体问题制定单方面的且有约束力的规则,在收缴保费和确定福利费时体现这种规则"。⑥ 政府不干预其日常运行,仅进行市场(运营与金融风险)监管与财务监督,实现了"政事分开"与"管办分离"。⑦ 在该种社保模式下,雇主与雇员共同管理,从缴费、保管到发放体现出一种公法干预下的意思自治特点,私益性色彩浓厚。

---

① 参见王显勇:《社会保险基金法律制度研究》,中国政法大学出版社2012年版,第105页。

② 参见彭丽萍:《社会保障基金信托法律问题研究》,法律出版社2013年版,第58~59页。

③ 参见林嘉:《社会保障的理念、实践与创新》,中国人民大学出版社第2002年版,第287页。

④ 郑秉文:《社保基金的法律组织形式:欧盟的经验教训》,载《中国政法大学学报》2009年第1期。

⑤ [德]汉斯·察赫:《福利社会的欧洲设计:察赫社会法文集》,刘冬梅、杨一帆译,北京大学出版社2014年版,第259页。

⑥ [德]乌里奇·贝克尔:《德国社会保险的自治权——理念、组织安排和改革》,载郑功成、贝克尔主编:《社会保障研究》总第1期,中国劳动社会保障出版社2005年版。

⑦ 参见娄宇:《论我国社会保险经办机构的法律地位》,载《北京行政学院学报》2014年第4期。

(2)"私有说"下的征费行为定性

在德国,是由参保雇员与雇主间共同组成公法法人团体对社保基金实施自治管理。因而在权力性质上,社保费征缴权被纳于雇员与雇主的自治管理权之下,成为自治权力的一部分,而非国家公法强制性权力的行使;在征费主体上,国家仅仅扮演社保体制监管者的角色,而非直接管理者;在社保资金的权属上,德国社保资金应是各个社保自治组织中的参保人共同共有财产,而非国家所有。统言之,德国的社保体制不具有国家主体性特征,此时社保费的征费权与政府的征税权存在本质上的隔阂。可能正由于这一体制土壤生发出的理论影响,我国有学者亦认为社保费"脱胎于私法领域,要强化(征缴)刚性,目前还找不到足够的理论依据"。①

所以,如果视社保费权属具有私有性,则对之适用《税收征收管理法》并不适当。因为对参保人财产征缴后其权属性质与主体不发生改变,仅产生权能上的限制,故保费征缴行为并非行政法上的征收行为,而更应被认为是一种"筹集行为"。② 然而,征税权的行使,本质上是一种公法上对所有权或支配权的单向转移关系。同时,由于税收征管手段是一种为实现公共利益的国家"自力救济权",③具有国家主体性特征,故适用于特定参保人集体私益的保障也并不妥当。因而需要对社保费的征缴行为性质是否具有"国家主体性"问题作进一步分析,否则社保费征缴对《税收征收管理法》的适用,将在法理上存在问题。

2. 社保费的对价性

强制性原则被认为是"社会保险制度的基石"。④ 的确,基于社会连带责任与大数法则理论,强制性为社保费的基本特征,因而其也是一种典型的公法强制性金钱给付。然而,强制性也有程度深浅的问题。公法给付的强制性的典型代表为税收。在具体的征纳关系中,税收具有强制性和无偿性,不同于私法债务所具有的意思自治、契约自由等特点。而规费作为另一种公法强制性给付类型,具有因享受一项公共服务而缴费的特征,具有对价性与一定程度的契约自由,其强制性主要体现在对这种契约自由的限制上:"对公共服务的享受,公民的选择自由仅仅是抽象的,即要么选择放弃享受,要么选择接受事先单方面确定的义务和条件来享受,因为这类公共服务只有相关公共机构才能提供。"⑤可见,规费之强制性体现于对契约自由的限制,其弱于税收。这种限制的强弱决定了强制性的深浅,而程序上则需要配套相适应的公法措施对这种强制性加以保障。

---

① 参见董保华等:《社会保障的法学观》,北京大学出版社 2006 年版,第 193 页。

② 参见黎建飞、谢冰清:《公权视野下社会保险基金权属问题之审思》,载《湖南社会科学》2016 年第 4 期。

③ 参见施正文:《税收债法论》,中国政法大学出版社 2008 年版,第 134 页。

④ 参见叶姗:《社会保险法》,高等教育出版社 2016 年版,第 74 页。

⑤ 翁武耀:《再论税收法定原则及其在我国的落实——基于意大利强制性财产给付法定原则的研究》,载《交大法学》2017 年第 1 期。

我国基本养老、医疗、工伤、失业 4 类基本社保费要求强制缴纳，若“保险对象未依规定参加保险及缴纳保险费义务，依法得课处罚金”，①即用人单位与参保劳动者个人皆不能通过放弃社保待遇进而规避缴费义务。

同时，我国社保费还表现出“对价”的属性，主要体现在具体的征缴关系与整体的社保收入和支出关系两个方面：

（1）具体征缴关系的“对价性”，主要体现在两方面：一是缴费为社保关系发生的原因。从社保机构的实际操作看，参保人与社保机构间的社保关系采缴费发生主义，即参保人需要先缴费才能与社保机构建立社保关系，从而申请社保待遇。缴费构成社保待遇享有的条件。这可见于教材《社会保险经办管理》中的观点：社保登记是用人单位、职工与社会保险经办机构建立养老保险关系的标志，用人单位、劳动者参加养老保险进行登记、申报、缴费后，社会保险经办机构即与劳动者建立养老保险关系。② 二是用人单位是否缴费构成参保人申请社保待遇的对待给付条件。我国《社会保险法》第 41 条第 1 款及《工伤保险条例》第 62 条第 2 款都规定：职工所在单位未缴工伤保险费，应由用人单位支付社保待遇。而在生育保险中，因用人单位未为职工缴纳生育保险费，由用人单位按照本办法标准支付保险待遇。③ 这种转由用人单位承担给付的民事责任设定，弱化了未缴费行为承担公法行政责任的基础。

（2）在整体关系上，社保收入与待遇支出在金额上构成“约略性”比例。社保缴费金额须计入单独的社保基金账户，遵从精算平衡的基本原则。在我国的 4 类社保中，除养老金的给付数额受个人累计缴费年限、工资数额影响外，其余社保缴费与受益待遇金额虽并不完全对应，但在整体上保持社保收入与待遇支出的平衡，因而呈现一种“约略性”比例的特征。④

可见，目前社保费虽具有不同于规费的强制缴纳特征，但社保费在前述两个方面体现出的对价性，又不符合传统税收关系的无偿性定位。有学者就认为，“社会保险费负担之有无与给付之间具有联动关系……租税则无此种对应关系，此为保险费与租税之间的本质区别”。⑤ 这在法律上则体现为对社保“强制”缴费措施的设置弱于税收。如我国

---

① 沈政雄：《社会保障给付之行政法学分析——给付行政法论之再开发》，台北，元照出版有限公司 2011 年版，第 133 页。

② 参见孟昭喜主编：《社会保险经办管理》，中国劳动社会保障出版社 2005 年版，第 42 ~ 43 页。

③ 参见人力资源和社会保障部《关于〈生育保险办法（征求意见稿）〉公开征求意见的通知》，载人力资源和社会保障部 2011 年 11 月 20 日，http://www.mohrss.gov.cn/SYrlzyhshbzb/zcfg/SYzhengqiuyijian/201211/t20121120_86343.html。

④ 参见钟秉正：《社会保险法论》（修订 3 版），台北，三民书局股份有限公司 2014 年版，第 141 页。

⑤ 蔡茂寅：《社会保障的财政问题》，载刘剑文主编：《财税法论丛》第 13 卷，法律出版社 2013 年版。

《社会保险法》在 2011 年才将第 86 条的罚款规则引入社保费征缴，[①]在行政强制方面也不同于税收，除银行账户划拨权外，税务部门只能向法院申请强制征缴。

所以，社保费征缴的法律刚性弱于税收，并非立法上的偶然。其存在的私有性、对价性，在理论上预设了缴费人更多的自愿性与主动性，从而弱化了社保费征缴程序中公法手段的设定基础。这既造成了实践中缴费不合规的问题，亦构成了社保征费向税式征收模式转轨的理论问题。

三、我国社保费的税收化状况

（一）我国社会保险的公共化

1. 我国社会保险的国家主体性

不同于德国的社保自治体制，在我国，国家在社会保险中不仅仅担当“监管者”的角色，更是社保的“管理者”和经办人。这可从社会保险的国家主体性、福利化、筹资机制的国家化三个方面体现：

（1）国家作为社会保险人

我国并不存在自治独立的社保管理机构。在进行税务部门试点征收社保费之前，我国社保费一直由社保经办机构征缴，但其法律地位一直存在争议。不少学者认为，其应被定性为类似德国公法上的社团法人或独立的事业单位。[②] 但实际上，人力资源和社会保障部对中央经办机构（社会保险事业管理中心）的定位是“综合管理全国社会保险基金和社会保险经办业务工作的部直属事业单位”，而各地的经办机构都属于同级政府主管部门直属的、全额拨款的事业单位，对经办机构的人员都实行“参公管理”。[③] 可见，我国社保经办机构依附于国家，呈现出一种国家经办社会保险的特征。

这种经办模式肇始于英国。贝弗里奇报告（the Beveridge Report）于 1942 年指出，建立全民医保，需要国家来经办。[④] 目前，英国的社保基金法律组织机构的设置和管理模式也已经完全扬弃了传统的社会伙伴合作制。[⑤] 同时，尽管社保费在英国被称为一种“贡

---

① 《社会保险法》第 86 条规定，“用人单位未按时足额缴纳社会保险费的，由社会保险费征收机构责令限期缴纳或者补足，并自欠缴之日起，按日加收万分之五的滞纳金；逾期仍不缴纳的，由有关行政部门处欠缴数额一倍以上三倍以下的罚款”。

② 参见胡川宁：《社会保险经办机构的性质和定位研究——从公法人的组织模式出发》，载《行政法学研究》2016 年第 2 期；喻术红、李秀凤：《迷局与反思：社会保险经办机构的主体定位》，载《时代法学》2016 年第 5 期。

③ 《社会保险法》第 72 条第 2 款规定：“社会保险经办机构的人员经费和经办社会保险发生的基本运行费用、管理费用，由同级财政按照国家规定予以保障。”

④ 劳动和社会保障部社会保险研究所：《贝弗里奇报告——社会保险和相关服务》，中国劳动社会保障出版社 2008 年版，第 8 页。

⑤ 参见郑秉文：《社保基金的法律组织形式：欧盟的经验教训》，载《中国政法大学学报》2009 年第 1 期。

款”(Contribution),但仍被经济学家一般视为“纯粹的税收”。[①] 面对社保人主体地位的争议,我国也已逐步在制度层面奠定了国家作为社保人的法律地位,但更强调政府行政主导,而非人大。2014年,修改后的《预算法》将“社会保险基金预算”作为政府的财政专户加以规范,而2015年出台的《基本养老保险基金投资管理办法》第13条更直接规定政府为养老基金委托投资的委托人。[②] 在实践中,国务院也早已自主决定社保待遇标准。如从2005年起,国务院逐年上调企业退休人员基本养老金10%。

(2)社会保险的福利化

国家经办社保地位的制度性定调,与社保的发展目标紧密相连。相较传统上强调“行业互助”“劳动保障”的社会保险,我国社保正在社会化与全民化。2014年,全国人大常委会审议了《统筹推进城乡社会保障体系建设工作情况的报告》,提出中国将实施全民参保登记计划,加快实现城乡基本养老人员的全覆盖。截至2017年8月,各省已逐步建立全民参保登记数据库。[③] 可见,目前社会保险的“保险性”日益弱化,同时“社会性”渐强。因而有学者认为,社会保险与社会福利逐渐趋同。[④] 这种观点强调,基于生存权保障,社保基金负担起了更多社会福利的任务,如残疾人等弱势群体在缴费和享有社保待遇时享有优惠政策,再如为鼓励城镇个体经营者和灵活就业人员加入养老保险体系,给予其相对于企业职工的缴费优惠。[⑤] 而不同于传统社保依靠特定参保人的缴费,社保基金更要求国家财政支持,这对它的筹资机制也提出了更多要求。

(3)社保筹资的国家化

在国际上,实施“税费合征”改革的国家主要是英国、瑞典、意大利以及中东欧国家,[⑥]其都具有国家经办社保的特质。而自治互助型的德国、法国,以及主要实行社保私营制、积累制的智利等拉美国家,都未实行国家征缴体制。

从社保基金的来源看,我国国家财政补贴加强。国家财政对社保基金的补贴其实长期有之。如2014年,社保基金收入43,088.07亿元,其中补贴收入9741.75亿元,[⑦]占比

---

① See Glen Loutzenhiser, *Tax Avoidance*, *Private Companies and the Family*, The Cambridge Law Journal, 2013(1), p. 38.

② 《基本养老保险基金投资管理办法》第13条规定:“省、自治区、直辖市人民政府作为养老基金委托投资的委托人,可指定省级社会保险行政部门、财政部门承办具体事务。”

③ 截至2017年8月24日,全国31个省份和新疆生产建设兵团均已建立省级全民参保登记数据库,登记信息平均入库率达89%,有24个省份登记信息入库率超过90%,其中有13个省份达到100%。而登记信息入库率低于60%的个别省份目前也正在加速推进工作。

④ 参见栗燕杰:《中国社会保险的法治议题》,中国社会科学出版社2013年版,第15页。

⑤ 参见国务院《关于完善企业职工基本养老保险制度的决定》(国发〔2005〕38号)第3条。

⑥ 参见汉斯·豪斯特·康克乐伍斯基:《社保费征收体制:问题与趋势》,载《中国社会保障》2009年第4期。

⑦ 参见《2014年中央和地方预算执行情况与2015年中央和地方预算草案的报告》,载财政部官网,http://www.npc.gov.cn/wxzl/gongbao/2015-05/07/content_1939109.htm。

约22.6%。尽管如此,依然难以有效缓解社保基金面临的压力。2017年11月,国务院更计划将企业国有股权的10%以"划转"的方式以充实社保,[①]截至2020年年末,符合条件的中央企业和中央金融机构划转工作全面完成,共划转国有资本总额1.68万亿元。[②]2020年修订的《预算法实施条例》更以条文的形式明确,"一般公共预算可以根据需要和财力适当安排资金补充社会保险基金预算",[③]使新实施条例为加大财政补贴提供了必要的制度支持。[④] 而自治体制下的德国,政府财政对于社保负担的是"制度担保责任",即一种临时的危机救助,类似于央行的"最后贷款人",[⑤]不同于我国社保逐渐趋向常态化的财政支持。

在社保筹资的方式上,2018年3月,"社保入税"改革的施行正式确立了税务部门对社保费的统一征收地位。由于税务部门相对社保经办机构,是典型的国家财政收入部门,这体现了向国家主导的社会征收模式的彻底转向,缴费的公法义务性质被加强。

2.社保费征缴行为的公共属性

对税收来说,其权属在传统上被认为是国家所有。现代公共财产法理论重新定位了税收的权属性质:税收是一种"公共财产,在形式上来源于私人财产并依法为政府所持有,但在本质上是政府基于'公共性'而代替公众持有的'集合化的私有财产',仍为'公众之财'"。"其相对于私人财产存在。"[⑥]而对筹集到的社保费,本着社保资金应与一般财政资金相区别的原则,并不属于国家的一般财政资金。但若认为是"特定参保人共有财产",亦不可取:首先,尽管目前确实尚未达成全民参保,仅为部分群体筹集,但从社会保险的福利化与全民化看,其公共性凸显,定位为特定群体的私益不再妥当;其次,在自治的社保体制中,虽受公法限制,参保人对社保基金仍享有自治管理权力,可理解为一种私权被限制后的剩余权能。然而在我国,参保人对之无任何参与管理的权利,法律规定政府为社保基金的所有者,只有全体人民通过人民代表大会方可对社会保险基金进行预算监督,而非行使私产权能,因而不应将之认定为一种参保人共同共有。

所以,应以"社会公共财产说"界定社保基金的基本权属。故社保费的征缴行为与税收的征税行为,本质上都是完成一种私人财产向公共财产的转化,具有同质性。加之,税务部门正式成为社保征缴的主体,为其统一适用征税权创造了条件。

---

① 《划转部分国有资本充实社保基金实施方案》(国发〔2017〕49号)。

② 参见《中央层面划转部分国资充实社保基金完成共划转国有资本总额1.68万亿元》,载中央人民政府网,http://www.gov.cn/xinwen/2021-01/13/content_5579333.htm。

③ 《预算法实施条例》第3条。

④ 参见杨志勇:《新预算法实施条例评析:社保预算、国库、地方债、税收返还》,载澎湃新闻网2020年8月25日,https://www.thepaper.cn/newsDetail_forward_8868057。

⑤ 参见熊伟、张荣芳:《财政补助社会保险的法学透析:以二元分立为视角》,载《法学研究》2016年第1期。

⑥ 刘剑文、王桦宇:《公共财产权的概念及其法治逻辑》,载《中国社会科学》2014年第8期。

（二）社保费对价性的解构

1. 具体“对价性”在用人单位层面的消解

（1）社保费征缴关系独立于社保待遇给付关系

在具体“对价性”中，关于社保关系何时发生，我国《社会保险法》并未对其发生时点进行明确。行政机关在实践中倾向采用缴费登记主义，即须经缴费人缴费，社保机构进行缴费登记，社保关系才始得成立，此时社保部门审核办理登记行为被认为是一种形成性行政处分行为。但如果参保人或者用人单位未缴纳社保费，社保费征缴机构又会要求其履行补缴义务，这其实导致了循环解释的悖论：未经缴费则社保关系不存在，征缴机构又基于何种法律关系行使缴费请求权？所以，该补缴规则的适用必须回归到确认性行政处分说下的公法之债理论，即劳动事实产生时社保关系即发生，无须社保机关实质审核，当社保关系发生之后，作为社保附随关系的缴费关系才发生，此时征缴机构对缴费人能当然行使公法给付请求权。“……社会保险费征缴关系也逐渐从社会保险关系中分离出来，在社保税征改革背景下两者并驾齐驱……已经摆脱了社会保险关系而成为一种独立的公法关系。”①笔者认为，承认社保征缴关系为一种法定之债，一方面，可解决社保关系是否存在的可能争议，使补缴请求权之行使更明确，提高缴费的强制性；另一方面，社保关系的存在不以缴费为条件，使税务部门能作为征收机关，更独立地运作于社保关系之外，这为税务部门征缴社保费奠定了理论基础。

（2）用人单位缴费与劳动者社保待遇不构成对价

在我国的目前社保关系中，社保待遇的享有仍然以缴费人是否缴费为对待给付的条件。根据《社会保险法》第 41 条、《工伤保险条例》第 62 条第 2 款等规定，用人单位缴费与劳动者获得社保待遇构成对待给付关系。从社保法现行规定看，用人单位是负有法定义务的缴费人自不待言，但如果以用人单位不履行缴费义务（包括代扣代缴义务）为理由，限制参保人的社保待遇，似乎并不符合对待给付的真正内涵。因为享受社保待遇的并非用人单位，而是作为参保者的劳动者个人。故现行法律以参保人可对用人单位提出代为支付作为补充，②或可提出劳动社保争议诉讼要求其补缴社保，甚至还规定了社保基金的先行给付制度。③ 事实上，上述规定形塑了用人单位所受的两种法律义务：一种是公法上的社保缴费义务；另一种是附条件的社保待遇民事给付责任。

从短期看，将因缴费不足的给付责任转移给用人单位，可以缓解社保基金面临的资金压力。然而从长期来看，社保待遇的给付责任到底由用人单位还是社保基金承担，成了一个可因是否缴费而被推脱的问题。试想，如果用人单位不缴费则社保基金可不承担

---

① 王显勇：《一个伪命题：作为劳动争议的社会保险争议》，载《法学》2019 年第 11 期。

② 参见《社会保险法》第 41 条。

③ 即由基金先行向缴费人支付社保待遇，再由社保机构依法追偿。参见《社会保险法》第 41 条，但仅适用于工伤保险。

待遇给付义务,则社保费的征收将缺少制度性的压力。社保经办机构可通过不履行征缴职责(社保入税后履行征缴的协力职责)而规避给付义务,而用人单位也非直接享有社保利益的参保人,没有充分的缴纳保费的动力。故此种制度设计明显存在欠缺。因而,让社保机构与基金承担完整的给付责任,切断用人单位缴费与参保人待遇给付的对待关系,同时配套社保入税征缴体制的征收主体改革与其后税式征管程序的法律改革,才能从根本上解决保费征缴难的问题。在《社会保险法》及相关法律法规中,取消用人单位缴费的"对价"条件,让用人单位承受更刚性的征缴措施,被认为是"有回报的,其因投保缴费而得以豁免相应的因照顾保护义务所引发的损害赔偿责任,劳动损害风险由社会保险予以承担",①这才能使我国以劳动关系为基准的社保制度转向独立。②

因而,用人单位未履行或未完全履行缴费义务不能成为社保机构给付待遇的抗辩理由,二者不应构成对待给付关系,这在德国③都有相应的立法例规定。不缴费违反的应仅仅是社保费征缴关系中的公法义务,应补缴费款和滞纳金,甚至承担应有的行政处罚。而"用人单位基于法律规定承担申报、提供资料……的法定义务,这并不是在履行社会保险关系中的契约义务",④这应当构成社保费税式征收程序中的公法协力义务。故只有参保的劳动者个人应当承担的缴费义务没有履行时,才属于真正的待遇给付抗辩事由。

2. 整体"对价性"与税收的公共财政属性

在传统上,税收往往强调无偿性、强制性与法定性。社保费"对待给付"的"有偿性"特征似乎与税收的"无偿性"构成本质上的冲突。的确,从税务部门与纳税人之间的具体征纳关系上看,税收具有无偿性,因为纳税人不能从税务部门获得对价给付。但如果从纳税人与国家之间整体税收与财政支出关系上看,税收其实具有对价性的特点。在现代税收经济理论中,公共选择学派认为,"从某种宽泛而有用的概念意义上讲,捐税是一种由个人或个人团体为以集体方式提供的公共劳务所支付的'价格'"。⑤ 财政学家马斯格雷夫也认为税收价格遵循"等价交换这一市场本性"。⑥ 因此,从纳税人(缴费人)一方与国家的整体关系的层面上看,社保缴费与社保基金支出之间的"约略性"比例对价关系,其实类似税收与一般财政支出的整体对价关系。前者遵循社会保险法上的精算平衡原

---

① 王显勇:《一个伪命题:作为劳动争议的社会保险争议》,载《法学》2019 年第 11 期。

② 我国 1994 年的《劳动法》规定了"社会保险",即用人单位有为劳动者参保缴费的义务,如未缴费,则劳动者与社保经办机构未能建立社保关系,因此社保关系的建立依附于劳动关系中义务的履行,而非是一种独立的法定关系。

③ 参见[德]苏珊·贝克尔:《德国的社会保险与司法的作用》,郭小沙译,载《社会保障研究》2007 年第 1 期。

④ 王显勇:《一个伪命题:作为劳动争议的社会保险争议》,载《法学》2019 年第 11 期。

⑤ [美]詹姆斯·M. 布坎南:《民主财政论》,穆怀朋译,商务印书馆 1993 年版,第 16、97 页。

⑥ See Richard Abel Musgrave, *The Voluntary Exchange Theory of Public Economy*, The Quarterly Journal of Economics, 1939(2), p. 213.

则,后者遵循预算法上的预算平衡原则。甚至,随着社保基金接受大量的政府补贴造成财政混同,社保精算平衡"小循环"不得不迁就于整体财政收入与支出预算平衡的"大循环"。①

(三)用人单位缴费为实质纳税

由此可见,社保费征缴行为的公共性,社保费缴纳与税收在整体层面"对价性"的契合,以及用人单位与税务部门的具体缴费关系不具对价性的特征,使对用人单位之社保费征缴行为与税款征收行为具有同质性。此外,有学者认为,由于我国社保费具有专用性,是一种有税收特征的非税收入,应定性为特别公课,其性质接近为特定目的税。② 另有学者认为,如果社保费"不分职业类别,具有全面涵盖性,且契约内容依法均具有强制性……脱离一般以受益可能性作为分担金或受益费衡量方式,而与个人特别是薪资所得者之所得额为费用基础",则"性质上即与税捐特别是所得税接近"。③ 用人单位缴纳的社保费在形式上虽并非"税",可被划归为特别公课或受益费,但实质上呈现税收特征,由此奠定了行政强制执行的基础。因而以征税权征收实质之税款,具有法理上的正当性。

四、社保费税式征收的落地——以比例原则为路径

尽管对用人单位征费与征税行为具有同质性,但税式公法措施的适用毕竟具有国家对缴费干预的加强效果,存在过度侵害缴费义务人正当权益之虞,又由于涉众广泛,故该种征费法治化的具体落地仍需谨慎为之。由于比例原则"内核在于强调干预的适度性,反对过度干预",④可用于社保征费改革公益目的与缴费人私益保护之平衡。比例原则由3个子原则组成,即妥当性原则、必要性原则以及狭义比例原则(亦称均衡性原则):首先通过妥当性原则考察税式征收能否实现征缴体制改革的最终目的;其次通过必要性原则考量公法措施的选择,是否对各缴费义务人损害最小化;最后再通过狭义比例原则,衡量该种干预手段对欲实现之利益,是否高于其对其他权益的损害。基于比例原则的分析,对税式公法措施的设定应制定例外、弱化以及过渡性规则。

(一)妥当性原则——社保费税式征收目标的实现

在妥当性原则层面分析,要解决的是"行政权力的行使,行政措施的采取,是为了达到法定目的"。⑤ 笔者认为,这里的"法定目的",是社保费征缴体制改革在法律层面要进一步实现的几大目标:一是统一征缴主体的法律授权规定,这可将征费合并入《税收征收

---

① 对于社保基金预算是坚持"精算平衡原则"还是归入年度政府预算坚持"预算平衡原则",其实一直存在争议。参见娄宇:《论作为社会保险法基本原则的"精算平衡"和"预算平衡"》,载《华东政法大学学报》2018年第5期。

② 参见叶姗:《社会保险费改税的法律分析》,载《税务研究》2012年第1期。

③ 参见柯格钟:《公课与税捐概念》,载《月旦法学教室》2016年总第168期。

④ Vgl. Claus-Wilhelm Canaris, Gesammelte Schriften, Band 1: Rechtstheorie, Verlag Walter de Gruyter, 2012, S. 775 ff. 转引自郑晓剑:《比例原则在民法上的适用及展开》,载《中国法学》2016年第2期。

⑤ 黄学贤:《行政法中的比例原则研究》,载《法律科学·西北政法学院学报》2001年第1期。

管理法》来解决；二是以全国人大制定的《税收征收管理法》征缴社保费，可提高法律依据的效力层级，统一执法标准，从而达成在收入端实现社保统筹的改革目的；三是适用《税收征收管理法》可提高社保费征缴的执法刚性与可操作性。如在征缴措施层面，税务部门征缴社保费可通过《税收征收管理法》获得广泛的强制执行权；在行政处罚层面，《社保费征缴条例》仅对社保登记、未申报、账册设置不合规的可处罚款，而适用《税收征收管理法》，可借鉴其对登记、账册设置、扣缴、资料报送、不纳税、纳税不实、欠缴、抗税、阻挠税务检查等一系列违法行为设定的不同程度的罚款；还可通过税务部门处理涉税争议中所形成的成熟规则，减少税务部门的执法成本。

值得一提的是，人力资源和社会保障部于 2018 年 10 月发布了《社会保险领域严重失信"黑名单"管理暂行办法(征求意见稿)》，对所列的社保违法行为进行失信惩戒。尽管失信惩戒可以有效提升缴费人的遵从性，但它"甚至比行政处罚乃至刑事处罚更具有威慑力"，[①]理应将其导入《税收征收管理法》这类高位阶的法律，与税收失信惩戒一同设立专门规则加以规范，[②]从而根据适用情形确定不同程度惩戒措施适用的先后顺序，[③]强化征费行为的规范性。

(二)必要性原则——弱化参保个人公法措施的设定

根据必要性原则的要求，在达到行政目的的前提下，需要证明该项措施是诸种手段之中损害最小的一种。也即，税式征收手段的选择应使其对缴费人基本权利的损害最小化。[④] 对于社保个人账户缴费，由于我国《社会保险法》第 14 条规定其可以继承，故因其私有属性不应适用《税收征收管理法》。但是，值得注意的是，个人账户目前已呈现逐步取消的趋势。[⑤] 但在统筹账户中，缴费义务人还分为用人单位与参保个人(如灵活就业人员)缴费，应区分这两类主体设定不同程度之公法措施，方符合必要性原则。

《征缴条例》对"缴费单位"规定了滞纳金、强制执行、罚款等公法保障措施，但地方立法则对该处"缴费单位"的解释存在分歧。2014 年施行的《广东省地方税务局征收社会保险费欠费管理暂行办法》明确追欠措施适用对象为"不含灵活就业人员、非全日制从业人员、无雇工个体工商户"的"用人单位"。[⑥] 但 2005 年施行的《浙江省社会保险费征

---

① 袁森庚:《对〈税收征管法〉修订思路的几点认识——兼评〈税收征管法修订稿(征求意见稿)〉的相关内容》，载《税收经济研究》2014 年第 6 期。

② 比如，2015 年《税收征收管理法修订草案(征求意见稿)》曾在第 9 条增加了对失信的规定。

③ 目前的失信惩戒手段非常多元，包括针对如交通出行、行政补贴、税收优惠、市场准入限制等 30 余种失信惩戒措施，因而须根据不同的情形选择对缴费权益侵害相对较小的方案。参见王瑞雪:《政府规制中的信用工具研究》，载《中国法学》2017 年第 4 期。

④ 参见黄学贤:《行政法中的比例原则研究》，载《法律科学・西北政法学院学报》2001 年第 1 期。

⑤ 2019 年，国家医疗保障局和财政部联合发布的《关于做好 2019 年城乡居民基本医疗保障工作的通知》规定:"实行个人(家庭)账户的，应于 2020 年底前取消，向门诊统筹平稳过渡；已取消个人(家庭)账户的，不得恢复或变相设置。"

⑥ 参见《广东省地方税务局征收社会保险费欠费管理暂行办法》第 2 条。

缴办法》却将“城镇个体劳动者”（包含“城镇个体工商户、自由职业者以及其他依法自行参保的人员”）解释为“缴费单位”的其中一类，①从而适用与其他缴费单位相同的公法措施。而在2020年出台的《江苏省社会保险费征缴条例》则并没有明确规定参保个人是否可适用强制征缴和罚款等。② 这反映了我国立法实践中理论认识的不足：一是并不考虑用人单位与参保个人缴费义务在对价性上的差异，对两者适用同等强制措施与罚款规则，典型如浙江省的立法；二是注意到参保个人之于用人单位的不同，而不设定公法措施，但又忽略了社保缴费具有不得放弃的强制性，完全不对之设置公法措施也并不见得合理，典型如广东省立法。

所以，社保费之对价性仍然体现在参保个人的缴费关系上，使对参保个人适用与用人单位相同的公法措施并不满足必要性。“对价”本身意味着若参保人不履行缴费义务，自然承受待遇享受不能的不利后果，而设置罚款可能将加重其经济负担。故我国《社会保险法》可单独规定采减轻甚至附条件免除罚款。但基于社保费的强制性基本要求与大数原则，同时根据未来社保全民化推进之不同阶段，可考虑对参保个人设定适当的滞纳金、保全等强制措施，同时配套基本生活用品不得强制执行等生存权保障条款或社会组织扶助规则。这在制度上也可与自然人税收征管改革相结合，方能符合税式征收措施设定的必要性原则。

（三）狭义比例原则——利益衡量下追缴规则的缓和

对社保费适用税式征收还须受狭义比例原则的审视，即应比较该手段造成的利益损失是否超过了该目的所欲保护的利益。若超过，则违背了狭义比例原则的要求。前述必要性原则只是对规制手段内部的一种比较与选择，无法衡量这种手段实施后产生的利益冲突问题。而狭义比例原则更强调对整体利益得失进行判断，以探查设定该种措施是否在人民可以忍受的合理程度之内。

关于追缴期限，由于《社会保险法》与《征缴条例》对之未作规定，在实践中对于如何追缴并不统一。③ 随着社保入税改革，原适用于劳动保障行政部门的2年时效规定，在严格意义上对税务部门将不再适用。④ 学界中，有认为应基于追缴机构的“横向公平”，《劳

---

① 参见《浙江省社会保险费征缴办法》（2005年）第3条。

② 参见2020年的《江苏省社会保险费征缴条例》第30条、第31条。

③ 有的法院认为，应按照《劳动保障监察条例》2年的追缴时效规定，如山东省高级人民法院行政判决书，（2017）鲁行再26号；北京市第二中级人民法院（2016）京02行终1664号行政判决书。有的法院认为，并无2年限制，法律并未明确设定，如广州铁路运输中级人民法院（2017）粤71行终660号行政判决书。

④ 《劳动保障监察条例》第20条规定，违反劳动保障法律、法规或者规章的行为在2年内未被劳动保障行政部门发现，也未被举报、投诉的，劳动保障行政部门不再查处。前款规定的期限，自违反劳动保障法律、法规或者规章的行为发生之日起计算；违反劳动保障法律、法规或者规章的行为有连续或者继续状态的，自行为终了之日起计算。

动保障条例》的2年规定也适用于税务部门执法。[①] 但也有意见认为,《劳动保障条例》的2年规定仅适用于行政处罚,对社保费的追缴并无期限限制,[②]甚至有认为在无特别法规定的情形下,可以类推适用《民法典》3年期限。[③] 学界诸般争论至少表明,目前税务部门追缴社保的期限在法律上仍无定论。而如果直接适用《税收征收管理法》,在追缴实践中可能会产生一种参照适用的向前"填补"效果:根据不同的情形适用3年、5年或无期限追征,毫无疑问会对企业带来巨大法律风险。

社保费不足缴的非"法治型"状态早已持续多年。[④] 考虑我国宏观经济目前进入了转型的新常态,尤其民营企业负担整体较重,在财税领域强调"减税降费"成为政策主旨。加之,2020年"六稳""六保"成为我国经济发展的基本方针,因而追缴社保费为企业经营带来的眼前压力远远大于社保基金偿付的远期压力。"当在一个体制下社保费不遵从可被容忍,但转换至另一体制中这种行为将被处罚……那么一次性的赦免可用以在新体制中起到鼓励遵从的作用。"故基于狭义比例原则,对于利用最低工资标准等法律漏洞而未足缴等恶性较小行为,可以考虑适用"保费赦免"(Contribution Amnesties)措施。如玻利维亚曾在固定受益制转向固定缴款制社保改革中就曾使用过"一次性赦免"。[⑤] 在眼下面临的经济形势中,考虑对恶性较小行为适用赦免可化解企业眼前经济困局,更可在将来一定程度上起到对税式征收模式有效遵从的效果。而对于恶性较大的逃费行为,可以类推《劳动保障条例》2年期的规定,并对滞纳金和罚款作出上限规定,以稳定企业的法律风险预期,缓和利益冲突带来的不利影响。

五、余论

目前,社保入税的机构职能改革正在逐步推进,在法律层面配套以税式征收法治构建,应是补足制度未尽之处与凝练改革最终成果的理想方式。而《税收征收管理法》自2015年施行以来,一直在酝酿全面修法以适应税收征管的新形势。关于用人单位的税式征费立法,应在稳定市场预期,经济形势向好复苏的情形之下,选择在未来《税收征收管理法》修订的恰当时机加以植入,以完成全国各地征费规则的统一和费税征收标准的统一,从而推动社保全民化改革的继续进行。同时,社保费的税式征收法律改革也可推动《社会保险法》的修订,逐步取消用人单位对于参保人的劳动保障给付机制,使其退出社

---

① 参见吴凌畅:《国地税合并背景下社会保险费追缴时效问题研究》,载《税务与经济》2019年第3期。

② 参见栾居沪:《对追缴社会保险费时效问题的思考——兼与夏小伟商榷》,载《中国劳动》2017年第8期。

③ 参见房海军:《社会保险费强制征缴的现实之需、实施困境及其应对》,载《北京理工大学学报(社会科学版)》2019年第3期。

④ 参见郑秉文:《社会保险费"流失"估算与深层原因分析——从税务部门征费谈起》,载《国家行政学院学报》2018年第6期。

⑤ See Clive Bailey & John Turner, *Contribution Evasion and Social Security: Causes And Remedies*, Conference Paper, 2nd International Research Conference on Social Security, 1998, p. 13.

保待遇给付关系，从而完善我国真正意义上的社会保险制度。关于灵活用工个人参保的征费立法，在短期内仍以自愿参保为原则的情况下，可暂不进行税式征管改革，而随着未来全民化强制参保的到来，再考虑并入《税收征收管理法》中，但应在滞纳金设定、罚则适用等方面考虑到对价性之存在，进行区别于用人单位的立法。税式征收的公法程序法改革的完全落地，也能为社会保险费改社会保障税的实体法改革奠定基础，因此需要逐渐统一所得税税基与社保费费基，将缴费人、缴费对象等逐渐纳入税法的概念体系范畴，从而进一步完善社保税纳税人、征税对象、税基等方面的规则，方能使执法适用更加规范，做到实体与程序两方面的统一。

文化发展与文化事业建设费:协调与实现机制

郭维真[*]　包少卿[**]

在文化交流不断深化的今天,文化不再只是"人类生活的总集",而更已成为特定条件下"具有经济价值、可消费的产品",即文化商品。① 换言之,文化兼具有传统公共属性与现代经济价值的自身特色,故而其逐渐成为具有特殊性的现代产业的一环。

然而在一段比较长的历史时期中,我国并没有文化产业的概念,只有文化事业的概念。对于二者的区别,一般认为文化事业提供的是公共产品,因此主体是公益性文化部门,通常需要国家投入或政府运营;而文化产业则提供文化商品,主体是具有营利性的企业,主要通过市场进行运营。② 由于不同历史阶段、经济发展水平与经济体制的不同,政府与市场在文化发展的不同阶段所扮演的角色和承担的责任也存在差异,产业还是事业也影响着财政资源的配置和财税政策的制定。在当前文化的"产业"特色显著于"事业"特色的背景下,笔者认为,有必要对基于改革开放前20年的经济环境所制定的文化政策加以梳理、反思与检讨。

以文化事业建设费为例,作为对特定行业征收的一项政府性基金,其在特定的历史时期具有存在的合理性和必要性。然而,随着党的十八大明确提出"全面推进依法治国"的战略布局,税收立法进程从形式到实质的推进速度明显加快,对相关税费征缴的合法性审查也逐渐严格。与此同时,更大规模减税降费政策也在不断落地。在此种背景下,文化事业建设费作为一项负担不亚于税的征收,其是否仍具有存在的合法性与合理性基础,值得我们进一步思考。本文希望通过学理和制度的分析,对文化事业建设费在当下能否发挥其政策制定之时所希冀的社会功能予以审视,并在合法性与合理性的检视下寻求制度完善路径。

---

* 中央财经大学法学院副教授。

** 中央财经大学硕士研究生。

① 联合国教科文组织指出,文化商品一般是指那些消费商品销售的概念、符号及生活模式,它们借由个别国家集体创造模式,并辅以生产机制及知识产权增值而形成。

② 参见周正刚:《文化事业与文化产业关系辨正》,载《东岳论丛》2010年第11期。

一、从文化事业到文化产业:公共政策的目标与手段的变迁

(一)基于公共事业的公共性:财政主导

1954 年宪法中已有“文化事业”的提法,[①]而在许多场合中,“文化事业”又与“文化事业单位”的内涵表达更相近。根据上海辞书出版社《大辞海》在线数据库,[②]“文化事业单位”,是指在中国各个政府部门以及全国性社团组织系统下建立的文化机构。换言之,文化事业从属于政府部门,被赋予了特别的含义,即服务于社会主义精神文明建设,以提供公共文化产品为主要内容,呈现公共性或公益性。由此,其时影响文化事业发展的各项要素非以市场为主,而更重于财政投入和文化管理体制的改革完善,其运行也被纳入财政框架中。可以说我国文化体制在较长的一段历史时期内,呈现具有国有资本单一投资主体、管办不分、政企不分、事企不分、政资不分、条块分割、城乡二元结构和“以意识形态为指导,以行政手段配置资源”的显著特征。[③]

随着改革开放的深入,文化事业单位也开始向双轨制发展。[④] 为弥补文化经费的不足,1987 年文化部、财政部与国家工商局联合发布《关于文化事业单位开展有偿服务和经营活动的暂行办法》(文计字〔87〕第 94 号,已失效),文化事业单位可经批准开展有偿服务和经营性活动,明确了双轨制的合法化。1991 年,国务院批转文化部《关于文化事业若干经济政策意见报告的通知》(国发〔1991〕31 号)中,进一步明确了“增加财政对文化事业的投入”的政策方向,并对“以文补文”的政策支持予以重申。[⑤]

1992 年,党的十四大明确“建立市场经济体制”的改革目标,党的十四届三中全会《关于建立社会主义市场经济体制若干问题的决定》中提出了社会主义市场经济体制建设的总体规划,以及 1996 年国务院《关于进一步完善文化经济政策的若干规定》(国发〔1996〕37 号)中“拓宽文化事业资金投入渠道,逐步形成适应社会主义市场经济要求的筹资机制和多渠道投入体制”的提法,更是进一步推动了文化领域的市场化进程。

在这段计划特色突出的特定历史时期,“文化事业”的内涵与外延也一度限于其主管部门的监管范围内。“八五规划”中,“文化事业”的重点领域仅包括“文化建设新闻出版、广播电影电视、文学艺术等”[⑥]。随着经济体制改革的推进,“文化事业”所涵盖的领

---

① 根据“科学、教育、文学、艺术和其他文化事业”的表述,文化事业成为一个涵盖科学、教育、文学、艺术的统称。

② 载大辞海官网,http://www.dacihai.com.cn。

③ 参见齐勇锋:《文化体制改革:进展、难点和前景展望》,载叶取源等主编:《中国文化产业评论》第 8 卷,上海人民出版社 2008 年版。

④ 1979 年中央电视台和上海电视台播出了中国和外国的第一条商业广告,标志我国文化事业核心机构正式从意识形态宣传转向宣传与经营的双轨制发展。

⑤ 其时的经济政策还是“国家调节市场、市场引导企业”,国家宏观调控居于主导地位。

⑥ 《中华人民共和国国民经济和社会发展十年规划和第八个五年计划纲要》,1991 年 4 月 9 日第七届全国人民代表大会第四次会议批准。

域开始呈现出尊重文化的内在分类的特点,并得以进一步细分。“九五规划”中,“文化事业”已囊括了“文学艺术事业、艺术教育事业、社会文化事业、少数民族文化事业、图书馆事业、文化科技与文艺研究、文化市场管理、对外文化事业和对我国港澳台地区文化交流、文物博物馆事业、文化设施建设”①等诸多领域。但是,其依旧呈现与市场化相区别的特征。

因此,基于“引导和调控文化事业的发展”的需要,这一时期国家对文化事业的扶持,主要体现在开征文化事业建设费、鼓励对文化事业的捐赠以及对文化事业的财税优惠政策当中。② 作为政府性基金的文化事业建设费,其支出范围“主要用于国家对社会主义精神文明建设,重点是思想道德和文化建设进行宏观调控等方面的开支”。③ 在市场经济不发达的当时,文化事业建设费对文化事业的发展起到了积极的作用。

(二)基于产业的营利性:市场主导

随着社会主义市场经济体制改革的不断深入,政府与市场的边界也日益明晰,文化的“经济性”不再为“公共性”所掩盖,文化发展中市场与政府的角色定位和责任分担,也有了更科学、合理的界分。

“文化产业”这一概念最早出现在2000年《中共中央关于制定国民经济和社会发展第十个五年计划的建议》中,“完善文化产业政策,加强文化市场建设和管理,推动有关文化产业发展”成为加强社会主义精神文明建设的重要内容。

2002年,党的十六大报告中明确提出“积极发展文化事业和文化产业,继续深化文化体制改革”。④

2003年9月,文化部发布的《关于支持和促进文化产业发展的若干意见》(文产发〔2003〕38号)中将文化产业界定为:“从事文化产品生产和提供文化服务的经营性行业。它以生产和提供精神产品为主要活动,以满足人们的文化需求作为目标。”该意见进一步明确了文化产业的战略意义,⑤并提出了“充分发挥在国家宏观调控下市场对文化资源配置的基础性作用”。同时,该意见对文化产业的分类也体现了与经济世界的融合,文化产业外延也得以拓展,涵盖了“演出业、影视业、音像业、文化娱乐业、文化旅游业、网络文

---

① 原文化部发布的《文化事业发展“九五”计划和2010年远景目标纲要》(文办发〔1997〕7号)。

② 参见国务院《关于进一步完善文化经济政策的若干规定》(国发〔1996〕37号)。

③ 财政部、中共中央宣传部发布的《文化事业建设费使用管理办法》(财文字〔1997〕243号)。

④ 江泽民:《全面建设小康社会,开创中国特色社会主义事业新局面》,2002年11月8日在中国共产党第十六次全国代表大会上的报告。2003年10月14日党的十六届三中全会通过的《中共中央关于完善社会主义市场经济体制若干问题的决定》则进一步明确,“转变文化行政管理部门的职能,促进文化事业和文化产业协调发展”。

⑤ 作为与文化事业相对应的概念,文化产业,是指从事文化产品生产和提供文化服务的经营性行业,是社会生产力发展的必然产物,是随着我国社会主义市场经济的逐步完善和现代生产方式的不断进步而发展起来的新兴产业。

化业、图书报刊业、文物和艺术品业以及艺术培训业等行业门类”。

2003年10月,党的十六届三中全会通过《中共中央关于完善社会主义市场经济体制若干问题的决定》,其中明确指出应“转变文化行政管理部门的职能,促进文化事业和文化产业协调发展……努力实现社会效益和经济效益的统一”,①并对公益性文化事业和经营性文化产业予以界分。

可以说,我国文化发展由事业到产业的转变,是中国特色社会主义发展到一定阶段或称社会主义市场经济发展的必然产物。具有公益性的文化事业与具有经营性的文化产业的共同发展,更是体现出了社会主义文化建设的重要特色。

一方面,对于文化事业,我国继续“加大政府对文化事业的投入,逐步形成覆盖全社会的比较完备的公共文化服务体系”;②该领域的主要立法以2016年颁布的《公共文化服务保障法》为代表。

另一方面,就文化产业而言,政策导向已由“将文化产业培育成国民经济新的增长点”③进一步发展到党的十八大报告中提出的,“将文化产业发展成为国民经济支柱性产业”;④该领域的主要立法则以2016年颁布的《电影产业促进法》和2019年发布的《文化产业促进法(草案送审稿)》为代表。

文化产业所以被提升到如此具有战略意义的地位,原因在于其已成为全球可持续发展的重要驱动力。为实现可持续发展而大力推进文化产业,并为此而实行文化多样性的政策,是国际社会已经形成的共识,中国也不例外。在宪法层面,我国已经确立了文化强国的基本国策,明确规定了国家的文化发展义务⑤与文化扶助义务⑥,特别强调国家应保障和促进文化的多元性。⑦ 2016年4月,我国政府发表了“落实2030年可持续发展议程中方立场文件”,明确统筹推进文化建设、推进物质文明精神文明并重、着力形成平衡发

① 《中共中央关于完善社会主义市场经济体制若干问题的决定》,2003年10月14日中国共产党第十六届中央委员会第三次全体会议通过。

② 《中华人民共和国国民经济和社会发展第十一个五年规划纲要》,2006年3月14日第十届全国人民代表大会第四次会议批准。

③ 《文化产业振兴规划》,2009年7月22日国务院常务会议讨论通过。

④ 胡锦涛:《坚定不移沿着中国特色社会主义道路前进　为全面建成小康社会而奋斗》,2012年11月8日在中国共产党第十八次全国代表大会上报告。

⑤ 《宪法》第19条第1款规定:“国家发展社会主义的教育事业,提高全国人民的科学文化水平。”第22条规定:“国家发展为人民服务、为社会主义服务的文学艺术事业、新闻广播电视事业、出版发行事业、图书馆博物馆文化馆和其他文化事业,开展群众性的文化活动。国家保护名胜古迹、珍贵文物和其他重要历史文化遗产。”

⑥ 《宪法》第47条规定:“中华人民共和国公民有进行科学研究、文学艺术创作和其他文化活动的自由。国家对于从事教育、科学、技术、文学、艺术和其他文化事业的公民的有益于人民的创造性工作,给以鼓励和帮助。”

⑦ 《宪法》第4条第2款规定:“国家根据各少数民族的特点和需要,帮助各少数民族地区加速经济和文化的发展。”

展结构。需要说明的是,以上所有的文化产业政策支持与文化事业的财政直接投入的显著区别在于,文化产业政策支持本身并没有对文化产业的发展予以公权力上的显著影响,其发展仍然是更多地有赖市场的引导,而以国家的产业优惠财税政策为一种辅助性手段。

二、文化发展的法治建构:原则与路径

由于文化的社会价值远远超于经济范畴之外,就个人而言,其影响人们“认识世界、定位自身、确定其权利以及与他人构建有效的生产性关系的方式”;①就社会而言,其对于获得以人为中心的、包容性的和可持续的发展具有极其重要的作用;②就国家而言,其是可持续发展的基石,文化产业或创意经济是国家鼓励创新、开拓新型发展道路的可行性选择。

在这样的经济价值与社会价值的双重属性下,文化产业兼具了产业形态和文化形态的使命,对文化产业发展的国家促进也成为各国的选择。当然,此种发展促进必须在法治的框架内运行。

(一)以自由竞争为基础

由于文化产业的产业性和经济性所在,其发展自应遵循市场经济的一般规律。党的十九大报告明确指出,“建设现代化经济体系,要让市场在资源配置中发挥决定性作用,更好发挥政府作用”。因此,国家应尊重市场规律,尊重自由市场经济的运作,法律或行政行为不得干预市场。

其一,以国家尊重契约自由为基石。从原《合同法》(1999 年)、原《物权法》(2007 年)到原《民法总则》(2017 年),再到 2021 年《民法典》的生效施行,国民的道德共识和法治意识,已在国家日臻完善的立法进程中得到凝聚。民事领域立法的进步更是通过对民商事交易规则的确立和民事权利的保护,间接划定了公权力的作用空间。换言之,在国民权利意识增强、“权利”与“权力”之分野逐渐明晰的背景下,国家对属于“市民社会”范畴的“文化产业”的干预和调控必须以市场基础和优先为原则。

其二,契约自由的背后是有序竞争,即国家应通过立法创建公平合理的竞争规则,使不同产业得以在法治的基础上公平竞争。一方面,国家不得通过制定歧视性政策对某些产业设置不合理的屏障或增加不合理的负担,从而使企业在市场竞争中居于先天的不利地位;另一方面,国家应充分发挥其在克服市场缺陷方面所具有的显著相对优势,通过公

---

① See *Creative Economy Report* 2013, the United Nations website, Accessed April 22, 2022, http://www.unesco.org/culture/pdf/creative-economy-report – 2013 – en.pdf.

② See *Cultural Times-The First Global Map of Cultural and Creative Industries*, the United Nations website, Accessed April 22, 2022, http://www.unesco.org/new/fileadmin/MULTIMEDIA/HQ/ERI/pdf/EY-Cultural-Times2015_Low – res.pdf.

共产品供给和建立社会福利制度以克服市场不能。①

其三,现代国家基于特定的时代需求,可以基于不同产业供给面和需求面的特征制定相应的产业政策。就供给侧而言,自由竞争的核心在于市场上有足够多数量的供给者提供商品,从而向消费者提供更多的选择机会。就需求侧而言,只有在自由竞争市场上存在众多需求者,才能使文化产品得以在市场上自由流通。党的十九大报告中提出的"人民日益增长的美好生活需要",就包含了人民对于文化产品的需求。由此,培育全社会的整体文化氛围和全体国民健康的文化心理,引导、增进消费需求,以及采取必要措施增进供给对需求的匹配性,是未来国家在制定出台产业政策时需要考量的重要因素。充分良性竞争的文化市场的建立,是文化产业赖以生存和发展的基石。

(二)国家促进的必要性与边界

在国家层面,文化产业的文化性与公共性表现为:首先,其具有激发文化艺术创作、增进国家文化事业发展和提升文化多元性等公共利益的属性;其次,在世界多极化、经济全球化、社会信息化、文化多样化深入发展的进程中,各类文化产业在创造经济利益之外,也扮演了展示文化软实力的重要角色,文化产品是本国核心价值观念向外传输的重要途径。因此,对于此类具有较大外溢效应的产业,国家应采用必要的政策工具促进其发展,以此实现本土文化对本国乃至全球脉动的影响与产业联结,同时通过产业的发展带动经济转型、提升国际竞争力。②

一方面,国家应基于提供公共服务的职能,为具有公共文化服务特征的文化产业提供基础性服务。以我国《公共文化服务保障法》(2016年)为例。该法明确提出,基于满足公民基本文化需求的目的,国家对文化产品的提供具有基础性的责任和义务,③进而使人民群众的基本文化权益和精神文化需求的满足具有了法律保障基础。同时,该法还提出了公共文化服务均等化的目标,指出"县级以上人民政府应当……按照公益性、基本性、均等性、便利性的要求,加强公共文化设施建设,完善公共文化服务体系,提高公共文化服务效能"④"国家重点增加……公共文化产品供给,促进城乡公共文化服务均等化"⑤等,为文化产业的均衡发展奠定了基石。

另一方面,市场化运作对于文化产品此类混合公共产品的公共性功能的实现也有其不足之处,需要国家通过在税收上给予优惠,或是设立各类专项资金以支持文化产业发

---

① 参见[美]保罗·A.萨缪尔森、[美]威廉·D.诺德豪斯:《经济学》,高鸿业等译,中国发展出版社1992年版。

② 文化产业最重要的价值不仅在于提供文化产业增加值,更在于提供文化附加值,通过文化和其他传统行业以及新技术的结合,来推动整个经济的发展。参见魏金金:《李向民:文化产业应定位为国家战略性支柱产业》,载中国经济网,http://www.ce.cn/culture/gd/201801/09/t20180109_27639941.shtml。

③ 《公共文化服务保障法》(2016年)第2条。

④ 《公共文化服务保障法》(2016年)第4条。

⑤ 《公共文化服务保障法》(2016年)第35条。

展，如“国家电影事业发展专项资金”“文化事业建设费”等政府性基金，或是一度存在“宣传文化发展专项资金”“优惠剧(节)目创作演出专项资金”“出版发展专项资金”等。

然而无论基于何种理由、采用何种形式的国家财政投入，即便采用的是税式支出方式，都必须首先回答相关财政政策的合法性问题。首先，文化产业发展的命脉是市场，故而国家补助政策的边界必须有法律依据。其次，某种意义上所有的产业都有寻求国家给付的公共利益的存在，那么国家有限的财力为何补助特定产业，这种差别待遇必须有充分的正当理由。最后，特定产业补助的资金如是直接源于对某一产业的征税，则此种行为将产生刻意营造不公平竞争环境的嫌疑。故而此种文化产业领域的财政政策是否能经得住竞争政策的检验，值得我们进一步探讨。

三、文化事业建设费的政策评析

(一)文化发展宏观目标下的文化事业建设费：促进抑或是阻滞

如前所述，“国家电影事业发展专项资金”和“文化事业建设费”同属政府性基金，然而二者在资金来源和使用的对称性上存在较大区别。

国家电影事业发展专项资金，按照县及县以上城市电影院电影票房收入的5%提取；[①]而资金主要用于扶持国家倡导的重点影片生产、城市电影院的维修改造和对民族地区电影企业特殊困难者的资助，以及对电影经济发展有重大影响的重点项目的支持。资金在电影产业内部的流转，体现了产业内部不同部门之间经营状况的差异，以及在国家特定政策下的彼此支持。换言之，体现了受益者负担的基本原则。

文化事业建设费，无论是国务院《关于进一步完善文化经济政策的若干规定》(国发〔1996〕37号)还是《文化事业建设费使用管理办法》(财文字〔1997〕243号)，一般都认为其缴纳义务人为娱乐业和广告服务经营者。然而，《文化及相关产业分类(2018)》(国统字〔2018〕43号)将广告业调整为广告服务，从属于创意服务类；将娱乐业调整为娱乐服务，从属于文化娱乐休闲服务；二者均属于文化核心领域。[②] 因此，在政府性基金收支安排内嵌了负担者和受益者之间的对称关系的基本理论框架下，文化建设费无疑是违背了这一对称性，以特定的文化产业经营者承担了全社会文化事业建设费的筹资重任。

在文化事业建设费开征的年代，国家兼以所有者身份和统治者身份参与文化事业建设，前者表现为文化事业单位的体制内属性，后者则表现为对特定行业的征收用以支持文化事业建设。在计划经济体制下，此种身份的混同有其历史必然及必要性。

然而，时至今日，文化产业与文化事业在形式与内容上已经不再有实质区别。换言

---

① 参见财政部、原国家广播电影电视总局发布的《国家电影事业发展专项资金管理办法》(财教〔2006〕115号)第2条。之后财政部、原国家新闻出版广电总局发布的《国家电影事业发展专项资金征收使用管理办法》(财税〔2015〕91号)第7条规定，“办理工商注册登记的经营性电影放映单位”。

② 文化核心领域，包括新闻信息服务、内容创作生产、创意设计服务、文化传播渠道、文化投资运营、文化娱乐休闲服务。

之，以广告业和娱乐业经营者的额外负担作为财政补助文化事业的资金来源，在某种意义上与文化产业促进政策相违背。以广告业为例，党的十七届六中全会通过的《中共中央关于深化文化体制改革推动社会主义文化大发展大繁荣若干重大问题的决定》中指出，应"壮大广告等传统文化产业"；国家"十二五"规划纲要提出，应"促进广告业健康发展"；国家《产业结构调整指导目录（2011）》已把"广告创意、广告策划、广告设计、广告制作"列为鼓励类；而原国家工商总局《广告产业发展"十二五"规划》更是明确"广告业是我国现代服务业和文化产业的重要组成部分"。

同时，根据《文化产业促进法（草案送审稿）》，文化产业，是指"以文化为核心内容而进行的创作、生产、传播、展示文化产品和提供文化服务的经营性活动，以及为实现上述经营性活动所需的文化辅助生产和中介服务、文化装备生产和文化消费终端生产等活动的集合"。[①] 在这样的内涵与外延的表述下，娱乐业或是广告业都成为文化产业的重要组成；在文化产业对我国经济社会发展的战略意义不言而喻的历史条件下（尤其草案送审稿中还特别提及"品牌建设"即"国家鼓励和支持文化企业的品牌培育和推广"[②]），虽然广告业的文化事业建设费仅涉及广告服务，但作为广告产业链上的一环，该项费的负担完全可以通过商业安排进行转嫁，弱化国家产业促进政策的效应。

因此，对于文化事业建设费在不同时期对于文化发展宏观目标的实现所起到的作用，应当客观予以评价，既要考虑国家文化产业的整体发展水平，又要兼顾文化产业内部不同行业之间的社会贡献率和行业利润率，对相关制度的改革予以科学评估。

（二）法律保留下的文化事业建设费：合法性审视

一切权力的行使均应受法律约束，而法律位阶的秩序扩展至宪法，并以宪法作为最高规范，拘束所有的国家行为。文化事业建设费作为一项对私主体财产的征收，毫无疑问应当受到《宪法》第 13 条的约束，即该征收应符合"公共利益的需要"。而文化事业建设费作为一种政府性基金，其征收的强制力不逊税收，其设立或运行也当遵循《立法法》对基本财政制度法律保留的规范，比照税收法定的相关要素。[③]

当然，文化事业建设费开征之时，《立法法》尚未制定出台，故而其开征依据为国务院《关于进一步完善文化经济政策的若干规定》（国发〔1996〕37 号）这一行政法规。而该若干规定的法律依据又可以追溯至 1985 年 4 月 10 日第六届全国人民代表大会第三次会议通过的《关于授权国务院在经济体制改革和对外开放方面可以制定暂行的规定或者条例

① 值得一提的是，国家统计局发布的《文化及相关产业分类（2018）》（国统字〔2018〕43 号）对于文化产业的界定是"以文化为核心内容，为直接满足人们的精神需要而进行的创作、制造、传播、展示等文化产品（包括货物和服务）的生产活动"。可以说，该法对于文化产业的界定也吸收了国民经济最新分类，同时兼顾了与联合国教科文组织《文化统计框架 - 2009》的衔接。

② 《文化产业促进法（草案送审稿）》第 35 条。

③ 《立法法》第 11 条第 1 款第 6 项规定，税种的设立、税率的确定和税收征收管理等税收基本制度。

的决定》。[①] 然而即便在其合法性的前提下，现行文化事业建设费制度仍然存在值得商榷之处。

1. 关于缴纳义务人

根据国务院《关于进一步完善文化经济政策的若干规定》（国发〔1996〕37 号），文化事业建设费的缴纳主体为"营业性的歌厅、舞厅、卡拉 OK 歌舞厅、音乐茶座和高尔夫球、台球、保龄球等娱乐场所"与"广播电台、电视台和报纸、刊物等广告媒介单位以及户外广告经营单位"。[②] 而根据《文化事业建设费使用管理办法》（财文字〔1997〕243 号），文化事业建设费的缴纳义务人则为"缴纳娱乐业、广告业营业税的单位和个人"。

"营改增"后，广告业的缴纳义务人调整为"在中华人民共和国境内提供广告服务的广告媒介单位和户外广告经营单位"。[③] 娱乐业的缴纳义务人则为"在中华人民共和国境内提供娱乐服务的单位和个人"。[④]

由此可见，国务院《关于进一步完善文化经济政策的若干规定》关于文化事业建设费缴纳义务人的范围，无形中被财政部、国家税务总局以规范性文件的形式扩大了：娱乐业的缴纳义务人由娱乐场所扩大到"提供娱乐服务的单位和个人"，广告媒介单位的规定也由列举式转变为包揽式。即便是基于法律的解释，此种对文化事业建设费缴纳义务人范围的扩大也已经超越了文义解释的范畴，而演变成一种漏洞补充。并且，此种由财税部门所作出的、对缴纳义务人不利的漏洞补充（无论是作为认知的漏洞还是一种基于时代发展的嗣后的漏洞），固然是基于国家财政利益的需求考虑，但也与法理的基本精神有着内在的不相契合之处。

2. 关于计费依据

在相关文件中，文化事业建设费的计费依据被明确为"经营收入"，而在规范性文件中则为"营业收入"。财政部、国家税务总局《关于营业税改征增值税试点有关文化事业建设费政策及征收管理问题的通知》（财税〔2016〕25 号）、财政部、国家税务总局《关于营业税改征增值税试点有关文化事业建设费政策及征收管理问题的补充通知》（财税

---

① 全国人大授权国务院对于有关经济体制改革和对外开放方面的问题，必要时可以根据宪法，在同有关法律和全国人民代表大会及其常务委员会的有关决定的基本原则不相抵触的前提下，制定、颁布实施暂行的规定或者条例，并报全国人民代表大会常务委员会备案。早在 2013 年 3 月 9 日，来自山东团的全国人大代表赵冬苓表示，她已将《关于终止授权国务院制定税收暂行规定或者条例的议案》正式上交大会议案组。然而对于其他的财政征收目前的法律约束力仍然较弱，这也与《立法法》对基本财政制度的外延未作规定不无关系。

② 国务院办公厅转发财政部、中宣部《关于进一步支持文化事业发展若干经济政策的通知》（国办发〔2006〕43 号）表述与之相同。

③ 财政部、国家税务总局《关于营业税改征增值税试点有关文化事业建设费征收管理问题的通知》（财综〔2013〕88 号，已失效），财政部、国家税务总局《关于营业税改征增值税试点有关文化事业建设费政策及征收管理问题的通知》（财税〔2016〕25 号）。

④ 财政部、国家税务总局《关于营业税改征增值税试点有关文化事业建设费政策及征收管理问题的补充通知》（财税〔2016〕60 号）。

〔2016〕60 号)则进一步规定为"全部含税价款和价外费用"。①

何为"经营收入",根据其时的企业所得税制度,生产、经营收入为"纳税人从事主营业务活动取得的收入,包括商品(产品)销售收入,劳务服务收入,营运收入,工程价款结算收入,工业性作业收入以及其他业务收入"。② 而"营业收入"除包含主营业务收入外,还包括其他业务收入。换言之,从"经营收入"到"营业收入",计费依据在无形中被规范性文件扩大了,对缴纳义务人带来了实质上的利益侵害。进言之,以含税价款作为计费依据,在无形中冲淡了营改增对消除营业税双重征税的正当性目的。当费成为纳税人更重的负担,却失去法律保留的基本约束时,纳税人的财产权如何寻求法治的保护? 这不仅是财税法治所面临的拷问,更是国家法治所面临的拷问。

(三)减税降费政策:文化事业建设费的经济合理性审视

2018 年以来,减税降费成为财税政策的重要举措。无论是直接税还是间接税领域,抑或是同样构成供给侧成本的费的领域,都开始呈现减负趋势。一方面,减税降费政策确实达到了外观上的社会主体相关税费负担的减轻这一直接目标;另一方面,这一政策本身也仍旧存在许多值得进一步考虑的问题:减税降费在国家治理体系中的内涵与外延为何? 减税降费是一种基于立法层面的思想指导,抑或是一种定位于行政层面的政策变通? 减税降费是一种常态的制度,还是一种非常态的制度? 减税降费所希望达到的、在经济和社会方面的目标和价值是什么? 这些问题都没有在政策文本中得到充分的论证或回应。

然而,文化事业建设费已经成为更大规模的减税降费系列政策中的重要内容。2019 年 4 月 3 日,国务院常务会议决定,至 2024 年年底对中央所属企事业单位减半征收文化事业建设费,并授权各省(区、市)在 50% 幅度内对地方企事业单位和个人减征此项收费。财政部根据国务院部署,发布《关于调整部分政府性基金有关政策的通知》(财税〔2019〕46 号)对具体政策予以明确。而绝大多数地方也陆续出台了对于地方企事业单位和个人减征 50% 的政策。③ 该降费政策的适用期间为 2019 年 7 月 1 日至 2024 年 12 月 31 日,即在此期间内,文化事业建设费的征收费率实际为 1.5% 。④

在减税降费政策本身尚存有许多问题不甚明晰的背景下,对于此种降费政策的作出,我们不禁将产生更多疑虑:该征收费率的确定,是基于文化事业建设费征收历史的评估,还是基于未来 5 年缴纳义务人负担的合理预期? 该降费政策的制定是否建立在文化事业发展的经费保障基础上? 以及该政策的制定机关是否已经对国际经济形势和文化

① 其中,广告业相关经营单位可减除支付给其他广告公司或广告发布者的含税广告发布费。

② 财政部发布的《企业所得税暂行条例实施细则》(〔94〕财法字第 3 号,已失效)第 7 条。

③ 其中,重庆市规定,广告业按照缴费人应缴费额的 50% 减征,娱乐业按照缴费人应缴费额的 10% 减征。而湖北省在 2015 年 10 月 1 日以后,暂停征收地方文化事业建设费。

④ 除河南减征期间为 2020 年 1 月 1 日至 2024 年 12 月 31 日,征收文化事业建设费的省份关于减征期间的规定均与财税〔2019〕46 号一致。

建设的资金需求进行了充分的预判？

笔者无意在此质疑相关降费政策是否存在考量不充分之处，或批判该政策本身的合理性，故假定前述答案均为“是”。因此1.5%的实际征收率并非一种特定时期的优惠，而应当作为一种常态制度，以确保财税法律制度的安定性和市场主体的合理预期（而不是将费率设定在较高的水平，以不定期的优惠政策提升市场主体的获得感），以此来减少缴纳义务人“费痛感”，同时减少对于该降费政策本身经济合理性的质疑。

此外，为进一步支持和鼓励受疫情影响的企业复工复产，财政部、国家税务总局曾发文，[①]自2020年1月1日起至12月31日止，对电影行业免征文化事业建设费。而后，该政策续延至2021年12月31日。[②] 此种特殊时期的优惠政策一方面是缓解相关产业在特定时期的压力，但也从另一个方面体现出国家对文化事业建设费的需求存在一定的弹性空间。

四、文化事业建设费的完善路径

（一）经济实质：市场因素与政府因素的冲突与协调

从财政体制的产生机理来看，其产生的原因，首先，在于市场自由竞争的无度无序不断凸显，进而导致市场不能的范围日渐扩大；其次，则在于财产权外延的不断扩大，使私主体无法透过市场充分满足自身需求。由此，国家对市场的介入被赋予了正当性，公共经济的理论与实践由此诞生。

在计划经济时期，市场因素较弱，文化以文化事业形式出现，其更多地属于一种观念形态而不考虑具体的经济内涵；而在市场经济时代，文化则以产业形态出现，其经济性之属性日益明晰。但是由于文化产业在创造经济价值的同时，也带来了一定社会价值，故而政府不可能完全抽离调控之手。因此，为了推动文化产业的持续、繁荣发展，一方面需要确保市场对资源的基础性配置作用，另一方面也需要确保政府对文化产业的有效引导和对公共文化产品的有效供给。

从我国目前的文化政策来看，文化产品作为一种特殊公共品在财政方面得到相应的投入。然而，国家虽提供公共品，但却并不一定是一个好的公共品的生产者和管理者。[③] 故国家在承担文化公共物品提供职能时，无论以税或其他征收手段进行的筹资，都必须要尊重市场规律、谨防权力异化。文化产品多元化的属性与不一而足的外溢性，使“一刀切”的政策无论是基于促进文化事业或文化产业发展的良好愿望，都有可能会事与愿违，以致带来文化的公共性领域与经营性领域之间的混淆。

---

① 参见财政部、国家税务总局《关于电影等行业税费支持政策的公告》（财政部、税务总局公告2020年第25号）。

② 参见财政部、国家税务总局《关于延续实施应对疫情部分税费优惠政策的公告》（财政部、税务总局公告2021年第7号）。

③ 参见魏鹏举：《文化事业的财政资助研究》，载《当代财经》2005年第7期。

当下“文化事业”一词实际上已为公共文化服务所涵盖,公共文化服务中具有市场化因素的服务(如基础设施建设等),也可以选择以公私合作方式展开;财政资金直接投入的领域应当在符合法定程序的前提下有所节制。

就文化事业建设费而言,作为公共文化服务的主要经费来源,20 余年来其使用方式与使用对象均体现了公共文化事业的需求,故而其不可否认地具有一定合理性。但相关规定中对于“公益性文化事业单位维修购置补助经费”“公益性文化事业单位的特殊需要”的表述,或是合理性存疑,或是语焉不详,难免使缴纳义务人对文化事业建设费的绩效和必要性产生怀疑:

其一,如何回应产业公平问题,文化事业建设费为何只是对特定行业的征收?其二,如何回应绩效问题,即当下的公共文化服务筹资渠道多元,简单的政府性基金的征收是否最适当?其三,文化无论是事业还是产业都存在多个环节,每个环节价值链的贡献主体各不相同,而国家政策是基于监管层面、法律层面还是财政层面也必然各不相同,许多政策和机制必须具有多重性质,覆盖不同的政府和社会部门,以财政政策作为公权力部门供给公共文化服务唯一的选择是否合理?这些问题值得相关领域的政策制定者进一步思考,并在未来的制度改革中予以回应。

(二)法律形式:法定原则在财政领域的全面推进

自党的十八届三中全会首次明确提出“落实税收法定原则”、党的十八届四中全会将制定和完善“财政税收”法律作为“加强重点领域立法”的一项任务后,2015 年党中央审议通过的《贯彻落实税收法定原则的实施意见》中,更是明确了开征新税应当通过全国人大及其常委会制定相应的税收法律,同时对现行税收条例修改上升为法律或者废止的时间作出了安排。可以说,落实税收法定原则不但在理念上为各界广泛认知,更是已然落足于立法实践。

然而,财税一体化不仅是理论论证的结果,更是客观的经济现实,同时具有其内在的法律逻辑。作为财政基本制度的法律保留与税收法定主义具有天然的联系,这是由于某种意义上凡国家居于统治者身份对国民的强制性征收都应当视作“税”,即税收收入面的法定只能保证一部分私人财产不被不合法地征收。故而为了保证“税收法定”的完全实现,上述所有公权力之强制性征收,都应当依法进行。但如前所述,文化事业建设费自开征伊始便存在先天的法律供给不足,而在制度的执行中又面临着规范性文件超越权限的解释和漏洞补充。

另外,收入面的法定的要求同样及于支出面。“虽然财政支出表面上看似为给付行为,但在现代市场中财政资源稀缺性的约束下,不同主体实际上对于财政支出具有竞争关系,对某处之给付即是他处之侵益。”①况且,财政支出与财政收入之间乃一体两面之关系,其二者扩张趋势也往往保持一致。因此,在预算约束的基本原则下,政府性基金预

① 刘剑文:《论财政法定原则——一种权力法治化的现代探索》,载《法学家》2014 年第 4 期。

算也必须遵循预算公开这一基本原则。然而，文化事业建设费的收支公开目前并不出现在预算收入之预、决算表中，[1]存在监督不力的情况。

曾有学者结合亚当·斯密的4项征税原则对财政民主化的四大原理进行了说明，分别是：(1)民主监督下的财政，远比无人监督或征税者的自我监督来得更有效率且更具公平性；(2)以开支定税入；(3)税负的平等原则、预期的确定性原则、缴税的便利性原则和税耗节约原则；(4)立宪原理，即由民众来选择合适的公共选择机制，由后者决定税种与税负。[2] 这四大原则在某种程度上正是财政作为国家治理的基础和重要支柱得以实现的支撑。

现代财政正处在由授权财政到控权财政、由规模财政到民生财政、由行政财政到民主财政的转型过程当中。对于文化事业建设费，一则有必要在《立法法》的框架下，至少以行政法规的形式对其实体要素与程序要素进行规范；二则有必要在对文化事业建设费20余年征收、管理、使用历史经验的准确评估下，结合其法定进程，对于其中与当下经济、社会、政治生活不相容的制度要素予以适时改革；三则有必要以此次改革为契机，推进政府性基金的整体法治化，以与税收法定的进程保持步调一致，从而实现财政收入层面的法治化。

五、结语

文化自信是一个国家、一个民族发展中更基本、更深沉、更持久的力量。文化产业的发展，在知识经济时代，符合以知识作为最重要生产要素的经济模式。而文化产业不断发展的生命力之源，在于文化的不断创新。在诸多文化创新激励措施中，国家的财税政策无疑扮演着重要角色。

然而，国家以财政补贴或税收优惠作为政策工具时，必须在公共利益和个体合法的经济利益之间予以平衡。一方面，必须以尊重市场的决定作用为前提，在市场不能的前提下方可介入；另一方面，国家以财政工具介入市场，必须遵循严格的法律保留和实质公平原则，在促进特定产业发展的同时，不得基于公共利益这一抽象、外延不明的概念而对某些行业予以特殊对待。

---

① 2014年以前，文化事业建设费列入政府性基金收入预、决算表；之后转列一般公共预算，但无论是年度财政收支情况说明，还是年度一般公共预算收入决算表，文化事业建设费均不再独立列出。

② 参见汪丁丁：《财政民主化的原理与表达》，载《财经》2007年第14期。

政府产业投资基金法律规制路径探析

金香爱[*]　李岩峰[**]

自2002年"中关村创业投资引导基金"成立以来,我国已成立的政府引导基金超过千只,母基金和子基金涉及金额超过5万亿元,[①]政府产业投资基金已经成为我国加快产业结构升级、撬动社会资本、降低地方政府债务压力和促进我国市场经济发展的重要途径,成为我国新时代产业政策实施的主要手段之一。尽管规模庞大,影响广泛,目前我国仍未出台针对政府产业投资基金的法律或行政法规。法律规制缺位模糊了政府产业投资基金运作中政府与市场的边界,放大了政府产业投资基金自身存在的金融风险,加剧了当前政府产业投资基金发展的不确定性。政府产业投资基金的良性发展亟待系统全面的顶层制度设计。

一、政府产业投资基金的法律规制现状

(一)起步阶段的系列规范性文件

2002～2007年是我国政府产业投资基金的起步阶段,法律规制明显落后于实践需要。2002年中关村创业投资引导基金的成立标志着政府产业投资基金在我国实现突破,但配套的规范性文件却一直未出台。直到2005年发布《创业投资企业管理暂行办法》(以下简称《办法》),才实现了政府产业投资基金规范性文件零的突破。尽管《办法》的出台填补了管理上的空白,但其内容以倡导性、原则性规定为主,对于退出方式、监管模式等具体规则表述模糊,对绩效管理、信息公开、资金来源等核心问题没有涉及。同时,在《办法》中直接提出利用税收优惠政策扶持相关企业发展,表明此阶段我国政府产业投资基金的发展依然偏重采用传统的行政引导与财政扶持双管齐下的方式,并未真正意识到政府产业投资基金的市场化属性。之后发布的相关规范性文件也多以鼓励、支持等倡导性规定为主。

---

* 郑州大学副教授、硕士研究生导师,博士,主要研究方向为财税法、产业法、金融法。

** 郑州大学在读博士,主要研究方向为财税法、环保法。

① 参见张国锋:《政府引导基金背后不可忽视的四大挑战》,载投中网,https://www.chinaventure.com.cn/cmsmodel/news/detail/3303 94.shtml。

（二）爆发性增长阶段的规范性文件

2008～2014 年是我国政府产业投资基金的爆发性增长阶段，也是相关规范性文件密集出台的阶段，但表现为多头治理，碎片化严重。以 2008 年出台《关于创业投资引导基金规范设立与运作的指导意见》（以下简称为《指导意见》）为代表，国家发展改革委、商务部和财政部等多部门相继出台相关规范性文件。《指导意见》中明确了财政资金在政府产业投资基金中应当发挥的杠杆作用，同时细化了财政资金来源、运作方式、风险控制等方面的内容。但从具体规定来看，针对上述几个方面的规定没有凸显出政府产业投资基金市场化的灵活性，取而代之的是明显的行政指导性。例如，《指导意见》明确规定拟扶持项目的决策权由政府部门、相关行业自律组织代表和社会专家组成，相较其他两方，政府既是游戏的参与者也是规则的制定者，显然在决策过程中占据主导地位。尽管《指导意见》的出台依然没有形成系统的法律规制框架，但随着各级地方政府与日俱增的投资冲动和债务总量，政府产业投资基金总量开始了飞速增长。特别是 2015 年我国新修订《预算法》的实施严格规范了地方政府的举债行为，也迫使各级政府将产业政策的实施转向市场化途径，纷纷推动政府产业投资基金的设立。

2014 年中国证监会发布的《私募投资基金监督管理暂行办法》（以下简称《暂行办法》）没有对政府产业投资基金作出适用除外规定，改变了政府产业投资基金游离于传统金融监管体系的局面。尽管在《暂行办法》第 34 条至第 37 条专门对创投基金作了特别规定，但也仅为差异化管理的原则性规定，具体如何体现差异性没有提及，一方面，体现出传统金融监管体制已意识到政府产业投资基金巨大的体量可能对金融体制、社会经济带来的深远的影响；另一方面，也表现出传统金融监管体制在面对政府产业投资基金特有的主体复杂、目标多元等具体问题时的局促。

（三）理性规制阶段的规范性文件

2015 年至今，为政府产业投资基金的规范化发展阶段，这一阶段政府产业投资基金呈现体量大、分布广、影响深的特点，规范化的监管迫在眉睫。以 2015 年财政部出台的《政府投资基金暂行管理办法》和 2016 年国家发展改革委出台的《政府出资产业投资基金管理暂行办法》为代表，政府产业投资基金的管理迈上了新的台阶。与以往出台的规范性文件不同，财政部重点着眼财政资金的监管，明确了政府产业投资基金中财政资金应源于一般公共预算、政府性基金预算和国有资本经营预算，特别是第 22 条至第 25 条，专门与《预算法》的相关内容进行衔接，加强了对政府产业投资基金中财政资金的约束，明确了政府产业投资基金中财政资金的收支管理制度；国家发展改革委的发文重点在于加强政府产业投资基金管理的有效性，制定了一系列明确细化的指标，包括返投比例、绩效评价标准、信用信息监管制度等。

2015 年后出台的两个规范性文件，对发展过热的政府产业投资基金起到了一定的“降温”作用，但仍然没有正面回应关于财政资金的运用及政府产业投资基金运作中的很多矛盾。例如，财政资金在撬动社会资本时应如何发挥激励作用，是否可以将财政预算资金作为劣后资金？如果作为劣后资金是否违反了《企业国有资产法》确立的国有资产保值增值的要求？各级政府是否有权将一般公共预算无偿支出转变为有偿支出？相关财政资金的预算监管如何面对政府产业投资基金政策性目标与营利性目标的混合？这些问题既是政府产业投资基金可持续发展无法回避的核心问题，也是我国日后预算体制改革需要面临的现实挑战。

二、当前我国政府产业投资基金存在的问题

（一）政府产业投资基金的挤出效应

政府产业投资基金的初衷在于帮助相关产业克服发展初期“市场失灵”状态下的融资障碍，但政府产业投资基金与市场股权投资基金之间、不同区域的政府产业投资基金之间以及不同层级的政府产业投资基金之间也存在挤出效应。

1. 区位因素不同导致的区域性引导作用差异

已有的实证研究结果表明，在经济欠发达地区，政府产业投资基金具有引导效应，而在经济发达地区则具有挤出效应。[①] 在经济发达地区，市场自发形成的股权投资基金相对成熟，强势的政府产业投资基金往往对市场股权投资基金产生挤出效应，而在经济欠发达地区，整体金融实力较弱的情况恰能放大政府产业投资基金的引导作用和弥补作用。目前，我国政府产业投资基金的设立及运作情况却与此相反。东部沿海发达地区的政府产业投资基金起步早、规模大，且继续保持快速发展的趋势，中西部地区虽然近年来加快了发展步伐，但与东部沿海地区相比差距仍然明显。2016 年的相关数据显示，政府投资基金数量最多是广东省，总数达 122 只，最少的是西藏自治区，仅有 2 只，中西部多个省份平均不到 20 只，区域发展失衡严重。[②] 区域发展不平衡导致政府产业投资基金的作用难以充分发挥。

2. 同质化导致政府产业投资基金之间的竞争

2015 年财政部的发文明确要求各级财政部门要控制政府投资基金的数量，不得在同一行业或领域重复设置基金。但现实情况是，地方政府往往紧跟中央步伐，设立与中央层面方向趋同的政府产业投资基金，大多集中在高新技术产业、能源化工产业、互联网等产业中。很多地方政府盲目设立的政府产业投资基金与当地经济环境、自然环境不符，当地缺乏与基金扶持方向一致的项目，同时受制于严格的区域返投比例，最终导致资金冗余。

就资金冗余这一现实问题而言，还存在更加突出的矛盾。当前各级政府设立的政府产业投资基金盲目扩大规模，导致百亿元级别、千亿元级别的基金不断涌现，但规模巨大

① 参见杨敏利、李昕芳、仵永恒：《政府创业投资引导基金的引导效应研究》，载《科研管理》2014 年第 11 期。

② 参见杜月、应晓妮：《政府创投引导基金：爆发式增长后的理性回归》，载《宏观经济管理》2018 年第 5 期。

的母基金对具体项目的要求极高,单个项目投资额过亿元已成为很多政府产业投资基金选择项目的入门要求,但相较大型企业,中小企业受制于产业发展“市场失灵”的情况更加严重。但同时受制于政府产业投资基金数量过多、同质化严重的情况,政府产业投资基金在项目选择上也存在泛化风险。即政府产业投资基金在资金运用上存在资金冗余与泛化投资的双重矛盾。

总体来看,同质化严重可能造成两个严重的后果:一是政府产业投资基金设立逐渐泛化,难以就产业发展形成“拳头”效应,导致基金低效运转;二是进一步导致各级政府在产业投资基金之间展开非理性竞争,如地方保护主义等。

(二)政策性与营利性之间的目标冲突

政府产业投资基金既要考虑财政资金对产业政策的引导作用,也要考虑社会资本的盈利需求。两种目标存在本质的冲突,这种矛盾在政府产业投资基金的运作中正日益凸显。

1. 财政资金保值增值与激励引导的矛盾

政府产业投资基金要成功撬动社会资本,必然需要作出相应的激励机制,通常表现为财政资金在投资收益与风险的分配中作出让步。问题关键在于让步的尺度底线与财政资金监管之间的协调。[①] 在实践中,财政部的发文明确规定财政资金可以作出适当让利,但没有明确财政资金是否可以作为劣后资金优先承担投资失败的风险。地方政府在实践中显然更激进。例如,中部某省近期出台的规范性文件明确设定了财政资金增值收益用于激励管理团队的比例,同时针对单个投资项目给予一定程度的投资失败容忍度,这一做法显然与《企业国有资产法》明确规定的国有资产保值增值的要求有所出入。对此规定是否具备合法性、合理性也引发了很多争议,主要包括:是否会成为预算管理的盲区进而引发权力寻租;投资失败容忍度在预算编制中应该如何列明,是否需要重构我国当前的预算体制;是否需要从法律解释的角度重新定义国有资产保值增值的具体内涵。

2. 行政干预的界限模糊

市场化运作是政府产业投资基金保持生命力的根本,但目前行政干预的界限模糊进一步阻碍了政府产业投资基金的市场化进程。行政干预的界限模糊主要表现在基金运作和监管两个方面。在基金的运作中,部分地方政府沿用了过去主管部门组成评审委员会对投资项目进行审核的办法,基金管理人与托管人之间的职能划分交叉重叠,在社会资本以银行等受制于政府监管的金融机构为主的情况下,各级政府在政府产业投资基金设、募、投、管、退各个环节中依然拥有最大的话语权。

在基金监管方面,各部门的监管职能也存在交叉,如在财政部和国家发展改革委的发文中,均对政府出资的资金来源和基金投资方向作出了规定,但这些规定的表述并不一致,各个政府职能部门在履行监管职责时缺乏统筹安排,未能清晰合理地划分监管职

① 参见陈少强、郭骊、郑紫卉:《政府引导基金演变的逻辑》,载《中央财经大学学报》2017 年第 2 期。

责，模糊了监管的界限。

（三）政策目标与盈利目标放大基金固有风险

政府产业投资基金政策性目标与营利性目标交叉并存的特征，决定了其风险也将表现在两个方面：一是固有的市场风险；二是政府的信用风险与财政风险。

1. 固有的市场风险

我国的政府产业投资基金大多采用基金托管人委托专业机构托管的运作模式，在这种模式下，逆向选择和道德风险无法杜绝，①但政策目标与盈利目标的冲突放大了此种运作模式固有的风险。霍姆斯特姆与米尔格罗的研究结果表明，当代理人存在多重目标时，将会显著降低对代理人的激励，并放大固有风险。② 结合政府产业投资基金双重目标的冲突，基金托管时政府和社会资本在选择基金托管人时的考量因素并不一致，双方各有侧重，如果政府占据主导地位，势必削弱社会资本的营利性需求，无法充分调动社会资本的积极性，各级政府成立的产业投资基金最终无法落地；如果社会资本占据主导地位，财政资金的安全性及基金政策性目标的实现势必受到影响。

2. 政府信用风险和财政风险

政府产业投资基金运作中，政府除面临投资中必然出现的市场风险外，还面临更加复杂的财政风险和运作不利导致的政府信用风险。政府产业投资基金撬动社会资本投入给出的各项政策优惠措施以政府信用为基础。当前，地方政府债务问题所遗留的政府信用危机尚未完全化解，在政府产业投资基金运作中也出现了“明股实债”的变通做法。我国新修订的《预算法》对地方债治理采取了“开前门、堵后门”的总体思路，但“后门”封堵如果不彻底，就会使政府产业投资基金等新的融资模式演变为政府信用风险的“导火索”。

政府的财政风险主要表现在当前政府产业投资基金中的财政资金缺乏必要的预算监督。例如，通过梳理2015年至2017年中部某省会城市的预算报告和决算报告，无论在总体报告中还是在收支明细中，都无法找到当地总量超过千亿元的政府产业投资基金的相关信息，这说明我国财政资金预算管理尚未实现全面约束、公开透明的目标。财政资金贯穿了政府产业投资基金运作的全过程，预算监管的缺失就会导致政府产业投资基金的发展不受控制，甚至成为全口径预算原则中的例外情形，最终形成财政风险。

三、政府产业投资基金法治化的路径选择

（一）统筹兼顾、统一立法

政府产业投资基金数额庞大，涉及财政、产业政策等多领域，特别是调动大量的财政资金涉及预算制度的改革与创新。提高政府产业投资基金的立法层级、进行统筹立法，是合理划分监管职权、促进政府产业投资基金面向市场化方向的制度保障。同时，由于

---

① 参见李洪江、鲍晓燕：《国外创业投资引导基金绩效的实证考察》，载《软科学》2012年第4期。

② 参见张勇：《创业投资引导基金风险防范机制的构建》，载《江西社会科学》2012年第5期。

政府产业投资基金需要调动大量的财政预算资金且涉及国家产业发展的基本走向，以专门化法律规制也更加符合我国《立法法》修订后的精神，并可协调与其他部门法之间的关系。统筹立法应注重宏观把握：第一，应当牢牢把握贯穿政府产业投资基金运作全过程的财政预算资金这一主线，围绕主线构建总体制度框架。第二，要明确政府产业投资基金的法律定位，厘清其与一般股权投资基金、证券投资基金以及私募基金等金融工具之间的联系与区别。第三，以全面约束、公开透明为制度构建的基本理念，确立面向市场化发展的基本原则，满足产业政策实施市场化改革的需求，既要防止“市场失灵”也要避免“政府失灵”。第四，形成统一的监管目标，合理分配监管权限并形成完整的监管体系，避免当前碎片化监管产生的低效。

（二）尊重市场、进退有度

政府产业投资基金的可持续发展必须尊重市场经济的客观规律，政府在基金发展中的责任应着重体现在创造良好的社会环境和构建合理的制度体系，做到有所为有所不为。

1. 运作过程去行政化

政府产业投资基金在项目选择过程中，如果无法做到按照市场规律进行专业判断，并辅之以明文规定的失败容忍度，则政府产业投资基金的运作无疑将成为权力寻租的温床。在项目选择中，应该打破过去的主观判断方式，代之以明确的判断标准和门槛，使项目的判断和决策更具科学性、合理性。

2. 打破同质化与区域倾斜制度并举

政府产业投资基金同质化严重问题，一方面在于地方政府盲目跟风，另一方面在于基金设立审查中结合当地实际情况的可行性分析不足。在基金设立的事前审查中，应当结合基金的设立目标与投资方向，重点审查基金设立的可行性，分析当地可投资企业的质量、数量以及与上级政府产业投资基金之间是否存在冲突。

目前，经济发达地区的政府产业投资基金发展明显优于欠发达地区，但已有研究表明在经济发达地区，体量过大的政府产业投资基金对于正常的社会资本来说具有明显的挤出效应，欠发达地区政府产业投资基金能发挥出更有效的引导作用。在制度构建中，要充分考虑区域差异，对中西部落后地区进行适当倾斜，一方面更好地发挥政府产业投资基金的引导作用，另一方面缩小区域发展不平衡的状态。

3. 把握时机适时退出

发展政府产业投资基金的目的在于解决产业发展过程中的“市场失灵”，当新兴产业市场竞争机制逐渐完善，政府产业投资基金也应当适时退出，促进相关市场自身有序发展。目前，多地出台的规范性文件中均提出要完善退出机制，增强产业投资基金的循环利用，但大多未提及政府产业投资基金自身整体退出的时间或者标准。根据国际经验，当“市场失灵”的局面得以有效缓解、相关产业得到充分培育和发展后，政府产业投资应显示出阶段性特征，找准时机适时退出。[①]

（三）平衡目标分层管理

政府产业投资基金的政策性目标与社会资本的营利性目标二者需要兼顾，但依照目前政府产业投资基金母子基金的发展模式，针对母子基金的监管策略予以区分，有助于实现二者之间的平衡。

1. 差异化的管理对策

对母子基金制定差异化的管理策略，有助于平衡财政资金和社会资本目标之间的冲突。在目前阶段，针对母基金的监管策略应以实现产业政策目标为导向，而对子基金的监管策略可以适当向实现营利性目标倾斜。在现有的规制机制中，针对政府产业投资基金的投资方向，既有鼓励的正面清单也有限制的负面清单，管理相对严格。在母基金的监管策略中以政策性目标为导向确保基金的整体发展方向不偏离，保障财政资金的安全性；而在总体实现政策导向的情况下，子基金在项目选择中坚持市场化的选择模式，选择更具有盈利前景的项目，既符合市场经济的客观规律，也能赋予相关产业一定的竞争压力，形成良性循环。

2. 明确财政资金适当让利的底线

为充分发挥财政资金撬动社会资本的杠杆作用，适当作出让利具备合理性与正当性，但需要严防让利行为成为滥用财政预算资金的"后门"。财政资金的让利行为可以表现为收益分配中让利于社会资本，但不能直接让财政资金作为劣后级资金或者对社会资本作出最低收益保证以及"明股实债"等，这些变通做法曲解了财政资金适当让利的初衷，使政府产业投资基金沦为政府预算外举债的又一途径。

对当前部分地方实践中出现的投资失败容忍度来说，设置清晰的投资失败界限是尊重市场运行规律的表现，但需要辅之以完善的第三方事后倒查措施以确保财政资金的有效性。当某一特定项目亏损达到阈值后，要暂时停止对该项目的投资，同时第三方机构介入，严格审查决策过程存在的问题。如果出现相关机构玩忽职守、滥用职权的情形，则启动相应的责任追究机制，提高决策机构在行使职权中的责任意识。

四、结语

政府产业投资基金已成为新时期产业政策的主要实施手段之一，几乎涵盖了从高新技术发展到传统产业升级的方方面面，但散乱、低层次的法律规制体系没有为其科学持续发展创造良好的外部环境。统筹协调并提高立法层级是未来政府产业投资基金良性发展的必由之路。尽管本文从经济学与法学融合的视角对相关问题进行了初步梳理，但金融工具的创新性将不断对立法技术和思路提出新的挑战。完善相关立法有待更多学者深耕政府产业投资基金领域，特别是进一步理顺在产业扶持中政府与市场的关系、财

---

① 参见萧端、熊婧：《政府创业引导基金运作模式借鉴——以以色列 YOZMA 基金为例》，载《南方经济》2014 年第 7 期。

政预算管理理论与实践的创新,以及产业政策实施市场化改革法律规制的具体规则。随着政府产业投资基金法治化问题逐渐受到学界关注,必然能够改变当前理论研究滞后的局面,为政府产业投资基金的法律规制提供必要的理论支撑,加快构建以政府产业投资基金为代表的产业政策市场化实施方式的法律规制框架。